经济新常态和企业新变革

范永进 朱瑶翠 曹俊·主编
郑俊镗 郑伟刚·副主编

上海社会科学院出版社
SHANGHAI ACADEMY OF SOCIAL SCIENCES PRESS

中国经济50人论坛 2017年年会
深化供给侧结构性改革 —— 产权、动力、质量

2017.2.15　北京

2017年2月15日，主题为"深化供给侧结构性改革——产权、动力、质量"的"中国经济50人论坛2017年年会"在北京举行。

2005—2016年中国国内生产总值(GDP)及其增长率。该图显示，近年来GDP增长率走势呈"L型"。

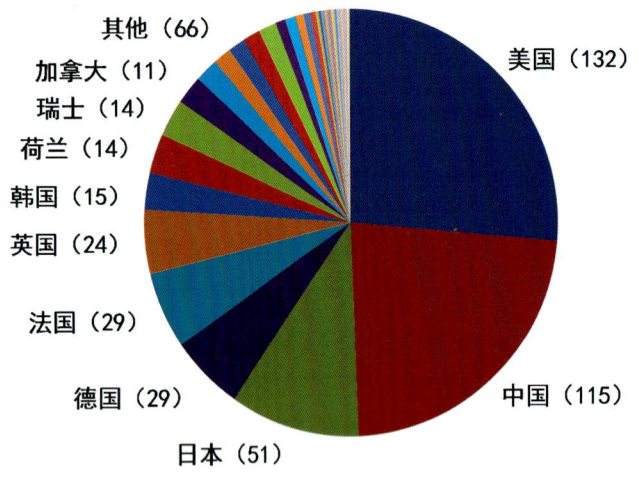

排名	国家	上榜企业数量	占比
1	美国	132	26.40%
2	中国	115	23.00%
3	日本	51	10.20%
4	德国	29	5.80%
5	法国	29	5.80%
6	英国	24	4.80%
7	韩国	15	3.00%
8	荷兰	14	2.80%
9	瑞士	14	2.80%
10	加拿大	11	2.20%

2017年7月20日，财富中文网发布2017年世界500强公司名单，中国有115家上榜，占23%（仅次于美国）。左图为世界500强的国别分布，右表为排名靠前的国家及其上榜公司数量、占比。

2015年9月3日，为隆重纪念中国人民抗日战争暨世界反法西斯战争胜利70周年，北京天安门广场举行盛大的纪念大会及阅兵仪式。

中国(上海)自由贸易试验区范围地图。

中国(上海)自由贸易试验区入口。

2017年5月14日—15日，第一届"一带一路"国际合作高峰论坛在北京开幕。

上海浦东国际机场位于上海市浦东新区滨海地带,面积为40平方千米,1999年建成。

上海洋山深水港位于东海之滨,由大洋山和小洋山港口区组成,2005年建成一期并开港。

共享自行车。 共享电单车。 共享汽车。

2017年7月20日，国务院印发《新一代人工智能发展规划》。

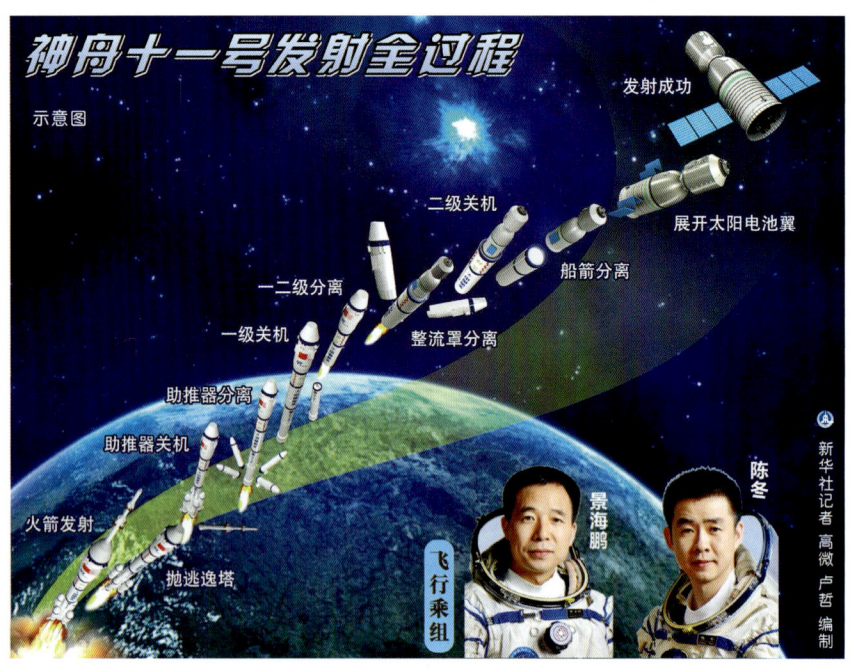

2016年10月17日7时30分,神舟十一号飞船在酒泉卫星发射中心成功发射;2016年11月18日下午,神舟十一号载人飞船顺利返回着陆。

截至2016年年底,中国高铁运营里程超过2.2万千米;2020年高铁总里程将达到3万千米。

2017年7月20日,《上海证券报》报道,历时3个月、引发众多媒体关注的爱建集团股权之争达成和解。均瑶集团与广州基金、爱建基金会于7月18日—19日签署《战略合作框架协议》。

2016年11月27日,《经济新常态和企业新变革》主编之一范永进出席"2016生活公共关系国际高峰论坛",作题为《上海金融中心建设与风险防范》的主旨演讲。合影嘉宾左起:郝相君、费方域、吴弘、范永进、季文冠、苏宁、姜建清、连平、李麟。

右图:《岁月 人生 思考》双月刊杂志编辑部出版的《大时代大思维》(上、下)一书,呈现大历史脉络,启迪大思维创新,把握大时代格局。

《经济体制改革和股份制实践》一书部分编委、编辑人员合影。前排左起:张明、朱瑶翠、范永进、郑俊铿;后排左起:胡思源、郑伟刚、项达明、曹俊、刘小坤、何单、沈霞。

右图:2012年4月,上海社会科学院出版社出版的《经济体制改革和股份制实践》(本书《经济新常态和企业新变革》的姊妹篇)。

2012年5月,《经济体制改革和股份制实践》举行出版座谈会,部分编委、编辑人员与第十一届全国政协副主席、著名经济学家厉无畏(前排中)合影。前排左为朱瑶翠、右为贺德川;后排左起:刘小坤、秦其斌、曹俊、项达明、郑俊铿、张明、郑伟刚。

《经济新常态和企业新变革》编委会部分成员讨论本书编辑工作。
上图左起：曹俊、郑俊镗、朱瑶翠、郑伟刚。
下图左起：鲍幸鹜、范永进、郑俊镗、曹俊、郑伟刚。

2017年9月26日中国科学院和上海市共建张江实验室正式成立。把大科学设施群作为基石，张江实验室有个"小目标"——2030年跻身世界一流国家实验室。

2016年11月28日，李政道研究所在上海交通大学李政道图书馆举行成立仪式。李政道研究所落户张江高科园区内。

《经济新常态和企业新变革》编委会

顾　问	厉无畏　夏禹农　林炳秋
主　编	范永进　朱瑶翠　曹　俊
副主编	郑俊铿　郑伟刚
编　委	范永进　顾培柱　秦其斌　贺德川　朱瑶翠
	曹　俊　郑俊铿　郑伟刚　梅方盘　鲍幸鹜
	韩华林　杨成长　王肇建　余宏新　许东铭
	胡之奎　李　力
参编人员	唐齐千　糜靖亚　俞忠兵　何　单　沈　霞
	肖树森　魏华文　王　蕾

目　录

前言 /1

第一篇　形　势　篇

导语 /3

第一章　世界格局新变化

共担时代责任　共促全球发展　　　　　　　　　　　习近平/4
两次全球金融大危机的比较研究　　　　　　　　　　刘　鹤/12
用大思维来把握大时代　　　　　　　　　　　　　　范永进/18
大国崛起于科技创新
　　——英国、德国、美国和日本的经验启示　　　　王昌林等/32
中国要向全球价值链高端发展　　　　　　　　　　　庄　健/45
拒给市场经济地位挡不住中国发展　　　　　　　　　徐明棋/49

第二章　中国经济新常态

摆脱"速度情结"和"换挡焦虑"	曾培炎/51
以深化改革确立中国经济新常态	吴敬琏/53
普查数据印证"新常态"	王　希/62
中国经济"新常态"之肇始与阶段性特征	郑伟刚　钧　家/64
新常态与产业转型升级新路	王　战/69
中国经济正处于"三期叠加"阶段	彭文生/72
创新改变中国	孟晓苏/76
新常态下怎么保持战略定力	王志平/81
树立贯彻"五位一体"的发展新理念	牛先锋/84
新常态下中国经济仍有上升空间	郑文焱/88
开局首季问大势	
——权威人士谈当前中国经济	龚　雪　许志峰　吴秋余/92

第三章　中国梦的新曙光

腾飞，张开梦想的翅膀	秦　杰等/103
中国共产党与百年复兴的历史使命	权　衡/108
中国梦破解现代转型难题	方松华/112
中国梦期待怎样的复兴	陆晓禾/115
通向伟大复兴的必由之路	罗宇凡　姜　潇/122
江南机器制造局的强国梦	秘　薇　徐　烜/129
同心协力，共筑中国梦	朱瑶翠/135

第二篇　举　措　篇

导语　/145

第四章　供给侧结构性改革　/146

实施供给侧结构性改革是治国理政的重大战略部署　　李　文/146
应对经济增速下行,推进改革是治本之策　　吴敬琏/151
新常态下中国经济的转型与升级　　林毅夫/157
供给侧结构性改革的三个维度　　肖　林/164
推进供给侧结构性改革若干思考
　　——为中国经济"第二波浪潮"蓄能聚势　　郑俊镗/167
新时期供给与需求约束和机遇分析　　曹玮清　钧　家/181
供给侧改革与房地产转型发展　　郑文焱/188
从供给侧发力,避免掉进"拉美旋涡"　　刘　伟/203
激发供给侧动力,要拉好"三驾马车"　　陈　宪/209
从新特征看供给侧结构性改革效果　　张晖明/212

第五章　"一带一路"与自贸区

"一带一路"高峰论坛开幕式主旨演讲　　习近平/215
"一带一路"有效抵消"重返亚洲"　　郑永年/222
"一带一路"打开"筑梦空间"　　王敬文/224
"一带一路"倡议的核心内涵与推进思路　　陈　耀/229
"一带一路":造福各方　远超古人　　潘　光/234

"一带一路"孕育区域经济发展新气象　　　　　　　　赵红军/238

认识和适应"走出去"新常态　　　　　　　　朱兴龙　李　锋/241

"一带一路"倡议与上海产业经济发展　　　　　　　　李小钢/244

TPP语境中重构经贸格局战略思考　　　　　　郑文焱　郑俊铿/251

未来自贸区还要加快再走五步　　　　　　　　　　　周汉民/275

上海自贸区建设和金融改革的协同性　　　　　　上海市社联课题组/278

不负重托　奋楫者先
　　——中国（上海）自由贸易试验区三年回看　李泓冰　孙小静/284

第六章　市场化改革

重拾"市场"的力量　　　　　　　　　　　　　　　　刘　吉/288

通过市场化改革释放增长潜力　　　　　　　　　　　迟福林/294

向"以市场促创新"转变　　　　　　　　　　　　　　朱岩梅/297

依法行政，先治"红头文件依赖症"　　　　　　　　　封寿炎/301

结构改革要重视目标选择　　　　　　　　　　　　　李泊溪/303

深化改革，打造"中国经济升级版"　　　　　　　　　王一鸣/306

"开放、改革、管理"三驾马车拉动经济体制转型
　　——中国经济体制转型原理的系统性研究　　　　石　军/312

创新驱动之战略思考　　　　　　　　　　　　　　　钧　家/321

转型升级的新战略与新对策　　　　　　　　王　战　翁史烈/329

第七章　资本市场发力

新"国九条"绘就资本市场顶层设计蓝图　　　　　　蔡宗琦/335

论中国资本市场改革、发展与创新	曹凤岐/344
中国资本市场发展的六大战略课题	祁　斌/354
以四个特别注重　强化中小投资者权益保护	王明伟/361
人民币国际化问题研究及对资本市场的影响	郑伟刚/365
纵观上海全球资源配置能力	陈信康/370
上海金融中心建设与风险防范	范永进/377

第三篇　实　践　篇

导语　　　　　　　　　　　　　　　　　　　　　　　　　　　　　　/383

第八章　国资国企改革

破解国有企业领导班子建设难题的思考与研究	戴叔铭等/384
深化国有企业改革的几个问题	赵振华　楼俊超/391
国企改革亟待重塑企业家精神	朱珉迕/395
宝钢武钢合并重组　打造中国钢铁巨无霸	曹　俊/397
混改需要"铁打"的张玉良们：打铁还需自身硬	严学锋/402
共享竞合模式与深化国企改革	曹　俊　钧　家/407

第九章　企业转型发展

"上海制造"的明天在哪里	林毅夫/412
经济"熊市"蕴藏大量商业机会	许小年/415
经济新常态之驱动切换与结构优化	郑文焱　钧　家/419
华谊能化开启"绿色化工"新征程	上海市国资委/441

创新没有完成时　只有进行时	海通证券/447
申银万国:老牌券商创新转型	刘　锟/454
提升自主创新能力　增强企业自主发展	朱瑶翠/460

第十章　创新企业发展

推动经济增长,要靠创新靠提高效率	许小年/471
创新,不是少数知识精英的专利	杜德斌/473
张江高科——为建设科技强国增添动力	郑俊镗/479
专访任正非:28年只对准一个城墙口冲锋	赵东辉等/491
十大互联网经典商战案例	周鸿祎/499
小米、华为与联想背后隐含的商业模式	李智勇/508
从共享到经济	
——共享经济深度研究报告	中银国际证券/511

第十一章　企业与供给侧改革

供给侧改革与企业创新发展	郑俊镗/522
深化改革途中持续迈进的上港集团	梅方盘/532
张玉良:操刀绿地混改	严学锋/536
全球化整合资源,助力光明乳业共享发展	梅方盘/542
锦江集团——以少量国资撬动多元资本,海内外并购	
推进全球布局	曹　俊/547
上海家化的控制权之争对企业创始人的启示	徐稼宇/553
聚焦爱建:2017年第一股权大战	风云君/558
万科大结局对中国经济意味着什么?	秦　朔/567

附录

高举中国特色社会主义伟大旗帜为决胜全面小康社会
　　实现中国梦而奋斗 /579

习近平：关于《中共中央关于全面深化改革若干重大问题
　　的决定》的说明 /584

推动共建丝绸之路经济带和21世纪海上丝绸之路的愿景与行动 /596

中共中央国务院关于营造企业家健康成长环境弘扬优秀企业家
　　精神更好发挥企业家作用的意见 /606

后记 /613

前　言

2013年11月党的十八届三中全会召开以来，中国进入新的"改革阶段"，也是全面深化改革走过的三年多历程。党的十八届三中全会，对全面深入改革进行了总部署、总动员，吹响了改革集合号，涌起了新一轮改革大潮。

三年多来，在习近平同志为核心的党中央领导下，在古老的中国大地上，有着数不清的改变在发生，亿万中国人民，无论在何方，都共同见证了国家政治建设、经济建设、社会建设和文化建设的巨大成就以及人民群众物质、文化、生活等各方面的极大进步，从而综合国力显著提升，为世界所瞩目。编辑部也就是在中国特色、自主创新道路指引下创建的一个群众集体，在上海社会科学院出版社的直接领导和支持下编辑了这两本书，获得了读者"尽心解难事，诚心办实事"的赞誉和好评。这一切应该与推进全面深入改革是密不可分的。

《经济新常态和企业新变革》和2012年4月出版的《经济体制改革和股份制实践》一书，同属管理类新书，可称姊妹书，两者目标一致，但各有其独立性、规律性，前者属基础性改革，如实记录中国经济体制基础性改革和股份制产生、发展的历史；后者是全面深化改革，提出：中华民族的复兴、建设世界性强国以及全面建设小康必须解决7 000万贫困人口温饱等，是中国未来发展方向和道路的大问题，两者前后出版验证了中国共产党对推进改革是坚定的、一贯的、连续的，同时也说明一本书的背后是时代的缩影，是城市和国家的发展轨迹。

为了这一目标，我们结合自己在经济战线上多年工作的实践、思考和体会，编纂了这本《经济新常态和企业新变革》，以期为读者提供一份历史性资料，为社会呈现一份文献性典籍。

全书共三篇十一章，在编写过程中，我们遵循理论指导—政策引导—改革创新—国外变化—总结完善—创新提高的脉络，还邀请了专家、学者、企业家理论阐述和广大基层单位的实践案例。在形势篇中从世界格局新变化、中国经济新常态、中国梦的新曙光三个方面，实事求是叙述了中国经济体制改革和继续深化的历程，同时也阐述了中国经济只有深化改革、创新才能阔步走在民族伟大复兴征程上和强国富民的道理。在举措篇中，从供给侧结构性改革、"一带一路"与自贸区、市场化改革、资本市场发力四个视角展现出中国在发展新阶段新常态中，经济转型升级，着力引领全球化2.0，经济新体制新格局探索新路，深化市场化改革，推动资本市场助力实体。既对新常态前后经济状态进行了对比分析，也参考了有关的国外情况，认为中国经济在高速发展中出现的新常态是符合经济发展规律的，今后努力方向是优化升级和转型发展，以适应新常态要求，继续发展前进。在实践篇中，反映了国资国企改革、企业创新转型、新兴企业发展、企业与供给侧改革的新格局。企业在科学技术创新中，以供给侧结构性改革为引领，提升供给质量和档次，并以大量生动鲜活的和无可争辩的事例显现其成效，也体现了企业未来发展的思考，是一篇价值较高的交流文献。推进中国面向全球发展。获得不少国家和广大人民的合作共赢与热烈欢迎，形成中国的发展离不开世界，世界的发展更离不开中国。

以上的布局谋篇，既有利于广大读者全面了解这段改革历程，又有利于达到存史资政的目的，具有较好的系统性、完整性和指导性，是一份不可多得的历史文献。

理论在探索创新、科技在发展、政策在落实，伴随着"十三五"末建成小康社会，我们只要坚持靠自己的力量，走自己的路，勇于实践，中国经济体制改革领域新生事物就会不断涌现，从而不断展示改革巨大的生命力和繁荣光明的前景！

编辑部

2017年5月

第一篇 形势篇

导语

当前我们生活在一个矛盾的世界中,一方面人类文明发展到历史最高水平,另一方面地区冲突频繁发生,难民贫困,失业增多,收入差距拉大,世界不稳定上升,很多人处于困惑之中。

中国政府根据现实形势和国情采用改革创新治本之策,经济发展较稳定,随后宣布经济进入新常态,抓住供给侧结构性改革,经济发展不仅持续稳定而且稳中还有上升。

为此,我们认为改革创新是当代中国命运的关键一招,也是决定实现两个100年奋斗目标,实现中华民族伟大复兴的关键一招。

为了避免不良因素的影响和产生,还要继续深化改革,要敢于啃硬骨头,涉险滩,勇于破除体制和机制障碍,以不断发展生产力,增强国家活力,让人民过得更好,国家更加富强。

第一章　世界格局新变化

共担时代责任　共促全球发展

习近平

尊敬的洛伊特哈德主席和豪森先生，
尊敬的各国元首、政府首脑、副元首和夫人，
尊敬的国际组织负责人，
尊敬的施瓦布主席和夫人，
女士们，先生们，朋友们：

很高兴来到美丽的达沃斯。达沃斯虽然只是阿尔卑斯山上的一个小镇，却是一个观察世界经济的重要窗口。大家从四面八方会聚这里，各种思想碰撞出智慧的火花，以较少的投入获得了很高的产出。我看这个现象可以称作"施瓦布经济学"。

"这是最好的时代，也是最坏的时代"，英国文学家狄更斯曾这样描述工业革命发生后的世界。今天，我们也生活在一个矛盾的世界之中。一方面，物质财富不断积累，科技进步日新月异，人类文明发展到历史最高水平。另一方面，地区冲突频繁发生，恐怖主义、难民潮等全球性挑战此起彼伏，贫困、失业、收入差距拉大，世界面临的不确定性上升。

对此，许多人感到困惑，世界到底怎么了？

要解决这个困惑，首先要找准问题的根源。有一种观点把世界乱象归咎于经济全球化。经济全球化曾经被人们视为阿里巴巴的山洞，现在又被不少人看作潘多拉的盒子。国际社会围绕经济全球化问题展开了广泛讨论。

注：本文是习近平主席在世界经济论坛2017年年会开幕式上的主旨演讲。

今天，我想从经济全球化问题切入，谈谈我对世界经济的看法。

我想说的是，困扰世界的很多问题，并不是经济全球化造成的。比如，过去几年来，源自中东、北非的难民潮牵动全球，数以百万计的民众颠沛流离，甚至不少年幼的孩子在路途中葬身大海，让我们痛心疾首。导致这一问题的原因，是战乱、冲突、地区动荡。解决这一问题的出路，是谋求和平、推动和解、恢复稳定。再比如，国际金融危机也不是经济全球化发展的必然产物，而是金融资本过度逐利、金融监管严重缺失的结果。把困扰世界的问题简单归咎于经济全球化，既不符合事实，也无助于问题解决。

历史地看，经济全球化是社会生产力发展的客观要求和科技进步的必然结果，不是哪些人、哪些国家人为造出来的。经济全球化为世界经济增长提供了强劲动力，促进了商品和资本流动、科技和文明进步、各国人民交往。

当然，我们也要承认，经济全球化是一把"双刃剑"。当世界经济处于下行期的时候，全球经济"蛋糕"不容易做大，甚至变小了，增长和分配、资本和劳动、效率和公平的矛盾就会更加突出，发达国家和发展中国家都会感受到压力和冲击。反全球化的呼声，反映了经济全球化进程的不足，值得我们重视和深思。

"甘瓜抱苦蒂，美枣生荆棘。"从哲学上说，世界上没有十全十美的事物，因为事物存在优点就把它看得完美无缺是不全面的，因为事物存在缺点就把它看得一无是处也是不全面的。经济全球化确实带来了新问题，但我们不能就此把经济全球化一棍子打死，而是要适应和引导好经济全球化，消解经济全球化的负面影响，让它更好惠及每个国家、每个民族。

当年，中国对经济全球化也有过疑虑，对加入世界贸易组织也有过忐忑。但是，我们认为，融入世界经济是历史大方向，中国经济要发展，就要敢于到世界市场的汪洋大海中去游泳，如果永远不敢到大海中去经风雨、见世面，总有一天会在大海中溺水而亡。所以，中国勇敢迈向了世界市场。在这个过程中，我们呛过水，遇到过漩涡，遇到过风浪，但我们在游泳中学会了游泳。这是正确的战略抉择。

世界经济的大海，你要还是不要，都在那儿，是回避不了的。想人为切断各国经济的资金流、技术流、产品流、产业流、人员流，让世界经济的大海退回到一个一个孤立的小湖泊、小河流，是不可能的，也是不符合历史潮流的。

人类历史告诉我们，有问题不可怕，可怕的是不敢直面问题，找不到解决问题的思路。面对经济全球化带来的机遇和挑战，正确的选择是，充分利用一切机遇，合作应对一切挑战,引导好经济全球化走向。

去年年底,我在亚太经合组织领导人非正式会议上提出,要让经济全球化进程更有活力、更加包容、更可持续。我们要主动作为、适度管理,让经济全球化的正面效应更多释放出来,实现经济全球化进程再平衡;我们要顺应大势、结合国情,正确选择融入经济全球化的路径和节奏;我们要讲求效率、注重公平,让不同国家、不同阶层、不同人群共享经济全球化的好处。这是我们这个时代的领导者应有的担当,更是各国人民对我们的期待。

当前,最迫切的任务是引领世界经济走出困境。世界经济长期低迷,贫富差距、南北差距问题更加突出。究其根源,是经济领域三大突出矛盾没有得到有效解决。

一是全球增长动能不足,难以支撑世界经济持续稳定增长。世界经济增速处于7年来最低水平,全球贸易增速继续低于经济增速。短期性政策刺激效果不佳,深层次结构性改革尚在推进。世界经济正处在动能转换的换挡期,传统增长引擎对经济的拉动作用减弱,人工智能、3D打印等新技术虽然不断涌现,但新的经济增长点尚未形成。世界经济仍然未能开辟出一条新路。

二是全球经济治理滞后,难以适应世界经济新变化。前不久,拉加德女士告诉我,新兴市场国家和发展中国家对全球经济增长的贡献率已经达到80%。过去数十年,国际经济力量对比深刻演变,而全球治理体系未能反映新格局,代表性和包容性很不够。全球产业布局在不断调整,新的产业链、价值链、供应链日益形成,而贸易和投资规则未能跟上新形势,机制封闭化、规则碎片化十分突出。全球金融市场需要增强抗风险能力,而全球金融治理机制未能适应新需求,难以有效化解国际金融市场频繁动荡、资产泡沫积聚等问题。

三是全球发展失衡,难以满足人们对美好生活的期待。施瓦布先生在《第四次工业革命》一书中写道,第四次工业革命将产生极其广泛而深远的影响,包括会加剧不平等,特别是有可能扩大资本回报和劳动力回报的差距。全球最富有的1%人口拥有的财富量超过其余99%人口财富的总和,收入分配不平等、发展空间不平衡令人担忧。全球仍然有7亿多人口生活在极端贫困之中。对很多家庭而言,拥有温暖住房、充足食物、稳定工作还是一种奢望。这是当今世界面临的最大挑战,也是一些国家社会动荡的重要原因。

这些问题反映出,当今世界经济增长、治理、发展模式存在必须解决的问题。

国际红十字会创始人杜楠说过:"真正的敌人不是我们的邻国,而是饥饿、贫穷、无知、迷信和偏见。"我们既要有分析问题的智慧,更要有采取行动的勇气。

第一,坚持创新驱动,打造富有活力的增长模式。世界经济面临的根本问题是增长动力不足。创新是引领发展的第一动力。与以往历次工业革命相比,第四次工业革命是以指数级而非线性速度展开。我们必须在创新中寻找出路。只有敢于创新、勇于变革,才能突破世界经济增长和发展的瓶颈。

二十国集团领导人在杭州峰会上达成重要共识,要以创新为重要抓手,挖掘各国和世界经济增长新动力。我们要创新发展理念,超越财政刺激多一点还是货币宽松多一点的争论,树立标本兼治、综合施策的思路。我们要创新政策手段,推进结构性改革,为增长创造空间、增加后劲。我们要创新增长方式,把握好新一轮产业革命、数字经济等带来的机遇,既应对好气候变化、人口老龄化等带来的挑战,也化解掉信息化、自动化等给就业带来的冲击,在培育新产业新业态新模式过程中注意创造新的就业机会,让各国人民重拾信心和希望。

第二,坚持协同联动,打造开放共赢的合作模式。人类已经成为你中有我、我中有你的命运共同体,利益高度融合,彼此相互依存。每个国家都有发展权利,同时都应该在更加广阔的层面考虑自身利益,不能以损害其他国家利益为代价。

我们要坚定不移发展开放型世界经济,在开放中分享机会和利益、实现互利共赢。不能一遇到风浪就退回到港湾中去,那是永远不能到达彼岸的。我们要下大气力发展全球互联互通,让世界各国实现联动增长,走向共同繁荣。我们要坚定不移发展全球自由贸易和投资,在开放中推动贸易和投资自由化便利化,旗帜鲜明反对保护主义。搞保护主义如同把自己关进黑屋子,看似躲过了风吹雨打,但也隔绝了阳光和空气。打贸易战的结果只能是两败俱伤。

第三,坚持与时俱进,打造公正合理的治理模式。小智治事,大智治制。全球经济治理体系变革紧迫性越来越突出,国际社会呼声越来越高。全球治理体系只有适应国际经济格局新要求,才能为全球经济提供有力保障。

国家不分大小、强弱、贫富,都是国际社会平等成员,理应平等参与决策、享受权利、履行义务。要赋予新兴市场国家和发展中国家更多代表性和发言权。2010年国际货币基金组织份额改革方案已经生效,这一势头应该保持下去。要坚持多边主义,维护多边体制权威性和有效性。要践行承诺、遵守规则,不能按照自己的意愿取舍或选择。《巴黎协定》符合全球发展大方向,成果来之不易,应该共同坚守,不能轻言放弃。这是我们对子孙后代必须担负的责任!

第四,坚持公平包容,打造平衡普惠的发展模式。"大道之行也,天下为公。"发展的目的是造福人民。要让发展更加平衡,让发展机会更加均等、发展成果人人共享,就要完善发展理念和模式,提升发展公平性、有效性、协同性。

我们要倡导勤劳俭朴、努力奋进的社会风气,让所有人的劳动成果得到尊重。要着力解决贫困、失业、收入差距拉大等问题,照顾好弱势人群的关切,促进社会公平正义。要保护好生态环境,推动经济、社会、环境协调发展,实现人与自然、人与社会和谐。要落实联合国2030年可持续发展议程,实现全球范围平衡发展。

"积力之所举,则无不胜也;众智之所为,则无不成也。"只要我们牢固树立人类命运共同体意识,携手努力、共同担当,同舟共济、共渡难关,就一定能够让世界更美好、让人民更幸福。

经过38年改革开放,中国已经成为世界第二大经济体。道路决定命运。中国的发展,关键在于中国人民在中国共产党领导下,走出了一条适合中国国情的发展道路。

这是一条从本国国情出发确立的道路。中国立足自身国情和实践,从中华文明中汲取智慧,博采东西方各家之长,坚守但不僵化,借鉴但不照搬,在不断探索中形成了自己的发展道路。条条大路通罗马。谁都不应该把自己的发展道路定为一尊,更不应该把自己的发展道路强加于人。

这是一条把人民利益放在首位的道路。中国秉持以人民为中心的发展思想,把改善人民生活、增进人民福祉作为出发点和落脚点,在人民中寻找发展动力、依靠人民推动发展、使发展造福人民。中国坚持共同富裕的目标,大力推进减贫事业,让7亿多人口摆脱贫困,正在向着全面建成小康社会目标快步前进。

这是一条改革创新的道路。中国坚持通过改革破解前进中遇到的困难和挑战,敢于啃硬骨头、涉险滩,勇于破除妨碍发展的体制机制障碍,不断解放和发展社会生产力,不断解放和增强社会活力。近4年来,我们在之前30多年不断改革的基础上,又推出了1 200多项改革举措,为中国发展注入了强大动力。

这是一条在开放中谋求共同发展的道路。中国坚持对外开放基本国策,奉行互利共赢的开放战略,不断提升发展的内外联动性,在实现自身发展的同时更多惠及其他国家和人民。

中国发展取得了巨大成就,中国人民生活得到了极大改善,这对中国好,对世界也好。中国的发展成就,是中国人民几十年含辛茹苦、流血流汗干出来的。千百年来,中华民族素以吃苦耐劳闻名于世。中国人民深知,世界上没有免费的午餐,中国是一个有着13亿多人口的大国,想发展就要靠自己苦干实干,不能寄托于别人的恩赐,世界上也没有谁有这样的能力。

观察中国发展,要看中国人民得到了什么收获,更要看中国人民付出了什么辛劳;要看中国取得了什么成就,更要看中国为世界作出了什么贡献。这才是全面的看法。

1950年至2016年,中国在自身长期发展水平和人民生活水平不高的情况下,累计对外提供援款4 000多亿元人民币,实施各类援外项目5 000多个,其中成套项目近3 000个,举办11 000多期培训班,为发展中国家在华培训各类人员26万多名。改革开放以来,中国累计吸引外资超过1.7万亿美元,累计对外直接投资超过1.2万亿美元,为世界经济发展作出了巨大贡献。国际金融危机爆发以来,中国经济增长对世界经济增长的贡献率年均在30%以上。这些数字,在世界上都是名列前茅的。

从这些数字可以看出,中国的发展是世界的机遇,中国是经济全球化的受益者,更是贡献者。中国经济快速增长,为全球经济稳定和增长提供了持续强大的推动。中国同一大批国家的联动发展,使全球经济发展更加平衡。中国减贫事业的巨大成就,使全球经济增长更加包容。中国改革开放持续推进,为开放型世界经济发展提供了重要动力。

中国人民深知实现国家繁荣富强的艰辛,对各国人民取得的发展成就都点赞,都为他们祝福,都希望他们的日子越过越好,不会犯"红眼病",不会抱怨他人从中国发展中得到了巨大机遇和丰厚回报。中国人民张开双臂欢迎各国人民搭乘中国发展的"快车"、"便车"。

很多人都在关注中国经济发展趋势。中国经济发展进入了新常态,经济增速、经济发展方式、经济结构、经济发展动力都正在发生重大变化。但中国经济长期向好的基本面没有改变。

2016年,在世界经济疲弱的背景下,中国经济预计增长6.7%,依然处于世界前列。现在,中国经济的体量已不能同过去同日而语,集聚的动能是过去两位数的增长都达不到的。中国居民消费和服务业成为经济增长的主要动力,2016年前三季度第三产业增加值占国内生产总值的比重为52.8%,国内消费对经济增长的贡献率达71%。居民收入和就业实现稳定增长,单位国内生产总值能耗持续下降,绿色发展初见成效。

当前,中国经济面临一定的下行压力和不少困难,如产能过剩和需求结构升级矛盾突出,经济增长内生动力不足,金融风险有所积聚,部分地区困难增多。我们认为,这些都是前进中必然出现的阶段性现象,对这些问题和矛盾,我们正在着力加以解决,并不断取得积极成效。我们坚定向前发展的决心不会动摇。中国仍然是世界上最大的发展中国家,中国有13亿多人口,人民生活水平还不高,但这也意味着巨大的发展潜力和空间。我们将在创新、协调、绿色、开放、共享的发展理念指引下,不断适应、把握、引领中国经济发展新常态,统筹抓好稳增长、促改革、调结构、惠民生、防风险工作,推动中国经济保持中高速增长、迈向中高端水平。

——中国将着力提升经济增长质量和效益,围绕供给侧结构性改革这条主线,转变经济发展方式,优化经济结构,积极推进去产能、去库存、去杠杆、降成本、补短板,培育增长新动能,发展先进制造业,实现实体经济升级,深入实施"互联网+"行动计划,扩大有效需求,更好满足人们个性化、多样化的需求,更好保护生态环境。

——中国将不断激发增长动力和市场活力,加大重要领域和关键环节改革力度,让市场在资源配置中起决定性作用,牵住创新这个"牛鼻子",推进创新驱动发展战略,推动战略性新兴产业发展,注重用新技术新业态改造提升传统产业,促进新动能发展壮大、传统动能焕发生机。

——中国将积极营造宽松有序的投资环境,放宽外商投资准入,建设高标准自由贸易试验区,加强产权保护,促进公平竞争,让中国市场更加透明、更加规范。预计未来5年,中国将进口8万亿美元的商品、吸收6 000亿美元的外来投资,对外投资总额将达到7 500亿美元,出境旅游将达到7亿人次。这将为世界各国提供更广阔市场、更充足资本、更丰富产品、更宝贵合作契机。对各国工商界而言,中国发展仍然是大家的机遇。中国的大门对世界始终是打开的,不会关上。开着门,世界能够进入中国,中国也才能走向世界。我们希望,各国的大门也对中国投资者公平敞开。

——中国将大力建设共同发展的对外开放格局,推进亚太自由贸易区建设和区域全面经济伙伴关系协定谈判,构建面向全球的自由贸易区网络。中国一贯主张建设开放透明、互利共赢的区域自由贸易安排,而不是搞排他性、碎片化的小圈子。中国无意通过人民币贬值提升贸易竞争力,更不会主动打货币战。

3年多前,我提出了"一带一路"倡议。3年多来,已经有100多个国家和国际组织积极响应支持,40多个国家和国际组织同中国签署合作协议,"一带一路"的"朋友圈"正在不断扩大。中国企业对沿线国家投资达到500多亿美元,一系列重大项目落地开花,带动了各国经济发展,创造了大量就业机会。可以说,"一带一路"倡议来自中国,但成效惠及世界。

　　今年5月,中国将在北京主办"一带一路"国际合作高峰论坛,共商合作大计,共建合作平台,共享合作成果,为解决当前世界和区域经济面临的问题寻找方案,为实现联动式发展注入新能量,让"一带一路"建设更好造福各国人民。

　　世界历史发展告诉我们,人类文明进步历程从来没有平坦的大道可走,人类就是在同困难的斗争中前进的。再大的困难,都不可能阻挡人类前行的步伐。遇到了困难,不要埋怨自己,不要指责他人,不要放弃信心,不要逃避责任,而是要一起来战胜困难。历史是勇敢者创造的。让我们拿出信心、采取行动,携手向着未来前进!

(作者是中华人民共和国主席)

两次全球金融大危机的比较研究

刘 鹤

2008年危机爆发之后,我们一直在思考这次危机可能延续的时间、可能产生的深远国际影响和我们的对策。从2010年起,我们开始启动对20世纪30年代大萧条和本次国际金融危机的比较研究,邀请了中国人民银行、银监会、社科院、国务院发展研究中心、北京大学等单位的研究人员参加,本文是此项研究的总报告。总的看,金融和经济危机的发生是资本主义制度的本质特征之一。工业革命以来,资本主义世界危机频繁发生,20世纪30年代大萧条和本次国际金融危机是其中蔓延最广、破坏力最大的两次,它们都是资本主义内生矛盾积累到无法自我调节程度后的集中爆发。

一、研究的目的、方法和基本逻辑

(一)这次研究的主要目的,是试图通过历史比较来理解过去,推测未来可能发生的变化。这样做的主要原因是:我们的工作任务之一是应对本轮金融危机,我们希望通过历史比较使自己的工作获得主动性。

(二)在一些自然科学领域,理解和判断往往在实验室进行,而社会科学没有研究实验室,当统计数据不充分、研究对象又十分泛化时,替代的研究方式可能是进行历史比较。正如在自然界存在着气候变化长周期一样,在经济社会发展领域,只要时间的跨度足够大,也会发现历史的重复现象或者相似之处。令人欣慰的是,这两次危机之间实际间隔约80多年,如果加上上次大萧条之前的历史背景时间,可用于比较研究的时间超过100年。这100多年的时间内,发生了两次重大的技术革命,人类也经历了两次最大的繁荣与萧条的更迭,这使得这个宝贵的时间成为进行比较研究最难得的实验场所。

(三)本项研究的基本逻辑是历史的周期率。我们认为,周期性是历史变化和自然界的本质特征,也是资本主义制度的重要特点。历史在时间跨度足够长时会不断重复自己,经济社会发展的周期率首先表现为繁荣与萧条的交替,但这种交替只是分析问题的起点。本项研究的主要任务,是试图发现在两次繁荣萧条之中那些最引人注目的事件发生的先后顺序和相似程度,更准确地说,这项研究是试图理解两次危机发生前技术和经济背景的类似性,刻画在这样的背景下政府行为和大众心理的特征,描述两次危机的宏观发展轨迹,从而为应对危机的决策提供依据。

(四)历史重复自己有线性方式,也有非线性方式,有符合逻辑的精准变化规律,也有逻辑不清的意外变化,甚至还有很多无法解释的历史困惑,这一切既是进行这项研究的迷人之处,也是它的难点所在。在下面的报告中,我们将按照马克思主义的分析方法,归纳两次危机的不同点,试图总结出两者的共性特点,并得出初步的政策结论。

二、两次危机的区别点

在提炼两次危机的共同点之前,有必要看到两次危机存在的巨大区别。非常明显,两次危机对人类社会造成灾难的程度不同。从危机爆发初期的情况看,1929年大萧条造成的经济总量损失和商业破坏要大大超过本次金融危机。但本次金融危机的后续发展演变日趋复杂,美国失业率连续两年多居高不下,持续维持在9%上下,房价仍在低位徘徊,复苏过程曲折反复;欧洲主权债务危机影响不断深化,经济社会政治产生共振,负向反馈,不确定性和风险持续提高。总的来看,这次危机尽管短期杀伤程度要轻,但调整可能需要更长时间,深度影响难以估计。归纳起来,两次大危机有几点主要的区别:

(一)人口结构不同。人口结构特别是年龄结构对经济社会发展具有十分重要的影响,对政府制定公共政策也会产生重要的作用。大萧条期间的人口年龄较轻,中等收入者比重偏低,受教育程度也不高。而本次危机发生的时候,人口的年龄已大大提升,特别是发达国家普遍进入老龄化社会,中等收入者比重上升,受教育程度提高,福利化制度和人口年龄因素造成劳动力的市场适应性减弱,人们更乐于维持现状而不是变革。

(二)技术条件不同。大萧条发生在第二次技术革命之后,而本次危机发生在第三次技术革命之后,在两次技术革命之后,人类技术进步的程度大大提高。特别是在军事领域,核武器的发展使得主要国家具有相互制衡的能力,鲜有国家寄希望于通过世界战争解决国家利益争端。相反,核力量造成的"恐怖平衡"成为维护世界和平的重要因素。同时,本次金融危机是在信息化技术高度发达条件下产生的,这会加重风险的扩散和共振,使这次危机的传播速度更快、范围更广且市场同步波动更明显。

（三）发达国家的经济和社会制度发生了进化。大萧条后，资本主义国家吸收社会主义理论，社会保障制度在发达国家普遍建立，宏观经济管理制度从无到有且日趋完善，经济和社会发展建立了稳定器和刹车系统。另外，本次国际金融危机发生后，基于对上次大萧条的认识，主要发达国家政府都对经济进行了快速的直接干预，在较短时间内改变了经济自由落体的状态。因此，本次危机对经济和社会的短期损害还没有达到上次大萧条的程度。

（四）全球化的程度不同。在联合国、国际货币基金组织、世界银行的框架下，各个国家之间的相互依存度大大提高。目前全球的货币制度以纸币为基础，有管理的浮动汇率制度替代了传统的金本位制度，资本市场开放的程度大大提高，跨境投资现象比较普遍，跨国公司的全球布局使得单个国家的利益和其他国家的利益更加交融。虽然会有保护主义的思潮和损人不利己的种种行为出现，但是这些做法将损害本国政府、企业和居民利益，因此将是短命的。

（五）新兴国家崛起和全球经济格局不同。上次危机是资本主义世界的危机，欠发达国家受到严重的外部震荡，但只有消极接受的无奈，没有力量拉动全球经济回升。而本次危机截然不同，全球力量出现了结构性变化，在发达国家内需下滑的时候，世界出现新的经济增长发动机，这些国家的巨大需求对经济下滑的拉升作用加大，全球经济危机可能从中心扩散到外围，但是从外围折射到中心的力量巨大。

三、两次危机的共同特点

通过比较研究，关于两次危机的共同之处，我们侧重于从政治经济学的角度进行归纳。初步得到十点结论，简要描述如下：

（一）两次危机的共同背景是都在重大的技术革命发生之后。长周期理论认为，技术创新引起繁荣，繁荣又是萧条的原因，重大的技术革命引起大繁荣，毫无疑问也会引起大萧条，这是历史周期率的重要表现。1929年爆发的大萧条是在第二次技术革命后发生的，而这次危机则发生在"第三次浪潮"之后。

（二）在危机爆发之前，都出现了前所未有的经济繁荣，危机发源地的政府都采取了极其放任自流的经济政策。在两次繁荣期间，经济的自由放任和企业家创新精神的发扬互为补充，推动着经济的高增长，但也与后来危机的发生存在某种逻辑关系。十分明显的是，发达国家已经出现了制造业的衰落，越来越多的劳动者已经无法适应产业结构的快速变化,过度负债的经济模式已经充满风险。

（三）收入分配差距过大是危机的前兆。两次危机发生前的另一个共同特点,是较少数的人占有较多的社会财富。虽然形式上的变化很多,但是产能过剩和有效需求不足的矛盾仍然是主要矛盾。

（四）在公共政策空间被挤压得很小的情况下,发达国家政府所采取的民粹主义政策通常是危机的推手。技术变革和分配差距扩大造成的心理压力,往往会引起社会公众的不满,在执政期内无力改变现状和选票政治的推动下,政府倾向于更多地采取民粹主义政策宣示,安抚民心。民粹主义承诺改变了大众的福利预期,加大了对政府的依赖,也放松了自己的奋斗决心,是效果极其负面的腐蚀剂。致命问题是,一旦大众的福利预期得不到满足,社会心理很快发生逆转,并形成蔑视权威、拒绝变革和仇视成功者的强烈氛围。与此同时,超出收入能力的过度财政负债和福利主义相应成为一种习惯,这种习惯在政府和民间相互影响,其破坏力在目前的欧债危机中得到充分体现。

（五）大众的心理都处于极端的投机状态,不断提出使自己相信可以一夜致富的理由。两次危机前的产业神话和收入分配出现的巨大差距,往往导致资本主义制度下的社会心理状态出现变异,使大众都开始追求一夜暴富,没有多少人可以经受泡沫产业的诱惑,社会心态浮躁具有普遍性,在宽松货币环境和以提高杠杆率为实质的金融创新助推下,大量举债进行高风险投机,产生了巨大的资产泡沫,大萧条前主要是股市泡沫,这次危机前是房地产泡沫。

（六）两次危机都与货币政策相关联。在两次危机之前,最方便的手段是采取更为宽松的货币信贷政策。大萧条前,泛滥的信贷政策引起了股市的泡沫和投机的狂热;在这次危机前,美联储极其宽松的货币政策、金融放松监管和次级贷款都达到前所未有的水平,使得经济泡沫恶性膨胀。在经济泡沫导致消费价格上涨的压力下,货币当局不得不采取紧缩货币政策,从而捅破了泡沫,改变了投机者的心理预期,使得迟早发生的事终于发生。

（七）危机爆发后,决策者总是面临民粹主义、民族主义和经济问题政治意识形态化的三大挑战,市场力量不断挑战令人难以信服的政府政策,这使得危机形势更为糟糕。在面对严重危机的时候,主要国家在应对政策上总犯同样的错误,特别是应当采取行动的时候总会错过时机,应当采取宏观扩张政策的时候则采取紧缩政策,应当开放和进行国际合作的时候往往采取保护主义政策,应当压缩社会福利、推动结构改革的时候却步履艰难甚至反复和倒退。

（八）危机的发展有特定的拓展模式，在它完成自我延伸的逻辑之前，不可轻言经济复苏。在经济危机的过程中，会发生很多意外事件，它们似乎是一些小概率事件，但事实并非如此。经济一旦从正常状态转入危机状态，它就开始以一种不同寻常的方式循环。

（九）危机只有发展到最困难的阶段，才有可能倒逼出有效的解决方案，这一解决方案往往是重大的理论创新。我们看到，全球经济的恶化又一次产生巨大的倒逼力量，这在最近结束的欧盟峰会上已经体现出来。同时还要看到，尽管理论创新十分重要，但全球经济能否走出危机，又在很大程度上取决于外部运气因素，这在1929年大萧条的末期表现得十分明显。

（十）危机具有强烈的再分配效应，它将导致大国实力的转移和国际经济秩序的重大变化。"基辛格定律"可能被再次验证。基辛格在他的名著《大外交》一书中开宗明义地指出，世界每隔100年会出现一个新的全球大国。这个判断可能被两次危机所证实。大萧条后世界经济重心由欧洲转向美洲，美国在世界经济中发挥主导作用，美元占据支配地位，联合国、国际货币基金组织和世界银行诞生，世界经济政治格局发生重大变化。这次危机发生后，全球发展的重心向亚太地区转移，二十国集团（G20）平台产生，世界实力对比正在急剧变动，国际经济秩序正在发生变化。

四、三点政策思考

两次危机的比较研究，使我们得到不少思想收获，也受到很多启示。考虑到我国加快推动经济发展方式转变、全面建成小康社会的历史背景，在诸多可以选择的政策建议中，这里主要想提出三点思考。

（一）树立底线思维方法，对危机可能出现的最坏场景做出预案。比较研究的结论和目前欧债危机的加速恶化形势告诉我们，必须树立底线思维的思想方法，对危机态势做最坏的准备，同时努力争取较好的结果，既要应对突发性外部冲击和震动，又要做好应对危机结构性变化的长期准备，只有这样，才能使我们立于不败之地。目前有两个场景必须预防：一是危机升温而产生的巨大外部震荡；二是危机迫使一些国家转嫁灾难而走向变换形态的战争。虽然这两个场景在近期出现都是小概率事件，但必须防患于未然。

（二）把握我国战略机遇期内涵的重大变化，谋求中国利益和全球利益的最大交集。比较研究的结论也可以告诉我们，我国所处战略机遇期的内涵已经发生重大变化。从经济意义来说，在本次危机前，我国的战略机遇主要表现为海外市场扩张和国际资本流入，我国抓住机遇一举成为全球制造中心。本次危机发生后，全球进入了总需求不足和去杠杆化的漫长过程，我国的战略机遇则主要表现为国内市场对全球经济复苏的巨大拉动作用和在发达国家呈现出的技术并购机会和基础设施投资机会。我们应牢牢把握这些实质性变化，认真分析我国与大国经济体在新的历史条件下所出现的巨大利益交集，明确提出解决全球增长困境问题的方案，在外部条件明朗化后稳步加以实施。

（三）集中力量办好自己的事，抓好重大课题的务实超前研究。比较研究的结论还告诉我们，无论国际风云如何变幻，集中力量办好自己的事是我们应对外部巨大冲击、实现我国和平崛起的根本之策。我们要借鉴历史上大国崛起的经验，警惕卷入不必要的国际事件，切实集中力量、重点突出，扎扎实实地办好自己的事。我国正处于全面建成小康社会的关键时期，建议从顶层设计的角度出发，对一些需要集中力量办好的事进一步务实研究，尤其需要增强全球视野，提高定量化程度，使研究成果具有可操作性。

（作者是中央财经领导小组办公室副主任、国务院发展研究中心党组书记，本文选自《比较》2012年第5期）

用大思维来把握大时代

范永进

大时代呼唤大思维,大时代需要大思维。本文力求通过探寻分析大时代的内涵与特征,大跨越、大视角、大维度地回顾人类历史概貌、解读世界风云变幻、剖析中国跌宕历程、洞察全球局势动向等,以呈现大历史脉络,启迪大思维创新,把握大时代格局。

一、我们遇上了大时代

我们遇上了大时代,这是一个思想碰撞呼唤大师的时代,这是一个创新驱动转型发展的时代,这是一个追求卓越向往和谐的时代。身处大时代,我们需要理解大时代,方能把握大时代。关于大时代的内涵与特征,需着重把握如下两方面:

(一)"四个大":大分化、大动荡、大颠覆、大转折

大时代的首要特点是"四个大"。

1. "大分化"。如今的时代是一个分化的时代。进入21世纪以来,经济全球化迅猛发展,知识经济和信息革命日新月异,世界主要力量对比发生巨变,全球利益结构多元化,格局复杂化,世界局势呈现大分化。

2. "大动荡"。人类自进入新世纪以来,局部战争从未真正停止过。特别是2010年末至今,发生在北非、中东地区的一系列动荡和"革命"都表明,世界局势并不平稳。此外,美国次贷危机引发的全球金融危机,占领华尔街运动,以及欧洲主权债务危机等,都进一步加剧了全球大动荡。

3. "大颠覆"。在当前这样一个知识爆炸、信息泛滥的时代,人们的思想观念和价值取向日益多元化、多样化,很多传统的、一直以来坚守的东西正受到挑战,甚至颠覆。

4. "大转折"。今日世界已进入新的大国竞争时代。冷战结束后形成的美国单极化时代即将结束,国际社会如今已开始明显地向多极化结构转变。美、欧、中、俄、印、日以及发展中国家都在追求各自的国家利益,世界正在进入在各种领域争夺主导权的"春秋战国时代"。这是全球范围内的大转变。

(二)"四个化":全球化、市场化、信息化、浓缩化

大时代的另一个特点是"四个化"。

1."全球化"。全球化是20世纪80年代以来在世界范围日益凸显的新现象,是这个大时代的基本特征。全球化形成地球村。曾任美国国务卿的黑格1989年在朱镕基创办的上海市市长国际企业家咨询会议上说道,世界已进入了全球化时代,在捷克一个小镇发生的事情,会对全球政治决策发生影响。20多年过去了,这一说法得到了现实强有力的印证。

2."市场化"。市场化从某种角度讲就是资本化,一旦选择了市场经济,就自然而然地与国内外资本联系在一起,马克思的《资本论》、列宁的《帝国主义论》,也都是围绕其展开论述的。如今,市场经济已成为世界经济的主流。改革开放伟大事业,引领中国走上了社会主义市场经济道路,开启了中国经济发展的大时代。

3."信息化"。随着农业时代和工业时代的衰落,人类社会正在向信息时代过渡,跨进第三次浪潮文明,其社会形态由工业社会发展到信息社会。信息时代的来临,令时间和距离的概念被大大缩小,也对人们想问题的方式及人与人相互间的交往方式产生了深刻的影响。同时,信息技术的发展也大大加速了全球化的进程。

4."浓缩化"。浓缩化是指时空压缩了。对于中国来说更加明显,因为中国人用30多年的时间走过了其他很多国家花300多年走过的路。中国近一个世纪的时间里,形成了至少经历截然不同时代的"四代人",即20世纪20年代左右出生的"革命的一代",经历过"文化大革命"的"文革的一代",赶上改革开放大潮的"改革的一代",以及现今的"80后""90后"即"变革的一代"。"浓缩化",造就了"四代同堂"。"浓缩化"也导致了许多观念的碰撞、是非的分化,包括一些传统理论、学说的变化,很多东西刚熟悉、接受,但马上又产生了新变化,30多年时间里,这一点尤为显著。

综上可见,我们眼前的这个"大时代"是一个多重含义的全新的"大时代"。

二、我们对若干问题的认识

(一)人类在历史长河中的三大步

回顾历史长河,人类的发展到目前为止大致可以归纳为如下三大步:

1.是10余万年前,地球上出现了晚期智人(现代人)。通过考古研究发现,晚

期智人的解剖结构已与现代人基本相似,因此又称解剖结构上的现代人。这一时刻的伟大意义在于人类在地球上正式脱离动物,成为真正的人。目前,据科学研究,人类和黑猩猩拥有一个共同的祖先,但是这一祖先现在还没有被找到和确认。而且,现在基本可以确定人的很多变化都是在瞬间完成的。原有的一些理论认为,劳动创造了人,人类原是四肢着地的,为了摘取食物和加快跑步速度等,人就站起来了。达尔文的进化论认为生物是由低级到高级、由简单到复杂逐步演变而来的。但在孟德尔主义者看来,随机的基因突变,而不是自然选择,才是生物进化的真正动力。也就是说,很多质的变化都是瞬间发生的,我们的祖先在某一个点突然变成了像我们现在这样的人,他有思维、有记忆了。

2. 长一点说是5 000年,短一点是有文字以来的大约2 500年前,人类进入了轴心时代。其中为代表的有:古代的中国、古埃及、古希腊,还有两河流域,即底格里斯河和幼发拉底河之间的美索不达米亚平原,即现在的伊拉克。这段时期是人类文明精神的重大突破时期。在轴心时代里,各个文明都出现了伟大的精神导师——古希腊有苏格拉底、柏拉图、亚里士多德,以色列有犹太教的先知们,古印度有释迦牟尼,中国有孔子、老子……他们提出的思想原则塑造了不同的文化传统,也一直影响着人类的生活。而且更重要的是,虽然中国、印度、中东和希腊之间有千山万水的阻隔,但它们在轴心时代的文化却有很多相通的地方。直到现在也没人知道为什么在地球上,这些文明几乎是同步发展起来的。人类最发达、最繁盛的时候其实就是轴心时代,一个很显著的例子就是中华文明,中华文明最繁荣的时候就是春秋战国时期,那时出现了孔子、孟子、老子、韩非子、秦始皇等,他们对中华文化影响至今,后人仍未突破轴心时代的辐射。

3. 就是现在,我们正处在人类第二步后期和第三步前期这样一个转折跨越时期,可是现在不太可能出现又一个"轴心时代"了。现在是信息化、全球化社会,我们有许多现代社会发展带来的烦恼,很多事物看起来让人感到悲观。第一,人类现在已经进入到了核时代,核武器可以轻易将整个人类都毁灭。第二,科学技术的发展对人类有诸多威胁,比如克隆技术。现在道德上、伦理上对克隆进行了限制,但生命科学发展到将来,人或许就可以直接被克隆了。到目前为止,我们每一个人还是有父母的,可是不久的将来就可能会出现不靠男女结合而制造的生命,例如现在的试管婴儿,有些就已经不知道父母是谁了。2012年诺贝尔医学奖获得者发现了细胞"可逆性",生物体成熟的特化细胞可以借助于"再编程"回到初始状态,继而改性并发育成为任何一种细胞。这意味着人类可能借此变得更为长寿。又如机器人的发明。机器人的平均智慧将超过人类,因为每个人实际都会存有弱点,但机器人在发明过程中,可以不断优化并达到同一水平。据说,现在日本做的机器人已经和人的形状一样了,脸也是有弹性、有表情的。机器人替代人类的那一天可能已经不远了。

应当说,我们现在生活在一个需要新的大思维的时代。轴心时代创造的很多理论令我们远离了动物时代弱肉强食的血腥和残酷,开启了人类用理智的方法、道德的方式来面对这个世界。比如孔子提倡的尊老爱幼、团结互助、扶弱济贫等伦理思想。同时,我们现在也迎来了一个大时代,即人类第二步到第三步的关键转换期,很多国际组织,如联合国、G20、金砖国家等,都在讨论如何用大思维引领人类走好大时代这一步。

这就是人类发展至今的三大步。目前所处的这个阶段实际上人类会有三种选择。一种理想方式是各国之间和平相处、和谐共融,但这需要付出极大努力。近期朝鲜宣布即将发射导弹,此外,还有南海事件、钓鱼岛事件等,这些动向和争端让人感到人类和谐相处的可行空间并不是很大。第二种就是毁灭。第三种是远离地球。目前的科技水平还没达到这个程度,这是人类的一种大胆设想。霍金等一直在呼吁人类向其他星球转移,但这并不是那么容易的。

(二)全球时代500年来的世界与中国

世界真正进入全球帝国时代或全球化就是在这500年间,这里主要讲讲世界与中国的关系。

15世纪—16世纪,是葡萄牙、西班牙的时代。1492年,哥伦布发现新大陆。1519—1522年,葡萄牙航海探险家麦哲伦率领的探险船队实现了环球航行。1553年,葡萄牙人开始在中国澳门地区居住。从这个时候起,西方思想开始进入和影响中国。孙中山所在的广东中山市(原香山县)就紧挨着澳门。中国近代史上首位留学美国的学生,被称为"中国留学生之父"的容闳,中国近代最早具有完整维新思想体系的理论家、启蒙思想家郑观应都是原香山县人,他们的经历和成就都与澳门这块土地息息相关。葡萄牙占领了澳门400多年的时间,直至1999年正式将澳门政权移交中国。西班牙人于1565年占领宿雾岛,开始统治菲律宾。其后,西班牙将中国列入殖民扩张之列,1626—1642年,西班牙人在北台湾进行了历时16年的殖民统治。后因新崛起的荷兰的牵制,西班牙在台湾的殖民力量被荷兰所取代。

17世纪是荷兰的鼎盛时期,荷兰人进入台湾。荷兰人在台湾统治了38年,直至1662年郑成功收复台湾。至今,台南地区还保留着一些荷兰的建筑和遗风。

18世纪—19世纪,英国人来到了中国,因为当时中英都是世界上最强盛的国家,中国对此并没有引起重视,错失了1793年英使马戛尔尼访华时开放中国的机遇。1840年,英国发动鸦片战争,中国封闭的国门被英国人的坚船利炮打开了。后因战事不利,道光帝派直隶总督琦善与英国议和,签订了中国历史上第一个不平等条约《南京条约》。中国第一次向外国割地、赔款、商定关税,严重危害了中国主权,使中国开始沦为半殖民地半封建社会,并引发了自然经济的解体。鸦片战争揭开了近代中国人民反抗外来侵略的历史新篇章。

20世纪,美国人登上了世界舞台的中心。优越的地理条件,两次世界大战赢得的机遇和发展,以及民主制度的作用,令美国在20世纪中后期,成为了科技、经济、军事、文化的超级大国。

进入21世纪,中国正被推向舞台中央。中国在1840年鸦片战争时被人打败,到现在有170多年了。南怀瑾曾预测,中华人民共和国成立以后,中华民族伟大复兴有望实现。

(三)近代以来中国对发展道路的艰难选择

中国历史上发生了两次鸦片战争。1840年,第一次鸦片战争拉开了中国近代史的大幕。1856—1860年发生了第二次鸦片战争,英国与法国联手侵入中国首都北京,洗劫和火烧了圆明园。鸦片战争以后,中国人被西方人打败,也从中认识到自身的落后,开始向西方学习。1894年甲午战争后,中国人从早期的留美、英、德,转变为留学日本。例如陈独秀、李大钊、鲁迅、周恩来等致力于拯救中国的人都去了日本,他们学回来一套西方的语系,像政治学、伦理学等词汇都来自日本。日本学习了英国的君主立宪制,1898年,以康有为为首的改良主义者通过光绪皇帝进行资产阶级政治改革,即"戊戌变法",其最终目的也在于推行君主立宪制。但是"戊戌变法"遭到慈禧太后反对,最后光绪帝被囚,"戊戌六君子"被杀,历时仅103天的变法以失败告终。

英国君主立宪制度在中国的失败,使得中国转而开始寻辟共和的道路。1911年爆发"辛亥革命",这一次中国选择的是美国民主共和制。1912年元旦,孙中山宣誓就职,宣告中华民国成立。1912年的2月12日,清帝和平逊位。统治中国260多年的清政府,维持中国2 000多年的君主专制统治就这样失败了。这可谓中国版的"光荣革命"。孙中山推崇美国的共和制,在中国实行总统制,可是因为内部体制的缺陷,令共和制只是徒有虚表,再加上袁世凯的篡权,使得革命成果被窃,这也意味着美式共和制在中国的尝试失败了。

中国学英美不成,之后作出的第三次选择就是学苏联。1919年"五四"运动前的中国,一群受过西方教育的人发起了新文化运动,其核心人物有留日回来的陈独秀,他1915年回国后创立了《新青年》,提倡民主与科学(德先生与赛先生),批判传统的中国文化,并传播马克思主义思想;还有留美而归的胡适,其支持白话文运动,主张以实用主义代替儒家学说。新文化运动是一次前所未有的思想解放和启蒙,加上"五四"运动,为马克思主义和俄式革命在中国的传播开辟了道路。

这里有必要补充一点,当时世界主流为两条线:以英美为主的A线和以法俄为主的B线。英美革命选择了平和、妥协的道路,是小革命;而法俄革命选择了暴力革命、文化革命,是大革命。

这两条线都是主线,中国开始以英美为师,后来转为以俄为师,一步步走来,有曲折也有成功。苏联为中国建立社会主义提供支持,帮助中国确立马克思列宁主义作为指导思想,建立领导核心——中国共产党,最终中国共产党领导中国革命夺取了胜利,创建了新中国。在计划经济时期,苏联支援我国建设156个重大工程项目,取得了巨大的成就,如两弹一星的起步、社会主义工业体系的建立等。

苏联在中国共产党建党、新中国建国和新中国建设发展时期,都给予了中国许多帮助,这一点不可否认。但到了20世纪50年代末期,中苏两国在许多重大问题上发生分歧,导致中苏关系开始恶化。1969年,双方在珍宝岛和新疆边界问题上发生严重的武装冲突,几乎导致全面战争。1970年代后,苏联大肆扩张,中苏关系一直处于不正常的局面。直至1989年5月戈尔巴乔夫访华,邓小平会见,两党关系才实现正常化。

与苏联产生分歧前后,中国开始探索"中国特色"的理论和制度。直到1982年9月1日邓小平在《中国共产党第十二次全国代表大会开幕词》中提出:"把马克思主义的普遍真理同中国的具体实际结合起来,走自己的道路,建设有中国特色的社会主义,这就是我们总结长期历史经验得出的基本结论。"这一概念在此后长期发展中有所变化,1980年代用的是"有中国特色的社会主义",1990年代用的是"有中国特色社会主义",2000年代用的是"中国特色社会主义"。2007年十七大报告指出:"改革开放以来我们取得一切成绩和进步的根本原因,归结起来就是:开辟了中国特色社会主义道路,形成了中国特色社会主义理论体系。在当代中国,坚持中国特色社会主义道路,就是真正坚持社会主义。坚持中国特色社会主义理论体系,就是真正坚持马克思主义。"至此,中国形成了较为系统的中国特色社会主义理论体系,即包括邓小平理论、"三个代表"重要思想以及科学发展观等重大战略思想在内的科学理论体系。

作为后人,我们要清楚这段100多年的历史是怎么来的。中华民族为了民族独立、国家富强、人民幸福,我们放弃和否定了许多原有的东西,例如打倒孔家店等,学习国外的理论和制度,又逐渐形成自己的理论体系,一步一步走到了今天。所以说,中华民族是非常多灾多难的,很多东西是完全断裂的,现在仍处于不断的探索中。

这里补充一点,中国学西方,第一是学器物,第二是学制度,第三是学文化。第一学器物,洋务运动提出师夷长技以制夷,学习外国的先进技术。第二学制度,戊戌变法主张的君主立宪制、辛亥革命主张的民主共和制,都是在学习西方,谋求制度变革。第三学文化,新文化运动、"五四"运动就是核心体现,影响至今。

中国特色社会主义就是这样一步步过来的。因为1991年苏联解体了,苏式社会主义退出了历史舞台,中国更坚定了"中国特色社会主义"。这在国际上产生了很大影响。通常认为,社会主义是马克思、恩格斯提出的资本主义和共产主义之间的过渡。但社会主义在实践中有很多差异,例如希特勒曾经搞的是民族社会主义,现在朝鲜自称是社会主义,古巴也是社会主义,而我们中国是"中国特色社会主义"。

(四)回望1793年、1894年、1992年三个年份对中国发展走向的重大影响

1793年,英国派马戛尔尼使团不远万里来到中国,要求中国打开国门,进行自由贸易。当时中国是朝贡制,也就是说中国作为中央大国,别的国家都要来朝拜、送贡品,而中国给予他们更多的赏赐。1793年,英国使团以祝寿名义朝见乾隆皇帝,中国方面要求其觐见皇帝行三跪九叩大礼,而马戛尔尼认为最多行单腿屈膝着地之礼,于是就产生了礼仪之争。当时唯一让乾隆龙颜大悦的是看到随团竟有一个会讲几句汉语的金发碧眼的可爱小孩。他赏赐了大把的糖果、银钱给这个小孩,那正是11岁的斯当东。最终,乾隆皇帝以"我天朝上国无奇不有,不指望与尔等互通有无"打发了英国使团,马戛尔尼访华失败。

马戛尔尼访华,使得英国人把中国沿海的情况都了解清楚了。另外,到1840年,马戛尔尼访华代表团的人几乎都死了,唯一活着的只有斯当东。当英国下议院投票决定对中国是宣战还是媾和时,两边的票数非常接近。于是,他们请唯一到过中国的斯当东发表意见,他说,中国是一个听不懂商业语言,只听得懂炮舰语言的民族。最后,宣战比媾和多了9票,以微弱多数通过,由此,英国对中国发动了鸦片战争。

1793年,如果中国以贸易的眼光来看待英使者访华,在世界贸易共同体萌芽阶段就加入其中,那么中国以后的历史就可能重写。

1894年开始,日本人来打中国了,甲午战争打醒了中国人。甲午战争以后,1905年在中国东北的土地上进行了一场日俄战争,日本获胜,并获得了中国东北驻军的权利。1919年,"一战"结束后,战胜国和战败国签订《凡尔赛条约》,中国作为战胜国,德国应向中国归还在山东的权益;但后来因为"二十一条"的关系,德国在山东的权益被转交给了日本。1931年日本发动"九一八"事变,1937年发动"七七事变"开始全面侵华战争。可见,日本在很长时间以来,都将中国看作自己刀俎上的鱼肉。在"二战"中,日本战败,但其认为不是中国打败了日本,而是美、苏等大国打败了日本。20世纪70年代,中日建交,日本首相田中角荣在北京签署了《中日联合声明》,日本方面对过去由于战争给中国人民造成的重大损失,表示深刻的反省;中国政府宣布,为了中日两国人民的友好,放弃对日本的战争赔偿要求。但中日两个相邻大国的关系仍需认真对待。

对于1992年这个特殊年份,我们很多人都是见证者。如果没有邓小平1992年的南方谈话,中国可能又会回到"以阶级斗争为纲"的状态,也就会中止改革开放。1978年12月十一届三中全会起,中国开始实行对内改革、对外开放的政策,从此,逐步开辟了一条建设中国特色社会主义的道路,30多年来,中国人民沿着这条道路取得了举世瞩目的建设成就。

综上所述,这三个年份对中国历史有巨大的影响。1793年,如果中国和英使团达成贸易协议,也许中国早已成为贸易大国。1894年,没有日本人的侵略,也许中国富强了,但也许就没有中国人的觉醒。1992年,如果没有邓小平的南方谈话,也许就没有了改革开放和今天中国的繁荣强盛。这就是历史。在两次世界大战中,中国先是在第一次世界大战正确"站队"成为了战胜国之一,后来又在第二次世界大战中通过14年抗战中击败了外来侵略者,否则我们前辈的艰辛付出都白费了,也就没有了我们的今天。所以我们应当了解这些历史。

(五)改革开放以来的中国与世界——探源当今世界现状的由来

邓小平提出的改革开放,改变了中国社会经济的面貌,但2008年国际金融危机的发生和一系列新情况,要求改革开放进一步深化。1970年代末1980年代初,在中国,邓小平开始搞市场经济为取向的改革。同时期,在美国,里根推行全新的经济政策,被称为里根经济学;在英国,女首相撒切尔夫人大力推行私有化。这三个人都在几乎同一时期上台,他们所代表的,一个是当今的霸权主义国家;另一个是老牌的帝国主义国家;还有一个是中国。这三个国家的领导人不约而同地在经济方面选择了市场化、全球化的发展轨道。这一经济政策有助于把世界连在一起。这三个人有哪些共同的特点?他们都很强势,很有权威,他们的政策很鲜明,当政的时间都比较长,而且他们推行的经济政策成效明显,推动了全球经济一体化发展。当然他们也有一些其他特点,比如他们的成功因素中,个人奋斗的因素都很大;他们的个性都比较强。

全球经济发展至今,从结果上来说,大致可以分为三类国家。第一类,以中国为代表的生产制造国,世界工厂,制造产品后销往世界各国;第二类,英美西方国家,贸易、金融强国;第三类,资源能源供应国,如中东、非洲、南美洲、大洋洲的一些国家。资源能源国提供煤、铁矿石、天然气等给中国生产东西,中国生产出产品后卖给发达国家,发达国家向中国支付外汇。这样一个大循环,中国富了,发达国家富了,能源资源国家也富了,大家都富了。

2008年金融危机爆发,美国这个环节出了大问题,因为美国产业空心化,房价越来越高,老百姓不用付现钱也可以买房子,但是一旦无法还贷,问题就如多米诺骨牌般倒下,于是出现了金融危机。上述讲的这个大循环链条,是从1978年开始运作的,到2008年整整30年的时间都运作得很成功。全球一体化、经济一体化、金融一体化就这么形成了。三个伟大的人物,三个伟大的国家,在特定的时代,由特定的人领导了这场革命,全世界都欣欣向荣。直到2008年,美国爆发金融危机,至今已有5年时间了,美国仍无法摆脱困境。中国手握那么多外汇储备,也产生了很多问题。人民币出现了对内贬值、对外升值的情况。中国作为世界工厂,长期以来高投入、高消耗,造成高污染,所以现在提出了生态文明。当然除此之外,世界各国之间还面临着许多其他问题,比如国家与国家的关系,相互合作又相互制约等等。

(六)中国历史上不同时期经济形态的变化与发展

中国历史上经济形态的变化和发展大致经历了如下五个阶段:

1. 在鸦片战争前,中国是典型的小农经济国家。这种经济形态具有分散性、封闭性和自足性,是一种自给自足的自然经济。应当说,我们的父辈,以及现在城市里的很多人都是从农民转变过来的。目前,城镇化建设进程不断推进农村人口转化为城镇人口。2012年党的十八大提出了"新四化",要求城镇化要和工业化、信息化、农业现代化对接起来。

2. 鸦片战争以后,中国进入了半殖民地半封建时期。中国被迫开放上海、宁波、福州、厦门、广州五口通商,外国资本开始涌入中国,对中国经济形态产生了深刻影响。外资企业一方面瓦解了自然经济,刺激了中国民族工业的形成和中国社会的近代化,一方面凭借资金技术优势和在华特权,压制中国民族工业的发展。

3. 民国时期,中国出现了一大批民族工业,产生了很多民族资本家。"实业救国"成为民族资产阶级的口号,也成为了各阶层人民爱国的共同要求,有力地促进了民族资本主义的发展。但中国的民族资产阶级始终是在夹缝中生存的。中华人民共和国成立后,在社会主义改造的过程中,中国共产党对资本主义工商业实行了利用、限制、改造的方法。

4. 计划经济阶段。全国实行公私合营后,全部企业都变成了国有或集体所有,企业没有了一点自主权。在实践的检验下,计划经济体制中,资源分配无效率、缺乏积极进取的诱因、扼杀个人自由、引发不公平和腐败等问题显而易见。

5. 改革开放以后,也就是我们现在所处的社会主义市场经济时期。目前也存在诸多问题,例如外资、民营和国有资本三者中,国有资本还是老大,外资享有特权,而民营企业则艰难维生。

(七)上海7 000年发展史上的几个大变迁

1. 7 000年前。上海地处长江和黄浦江入海汇合处,是长江三角洲冲积平原的一部分。通过考古挖掘,现已发现在 7 000 年前的上海青浦,出现了第一个人,现在青浦那里建了一个展览馆,号称"上海第一人"。

2. 700 年前。700 年前,上海还没有被称之为"上海",只是形成了上海的一个雏形,出现了一些特有的文化特征。到了 700 多年前,即元朝 1292 年,朝廷批准上海镇建独立县,上海逐渐成为一个集市贸易镇。

3. 170 年前,亦即鸦片战争以后,上海开始出现历史上的一个大的飞跃。1842 年中国被迫签订《南京条约》,开放上海、宁波、厦门、福州、广州为通商口岸,实行自由贸易,上海异军突起。因为在气候方面,上海与英国更为相似,英国人不适应广州的气候,而大规模转移到上海。这一段租界历史,一直延续到 1945 年。当时上海很多地方被划定为租界,如英国人和美国人主要在黄浦、静安一带,法国人主要在卢湾(现并入黄浦)、徐汇一带,日本人主要在虹口一带。当时中国对此也进行了抗争,制订并通过了"大上海计划"(又称"新上海计划"),试图建造新上海市,打破上海公共租界与上海法租界垄断城市中心的局面。例如当时建造的中山路,就是为了包围租界不断向外扩展的界线,是上海人民反对列强入侵的奋斗的体现。在这样的大背景下,现代工业在上海出现了,现代金融出现了,中国共产党出现了。1949 年,中华人民共和国成立了。

在中华人民共和国成立后,上海发展又分为两个阶段。

1. 计划经济时期,这段时期,上海的地位很高,上海经济贡献占国家财政收入的 1/5,被称为共和国的长子。其实,上海最辉煌的时候是 1927—1937 年,上海一度在金融、经济、文化等方面都走在世界前列,曾位列世界城市第 5 位,现在还没达到这一高峰。

2. 粉碎"四人帮"后,开始实行改革开放。改革开放初期上海发展远滞后于其他兄弟省份,真正踏准改革步伐是在 1990 年浦东开发开放,尤其是 1992 年小平同志南方谈话以后,上海逐步又走在了全国领先位置,目前上海正向着 2020 年基本建成国际经济、金融、贸易、航运中心和社会主义现代化国际大都市的目标迈进。

(八)当今世界已进入新的"春秋战国时代"

2 000 多年前的中国,是春秋五霸、战国七雄的春秋战国时代。现在,全球进入了新的"春秋战国时代"。现代交通越来越发达,世界被连在了一起,形成了新的格局。全球化的这个时代是拼军事、拼经济、拼金融、拼文化、拼宗教、拼创新、拼软实力等的时代,核心是金融战。将来的战争将会是高科技等组合在一起的立体实力战。

为什么一直以来各国对美国都有所畏惧?一方面,美国现在的确是老大;另一方面,作为老大要有一种道义。以前,美国一直呈现出比较光明的一面,而近些年有些变化,所以虽然美国还是老大,但和以前不一样了。世界没有了这样一个权威核心,也会感到混乱。曾经是美苏争霸,互相牵制。而现在,世界进入一极多元,这一极就是美国,"多元"则是中国、欧洲、日本、印度等。

世界进入全球范围内的一个新的"春秋战国时代",这是一个出现麻烦需要重新整合的时代。大国和小国有纠纷,联合国能够协调,通常做法是站在大国一边;小国和小国吵架了,联合国也能够裁决;但大国和大国吵架了,联合国基本束手无策。所以现在出现了几个矛盾。例如目前世界仍是以主权国家的治理为主,而现在遇到的很多问题是全球性的问题,全球性的问题并不是一个国家所能解决的。现在还没有出现一个可以有效解决全球问题的国际组织,很多国际组织都在探索中。此外,经济现象是全球化的,跨国公司很多也是全球性的,有的跨国公司已堪称帝国,如微软,但其并不受某一国的约束。这些跨国公司也常常影响着国家。但政治和经济毕竟不是一回事,现在政府对经济的干预需要探索新方法。

三、我们需要大思维

从世界范围看,现今,全球一体化已进入"地球村"阶段,世界任何地方发生的事情,在即刻间,我们就能通过各种途径知道,也与大家密切相关。实际上,全世界已进入了一个大分化、大动荡、大颠覆、大转折的新时期,就像中国历史上2 000多年前的春秋战国时代,各国政治、经济、军事、社会、文化、科技、金融等各方面互相合作、竞争,交织在一起。旧的理论、观念、机制、体系,有些已经明显跟不上新形势、新要求,新的东西在不断地催生之中,但尚未形成。因此,在这个过程中,谁能够有所发明、有所创造,包括在思想文化方面有所贡献,就容易起到引领作用。

站在中华民族的角度来看,中华人民共和国现在走到了一个比较特殊的时候。对内而言,中国经历改革开放,获取了阶段性的社会经济大发展大繁荣,但伴随着改革开放,也出现了资源耗竭、生态失衡、分配不均、道德滑坡等一系列新问题。新一轮的深化改革形势不容乐观,需要推陈出新,变革突破。对外而言,2008 年美国华尔街引发的全球性金融危机,令中国于 2012 年成为世界第二大经济体,成为世界各国关注的焦点。但一个有影响力的世界大国,除了经济、军事、科技等硬实力外,必须在思想哲学、文化艺术、价值观念和社会制度等软实力方面亦具有引领地位。在软实力方面,中国与其他世界大国还存有较大差距,需要转变思维,深度培育提升。

纵观国内外,世界局势和中国发展都已走到了转折的临界点,面对这一历史性时刻,我们需要去挖掘历史,去传承发扬大智慧,开创大思维、抓住大契机、把握大时代。

大时代需要用大思维来把握,我们要有历史的自信,要有思想的自信,要有文化的自信。因为没有历史的未来,是没有希望的未来;没有思想的民族,是没有希望的民族;没有文化的国家,是没有希望的国家。

新形势下我们要通过不断努力,产生出新的文化、新的思想。这些新的思想要具有影响力、号召力、凝聚力、引领力,就必须具备三个要素:

(一)它要使人们能够认识到它的正确性,这是至关重要的。要让人们感觉到它是正确的,起引领作用的。

(二)要获得大家的认同,能够让人自愿接受。再好的思想,不能令人们接受,那也是无用的。

(三)它的确能够给大家带来力量、带来利益、带来进步,具有可操作性。有利于世界多种文明共存,既和谐共处,又推陈出新,最终达到和谐发展。

现在全球发展到了一个特定的时期,这个时期要求思想包容、文化交融、文明共存、和谐发展。因此,包容、合作、比较、借鉴等都应当摆到重要的位置。回顾中国历史,西汉以后,主要是儒家学说、道家学说、法家学说互相结合,以儒家为主发挥了主流作用。东汉初年,佛教开始传入我国,前后经过 1 000 年,儒、释、道三家交融,形成了新的儒家学说,并发挥了主流作用。到了现在,我们要加快把马克思主义中国化、时代化、大众化,把毛泽东思想和中国特色社会主义理论推向新的阶段,要和我们中华民族的传统文化,特别是孔孟儒家思想有所结合。同时,还要吸收一切人类的优秀文化成果,包括基督教、伊斯兰教等文化中的合理成分。我们应当以我为主,通过包容、融合、发展、创新等方式,加快产生新思想、新文化,以使我们中华民族的伟大复兴有与之相适应的、相匹配的精神文化上的支撑,为人类发展作出中华民族的贡献。

有道是,"思想有多远,就能走多远"。让我们一起见证、思索、呼唤、奋斗、奉献,共同用大思维来把握大时代、书写大时代、创造大时代!

(作者是爱建集团党委书记、副董事长,本文选自《往事与思考》2016年6月版)

大国崛起于科技创新
——英国、德国、美国和日本的经验启示

王昌林等

一、英国崛起的科技创新因素

（一）工业革命将英国推上世界霸主地位

英国地处欧洲西海一隅，面积和人口仅相当于中国的一个中等省份，在很长的历史时期内，一直处于战乱，文明进程多次被外来入侵者所打断，到13世纪至14世纪之交，英格兰作为一个统一的民族才形成。此后，英国实施重商主义政策，积极发展海上贸易，先后打败了荷兰和西班牙，到17世纪成为海上强国。但这时的英国与许多国家一样，仍然处于农业社会，还不是世界霸主。

直到18世纪工业革命兴起，才将英国推上了世界霸主的地位。这次发源于英国以蒸汽机发明和广泛应用为标志的工业革命，促进了纺织、煤炭、冶金等近代机器工业的兴起和发展，推动了人类社会生产力的极大发展。英国由于引领了这次工业革命，生产效率大幅提高，从而快速地将其他国家抛到后面。

据统计，1850年，英国占了全世界金属制品、棉织品和铁产量的一半，煤产量的2/3，其他如造船业、铁路修筑都居世界首位。1860年，英国工业品产量占世界工业品的40%～50%，欧洲工业品的55%～60%，对外贸易占世界贸易的比重由10年前的20%增至40%。1870年，英国工业占世界的比重达到31.8%，美国为23.3%，德国为13.2%，法国为10%。在强大的经济实力、科技实力和军事实力的支撑下，英国先后打败了法国等欧洲大陆强国，征服了远隔重洋的加拿大、印度等国家，在全世界建立了庞大的殖民体系，在全球范围内逐步形成以英国为核心的商业贸易圈，成为"日不落帝国"。

（二）为什么工业革命首先发生在英国

总结其原因有很多，主要包括：在长期的发展过程中，英国逐步形成了在当时

比较先进的君主立宪制,打开了民主和自由的大门,在17世纪中叶英国的商品经济已有较大发展,并爆发了资产阶级革命,废除了农业的封建土地制度和小农经济,为工业革命的兴起造就了最重要的经济前提;英国是近代科学的主要策源地,以牛顿力学为代表的经典物理学和以亚当·斯密为代表的古典政治经济学成为那个时代最先进的自然科学和社会科学,为产业技术创新和自由市场制度创新提供了强有力的理论指导和支撑,从而为工业革命的兴起奠定了坚实的理论基础;英国在全球拥有庞大的殖民地,随着殖民扩张和海外市场的迅速拓展,使得英国可获取的资源越来越多,全球对英国商品的需求也越来越大,成为工业革命孕育发展的强大驱动力。

这些制度和条件在当时远远领先于其他国家。例如,早在1215年,英国就颁布了《大宪章》,以法律的形式确定了对私有财产及公民个人权利的保障,这是市场经济制度的核心。而那时的中国处在专制的皇权之下,欧洲大陆其他国家处于黑暗的中世纪,非洲、美洲和大洋洲还处于蛮荒状态。又如,早在1624年,英国就已经明确规定把专利权授予最早的发明者,专利权的对象是新创工业领域中的最新发明,专利年限在14年以内。

此外,还有一些因素对英国工业革命的爆发发挥了重要作用。比如,英国最先建立了比较完善的银行体系,金融成为近代工商业发展有力的推进剂。同时英国国内大力兴办和革新教育,早在12世纪—13世纪,英国就建立起牛津、剑桥这样根本不同于中世纪神学院的新型大学。政府大力支持科研活动,奖励发明创造,给予科学家和技术发明者极高的荣誉和社会地位。

(三)科技创新中心的转移是英国衰落的重要诱因

在17世纪至19世纪中期,英国是当时的世界科技创新中心,科学研究、技术发明和创新呈现出欣欣向荣的气象,不仅涌现出培根、达尔文等一批伟大的自然科学家和社会科学家,还涌现出以瓦特为代表的一批伟大的发明家和创业者,产生了蒸汽机、电报机、机动轮船、铁路机车等一批影响世界的伟大发明。

但从19世纪后期到20世纪初期,英国科技创新的领先优势逐步丧失,全球科技创新的中心开始向德国、美国转移。到19世纪70年代,当以电力为代表的第二次工业革命兴起的时候,技术发明和创造的主要国家已不是英国,而是后起的德国和美国。据统计,到1913年,英国占世界工业生产总值的比重为14%,而德国为

15.7%，美国为35.8%。加之在两次世界大战中英国国力的巨大消耗，使英国最终丧失了世界霸主的地位，让位于美国。

英国在第二次工业革命中落伍，主要原因是英国作为老牌资本主义国家，虽然一度拥有全球最广阔的殖民地，可以大规模开拓海外市场和大量获取廉价的海外资源，但却导致资本家热衷于商品输出、资本输出和原材料输入，对采用新技术、新设备缺乏足够的主动性、积极性，以致生产率日渐下降，发展趋势相对落伍。

尽管在19世纪中后期和20世纪，英国在科学技术研究方面仍然取得了一些杰出成就，包括白炽电灯、电话、电磁波、雷达系统、青霉素、电视、喷气式发动机等一批重大技术发明，但这些成果没有实现大规模商业化应用。

比如，出生在英国的亚历山大·格雷厄姆·贝尔于1876年发明了电话，但在美国率先实现了大规模商业化。青霉素由亚历山大·弗莱明于1928年发明，但被大规模产业化、商业化运用的是在美国。同样，雷达系统、喷气式发动机最初也是由英国人发明的，却都被美国人拿去实现了商业化应用。

二、德国崛起的科技创新因素

（一）在电气革命中崛起

德意志联邦共和国，这个在20世纪世界历史上扮演重要角色的国家，却是欧洲大陆近代民族国家中的姗姗来迟者。在从15世纪初到19世纪60年代长达300多年的时间里，德国的国土始终处于四分五裂的状态，甚至被称为欧洲走廊，一直是欧洲大陆的主战场，英国、法国、西班牙、俄罗斯的军队经常在这里厮杀。

统一和强大，成为德意志民族国家形成和发展的最大动力。通过不懈努力，经济学家李斯特提出的通过经济统一实现政治统一的路径得以实施，推动了以普鲁士为核心的德意志经济快速发展。面对欧洲列强的挤压、包围，铁血宰相俾斯麦在外交上做足准备后，最终以三场对外战争在1871年完成了德国统一。

统一后的德国紧紧抓住第二次工业革命的机遇，经济出现了飞跃性的发展，用30多年的时间超过了英国，成为欧洲第一、世界第二大经济强国。20世纪初，德国在总人口、国民生产总值、钢铁产量、煤产量、铁路里程等方面都超过英国。德国制造的产品也风靡世界，19世纪末20世纪初，德国的酸、碱等基本化学品产量均为世界第一，世界所用燃料4/5出自德国。1913年，德国的电气产品占全世界的

34%,居各国之首,超过头号工业强国美国5个百分点。

(二) 科技创新因素是德国崛起的基石

国家的统一为德国崛起提供了最重要的政治前提。但是,德国能够在短时间快速崛起,很大程度上得益于科技创新和人力资本因素的长期积累。自查理曼大帝时代起,德国就非常重视教育和文化发展。1818—1846年,普鲁士国民学校学生增加近一倍,适龄儿童入学率达82%,到19世纪60年代提高到97.5%,国民素质空前提高。同时,高等教育也迅速建立起来,1810年,德国创立了柏林大学(现洪堡大学),成为现代大学制度的鼻祖。

对教育和科研的重视与大量投入很快使德国站在了世界科学技术发展的前沿。1864—1869年,世界生理学100项重大发现中,德国占89项。1855—1870年,德国取得136项电学、光学、热力学重大发明,英法两国合计才91项。世界第一台大功率直流发电机、第一台电动机、第一台四冲程煤气内燃机、第一辆汽车等发明创造也纷纷诞生于德国。

同时,德国涌现出一大批科学家和技术发明家,如蔡斯、西门子、科赫、伦琴、雅可比、欧姆、李比希、爱因斯坦、普朗克、玻恩等。从19世纪中后期到20世纪初期的这段时间,德国耀眼的科技创新光芒,让全世界为之瞩目。

(三) 德国制造走向世界

两次世界大战使德国经济基础遭受毁灭性打击,但"二战"后德国经济又在战败的废墟上迅速崛起,成为具有很强竞争力的制造业大国和欧洲最大最强的经济体。据统计,1950—1960年,德国国民经济劳动生产率年均增长5.3%,工业生产年均增长率高达11.4%,工业总产值从487亿马克增加到1 647亿马克,增长2.4倍,国民生产总值从233亿美元增加到726亿美元,增长2.1倍,并先后于1959年和1960年超过法国和英国,成为世界第二经济大国。

德国制造的产品大量走向世界,在1970年代—1980年代,德国的机床、汽车、照相机等机械产品已大批出口;1980年代以后,"德国制造"的机械设备、化学制品、电气和电子工程设备等大量出口到美国以及中国、印度和巴西等新兴市场,所生产的汽车占世界汽车市场份额的17%。"德国制造"在世界市场上成为"质量和信誉"的代名词。

"二战"后德国经济迅速恢复并长期增长,虽然最初得益于美国"马歇尔计划"的扶持,但更为重要、更具根本性的因素是德国特色的"社会市场经济"系统连贯的创新制度,以及服务于科技和经济发展的现代国民教育体系,尤其是高水平、高质量的高等教育体系和先进高效的职业教育体系。

1. 德国的经济基础设施和工业设备虽然被战火摧毁殆尽,高端科技人才也大批流失到美国,但长期积累的技术能力和高素质技能型劳动力仍然存在,战后在"社会市场经济"的制度安排下,只要获取必要的资本投入,就能够迅速形成科技创新力和现实生产能力。

2. 德国拥有一批历史悠久、技术积淀深厚的大企业,如西门子、大众汽车、戴姆勒奔驰、宝马、蒂森工业、纽伦堡机器公司等。

3. 德国历届政府都充分认识到科学技术对国民经济发展的关键作用,科技政策具有较强连贯性。早在"二战"时期就引入国家标准体系并发展为德国工业标准(DIN)和电子设备技术标准(VDE),为"二战"后德国制造业走向世界奠定了重要的基础。

4. 德国先进的大学教育和面向企业的职业教育"双元发展"模式,培养出大量的高素质的工程师和高级技工,有利于将科技研发成果快速实现产业化、商业化。

三、美国崛起的科技创新因素

(一)美国历史就是一部创新创业史

美国建国200多年来经济发展的历史,是一部高扬进取精神的创新创业史。

从19世纪的蒸汽船、轧棉机、电报、牛仔裤、安全电梯、跨州铁路,到后来的电灯、电话、无线电、电视、空调、汽车、摄影胶卷、喷气式飞机、核电、半导体、计算机、互联网和基因工程药物;从建立大批量工业生产流水线到后来的风险投资公司的大量创立;从面向成熟企业的主板资本市场到面向创业企业的纳斯达克市场;从我们所熟悉的电灯发明者爱迪生、飞机发明者莱特兄弟和软件帝国的缔造者比尔·盖茨,到鲜为人知的牛仔裤发明者李维·斯特劳斯及信用评级的创立者刘易斯·塔潘,等等。

这些持续不断的重大发明和创新,催生了一个又一个新兴的产业,持续提高了美国的生产率,大幅增强了美国的经济实力和综合国力,将美国这个年轻的国家推上了世界经济史上前所未有的高峰。

自20世纪40年代之后,美国成为全球科学研究和技术创新潮流的引领者,并一直保持到现在。据统计,美国研究开发(R&D)支出总量占全球的30%(2011年);世界前1%引用论文中,美国占46.4%(2012年),三方专利占全球的27.85%(2010年);知识产权贸易费用占全球的50%(2011年),知识技术密集型产业增加值占全球的32%(2012年)。全球诺贝尔奖得主近一半是美籍人士,世界大学百强排名中美国大学占到一半以上。

(二)美国强大的创新能力是如何形成的

归纳起来,主要是下述几个方面因素共同作用的结果:

1. 富于进取的冒险精神和创新文化。美国是一个移民国家,其国民来自不同种族、不同国家。这些移民本身就带有强烈的冒险和创新精神。他们重视通过自身奋斗实现人生价值,鼓励探索创新,既赞美成功也宽容失败,崇尚爱迪生、盖茨、乔布斯这样的英雄。通过创新创业,实现人生价值,是美国梦的核心内容,这是美国创新力特强的文化基因。

2. 高素质的国民教育和广纳人才的政策。一方面,美国是一个非常重视教育的国家,立国后不久,就颁布了《全民教育法案》,要求每个公民都要接受教育,并且把受教育的权利作为人权的重要部分。美国对教育舍得投入,建立了世界上规模最大、水平最高的教育体系,特别是高等教育方面远远领先其他国家。另一方面,美国也是一个非常重视人才引进的国家。在200多年历史中,成千上万乃至数百万来自世界各地、怀有抱负和梦想的高素质移民为美国创新注入了源源不竭的活力和动力。

3. 良好的制度安排。美国是第一个将保护知识产权写进宪法的国家,在建国之初就颁布了专利法,极大地调动了发明创新的积极性。林肯称:"专利制度是在天才的创造火焰中添加了利益的燃料。"与此同时,美国也很注意防止专利权的滥用而扼杀竞争,于19世纪后期制定了《不公平竞争法》和《反托拉斯法》。到20世纪中期之后,随着美国逐渐成为世界第一强国,基础研究、国防军工技术研究、前沿性技术研究投入大量增加。在这种情况下,为加快研究成果向应用技术转化,美国先后出台了《塞勒-凯氟维尔法》《国防航空和宇宙航行法》《购买美国产品法》《拜度法》《小企业创新法》等法案,建立和完善了军民融合、技术转移和支持中小企业发展等制度,逐步形成以企业、大学、国立科研机构为主体的完备的创新体系。

4. 有效的政策支持体系。早期美国奉行自由市场经济主义,对创新的支持政策很少,到20世纪40年代之后,美国才对科技创新进行"适当干预",逐步建立了比较完善的支持科学研究、技术发明和创新的政策体系。其主要做法是:在促进研究开发方面,政府持续提供大量财政资金支持基础研究、重要产业关键共性及前沿性共性技术研究和军用科技研究等市场失灵的项目,同时采取税收减免等措施鼓励企业增加研发投入;在成果转化方面,政府大力支持产学研合作和军民科技研究合作,通过税收优惠等措施扶持中小企业、创业投资发展;在需求培育方面,主要通过军事订购和政府采购对创新产品给予支持。

总之,在长期的发展中,美国逐步形成了一整套能有效激励创新的制度和政策体系,使市场机制充分发挥优化资源配置的决定性作用和政府积极作用。这是美国创新活力源源不竭和长期保持领先地位的根本原因。

(三) 美国创新的主要特点

与英国等欧洲国家不同,美国创新有自己鲜明的特点。

1. 以实用性创新为主导。在美国众多发明创新中,大都是针对市场需求的实用性发明或商业模式的创新。正如《美国创新史》作者哈罗德·埃文斯所指出的:"实用性创新是让美国出类拔萃并让其他条件优越的国家落后乃至失败的首要原因。"

2. 注重全面创新。在美国人看来,创新是指一个人或机构产生新的想法并将其进行商业化应用的过程。不仅仅是实验室的发明,更应指能投入实际应用的发明。创新有多种形式,诸如新的技术设备、新的产品设计、新的生产经营方式、新的工艺流程等,不仅包括技术创新,还包括商业模式创新、管理创新。

3. 草根创新蔚然成风。美国上流社会精英阶层虽然出现了诸多创新人士,但绝大多数创新是来自社会草根阶层的能动者、实践者,而不是待在实验室的科学家,更不是夸夸其谈的空想家。在《美国创新史》收录的53位伟大的创新者当中,有卡车司机、肖像画家、修鞋匠、中小学教师、海员、卖蔬菜水果的侨民、毒贩子、美发师、小商贩、广告员、磨坊主、不识字的奴隶女儿、20世纪60年代旧金山街头的暴乱分子、海滩出租车司机、花花公子、小职员,等等。

4. 军民融合互动创新成效特别卓越。战争和军备竞赛对加速科技创新无疑具有刺激作用。但迄今还没有哪一个国家比美国更自觉、更善于通过军民融合互动来加速科技创新和产业化、商业化应用。尤其在航空航天、核能、电子信息网络、新科技、海洋、生物工程等科技领域,美国军民融合互动创新成效卓著。

四、日本崛起的科技创新因素

(一)从明治维新开始崛起

日本位于太平洋西岸,是一个与亚洲大陆隔海相望的蕞尔岛国。自然资源匮乏,在很长的历史时期内,日本一直是一个贫穷、弱小、落后的封建小国。经历长期的战乱后,德川家康于1603年统一了日本,建立了江户幕府政府。为了维护来之不易的安定局面,幕府政府施行闭关锁国政策。直至19世纪中叶,欧美列强用坚船利炮打开日本的大门,迫使其开放港口,并签署通商条约。1868年,封建幕府被推翻,明治天皇上台,拉开了日本近代化的帷幕。

明治政府执政后,锐意改革维新,在确立天皇绝对权威下建立议会、内阁、军部并立的中央集权制,大力推行"脱亚入欧"战略。明治天皇在位的近50年里,日本国内生产总值(GDP)增长了1.6倍,超过了英国的增速。期间,日本不仅建立了全国的铁路网、电报网,丝织业、棉纺织业、铁路车辆与机车、造船业以及电气机械等产业也快速发展起来,并且拥有亚洲最先进、最强大的军工企业和军事力量。对外贸易结构也从明治初期以出口生丝、茶叶、海产品、矿产品、煤炭等资源型产品为主,到明治末期转变为出口棉纱、棉布等轻工业产品为主,进口则由成衣棉纱等轻工制成品为主转变为机械、棉花等资本品和原料为主。

(二)西方技术本土化和培植人力资本是日本崛起关键的科技因素

日本之所以能在19世纪末实现崛起,是国内国际多种因素作用和一定历史条件的结果,其关键的科技因素是通过大胆引进和吸收西方先进技术使之本土化并着力培育人力资本,从而在亚洲率先建立起近代产业体系,实现了经济和军事实力的快速提升。

明治政府上台后,在"脱亚入欧"的总方针指导下,不遗余力地引进西方技术。日本中央政府专门设立工部省,大力推行"殖产兴业"计划,主要举措是在各官营产业中广泛引进、采用西方先进技术设备和生产工艺,大量引进、译介西方科技信息情报资料(图书、文献和图片),聘用外国工程师、技术人员,派遣留学生到欧美学习以及引入外商直接投资等。

日本政府经济部门和私营企业还与欧美企业缔结许可证生产合同、技术协作合同等,并通过反求工程(即倒序制造)快速消化吸收西方先进技术,成功实现了技术转移和本土化。

同时,着力夯实智力基础,培育人力资本,包括颁布《学制令》,自1871年开始实行强制性初等教育,仿照西式教育构建国民基础教育体系;创办帝国工程学院(亦称工部大学,后与东京大学合并),并在京都大学、东北大学和九州大学设立工程系,积极培养日本的工程师和技术人员,使其能够接管由西方专家管理的工厂、矿山和铁路,实现技师的"进口替代"。

(三)"二战"后日本再次实现经济腾飞

"二战"后,日本经济濒临崩溃的边缘,但在美国的监护和扶持下,再次通过大量引进国外先进技术,并更加注重消化吸收基础上再创新,又迅速实现崛起。到20世纪60年代末,也就是明治维新100年后,日本经济总量超越德国,成为仅次于美国的世界第二经济大国。

此后,日本经济又延续了10多年的快速增长,产业结构由"重化工业化"向"技术密集化"升级。到1980年代,日本的许多产业国际竞争力大幅提高,成为对美国也具有巨大竞争压力的经济强国。直至1980年代后期,日本出现严重的"泡沫经济"。但时至今日,日本主要制造业的技术水平和国际竞争力仍处世界一流。

战后日本经济迅速崛起的原因是多方面的,但根本还是在于将善于学习、惯于"拿来主义"的传统,在新的时代条件下更充分地演化为通过引进技术的消化吸收再创新,形成强大的科技创新能力。

1. 虽然"二战"摧毁了日本的经济,但作为经济之根的技术能力并未被摧垮,这为其战后经济快速发展奠定了基础。

2. "二战"结束后,日本大力推进教育改革,为经济发展培养了一大批适应技术革新需要的熟练劳动力和中高级科技人员。

3. 高度重视对引进技术的消化吸收再创新,把科技创新的重点放在应用研究和产品与工艺的开发上,在引进硬件设备时注重购买技术许可证和专利,鼓励企业收购国外的小型高科技公司。

4. 在重大技术创新和发展中发挥政府强有力的组织和协调作用,并采取市场保护、金融支持、财税扶持等措施给予支持。

五、结论与思考

(一)科技创新是决定大国兴替的关键因素

从国际经验看,一个国家要崛起为大国并持久保持大国地位,主要是靠科技创新能力及其主要载体——制造业的竞争力,而不是靠自然资源,也不是靠殖民掠夺。在历史上,葡萄牙、西班牙、荷兰都曾经是占有大量殖民地的"大国",但由于缺乏科技创新的支撑,只能"昙花一现"。英国在第一次工业革命中迅速崛起为"日不落"帝国,但后来随着科技创新能力的减弱,"一战"后逐步沦为二流国家。美国之所以能够成为当今世界超级大国,关键因素正是其持续不断的创新能力。

今天,中国正处于重新崛起的伟大历史复兴进程中。从经济总量看,我们已经堪称世界大国。但必须看到,我国经济快速增长很大程度上是靠大量低效消耗资源和物质资本投入取得的,科技创新能力不强,经济发展不可持续的问题日趋突出。还要看到,我国人口众多,人均资源占有量偏低,也不可能走发达国家那样掠夺别国资源的老路。因此,中国要实现和平崛起,必须依靠科技创新,必须充分激活和发挥10多亿国民巨大的创新潜力,这是实现中华民族伟大历史复兴的必由之路。

(二)从引进模仿到自主创新是一个国家科技创新能力建设必经的过程和捷径

早期美国的科技创新也是从引进消化吸收再创新、集成创新起步的,以实用性创新为主。在美国建国后的起初100多年,主要是把欧洲的先进技术发明拿到美国实现商业化,而在基础科学研究和原始积累方面建树不多。直到第二次世界大战之后,美国才大力支持基础研究和前沿性重大技术研发,实现了向原始创新转变。德国也是如此。享誉全球的"德国制造",当初也是从仿制开始的,早期的"德国制造"也曾经是劣质仿冒产品的代名词。日本更是这方面的典型代表。

当前,我国科技创新已到了从引进技术向自主创新为主开始转变的阶段。但要看到,目前我国仍处在以引进技术的消化吸收再创新和集成创新为主的时期,还没有进入原始创新为主的阶段，必须切实加强引进技术的消化吸收再创新和已有技术的集成创新，特别是要像美国那样注重实用性创新，紧紧围绕我国经济社会发展的重大需求，以市场为导向，企业为主体，政产学研结合，更有效地推进全面创新和加快先进技术产业化。当然，也要有重点地加强基础研究和前沿技术研究，加快培育提升原始创新能力，夯实持续创新发展的科技基础。

（三）激励创新的制度和文化是大国崛起科技创新因素的根本保证

检视历史上大国崛起的科技创新因素，归根到底是这些国家较早建立了一套比较完善的激励创新的制度，包括知识产权制度、教育制度、反垄断制度、投融资制度等，以及在全社会形成了尊重知识、尊重科学、尊重人才、崇尚成功、宽容失败的文化氛围。正如有的学者所指出的："爱迪生是一个伟大的发明家，然而如果没有宪法和专利法的保障，还会出现爱迪生吗？""如果没有专利制度，像福特这样的人就没有动力了"。同样，如果没有风险投资和纳斯达克市场的建立和发展，像微软、英特尔等这样的企业也是难以发展起来的。

因此，推进科技创新，根本在于建立有利于充分激励创新的制度环境和社会文化。

1. 要切实加强和完善知识产权保护制度，使科技创新的价值、市场价值和创新者的人力资本价值都能得到充分实现。

2. 要持之以恒地厚植人力资本，建立健全国民教育体系，普及基础教育，积极发展中等和高等职业技术教育，建设一批高水平的研究型大学，不断提高全民科学文化素质，大力培养创新型人才。

3. 对应从基础研究、应用技术基础研究、工程化技术研究、产品开发到产业化的创新链条各个环节，在财税、金融、政府采购等方面要有合适的政策制度安排，努力使充分发挥市场配置资源的决定性作用和更好发挥政府作用有机结合起来。

4. 要在全社会弘扬创新创业精神，真正形成有利于杰出科学家、发明家、技术专家和企业家不断涌现，全民创新大众创业蔚然成风的社会环境和文化氛围。

（四）抓住世界科技革命和产业革命的历史机遇实现科技创新能力跨越式提升是新兴大国崛起的成功之道

从历史上看，每次科技革命和产业革命都会带来世界经济快速增长，导致世界各国间国力和地位对比的重大变化,为新兴大国崛起提供难得的历史机遇。如果制度安排和发展战略得当,就能够抓住机遇实现科技创新能力跨越式发展,成功崛起为新兴大国。

当前,新一轮科技革命和产业革命正在孕育兴起,与我国全面建成小康社会、实现中华民族的伟大复兴形成历史性交汇,是我国和平崛起难得的历史机遇。新一轮科技革命和产业革命的内容,主要集中在新一代信息网络技术、生物、新能源新材料、智能制造等领域,有利于解决我国经济社会可持续发展所面临的资源、环境、人口与健康等重大瓶颈问题。

同时,与发达国家和其他发展中国家相比,我国不仅具有一般的后发优势,还在国内市场规模、基础设施建设、现代企业体系构建、科技教育发展、战略规划措施和资源动员能力等方面具有一定的经济优势和制度优势。

同时也必须看到,我国要像历史上一些成功崛起国家那样后来居上,还必须破除许多深层次的体制机制障碍。否则,将难以真正抓住、抓好世界新一轮科技革命和产业革命带来的历史机遇。对此,我们必须以高度自觉的历史使命感和强烈的忧患意识,着力推进全面深化改革的体制机制创新,着力营造建设创新型国家的社会文化生态和土壤,努力在新一轮科技革命和产业革命中抢占先机。

(五)各个国家要根据国情、发展阶段选择适合自身的科技创新模式

从历史上看,美国、德国和日本等国依靠科技创新实现大国崛起都是结合自身国情和发展阶段,采取了恰当的科技创新模式。这些各有特色的科技创新模式,大致可以归并为两种类型。

1. 技术追赶型模式,以日本在20世纪中期经济高速增长阶段的做法为典型代表,其主要特点是:国家战略着重于主要依靠引进技术消化吸收再创新加快产业技术进步,以倾斜式产业结构政策和财政投融资政策支持重点产业升级换代,在政府的强力主导下,以大企业为主导,构建产学研合作机制,迅速实现突破重大核心技术和产业化。

2. 技术领跑型模式,以美国从"二战"后至今的做法为代表,其主要特点是:着眼于不断构建和始终保持在全球科技创新中的全面领先优势,在政府财政民用预算和国防预算中以专项资金的方式资助前沿性、原创性基础科学研究和重大技术应用研究,以政府采购和国防订货的方式为创新技术产品培育市场并引导军民两

用技术双向转移,以实力雄厚的大企业尤其是大跨国公司通过大力度的研发投入和并购创新型中小企业主导产业技术发展,众多富有活力的中小企业在风险投资支持下成为持续推动产业技术发展的源泉。

上述两种模式,都有值得我国借鉴、吸纳的长处,从中可以获得许多重要的启示。当然,我国与美国等西方发达国家的国情和发展阶段不同,不能简单照搬发达国家的科技创新模式和创新战略,必须结合我们的国情和发展阶段,走中国特色的科技创新道路。

(作者是王昌林、姜江、盛朝讯、韩祺,
本文选自 2016 年 10 月 29 日微信公众号《瞭望智库》)

中国要向全球价值链高端发展

庄 健

关于中国在全球价值链中是高还是低好,回答当然是高好。高还是低与国内目前所处的阶段相关,因为纵观全球的发展,所有中等收入国家向高等收入国家跨越的过程中,如果不作这种调整,不去向高端延伸,便极有可能落入中等收入陷阱,因为和低收入国家相比,劳动力等很多资源都已经很高了,没有任何的比较优势;和高收入国家比,只能锁定在价值链的低端,这个对中国非常不利,中国再往上走一定会面临这个问题。

要避免陷入中等收入陷阱,中国的自主创新和教育有很大的关系,如果不投入更多的资金和力量,恐怕以后越被动。

一、亚洲经济仍保持增长动力

亚洲发展中国家的经济形势较为乐观,预计今年的增速是6.2%,明年是6.4%。亚洲发展中国家的内生动力,逐渐在对冲发达经济体弱于预期的增长。对于通胀,预计今年和明年都会保持在温和的水平,今年是3.4%,明年是3.7%。至于在全球价值链中亚洲的情况,各个区域不太一样,有的区域参与深度较广较深,有些区域就没有那么深,这方面还有很大的潜力。

尽管最近一年亚洲经济有一些放缓,但仍然保持增长动力。今年比去年略高一点,明年会更好一些。

亚洲开发银行认为,尽管各个发达经济体不是很一致,但预计美国今明两年增长还是不错的,有很多方面的原因,主要内生动力起到很重要的作用,量化宽松是一方面;还有就是创新的动力,一些产业革命方面的进步可能是推动美国经济会稳定发展很重要的方面。欧元区的经济相对复杂一些,今年增长非常小,明年略有改善,日本的情况今年差于去年,明年可能好一些。

亚洲发展中国家和地区中,东亚和南亚的发展会更突出。这两个区域占整个亚洲发展中国家的80%左右,特别是东亚占60%,这里面中国作用非常明显。亚洲开发银行预测中国经济今年增速7.5%,明年是7.4%,但是根据最新中国经济的数据,估计要作一些修正。

南亚的情况主要是印度,印度新政府上台后,作了很多努力,促进投资,稳固财政,这方面效应会逐渐显现出来。印度今明两年改革带来的增长潜力、动力会更强一些。

东盟的情况有些复杂,如印尼也在立志改革,明年所激发的潜力也会增强,所以东南亚的经济可能今年弱一些,但是明年会好。

说了经济增长,对亚洲发展中国家的通胀进行了分析。两大因素导致亚洲发展中国家整体通胀处于比较温和的水平。首先是国际商品价格,价格都是减缓的,无论能源价格还是食品价格,都有非常大的减缓。因此,对于亚洲地区的通胀率,亚洲开发银行预测今年是3.4%,明年是3.7%,保持温和的水平。

从需求角度来看,产出缺口和通胀率有非常强的正向关系,产出缺口如果高,通胀率会上来。产出缺口低,低于零以下水平,对通胀率有非常强的约束。预测未来产出缺口在零以下,这样对通胀率有一个抑制作用。

当然,亚洲经济也有一些不确定因素,有两大方面:一个方面是本区域的,好几个国家都面临结构性改革这样一个挑战,如果这些改革能够正常推出,正常发挥作用,对于本地区的经济增长会带来正的贡献,如果由于很多方面原因而推迟、延误,对于经济增长就会带来负面影响。

第二因素来自区域外,像大宗商品价格,可能因为地缘政治方面的原因会有波动、会暴涨,现在跌得非常多。发达经济体由于各方面原因低于预期很多。另外还有美国的货币政策。这些方面都可能存在变数,都是影响亚洲经济的风险因素。

二、中国经济在全球影响力很大

对于中国经济,从需求角度来看,前三个季度消费对GDP增长贡献越来越突出,外部需求也有所改善,第三季度与前两个季度相比,已经由负转正。

从中国外贸情况看,近几个月还是非常好的,今明两年外贸对中国经济至少不会拖累,会有一些小的贡献。

最近一两个月中国经济有一个比较突出的变化,就是中国固定资产投资的增长减缓非常明显。这可能是大的趋势,一些调整已经开始,包括房地产投资、基础设施的投资,还有制造业的投资。

中国的经济增长无论在本地区还是全球影响都非常大。比如房地产问题,地方债加上影子银行问题,都会影响明年经济增长的预测。

印度方面,新政府上台以后,国内国外对印度经济的信心开始增强,产业前景及市场调查表现,都好于其他区域。另外,最新的经济数据显示工业已经开始趋稳,通胀也开始下降,明年通胀目标下降到8%左右,2016年6%左右,实际情况可能比目标更好,意味着印度降息的空间已经打开。

为了推动亚洲经济发展,尤其是加快亚洲基础设施建设,中国近来牵头成立专注基建投资的亚洲基础设施投资银行(亚投行)、丝路基金、金砖银行,与亚洲开发银行(亚开行)形成四大金融机构。此外,中国于11月8日宣布出资400亿美元成立丝路基金。由中国牵头的亚投行、丝路基金将领衔为亚洲基础建设"供血"。亚投行的范围相对宽泛,涵盖所有基础设施,且目标更为长远,如交通、能源领域、地下管网等,以印度为例,其工业化程度远远不及服务业,基建也远落后于中国,基础设施建设需求更大。而丝路基金的针对性更强,旨在打通欧亚大陆东西方、加强互联互通,之后将迎来更多机会。

三、参与全球价值链的潜力很大

关注亚洲在全球价值链当中的作用,随着经济全球化的推进,很多商品、服务现在已不局限于在某一个国家和地区,已经是全球布局。所以说价值链不一定是布局在国内,也可能在不同区域不同国家,遍布全球。

举个非常简单的例子,Iphone6,它是一个非常小的手机,但是它的技术、它的产品都是来自各个国家,中国在里面起的作用看似比较大,实际上附加值非常小,最后组装环节在中国进行。其他如内存、主板、电源等,很多都是国外供给的,从这方面看,中国在其中的增加值实际上是比较低的。从所谓的"微笑曲线"来看,中国在这个微笑曲线底部,美国、日本在这个微笑曲线高端,中国如果想进一步融入全球,提高在全球价值链中的地位,就要在科技研发、自主创新等方面投入更多的资金和力量。

在全球价值链中,亚洲经过多年的努力,得到的益处还是比较多的。从1995年到2008年期间参与全球价值链的亚洲发展中国家,在经济产出、人民收入及就业等方面获得的收益都很好,有10%以上的获益,使得经济增长更快。当然,全球价值链也有一些负面的因素,比如说某个国家由于突然发生的一些灾害,或者是一些意想不到的原因出现非常大的问题。虽然有这方面的风险,但是实际上风险的影响也是有限的,关键的因素在于全球价值链中劳动力市场、资本市场都是非常灵活的,可以对冲这样的影响。

这些变化为某些国家参与全球价值链机会带来很多的空间,东亚和东南亚从1995年至2008年这方面比重在加大,这种贸易占世界整个制造业出口的比重,已经慢慢接近欧盟27个国家的水平,这样的趋势还会继续。

当然,亚洲包含很多的次区域,东亚和东南亚,参与全球价值链的程度比较深,但是在中亚、南亚,太平洋岛国还是参与度较低。发展中国家已经成为全球价值链中的引领者,但相关政策如发挥促进作用,在降低关税,减少运输成本等方面,应该还有很大的潜力。所以亚洲还可以继续深化、拓展、升级在全球生态网络中的引领作用。

中国的作用非常大,中国现在提出"一路一带"倡议,呼应了全球价值链中亚洲所处的积极的地位和作用。

从全球价值链分工角度来看,东亚、南亚、东南亚还处于较低端的位置,其中也包括中国大陆,这个可能是未来我们真正转型时所面临的挑战。

(作者是亚洲开发银行中国代表处高级经济学家,
本文选自2014年12月12日《新民晚报》)

拒给市场经济地位挡不住中国发展

徐明棋

一、我们需要从市场经济地位的纠缠中解脱出来

不要再刻意要求美欧日承认中国市场经济地位,因为这已经造成了我们的市场经济还需要美欧日来承认的错觉。中国社会主义市场经济制度和运行的原则是按照中国国情不断发展的自主过程,无需美欧日承认,更没有必要让他们借此来对我们施加压力。我们只要坚持WTO成员从2016年12月11日起不得再以非市场经济为借口对中国实施歧视就行了,因为这是WTO成员必须履行的义务,与他们是否按照自己确定的标准承认中国市场经济地位没有关系。中国商务部发言人针对《议定书》第15条的发言和要求美欧日履行WTO成员义务的发言,已经正确地指出了这一原则。

二、认真研究美欧继续实施"双反"对我们出口产生的影响

特朗普已经明确表示要对中国实施贸易保护主义措施,因此美国可能不仅会更频繁地使用"双反"措施,还可能更多地使用美国贸易法"337条款",对中国出口到美国的商品以侵犯知识产权的名义进行限制。欧盟新的保护主义措施尽管不再区分市场经济与非市场经济,但是新的判断标准和计算可能对中国出口构成更严重的危害,需要我们认真对待。把争取市场经济地位与避免"双反"混为一谈本来就是一种错误判断,因为根据欧盟新标准,中国国有企业未来出口都可能被判定存在补贴和倾销,更容易遭受欧盟反补贴调查,欧盟委员会贸易总司还可以在没有企业起诉的情况下发起调查。在计算损害和征收反补贴税上,欧盟原先的"从低"原则也可能改变,征收的反补贴税将更高。因此,我们需要有充分准备,研究美欧相关法律,学会利用法律维护合法权益。

三、有理有节地反对美欧日贸易保护主义,更多地运用技术层面方法应对

在经济不景气的背景下,贸易伙伴间的贸易摩擦会增加,这是不争的事实。目

前美国正在调查的对华"双反"案件 24 起,欧盟正在调查的对华"双反"案件 23 起,我们也有 21 起针对欧盟成员的反倾销案件在调查中。严格地说,这些案件价值加在一起没有超过贸易总额的 1%,未来不管判定结果如何,都应该控制在贸易的技术层面。甚至我们针对美欧采取报复措施和反制措施,也一定要在技术层面下功夫,不应该动辄上升到中美、中欧合作的政治层面和战略层面。中国应本着维护经济合作的基本原则,与美欧日就事论事在贸易争端案件上打官司,对不按常理出牌的保护主义行为坚决反诉,充分利用 WTO 规则保护自己。对美欧日不履行 WTO 成员义务要提起诉讼,增加对方实施保护主义的成本。

四、对美欧也需要区别对待

比如对我们需要团结的欧盟在一些贸易摩擦案件上给予一定谅解,这将给中欧更广范围的合作提供比较好的环境。对美国过分侵害到我们核心利益的举动,则需要坚决予以反击,不仅要积极将它告到 WTO,也要有不惜打贸易战来捍卫我们核心利益的决心。

(作者是上海社会科学院研究员、上海欧洲学会会长,本文选自 2016 年 12 月 19 日《新民晚报》)

第二章　中国经济新常态

摆脱"速度情结"和"换挡焦虑"

曾培炎

在"新常态"这个迈向中上等收入的历史阶段,经济的主要任务是完成发展方式的转变,从传统的"投资驱动"逐步转换到"创新驱动",未来中国经济将呈现六大表征。

一、经济增长减速换挡

中国经济正在从增长奇迹向中高速发展回归,支撑高增长的内外部条件都在发生改变,潜在增长率也趋于下降,经济增速换挡是大势所趋。未来要摆脱"速度情结"和"换挡焦虑",在符合环境、社会承载力的前提下,以更合理的速度、更高的效率、更强的韧性,提升GDP含金量,保持经济健康、平稳、可持续发展。

二、产业链向高端迈进

未来中国二、三次产业比例将逐步得到优化,制造业技术水平提升,现代服务业长足发展,多元市场主体不断增加高质量、高水平资本品和消费品供给,创造出更多的经济附加价值。

三、二元经济结构明显改善

过去几十年来,区域城乡"二元特征"突出,"剪刀差"扭曲了国民收入分配和资源配置关系,称为制约中国经济发展和国民财富大幅提高的一个重要原因。未来将按照"均衡发展"理念,推进"东中西"良性互动、跨区域产业梯度转移。深化农村各项改革,推进城乡要素平等交换和公共资源均衡配置,形成城乡统筹发展的局面,破解中国经济的"二元结构"。

四、从"商品输出"扩大到"资本输出"

多年来,中国对外经济不平衡集中表现在国际收支持续"双顺差"。这种模式不可能长期持续。未来资源品、消费品和先进设备技术进口会进一步增加,经常项目下国际收支有效改善。从对外直接投资数字看,今年中国首次成为"净资本输出国"。资本大规模走出去,扩展其全球配置范围,将意味着中国已经有能力参与全球产业链、供应链、价值链重构,培育和发展国际竞争的新优势。

五、中等收入群体成为稳定内需主体

一个大经济体必然有一个稳定的内需市场。随着社会财富分配更加公平合理,发展成果惠及更广大民众,我国中等收入群体将不断壮大。2020年,这个数字估计将达到6亿人左右,总消费为2010年的3倍以上。随着城乡居民收入的整体提高,以及"公平竞争、消费者选择自由、商品自由流动"的统一大市场的逐步形成,中国将成为全球成熟的市场,民众购买力和需求增长将更趋稳定。

六、中小企业和新业态或成增长新亮点

近年来,电子商务、互联网技术、金融创新、物流新业态等不断涌现,传统市场竞争格局、经营模式出现重大变化。因其具有市场准入门槛低,交易成本低,方便业主、方便用户等优势,会有力推动中小企业新一轮的"创业潮"。在提高全社会就业水平的同时,有望成为活跃市场的主体和经济增长的"发动机"。

(作者是原国务院副总理,本文选自《金融经济》2015年第11期)

以深化改革确立中国经济新常态

吴敬琏

对于经济大局现在最热门的话题是中国经济新常态。现在亟须做的,是对何为中国经济的新常态,以及我们应当做些什么去适应和构建新常态有一个清晰的认识。

近年来大多数人已经认识到,中国经济高增长、低效率、靠大量投资支撑的旧常态已经不可维持。它必然要过渡到一种新的常态。

那么,这个新常态具备哪些特征?有多种不同的理解。大体上以下两点比较一致:第一,是GDP从高速增长向中高速增长、甚至中速增长转变。第二,是经济发展方式从依靠投资驱动的粗放增长向依靠创新驱动的集约增长转变。应该看到,这两者有着很不相同的情况。前一点,经济增长速度降低已经是一个不争的事实,而且也取得了各界共识。至于第二点,经济结构的优化、经济效率的提高和经济发展方式的转型,却是一件尚未实现、有待努力的事情。这样,我们就面临一个问题:如果增长速度下降过程中效率没有改善,原来由GDP数量扩张所掩盖的许多经济社会矛盾就会暴露出来,而且会造成减速过快,经济社会矛盾加剧的困境。因此,仅有增长减速而没有增长质量的提高,并不是我们所希望见到的一种常态。相反,如果能够在增长减速的同时提高增长的质量,优化结构、提高效率,就能减轻增长减速的冲击,甚至能够在中速增长的情况下使人民得到更多的实惠。所以,有较高效率支撑的中速增长,才是符合我们愿望的新常态。

一、"三驾马车"分析框架的误区

研究应对增长减速的方针政策,可以运用不同的分析框架。运用不同的分析框架,所得出的政策结论也会有很大的不同。大致上从2009年开始,不知什么原因,在分析中国宏观经济走势的时候,流行起一种认为经济增长速度取决于消费、投资、净出口"三驾马车"的需求强度的理论。根据这种理论,中国经济的增长乏力,是由消费、投资和净出口等三项需求不足造成的。只要能够把需求扩大到足够的水平,增长就能够重上台阶。我认为这一套分析有重大的缺点。

（一）它用错了分析框架。十分明显，"三驾马车"分析法是凯恩斯主义的短期分析框架的变形。如同大家知道的，凯恩斯主义认为，需求的强度决定供给的规模，因此，产出总量等于由消费、投资、财政赤字和净出口四项需求构成的社会总需求。不过即使凯恩斯主义的经济学，也只是运用这一理论框架来讨论短期经济问题，把它用来分析长期发展趋势显然是用错了分析框架。

（二）由这种分析得出的政策结论也是有问题的。因为消费、投资、出口需求有多大，归根到底是由一些客观因素决定的，并不取决于人们的愿望。以进出口为例，它最终取决于整个国际经济格局。过去中国对发达国家有大量的净出口，1.因为在高消费、高福利导向下，发达国家的储蓄率很低，在储蓄和投资之间有很大的缺口，需要靠从发展中国家净进口来填补；2.因为中国低成本的竞争力很强，能够在发达国家的净进口中分到一块比较大的"蛋糕"。全球经济危机发生以后，发达国家去杠杆化，提高了自己的储蓄率。这样一来，根据经济学的"双缺口模型"，只要发达国家储蓄跟投资的缺口变小，发展中国家净出口的可能性也就变小。美国的储蓄率会有起伏，但是要想回到危机以前的水平，我看是不大可能的。随着中国劳动者工资水平的提高，中国产品的低成本优势也在减弱，因此在出口蛋糕中所占份额也会降低。另外，消费需求的提高，也不是以人们的愿望为转移的。例如有人说，城市化可以使消费需求提高，因为农民进城以后消费需求会有很大的提高，只要加快城市化消费需求就会很快增加。这里其实是把消费需求和消费愿望混为一谈了。在经济分析中所说的需求是指有购买能力的需求，有钱做后盾的需求。所以要增加劳动者消费需求的前提，是增加他们的收入。而增加劳动者收入的首要办法，是发展生产，提高效率。即使政府能够给予补贴，也是"羊毛出在羊身上"，是不可能使人民普遍富裕起来的。

这样，每一次出现速度下降，用"三驾马车"的分析办法算来算去，最后的结论就是进行强刺激，多发钞票，多上投资项目。2009年用4万亿元投资（两年）、10万亿元贷款进行刺激，虽然造成了增长率的短期回升，但货币超发、负债增加等后果也同时产生，成为需要长期消化的负担。2012年以后，又多次采用增加投资的办法刺激经济，但正面效果愈来愈差，负面效果愈来愈大，这使许多人认识到这不是个好办法。研究长期增长趋势更可靠的方法，是对驱动经济增长的三个因素：劳动投入、资本投入和生产效率的状况进行估量。

过去30多年的高速增长是怎么来的呢？主要是靠大规模的投资。但还有一些其他的因素。一个因素是大量新增的劳动力，也就是中国社会科学院蔡昉教授所说的"人口红利"。还有一个因素是效率的提高。改革开放对提高效率产生了十分积极的影响。一方面，市场化改革改变了城乡隔绝的状况，大量过去低效利用的农村劳动力和农村土地转移到城市，这种结构变化使资源的利用效率得到提高。另一方面，开放使我们能够通过引入外国的设备和技术，很快地提高中国的生产技术水平，使中国与发达国家之间的技术水平差距迅速缩小。这样一来，改革开放以后，生产效率提高对增长的贡献较之改革开放以前有了相当大的提高。

现在的问题在于，以上这些有利于维持高增幅的因素，有的正在缩减，有的已经消失。首先，新增劳动力对经济增长的贡献也越来越小了。蔡昉教授在2006年就已指出，根据他们前三年的调查发现，剩余劳动力无限供应的情况正在发生改变，"刘易斯拐点"已经出现。其次，随着中国一般技术水平跟西方国家相接近，用引进外国设备和技术的办法去大幅度地提高自己的技术水平已变得不大可行。清华大学的白重恩教授和其他一些研究者都得到大致一致的结论，就是从21世纪初开始，中国经济增长中全要素生产率的贡献明显降低，并引起中国经济潜在增长率的下降。经济学的基本原理告诉我们，在由现有资源状况和技术状况决定的潜在增长率降低的情况下，要短期拉升增长率，唯一的办法就是采取刺激政策，通过信用扩张向市场"放水"。但是就中国的情况而言，长时期采取刺激政策已经使宏观经济变得十分脆弱，蕴藏着发生系统性风险的危险。

日本野村综合研究所的首席经济学家辜朝明写过好几本书来总结日本近年来经济衰退的教训。他在书中指出，日本的经济衰退以至全球多次重大的金融危机，都是在泡沫破灭后出现的资产负债表衰退，而出现资产负债表衰退的基础，则是杠杆率（负债率）过高的缺陷。在我看来，如果说西方国家资产负债表的缺陷的主要成因是高消费和高福利，东亚国家的杠杆率过高则主要是由企业和各级政府举债过多造成的。在目前我国政府机构和企业资产负债表杠杆率过高的情况下，在某些环节上出现偿债困难甚至"跑路"逃债的现象已经屡见不鲜。在这种情况下，政府要做的是"去杠杆化"，控制和消解风险，而不是用加强"刺激"的办法维持高增长率。继续提高杠杆率将使爆发系统性风险的危险加大。

更何况2009年以来多次采取刺激政策，其效果递减已经变得非常明显。如果说2009年的4万亿元投资（两年）和10万亿元贷款把2009年第四季度和2010年第一季度、第二季度的增长率拉高到10%以上，那么2014年第二季度的1万亿元左右投资只把增长率从第一季度的7.4％提高到第二季度的7.5％,拉升了0.1个百分点,第三季度又回落到7.3％。经济学所说的"投资报酬递减规律"的效应已经充分显现。

以上的分析说明,唯一的出路在于提高所谓索洛余量,即"技术进步、效率提高"对于经济增长的贡献,也就是说,要优化结构,促进创新,实现经济发展方式从粗放发展到集约发展的转变。

二、体制转型是发展转型的基础

实现经济增长方式转型或者经济发展方式转型,并不是一个新口号和新要求。从1996—2000年的第九个五年计划开始,就提出实现这一转型的要求,只不过在大部分时间里执行的情况很不理想。问题的症结在于发展方式转型受到旧体制的掣肘。

1995年制定"九五计划"的时候,先是国家计委提出经济增长方式需要实现从粗放增长到集约增长的转变。在后来的讨论中,人们总结了苏联转型不成功的教训,指出体制的转变是增长方式转变的基础。因此,"九五计划"规定要实现"两个根本性转变":一是经济增长方式从粗放增长到集约增长的转变;二是经济体制从计划经济到市场经济的转变。在1996—2000年的"九五计划"期间,由于执行1993年中共十四届三中全会《决定》,市场取向改革全面推进,经济增长方式的转变也取得了一定的成绩。可是到了2001—2005年的"十五计划"期间,城市化加速这件好事在中国体制下的结果是,各级政府大大增加他们手中掌握的土地等重要资源,于是许多地方都出现了政府主导的重化工业投资热潮。由于政府主导了重要资源的配置,经济发展方式转型也出现了逆转。

"十一五"总结了"十五"的教训,再次提出以转变经济增长方式为主线。由于"十一五"期间改革推进缓慢,虽然我们制订了一个很好的"十一五"规划,但在经济发展方式转型上乏善可陈,以致中共中央在"十一五"最后一年(2010年)不得不发出"加快转变经济发展方式刻不容缓"的号召。

综合以上分析,我们应当在采取措施保证不发生系统性风险的条件下,把主要的注意力放在推进改革上。因为只有通过全面深化改革,建立一个好的社会经济体制,才能优化结构,转变方式,确立由较高效率支撑的中速增长这种合意的新常态。

三、控制和消解风险,保证全面改革顺利推进

我国宏观经济管理部门的负责人在近来的讲话中指出,目前中国宏观经济虽然存在许多不容忽视的问题,但是风险总体可控。我认为他们这个说法是有道理的。只要采取正确的措施,系统性风险完全能够避免。我认为,可以采取的措施很多,其中包括:

(一)停止对回报过低或者是没有回报的项目的无效投资

现在有一种流行的说法,说是基础设施建设不需要考虑近期是否有回报,因为东西在那里,早晚会有用。这完全不是经济学的思考方法。经济学考虑问题的一个最重要的前提,是资源具有稀缺性。既然资源有限,做了这样就不能做那样,在进行投资时就必须进行选择,只能做那些效益最好、最需要做的事情。在这方面,我们要汲取日本的教训。1986年发生内需不足的问题以后,日本政府为拉动经济增长,启动了大规模的公共基础设施投资计划。正是大量无效投资,埋下了后来大崩盘的祸根。

(二)动用国有资本偿还国家的或有负债

所谓"或有负债",是指在资产负债表上没有记载,却早晚必须偿还的债务。目前最突出的是社会保障基金缺口。据计算,其中对老职工的社会保障欠账就高达几万亿元。尽早归还这类欠账,既可以减轻偿债压力,还能创造更有效的公有制实现形式。对于这一点,十八届三中全会《决定》有明确的规定,要求拨付部分国有资本充实社保基金。这项决定应当尽快付诸实施。

(三)要停止对僵尸企业输血

现在有一些地方政府用贷款、补贴、减免税收等办法去维持一些根本无法起死回生的企业。政府不是发挥自己应当承担的社会功能,帮助解决企业停产给职工带来的困难,而是支持这类僵尸企业继续无谓地浪费社会资源,这只会增加金融风险的积累,而不会给社会带来任何助益。这也是日本政府在经济衰退中举措失当留下的一个教训。

（四）对资不抵债的企业实施破产清盘或者在破产保护下重整

以此来释放风险,化大震为小震,避免风险积累,导致大震。

（五）停止由政府出资兜底

实行100%的刚性兑付,以免加大道德风险。

（六）努力盘活存量资产

由于前一时期的过度投资和粗放增长在全国各地形成的大批"死资产",如"晒太阳"的开发区、绵延好几个街区的"死城"等。虽然有一定的难度,还是应当努力设法盘活,以便降低资产负债表的杠杆率和出现"资产负债表衰退"的可能性。

除了采取以上这类堵塞漏洞、释放风险的措施,还应当灵活运用财政政策和货币政策进行短期调节。这两类措施的综合运用,使我们能够保持宏观经济的稳定,不出现系统性危机,为推进改革争取时间,使改革和发展逐步进入良性循环。

四、坚定有序地推进改革,保证合理的新常态得以确立

对于全面深化改革能不能从根本上解决我们所面临的问题,当前应当把提升增长速度还是推进改革放在优先地位,学术界和经济界一直存在争论。在我看来,改革能够解决问题,不仅已经得到理论上的证明,也已经为近期的实践所证实。

有的经济学家认为,中国需要用增加投资的办法维持8%以上的增长率,是因为要保就业。保就业当然是必要的,但是把就业情况和GDP增长之间的关系看成是线性的,认为要保就业就必须保增长,这种观点从学理上说是难以成立的。因为增长有个结构问题,有的行业增长1%,它的新增就业可能超过1%;有的行业增长1%,它的新增就业却可能不到1%。我们过去大量投资建设的资本密集型产业,雇用员工的数量就比普通服务业要少得多。所以,由于产业结构的变化,在同样的GDP增长率的条件下,就业的情况却有很大的不同。最近3年的情况表现得十分明显。这几年我国的经济增长率是逐渐下降的,但是就业的状况却有所改善。比如说,中国的经济增长率从2010年的10.4%一路下行,降到2013年的7.7%,但2013年的就业情况,特别是低技术水平劳动者的就业情况却比以前来得好。据国家统计局报告,2013年原来要求城镇新增就业900万人,实际完成1 310万人;

2014年前三季度增长率再下一个台阶,但就业情况比2013年还要好一些。这几年的实际情况可能没有统计数字那么靓丽,但就业情况有所改善却是肯定无疑的。为什么发生这样的情况？主要原因在于服务业发展加快。

服务业的发展曾经是整个中国经济发展的一个瓶颈。我国的"十一五"规划总结"十五"的经验,提出要把转变经济增长方式作为经济工作的主线。转变经济增长方式的核心是提高效率。我的《中国增长模式的抉择》这本书讲到了当时讨论的提高效率的四个主要源泉:一是让农民工变成市民,成为有知识、有技术的劳动者。二是制造业的产业链向"微笑曲线"的两端延伸,实现制造业的服务化。三是发展服务业,特别是生产性服务业。四是用现代信息技术改造整个国民经济,而信息产业从本质上说,或者说它的主要成分,就是服务业。总而言之,转变经济发展方式,提高效率的要点,就是发展服务业。

很可惜,"十一五"期间并没有做到这一点,有些地方稍有改善,有些地方甚至有所退步。但是最近两年的情况发生了很大的变化,服务业的发展明显加快。原来一直是制造业一枝独秀,到2012年第三产业赶了上来,和第二产业的增长率并驾齐驱。2013年服务业进一步提高了增长率,第三产业第一次成为中国第一大产业。

这种变化提出了一个问题:为什么过去政府三令五申要求发展服务业,它却发展不起来,而在这两年却突然发生了改变呢？看来看去,原因就在于十八大前后进行的两项改革大大促进了服务业的发展。

一项改革是2012年从上海开始,接着很快在全国推广的营业税改增值税("营改增")改革。财税部门把"营改增"列在为企业"减负"项下。目前中国企业的税负太重,减负是应该的,但这并不是"营改增"最主要的目的。经济学家之所以主张全面推广"营改增",是因为他们相信亚当·斯密所说,分工乃是推动经济发展的最主要的动力。营业税由于存在转移价值要重复征税的问题,是一种有碍于分工深化的税种。增值税只对增加价值征税,就不存在这个问题。所以营改增有利于分工深化,这在服务业,特别是电商服务业近年来新行业的成长上表现得十分明显。

另一项改革是2012年从广东开始,本届政府把它规定为转变政府职能重要内容的工商登记便利化。进行这项改革以后,有些地方新登记的工商户增长了百分之几十。

目前在就业领域内存在的一个问题,是大学毕业生、有学位的研究生就业存在一定的困难，有些人拿到的薪酬甚至比保姆还低，这是跟经济发展模式没有实现根本转变有关的。这说明就业方面有些问题还要进一步解决，但是就业的总体情况还是不错的。

以上讲的两项改革只是全面深化改革序幕期间进行的较小改革，虽然它们并不能全盘解决经济结构扭曲、效率低下等问题，但是改革小试牛刀尚且能够起这么好的作用，中央改革战略部署的实现能够为解决我们面临的问题奠定基本的制度条件，应当是确定无疑的。

2014年是全面深化改革元年，多项改革项目正在有序地推进。比如说金融领域的关键性改革：利率市场化、汇率市场化，其进度甚至比原来预想的还要快一些。财政改革在得到深改领导小组批准以后，正在逐步落实。从国务院层面来说，简政放权也取得了初步成效，它的成果还需要巩固和进一步扩大。从今年的进展情况看，有些方面的改革需要加快。

首先是国有经济的改革。在深改领导小组确定的336项改革分工中，国有经济改革方案由四个单位牵头制定。其中，国有企业领导人员薪酬改革方案已经公布实施，其余的方案还没有看到。但是从有关部委官员公开发表的文章来看，他们对于十八届三中全会关于国有资产管理从直接管企业转向以管资本为主的论述认识上存在差别。最近深改领导小组直接派出8个调查组到各地对国有经济改革进行调研，这预示着国有经济改革将会加快。

还有一项重要的改革是中国（上海）自由贸易试验区建设。自贸区试验的意义非常重大，因为它的进展不仅关系上海市长远发展，而且事关中国采取什么样的国际战略和建立什么样的对外经济体系。现在不少地区积极要求在本地建立自己的自贸区，不过人们对自贸区意义的理解互不相同。有的人按照过去的理解，把设立自贸区的意义看作取得某些政策优惠。现在看来，这是对自贸区意义的一种误读。最近我在和一些上海学者进行交流中得到很多启发。他们指出，目前世界贸易和投资规则正面临着重大的改进和升级。为了适应这种变化，我们需要选择一定地区进行适应下一阶段世界贸易投资规则的改革试验。取得经验以后，再在其他地区复制推广。习近平总书记在深改小组2014年10月27日的会议上对设立上海自贸试验区的目的已经作了清楚的阐述。他指出，上海自贸试验区的主要内容和任务，在于通过体制机制创新，"促进贸易投资便利化"，"营造市场化、国际化、法治化的营商环境"。深改领导小组的这次会议还决定在其他具备条件的地方推广上海自贸试验区所取得的经验。

上海自贸试验区经验在其他地区乃至全国的推广,不但会对形成进一步开放的经济和法治体制起决定作用,而且将有力地促进我国统一开放、竞争有序的市场体系的建设。这种以开放促改革的作用在国内市场引进负面清单的问题上可以看得十分清楚。市场进入实行负面清单,本来是在中美双边投资谈判中提出的。十八届三中全会《决定》要求在国内市场上也实行负面清单制度。这对于建设我国的市场制度具有基础性的意义。正如李克强总理所说,在法治化的市场经济中,对于企业来说,法无禁止即可为,对于政府来说,法无授权不可为。如果能够贯彻执行这样的原则,我国的市场制度就会大进一步,接近于十八届三中全会《决定》所要求建立的"企业自主经营、公平竞争,消费者自由选择、自主消费,商品要素自由流动、平等交换的现代市场体系"。

(作者是国务院发展研究中心研究员,本文选自《探索与争鸣》2015年第1期)

普查数据印证"新常态"

王 希

国家统计局日前发布了第三次全国经济普查的主要数据。此次普查历时 2 年多,动用约 300 万名普查人员,涉及超过 7 000 万个调查对象。在我国经济发展进入新常态的背景下,普查成果能否为我们认识、适应这一变化提供可靠的数据支撑?记者就此采访了国家统计局局长马建堂。

一、新常态下的趋势性变化

马建堂表示,我们的常规调查和普查数据都显示,我国经济发展进入新常态,"增速换挡、结构优化、动力转换"的特征开始显现,经济运行出现了一系列新变化:尽管 GDP 增速回落,但服务业发展较快;制造业转型升级态势明显,战略性新兴产业方兴未艾;混合经济、民营经济持续发展;研发投入大幅增加,创新能力稳步提高。2013 年规模以上服务业营业收入同比增长 13.5%,高于规模以上工业主营业务收入 2.3 个百分点。商务服务、信息服务、科技服务等服务业重点发展行业势头良好,尤其是互联网和相关服务业 2013 年营业收入同比增长 26%。2013 年末全国规模以上的高技术制造业企业有 26 894 家,占规模以上制造业企业数的 7.8%,比上次普查时提高 1.3 个百分点。高技术制造业企业投入的研发经费为 2 034 亿元,比 2008 年增加 1.78 倍。2013 年末,私营企业法人单位数达 560.4 万个,比 2008 年末增长 55.8%。有限责任公司、股份有限责任公司等四类混合所有制企业数也在增加。国有企业户数尽管有所减少,但是活力和控制力都在提高。5 年来工业企业研发投入不断增加,2013 年全国规模以上工业企业投入研发经费为 8 318 亿元,比 2008 年增长 1.71 倍,规模以上工业企业研发经费占全社会研发经费的比重为 70.2%,比 2008 年提高 3.6 个百分点。马建堂指出,上述变化说明党中央对经济新常态的判断,深刻揭示了我国经济阶段性变化内涵和经济发展的客观规律,是做好新时期经济工作的指针。我们必须学习好、领会好、把握好并自觉贯彻到各项经济工作中来。

二、可视化数据将尽快上线公开

普查数据表明,近年来我国经济呈现出增速换挡、结构优化、动力转换的新常态,这些变化是客观经济规律使然,是经济向中高端迈进的必然过程。普查数据显示,当前我国经济正发生一系列深刻变化。经济由工业主导向服务业主导加快转变,个性化、多样化消费渐成主流,创新驱动发展初露端倪,市场决定作用不断增强。同时,我国传统制造业产能过剩问题依然比较突出,企业创新能力总体不强,第三产业增加值占比不断提高但生产效率还有很大提升空间。准确把握这些变化趋势和存在问题,有利于进一步提高"十三五"规划的前瞻性、有效性和针对性。马建堂表示,除了此前公布的数据外,我们还将分期、分批发布更多更详细的数据,并尽可能多地利用可视化技术来提供和展示普查结果,以方便社会各界查询使用。他说,目前,国家统计数据库已提供了此次普查主要数据一、二、三号公报的可视化版本。我们也已经利用了普查获得的地理空间信息及普查结果对国家统计地理信息系统进行了更新升级,该系统将尽快上线,届时社会公众能查询全部单位的空间位置及相关信息,可通过地图、图形、图表等可视化工具,获取生动直观的普查数据成果。

(作者是新华社记者,

本文选自 2014 年 12 月 25 日《解放日报》)

中国经济"新常态"之肇始与阶段性特征

郑伟刚　钧家

自2014年5月习近平总书记在河南省考察时首次提及"新常态",继而在2014年11月9日亚太经合组织(APEC)工商领导人会议上演讲时首次系统阐述了中国经济"新常态"以来,"新常态"引起了理论界和企业界的关注。本文就出现"新常态"的前因、后果及其呈现的主要特征抒发己见。

一、历经30多年高速发展,中国经济进入"新常态"

十年"文化大革命"把中国经济推到濒临崩溃的边缘。1978年12月,党的十一届三中全会拨乱反正,确立了解放思想、实事求是的思想路线,果断停止使用"以阶级斗争为纲"的口号,把党和国家工作重心转移到经济建设上来,实行改革开放的历史性决策,开启了中国经济发展的新世纪。中国经济走上持续发展的快车道。

1978年中国GDP为3 645.22亿元,折合2 164.61亿美元,位居全球第15位,同年美国GDP为22 947亿美元,日本GDP为9 807亿美元,分别为中国经济总量的11倍和4.5倍。经过10年的快速发展,中国国民生产总值实现了翻番。以1978年GDP指数为100%,到1988年,GDP指数已上升为260.7%;改革开放后的第二个10年,经济总量再次翻番,1998年GDP总量达84 402.3亿元,折合10 194.75亿美元(当年汇率为8.279∶1),是1978年的4.7倍,在全球经济排位上升到第七位。这一期间能源资源和生态环境的空间还较大,传统产业的生产能力尚有扩展的余地,为中国经济发展提供了良好的条件。进入21世纪后,迎来了中国2001年12月加入WTO的新机遇。全面开放、融入全球化,并未产生"狼来了"的弱肉强食的恶性竞争,而是为中国打开了广阔的国际市场,为经济的外向型发展创造了良好条件,迎来了融入全球快速发展的10年。尽管2008年发生国际金融危机,但从入世后的2002—2011年,我国GDP年均增速达10.3%,经济总量于2008年超过德国,由位居全球第六上升到第三位,2010年超过日本,成为仅次于美国的全球第二大经济体。

尽管30多年来,中国经济取得了举世瞩目的成就,然而,这是以大量消耗资源能源和污染生态环境的代价取得的,时至今日,资源能源,生态环境约束已成为我国持续发展的最大瓶颈。

进入2012年,我国政府在宏观调控上,不再采取全面刺激政策,同时,基于资源能源约束生态环境承载能力已达到或接近上限,在经济发展周期规律和国内资源禀赋特征的共同作用下,我国开始进入经济"新常态",意味我国经济发展在速度、动力、结构、路径和方式等方面发生了一系列重大变化,进入了一个全新的发展阶段。

纵观全球,当一个国家或一个地区经历一段时间高速发展后,都会出现增速"换挡"现象:如日本的GDP(国内生产总值):1950—1972年年均增长9.7%,1973—1990年回落到4.26%,1991—2012年更是下降到0.86%;又如韩国的GDP:1961—1996年期间平均增速为8.02%,1997—2012年年均增速回落至4.07%;再如我国台湾地区GDP:1952—1994年年均增长8.6%,1995—2013年下调至4.15%。中国经济进入"新常态"后有望在7%~8%之间运行一段时间。

二、中国经济"新常态"的主要特征

中国经济进入"新常态"所呈现的特征,可以从下几个视角加以分析。

(一) 从调控方式(直接与速度关联)看,主要呈现以下特征:

1. 在宏观调控上,不再持续采用全面调控政策,不搞"大水漫灌",而是更多采取针对性的微调,精准发力,实施"喷灌""滴灌"。

2. 在微观调控上,更加注重预调,着眼未来,精心谋划,先期做好预案和规划。

3. 在资源配置方式上,更加注重发挥市场机制的作用,由市场起基础性作用,向市场发挥决定性作用转变。

4. 在发展速度上,从二位数的高速发展向年均增长7%~8%(10多年后下降为6%~7%)的中高速发展转变。

(二) 从发展方式转变上看,特征为:

1. 从粗放型发展向集约型发展转变;

2. 以质量效益为中心,从以往较为重视发展速度转向更加重视发展的质量和效益,坚持稳中求进,实现"稳、活、托底"三者统一,构建一个稳定的经济社会发展新体系。

3. 在发展的模式上,由线性经济发展模式向绿色低碳循环经济发展模式转变。更注重顺从群众期待,满足百姓生命健康、生活品质、生存环境改善的需求。从注重产业和城镇发展转向更加关注惠及民生,提高民众福祉,让发展成果惠及更广大民众。

(三) 从产业结构和布局调整看,特征为:

1. 产业结构上,从以制造业为主导向以服务业为主导转变。

2. 在产业国际地位上,由在国际分工的产业链中居于低端环节向中高端环节转移。

3. 在产业形态上,由一、二、三产业之间产业界限泾渭分明向制造业与服务业、服务业与现代农业融合发展转变。

4. 在结构升级上,由以高新技术为引领、支柱产业为支撑、都市型工业为补充的第二产业为主体逐步转向以战略新兴产业为引领、高新技术产业为支撑,第三产业(服务业)为主体优化升级。

5. 在产业布局上,由集中布局于沿海城市地区区别明显转为向中西部转移,东北振兴,中部崛起,产业布局趋于平衡,城乡地区差别缩小。

(四) 从经济发展驱动切换和资源供给看,特征为:

1. 在经济发展动力上,由主要依靠出口投资拉动向主要依靠消费和服务支出拉动。从传统增长点转向新的增长点,如互联互通、一带一路、形成资产阶层为主体的新结构、培育新技术、新产品、新业态、新商业模式的"四新"经济等。

2. 在发展红利上,由主要依靠人口红利、数量红利、开放红利向主要依靠人才红利、质量红利、深化改革开放红利转变。

3. 在资源供给上,由主要依托自然资源和高碳能源支撑发展,向更多依托智力资源、IT技术与互联网和可再生能源支撑发展。

(五) 从资本流动和财税金融改革上看,特征为:

1. 在资本流动上,由外资净流入中国(引进来)转向由外国向中国投资与由中国向外国投资(引进来与走出去)并举,外资流入与流出基本相当,并呈现中国投资净流出的趋势。

2. 在外汇储备上,与之相对应的国家外汇储备将由多年来持续增加外汇储备向外汇储备"有增有减"的"新常态"转变。

3. 在财税制度上,加快财税制度改革,重构收入分配政策,做大做强中产阶层,使之成为消费主体。建立现代税收制度,优化国家与企业的税收关系,增强企业自我发展能力;改革转移支付制度,使地方财力和事权相匹配。

4. 在金融体系上,构建开放型金融体系,调整金融资产结构,优化金融资产配置,逐步推进人民币国际化。通过加速推动存量金融资产证券化和建立金融开放体系来化解风险。使金融体系具备良好的配置全球资源功能和在全球分散风险的能力。

三、"新常态"下中国经济仍将以较快速度持续发展

尽管中国经济进入"新常态"将面临制造业去产能化、金融去杠杆化、房地产去泡沫化、环境去污染化等问题,以及房地产市场降温和土地收入下降及财政收入下滑"三碰头"的风险、出现通胀紧缩、就业矛盾凸显、部分地区出现经济坍塌等风险,但从中国未来发展趋势、国内资源禀赋特征来看,只要我们深入了解中国经济增长的本质和中高速增长的决定因素,将可发现中国未来经济仍有较大发展潜力。著名经济学家林毅夫(世界银行前首席经济学家)认为,从后发优势的潜力来看,中国的后发优势强于"亚洲四小龙"。中国从2008年开始,应该还有20年平均每年8%的增长潜力。但要把后发优势的潜力变为实际增长是有前提的——必须按照比较优势不断进行技术创新和产业升级。增长潜力的实现还需要投资产业符合比较优势,有足够的投资资源和在有效的市场前提下,政府在产业升级中发挥积极有为的作用。国务院发展研究中心副主任张军扩研究员透露,根据国务院发展研究中心课题组2013年一项研究,中高速增长的潜力和范围可能会在6%~8%之间。体现中国仍处于大有可为战略机遇期,但内涵外延发展很大变化,体现中国经济韧性好、潜力足、回旋空间大。

可以预期,近5~10年,在新一届政府的掌控下,经济增速(GDP)保持在年均增长7%~7.5%是有条件的。基于中国经济的总量,2014年GDP已超过61万亿元人民币,接近10万亿美元,每年GDP的增量将达8 000亿~9 000亿美元,进而

可逾 1 万亿美元,相当于每年增加台湾省和香港地区 GDP 的总和,或相当于马来西亚、新加坡和菲律宾三国经济总量的总和;随后,将相当于每年增加一个印度尼西亚或瑞典和挪威 GDP 之和。预计 2020 年中国 GDP 将达 16 万亿美元,相当于 2013 年美国 GDP 的总量。表明中国在较长时间内仍将是全球经济发展的火车头,将为亚洲及全球各国带来巨大的发展机遇。

(作者郑伟刚是原上海证券有限责任公司副总经理,作者钧家是上海浦东工业技术研究院副院长、教授级高级工程师、上海市注册咨询专家)

新常态与产业转型升级新路

王 战

2008年全球金融危机以来,世界经济正在从信息技术革命以后的相对繁荣期走向相对衰退期。从康氏长周期来看,世界经济往往在经历20~30年的相对繁荣期后,就进入一个相对衰退期。在繁荣期,发达国家的年平均经济增长率大概在4%,而相对衰退期则在2%左右。世行数据显示,目前发达国家的增长率大概是2.2%,这也印证了世界经济确实处于相对衰退期的判断。

中国经济也处在这个大趋势当中。2009年以来,中国经济增速从两位数下降到个位数,2012年、2013年分别是7.8%、7.7%,2014年为7.4%,呈现出一个逐步走低的趋势。大家开始担心,中国经济能否撑得住?经济增速下降会不会带来大量失业与社会不稳定?虽然经济中高速增长趋势已经出现,但从近两年的情况来看,中国经济依然"韧性好、潜力足、回旋空间大"。

2014年5月,习近平总书记在河南考察时提到,我们要适应"新常态"的阶段性变化。所谓"新常态"是对此前的高速增长期而言的。高速增长期由三个方面因素构成,一是快速城市化及由此对重化工和投资的拉动;二是加入WTO及由此带来的进出口快速增长;三是1994年以后制造业领域的"营改增"推动了市场细分。进入"新常态"意味着由这三者所构成的高速增长的结束,我们需要寻找新的驱动力。城市化率超过50%后经济会从高速增长进入正常增长,虽然城市化依然是动力之一,但不会像此前那样强劲了,进出口贸易的下降也将是长期趋势,但"营改增"依然有巨大的作用空间。上一轮"营改增"主要是在制造业推动,而本轮"营改增"开始在服务业大展拳脚。另外,世界经济相对衰退期同时也是新一轮科技创新的窗口期和绿灯期。技术进步正在改变中国的产业链和价值链,正在塑造新的业态,一旦这个酝酿过程完成,它所形成的"爆发力"将是非常巨大的。

西方国家的经济调整,往往是通过"危机"来去杠杆化和消化过剩产能。在这轮调整中,美国做得比较好,目前经济基本面已经基本恢复正常。而对中国来讲,我们无法承受经济危机的代价。所以习近平总书记在APEC会议上对"新常态"作了更加准确全面的总结,用三个词来概括就是:合理增长区间、结构优化和创新驱动。这中间其实包含着中国经济"可控调整"的转型升级新思路。中国不可能以危机为代价"去产能",所以我们必须保持合理经济增长区间。我们目前每年需要新增1 000万个就业岗位,合理增长区间是满足就业需要的底线。我国在高速增长期的主要产业是加工贸易,按照加工贸易的经验公式,要满足每年新增的就业需求需要约8%的增速。但从过去两年经验来看,我们如果能将经济增长稳定在7%左右,就能够满足吸纳就业的要求。原因就在于服务业的"营改增"在不断释放第三产业的就业吸纳空间。在高速增长期,我国第三产业占比约为30%,目前已经达到46.7%,超过了制造业。只要"营改增"领域继续扩展,"十三五"期间,第三产业创造新增就业机会的潜力依然在。这是中国和其他国家在这轮危机中最大的区别。

第二个因素是结构优化。在相对衰退期,如果能够在经济合理增长中完成结构优化,通过结构优化推动经济继续增长,中国的调整新路就真的走出来了。结构优化有三重指标:三产比重超过二产、最终消费对经济增长的贡献超过投资、高新技术产业和装备制造业增速明显高于制造业增速。这三方面指标目前都已显现,这说明我们讲了将近20年的转变经济增长方式,在十八大后真正起步了。虽然经济结构优化真正达到新常态的要求还需要假以时日,但目前已经起步则是确定无疑的。

在保持合理增长中调整经济结构,底线在于防止"三碰头":房地产价格过快下降、地方政府融资平台大面积违约和产能过剩加剧。房地产价格过快下降将使地方融资平台资金链断裂,由此导致与此相关的产业将出现过剩,这会使本来就存在的产能过剩进一步加剧,最终导致银行坏账及系统性金融风险。这是我们必须守住的底线,做到在游泳中换气,在合理增长区间内消化过剩产能。

要解决上述问题,引领新常态,最终还需要靠创新驱动。中国的"创新驱动战略"有自己的逻辑,即开放倒逼改革,改革促进创新,创新驱动发展。十八届三中全会前,最大的改革议题是自贸区改革,影响和推动作用最大的也是自贸区改革。其逻辑起点就是"开放倒逼改革"。自贸区的开放举措倒逼了行政管理体制改革,而首当其冲是行政审批的改革。如果行政审批过多,企业的创新空间必然受到制约。在自贸区改革中,负面清单和准入前国民待遇这些与国际接轨的标准在倒逼我国的行政审批制度。其实质就在于通过改革为企业家创新创造有利的营商环境。创新不是通过政府推动一系列项目来完成的,创新本质上是企业家的行为,没有企业家群体的发展壮大是很难形成创新气候的。李克强总理提出,要推动"大众创业,万众创新",在这个过程中自然就会有优秀的创新企业和创新人才脱颖而出。

不同于西方国家,每每需要用"危机"为代价来修复经济,中国需要在保证经济合理增长区间的前提下实现稳步转型。总的来说,中国走的是一条"可控转型之路"。可以说,不为速度而速度,是中国宏观调控与经济发展方式的重大战略思路变化,也是全面深化改革的重要体现。这条"可控转型之路"如果走通,或许对全球经济发展也是一个有益的启示。

(作者是上海社科院院长,
本文选自2015年第2期《社会科学报》)

中国经济正处于"三期叠加"阶段

彭文生

一、很多经济结构调整迹象已显现

从宏观经济的角度,结合人口年龄结构变化、收入分配差距,以及高储蓄、房地产价格上升和信用扩张联系在一起等因素,系统分析我国发展面临的机遇和挑战,探讨经济结构调整的方向和着力点,一直是研究重点。"我国经济增速从2010年的10.4%下滑到2013年的7.7%,这是短周期的下行还是长期的趋势性放缓?对这个问题的解读,关系到我们如何判断中长期经济前景,对考虑当前的政策应对也很有意义。"

目前我国经济运行所处的大背景是"三期叠加"的阶段:(一)经济增长速度处在换挡期,从过去的高速增长转换为中、高速增长;(二)经济结构调整的阵痛期,短期内化解过剩产能、优化产业结构的调整可能有些痛苦;(三)前期刺激政策消化期,尤其是2008年和2009年为应对全球金融危机的冲击,曾经实施的宏观政策刺激的效果需要消化。"近几年经济增长放缓,无论从经济供给还是需求上来讲,不是一个短周期现象,还有一些长周期趋势性因素。"

增长速度放缓期的背后逻辑、大的背景其实是和我国人口结构变化有联系的,人口老龄化趋势增强,经济供给、劳动力供给能支持的可持续增长率已经下降;结构调整也体现在价格变化上,过去几年CPI比PPI上涨率高,有一个结构调整因素,投资增长放缓,私人消费比较强,一个结果是工业产品价格下行压力比消费品价格大,"不能因为PPI比较弱,就担心我国经济面临通缩继而需要政策放松,PPI比较弱反映的是经济结构处于调整的过程。"

我国目前已经开始出现了很多经济结构调整的迹象。如从去年下半年开始,利率上升对控制影子银行影响比较大,效果在近几个月的社会融资总量增速放缓上有所体现。另外一个迹象是风险暴露,无风险利率短期利率最近几个月明显下降,一年期国债收益率也明显下降,但信用利差上升。汇率开始贬值,贬值幅度超过了2.5%,与此相关的是人民币套利空间大幅下降。

二、今年土地财政收入将会明显下滑

5月12日,央行召开住房金融服务专题座谈会,要求银行合理确定首套房利率,及时发放个人房贷。同一天,彭文生发表文章对今年我国的"土地财政"作出预测:当前房价下跌的形势可能带动地价下跌,未来几个季度土地财政收入可能明显下滑,地方政府可能会推出购房优惠政策并放松限购,中央政府则将加大保障房建设力度,同时政府还可能适度增加土地供应指标。

我国土地财政收入长期超过当年的预算,卖地收入支持了地方政府主导的基建投资和城镇建设,土地价格上升也增加了地方政府以地产做抵押的融资能力,放大了其支配资源的空间。地方政府用卖地收入与土地融资改善基础设施,加速了城市化,促进了当地经济繁荣,在一段时间掩盖了房地产价格快速上升的负面影响。由于当前房地产市场面临下行压力,今年土地财政收入有可能像政府年初预算那样大幅下跌(政府预算2014年国有土地出让金收入增长－11.8%)。虽然一季度土地出让收入同比仍然增长40%,但主要反映在土地出让收入收缴国库的时滞,一季度的土地供应量已经同比减少。

房地产市场降温带来的土地收入减少从长期来看,有利于经济结构调整,但是短期对经济增长存在不利影响。而要消化过去累积的房地产市场泡沫和土地财政扩张对经济结构的扭曲影响,房地产市场降温、地方政府土地收入下降是结构调整、经济可持续发展的内在要求。这"是否会使得地方政府财政捉襟见肘,进而导致银行坏账大幅上升?这个风险值得关注。但在当前情况下,政府债务占GDP比重较低,政府所面临的并不是整体存量上资不抵债,而是如何防止地方政府融资平台在现金流上不出现大的流动性问题"。

三、人口红利消失对经济产生深远影响

2013年4月,彭文生出版了《渐行渐远的红利——寻找中国新平衡》一书。这部28万字的专著虽然专业性很强,却很快成为畅销书,11个月间5次印刷,并获得中国金融40人论坛2013年度金融书籍奖。全国人大财经委副主任吴晓灵、中国社科院人口研究所所长蔡昉、国际货币基金组织执行董事张涛等著名学者联袂推荐。

中国改革开放30年来并行或先后释放出的人口红利、制度变革红利、全球化

红利,都将并行或先后面临见顶回落的趋势,因循这些发展机遇时期形成的分析框架来思考未来的增长,难免会陷入惯性与定式,从而出现较大的偏差。因此,他在该书中建构了一个适应"后红利时代"的宏观经济分析框架,并以此来分析中国宏观经济领域若干重要议题,探索中国经济新平衡的路径。

过去20年,我国总人口中劳动年龄人口占比增加,抚养比下降,农村青壮年劳动力大量转移到城镇工作,这样的变迁过程,是经济快速增长的一个重要推动力。但随着我国进入老龄化社会,人口红利将在2015年开始消退,由于人在生命的不同阶段的消费和投资行为不一样,人口结构变化将从社会平均消费率、投资需求、储蓄率、资产价格、货币信用扩张等多方面对经济产生广泛而深远的影响。

我国经济的不平衡有多方面,但根本的失衡是贫富差距的大幅扩大;同时高储蓄、房地产泡沫和信用扩张联系在一起,形成我国货币信用周期,是未来5~10年最大的宏观经济风险。应对这些挑战,经济转型需要深度的结构改革,尤其是要平衡公平和效率、政府和市场、上一代与下一代、金融与实体、需求与供给,转变政府职能,进行深度的财税改革,进一步放松计划生育政策。在金融与实体的关系上,既要放松金融管制尤其是推进利率市场化,更要管理金融风险,控制房地产泡沫,加强对影子银行的监管。

四、个人观点

(一) 增长率的下降

近几年增长率的下降不仅和外部需求疲弱有关,更重要的是反映了供给潜力放缓的内在要求,即使没有全球金融危机的冲击,我国也很难维持过去10%的高增长。潜在增长率放缓有三重诱因:加入WTO的制度红利已经释放,城乡劳动力的转移空间减小,房地产价格的快速上升对实体经济的挤压。另一个可能抵制增长潜力的因素是环境和资源的压力。

纵观未来经济增长的潜力与趋势,劳动力供给和资本存量放缓的态势恐怕难以改变,但制度变革和政策调整提高全要素生产率的空间仍然比较大。

(二) 人口的不平衡

计划生育政策的理论基础是马尔萨斯的人口论,其产生的环境和适用范围是农业社会。在工业和服务业占主导的社会中,人口已经从社会的负担转变为社会经济发展最重要的资源。人不仅是消费者还是生产者,资源问题、环境问题、就业问题主要是政策失效的结果,而不是因为人口太多。相反,人口的不平衡发展是经济结构失衡的重要原因之一。

（三）房地产调整的压力

从中长期看,我国的房地产价格无法回避调整的压力。未来几年,随着人口结构与政策的变化,驱动房价上升的宏观力量减弱。在现阶段,房地产价格较大幅度回调,会影响银行资产质量,但导致信心崩溃式的银行危机的可能性不大。当然,这不是说我国永远不可能发生金融危机。实际上,我们回旋的余地在缩小,现在不忍受房地产调整的短期痛苦,累积的问题就会越来越大,最终的结果可能非常危险。

(作者是中国国际金融有限公司董事总经理,

本文选自2014年5月16日《新民晚报》)

创新改变中国

孟晓苏

爱建公司是中国改革开放后成立的首家民营企业,改革开放 36 年来中国经济持续增长,包括爱建公司在内的诸多企业作出了积极贡献。过去几年中国 GDP 增幅持续走低,我国工业增速(所谓"实体经济")惯性下滑。中国政府扭转中国经济持续下滑趋势很不容易,经济发展进入了新常态,有几个主要特点:一是从高速增长转为中高速增长。二是经济结构不断优化升级,第三产业、消费需求逐步成为主体,城乡区域差距逐步缩小,居民收入占比上升,发展成果惠及更广大民众。三是从要素驱动、投资驱动转向创新驱动。

一、坚定推进改革,唤来市场经济

改革开放是决定当代中国命运的关键抉择。中国的改革从安徽开始,开放从广东开始。1979 年 7 月,中央决定在深圳、珠海、汕头、厦门建立特区,使广东成为综合改革试验区和中国对外开放的窗口。1992 年 10 月,党的十四大明确提出中国经济体制改革的目标是建立社会主义市场经济体制。1993 年"实行社会主义市场经济"被写入中华人民共和国宪法。改革既要有顶层设计,又要尊重基层的首创精神。当前,中国改革已进入攻坚期和深水区,习近平强调,要破解发展面临的各种难题,除了深化改革开放别无他途。改革如逆水行舟,不进则退。改革在探索中前行,要行得稳,才能走得远。管制束缚创新,竞争促进繁荣。我国正在积极推动上海、广东、天津、福建自贸试验区建设,打造各具特色的改革开放高地。简政放权是政府推进改革的重要举措。新一届政府成立以来已取消下放了 1/3 行政审批事项,国务院各部门全年取消和下放 246 项行政审批事项。深化改革与反腐败要坚持两手抓。近年来,中央大力查处腐败高官深得民心。2015 年 3 月 15 日,李克强总理会见中外记者指出,推进制度反腐和标本兼治是一致的。(一)要依法治国。法律面前人人平等,不论是谁都不能在法外用权。(二)要推进体制改革。比如简政放权很重要的一个目的就是坚决打掉寻租的空间,铲除腐败的土壤。(三)要加强监督和教育。让权力在阳光下运行,受到社会的监督。

二、倡言混合所有，重构微观主体

公有制为主体、多种所有制经济共同发展的基本经济制度，是中国特色社会主义制度的重要支柱，也是社会主义市场经济体制的根基。公有制经济和非公有制经济都是社会主义市场经济的重要组成部分，都是我国经济社会发展的重要基础。要大力发展国有资本、集体资本和非公有资本参股的混合所有制经济，实现投资主体多元化，使股份制成为公有制的主要实现形式。要允许更多国有经济和其他所有制经济发展成为混合所有制经济，允许混合所有制经济实行企业员工持股，形成资本所有者和劳动者利益共同体。要大幅放宽民间投资市场准入，积极推广政府和社会资本合作模式。要组建若干国有资本运营公司，支持有条件的国有企业改组为国有资本投资公司。要允许混合所有制经济实行企业员工持股，形成资本所有者和劳动者利益共同体。要建立职业经理人制度，更好发挥企业家作用。要建立长效激励约束机制，强化国有企业经营投资责任追究。要鼓励有条件的私营企业建立现代企业制度，鼓励非公有制企业参与国有企业改革。要深化国企国资改革，准确界定不同国有企业功能，分类推进改革。加快国有资本投资公司、运营公司试点，打造市场化运作平台，提高国有资本运营效率。要有序实施国有企业混合所有制改革，鼓励和规范投资项目引入非国有资本参股。

三、确立新增长点，楼市拉动内需

中央强调，要增强内需拉动经济的主引擎作用，把住宅建设培育为新的经济增长点和新的消费热点。1998年7月，国务院启动住房制度改革，利用系列政策推动房改，开启主导产业，具体措施包括：刺激住房消费、改革住房制度、完善供应体制、发展住房金融、放开二级市场、减免过高税费、推行住宅产业化等。国务院《关于促进房地产市场持续健康发展的通知》明确指出，房地产业关联度高，带动力强，已经成为国民经济的支柱产业。社会上存在恣意打压房地产业的言论，认为"房地产与制造业没有科技含量"，其实房地产业也具有很高的科技含量，主要表现为：规划与设计的理念创新，开发与运营的模式创新，建筑与安装的技术创新，投资与消费的金融创新，装饰与材料的工艺创新，家居与部件的产品创新，机电与安防的设备创新，网络与电商的服务创新，物业与社区的管理创新，土地与税收的财税创新等等。2014年10月29日，李克强主持国务院常务会议，会议要求重点推进六大领域消费,其中明确提出要稳定住房消费,加强保障房建设,放宽提取公积金支付租房条件。2015年3月4日,厉以宁在全国政协经济界讨论会上指出,目前房地产仍是维系中国经济增长的最大引擎。在中国经济增长中,能够有这么大机车在前面领跑的还得是房地产。房地产在未来中国经济发展和带动消费中所起的作用仍是不可低估。不要一谈到房产就说是有泡沫,中国仍然需要房地产业。

四、推动城镇发展,完善制度设计

加快推进城乡发展一体化,推进以人为核心的城镇化是解决城乡差距的根本途径,也是最大的内需所在。诺贝尔经济学奖获得者、美国经济学家斯蒂格利茨断言,"21世纪对世界影响最大的有两件事:一是以美国为首的新技术革命;二是中国的城市化。"长期以来,二元结构思维使主管部门成为城镇化阻力。中国农民对城市保障房建设作出巨大贡献,然而立法滞后造成农民行为至今"违法"。我曾在2007年呼吁,考虑让农民带着"地票"进城,统筹城乡发展,主要理由有三点:一是村民放弃全部或部分宅基地后,多余的建设用地指标在政府统筹安排下,可以流转到城镇或其他更大城市。接收进城村民的城镇由此可获得更大发展空间。二是"地票"价格随接收城镇地价而定,流转者应获得资金补偿。农民进城可换得产权房和全家社保,就地"合村并镇",多余的"地票"价值用资金支付农户。三是"地票"转入城镇后,所对应的宅基地与"合村并镇"多余建设用地应复垦为耕地,费用由接收"地票"城镇支付。中央强调,要加快房地产税立法并适时推进改革。我国"房产税"设计应更多借鉴国外(境外)的有效经验:(一)应向全部城镇住房征收"房产税";(二)实行按家庭"退税"可保公平;(三)我国"房产税"应实行差别税率;(四)按"购置原值"缴税减少开征阻力;五是用征房产税解决"小产权房"问题。

五、筹划空间格局,发展城市群体

2000年7月,我曾提出"经营城市"概念。2000年以来,中央文件对城镇发展模式有过多次论述。2002年十六大报告提出:要坚持大中小城市和小城镇协调发展。2007年十七大报告提出:促进大中小城市和小城镇协调发展。以增强综合承载能力为重点,以特大城市为依托,形成辐射作用大的城市群,培育新的经济增长极。2012年党的十八大提出新型城镇化。2013年12月十八届三中全会后的中央城镇化会议提出:要优化布局,根据资源环境承载能力构建科学合理的城镇化宏观布局,把城市群作为主体形态,促进大中小城市和小城镇合理分工、功能互补、协同发展。城市要优化布局,把城市群作为主体形态。我国在原有的京津冀、长三角、珠三角三大城市群之外,新的城市群不断涌现。包括山东半岛城市群、辽中南城市群、中原城市群、长江中游城市群、海峡西岸城市群、川渝城市群和关中城市群等。习近平强调,实现京津冀协同发展,是面向未来打造新的首都经济圈、推进区域发展体制机制创新的需要,是探索完善城市群布局和形态、为优化开发区域发展提供示范和样板的需要,是探索生态文明建设有效路径、促进人口经济资源环境相协调的需要,是实现京津冀优势互补、促进环渤海经济区发展、带动北方腹地发展的需要,是一个重大国家战略,要坚持优势互补、互利共赢、扎实推进。

六、引领金融创新,化解资金难题

我曾引进了许多住房金融产品,包括:1994年著书介绍"股权投资基金";1996年提出发展"住房抵押贷款";1996年提出建立"住房公积金";1997年提出进行"抵押贷款保险";1998年提出设立"国家住房银行";2003年提议实行"反向抵押养老保险";2005年倡议引进"不动产信托投资基金",等等。实践证明,这些产品在中国都获得了成功。这里重点介绍三种产品:

(一)"住房抵押贷款"。要加快住房金融发展与创新,通过持续宣传三年使住房抵押贷款终为银行和居民所接受。

(二)"反向抵押养老保险"。鼓励养老机构投保责任保险,保险公司承保责任保险。这对投保老人好处很多:开启房产金库,释放消费潜能;放心花钱养老,愉快延长生命;现钱资助子女,终生保持尊重;实行遗产税后,依法避税管用;构筑反腐制度,保持一生洁净。

(三)"不动产证券化"。

中国地方债数额巨大,地方政府20万亿元债如何偿付?我认为,"REITs"是化解地方债的最好办法。引进REITs将有利于稳定我国资本市场,理由有三点:(一)REITs稳定收益率吸引稳健型投资人,是保险资金、社保基金等投资机构的首选投资品;(二)REITs受益权证可上市流通,给投资人提供增值与退出市场的便利;(三)REITs回报稳定,物业升值使投资者权益升值,可防止资本市场暴涨暴跌。

当前,我国正处于发展的重要战略机遇期,比历史上任何时期都更接近中华民族伟大复兴的目标,需要我们在以习近平同志为核心的党中央的坚强领导下,坚持理论自信、道路自信、制度自信,立足实际,努力创新,为实现国家富强、民族振兴、人民幸福的中国梦而努力奋斗。

(作者是中国企业投资协会副会长、
中国房地产开发集团公司原董事长。
本文根据孟晓苏教授2015年8月19日在爱建公司
所作专题报告整理而成,由爱建集团党委办公室供稿)

新常态下怎么保持战略定力

王志平

习近平总书记明确指出中国经济进入新常态的三个主要特点：一是经济从高速增长转为中高速增长；二是经济结构不断优化升级；三是从要素驱动、投资驱动转向创新驱动。这是新时期党中央对我国经济发展趋势和阶段特征的深刻认识，反映了新常态条件下的战略自觉和战略自信。

改革开放以来，我国经济持续高速增长、经济总量不断迈上新台阶。根据联合国数据库资料，按当时汇率折算，1980年中国的GDP名列加拿大、南非、巴西、西班牙和荷兰之后，居世界第13位；1990年，中国GDP居世界第11位；2000年，上升为第6位；2005年，超过法国，居第5位；2006年，超过英国，居第4位；2007年，超过德国，居第3位；2009年，超过日本，居第2位。按世界银行口径的购买力平价计算，2014年中国超过美国，居世界之首。

我们用几十年时间走完了发达国家几百年走过的发展历程，创造了人类经济史上的奇迹。秘诀何在？这首先可以用党的基本路线和改革政策的生产力释放效应来解释。1970年代末、1980年代初农村土地承包制的推出，极大调动了农民的生产积极性。1992年推出以社会主义市场经济为导向的新一轮改革，使城乡经济发展活力得到激发。

如果说这是我国实现经济持续快速增长奇迹的内部原因，那么改革开放以来对国际市场的充分、有效利用，则可视作与外部因素有关的原因。这个阶段，正逢全球经济处于显著持续增长之中。建立在劳动力成本低廉优势，以及发达国家劳动密集型产业向外转移机会基础上的大规模出口和外向型发展，成为我国经济高速增长的重要推动力。1979—2012年，我国货物出口年均增长率保持在20%左右，成为世界贸易大国。

人类经济发展的历史反复证明，任何经济发展的模式和态势都有生命周期。发展中经济体获得持续20年以上连续高速增长，仅为少数。在我们之前，仅有日本、韩国等国家或地区，曾经有过持续二三十年的高速增长期，之后就进入经济缓速增长阶段。这种"边际增长速度递减"的现象，几乎成为所有实现经济高速增长的发展中经济体的"宿命"。

今天我们意识到,此轮国际金融危机后我国经济增长速度有所下降,表面上受国际金融危机的影响,实际上却是经济增长的内在规律使然。换句话说,此轮国际金融危机或许提前让我国 GDP 从高速增长转为中高速增长,然而即便没有国际金融危机,我国经济增长速度的换挡也迟早会来,而且越是往后挪位的换挡,越意味着矛盾积累的复杂程度加剧。由此看来,我国经济进入新常态,是无法躲避也不该躲避的。

既然如此,也就没有必要给新常态贴上"好"或"不好"的标签。现在,我们仍然会听到一些质疑的声音:为什么没有一开始就戴上经济发展的"远视镜",当初就不该搞那么多产能。不得不说,这样的想法带有明显幼稚的色彩。2016 年 1 月,习近平总书记在省部级主要领导干部学习贯彻党的十八届五中全会精神专题研讨班上作讲话时指出:其一,新常态不是一个事件,不要用好或坏来判断;其二,新常态不是一个筐子,不要什么都往里面装;其三,新常态不是一个避风港,不要把不好做或难做好的工作都归结于新常态,似乎推给新常态就有不去解决的理由了。他强调,新常态不是不干事,不是不要发展,不是不要国内生产总值增长,而是要更好发挥主观能动性、更有创造精神地推动发展。

在经济发展新常态下保持战略定力,有两个表现是至关重要的:一是以平常心态应对经济增长速度的高高低低。2014 年和 2015 年,我国出现了多年未曾出现的年度 GDP 增长速度低于年初预期增长速度的现象。到 2020 年全面建成小康社会,其中一个具体指标就是 2020 年 GDP 和城乡居民人均收入比 2010 年翻一番。这就要求,"十三五"期间我国 GDP 年均增长速度在 6.5% 以上。经济增长具有一定的不确定性,深度参与经济全球化的中国经济增长更有一定的不确定性。今后几年,我们未必能保证每年 GDP 增长速度都在 6.5% 以上。如果出现经济增长速度不理想的情况,能不能保持战略定力,不轻易推出强刺激政策,将是一个严峻的考验。这既需要决策层保持战略定力,也需要社会方方面面的理解和支持。二是以积极态度坚定不移推进结构调整、培育新的发展动力。2016 年 1 月,习近平总书记强调,供给侧结构性改革的根本目的是提高社会生产力水平,落实好以人民为中心的发展思想。半年来的工作实践显示,供给侧结构性改革的要求不会一帆风顺地得到落实。2016 年 5 月,习近平总书记进一步指出,推进供给侧结构性改革,是综合研判世界经济形势和我国经济发展新常态作出的重大决策,各地区各部门要把思想和行动统一到党中央决策部署上来,重点是推进"三去一降一补",不能因为包袱重而等待、困难多而不作为、有风险而躲避、有阵痛而不前,要树立必胜信念,坚定不移把这项工作向前推进。在新常态背景下,推进供给侧结构性改革会有"麻烦",但因为害怕"麻烦"而左顾右盼,接下去的"麻烦"会更多、更大。认识上述关系需要战略思维,处理好上述关系更需要战略定力。

(作者是中共上海市委党校、上海行政学院经济学教研部主任、教授,本文选自2016年7月26日《解放日报》)

树立贯彻"五位一体"的发展新理念

牛先锋

党的十八届五中全会强调指出,实现"十三五"时期发展目标,破解发展难题,厚植发展优势,必须牢固树立并切实贯彻创新、协调、绿色、开放、共享的发展理念。发展理念是发展行动的先导,是发展思路、发展方向、发展着力点的集中体现。牢固树立并切实贯彻这一发展新理念,事关我国经济社会发展全局,具有重大的现实意义和深远的历史意义。

一、创新、协调、绿色、开放、共享的发展理念

发展理念就是对"什么是发展、怎样发展、为什么发展"等重大问题的理论思考和理论概括。"创新、协调、绿色、开放、共享"的发展新理念,是在新的历史起点上我们党对发展问题思考的最新成果。

创新是对原有思想的突破、方式的改进、理论和实践的超越。创新是一个民族进步的灵魂,是一个国家兴旺发达的不竭动力。一个没有创新能力的民族,难以屹立于世界先进民族之林。十八届五中全会把创新确立为发展的新理念,强调坚持创新发展,这表明我们党对发展动力问题有了更清醒的认识,也为今后我国发展找到了稳定的动力源。

协调是经济社会发展的根本方法,即统筹兼顾。发展以布局方式来划分,可以包括经济、政治、文化、社会、生态;以空间来划分,可以包括城市和乡村、沿海和内地;以产业来划分,可以包括第一、二、三产业。无论以什么方式划分,尽管在不同的时期和发展阶段上,发展有重点和非重点之别,但是各部分之间必须保持合理的关系,实现相互配合,协同发展,整体推进,这样经济社会才能可持续地前进。

绿色发展理念承认生态环境容量和资源承载力的有限性,强调经济发展要与社会、资源、环境相互协调,经济活动过程和结果要"绿色化""生态化",这是对传统发展理念的一种批判性超越,是一种经济社会发展的新模式。十八届五中全会明确把绿色作为发展理念,既符合人类文明发展的大势,又符合中国发展的实际,必将对我国可持续发展产生深远的影响。

开放是发展的重要途径,是我国的一项基本国策。在经济全球化浪潮日益高涨的当今时代,世界各国经济发展深度融合,你中有我,我中有你。中国的发展离不开世界,世界的发展也离不开中国。十八届五中全会再次强调开放发展新理念,对未来中国的经济发展和世界影响力的扩大必将产生不可估量的作用。

共享就是人人参与发展,在发展中人人尽力,发展的成果人人享有。十八届五中全会提出坚持共享发展,这是社会主义的本质要求,是我们党坚持全心全意为人民服务根本宗旨的重要体现,它明确了发展的根本目的,也充分激发了群众积极参与发展的热情。

二、发展新理念是我们党对发展问题的最新认识成果

"五位一体"发展新理念,是我们党站在新的历史起点上,深刻总结国内外发展经验特别是改革开放以来我国发展实践经验基础上提出来的,是对马克思主义关于发展思想的丰富和发展,是我们党对发展问题的最新认识,是推进我国现代化建设的新理念。

"五位一体"发展新理念,深刻反思了人类社会发展的历史经验,是对当代世界各种发展理念的借鉴和超越。发展是人类社会永恒的主题,在古代社会,落后的生产力和有限的交往,使发展被局限在狭小的范围之内,人们尚未形成完整的发展理念。从18世纪人类进入工业时代后,把经济增长当作发展全部内容的发展理念逐步确立和强化,形成了传统发展理念。在这一理念指导下,人类迎来了一个全新的工业社会,但也带来了生态危机、资源危机、能源危机等弊端。对这些弊端的反思,使人们认识到单一的经济增长不等于发展,真正的发展应该是经济社会和人的全面发展,是人与自然的和谐发展,到20世纪80年代可持续发展理念形成并逐渐被各国接受。"五位一体"的发展新理念反思了各种发展理念的不足,吸收了当代各种发展理念的精华,体现了人类文明发展的方向。

"五位一体"的发展新理念,是对改革开放以来我国发展经验教训的系统总结。党的十一届三中全会开启了我国现代化建设的新征程。30多年来,我国经济总量、综合国力、人民生活水平都有了极大的提高,对发展的认识水平也在不断提升,并且提出了一些发展的新理念,但在实践中长期起主导作用的还是传统发展理念。在传统发展理念主导下,目前我国发展中不平衡、不协调、不可持续问题依然突出,科技创新能力不强,产业结构不合理,发展方式依然粗放,城乡区域发展差距和居

民收入分配差距依然较大,社会矛盾明显增多。正是在总结这些发展成就和反思发展教训的基础上,我们党提出了"五位一体"发展新理念。

"五位一体"发展新理念,是对马克思主义关于发展思想的继承和丰富。马克思主义认为:人类社会发展是整体而系统的发展,生产力与生产关系、经济基础与上层建筑是人类社会的两大基本矛盾,矛盾对立统一推进了人类社会的发展;社会发展的动力是"历史合力",而经济因素起决定性作用;发展要遵从自然界和人类社会的规律;人民群众是发展的主体;发展的最终目的是促进人的彻底解放,实现人的全面而自由的发展。"五位一体"发展新理念,紧紧把握当代生产力发展的特点提出创新发展,结合当代中国发展不平衡、不全面的问题强调协调发展,针对生态环境问题和资源能源问题要求绿色发展,准确研判世界发展大势坚定开放发展,坚持社会主义的本质要求毫不动摇实施共享发展。"五位一体"发展新理念既坚持了马克思主义关于发展的思想,又赋予其鲜明的中国特色,深化了对发展问题的规律性把握,是中国共产党对发展问题认识的最新成果。

三、以发展新理念引领经济发展新常态

"五位一体"发展新理念,是引领经济发展新常态的理念,也是解决新常态下发展面临的重大问题的理念。新常态之"新"在于在新的历史起点上,我国发展的环境、条件、任务、要求等都发生了新的变化,过去30多年来的经济高速增长将要放慢脚步,不平衡、不协调、不可持续的传统粗放增长模式将无法继续维持,我国发展将转入经济增长速度适宜、结构优化、社会和谐的新状态。为了适应新常态、把握新常态、引领新常态,保持经济社会持续健康发展,必须坚持问题意识和问题导向,以"五位一体"发展新理念,解决发展中的关键问题。

坚持创新发展,着重解决创新意识不足、创新体制机制运转不畅的问题,把发展基点放在创新上,形成促进创新的体制架构,塑造更多依靠创新驱动、更多发挥先发优势的引领型发展。确立创新在国家发展全局的核心位置,不断推进理论、制度、科技、文化等各方面创新,让创新贯穿党和国家一切工作,让创新在全社会蔚然成风。

坚持协调发展,克服发展布局不均衡、发展中关系不和谐的问题,把握中国特色社会主义事业总体布局,正确处理发展中的重大关系,重点促进城乡区域协调发展,促进经济社会协调发展,促进新型工业化、信息化、城镇化、农业现代化同步发

展,在增强国家硬实力的同时,注重提升国家软实力,不断增强发展整体性。

坚持绿色发展,着重解决发展的不可持续性问题,坚持节约资源和保护环境的基本国策,坚持可持续发展,坚定走生产发展、生活富裕、生态良好的文明发展道路,加快建设资源节约型、环境友好型社会,形成人与自然和谐发展现代化建设新格局,推进美丽中国建设,为全球生态安全作出新贡献。

坚持开放发展,顺应我国经济深度融入世界经济的趋势,奉行互利共赢的开放战略,发展更高层次的开放型经济,积极参与全球经济治理和公共产品供给,提高我国在全球经济治理中的制度性话语权,构建广泛的利益共同体。

坚持共享发展,坚持发展为了人民、发展依靠人民、发展成果由人民共享,作出更有效的制度安排,使全体人民在共建共享发展中有更多获得感,增强发展动力,增进人民团结,朝着共同富裕方向稳步前进。

(作者是中共中央党校教授,本文选自
2015年11月2日《学习时报》)

新常态下中国经济仍有上升空间

郑文焱

对于中国未来的发展趋势,国际国内的经济学者都甚为关心,开展了相关研究。如2012年世界银行与中国国务院共同发布《2030年的中国:建设现代、和谐、有创造力的高收入社会》,报告中除描述中国过去30年的成就外,提出"中国处于另一个关键时期"的观点(即"创新驱动"),认为中国处于中等发达水平,这个时期最重要的挑战是要避免中等收入陷阱。现在中国需要进一步完善其发展模式,推动结构性改革,为下一个时期作准备。当前中国的人均GDP只达到中等收入水平的较低程度,消费占GDP比例较低,还有进一步上升的潜力,消费应成为经济增长的重要引擎。

长期从事国际政治经济学研究的加拿大英属哥伦比亚大学(UBC)亚洲研究所所长肖逸夫(Yves Tiberghien)教授认为:中国现在发展非常快,30多年就走完西方200多年的路。从好的方面来看,中国仍然有进一步发展的动力。另外,中国也有一些地方需作进一步调整。譬如,降低房价、降低出口、增加消费、完善国民福利、提高劳工待遇和改善环境。为了鼓励消费,中国需要重点提高公民的福利,并提高劳动力的工资,这样他们才能有钱去消费。近两年中国已朝这个方向进行大幅调整。在这个过程中,经济增长率肯定降低一些。有些人认为中国经济在硬着陆,肖逸夫说,我却认为,当前的经济增长率是一个健康的速度。到了2020年,这个速度可能会进一步降低到5%。

中国社科院研究员阎坤、刘陈杰在其对"中国未来经济增长的新常态测算"论著中提出,从需求层面看,我国目前正处于全面建设新型工业化、信息化、城镇化、农业现代化的关键时期,主要从新型城镇化的角度,对新型工业化、信息化、城镇化、农业现代化作综合考虑,对"十三五"期间新型城镇化建设过程中的GDP增速目标作定量测算。该文作者通过运用面板数据的单位根检验和面板数据协整检验,发现我国城镇化进程与经济发展水平之间存在长期稳定的均衡关系,建立面板数据固定效应变系数模型,从弹性角度分析,我国城镇化率每提高1个百分点,可以维持7.1%的GDP增长。因此,建设新型城镇化过程中工业化、信息化、城镇化、农业现代化等各项需求,将使得2016—2020年期间的我国GDP增速保持在7%左右。考虑到随着时间推移,新型城镇化对经济增速带动作用的减弱,预计我国GDP增速的新常态将可能从目前的7.5%左右逐步降到2020年的6.5%左右。

国家发改委宏观经济研究院课题组认为,随着体制改革与创新深化,中国城市化进程加长,经济结构会进一步改善,中国经济的增长率仍然可以保持在8%左右。未来的长期增长保持在7.5%左右是完全有能力实现的。

迟福林在《走向公平可持续增长的转型改革》一文中认为,通过人口城镇化、投资以及国有资本的转型与改革,可以释放百万亿的消费需求与投资需求,并可保持未来10年7%~8%的中速增长,形成一个以内需增长为支撑、比较稳定的中长期发展趋势。

王一鸣在2013年《经济体制改革》期刊中著文认为,尽管中国受需求和供给两方面因素的影响,中期经济增长将回稳到7%~8%的区间,且国际市场扩张放缓和国内经济增速放缓,也会影响中期稳增长,但中国内需市场潜力巨大,科技进步的空间较大,经济增长回旋余地较大。

胡乃武认为,中国正处在经济发展的战略机遇期,经济在中长期依然有着持续快速增长潜力,在当前阶段不应追求过高的经济增长速度,从而为经济转变发展方式和调整经济结构创造条件,应加快产业结构区域结构和收入分配结构的调整,构建经济持续快速发展的结构基础,经济增速应保持在8%左右。

沈坤荣认为,由于中国经济面临的约束条件,因此中国未来增速应保持在7%~7.5%,而制度环境改变是经济潜在增长率提升最重要方面。

著名经济学家林毅夫(世界银行前首席经济学家)于20年前出版的《中国的奇迹》中曾准确预测按购买力平价计算,中国将于2015年超过美国成为世界最大经济体。20年后,根据世界银行和国际货币基金组织公布的最新研究数据,中国已于2014年按购买力计算,经济总量超过美国。2014年12月,林毅夫再次根据后发优势,判断中国从2008年开始,还有20年平均每年8%的增长潜力,其依据是:根据著名经济史学家麦迪逊的最新数据,按照1990年的不变价计算,2008年中国人均GDP达到6 725元,为美国的21%,相当于日本在1951年,新加坡在1967年,我国台湾在1975年,韩国在1977年和美国的人均GDP差距水平。在这一差距水平上,日本维持了20年年均9.2%,新加坡20年年均8.6%,我国台湾20年年均8.3%,韩国20年年均7.6%的增长。这四个经济体也是上述利用后发优势取得年均增长7%或更高维持25年或更长时间的13个经济体中的几个。如果和美国的这个差距所蕴含的后发优势能让日本等几个东亚经济体实现20年年均7.6%～9.2%的GDP增长率,那么,从后发优势的潜力看,中国从2008年开始应该还有20年平均每年增长8%的潜力。

根据国务院发展研究中心课题组2013年的一项研究,未来中国中高速增长的潜力范围可能会在6%～8%,特别需要指出的是,潜在增速是就一定时期的增长潜力而言,不能将其机械地理解为每年都能实现或者都应该争取这样的增速。现实中的增长会受到各种内外因素的影响而出现波动,这是十分正常的。特别是在当前,我们既面临着潜在增速的下降,也面临调整结构化解矛盾防控风险的任务,这个时候增长率可能会低一些。

2015年9月5日美国谷歌发布《当前市场趋势》报告,预测2015—2034年中国GDP年均增长5.6%。

综上所述,可从以下几个视角发现中国经济上升的空间:

一、城镇化率。根据国家统计局数据,2014年中国城镇化率为54.77%,如每年提高1个百分点,按照达到70%的水平计算,需要15年,达到80%需要25年。

二、消费在GDP贡献率中的占比。目前中国GDP中消费约占35%,按照达到发达国家消费占70%的平均水平计算,存在35个百分点的上升空间,如每年提高2%,需历时17.5年,如每年提高1.5%,则需经历23.4年。

三、服务业在产业结构中占比,目前我国经济总量中服务业约占45%,达到占70%水平的上升空间为25个百分点,每年提高1个百分点,需历时25年,每年提高1.5个百分点,需历时17年。

四、从人均GDP水平分析。根据著名经济史学家麦迪逊的研究发现,快速的经济增长其实是一个在现代社会才出现的现象。在高度发达的欧美工业化国家,18世纪以前平均每年人均GDP的增长才0.05%,要1 400年人均GDP才能翻一番。从18世纪到19世纪中叶,人均GDP增长的速度提高了20倍,达到平均每年增长1%;人均GDP翻一番的时间从1 400年降为70年。从19世纪中叶到现在,人均GDP的增长速度又提高了一倍,达到年均2%,人均GDP翻一番的时间缩减为35年。而我国目前人均GDP按市场汇率计算约为美国的1/8(按购买力平价计算约为1/4),如果要达到美国目前人均GDP一半的水平,需要以每年增长2%的速度连续增长19年。

此外，从宏观调控空间看：

一、利率空间大，当下中国一年期贷款利率为5.6%（虽经此前3次降息），而发达国家利率在0~1%；

二、货币政策空间大，准备金率仍达8.5%，全球最高；

三、债务水平适中，从中央政府债务与GDP的比值看，大大低于美、日的水平。显示中国政府调控手段多、回旋空间大，在必要时有可能助力经济增长潜力转化为现实生产力，为GDP作贡献。

必须强调的是，要把后发优势的潜力变为实际的经济增长，其前提条件是必须按照比较优势不断进行技术创新和产业升级，只有这样才能充分利用后发优势。这其中"有效的市场"和"有为的政府"缺一不可。在按比较优势来进行技术创新和产业升级的进程中，一方面要有有效的市场，给企业的技术和产业选择提供能够反映各种要素相对稀缺性的正确价格信号；另一方面政府要发挥有为作用，克服技术创新产业升级过程中必然存在的外部性和协调等市场失灵的问题。全面贯彻落实十八届三中全会全面深化改革的决定，让市场在资源配置中起决定性作用和更好发挥政府作用。

中国经济在加快转方式、调结构，进入新常态期间，经济发展速度下行至年增长6.5%~7%水平仍属处于合理空间。在基本完成驱动切换、结构优化、新老衔接，确立经济发展新常态后，经济发展速度仍有可能回升到7%以上，可能持续到中国进入高收入阶段后。

（作者是鼎固控股有限公司副总经理、高级工程师、工商管理博士）

开局首季问大势
——权威人士谈当前中国经济

龚 雪 许志峰 吴秋余

今年是全面建成小康社会决胜阶段和"十三五"的开局之年,也是推进供给侧结构性改革的攻坚之年。一季度,面对错综复杂的国内外形势,我国实现了经济发展、结构优化、民生改善的较好开局,同时也面临一系列深层次矛盾和问题。对于调整中的中国经济怎么看、怎么干?本报记者近日再次独家采访了权威人士,为中国经济问诊把脉。

一、经济形势怎么看

问:今年一季度,我国GDP同比增长6.7%,仍运行在合理区间,好于市场预期。同时,其他一些经济指标也明显出现暖色。有人认为,中国经济实现了"开门红",有人认为是进入了"小阳春",更有乐观者认为中国经济已触底,将呈现U型反转。这是不是说明经济发展大趋势发生了变化?对于中国经济短期和中长期的走向,您的判断是什么?

权威人士:总的看,今年开局的经济形势平稳。经济运行的总体态势符合预期,有些亮点还好于预期。但是,经济运行的固有矛盾没缓解,一些新问题也超出预期。因此,很难用"开门红""小阳春"等简单的概念加以描述。到底怎么看?还是要坚持两点论,还是要结合发展阶段和国际背景来看。

从一季度形势看,我们希望稳的方面,稳住了,有些甚至还出现意想不到的回升。一季度GDP增长6.7%,就业形势总体稳定,居民收入平稳增长。经济金融风险总体可控,社会大局稳定。部分工业品价格有所回升,工业企业效益由降转升;固定资产投资加快,新开工项目大幅增长;房地产市场供销两旺,去库存明显加速。

我们希望进的方面,也有了新进展。服务业比重继续提升,新模式、新业态竞相涌现,一些高附加值、高技术含量的产品快速增长,居民消费不断升级,"五一"小长假国内旅游火爆,长三角、珠三角等主动适应新常态、注重需求分析、追求创新和质量效益的地区,经济增长的稳定性加强。尤其是各地区各部门对供给侧结构性改革重要性的认识不断提高,按照中央的要求主动开展工作,成效正在逐步显现。

然而,不可否认,我们所面临的固有矛盾还没根本解决,一些新的问题也有所暴露。"稳"的基础仍然主要依靠"老办法",即投资拉动,部分地区财政收支平衡压力较大,经济风险发生概率上升。特别是民营企业投资大幅下降,房地产泡沫、过剩产能、不良贷款、地方债务、股市、汇市、债市、非法集资等风险点增多。一些市场化程度较低、产业低端、结构单一的地区,经济下行压力还在加大,就业问题凸显,社会矛盾有所加剧。因此,在面临的主要矛盾是结构性而不是周期性的情况下,"进"才是"稳"的根基。"进",就是解决经济运行中的供给侧、结构性、体制性问题,这需要时间,目前还处在起步期,新动力还挑不起大梁。

综合判断,我国经济运行不可能是 U 型,更不可能是 V 型,而是 L 型的走势。

我要强调的是,这个 L 型是一个阶段,不是一两年能过去的。今后几年,总需求低迷和产能过剩并存的格局难以出现根本改变,经济增长不可能像以前那样,一旦回升就会持续上行并接连实现几年高增长。"退一步"为了"进两步"。我们对中国的发展前景充满信心,我国经济潜力足、韧性强、回旋余地大,即使不刺激,速度也跌不到哪里去。对此,一定要内化于心、外化于行。对一些经济指标回升,不要喜形于色;对一些经济指标下行,也别惊慌失措。

问:在经济回暖的同时,我们也注意到,当前经济运行分化趋势愈益明显,东部沿海地区经济企稳回升势头强劲,但东北和中西部地区一些资源型省份的经济依然比较困难,有外媒称为"两个世界"。这种走势分化传递出什么信号?

权威人士:分化是经济发展的必然。

在市场经济条件下,资源往往向高收益领域集中,出现产业同构化趋势,一段时间后,就会形成产能过剩,产生过度竞争,超额利润消失。此时,有的资源开始寻找新去处,这就产生了创新;有的比较迟钝,还停留在原处等着熬着,指望着什么时候"风水轮流到我家"。这两种情况形成的分化趋势,是规律使然。

在新常态下,我们最需要优化资源配置,培育新动力、形成新结构,这意味着分化越快越好。无论是地区、行业还是企业,总有一部分在"二八定律"的分化中得到"八"的好处,脱颖而出,前景光明。还有一部分,尝到苦头,但也汲取了教训,知道下一步该怎么办了,我看也不是什么坏事。

改革开放以来,我国经济开始加速分化,在此过程中,涌现出一批有活力的地区、有竞争力的行业企业、叫得响的知名品牌。国际金融危机后,世界经济分化加快,我国进入新常态,国内的经济分化进一步加剧。去年,中央在分析一季度经济形势时提出,凡是主动适应新常态、重视创新和质量效益的,发展态势都比较好;反之,压力都比较大。今年这个趋势还在延续,甚至在加剧,确实是"几家欢乐几家愁"。在可预见的未来,在经济分化中,我国将不断冒出更有活力的地区、更具国际竞争力的行业和企业,但有些地区、行业和企业日子也会越来越难熬。与其苦熬,不如苦干。现在这些地区、行业和企业的干部群众正在抛弃幻想,自立自强,主动促改革抓创新,力争迎头赶上。

二、宏观调控怎么干

问:从一季度情况看,固定资产投资的回升,对于经济企稳发挥了关键引领作用。有一种观点认为,短期刺激仍然好用、管用、还要继续用。对此您怎么看?做好经济工作的总基调、总思路如何把握?

权威人士:这是大家议论比较多的一个问题,也是国际上高度关注的问题。能不能把握好这个问题,既影响眼前,又涉及长远。

促进宏观经济健康发展,供给侧和需求侧的招数都要用,但在不同阶段,侧重点和着力度是不一样的。当前及今后一个时期,最重要的是正确理解中央提出的"在适度扩大总需求的同时,着力加强供给侧结构性改革"这句话,也就是说,供给侧是主要矛盾,供给侧结构性改革必须加强、必须作为主攻方向。需求侧起着为解决主要矛盾营造环境的作用,投资扩张只能适度,不能过度,决不可越俎代庖、主次不分。

做好经济工作,必须按照中央经济工作会议的决策部署,认真贯彻党的十八届五中全会精神,牢固树立和贯彻落实创新、协调、绿色、开放、共享的发展理念,坚持稳中求进工作总基调,坚持实行"宏观政策要稳,产业政策要准,微观政策要活,改革政策要实,社会政策要托底"的总体思路。当前,落实好以上新理念、总基调、大思路,宏观政策要突出三个要求:

(一)适度扩大总需求,坚持实行积极的财政政策和稳健的货币政策,注重把握重点、节奏、力度。

(二)坚定不移以推进供给侧结构性改革为主线,着眼于矫正供需结构错配和要素配置扭曲,全面落实"去产能、去库存、去杠杆、降成本、补短板"五大重点任务。

(三)注重引导良好发展预期,增强各方面对经济发展的信心。

在工作中要做到"两个确保"：

（一）确保中央已定的政策不走样、不变形。要全面、准确、不折不扣地贯彻中央经济工作会议精神，稳健的货币政策就要真正稳健，积极的财政政策就要真正积极，供给侧结构性改革的主线就要更加突出。

（二）确保中央的政策落地生根。中央多次强调，一分部署、九分落实。要发扬钉钉子精神，把今年的经济政策真正落地。适度扩大总需求和推进供给侧结构性改革已得到各方广泛认可，只有扎实向前迈进，才能解决制约经济社会发展的难点问题，使经济形势不断朝着好的方向转化。

问：一季度的成绩单显示，一些问题正在得到化解，另一些问题又露出苗头；经济工作面临"两难""多难"和"一果多因""一因多果"的复杂性。那么，宏观调控的着力点究竟应该放在哪里？

权威人士：俗话讲，"家家有本难念的经"。不同国家有不同的困难，不同时期也有不同的困难，这很正常。问题在于如何准确判断困难的性质，采取正确措施加以解决。改革开放以来，我们秉承"只要精神不滑坡、办法总比困难多"的理念，坦然正视困难、积极克服困难，勇于闯关夺隘、爬坡过坎，一点一点攻坚破冰，一年一年发展壮大，一步一步走了过来。

当前，确实存在一些"两难"或"多难"的问题。最突出的表现是，一方面经济面临下行压力；另一方面实体经济高杠杆，如果急于克服下行压力，杠杆率就会进一步提高，怎么办？那就要具体分析问题的性质，看看哪个问题更是要害。

我国劳动力总量逐年减少，产业结构在优化调整，即使经济出现较大幅度下行，社会就业也能保持总体稳定，何况我国经济也下行不到哪里去！所以中央一直强调不以增速论英雄。但是，杠杆问题就不一样了。树不能长到天上，高杠杆必然带来高风险，控制不好就会引发系统性金融危机，导致经济负增长，甚至让老百姓储蓄泡汤，那就要命了。这么一比较，就知道工作的着力点应该放在哪儿，就知道不能也没必要用加杠杆的办法硬推经济增长，"两难"也就成了"一难"。最危险的，是不切实际地追求"两全其美"，盼着甘蔗两头甜，不敢果断作抉择。比如，一些国家曾长期实施刺激政策，积累了很大泡沫，结果在政策选择上，要么维持银根宽松任由物价飞涨，要么收紧银根使泡沫破裂，那才是真正的"两难"，左右不是！

按照这个思路，我们就明确了股市、汇市、楼市的政策取向，即回归到各自的功能定位，尊重各自的发展规律，不能简单作为保增长的手段。股市要立足恢复市场融资功能、充分保护投资者权益,充分发挥市场机制的调节作用,加强发行、退市、交易等基础性制度建设,切实加强市场监管,提高信息披露质量,严厉打击内幕交易、股价操纵等行为。汇市要立足提高货币政策自主性、发挥国际收支自动调节机制,在保持汇率基本稳定的同时,逐步形成以市场供求为基础、双向浮动、有弹性的汇率运行机制。房子是给人住的,这个定位不能偏离,要通过人的城镇化"去库存",而不应通过加杠杆"去库存",逐步完善中央管宏观、地方为主体的差别化调控政策。

找到了着力点,在操作上还要把握好两点:

(一)避免短期化行为。全球经济要从国际金融危机中走出来,需要经历一个较长过程。我国经济进入新常态,结构调整是一个绕不过去的坎,是一场绵绵用力、久久为功的持久战。在这样的形势下,必须保持战略定力,要树立信心,坚定战胜困难的决心,保持滴水穿石的耐心,多做标本兼治、重在治本的事情,避免用"大水漫灌"的扩张办法给经济打强心针,造成短期兴奋过后经济越来越糟。

(二)避免不适度。无论是需求政策还是供给政策,无论是财政政策、货币政策还是结构政策,无论是发展政策、改革政策还是社会政策,都要把控好"度",既不过头,也防不及。即使方向正确、政策对路,一旦用力过猛,不但达不到预期目的,还会酿成风险。比如,恢复房地产市场正常运行,去掉一些不合时宜的行政手段是必要的,但假如搞大力度刺激,必然制造泡沫,这个教训必须汲取。

三、供给侧结构性改革怎么推

问:对于供给侧结构性改革,国际社会高度评价,国内社会普遍关注。这项改革是否已形成一揽子成熟的工作方案?从一季度经济运行情况看,下一步推进供给侧结构性改革的重点和难点是什么?

权威人士:中央提出,推进供给侧结构性改革是当前和今后一个时期我国经济工作的主线,往远处看,也是我们跨越中等收入陷阱的"生命线",是一场输不起的战争。从全球看,越来越多的国家认识到,结构性改革才是走出眼前困境的根本之策,但这是需要付出代价的。西方国家多党执政的痼疾,没几个政治家敢于真正付诸行动,结果是"心想"而"事不成"。我们有制度优势,一定要形成共识、狠下决心,马不停蹄向前走,千方百计抓落实,扎实作为见成效。

去年以来,中央对供给侧结构性改革从理论思考到具体实践,都作了全面深刻阐述，从顶层设计、政策措施直至重点任务，都进行了全链条部署。在今年1月份召开的中央财经领导小组第12次会议上，专题研究了供给侧结构性改革思路，提出了"五个搞清楚"，即搞清楚现状是什么，搞清楚方向和目的是什么，搞清楚到底要干什么，搞清楚谁来干，搞清楚怎么办。

按照这样的要求，中央各部门紧锣密鼓，认真细致开展调查研究，制订具体工作方案。目前，一些方案已基本成型，针对性较突出、政策措施较明确，可操作性也较强。接下来中央还要专题研究，并尽快推动贯彻落实。同时，各地也主动积极开展工作，广东、重庆、江苏、浙江、山西等陆续发布了本省（市）的供给侧结构性改革方案。不少企业已迈出实质性步伐，主动抑制盲目扩张冲动，收缩战线、突出主业，有的已从"减量提质"转为"量质双升"。

供给侧结构性改革的五大任务是一个系统设计，每项任务都很吃重，各项任务之间有关联互补作用，都要统筹兼顾，动态优化，积极推进。从具体操作看，饭要一口一口吃，路要一步一步走，各阶段也要有不同的着力点。年初以来，一些政策已陆续出台，比如，降成本的措施不断充实，补短板的力度不断加大。下一段，化解过剩产能、处置"僵尸企业"等措施也会向纵深推进。这项工作的"减法"色彩较浓，不可避免涉及人和钱，即就业和债务问题，难度和要求都比较高。

问：年初至今，去产能、去库存开始在一些地方初显成效，但行政干预在其中担当着重要角色，由此引发一些争论，甚至有舆论质疑"去产能"是"一刀切""搞摊派""计划经济老一套"。在供给侧结构性改革进程中，行政手段是否必要？政府与市场的关系应当怎么摆？

权威人士：这里要厘清目的和手段的关系问题。我们的目的是为了更多地减少行政干预，让市场机制更多地发挥好决定性作用。但是靠什么手段能做到这一点？"解铃还须系铃人"，减少行政干预离不开政府自我革命。比如，减少对"僵尸企业"的补贴，不靠行政命令、单靠市场行吗？

当然，那些本身没有行政干预、市场机制发挥较好的领域，就别再去指手画脚了。比如，消费品领域市场化程度高、竞争相对充分，市场能够自动出清，他们去不去产能完全可以依靠市场调节。一句话，不管用哪种手段，最终都是为了有效发挥市场在资源配置中的决定性作用和更好发挥政府作用，这是推进供给侧结构性改革必须把握好的关键点。

完成"五大任务"，各级政府要积极作为、主动作为、带头作为：

（一）去产能，各地要明确具体任务和具体目标，加大环保、能耗、质量、标准、安全等各种门槛准入、制度建设和执法力度；处置"僵尸企业"，该"断奶"的就"断奶"，该断贷的就断贷，坚决拔掉"输液管"和"呼吸机"。

（二）去杠杆，要在宏观上不放水漫灌，在微观上有序打破刚性兑付，依法处置非法集资等乱象，切实规范市场秩序。

（三）去库存，要加大户籍制度改革力度，建立健全农民工进城的财税、土地等配套制度。

（四）降成本，就要把整体税负降下来，把不合理的收费取消掉，把行政审批减下来。

（五）补短板，就要注重脱贫攻坚的精准度，扎实推进科技创新和生态文明建设，完善基础设施建设"钱从哪里来、投到哪里去"的体制机制。

问：现在对去产能、去杠杆有些疑虑，认为与稳增长存在一定冲突，会加大经济下行压力，这个问题怎么看？市场出清了，后面能否接得住接得好？

权威人士：这个问题的实质是如何处理短期和中长期的关系。

从长期看，稳增长与调结构是一致的，结构调整是经济可持续增长的重要动力和保障，去产能、去杠杆有助于结构优化和经济的长期健康发展。对这一点，大家有很强的共识。但在短期内，稳增长与调结构之间可能存在矛盾。例如，去产能或许会影响一些地方的GDP和财政收入，去杠杆会使一些风险显性化。但如果不去，不要说长期稳不住，短期效果也越来越差，"僵尸企业"会越来越多，债务越积越重，加剧财政金融风险。处理好"稳"与"调"的关系，关键是把握好"度"，掌握正确的方法论，把深化改革作为主要抓手。

必须明确，依靠过剩产能支撑的短期经济增长不仅不可持续，而且承受的痛苦比去掉这些产能要更大、痛的时间会更长。比如，一些产能过剩领域的企业，亏损加大，拖欠的工资增多，银行很痛苦，职工也很痛苦，而且越拖越痛苦。怎么办？长痛不如短痛。对这些企业进行"清盘"，既可以释放出土地、信贷等稀缺资源，也使这些企业的职工在纳入社保、接受培训后走上新岗位，看到新希望。

推进供给侧结构性改革要加减乘除并用。在去掉无效产能的同时，也要增加有效供给，培育新的发展动力。这既需要决心，也需要咬定青山的努力、实实在在的政策。实践证明，旧的不去，新的不来。相当多的地区包括一些中西部地区，在这轮发展中，孕育了一大批新动力，显现出生机勃勃的景象，让人感觉"士别三日当刮目相看"。不过,个别地方旧的矛盾、历史负担较大,短期调整确实难以见效,但也得迈开步子,"与其临渊羡鱼,不如退而结网"。

四、预期管理怎么办

问:这几年,对于经济发展前景的预期不是很稳定,乐观情绪与悲观论调并存。从中可见,对经济现状和市场行为的深入研究还不够,存在"观点偏执"的现象。在这种情况下,应当如何透过现象看本质,引导好社会心理预期?

权威人士:预期并非无中生有,也不是无关痛痒,它来自现实,又影响着现实。在社会主义市场经济条件下,宏观调控本质上是预期管理。国际金融危机后,世界经济更加复杂多变,导致预期不确定性加大。在这种情况下,我们更要注重加强预期引导。

怎么稳预期?关键是稳政策。

(一)大政方针不能动摇,核心是坚持中国特色社会主义制度,坚持"一个中心、两个基本点"的基本路线。这一点,中央从来没变过,而且多次重申,内涵越讲越清楚,各地各部门都要准确把握,不折不扣落到实处。

(二)宏观经济政策不能摇来摆去。推进供给侧结构性改革的政策导向越明确,落实越有力,市场预期就越好。反之,如果我们还走需求刺激的老路,市场就会担心迟疑、无所适从。

(三)要善于进行政策沟通,加强前瞻性引导,提高透明度,说清政策目的和含义,减少误读空间,及时纠偏,避免一惊一乍,不搞"半夜鸡叫"。

(四)提高舆论引导的可信度也很重要,必须实事求是,拿捏好分寸。我们的成绩和不足都摆在那里,适当的正面宣传对引导预期、提振信心是必要的,但是,对成绩不能说过头,对问题不能视而不见,甚至文过饰非,否则会挫伤信心、破坏预期。对学术上、专业性的不同意见,要允许各抒己见,鼓励从专业层面展开讨论,真理越辩越明,对稳定预期也会起到积极促进作用。

问:在当前经济大环境下,人的作用更为重要,特别是"三种人",即企业家、创新人才、各级干部。在您看来,这些群体的积极性有没有激发出来?怎样形成全面推动供给侧结构性改革的合力?

权威人士:人是生产力中最活跃的因素。适应和引领经济新常态,不但要我们肯干、敢干,还要我们能干、会干,这就需要更好地发挥企业家、创新人才、各级干部的积极性、主动性、创造性。现在,推进供给侧结构性改革让大家有了方向,有了希望,工作积极性越来越高,能干、会干的人越来越多,成效也会越来越明显。同时,也要看到,不理解、不适应的现象依然存在,发挥上述三个"关键少数"的作用,还要做大量工作。

企业家是优化资源配置、提高供给体系适应能力的主导力量。推进供给侧结构性改革,亟须发挥企业家的创新精神,包括面广量大的民营企业家。现在最关键的是通过保护产权、知识产权,使企业家既有"恒产"又有"恒心"。要建立"亲"和"清"的新型政商关系,把企业家当作自己人,让他们充分体会到权利平等、机会平等、规则平等。在一些具体政策执行上,不要盲目翻旧账,使创业者有安全感。

五、经济风险怎么防

问:去年至今,银行业利润下滑和不良资产率上升颇受关注。一季度资本市场也一度发生较大波动。面对经济下行压力,我们能否守住不发生系统性区域性金融风险的底线?

权威人士:金融是现代经济的核心,这个核心出了问题会拖累全局,会拖累全面小康的实现。尽管我国金融风险整体可控,特别是银行体系总体抗风险能力较强,但今年伊始发生的股市、汇市动荡,也反映出一定的脆弱性。要避免把市场的这种"超调"行为简单理解成只是投机带来的短期波动,而要从整个金融市场的内在脆弱性上找原因。其中,高杠杆是"原罪",是金融高风险的源头,在高杠杆背景下,汇市、股市、债市、楼市、银行信贷风险等都会上升,处理不好,小事会变成大事。

当前,最重要的是按照供给侧结构性改革要求,积极稳妥推进去杠杆。在利用货币扩张刺激经济增长边际效应持续递减的情况下,要彻底抛弃试图通过宽松货币加码来加快经济增长、做大分母降杠杆的幻想。对各类金融市场存在的风险隐患,金融监管部门要密切配合,摸清情况,做好预案。目前银行坏账处于上升趋势,是经济问题在金融部门的必然反映。只要我们勇于面对,主动应对,不掩盖和拖延风险,结果就没那么可怕。

问:伴随"去产能",部分地区和企业出现人员下岗,这在钢煤行业更突出,甚至有一些地方出现群体性事件。请问"去产能"是否会给就业带来冲击,进而引发影响社会稳定的风险?应该怎样妥善处置?

权威人士:稳定和扩大就业是宏观经济政策的重要目标。从目前情况看,我国就业形势总体是稳的,没出现大的波动。同时,也存在一些深层次结构性问题,随着产业结构调整,高技能人才短缺,技能较差的简单劳动力有所过剩,劳动力市场正发挥调整功能,但更要紧的是加强对劳动者的技能培训。当前就业领域最突出的问题是,对"僵尸企业"的处置、对产能过剩行业的调整会引起下岗压力显性化。这轮下岗的行业和地区较集中,大部分是国有企业,其中很多是40～50岁职工。我们要坚持以人为本,完善相关政策,讲究工作方法,稳妥审慎地去产能:

(一)坚定不移推进供给侧结构性改革,"保人不保企",勇于处置"僵尸企业"。我们强调要多兼并重组、少破产清算,但对那些确实无法救的企业,该关闭的就坚决关闭,该破产的要依法破产,不要动辄搞"债转股",不要搞"拉郎配"式重组,那样成本太高,自欺欺人,早晚是个大包袱。

(二)要把人员的安置作为处置"僵尸企业"、化解过剩产能的重中之重。能培训的培训,能转岗的转岗,确实不能转岗的要做实做细托底工作。要有人文关怀,带着感情,将心比心,设身处地为他们着想,既帮他们解决好生活困难,又助他们提高再就业能力。这次产能过剩带来的一大教训是,距离上一轮国企改革10多年后,国企"人浮于事"仍很严重,职工"下不来""裁不掉",企业办社会、政企不分、企社不分的问题依然突出。本轮国企改革一定要在这方面取得实质性突破,真正把国企建成能面对市场竞争、以质量效益为导向的现代企业。

问:今年以来,肉价菜价走高,老百姓很关注,也有担忧。如何既防范可能出现的通胀风险也注重防范通缩风险?

权威人士:处理好物价问题,是宏观调控的永恒主题。

从全球经济看,美国开始警觉通胀的迹象,而欧洲、日本都在全力反通缩,新兴市场国家的情形各不一样,大宗商品价格波动加剧。从我国来看,价格形势也趋于复杂。在工业生产者出厂价格指数(PPI)下降的过程中,钢材、煤炭等价格明显反弹。在居民消费价格指数(CPI)总体稳定的情况下,猪肉、鲜菜价格大幅上涨且在春节后仍居高不下,这段时间鲜菜价格已大幅回落,猪肉价格受"猪周期"影响可能还会延续一阵。此外,一二线城市房地产价格上涨较快,部分服务领域价格持续上涨。面对这样的形势,社会上认为通胀的人在增加,认为通缩的也不少,各有各的理由。

依我看,还不能匆忙下结论。一方面,产能过剩依然严重,工业品价格总体下降的趋势一时难以根本改变,物价普遍大幅上涨缺乏实体支撑;另一方面,市场流动性充裕,居民消费能力旺盛,出现严重通缩的可能性也不大。但是,我们必须保持警觉,密切关注价格的边际变化,尤其是工业品价格、消费品价格、资产价格及其相互作用。对部分食品涨价问题,既要加强调配、保障供给,也不能反应过度,干扰价格信号,对城市低收入群体,各级政府要及时跟进补贴政策,做好托底工作。

(作者是《人民日报》记者,本文选自 2016 年 5 月 9 日《人民日报》)

第三章 中国梦的新曙光

腾飞,张开梦想的翅膀

秦 杰　张晓松　杨维汉　华春雨　崔文毅

没有一种梦想,比一个伟大民族的复兴梦想更加豪迈壮阔;

没有一种力量,比13亿中华儿女的共同力量更加排山倒海。

这是一个意味深长的时刻:2012年11月29日,习近平总书记率新一届中央领导集体参观国家博物馆《复兴之路》展览,向全世界宣示了中华民族伟大复兴的中国梦。

这是一次砥砺奋进的出发:两年来,以习近平同志为总书记的党中央将中国梦理念融入治国理政具体实践,凝聚起全民族团结奋进的磅礴力量。

一、中国梦——民族复兴的宏伟构想

"中国梦意味着中国人民和中华民族的价值体认和价值追求,意味着全面建成小康社会、实现中华民族伟大复兴,意味着每一个人都能在为中国梦的奋斗中实现自己的梦想,意味着中华民族团结奋斗的最大公约数,意味着中华民族为人类和平与发展作出更大贡献的真诚意愿。"

初冬,位于北京天安门广场东侧的国家博物馆依然人流如织。今年28岁的梅松松刚刚为一个参观团做完《复兴之路》展览的讲解工作。

"一个半小时,从1840年一直讲到当前,每次讲解,都好像重走了中国百年近代史,对中国梦的理解就会更深一层。"他说。

两年前的此时,习近平总书记在这里提出的中国梦,让梦想之光照进每个中国人心中。

"中国梦已经从一种形象的表达方式,上升为新一届中央领导集体执政理念的

高度概括。"武汉大学马克思主义学院教授孙来斌说。

深入阐释,不断实践。两年来,中国梦的内涵不断丰富、外延不断扩展。

——从"文化强国"到"科技强国""海洋强国",从"富强中国"到"美丽中国""和谐中国",从"强国梦"到"航天梦""强军梦"……中国梦紧扣"国家富强、民族振兴、人民幸福"这个基本要义,细化为一系列现实目标和任务。

——从"珍爱和平、维护和平"到"承担责任""履行义务",从"互相支持、互相帮助"到"共同发展、共同繁荣"……中国梦走出国门,围绕"和平发展合作共赢"这个圆心,与世界各国人民的美好梦想结成一个个"同心圆"。

中央党史研究室主任曲青山说:"对一系列目标和任务,进行统摄和提升,进行高度概括、高度提炼、高度整合,将其聚焦、归结、叠加、落实到中国梦三个字上,成为十八大以来党的理论创新成果的一大亮点。"

新一届中央领导集体赋予中国梦的,不仅仅有形象具体的美好愿景,也有明确清晰的实现路径。

这是圆梦的指南——以习近平同志为总书记的党中央明确指出,实现中国梦必须走中国道路,必须弘扬中国精神,必须凝聚中国力量。这三个"必须",把道路、精神、力量结合到一起,成为中国共产党团结带领中国人民实现中国梦的基本遵循。

这是圆梦的保障——以习近平同志为总书记的党中央在继续"坚持抓好发展这个第一要务"的同时,先后召开三中全会、四中全会,形成了全面深化改革的决定、全面推进依法治国的决定"姊妹篇",使改革和法治成为实现中华民族伟大复兴的中国梦的"两翼"。

这是圆梦的力量——以习近平同志为总书记的党中央着力加强党的建设,出台八项规定,践行群众路线,重拳反腐,力纠"四风",把坚强的领导核心、强大的依靠力量与崇高的价值目标有机结合起来,凝聚起全民族的共识,团结起全社会的力量。

……

内涵外延不断拓展,作用意义全面体现。中国梦为中国特色社会主义理论再添亮丽色彩,成为凝聚人心的"最大公约数"。

"中国梦,贯穿着历史、现实和未来的时间主轴,连接着国家、民族与个人的前途命运,蕴含着国家富强、民族振兴、人民幸福的丰富内涵,激动人心,催人奋进,具有强大的凝聚力和感召力。"中国社会科学院院长王伟光说。

二、中国梦——家国富强的壮阔实践

"现在,我们比历史上任何时期都更接近实现中华民族伟大复兴的目标,比历史上任何时期都更有信心、更有能力实现这个目标。行百里者半九十。距离实现中华民族伟大复兴的目标越近,我们越不能懈怠,越要加倍努力。"

11月15日下午,来自天津市滨海新区行政审批局的109枚废弃公章,被国家博物馆正式收藏。

"109枚公章曾经代表了109项行政审批,现在已经被1枚公章所代替了。"国家博物馆党委书记、副馆长黄振春说。

推动简政放权,全面深化改革。这批公章,正是中国在新的阶段逐梦前行的生动见证。

改革,是中国梦的动力之源。

工商登记制度改革大幅降低企业注册"门槛",户籍制度改革使"农"与"非农"成为历史,公车改革直指"车轮上的腐败",劳教制度延续半个多世纪终被废止,央企负责人薪酬制度改革迈出国企改革关键步伐……2年来,一项项具有标志性、关键性、引领性作用的重大改革举措密集推出,力度前所未有。

调整计划生育政策,放开"单独二胎",减轻家庭养老负担;建立疾病应急救助制度,保障困难群体基本医疗;城乡养老并轨,为"老有所养"带来制度上的保障;改革考试招生制度,革除"一考定终身"之宿弊……2年中,人们从改革释放的"制度红利"中得到了沉甸甸的实惠。

法治,是中国梦的题中应有之义。

"中国梦的实现,离不开依法治国的保障。法治既是中国梦的题中应有之义,也是实现中国梦的必要条件。"中央党校教授辛鸣说。

从"最高人民法院设立巡回法庭"到"依法赋予设区的市地方立法权",从"建立行政机关内部重大决策合法性审查机制"到"把法治建设纳入政绩考核指标体系"……党的十八届四中全会推出180多项重大措施,为"法治中国"筑就基石。

中国梦归根到底是人民的梦。

2年来,中国经济顶住下行压力,总体保持在合理区间,经济增长质量稳步提高;居民收入较快增长,就业快速增长,民生事业快速发展;贫困地区人畜饮用水问题大面积解决,新型农村合作医疗实现全覆盖……中国梦正在化为百姓身边一个个实实在在的"就业梦""上学梦""住房梦""宜居梦""医保梦""小康梦"。

翻开圆梦的"时间表",距离全面建成小康社会只有不到10年,距离建成社会主义现代化国家也只有30多年。

"实现我们确定的到2020年国内生产总值和城乡居民人均收入比2010年翻一番的目标,只要7%的增速就够了";"对中国而言,'中等收入陷阱'过是肯定要过去的";"我们有信心在改革发展稳定之间,以及稳增长、调结构、惠民生、促改革之间找到平衡点,使中国经济行稳致远"……中国领导人的言谈间充满自信。

与此同时,他们也清醒地认识到,中国仍然是世界上最大的发展中国家,创造13亿人的幸福美好生活绝非易事。中国在发展道路上仍然面临不少困难和挑战。实现中华民族伟大复兴的中国梦,还需要付出长期艰苦的努力。

站在距离梦想越来越近的历史节点,以习近平同志为总书记的党中央发扬真抓实干、敢于担当的作风,以踏石留印、抓铁有痕的劲头,以钉钉子的精神,做到一张好的蓝图一干到底。

"梦想是对美好生活的向往,更是一份责任和担当。"中央文献研究室副主任孙业礼说,"提出实现中国梦,体现了以习近平同志为总书记的党中央对人民美好生活、对国家民族光明前途的向往和引领,也体现了新一届中央领导集体对民族对人民的责任担当。"

三、中国梦——汇聚力量的光辉旗帜

"70多亿人共同生活在我们这个星球上,应该守望相助、同舟共济、共同发展。中国人民追寻实现中华民族伟大复兴的中国梦,也祝愿各国人民能够实现自己的梦想。"

11月5日,巴布亚新几内亚北部海域。正在穿越赤道的中国"雪龙"号极地考察船停机坪上,中国第31次南极科考队全体队员挥舞着队旗,摆出一个巨大的"梦"字造型。

这样一张别致的"全家福",寄托着队员们早日实现中国"海洋强国梦"的心愿。

万里之外,帕米尔高原上,中国—中亚天然气管道D线塔吉克斯坦境内段工地上,中塔两国国旗迎风飘扬。在工地上开挖掘机的塔吉克斯坦汉子努阿里说:"以前是干完一单就要找下一单,现在这个管道工程规模大,工作稳定收入高。"

中国梦如同一条精神纽带,鼓舞着每个中国人奋进向上,也联通着世界各国人民的美好梦想。

碧波万顷的中国南海,水下考古专家黎吉龙谈起了依托中国梦而提出的"海上丝绸之路"构想:"这给我们的工作赋予了新的内涵,我们必须加快研究好历史上的'海上丝路',以更好地服务于新世纪的'海上丝路'。"

中央文献研究室主任冷溶说:"中国梦不仅仅是理想、是目标,也是现实,反映在每个中国人的生活中。"

中国梦,更是追求和平的梦、互利共赢的梦、世界分享的梦。

金秋时节,雁栖湖畔,中国在APEC北京会议周上,向世界展示了创造和实现亚太梦想的宏伟画卷,引领中国梦与亚太梦、世界梦比翼齐飞。

"我们要实现的中国梦,不仅造福中国人民,而且造福各国人民。"两年来,中国最高领导人在遍及五大洲的访问行程中一次次阐释中国梦,不仅勾画出梦想交织的瑰丽画卷,更实实在在地推动着中国与世界携手同行。

在安纳伯格庄园,中美开启了"跨越太平洋合作"新篇章;在欧洲,中欧宣示共同打造和平、增长、改革、文明四大伙伴关系;在非洲,"真、实、亲、诚"的合作理念助力打造中非命运共同体;在拉美,中拉全面合作伙伴关系的建立开启了新的"中拉时间";在周边,"亲、诚、惠、容"的外交理念把中国梦同周边各国人民过上美好生活的愿望结合起来……

中国梦这一形象生动的理念,从愿景到实践,都在世界范围获得了最广泛的理解认同。

梦想承载希望,希望凝聚力量。

国家博物馆留言簿上,一位署名张英杰的参观者这样写道:"祖国的明天将会由我们谱写。在这里,我许下自己的诺言,为祖国明天的腾飞,贡献自己的力量!"

一段段留言、一个个梦想、一份份力量。

两年前,中国梦从这里起飞。今天,梦想,在更加辽阔的天空飞翔……

(作者是新华社记者,本文选自2014年11月28日新华网)

中国共产党与百年复兴的历史使命

权　衡

大约从 1840 年鸦片战争开始,中国经济从鼎盛开始走向衰落;而自 1921 年以后,中国在共产党的带领下进入了争取民族解放和国家独立、开始中华民族复兴与现代化发展的新历史征程。经过近百年的民族复兴与现代化发展,中国经济已经进入一个关键的发展阶段。如何把中国经济百年复兴与增长放在中华崛起的长期历史视野中,分析政党推动与经济增长之间的内在关系,是十分有必要的。这种分析也有助于人们从历史和全球视角,更加全面客观地分析中国经济增长与现代化成长的模式、路径和特点。

一、从建党 90 年历程看中国发展脉络

近几年,国内外学术界讨论中国经济时形成了多个重要概念,其中之一是所谓的中国经济奇迹。从改革开放以后的中国经济发展来看,无论是纵向的历史比较,还是横向的国际比较,中国经济增长速度在 30 年间持续达到年均增长 10% 左右。在近几十年的世界经济史上,这确实堪称增长奇迹。中国的经济增长奇迹,不仅为推动国内经济社会进步和实现中华民族伟大复兴作出了重要贡献,也为世界经济发展作出了重要贡献。

分析中国经济奇迹时,人们几乎都同意一个基本判断,即市场经济大大提高了中国经济增长的速度和效率,因而,改革开放是造就中国奇迹的重要因素。中华民族复兴与经济社会发展,也因为改革开放 30 年取得的中国奇迹而进入了一个新的历史阶段。2009 年,即中华人民共和国成立 60 周年之际,另一个重要概念再次引起了人们的关注,即所谓的中国发展模式。一些西方学者更是指出,"中国崛起远远超出经济范畴,包括文化、政治等多方面的崛起,而且中国崛起的影响远大于美国崛起的影响"。中国模式之所以受到如此推崇,正如一些学者所认为的,过去 30 年,中国奇迹和发展模式已经对世界作出了"三大贡献",即经济增长贡献、贸易增长贡献、减少贫困贡献;今后 30 年中国仍将对世界作出"三大贡献",即绿色发展贡献、知识创新贡献、文化创新贡献。中国模式在一定意义上被高调提出,显然是与

中国经济在过去30余年的强劲增长和崛起,以及对世界经济发展产生的深刻影响有密切关系。

中国奇迹、中国模式等概念,都是从30年改革开放或60年中华人民共和国成立这两个时间节点进行分析的。其实,对于中国这个历史悠久而又十分复杂的发展中人口大国而言,其发展需要从一个长期的历史角度进行分析。其中,有两个特征明显的发展阶段:(一)从汉代到宋代,中国经济发展逐步走向鼎盛,一直到1820年,中国当时的GDP(国内生产总值)已经占到世界GDP的32%左右;(二)中国经济从1840年以后开始逐渐衰弱,持续了大致100年时间。中国当时不仅国贫民弱、一穷二白,而且近乎丧权辱国。因此,谋求民族解放和国家独立、实现中华民族伟大复兴与现代化的使命,不可避免地被提出了。从这个意义上说,中国奇迹或中国模式,本身就是中国人民追求民族复兴与现代化历程的重要组成部分。

在中国实现民族复兴与现代化的漫长历史过程中,可以看出中华民族伟大复兴和经济发展的几条主要脉络:1921—1949年,中国取得了新民主主义革命胜利;1949年,党建立了国家并制定了实现民族复兴与现代化发展的制度基础;改革开放30余年来,体制大转型与"中国增长奇迹"出现,中华人民共和国60年民族复兴与现代化发展的"中国模式"的提出等。尽管在不同时期民族复兴与发展的重点不一样,但是有一点是相同的,就是这些变化和绩效都是在1921年中国共产党成立以后,并在党的推动下完成的。因此,需要从建党90年的历史出发,从政党治理与民族复兴和现代化发展之间的关系入手,深入分析和研究中国共产党在治国理政、领导中国人民实现民族复兴与现代化发展进程中有哪些特点、哪些创新、哪些规律等。

二、中国共产党的历史担当

在中国百年复兴与中国经济增长期间,伴随着一系列重要的标志性事件。中国共产党在这些事件中扮演了重要角色,甚至决定并影响了中国经济长期增长的趋势和规律。

(一)建党与民族复兴和现代化目标模式的确立(1921—1948年)。1921年,中国共产党结合辛亥革命的结局以及十月革命胜利的成果,提出中国必须走"俄国人的路",才能够实现中华民族的复兴与中国现代化的梦想。可以说,中国共产党成立以后,对于中国如何实现民族复兴、走什么样的现代化模式指明了路径和方向。与此同时,在革命和斗争中,以毛泽东思想为指导,中国共产党领导中国人民完成了新民主主义革命,为实现民族复兴与经济增长扫清了障碍。

(二)党建国家与现代化道路的制度重构(1949—1978年)。1949年,伴随着新民主主义革命的胜利,中国共产党建立了中华人民共和国,并建立了一系列政治制度、经济制度、社会制度等。其中,最关键的就是确立了社会主义经济制度和政治制度,实行公有制经济为主体、多种所有制成分共同发展的基本经济制度,以及按劳分配为主、多种分配方式并存的收入分配制度等。制度是实现经济发展和现代化使命的基础和关键。中国共产党完成党建国家的最大意义在于,完成了民族和国家统一,整合各种社会资源和力量,共同投身于实现民族复兴与现代化的伟大事业中。另一个重要意义在于中华民族实现现代化需要统一、有效的制度体系作为前提和基础。因此,党建国家一定意义上也是制度重构和制度建设的必然所使。

(三)改革开放与经济增长的体制新选择(1978—1988年)。1978年以后30年的发展,是党领导中华民族实现伟大复兴和现代化发展最重要、最富有成效的30年。30年经济高速增长,大大提高了人民的物质文化生活水平,大大加快了工业化和城市化的进程,显著提升了中国在国际政治经济舞台上的影响力。十一届三中全会第一次提出把党的工作中心转移到经济建设上来,实行改革开放,开创了全面建设社会主义现代化的新局面。在这个发展阶段中,执政党最重要的贡献在于顺应时代潮流,确立以经济建设为中心,实行改革开放,通过制度创新解放和发展生产力,为推动中华民族复兴与现代化发展探索高效的体制和机制条件。在一系列改革开放政策的推动下,中国农村体制改革、城市国有企业改革、收入分配制度创新、非国有经济崛起等成为推动经济高速增长的重要动力和因素。

(四)市场经济新目标与中国融入全球化(1989—2002年)。1992年9月,中国共产党第十四次全国代表大会作出了一个具有深远意义的重要决策,即明确我国经济体制改革的目标是建立社会主义市场经济体制。以邓小平南方谈话和党的十四大为标志,中国社会主义改革开放和现代化建设事业进入新的发展阶段。2001年,顺应市场经济发展的规律和要求,中国为进一步开放市场,加入世界贸易组织(WTO)。明确建立社会主义市场经济体制目标和"入世",是关系中华民族伟大复兴与现代化建设全局的两个重大问题。前者的核心是正确认识和处理计划与市场的关系,从资源配置方式和手段角度提出市场机制配置资源的高效率性,这实际上解决了中国经济高速增长的最佳体制选择问题;后者则是决定中国与全球化的关系问题。

（五）科学发展观与现代化的新路径和新目标（2002年至今）。中国共产党从十六大以来围绕民族复兴与现代化发展，针对几十年来特别是改革开放以来与经济高速增长同时出现的一系列新问题和矛盾，提出了许多新的发展战略和部署。其中，最重要的就是科学发展观与构建和谐社会的重要思想。中国共产党提出发展是第一要务，并提出要坚持科学发展。科学发展观深刻而全面地揭示了经济社会发展的客观规律，创造性地回答了"为什么要发展""怎样发展"等一系列重大问题。更重要的是，用科学发展观统领经济社会发展的全局，构建社会主义和谐社会、建设社会主义新农村、建设创新型国家、树立社会主义荣辱观、建设和谐世界、加强党的执政能力建设等创新理论，都与科学发展观密切联系，或者说都是在科学发展观的指导下形成的。这是党在复兴与增长的关键阶段作出的又一关键抉择。

（作者是上海社会科学院经济研究所研究员，

本文选自2011年7月4日《解放日报》）

中国梦破解现代转型难题

方松华

中国梦所展现的国家富强、民族振兴和人民幸福,实质上贯穿着100多年来"中国向何处去"这个宏大的时代主题,破解了中国这个古老文明如何向现代转型的世纪难题。

比之GDP的数量和规模,更富有理论意义和实践意义的是,中国逐渐清晰地向世界和历史呈现出一种不同于西方模式的发展道路。由此形成的影响,将是广泛而长久的。

习近平同志指出,实现中华民族伟大复兴的中国梦,就是要实现国家富强、民族振兴、人民幸福,既深深体现了今天中国人的理想,也深深反映了我们先人们不懈追求进步的光荣传统。中国梦所展现的国家富强、民族振兴和人民幸福的深刻内涵,实质上贯穿着100多年来"中国向何处去"这个宏大的时代主题,破解了中国这个古老文明如何向现代转型的世纪难题。

实现中国梦必须弘扬中国精神。19世纪中叶以来,一面是中国社会在外力冲击下的沉沦,一面是中国人回应外力逼迫的屡起屡仆,以及由此形成的百年苦难和百年奋斗。只有以此百年岁月中洋务运动的兴衰成败、戊戌变法的旋起旋灭、辛亥革命的直起直落为历史的反衬,我们才能够更加深刻地理解中国梦。

以近代中国170多年的历史来观照可以看到:追求中华民族伟大复兴的中国梦,本质上是为民族寻路、为文明塑魂。但今天论述中国梦,显然不是要再回到汉唐。近代史上的洋务、变法和革命,都在追求中国富强,但与单纯的历史怀旧相比,它们又孜孜以求地期望传统的中国走向世界、古老的中国走向现代。可见,中国梦不仅蕴含着历史内容,也体现着时代内容。这就是,高举爱国主义、改革创新的旗帜,始终把中华民族坚强团结在一起,始终鼓舞我们在改革开放中与时俱进。只要弘扬这种伟大的民族精神、时代精神,我们就能朝气蓬勃地迈向未来。

实现中国梦必须凝聚中国力量。100年多来,中国梦所憧憬的就是自立于世界民族之林。在这一目标感召下,我们才有了一种超越南北地域、时间前后、社会阶层乃至局部利益的共性。由此,民族复兴、现代化道路和社会主义渐渐融为一体,成为时代的主轴。

坦率地讲,在追求民族复兴的过程中,早期的知识分子是最先觉醒起来的一群人。在较长一段时期,他们是中国梦的倡导者、解释者,也是探索中国梦的主要力量。不过,这些人的倡导并没有真正赢得大众的响应。与之形成鲜明对比,20世纪前期社会主义学说传入中国,在较短时间内就为国人所接受。社会主义提供了其他学说所没有的公平正义方案,成功地唤起了人民大众的主体意识。从这时开始,中国梦开始有了一个真正的主体,并从一种单纯的憧憬一步步落实为行动方案。

在此基础上,中华人民共和国的建立,以其大规模的政治、经济和社会改造,深入地铺展到城市和农村,从而前所未有地改变了中国的深层社会结构,使原本在历史变迁中处于被动地位的亿万工农参与到国家现代化和民族复兴中来,并成为一种主动的、主要的力量。

众所周知,清末民初以来的近40年分裂之后,中国的统一是非常艰难的;而晚清以来的"弱政府"和"一盘散沙"又不足以应对内忧外患。这从反面证明,统一的中国和有效的政府治理能力,是实现中国梦和国家现代化不可或缺的要素。今天海内外热议"中国道路",其中的要义之一便是中国政府的政策主导能力以及中国社会的团结一心。这是弥足珍贵的,深刻地揭示了中国梦归根到底是人民的梦,需要紧紧依靠人民来实现,需要不断为人民造福。

实现中国梦必须走中国道路。对于21世纪的中国人来说,100多年来的现代化之路可谓是沧海桑田、历经坎坷。中华人民共和国成立以来,"现代化"的概念不断发生变化。但追根溯源,它一开始是根据毛泽东同志的建议、由周恩来同志在1964年最早提出的"四个现代化"目标。以此为起点,一步一步地完善和丰富,最终走到了十八大提出的中国特色的新型工业化、信息化、城镇化和农业现代化的"新四化"。

在追求现代化的过程中,我们有过许多阶段,经历过一些起落,有成功亦有失败。汲取经验和教训,我们终于在1970年代末1980年代初开启了改革开放的伟大进程,找到了一条适合党情、国情、世情的发展之路。

借助于这条道路,我们用不长的时间就达到了近代以来最接近于中华民族伟大复兴目标的重要时刻。这里面,比之GDP的数量和规模,更富有理论意义和实践意义的是,中国逐渐清晰地向世界和历史呈现出一种不同于西方模式的发展道路。由此形成的影响,将是广泛而长久的。

这条道路,我们旗帜鲜明地把它称之为中国特色社会主义道路。这条道路来之不易,它是在改革开放30多年的伟大实践中走出来的,是在中华人民共和国成立60多年的持续探索中走出来的,是在对近代以来170多年中华民族发展历程的深刻总结中走出来的,是在对中华民族5 000多年悠久文明的传承中走出来的,具有深厚的历史渊源和广泛的现实基础。只要增强对中国特色社会主义的理论自信、道路自信、制度自信,我们就一定能够实现中国梦。

总之,实现中华民族伟大复兴,是中华民族近代以来最伟大的梦想。这个梦想,凝聚了几代中国人的夙愿,体现了中华民族和中国人民的整体利益,是每一个中华儿女的共同期盼。实现中华民族伟大复兴是一项光荣而艰巨的事业,需要一代又一代中国人共同为之努力。空谈误国,实干兴邦。我们一定要承前启后、继往开来,把国家建设好、民族发展好。

(作者是上海社科院中国马克思主义研究所常务副所长、研究员,本文选自2013年12月6日《解放日报》)

中国梦期待怎样的复兴

陆晓禾

围绕中国梦展开的讨论,现在是媒体和各种研讨会上的一大热门话题。就上海来说,如何从城市精神角度为中国梦的追求作出贡献,也是上海学者正在讨论的话题。

这个话题很难,因为涉及太多,要说清楚不容易,但因此也很有意思。因为这给予我们机会,深入地讨论这个话题。

习近平总书记第一次正式阐述中国梦,是从"大家都在讨论"谈起的。不少媒体还追溯到习近平在今年3月两会闭幕会上发表的讲话:"生活在我们伟大祖国和伟大时代的中国人民,共同享有人生出彩的机会,共同享有梦想成真的机会,共同享有同祖国和时代一起成长与进步的机会……"每一个人都有做自己梦的权利,也可以将这个梦想藏在自己的心里,如同吹生日蜡烛时的许愿一样。但担负国家领导使命的执政党要带领这个国家、这个民族追求什么样的梦,则是这个国家的人民想要知道的,是生活在世界其他地方的炎黄子孙所关心的,也是其他国家的人们所关注的。在我看来,这是这个话题之所以此后会引发持续热议的重要原因之一。

中国梦引起了热烈讨论,当然引起的不会只是一种观点意义上的理解。有人疑惑:"中华民族的伟大复兴"是复兴大唐的兴盛、大清的广大疆土?或是毛泽东时代的世界革命领导者地位?还有人认为,中国梦是执政党的梦,与百姓个人无关。我认为,这些想法过于偏颇。因为他们把中华民族的复兴,等同于中国历史上某一个繁荣时期的复兴,也过于简单地用美国梦来比照中国梦。

当然,这并不奇怪。这本身也表明,中国梦话题有一定的开放性、多元性,因而会引发丰富的联想,使人们进而产生新的问题和不同的看法。

一、美国没有"强国梦"吗

把"中华民族的伟大复兴",理解为是兴盛某个已经衰落的历史时代或时期,不只是历史观上的倒退,而且是不可能的

"复兴",按《现代汉语词典》的解释,是"衰落后再兴盛起来"。但恐怕很少有人

会把"中华民族的伟大复兴",理解为是兴盛某个已经衰落的历史时代或时期。因为这样去理解"复兴",不只是历史观上的倒退,而且是不可能的。我的看法是,我们可以从"立于世界文明发展的先进行列"的视角出发,来理解中华民族的复兴。

所谓"大唐的兴盛",无疑是与当时世界上的其他国家或文明相较而言的。那时的中华民族,是站在世界文明发展的前列的。事实上,直到18世纪末期,中国一直走在世界文明的前列,直到近代才落后了。18世纪末期,中国的经济规模相当于20世纪末美国经济总量在世界经济总量中的比重。当然,经济规模不是唯一的衡量坐标,只能从一个侧面反映中华民族当时的强盛状况。但是,中国为什么后来由盛而衰,中国如何才能"衰落后再兴盛起来",重新居于世界文明发展的先进行列? 这是中华民族近代以来的志士仁人所苦苦思索的问题,也是无数前辈先烈浴血奋战求寻找的答案。因此,从某种意义上来说,正是重新居于世界文明发展的先进行列这一愿望,成为中华民族近代以来的共同梦想。

美国人不太会做这样的梦。因为他们的国家已经立于世界文明发展的先进行列,而且现在仍然是这个行列中最强盛的国家。所以,美国梦可以只是一份工作、一套房子和一辆车,一个极为个人的梦想。然而,这并不等于说,他们没有维持这样一个强盛国家地位的愿望。他们清楚地知道,个人很实在的梦想,也是需要由一个强大的国家来支撑的。一个强大的美国的存在,就是所有美国人的整体利益。

如果说,美国梦有赖于美国的强大,也有赖于他们的执政党的领导,那么对于中国这样一个衰落后又想要兴盛起来的国家以及她的人民来说,执政党的领导和国家的强盛就更为重要了。毋庸赘言,民族与个人、国家与百姓是互相依赖的,而对于如中华民族这样一个有着7 000年文明史(据河姆渡文化存续时间推算)、在近代又饱经蹂躏的古老民族来说,她在现当代的浴火重生,就更需要具有远见卓识、具备筚路蓝缕精神的领导和政党在前面带路。所以,中国梦首先要求这个执政党有梦想,要求这个执政党的梦想能够反映和表达这个民族的梦想、这个民族的整体利益、这个民族每一个个体的共同利益。

诚然,中国过去如梁漱溟所说,是不重视个人的,所谓"对个人的永不发现"。也应该看到,已经立于世界文明发展前列的国家,在保障个人的自由和民主权利方面积累了丰富的经验教训。而实现中国梦,力图居于当代世界文明发展先进行列,在中国,也就意味着"对个人的永不发现"的发现。这种发现,在中国正在进行。

今天,过去的"德先生""赛先生"正从我们自己的经济基础中产生。2004年,"国家尊重和保障人权"9个字正式载入宪法修正案,第一次把"人权"写入中华人民共和国宪法。党的十八大报告,把民主、自由、平等、法治等列入社会主义核心价值体系来倡导,表明了中国在这方面的持续努力与进步。所以,从"立于世界文明发展的先进行列"这一视角出发,来理解中华民族的伟大复兴,中国梦就不可能只是执政党的梦,更不可能与老百姓无关。它是一个以民族的富强民主文明和谐为支撑的、个人的权利和利益得到充分尊重和保障的共同追求。

如今中国梦成为热门话题,反映了它与百姓的切身关联性。同时,对"对个人的永不发现"的持续发现,对个人的更大程度的重视和保障,必然也只能在实现中国梦的过程中得到推进和实现。中国梦要实现的是居于世界文明发展的先进行列,而不是再现大唐或大清之盛况。包括自由、民主、法治等在内,它们既是中国"复兴"愿望的必要组成部分,也是一个立于世界文明发展先进行列的国家应当享有的文明成果。

一度,我们将自由、民主等都归结为资产阶级的虚伪东西,其实这是对马克思的误解。例如自由、平等,马克思在《资本论》中给予了充分肯定,只不过,马克思指出了资产阶级的不彻底,他们没有将这些价值、原则推进到生产领域。在生产领域中,它们违背了这些自己所推崇的原则。因此,我们的复兴,不是要拒绝这些成果,而是要将这些成果真正实际地彻底推进。

从道路来说,我们的复兴,不是也不可能重复西方国家的强盛道路。正如西方学者自己所反思到的,西方文明有着自己的阴影——殖民主义。正是殖民主义,让一些西方国家在发展自己的自由民主法治的同时,却给其他一些国家和民族带去了掠夺、奴役和专制。

党的十八大报告和习近平关于中国梦的阐述表明,我们的这一"复兴"将以中国道路和中国精神来实现。所以,这一"复兴",不是恢复历史上某个已经衰落朝代的鼎盛时期,更不是重复西方国家的殖民强盛之路。用邓小平的话来说,它是一种"全新的事业"。也就是说,我们要用一种不同于西方的、决不带给其他民族阴影的方式,来创造一种既包含现代文明成果又避免重蹈他人覆辙的、更优越的文明状况。由此,中国梦将不仅首先造福于我们自己的人民,而且将使中国能够对人类有更大的贡献。

二、中国梦的价值追求

只有在伦理价值、精神价值上达到了世界文明发展的前列,经济和社会的繁荣,才具有真正可持续的动力。

那么,上海城市精神"海纳百川、追求卓越、开明睿智、大气谦和"与中国梦是什么关系?我的理解是,尽管上海城市精神的概括提炼和完整表述完成于2007年,但作为一个城市独具的精神品格,它的形成却是与中华民族近代以来的衰落和奋起交织在一起的。

从历史视角来看,上海曾是多国殖民势力争相聚集的地方,是西方文化与中华文化由相遇而竞合的地方,是中国工人阶级和中国共产党诞生的地方,也是社会主义建设时期和改革开放时期的重要城市之一。如熊月之在《上海通史》总序中所说,在近代史上,经济上,上海是外贸中心,是中国金融中心;政治上,是各派政治力量必争之地;社会方面,是典型的移民城市;文化方面,是西方文化输入的窗口,是中西文化交汇的前沿、融合的基地;解放后,是中国的工业基地、财政支柱;改革开放后,是全国改革开放的前沿;现在,又成为先行先试的创新城市。可以这样认为,上海城市精神"海纳百川、追求卓越、开明睿智、大气谦和"的突出之处在于,它以上海地域文化特色,反映了其立于现代世界文明发展先进行列时,仍然保有的民族、国家精神特征。

(一)开放、开明,是西方文化的优点,是过去闭关自守、夜郎自大、固步自封的中国所缺乏的,是近代以来为中国人所推崇而又特别在上海表现出来的新的精神特征。

(二)2007年后,上海城市精神中增加的"开明睿智"和"大气谦和",是在肯定上海商业文明精神特点的同时,对上海地域文化精神的进一步反思、提升和完善。它反映了上海人在理智、气质和德行上的进一步要求。

(三)海纳百川、追求卓越,既是公认的上海城市精神的特质,也涵盖了当代文明世界的最新价值取向。1982年,彼得斯和沃特曼的《追求卓越》一书出版。它在掀起西方管理学理念革命的同时,也使"卓越"而非仅仅"成功"成为当代新的价值取向之一。此外,海纳百川,也即包容,也是当代文明世界推崇的重要精神价值。

2011年,上海又提出了八字价值取向,即公正、包容、责任、诚信。一个城市的精神,是要通过这个城市不同层次上的主体来表现的。这里所说的主体,大致包括微观个人、中观组织、宏观政府的行为、决策、制度安排等。因而,城市精神需要也能够通过相应的价值取向来体现和发挥作用。

特别要论及的是,这四个价值取向,其实也是近30年来,世界尤其是西方国家所认同的、比较关键的伦理价值规范。20世纪60年代后期以来,这些国家的学者、公众通过一场场民权、社会、环境运动等的推动,对400多年来资本主义的文化和伦理提出反思和批判。这一系列反思和批判,帮助他们度过了二十世纪七八十年代对自由企业的信任危机,重新保持了它们在现当代世界文明发展中的前列地位。但与西方出于对社会运动的被动应对不同,上海城市精神和八字价值取向的提出,是通过执政党、政府主动提出的。所以,这也从上海一处,反映了中国梦的特点,即它首先要求作为执政党的领导,与此同时,必须要反映人民的梦想和需要,以及时代精神的价值追求。总之,上海城市精神及其价值取向,是上海与全国人民在追求中国梦的过程中形成的共同成果,也是我们继续这一追求所需要的精神和价值前提。

中国梦的实现,中华民族的伟大复兴,不是简单寻求更高的GDP世界排名。根本上,应该是我们在伦理价值、精神价值上,站在世界文明发展的前列。就像当年的中国,以礼仪之邦、文明之邦闻名于世一样。只有在伦理价值、精神价值上达到了世界文明发展的前列,经济和社会的繁荣,才具有真正可持续的动力。

实现中国梦,需要有实现这个梦所需的精神气质和价值追求。而这种精神气质和价值追求,也只有在实现这个梦的过程中才能获得。尽管实现中国梦所需的精神气质和价值追求,不只是上海城市精神及其四大价值取向,但它们恰恰也是目前位于世界文明发展前列的国家和民族所需要和注重的。所以某种程度上,我们已经有了实现中国梦所需要的一些重要的精神和价值取向。

三、复兴不是探索的终点

真正有意义的"立于世界文明发展前列",是这个民族及其领导政党,要有远见卓识。既有理想的追求,又有现实的态度,发展前列有参照系。现在我们讲"立于世界文明发展前列"意义上的复兴,是以现在居于前列的国家(如美国)为参照系的。顺便说一下,对美国来说,它也有参照系,但他们只能从以他们为师的国家和人民反观自身。例如美国学者理查德·狄乔治谈到,美国人并不满意他们的现状,但既然你们所说的"更好社会的蓝图"在现实世界中并不存在,那么美国人民就不能冒险放弃他们现有的生活状况,选择不曾实现的这个蓝图。所以,对于他们来说,只有两条路,或者是创新,或者就是击败一切威胁他们强者地位的竞争对手。

而如果我们是以"立于世界文明发展前列"为民族复兴的内涵,那么这个内涵显然是动态的,而且是以他人为参照系的。但即便暂时地居于发展前列,或者完成了阶段性的追赶或前行目标,也并非完善的终点。如上所提到的,美国工人并不满意他们的现状。所谓的美国梦,也未必是他们真正的梦的抵达。

因此,对我们来说,真正有意义的"立于世界文明发展前列",是这个民族及其领导政党,要有远见卓识。它既清楚所要追求的目标、所要趋向的目的善,又了解达到这一目的善的科学道路。既有理想的追求,又有现实的态度。它客观地评价自身,并把因立于世界文明发展前列而拥有的一切物质的和精神成就,作为丰富自己和发展自己的前提和基础。同时,它又清楚地认识到暂时居于发展前列的国家、制度所存在的问题,从而通过我们自己,创造出一种更好的现实,从而对自己的国家、人民,进而对世界有所贡献。

正是在这个意义上,可以理解邓小平所说的,我们现在所从事的是一种"全新的事业"。也正是在这个意义上,如习近平所说的,我们现在离中国梦比任何时候都近。因为我们并没有像过去的极"左"思潮那样,摈弃资本主义的文明成果,而是把它用具有中国特色的社会主义的方式加以利用和吸收。同时我们仍然认为,中国现在尚处在社会主义初级阶段。换言之,初级阶段并不是我们的终点,我们还向往着更高的阶段。在这个阶段上,我们还将探索一个可能的更好社会,一个可能有助于人的自由全面发展的社会。

而在现阶段,特别在目前,更重要的,是要正视追求中国梦过程中的现实矛盾。因为这个初级阶段,这个利用资本来发展社会主义市场经济的途径本身,就是一个充满矛盾痛苦的过程。马克思在《资本论》中肯定资本主义这个阶段具有铁的必然性,但他同时也反对将其关于西方历史发展道路的提炼,变成所有民族都要遵循的一般历史哲学。所以他当时考虑过俄国公社跨越资本主义"卡夫丁峡谷"的可能性。这也就是说,中国完全可以走出一条不同于西方的复兴之路。

当然,在这一过程中,会遇到很多前人不曾遇到的问题,阵痛也在所难免。但是,阵痛是能够缓解的。这里的"能够",意味着自由和责任。缓解的关键是,要通过政府的、法律的、道德的、公众的合力,制约、避免不必要的和能够避免的痛苦。就上海来说,就是要在坚持上海城市精神和价值取向的过程中,注意将这种精神和价值取向整合到制度和法规中。这是我们无论从西方的经验教训,还是过去30年的改革实践中,都可以得出的认识。

所以,即便在初级阶段,对中国梦的追求,也可以体现出我们的特点。即不仅可以如西方强国那般立于世界文明发展的先进行列,而且能够避免他们所采取过的一些比较原始的途径或手段。这就是我们所说的"和平崛起",即以和平方式迈入先进行列。从这个意义上说,中国梦的实现对于中国和世界而言是共赢的。

(作者是上海社会科学院哲学研究所研究员、社会哲学研究室主任,本文选自2013年8月10日《解放日报》)

通向伟大复兴的必由之路

罗宇凡　姜　潇

道路决定民族的命运,旗帜指引复兴的方向。

回望来路,历史与实践反复证明:中国特色社会主义是马克思主义普遍真理与中国具体实际相结合的正确道路,是中国共产党领导人民实现中华民族伟大复兴中国梦的必由之路。

党的十八大以来,以习近平同志为总书记的党中央,立足当代中国改革发展现实,不断丰富和发展中国特色社会主义理论体系,不断完善中国特色社会主义政治制度,不断开拓中国特色社会主义伟大实践的新境界,肩负重任,奋进前行。

一、创造历史开辟未来的伟大道路

一个国家走什么样的道路,关键在于这条道路能否通向光明的未来。

2013年1月5日,新进中央委员会的委员、候补委员学习贯彻党的十八大精神研讨班在中央党校开班。

"中国特色社会主义,是科学社会主义理论逻辑和中国社会发展历史逻辑的辩证统一,是根植于中国大地、反映中国人民意愿、适应中国和时代发展进步要求的科学社会主义,是全面建成小康社会、加快推进社会主义现代化、实现中华民族伟大复兴的必由之路。"习近平总书记在开班式上的讲话自信而坚定。

(一)这是穿越历史纵深历经艰辛探索得来的正确道路

鸦片战争后的百年,中华民族走过一段最为屈辱的历史,进行了最为悲壮的抗争。为着救亡的呐喊,为着复兴的梦想,多少主义出场,却都破灭;多少道路探索,又都碰壁。

"只有社会主义才能救中国"——历史作出了这样的选择。中华人民共和国的诞生,标志着中国人民从此站起来掌握自己的前途命运,中华民族从此迈向伟大复兴的新纪元。

复兴之路会有曲折,但滚滚向前的洪流却无法阻挡。

1978年，刚刚摆脱十年浩劫的中国，徘徊于历史的十字路口。党的十一届三中全会开启具有深远历史意义的伟大转折，从拨乱反正到改革开放，中国共产党人稳稳把握前进的正确航向。

37年间，中国巨变，举世震撼。

中国跻身世界第二大经济体，对世界经济增长的贡献超越美国；中国成为国际贸易增长第一大发动机，成为世界最大贸易国。

从封闭到开放，从计划经济到市场经济，中国成功地把马克思主义普遍真理同自己的具体实际结合起来，走出了中国特色社会主义道路。

在苏联解体、东欧剧变的风云变幻中，在国际金融危机和国内一系列重大自然灾害的严峻考验中，这条道路都彰显出巨大优越性、强大生命力和深远影响力。

"只有从长期历史发展过程中，才能清楚地了解我们党和国家事业的来龙去脉，才能明白为什么只有社会主义才能救中国、只有中国特色社会主义才能发展中国，也才能深入理解中国特色社会主义的历史必然性和科学真理性。"中国科学社会主义学会副会长、北京大学教授闫志民说。

(二) 这是根植中国现实，符合人民根本利益的必然选择

2013年3月23日，习近平总书记在莫斯科国际关系学院的演讲中形象地说："'鞋子合不合脚，自己穿了才知道。'一个国家的发展道路合不合适，只有这个国家的人民才最有发言权。"

40年间，中国的人均GDP增长了100多倍；30年间，中国的城镇人口增加超过6亿人；20年间，超过6.8亿的中国人成为了网民，享受信息时代的高效与便捷……

从革命老区到国家级贫困地区，从洪涝灾区到地震灾区，处处留下中国共产党人奋斗的足迹。

从农业税的免除到建立新型农村合作医疗，从促进就业规划出台到义务教育法修订，民生相关政策法规体系逐步健全，民生保障和改善水平一步步提高。

2015年11月，中央扶贫开发工作会议举行，中西部22个省区市党政主要负责同志向中央签署了脱贫攻坚责任书，扶贫攻坚战正式打响……

一条正确的道路带给人民最真实的"获得感"，一条光明的道路凝聚起亿万人民共同奋进的力量。

（三）这是顺应时代潮流，展现独特优势的成功实践

有比较才有鉴别。从国际比较的视野，可以更清晰地看出中国特色社会主义的鲜明特点和独特优势。

在世界经济深度调整、复苏乏力，地缘政治风险上升，外部环境不稳定不确定因素增加的背景下，中国始终保持着政治社会稳定、经济持续发展的态势，对世界经济增长贡献率保持在30％左右，稳居全球第一，继续扮演着全球经济增长"稳定之锚"的角色。

中国人民大学教授李景治说："近年来，西方社会选举过度竞争、政党对立、社会分裂、国家治理低效等问题愈发凸显。中国特色社会主义政治制度，坚持党的领导、人民当家作主、依法治国有机统一，保证了政治稳定、社会和谐、经济发展、民族团结。"

"连续30多年的经济高速增长、世界第二的经济总量、13亿人口总体迈向小康、在全球性金融危机中令世界赞叹的优异表现……一系列重大成就充分表明中国特色社会主义是一场伟大的并已经成功实践的社会运动。"中央党校教授辛鸣说。

实践是检验真理的唯一标准。中国的实践充分证明，中国特色社会主义既是我们创造出举世瞩目发展成就的来路，更是我们满怀信心向着民族复兴奋进的前途。

二、薪火相传不断发展的伟大实践

坚持和发展中国特色社会主义，是一场薪火相传的接力。

"我们这一代共产党人的任务，就是继续把这篇大文章写下去。"习近平总书记的讲话明确指出了当代共产党人的历史使命。

从党的十二大提出"走自己的路，建设有中国特色的社会主义"的科学论断，到党的十八大鲜明地阐释"建设中国特色社会主义，总依据是社会主义初级阶段，总布局是五位一体，总任务是实现社会主义现代化和中华民族伟大复兴"。中国共产党始终高举中国特色社会主义伟大旗帜，不断丰富发展中国特色社会主义的时代内涵，不断开辟中国特色社会主义的新境界。

在十八届中共中央政治局第一次集体学习时，习近平总书记强调："中国特色

社会主义特就特在其道路、理论体系、制度上,特就特在其实现途径、行动指南、根本保障的内在联系上,特就特在这三者统一于中国特色社会主义伟大实践上。"

"明确中国特色社会主义由道路、理论体系、制度三位一体构成,抓住了现阶段壮大发展中国特色社会主义的精髓和要义。"国防大学马克思主义研究所研究员颜晓峰说。

党的十八大以来,一系列重大思想、重要部署,推动中国特色社会主义理论体系不断完善和创新。

(一)提出实现中华民族伟大复兴是中华民族近代以来最伟大的梦想,实现中华民族伟大复兴必须走中国道路,丰富和发展了对中国特色社会主义奋斗目标的认识。

"'中国梦'就是在社会主义初级阶段的背景下实现中华民族伟大复兴,在发展中国家的基础上建设现代化,在13亿多人口的国度中实现共同富裕。"辛鸣认为。

(二)从"使市场在资源配置中起基础性作用"到提出"使市场在资源配置中起决定性作用和更好发挥政府作用"。

"这是我党对中国特色社会主义建设规律认识的一个新突破,标志着社会主义市场经济发展进入了一个新阶段。"中国人民大学马克思主义学院教授陶文昭说。

(三)提出经济发展新常态,把适应新常态、把握新常态、引领新常态作为贯穿发展全局和全过程的大逻辑。

"新常态的提出,丰富和发展了对中国特色社会主义发展阶段性特征的认识。"中国科学社会主义学会副会长、江西师范大学教授祝黄河说。

(四)全面建成小康社会、全面深化改革、全面依法治国、全面从严治党,"四个全面"战略布局协调推进,成为党中央治国理政铺排布局的内在逻辑,丰富和发展了对如何建设中国特色社会主义的认识。

"'四个全面'战略布局,反映着新一届党中央对实现社会主义现代化和中华民族伟大复兴的战略思考和顶层设计,是'实现我国现代化和民族复兴的总体方略'。"中央党校副教育长兼哲学教研部主任韩庆祥说。

(五)树立创新、协调、绿色、开放、共享的新发展理念,丰富和发展了中国特色社会主义的发展理论。

"五大发展理念是党坚持问题导向、聚焦突出问题的新理念、新观点和新举措,是回应人民群众期盼和总结人民群众创造的新鲜经验,充分反映了党对中国特色社会主义发展规律的新认识和新境界。"辛鸣说。

祝黄河认为,这些新的理论创造和新的思想观点,集中回答了我们为什么要坚持和发展中国特色社会主义、怎样坚持和发展中国特色社会主义的重大问题,体现了以习近平同志为总书记的党中央对当代中国改革发展稳定、内政外交国防、治党治国治军的深邃思考和高超驾驭。

理论联系实际,不断与时俱进,立足中国现实,解决中国问题。

3年多来,党中央不断加强和改善党对经济工作的领导,以非凡定力适应新常态;专题研究和部署扶贫、城市、外交等工作,为各项事业发展做好顶层设计;高规格召开民族、宗教、统战、群团、网络安全和信息化会议,增强了中国特色社会主义的感召力和凝聚力……

"三年多的改革和发展轨迹清晰地展现了以习近平同志为总书记的党中央坚持和发展中国特色社会主义的必胜信念和战略定力,构成了治国理政新理念新思想新战略的基调。"颜晓峰说。

三、坚定自信凝聚力量的伟大旗帜

昭示未来的真理在历史跃动的脉搏中尤显清晰。

2012年11月29日,习近平总书记在参观《复兴之路》展览时说:"回首过去,全党同志必须牢记,落后就要挨打,发展才能自强。审视现在,全党同志必须牢记,道路决定命运,找到一条正确的道路多么不容易,我们必须坚定不移走下去。展望未来,全党同志必须牢记,要把蓝图变为现实,还有很长的路要走,需要我们付出长期艰苦的努力。"

人间正道是沧桑。

从争取民族独立、人民解放,到实现国家富强、人民幸福,通向中华民族伟大复兴的中国特色社会主义道路不是天上掉下来的,不是照抄照搬来的,它承载着几代中国共产党人的理想和探索,寄托着无数志士仁人的夙愿和期盼,凝聚着亿万人民的奋斗和牺牲,是近代以来中国社会发展的必然选择,是实现民族梦想的必由之路。

聚焦时代方位,中国再次来到一个重要的时间节点。改革攻坚期、发展转型期,"十三五"规划全面展开,距离第一个100年目标的实现只剩不到5年,决胜全面建成小康社会的冲刺已经开启。

时不我待,复兴之路走到了"关键一程"。此时此刻,坚持走正确的道路依旧是根本性的问题。

党的十八大以来,习近平总书记在多个场合,反复强调坚持和发展中国特色社会主义的重要意义。

（一）基于实践的判断

"历史和现实都告诉我们,只有社会主义才能救中国,只有中国特色社会主义才能发展中国,这是历史的结论、人民的选择。随着中国特色社会主义不断发展,我们的制度必将越来越成熟,我国社会主义制度的优越性必将进一步显现,我们的道路必将越走越宽广。"

（二）立足现实的要求

"重温党和人民共同走过的光辉历程,在新的历史条件下坚持和发展中国特色社会主义,必须坚持走自己的路,必须顺应世界大势,必须代表最广大人民根本利益,必须加强党的自身建设,必须坚定中国特色社会主义自信。"

（三）面向未来的宣示

"我们要在深入把握中国特色社会主义的科学性和真理性的基础上增强自信,在领导人民推进改革开放和社会主义现代化建设的进程中继续开拓,按照党的十八大提出的坚持和发展中国特色社会主义的基本要求,不断开创中国特色社会主义事业新局面。"

千磨万击还坚劲,任尔东西南北风。

坚持走中国特色社会主义道路,归根结底是要解决中国面临的现实发展问题。

城乡居民收入不断增长,但实行新标准后仍有约1亿贫困人口;就业规模持续扩大,但每年仍有2 500万城镇劳动力等待就业;住房保障制度不断完善,但还有超过1 200万户城镇低收入群众居住在各类棚户区;大众创新、万众创业,仍面临相当多有形的门槛、无形的障碍……

机遇前所未有,挑战前所未有。

破解民族复兴道路上的难题障碍,要求我们必须坚持走中国特色社会主义道路,充分发挥中国特色社会主义制度的优越性,因势而谋、因势而动、因势而进。既不走封闭僵化的老路,也不走改旗易帜的邪路。不断增强对中国特色社会主义的理论自信、道路自信、制度自信。

道路决定命运,正确的道路通向光明的前途。

回望党的十八大以来中国特色社会主义理论和实践的发展:从进一步突出人民的主体地位,把增进人民福祉、促进人的全面发展作为发展的出发点和落脚点,到不断推进国家治理体系和治理能力现代化,建设中国特色社会主义法治国家;从全面从严治党,营造风清气正、务实奋进的政治环境,到适时提出和推进"一带一路"建设,积极参与解决各种重大国际问题,推动建设人类命运共同体……

"党的十八大以来,以习近平同志为总书记的党中央治国理政令人耳目一新,三年多的时间取得卓著成就,其根本原因和突出特征就是坚持和发展中国特色社会主义。"中央党校教授、马克思主义理论研究和建设工程课题组首席专家严书翰说。

路在脚下,梦在前方。

"十三五"大幕拉开,前进的号角再次吹响。向着实现第一个100年目标,中国特色社会主义正迎来更加光明的前景。

(作者是新华社记者,
本文选自2016年5月20日《新华每日电讯》)

江南机器制造局的强国梦

秘 薇 徐 烜

提起局门路、制造局路,想来老上海人都耳熟能详。不过,说到这些地名的来历,可能不会有很多人知晓。其实,路名中的"局"字,均来自附近一家大名鼎鼎的机构——江南机器制造总局。

江南机器制造总局又称江南制造局、江南机器局、上海制造局、上海机器局。19世纪60年代,经历了两次鸦片战争和太平天国运动的大清王朝摇摇欲坠。为挽大厦于即倾,恭亲王奕䜣和曾国藩、左宗棠、李鸿章等官员,发起了购买和仿造洋船洋炮、加强军事实力的洋务运动,兴办了一批近代军事工业。江南机器制造总局就是由李鸿章在上海创办的规模最大的一处军工企业。当年,靠近黄浦江边的制造局路与局门路、高昌庙路(今高雄路)、广东街(后改名炮厂后街)交错围绕,圈划出制造局这片中国近代史上内涵独特的地域。

近日,笔者查阅了入选"首批上海市档案文化遗产名录"的江南机器制造总局档案,其中的相关历史片段,足以将我们带往真实的历史现场。

一、赎罪银子做了买厂钱

同治四年(1865)暮春,已升任苏松太道近一年的丁日昌颇有些寝食不安——一桩棘手的公事,正沉沉地压在他的心头。

3年前,署理江苏巡抚李鸿章,率领一帮旗帜不整、穿着破烂的士兵,乘坐上海县士绅凑钱租来的7艘外国运兵船,冒险穿越太平军把守的江防,抵达上海。这支临时组建才3个月的淮军,靠着3 000支从香港买来的洋枪,与太平军在上海打了几场硬仗,愣是把亢奋神勇的太平军生生击退了。之后,李鸿章立即被实授江苏巡抚,率军对抗卷土重来的10万太平军。好在有清廷雇用的"常胜军"和洋枪洋炮的帮衬,李巡抚的淮军最终把太平军逼出了上海。

经上海一役,李鸿章认识到了"炮火绝妙精厉"的西洋枪炮的厉害,开始着手打造自己的兵工厂。1863年春,他先是在上海松江一所古庙里,建立起一个只有榔头、锉刀、泥炉和50名工人的上海洋炮局。是年底,与清政府解约的英国阿思本舰队途经上海,李鸿章看准机会,派人与阿思本暗中做了交易,用不到 5 000 两白银买下了英国舰队"水上兵工厂"的机器设备,并将这些机器悄悄运到了苏州,之后把上海洋炮局的人马也调到了苏州,建起了苏州枪炮局。苏州枪炮局用上了英国的工作母机,扩招了 300 多名工人,由丁日昌以及韩殿甲、马格里各主持一个车间,生产出了开花炮弹、自来火枪、田鸡炮等武器。有了这些像模像样的西式枪炮武装,淮军声威大壮,在战场上节节得胜。

1864 年初夏,湘楚军会攻天京,太平天国覆亡在即。一直站在时局巨变潮头的李鸿章已下定决心,筹办江南制造总局。而被李鸿章慧眼选中、主持筹办诸事的人,正是当年从广东急调过来的"学识深醇,留心西人秘巧"的丁日昌。

丁日昌先是奉命在上海访购各种"制造机器之器"。在已经开埠 20 年、万国货物流通无碍的上海,此事尚属容易。经丁日昌努力,已设法采买到不少。但若要开厂,还必得购置土地厂房,此事便不是说成就能成的了。不过,机会很快在 1865 年降临。当时沪上的船舶修造业竞争极其激烈,颇具规模的美商旗记铁厂眼见市场趋于饱和、银子越来越难赚,有意退出上海市场。旗记的土地厂房都是现成的,若能将之盘下,则"江南制造总局"指日可成矣。得知消息的李鸿章大喜过望,认为"此项外国铁厂机器,觅购甚难,机会尤不可失",饬令丁日昌迅速定议。可是在无一点资金的情况下,面对美商狮子大开口的 10 万两收购费用,丁日昌陷入了困境。

为筹措资金日思夜虑的丁日昌,错过了 1865 年的大好春光。但事情的转机,却又出现在了眼前。海关通事唐国华,扦子张灿、秦吉等因贪污被革职羁押。在肥差上捞够了油水的几人,此时满脑子都是"破财消灾"。唐国华游历外国多年,于洋匠事务也算熟悉,并擅与西人打交道。赎罪心切的他,与同案几人凑足了 4 万两银子,预备买下旗记铁厂献给朝廷,以免牢狱之苦。成大事者,不拘小节,更何况这种交易在大清国早已见惯不惊。丁日昌立即下令释放了几人,拿下了厂房设备。该厂另有铜、铁、木材等剩余材料,由江海关道筹款白银 2 万两收购。

万事俱备。1865 年 9 月,两江总督李鸿章正式上报朝廷,奏请成立江南机器制造总局。在奏折中,李鸿章写道:"该厂一经收买即改为江南制造总局,正名办物,以绝洋人觊觎。"随后,苏州枪炮局由丁日昌、韩殿甲主持的部门和曾国藩委托容闳在美国纽约向朴得南公司所购买的 100 余台机器,也全部并入江南制造总局。自此,寄托了几代中国人强国梦并创造了中国工业史上无数个第一的大型近代企业,走上了历史舞台。

二、大清"江南"船梦的沉浮

成立之初的江南制造总局地处虹口租界内,周围的洋人对这个定时炸弹似的兵工厂极为抵触,华洋之间的矛盾不时爆发。且闹市区的工厂,发展空间自然非常有限,因此李鸿章等人早有"择地移局"之意。百般挑选之下,上海城南高昌庙濒临黄浦江的地方,成了迁厂的首选地点。在保存至今的江南制造总局档案中,相当一部分是当时购地、动迁、恩恤(安置动迁居民)的往来文书,足见迁厂一事头绪之多、工作之繁。

1867年,江南制造总局正式搬迁至高昌庙,成立了轮船厂。对长久以来为西洋坚船利炮所苦而又颇思振作的曾国藩等官员来说,"造船"被赋予了重振大清国运的期望。在他们的支持下,1868年8月,江南制造局造第一艘木壳轮船下水试航,轰动了上海滩。曾国藩亲自登船,并为之命名为"恬吉"。他很有信心地展望:"将来渐推渐精,即二十余丈之大舰⋯⋯或亦可苦思而得之。"此后的10余年间,江南制造局共造军舰8艘,最大的海安、驭远两舰,长300尺,宽42尺,马力1 800匹,受重2 800吨。李鸿章曾骄傲地说:"(两轮)在国外为二等,在内地为巨擘。"

惜乎,此时的大清国运衰微,这批凝聚着无数精英心血的舰船,几乎无一善终者。

1884年,中法战争爆发,"驭远"等五舰奉命增援被法舰队封锁的台湾。孰料,法人大大地狡猾,竟然中途截击。一番遭遇战后,三艘清舰逃脱,"驭远""澄庆"二舰由于个头大、跑不快,只得避入附近的石浦港。法舰不识航道,不敢入内港,便封锁港门,派鱼雷艇潜入石浦港偷袭。"驭远"受到攻击后立即还击,两艘鱼雷艇被击伤,困在浅滩动弹不得。但令人意外的是,次日天明,欲图救援鱼雷艇又忌惮"驭远"火力的法舰,却意外发现"驭远""澄庆"二舰已自沉在港中,船上官兵全部不知所踪。法舰队没有"硬碰硬"就捡了个大便宜,自然狂喜而还。

二舰沉没之谜,说法不一,近年来根据史料的挖掘和学者的分析,倾向于认为当时两舰管带害怕再遭法舰攻击,下令将船凿沉,之后上报谎称被法军鱼雷艇击沉。可叹,号为"巨擘"的"驭远",竟是"死"了个不明不白。近80年后的1961年,"驭远"被打捞出来,重见天日。从已变为一摊废物的驭远舰上,清理出来众多弹药、煤炭、铜铁和贵金属器皿,后人只能凭此想象它往昔的威武与荣光。

另一艘"操江号"的命运,更令人唏嘘。1894年7月25日清晨,满载军械的"操江号"护卫着运送清军的英舰"高升号"路过朝鲜半岛海面,远远看到海面冒着滚滚黑烟。不一会儿,只见挂着龙旗的"济远"舰急速驶来,身后尾随着日军"吉野""浪速"二舰。"济远"在奔逃中与"操江号"用旗语沟通,告知被袭击的信息。"操江号"大约自知不是对手,立刻调转航向加速逃跑。这时,"吉野"抛下"济远",随"操江号"而来,并以密集炮火攻击,最终"操江号"只得挂起白旗,被日军俘获。"操江号"上的82名水手,成为清日战争中最初的清军战俘。更令国人蒙羞的是,被俘之后,"操江号"被编入日本联合舰队,担任朝鲜水域哨戒,并参加了对清威海卫作战。1903年除籍后,又在日本兵库县当起了检疫船,1965年才被拆解。至此,令曾、李诸公引以为傲的首批"江南"造军舰凋零殆尽。

由于经费难筹和李鸿章渐渐属意于购买外国新船,1885年,江南制造总局停止了造船,专造枪炮弹药。很长一段时期内,中国造船技术与世界先进水平越来越远。"江南"船梦,只得在大清的一片狼狈中黯然破灭。直至1905年,江南制造总局在颇有远见的新任两江总督周馥主持下,局、坞正式分家,分别成立上海兵工厂和江南船坞。从此江南造船厂开始了"官办民营"的独立历史和第一次发展小高潮。不过,对摇摇欲坠的大清来说,江南船坞欣欣向荣与否已无关大局。数年之后,中华民国的成立,为江南制造总局的历史翻开了新的一页。

三、制造局门前的革命血

辛亥年(1911)10月末,武昌首义爆发后,举国震动。在上海这块各种势力犬牙交错、角力无休的土地上,革命党人自然也要酝酿一场大动作。江南制造总局就是革命党人聚焦已久的目标——它既是清军的军火库,又是上海清军兵力最强之地;拿下江南制造总局,既切断了清军的利爪,又为光复上海清除了最大的障碍。

这一夜,几个革命党人,来到上海贞吉里江南制造总局提调李平书的家中,筹谋共举大事。李平书在家中第一次见到了大名鼎鼎的陈其美。几十年之后,他在自传中写道,陈其美竟是一"恂恂儒者",让他十分意外。支持革命的李平书,其实一直期待的是江南制造总局和平光复。他曾亲自劝说江南制造局总办张士珩不要再将江南制造局的武器弹药继续运往南京,但张士珩没有听从李平书的规劝。从张士珩的角度来看,身为李鸿章亲外甥和大清二品大员并赏头品顶戴的他,也确有足够理由拒绝这些乱党的拉拢。总之,李平书"献厂归诚,以免流血"的设想没有实现。

最终,陈其美攻打江南制造总局的计划在李平书的全力支持下获得通过。11月3日下午,起义军在上海南市九亩地誓师,起义打响了。据参加起义的上海清真商团领袖伍特公回忆,由于"(当日)上午十一时,闸北巡警臂绕白布,先行发动",制造局闻讯,警戒更加森严,"于江滨列排炮六尊,要口设水机关枪,更于大门设小钢炮"。

下午3点,立功心切的陈其美带了200多人的敢死队,向商团公会借了40支步枪、子弹若干发,出发去打制造总局。这些明目张胆的"乱党"路过沪军军营时,驻守清军不但不加阻拦,反而"举手加额"与敢死队员互相致敬。原来,商团早就跟驻军营长打过招呼,守军也乐得睁一只眼闭一只眼,后来干脆拿了上海商团发的遣散费一哄而散。敢死队一路挺进,到总局门前恰逢开门放工,数十人趁机一拥而入。驻守制造局的清兵立刻向天放枪恫吓,孰料敢死队毫无惧色,一边往里冲一边投掷炸弹。清兵这下动了真格,向敢死队开枪不止,冲在前边的敢死队员顿时一死两伤。在后边的队员眼见不妙,不由自主地向后退却。这时,陈其美一边大呼着指挥队员继续前进,一边拿出2枚炸弹交给左右。巡逻的清军发现了乱党头子就是陈其美,赶忙上前抓捕。陈其美拿出了革命党本色,就地开始了慷慨演说:"彼此均系同胞,幸勿伤犯。"谁知局员和兵勇根本不买他的账,一拥而上,将他拿下,绑起手脚扔进了马厩。

这时候,在沪军营集结的商团各队,正在焦虑地等待着。这支跃跃欲试的队伍中,有一名年轻的杂粮行学徒傅昌裕,50年后的1961年,他留下了一篇宝贵的回忆录,现为上海档案馆馆藏。这是一个无月之夜,夜幕之下只有"唰唰"的行军声。当商团顺利到达制造局门口时,二道门的火力正旺。傅昌裕和他的同志们,只能卧倒在巷道两旁,待机而动。铁门里不时吐出火舌般的子弹,让人无法抬头。如此相持到了午夜,有位同志跳起来大喊:"同志们,起来冲锋!"一有经验的老兵立刻按住他,告诫其"机枪厉害,不可起立"。但这位同志年轻气盛,不听劝阻,一意向前,没走几步,便中弹倒地。傅昌裕眼见他"再起再扑,终于不起"。此时,傅昌裕队死伤已有三四人,他自己也左手中弹,折断一指。

正当傅昌裕们悲愤交加又无计可施时,西栅突然起火,红光漫天、杀声四起,正门的机枪也偃旗息鼓没了声息。行伍里一位同志冒险蛇行至二道门侦察,看到里面步枪已经搭起枪架,插了白旗,百余清兵站立一旁,等待投降。他振臂一呼,商团队员顿时蜂拥而入。这时已是次日早晨6点20分了。

傅昌裕事后才知道,放火的是潘月樵、夏月润兄弟和小保成等伶界队员。他们灵巧地翻入后门,将煤油浇在木柴上,然后点火焚烧了洋枪楼厂间房屋。总办张士珩、管带苏文斌在一片混乱中乘小轮弃局而逃,清兵这才纷纷投降。带领敢死队的洪门二哥刘福彪受了重伤,但他忍着剧痛找到了陈其美,用刀子将捆缚陈的铁绳割断,之后又背着陈其美回到商会。

攻下江南制造局后,库房里的大量武器顿时为民军所用,武装了商团队伍。尤其是那些崭新的步枪,本来正打算被运到南京、汉口去武装清兵,现在上海商团团员"人各取得一柄,复出枪弹,商团分得数箱"。

中华民国成立后,江南船坞更名为江南造船所,进入第二次业务发展高潮。1918年,江南造船所承造美国政府的4艘万吨级木甲运输舰,两年后完工交货。这是中国造船业有史以来的最大工程,又是工业发达国家的首次政府订货,因此引起广泛重视,中外报刊竞相报道。然而好景不长,从淞沪抗战开始,江南制造局所在区域便成为日军轰炸的重灾区。1938年江南造船所被日军侵占,其后一直未能恢复。1949年国民党撤离上海时,将此处的船坞、船台、发电机和主要车间炸毁,更使其丧失了基本生产能力。中华人民共和国成立以后,"江南"才迎来了涅槃的新生。

四、江南厂的新生

新中国成立后,江南厂重回到人民手中,焕发了新生,获得了党和人民政府的关怀,也受到人民的热情欢迎。江南厂虽在沧桑岁月中几经沉浮,但仍奋发图强积极搞生产,与国外现代工业始终保持着相对紧密的联系,工程技术和制造水平一直处于全国前列,代表着民族工业水平的发展。1953年,它被正式改名为江南造船厂。当时的厂区中既有清朝时建造的小楼、民国时期制造的飞机厂房,也有油毛毡、三合板搭起的简易屋棚。新中国的造船事业,就这样在摸索中开始了自己的现代化进程,即使是"文革"期间,江南造船厂也没有停滞过生产。"江南"再次创造了许多中国"第一":第一艘潜艇、第一艘护卫舰、第一台万吨水压机、第一艘自行设计的远洋货轮、中国海军第一次环球航行的军舰……1996年,江南造船厂更名为江南造船(集团)有限公司。2008年,为了迎接世博会的召开,作为中国规模最大、设施最先进、生产品种最多的现代化造船企业,"江南"整体搬迁到长兴岛。现今,"江南"已经成为拥有世界上最大的单体造船厂之一,正向着他们多年愿望的强国梦和成为国际顶级造船企业的目标迈进。

(作者是《解放日报》记者,本文选自2014年1月7日《解放日报》)

同心协力,共筑中国梦

朱瑶翠

2012年11月29日,中共中央总书记习近平在参观《复兴之路》展览时指示:"实现中华民族伟大复兴,就是中华民族近代以来最伟大的梦想。"中国梦的提出是在党的十八大基础上,广泛听取了人民的呼声,再一次给全党、全国人民进行的一次总动员。习近平同志对中国梦构成的基本要素和今后面临的形势、任务、目标作了概括并将中国梦和党的宗旨与国家政策、方针紧密联系在一起,以引导全国人民共筑中国梦,建设一个富强中国,改善民生,凡是中国人,无论在何方,都能接受且愿贡献力量,这就为实现民族复兴的中国梦增添了强大动力,中国梦一定能实现。

一、有梦想就有希望和力量

每个人的心里都应有向上的梦想,有梦想就有希望,用以引导、支持和鼓励你永远向前攀登。如很多人为了市场可以走遍千山万水,吃尽千辛万苦,为了富强梦可以大胆地引进来走出去等,这才能迸发出巨大活力。又例如:李安导演从小就有获得奥斯卡金像奖的梦想,就是这个梦想支持他有毅力,有信心,有力量,花了6年的时间去读书,看电影,写剧本,终于3次走上领奖台,凭《少年派奇幻漂流》电影,获得奥斯卡"小金人",不仅在华人世界闻名,也是全球电影界凤毛麟角的故事。

莫言有个当作家的梦想,他根据自己的梦想艰苦奋斗,坚持不懈,一写就是30年,不仅实现了当作家的梦想,同时还获得了诺贝尔文学奖。

"抓斗大王"包起帆时隔28年,又于2015年4月23日获得第43届日内瓦国际3项发明奖,这是包起帆自1987年获得世界大奖以来,收获的第36项国际发明荣誉。30年前,包起帆是个码头工人,开始注意抓斗技术;20年前他当装卸区的总经理;开始钻研集装箱技术,10年前升任上海港务集团副总裁,又结合工作开始研究智能化物流技术。一路走来,创新成为内在需求,正如他的一句口头禅:"岗位可以变,创新不能停"。在工作中要看到问题,只有不满足现状,才能持续创新。

每个人如果都有向上的梦想,他就易于得到社会的支持与鼓励,再加上自己努力奋斗、勇往直前,就不会有实现不了的梦想,这是被实践证明的规律。

二、中国共产党 90 多年的梦想

中国共产党至今已有 90 余年的历史,实际上就是探索中华民族复兴的奋斗历史,是追逐"中国梦"的过程中,既波澜壮阔又充满曲折的历史。

党领导人民用了 28 年时间,为实现民族独立和人民解放进行了艰苦卓绝的斗争,明确提出要消除内乱,打倒军阀,推翻帝国主义、封建主义、官僚资本主义三座大山,实现民族独立和解放,最终取得了新民主主义革命的伟大胜利,创立了中华人民共和国。

中华人民共和国成立后,又用了 29 年时间,为改变国家贫穷落后面貌,实现国家富强和改善人民生活进行了艰苦的探索,这 29 年中虽走了一些弯路,但无论是正面经验,还是负面教训,都为后来的中国特色社会主义建设奠定了重要基础,指明了方向。

改革开放以来的 30 多年中,在党的领导下,进入了社会主义现代化建设新时期,开辟了国家繁荣富强和人民共同富裕的具有中国特色的社会主义道路,神州大地喜气洋洋。党的政策和方针亦有重大转变,从"以阶级斗争为纲",转到以经济建设为中心,从半僵化、半封闭到全面改革开放,进入创新型国家行列,再到建设世界科技强国。从计划经济到社会主义市场经济的转变,解决 7 000 万人口贫困问题等,这些转变都为中国特色社会主义事业持续稳定和快速发展,起了极大的推动作用。在这 30 多年,无论是人民群众的精神状态、社会主义中国面貌,还是中国共产党领导能力、政策、方针,都发生了极大的巨变,为民族复兴中国梦的继续奋斗奠定了坚实基础,民族复兴中国梦一定能实现。

三、中国梦的内涵及其实质

习近平同志在就职大会上提出了中国梦,把民族复兴、改善民生、繁荣建设更美好社会和强军目标等都纳入范围,随后又根据形势发展需要,丰富了中国梦的内涵,并细化了中国梦的百姓梦、中国梦的民族梦、中国梦的世界梦等。

(一)中国梦的百姓梦

中国梦与百姓梦(个人梦)是一个系统内的统一体,既相关又在具体细节上有所差别,政府考虑的往往是国家的定位和国家发展的总体目标;百姓考虑的多偏重自己切身利益的实现,如子女就学、就业、住房、治病等。这两者之间是有一定的差别,有时甚至大相径庭,促使两者达到融合平衡,亦是一个细致复杂的事情,不能立竿见影,百姓个人要从大局着想,不能求速、求全。政府也要抓紧工作,还要落实。最后还是要通过中国梦的实现,才能更好地融合与平衡。

中国共产党从成立那一天起,就把建设富强国家和改善民生,使百姓过上更美好的幸福日子,作为党和政府的宗旨,奋斗了几十年。十八大又提出确保到2020年实现全面建成小康社会;实现国内生产总值和城乡居民收入比2010年翻一番的宏伟目标,政府已勾勒了一个美好的发展图景,逐步实现,确保改善百姓生活水平,最后还是落实在百姓梦内涵中。"大河没水小河干",意义是指百姓梦是组成中国梦的细胞,没有中国梦的实现,哪有百姓梦,没有国家富强,哪有个人的幸福,人人既是中国梦的筑造者又是实现的主力军,"小河有水大河满"。中国梦归根到底是百姓的梦,它与个人发展前途息息相关,我们要同心协力共筑中国梦,以坚定意志和实干精神,推动它的实现,既解决国家与个人之间的融合统一,也保障了百姓过着稳定幸福的生活,这既是我们的任务又是我们的责任,要记住,不能弄丢了。

(二) 中国梦的民族梦

中国梦的民族梦亦称民族复兴中国梦,是中国梦的重要内涵,它不仅仅是复兴过去的疆域版图。而是使中华民族跻身于世界先进民族的行列并为人类作出重要贡献的中国梦,中华民族具有 5 000 年的优秀历史,是性格温柔、诚恳朴素、勤于劳动、自给自足的伟大民族。早在秦汉时期就出现盛世,版图辽阔;科技创新频繁,轻纺、手工、农业等亦处于世界先进水平,对周边民族,部落作出了较大贡献,他们常来朝廷进贡,并表示归顺,古老的中国长期被称为头号富强的国家,然而在 1895 年中日甲午战争失败后,这个古老的大国,逐渐衰落,再加上帝国主义列强不断干扰,以武力压境,瓜分中国土地,致使中国沦为半殖民地半封建国家,濒临亡国灭种的边缘。在这危难时刻,有志之士,奋勇而起,前赴后继,进行反帝反封建的英勇斗争,四处奔走,探索救国救民办法,但都收效不大。正如习近平同志所讲:"每个中国人想起那段历史都会感到心痛。"所以,中国人民总有那么一股民族复兴的心结和劲头,这是一种精神动力,实现中国梦必须要有中国精神,一个主要精神力量就是"爱国主义",爱国主义就是中国梦的本质。20 世纪初中国共产党诞生了。从诞生的一天起就是以国家富强和人民生活的改善为宗旨,继续反帝,反封建,反列强,以洗雪国耻求得国家的复兴和民族的解放。中国共产党的历史，实际上就是探索中华民族复兴的奋斗史。

2012年十八大以来，习近平同志认为实现中华民族复兴是中华民族近代以来最伟大的梦想，连前想后，概括为中国梦。中国梦既继承了党的90余年历史，又包含了近代人民的所想所谋和民族复兴梦，内容贴近实际，为中国人民所欢迎和支持。我在企业学习探索中，亲耳听见工人中发出有关中国梦的心声，中国梦有广大人民和爱国主义者坚定的支持，一定会实现的。

（三）中国梦的世界梦

中国梦与世界梦是整体与局部的关系，在全球化大背景下，中国梦必然属于世界梦，并受其影响，实现中国梦有利于实现中国世界梦，实现中国世界梦的过程中又为中国梦的实现提供了良好外部环境，中国梦是追求和平发展、合作共赢为条件，这就要有一个良好的外部环境和各国间友好合作与互动才能实现，这种互动行为亦表明了中国与世界的走向，所以我们说：中国梦既造福中国人民，也造福世界各国人民，我中有你，你中有我，共同合作共赢，推动世界各国人民的幸福。当前由于国际形势变幻不定，各国人民不约而同地形成了一个共同的愿望，要和平不要战争，要发展不要贫穷，要合作不要对抗，以推动建设一个繁荣和谐的世界。中国人酷爱和平，在早年历史上，亦曾受到各帝国主义列强的强军欺弱，把人民拖入深渊，留下了刻骨铭心的惨痛记忆，现在为复兴中华而奋斗，怕的是动荡，求的是稳定，盼的就是世界和平，他们和各国人民心情一样，愿望一致，坚定地走和平发展之路，以求早日实现中国梦，过着安定幸福生活。走和平发展道路，实现全球人民心愿，就必须在各国之间实行合作共赢，什么是合作共赢？十八大说得很清楚："合作共赢"就是要倡导人类命运共同体意识，在追求本国利益时兼顾他国合理关切，在谋求本国发展中，促进各国共同发展，建立更加平等均衡的新型全球发展伙伴关系，同舟共济，权责共担，增进人类共同利益。合作共赢获得了不少各国政府和人民的支持和好评。一个和平发展的中国世界梦终将实现，也终将成为中国人民和世界人民幸福生活的保障者。

习近平同志就职后首访俄罗斯，向普京总统和高层官员介绍了中国梦，他们都感到大有启发，组织讨论、分析对比、进行规划，追逐中国在政治、经济和军事上的崛起并实行合作共赢，成为兄弟般的盟友国，友情达到高峰，是大国新型关系的典型。

习近平同志还对非洲有关国家进行访问,并在坦桑尼亚的雷尔国际会议中心发表演讲,对中非国际关系,阐述了四个字政策:

真——对待非洲朋友,我们讲一个"真"字。

实——开展对非合作,我们讲一个"实"字,只要中方作出的承诺,就一定不折不扣落到实处,中国将继续为非洲发展,提供应有的不附任何政治条件的帮助。

亲——加强中非友好,我们讲一个"亲"字。

诚——解决中非合作的问题,我们讲一个"诚"字。获得听众热烈欢呼,掌声欢呼声不断,各国领导亦继续求教。

2013年7月到中国进行访问的韩国总统朴槿惠在参加中韩商务论坛时说到"先做朋友,后做生意",双边贸易从63亿美元到3 000亿美元目标,1992年中韩建交时,双边贸易额只有63亿美元,2012年创下2 563.3亿美元的历史新高,2015年将达到3 000亿美元目标,年均增幅为21.7%,远高于中美、中日的贸易额,从双边贸易扩展到自由贸易,双方明确了实行全面的自由贸易协定。双方还进一步加强贸易合作,将我们的中国梦和韩国总统朴槿惠"国民幸福时代"的"韩国梦"交织在一起,从韩流到汉流,中韩两国相互联系。

2014年9月,习近平同志访问南亚和印度洋地区的重要伙伴国家,除了在大小会议上交流中国情况外,还向马尔代夫媒体发表了署名文章《真诚的朋友,发展的伙伴》,获得了广泛的赞同和支持,在双方共同努力下,它将乘风破浪,驶向更加美好的明天。

2015年4月20日—21日,习近平同志访问了巴基斯坦,经双方同意签署了数十项协议,建立了"中巴经济走廊"计划。这条经济走廊全长3 000多千米,是一条公路、铁路和油气管道在内的对外贸易路线,中国启动460亿元,是迄今为止最大的涉外投资计划——"中巴经济走廊"计划。中巴经济走廊建成启动后,将把中国欠发达偏远西北地区与巴基斯坦连接起来,为中国进入印度洋及其周边地区提供通道,也可使中国直接进入阿拉伯海,中国将在该地区发挥更大作用,主要体现在维护社会和政治稳定方面,巴基斯坦一位高级官员说,习近平此访"将给我们,给巴基斯坦和阿富汗的关系及整个地区带来彻底改变"。

2016年11月20日,亚太经济合作组织第24次领导人非正式会议在秘鲁利马举行,习近平同志出席并发表了《面向未来开拓进取,促进亚太发展繁荣》的重要讲话,强调以开放谋共赢,以融合促繁荣,不断开拓进取,共创亚太发展美好未来,获得了会议成员的赞同,主动起立鼓掌欢迎并接受习近平的建议,从而大大增进了中拉深化伙伴关系,共创亚太未来。

2013年9月习近平主席访问哈萨克斯坦,首提"丝绸之路经济带"设想;同年10月又在亚太经合组织(APEC)领导人会议上提出,中国愿意同东盟国家共建"21世纪海上丝绸之路";同月亦提出筹建亚投行建议。这些都获得了不少国家的支持与参与,近年来都逐渐见诸行动。哈萨克斯坦将准备2017年举行"丝绸之路"博览会。亚投行57国财政部代表在新加坡举行的创始成员国就《亚投行章程》达成一致并商定将于2015年6月底在北京举行《亚投行章程》签署仪式,标志着成员国有了共同遵守的"基本大法",2016年初已正式对外营业。现又据该行行长金立群于2016年5月31日会见在北京参加亚洲新闻联盟年会代表时证实还有约30个国家表达了加入亚投行的意愿,到年底可能拥有100个国家的成员。2016年6月18日,习近平主席访问塞尔维亚,两国元首一致同意将中塞关系提升为全面战略伙伴关系,签署20多项涉及各个领域的合作协议书,塞尔维亚已成为中国在东南欧物流和投资中心的巨大机遇。他们都很清楚地认识到中国来访,不仅仅对中国有益,对世界经济的增长,都有很大作用和贡献。

中国梦和世界梦是相通相联的。和平、发展、合作、繁荣是世界各国都迫切需要的,中国梦提出合作共赢找到了共同沟通的联结点,抓住这个关键点,双方在实现合作沟通过程中就会出现良好互动,形成一个良好的外部环境,促进中国梦、世界梦的实现,为全球各国人民造福,建设一个和谐繁荣的世界。

四、担起实现中国梦的责任

(一)实现中国梦重在铭记历史

历史是人类记忆的车轮,连接着昨天和今天,评判着过去和现在。昨天的历史不是人们今天书写的,但今天的人们,不能脱离昨天的历史,把握今天,开创明天,要从历史中吸取经验教训,才能清晰地认识过去工作上的优劣,从而发扬优势并以今天的改革来弥补过去的不足,使事业得到持续的发展。例如:以历史抗战精神鞭策自己,激励自己,做好各项工作,开创未来,为从伟大胜利走向伟大民族复兴作出应有的贡献。

(二)实现中国梦贵在坚定信心

中国梦是全国人民的梦,以实现国家富强和提升人民福祉为现阶段的奋斗目标,也是人民的奋斗目标,这就明确了中国梦的实现,既是我们的任务,又是我们的责任,我们必须全心全意来捍卫它,汇集力量共同来发展它。

实现中国梦,需要几代人的艰苦奋斗,要以爱国精神激励我们,要有百折不挠、坚韧不拔的必胜信念,尤其在和平发展的今天,这一信念亦将继续激起强大的精神动力,鼓励我们克服一切艰难险阻。有了这样的信念,就会有力量、有勇气、有毅力,扎扎实实出色地完成岗位工作,带动中国梦的实现。

(三)实现中国梦善在认真实干

所谓认真实干就是一丝不苟,刻苦钻研,对细节精益求精,抓工作细致,不遗漏,不留后患,不挂在嘴上空谈,世界上最怕就是认真二字,中国共产党最讲认真,才能集聚力量,用小米加步枪,打败了飞机和大炮,换来了人民的解放和自由以及对世界和平的追求。

世上无难事,只怕有心人。在中国共产党领导下,广大干部、群众目前正同心合力协调推进"四个全面"和供给侧结构性改革战略布局,万众一心,脚踏实地,认真实干,现在比任何时候都更接近民族复兴的伟大目标,中国梦一定会更好地、完善地实现。

实现中国梦需要我们有更大的勇气、更多的激情、更坚定的信心,要牢记党和国家的部署,沿着社会主义道路,同心合力共筑中国梦,担起社会使命,迎接中国梦的到来,带来国家的强盛和人民的福祉,期待更好的明天。

(作者是上海市委党校第五分校经济管理教研部原主任)

第二篇 举措篇

导语

　　当今国际形势变幻不定，各国人民不约而同形成了一个共同愿望：要和平不要战争，要发展不要贫穷，要合作不要对抗，以推动建设一个繁荣和谐的世界。

　　这是今天最迫切要解决的大问题，也是这个时代全球各国领导者应有的责任，引导世界经济走出困境和回应人民的期望。中国领导人对世界经济长期低迷，贫富差距，南北差距十分关心，往返欧亚大陆做了许多扎实的工作，促进了经济一体化合作机制和倡议。例如欧亚联盟、丝绸经济带的组合、上海合作组织等都在不同领域发挥各自的优势，开展合作，卓有成效。此外，还在2012年提出"合作共赢"，2013年十八大作了说明，2015年成立上海自贸区，2016年底亚太经合组织非正式会议上，二十国集团杭州峰会上工作呼吁，均达成共识，2017年启动"一带一路"国际合作高峰论坛，会议达成五点共识，推动了"一带一路"框架全方位合作。

　　总之，以上各项措施，都为提升国际经济水平增加了新动力，发展前途美好，人民将拥有更好的生活。

第四章 供给侧结构性改革

实施供给侧结构性改革是治国理政的重大战略部署

李 文

推进供给侧结构性改革,是以习近平同志为总书记的党中央在深刻分析国际国内经济新形势、科学判断我国经济发展新走向基础上作出的重大战略部署,既是适应引领经济发展新常态的重大创新和必然要求,也是对中国特色社会主义政治经济学的重大创新和丰富发展。在思想理论上强化对供给侧结构性改革重大意义、目标任务的认识,对于深化供给侧结构性改革、进一步增强改革的自觉性坚定性具有重要意义。

一、如何认识供给侧与需求侧的辩证关系

马克思主义政治经济学认为,生产与消费是辩证统一的,生产决定消费的对象、方式、质量和水平,消费反作用于生产,推动生产的发展。供给与需求的关系也是辩证统一的,实际上是生产与消费关系的另一种表述。一方面,供给与需求紧密联系、相互促进;另一方面,供给和需求又相对独立,具有各自运动规律,在推动经济发展中发挥作用的方式、条件有所不同。因此,供给和需求的相互平衡、相互促进,是经济良性运行的重要条件。

正确处理好供给与需求的关系,是侧重供给还是侧重需求,要结合经济发展的具体情况来研判把握。当前我国经济发展面临的种种挑战,既有供给问题,又有需求问题。从供给方面看,资源、能源、环境约束加大,资金、土地、劳动力等要素成本上升,企业创新能力不强,高投入、高消耗、高污染的发展方式难以为继;供给结构不适应市场需求,既存在低端产业的严重产能过剩,也存在着中高端产品和现代服

务业的有效供给不足。从需求方面看,国际市场需求疲软,外需拉动作用大幅下滑;人们收入水平不断提高,但消费需求的要求也越来越高,需求日益呈现多样化,而当前的生产力水平难以满足人民对物质产品和精神文化产品的需求,内需有效提振经济增长的力度减弱。综合分析这些实际情况可以看出,供给端是矛盾的主要方面,从供给端发力推动经济发展,既有迫切性,也有针对性。

推动供给侧结构性改革,能够更好地适应经济发展新常态下速度调整、结构优化和动力转换等方面迫切要求,提升供给体系的质量和效益,满足人民多样化的高层次的需求,并通过发展生产创造出新的更多的需求,增强经济持续增长动力。因此,在适度扩大总需求的同时,要着力加强供给侧结构性改革,通过优化经济结构使要素实现最优配置,通过激发创新创业活力创造新供给,推动我国社会生产力水平实现整体跃升。

二、如何认识供给侧结构性改革与西方供给学派的本质区别

我国供给侧结构性改革与西方供给学派是完全不同的两码事,绝不能混为一谈。供给学派是1970年代中后期诞生、1980年代初期流行于美国的一个新自由主义经济学流派。供给学派从资本主义古典经济学渊源出发解决经济问题,其核心思想是:认为自由市场会自发实现资源最优配置,自动达到最优的经济增长;认为政府活动是无效的甚至有害的,因而反对政府干预,主张放松政府管制;主张通过减税特别是减少对富人的征税、削弱社会福利、严控货币发行等政策刺激投资,恢复市场活力。供给学派片面强调"供给方"管理,认为供给会自发地创造需求,是对西方自由市场理论的简单重申,其政策主张缺乏系统的理论基础,在西方经济学界也受到了广泛的质疑和批评。

我国供给侧结构性改革,既强调供给又关注需求,既注重发挥市场在资源配置中的决定性作用又注重更好发挥政府作用,是对中国特色社会主义政治经济学的运用和发展,与西方供给学派存在着本质上的区别。

我国供给侧结构性改革强调和坚持政府的宏观调控,而供给学派则认为自由市场会自发实现资源优化配置、反对政府干预和调节;我国供给侧结构性改革坚持以人民为中心的改革导向、强调守住民生底线,而供给学派则主张削减社会福利、实行公共部门私有化;我国供给侧结构性改革减税主要是为了减轻企业负担,并通过阶段性提高财政赤字增加财政支出和政府投资,实施灵活的财政与货币政策,而

供给学派则主张减少对富人征税、实施紧缩性的财政与货币政策。总之,我国供给侧结构性改革的目的在于解放和发展生产力,更好地坚持和完善社会主义市场经济,而供给学派的主张则旨在恢复自由资本主义的秩序,服从服务于私有制经济的发展。因此,两者具有本质区别。

三、如何认识宏观调控在供给侧结构性改革中的作用

供给管理与需求管理,都属于宏观调控的范畴,但两者的运行机理和效果存在较大差异。需求管理是一种间接宏观调控措施,主要通过财政和货币政策等经济手段对需求进行调控,靠需求的变动引导供给,其逻辑是政府调控需求、需求引领供给。而供给管理是一种直接宏观调控措施,主要基于国民经济发展规划和相应的产业政策,通过经济、行政和法律的手段对供给进行直接调控,其逻辑是政府调控供给、供给创造需求。两者最大的不同点,是供给管理具有较强的行政强制性,调控目标明确,精准发力,速战速决,这也是供给管理的最大优势。在社会主义市场经济条件下提高宏观调控水平,就要从供给管理与需求管理的各自特点出发,结合经济运行实际,将两者有效结合起来,综合施策,实现经济健康协调发展。

推进供给侧结构性改革不是要削弱政府宏观调控职能,完全由市场调节经济结构。如果单靠市场调节来完成"去库存、去产能、去杠杆、降成本、补短板"五大任务,必然会加剧经济失衡,出现极其严重的企业大面积倒闭潮,导致经济发生断崖式衰退,出现大量失业人口,甚至引发严重的社会危机。这正是马克思批判过的,资本主义生产方式下通过经济危机解决比例关系失衡的做法。因此,推进供给侧结构性改革,要把供给管理和需求管理更好地结合起来,加强以政府直接调控为特征的供给管理,这样才能有力、有效地完成供给侧结构性改革的五大任务,以最小的代价实现结构调整优化。

要充分发挥政府在供给侧结构性改革中把握正确方向的核心作用。坚持解放和发展生产力的根本任务,从国民经济发展全局和战略高度出发,优化经济结构,调整生产关系以适应生产力要求;坚持以人民为中心的发展思想,把发展生产、提高效率与改善民生、提高人民生活水平结合起来,最大限度地满足人民群众日益增长的物质文化需要;坚持社会主义市场经济的改革方向,把社会主义基本制度与市场经济更好地结合起来。

要充分发挥政府在供给侧结构性改革中抓重点、抓关键环节的牵引作用。把

新的发展理念体现到政策制定、工作安排和任务落实的各个方面,在保持宏观经济稳定、加强和优化公共服务、保障公平竞争、加强市场监管、维护市场秩序、推动可持续发展、促进共同富裕、弥补市场失灵等方面发挥政府的管理职能和关键作用。

四、如何认识优化结构与提高经济总量的关系

经济结构和经济总量是相互联系的两个方面。经济发展既要求总量的增长,又要求结构的优化,结构优化有利于推动总量持续、快速增长,总量的增长要求结构不断优化、实现更高层次的增长。当前我国经济总量已经位居世界第二位,但也要看到,我国与发达国家相比仍然存在明显差距,大而不强、快而不优、创新能力不足、核心技术缺乏等问题依然突出,而且我国仍处于并将长期处于社会主义初级阶段,保持较快的经济发展速度和提高经济总量,对实现社会主义现代化目标至关重要。从现实情况看,保持一定的增长速度、做大经济总量,也有利于消除庞大的库存和过剩的产能,降低金融债务杠杆,控制金融风险,补齐科技、生态、基础设施、公共服务、民生建设等诸多短板,兜住民生底线,减轻结构调整的阵痛。

当然,提高经济总量不能通过重复建设、低水平建设来实现,我们需要的是质量高、效益好的经济总量。当前,我国经济面临的下行压力,既有外部冲击的影响,也有内部自身矛盾;既有周期性因素,也有结构性问题。要实施创新驱动发展战略,把重要领域的科技创新摆在更加突出的地位,通过创新打造发展新引擎,创造一个新的更长的增长周期。同时,要在适度扩大总需求的同时,提高供给体系的质量和效率,加快培育新的发展动能,改造提升传统比较优势,增强经济持续增长动力,为我国经济总量迈上新台阶奠定坚实基础。

五、如何在推进供给侧结构性改革中做大做强做优国有企业

公有制的主体地位和国有经济的主导地位,是中国社会主义制度和中国共产党执政的物质基础,也是改革开放成功的重要保证。我国应对各种经济风险和危机的实践证明,国有经济在规避经济风险、应对经济困难等方面具有特殊优势和作用,是其他所有制经济不能代替的。大力发展国有经济,可以使我国有条件实施大规模政府投资、大力度结构调整和大范围社会保障,引导、推动经济社会发展;使国家在资源、能源、交通、通信、新技术、金融等关系国计民生的关键领域保持必要的控制力,支撑国民经济的运行;增强国家的经济实力、国防实力,提高应对各种突发

事件和重大风险的能力,保障国家的经济安全;建立比较和谐的劳动关系,保障社会公平正义等。

解决国有企业问题的核心不是削弱国有企业,而是要做大做强做优国有企业。当前我国经济运行中存在的资源配置效率不高、产能过剩、库存压力加大等突出问题,是一个普遍性的问题,与企业所有制性质并无多大关联,无论是国有企业还是民营企业都存在这些方面的问题,都面临着转型升级。国有企业作为国民经济发展的中坚力量,能够在供给侧结构性改革中发挥主导力强、辐射面广的重要作用,模范执行各项改革决策,成为改革的主力军和先行者。深化国有企业改革,不能脱离国情、脱离实际、走"一卖了之"的错误道路,既要遵循市场经济规律,又要注意避免市场的盲目性,着力在提高国有企业的效益和质量上下功夫,提高竞争力和抗风险能力,做大做强做优国有企业。

(作者是新华社记者,本文选自 2016 年 5 月 6 日《经济日报》)

应对经济增速下行,推进改革是治本之策

吴敬琏

在人口红利消失、投资回报递减、杠杆率提高的情况下,只有提高所谓索洛余量,即技术进步、效率提高于经济增长的贡献,实现全要素生产率(TFP)的提高,优化结构,促进创新,实现经济发展方式从粗放发展到集约发展的转变,才能突破目前的困境。

在资产负债表出现问题、资产泡沫破灭的情况下,由于人们都要"捂紧钱袋子"和保持流动性,扩张性货币政策对提振经济并没有太大效果。前一时期释放的流动性并没有达到支持实体经济的目的,却刺激了股市泡沫的膨胀,就是明证。因此,即使在需要采取适度的扩张性宏观经济政策进行刺激时,也主要应采取财政政策,而非货币政策。

2010年以后,中国经济增速下行,市场疲软,不少企业发生财务困难。当前,中国经济如何应对、采取什么样的风险控制和化解措施、治本之策在哪里,这些问题值得思考。

一、应对根本问题的方略选择,官产学各界有不同分析

对于中国如何应对困难和回避风险,官产学各界人士运用不同的分析方法,提出了不同的方略。一种是从需求侧的三个构成要素:投资、消费和净出口入手进行分析,认为问题的根源在于上述"三驾马车"的动力不足。由此提出的对策,是采取刺激政策,多发钞票,多上投资项目。2009年用4万亿元投资(2年)、10万亿元贷款进行刺激,虽然造成了增长率的短期回升,但货币超发、负债增加等消极后果也同时发生,成为需要长期消化的负担。

2012年以后,又多次采用增加投资的办法刺激经济,但正面效果愈来愈差,负面效果愈来愈大。一方面是投资的增速效应递减,另一方面,投资高速增长却没有足够的资源支撑,使国民资产负债表的杠杆率不断提高。在杠杆率过高的情况下,一些企业和地方政府发生偿债困难就不可避免。更危险的是,如果杠杆率继续提高,发生系统性风险的可能性将会大大增加。

另一种分析方法是从供给侧驱动经济增长因素出发进行分析。经济增长的基本驱动因素不外三个：新增劳动力、新增资本投入（投资）和效率提高。近年来不少中外经济学家运用这种方法进行分析，对中国改革开放以来为什么能够高速增长和目前增长速度为什么持续下降都有很强的解释力。

过去30多年的高速增长是怎么来的呢？主要是靠大规模的投资。但还有一些其他的因素。第一个因素是大量新增的劳动力，也就是中国社会科学院蔡昉教授所说的"人口红利"。还有一个因素是效率的提高。改革开放对提高效率产生了十分积极的影响。一方面，市场化改革改变了城乡隔绝的状况，大量过去低效利用的农村劳动力和农村土地转移到城市，这种结构变化使资源的利用效率得到提高。另一方面，开放使我们能够通过引入外国的设备和技术，很快地提高中国的生产技术水平，使中国与发达国家之间的技术水平差距迅速缩小。这样一来，改革开放以后，生产效率提高对增长的贡献较之改革开放以前有了相当大的提高。

二、维持高增幅的因素，有的正在缩减，有的已经消失

现在的问题在于，以上这些有利于维持高增幅的因素，有的正在缩减，有的已经消失。

（一）正如前面已经说过的，用大规模投资拉动增长的做法造成的消极后果尚待消化，不能再用这种办法增加困难。

（二）长期实行"一胎化政策"和出生率下降，使"人口红利"逐步消失，不能指望新增劳动力对经济增长作出贡献。蔡昉教授在2006年就已指出，根据他们前三年的调查发现，"刘易斯拐点"已经出现，剩余劳动力无限供应的情况已经不复存在。

（三）我国进入城市化的后期，由所谓"库兹涅茨过程"，即由原来在农村低效利用的土地、劳动力等资源转移到城市所促成的效率提高也进入了尾声。

（四）随着中国一般技术水平跟西方国家相接近，用简单引进外国设备和技术的办法去大幅度地提高自己的技术水平就变得不大可行了。清华大学的白重恩教授和其他一些研究者都得到大致一致的结论，就是从21世纪初开始，中国经济增长中全要素生产率的贡献明显降低，并引起中国经济潜在增长率的下降。

在人口红利消失、投资回报递减、杠杆率提高的情况下，只有提高所谓索洛余量，即技术进步、效率提高于经济增长的贡献，实现全要素生产率（TFP）的提高，优化结构，促进创新，实现经济发展方式从粗放发展到集约发展的转变，才能突破目

前的困境。

只有通过技术进步提高效率,东部地区才能在劳动密集型产业向内地或国外那些劳动力成本更低的地区转移以后,创造新的经济增长点。而那些承接了东部转移过来的劳动密集型产业的内地地区,也需要有长远考虑,即当经济被带动起来以后,人们的收入水平提高,企业应该积极寻找向价值链上游转型的途径。中国的企业不能永远在国际分工中处于在价值链中附加价值和盈利率最低的环节,更不应该满足于靠"卖硬苦力"挣一点加工费,而把研发、设计、品牌营销、金融服务等服务性业务的丰厚利润拱手让给别人。

需要注意的是:实现经济增长模式转型或经济发展方式转型,是1995年中共中央关于制订第9个五年计划的建议中提出的,至今已经过去了4个五年计划。这个关系重大的任务经过整整20年还没有实现的原因是什么?关于这个问题,早在2006年总结"十五"的教训时就已得出结论:症结在于实现这一转型存在"体制性障碍",关键在于能不能通过全面改革建立起一套有利于创新和创业的体制。

三、正确方略是尽快建立统一开放、竞争有序的市场体系

从以上的分析可以看到,当下正确的方略,是在通过一系列措施控制和化解风险、保证不发生系统性风险的前提下,把主要精力放在切实推进改革上,尽快建立十八届三中全会所要求的"统一开放、竞争有序的市场体系",推动经济发展方式的转变,以便从根本上消除系统性风险的根源,确立效率驱动持续稳定发展的新常态。

为了堵塞漏洞和化解风险,需要采取多方面的措施。

(一)妥善处理各级地方政府的债务。财政部向地方下达2万亿元地方政府债券额度置换存量债务,需要在较强的资本市场约束下进行。

(二)制止回报过低和完全没有回报的无效投资,例如各地不问效果、蜂拥而上的"铁、公、基"项目等。经济学考虑问题的一个最重要的前提,是资源具有稀缺性。既然资源有限,在选择投资项目时就必须选择预期投资回报最高、效益最大的那个。在这方面,我们要汲取日本在这方面的教训。1986年发生内需不足的问题以后,日本政府为拉动经济增长,启动了大规模的公共基础设施投资计划。正是大量无效投资,形成了后来大崩盘的基础。

(三)停止刚性兑付,以便降低无风险利率水平和防止道德风险。

（四）动用国有资本偿还政府的或有负债。所谓"或有负债"，是指在资产负债表上没有记载，却早晚必须偿还的债务。目前最突出的是社会保障基金缺口。据计算，其中对老职工的社会保障欠账就高达几万亿元。及早归还这类欠账，既可以减轻偿债压力，还能创造更有效的公有制实现形式。对于这一点，十八届三中全会《决定》有明确的规定，要求拨付部分国有资本充实社保基金。这项决定应当尽快付诸实现。

（五）停止对"僵尸企业"输血，并对资不抵债的企业实行破产清盘和破产保护下的重整，化大震为小震，使局部性风险得以暴露和释放，而不致积累而成系统性风险。现在有一些地方政府用贷款、补贴、减免税收等办法去维持一些根本无法起死回生的企业。政府不是发挥自己应当承担的社会功能，帮助解决企业停产给职工带来的困难，而是支持这类僵尸企业继续无谓地浪费社会资源，这只会增加金融风险的积累，而不会给社会带来任何助益。这也是日本政府在应对经济衰退时举措失当留下的一个教训。

（六）采用证券化等手段，通过资本市场消化金融系统的不良资产。

（七）努力盘活由于粗放增长方式造成无效占用的死资产存量，例如各地"晒太阳"的开发区。

由于存在经济下行压力和出现突发性金融风潮的可能性，因而还需要以短期政策作为补充，维持宏观经济的基本稳定。我认为，去年12月经济工作会议提出的"积极的财政政策要更有力度，货币政策要更加注重松紧适度"是正确的，应当审慎地加以实施。

各国救助金融危机的经验表明，在资产负债表出现问题、资产泡沫破灭的情况下，由于人们都要"捂紧钱袋子"和保持流动性，扩张性货币政策对提振经济并没有太大效果。前一时期释放的流动性并没有达到支持实体经济的目的，却刺激了股市泡沫的膨胀，就是明证。因此，即使在需要采取适度的扩张性宏观经济政策进行刺激时，也主要应采取财政政策，而非货币政策。

货币政策要把提供必要的流动性和去杠杆结合起来，不要变成了大水漫灌，进一步提升杠杆率，加剧风险积累。

增加积极财政政策的力度意味着增加赤字。目前我国预算赤字离公认的警戒线还有一些距离，增加财政政策力度还有一定的空间。增加赤字有两种办法：一是增加支出，二是减少收入。在目前的状况下，我倾向于更多地采用普惠式的减税。

因为现在一个大问题是企业家们对未来的经济增长缺乏信心,没有投资的积极性。近期汇率波动较大、人民币贬值预期增强,资金外逃也在增加,这也与信心不足有很大关系。需要改善营商环境,提高企业家们的信心。减税会对提高企业的积极性有所帮助。当然,这不是主要的,还需要针对他们的思想顾虑和实际困难,采取一些其他措施,例如纠正某些地方发生过的冤假错案,积极改善营商环境,来扭转这种消极倾向。

四、按照"法无授权不可为"的原则,加快建立官员职权的正面清单

既然推进改革开放是克服当前困难和确立新常态的治本之策,切实推进改革,就变成各项工作的重中之重。十八届三中全会《决定》明确建设"统一开放、竞争有序的市场体系"的目标,要以此为标尺,总结十八大以来各方面改革的已有进展,切实推进进一步的改革。

早在十八大召开前后,就已经按照建立竞争性市场体系的方向进行了一些试验性的改革,比如企业注册登记的便利化、营业税改增值税等,并且取得了有目共睹的成效。过去许多年领导一再号召要加快服务业的发展,却一直未能实现。最近几年,在上述改革的推动下,服务业发展取得了很好的成绩,这使我国就业情况在GDP增速下降的情况下得以保持较好的状态。有的经济学家认为,中国需要用增加投资的办法维持8%以上的增长率,是因为要保就业。保就业当然是必要的,但是把就业情况和GDP增长之间的关系看成是线性的,认为要保就业就必须保增长,这种观点从学理上说是难于成立的。因为增长有个结构问题,有的行业增长1%,它的新增就业可能超过1%,有的行业增长1%,它的新增就业却可能不到1%。我们过去大量投资建设的资本密集型产业,雇用员工的数量就比普通服务业要少得多。所以,由于产业结构的变化,在同样的GDP增长率的条件下,就业的情况却有很大的不同。

十八届三中全会和四中全会以来,改革开放也取得了一些新进展。但是,各方面改革的进度差异很大。即使进展比较快的行业和部门,也还有不少不尽如人意的地方。例如,金融领域在推进利率市场化和汇率市场化方面取得了较快进展。但是,在其他方面,比如完善市场监管制度方面就进展得很慢。最近发生市场波动以后,出现了股市注册制改革将要推迟的传言,引起了人们对改革放缓的担心。

国有企业掌握着大量重要资源并且在许多重要行业中处于支配地位,因此,如

果国有企业仍然处在效率低下的状态,国民经济效率就很难得到提高。最近下发了中共中央和国务院《关于深化国有企业改革的指导意见》。这一文件较之前几个月的征求意见稿有一些进步。但是有些思路还不够清晰。例如,在国有企业定位和"做强做优做大"的问题上,就有和十五大、十五届四中全会决定不相衔接的地方。对于如何贯彻十八届三中全会对国有企业的管理要从过去"管人、管事、管资产"转向以"管资本"为主的决定,也不十分清楚。这些问题都会对国有企业改革的效果产生重要影响。

民气和民力,是我们克服困难、构建繁荣可以依靠的基本力量。因此,党和政府的各项政策,都要根据团结一切可以团结的力量,形成同舟共济、共度时艰的合力的要求进行调整和完善。做到了这一点,确立新常态的努力取得成功就有了根本的保证。现在的一个大问题是相当一部分企业家缺乏投资的积极性。因此亟须采取有力措施,扭转偏向,改善环境,使企业家建立对未来的信心。

中国(上海)自由贸易试验区和其他自由贸易试验区正在进行一项具有历史意义的试验。正如习近平总书记所说:进行自贸区试验的意义在于适应贸易和投资便利化的大趋势,"营造市场化、国际化、法治化的营商环境"。目前正开始在其他地区复制推广上海自贸区的经验。这意味着对外开放新局面的全面展开。行政领导部门要从促进贸易和投资便利化的大局着眼,为开辟这个新局面作出贡献。

现代市场经济的有效运作,离不开党政官员在创设良好的营商环境和提供公共服务方面的作为。强力反腐以来,一些党政官员"乱作为"的情况大为收敛,但"不作为"的情况却有所蔓延。这既是源于这些官员"为人民服务"意识的不足,也与官员职权不够明晰、使人认为"多做多错、少做少错、不做不错"有关。中纪委书记王岐山以前说过,先治标后治本,用治标为治本赢得时间。我觉得,在反腐高压势态已经建立的情况下,应当大力加强制度反腐,把权力关到法治的笼子里。与此同时,要按照李克强总理所指出的政府"法无授权不可为"的原则,加快建立官员职权的正面清单,使官员行使职权有章可循。

(作者是国务院发展研究中心研究员,
本文选自 2016 年 2 月 9 日《解放日报》)

新常态下中国经济的转型与升级

林毅夫

即使现在有很多产业是产能过剩,但是我们还可以产业升级。这跟发达国家不一样,发达国家产业都在前沿,下一个新的产业还没找到。而对我们来说,新的产业并不难找。

通过创新驱动和产业升级,即使在相对不利的国际环境下,我国经济也能保持7%左右的中高速增长。那么到2020年,人均GDP达到12 615美元是完全有可能的。达到12 615美元就是高收入国家,按照我们人口占世界的比重,那意味着全世界高收入的人口翻了一番还多,这将是中华民族伟大复兴的重要里程碑。

新常态对大家来讲已经不是一个陌生的词。习近平总书记2014年5月份到河南考察的时候,首次提出我们国家经济进入一个新常态。从那以后,"新常态"成为各种讨论场合、各种媒体上面出现频率最高的一个词。我今天的演讲就是从新结构经济学的视角来谈谈中国在新常态下的经济转型与升级。

一、发达国家新常态有哪些特征

最早使用新常态这个词的是美国。2008年,美国金融危机爆发。2009年年初的时候,华尔街的金融家首先提出,在未来一段时间,发达国家在金融市场上的投资会进入一个新常态。

华尔街金融家提出新常态基于以下判断,即在未来相当长的一段时间里,美国跟其他发达国家会进入一个低增长、高失业、投资风险大、平均回报率低的阶段。从发达国家的发展我们可以知道,它们平均每年经济增长速度大约是3%,而且相当稳定。危机以后会有一个增长的反弹,一般会有6%、7%的经济增长,这是发达国家在过去的一种常态。

实际情况如何呢?以美国为例。2013年,美国的经济增长速度是2.2%,低于它长期平均的3%。2014年年初,世界银行和国际货币基金组织预测,2014年美国增长速度可以达到2.8%,但实际上只有2.4%,还是低于它长期平均的3%。2015年第一季度,美国的经济增长速度只有0.2%。在失业率方面,按照美国自己的统计,已经降到5.5%,似乎跟危机之前基本处于同一个水平了。但是实际上它真实的失业率远远高于这个数字。按照美国对失业率的统计方法,如果一个劳动者一个月不去工作,这样的劳动者就被算作退出劳动力市场,就不在失业统计里面。所以,在探讨美国失业率的同时,还要参考一个指标,就是劳动参与率。美国现在的劳动参与率比其正常情况下的劳动参与率低了3个百分点。如果把减少的3%的劳动参与率当成失业的话,美国现在的失业率接近10%,这是高失业率。

为什么在低增长、高失业的时候,投资风险会加大?主要原因是,发达国家一般有比较好的社会保障体系,当失业率高的时候,政府的开支就会增加很多。但是由于处于低增长,政府的财政税收增长得慢,所以财政税收的缺口就会相当高。比如说,日本1991年泡沫经济破灭之前,积累的财政赤字占国内生产总值的60%。现在日本财政赤字已经占到国内生产总值的200%。在这种情况下,发达国家当局都会采取非常宽松的货币政策,把它的利率维持在0或者1%左右。

货币非常宽松,相当于经济当中的流动性多,并且这些资金的成本又非常低。这种状况下,实体经济的投资机会就不会太好。大量的资金就会转向投机,如股票市场等,股票市场的价格就会"水涨船高"。在这种情形下,任何风吹草动都可能造成股票市场大涨大跌,风险就会非常高,而平均回报率则非常低。这就是发达国家所谓新常态。

这种新常态在发达国家可能会持续相当长的一段时间。发达国家经济要恢复正常,必须进行结构性的改革。对此,国际经济学界,包括国际货币基金组织,或者学术界是有共识的。既然有共识,为什么至今未做到?最主要的原因在于,这些结构性改革都是收缩性的,一旦推行,会带来需求减少,从而增加失业。在失业率处于历史高位的情况下,这样做一定会引起民众的反对,很难推行下去。可是没有结构性改革,经济就不能够恢复生机。这是发达国家目前面临的一个困局。

二、中国后发优势的潜力有多大

对于中国经济新常态,恐怕不能简单套用发达国家的模式。其中一个重要问题,就是如何看待增速放缓。进入新常态以后,我们就会转向中高速增长。中高速到底是多高?是政府提出的7%左右,还是学界说的可能会降到5%左右?我觉得要回答这个问题,首先要判断我们的增长潜力有多大。

从新结构经济学的角度来看,经济增长的内涵是我们的平均收入水平不断提高,而平均收入水平不断提高的前提则是劳动生产率水平的提高。如何提升劳动生产率水平？一靠技术创新,提高现有产业的产品质量和生产效率；二靠产业升级,将劳动力、土地、资本等生产要素配置到附加值更高的产业。发达国家的产业技术水平已经是全世界最高的,它所在的行业附加值在全世界也是最高的。因此,它的技术创新、产业升级都只能自己发明。但发展中国家不一样,它可以对发达国家成熟的产业进行引进、消化、吸收。这就是发展中国家的后发优势,也可以叫作后来者优势。

判断后发优势的潜力,不是看过去的发展怎么样,而是要看跟发达国家的产业基数差距有多大。如果这个差距大,那后发优势的潜力就大；如果差距小,后发优势的潜力就小。而判断一个发展中国家跟发达国家的产业差距,最好的方法就是看人均 GDP 的水平。按照购买力计算,2008 年我们人均 GDP 水平是当年美国的 21%,相当于日本在 1951 年跟美国的差距水平,新加坡 1967 年跟美国的差距水平,我国台湾地区 1975 年跟美国的差距水平,韩国 1977 年跟美国的差距水平。后发优势,让这些东亚经济体实现了 20 年 7.6%～9.2% 的增长。按此推演,从后发优势的潜力来讲,我们应该还有 10～20 年每年 8% 左右增长的潜力。

在这儿需要强调的是,我讲的是潜力,潜力只代表可能。潜力是从长期供给面来看的。谈及经济增长,不仅要分析长期的供给面,还要分析短期的需求面。通常所用的是"三驾马车"理论,即出口、投资和消费。由于金融危机的影响,我们国家的出口受到很大影响。要维持经济增长的话,必须更多靠内需。内需有两块,一块是投资,一块是消费。从投资的角度来看,我们有利的条件还是非常多的。

比如说产业,我们现在的产业跟人均 GDP 是相当的。我们现在人均 GDP 是 7 000 多美元,比美国低多了,所以我们是在中低端,甚至在低端。即使现在有很多产业是产能过剩,但是我们还可以产业升级。这跟发达国家不一样,发达国家产业都在前沿,下一个新的产业还没找到。而对我们来说,新的产业并不难找。

三、克服思想认识三大误区

潜力在那里,但要使其成为现实,必须把内外部有利条件都用上。打个比方,即使粮仓里面堆满了粮食,如果你不吃饭的话,也会饿死。但目前在国内,我觉得还存在一些思想认识上的误区。

（一）高速度牺牲增长质量

有人说，现在雾霾这么严重，环境问题这么严重，就是因为过去这些年增长太快。的确，环境问题与发展是相关的。但是跟高速增长本身，并不直接相关。以中印两国比较为例，在1978年我们的人均收入是155美元，印度是209美元。经过36年的发展，我们现在的人均收入超过7 500美元，而印度只有1 600美元，它连我们的1/4都没达到。但数据显示，印度雾霾跟环境污染问题比我们还严重。从这个比较来看，确实在高速发展的过程当中，加重了环境问题，但不能说是跟我们发展快速有关。

那么问题出在哪里？主要有三个原因。1.我们现在所处的是中等收入阶段。低收入阶段是以农业为主，高收入阶段是以服务业为主，中等收入阶段的国家，它的产业结构是以制造业为主。任何一个国家，当它的经济是在以制造业为主的时候，环境问题都比较严重。为什么会这样？因为在制造业阶段，它的生产特性是能源使用密度高，而且排放的密度高。2.中国和印度这两个国家有一个先天的劣势，即两国能源结构都以煤炭为主，煤炭的排放比石油、天然气都多，所以环境压力更大。3.监管不力，所以问题就更严重了。

放慢经济增长速度来改善环境质量，可能用意是好的，但实际上达不到这个目标。要根本解决环境问题，我想最重要的是赶快进入高收入阶段。服务业能源使用率低，排放减少，环境的压力就会小。而且当我们进入高收入阶段以后，可以用来治理环境的手段多了，钱也多了，解决环境问题的力度就自然大了。而如果一味放慢经济增长速度，会导致我们在制造业阶段的时间被拉长，反而陷入一个更被动的局面。

（二）把投资等同于产能过剩

出现产能过剩，很多人认为这是因为我们的发展模式不对。我们是以投资拉动经济增长，变成产能过剩，因此要以消费拉动经济增长。但这个说法对不对？我并不是反对消费，消费非常重要，这是发展的目的，但是消费增长的前提是收入水平增长，劳动生产率水平要不断提高。为此，技术要不断创新，产业要不断升级，而这都要靠投资。

当然投资也应该是有效投资，这样才能提高劳动生产率水平。如果继续在那些过剩的产业里面投资,当然会产生更多的过剩。但是简单把投资等同于产能过剩的人,在他的思想里面没有产业结构分析。实际上有很多新的产业可以不断升级。如果投资于产业升级的部分,或者投资于我们现在有很多基础设施不完善的地方,或者投资于环境治理,这些投资怎么会导致产能过剩呢?

(三)基础设施投资回报率低,不应该政府来做

有学者研究发现,基础设施的投资回报率比一般产业投资回报率低,由此认为,政府就不应该做基础设施投资。我认为其观点存在几个问题。1.基础设施的投资跟一般产业的投资周期不同。一般产业的投资,一年两年就有产品可以卖了。基础设施的投资周期就要长很多。2.回报周期也不一样。一般产业的投资10年就折旧完了。基础设施的投资折旧,可能要30年甚至更长。折旧短意味着什么?就是每年的回报率要高,才能够抵消折扣率。如果回报周期长的话,每年的回报就会比较低。3.基础设施的投资有很多是外部性、社会性的收益,不是项目上面直接可以得到的收益。

退一步讲,如果我们把这些外部性等都算进去,还是发现基础设施的投资回报率比一般产业低。在这种情况之下,你让民营经济去做,它也不会愿意做。但是如果政府也不做的话,那么基础设施到处是瓶颈,经济还能发展得起来吗?实际上这也是20世纪80年代新自由主义兴起以后一个很大的误区。基础设施这一块,政府还是有责任去做的,尤其是在经济下行的时候,政府来做基础设施的投资有许多好处:可以启动需求,创造就业,稳定经济增长;从长期来看,还可以提高经济发展的外部环境,让经济发展得更好。

四、政府对不同产业要有不同引导

在产业不断升级当中,劳动生产率才会不断地提高。这个过程当中政府到底能够扮演什么角色?从新结构经济学的视角看,根据产业发展与国际前沿的差距,我将产业分成五种类型。对不同类型的产业,政府因势利导的作用也不相同。

(一)追赶型产业。我国的汽车、高端装备制造、高端材料产业即属于这种类型。追赶型产业可以通过三种方式来实现发展:1.到海外并购同类产业中拥有先进技术的企业,作为技术创新、产业升级的来源。2.如果没有合适的并购机会,可以到海外设立研发中心,直接利用国外的高端人才来推动技术创新。3.海外招商

引资,将这些产品的生产企业吸引到国内来设厂生产,从而把先进技术、管理都带过来。

(二)领先型产业。我国有些产业,像白色家电、高铁、造船等,其产品和技术已经处于国际领先或接近国际最高水平的地位。领先型产业只有依靠自主研发新产品、新技术,才能继续保持国际领先地位。自主研发主要分两块,一块是研究;另一块是开发。研究就是对所用技术或者产品的化学性质、物理性质等基础知识的研究。根据这些基础知识的研究,再去开发新产品。企业开发的新产品、新技术可以申请专利,这类活动理当由企业自己进行。但是,基础科研投入大、风险高,属于社会公共知识,企业没有从事基础科研的积极性。所以在基础研究方面,实际上是要政府投入的。

(三)退出型产业。这类产业可以分为两类,一类是丧失比较优势的产业;另一类是在我国还有比较优势但产能有富余的产业。劳动密集型的出口加工业是最典型的第一类产业。这类产业在我国失去比较优势是不可逆转的趋势。面对这种挑战,一部分企业可以升级到品牌、研发、市场渠道管理等高附加值的"微笑曲线"两端;而多数企业只能像1960年代以后日本和1980年代以后"亚洲四小龙"的同类企业那样,利用技术、管理、市场渠道的优势,转移到海外工资水平较低的地方。现在转移出去要考虑两个问题:转到哪边去?怎么转过去?一般想的话,会选择东南亚。但是这几年,东南亚工资上涨的速度跟我们一样快。我认为最合适的地方是非洲,非洲有10亿人口,那里有大量的剩余劳动力。

还有一部分产业其实我们还有优势,主要是在建材行业,如钢筋、水泥、平板玻璃、电解铝等。为什么会有富余产能?因为这些产业的生产能力是按满足过去高速增长的投资需要形成的。在国内是富余产能,但是这些产业的产品在非洲、南亚、中亚、拉丁美洲等发展中国家还是非常稀缺的。我们可以配合"一带一路"等国家战略的实施,支持这些产业中的企业以直接投资的方式将产能转移到同我友好、基建投资需求大的发展中国家。

(四)弯道超车型产业。我们现在有一种新兴产业,它在全世界是新的,但它的研发以人力资本为主,而且研发的周期特别短,例如移动通信、手机、互联网产业等。这种以人力资本投资为主、研发周期非常短的新产业,我们确实可以跟发达国家站在同一条起跑线上。如果它是硬件的话,我们还有产业能力强的优势。政府可以针对这类企业发展的需要,提供孵化基地、加强知识产权保护、鼓励风险投资、制定优惠的人才和税收政策,支持创新型人才创业,利用我国的优势,推动弯道超车型产业发展。

（五）战略型产业。这类产业通常资本投入非常高,研发周期长。这类产业我国尚不具备比较优势,但其发展关系国家安全和长远发展,必须要有。大飞机、航天、超级计算机产业即属于这种类型。战略型产业有一个特性,即它不能完全依靠市场,需要政府的保护性补贴才能发展起来。过去,政府的保护性补贴主要是通过各种要素的价格扭曲和直接配置实现的。党的十八届三中全会提出全面深化改革,要素价格的人为扭曲将被消除,今后应通过财政直接拨款来补贴这类企业。对战略型产业的扶持是国家行为,应由中央财政来承担。但是,各地政府也可以做一些事情,鼓励支持配套产业发展,并改善基础设施、子女教育、生活环境等条件,争取战略型产业落户当地,以实现战略型产业发展和当地产业转型升级的双赢。

总的来说,在经济新常态下,通过创新驱动和产业升级,即使在相对不利的国际环境下,我国经济也能保持7%左右的中高速增长。那么到2020年,十八大提出的国内生产总值翻一番的目标就能够实现,人均GDP达到12 615美元是完全有可能的。达到12 615美元就是高收入国家,按照我们人口占世界的比重,那意味着全世界高收入的人口翻了一番还多,这将是中华民族伟大复兴的重要里程碑。

（作者是全国工商联专职副主席、北京大学教授,
本文为作者在复旦大学110周年校庆高端学术论坛上的演讲）

供给侧结构性改革的三个维度

肖 林

唐代大诗人李白写有著名诗句:"谁挥鞭策驱四运,万物兴歇皆自然。"这是诗人对"自然规律"发自内心的尊重。其实,经济规律又何尝不是如此呢?

任何一种经济学理论占据主流地位、发挥重大影响,必有其理论存在的自然基础和规律使然。就如同2015年11月中央首次提出"供给侧结构性改革"至今,供给侧结构性改革已成为我国经济新常态下指导改革发展的新思想新理论。这是经济形势的大势所趋,也是经济规律发展变化的结果。

在最近出版的专著《新供给经济学:供给侧结构性改革与持续增长》中,出于术语表达上的方便与需要,我提出了供给经济学和需求经济学的理论表述,分别用来指称把经济分析重点和经济政策重点放在供给侧或需求侧的经济理论。

从西方经济学理论看,供给经济学关注的是生产力和经济长期发展能力,供给侧管理针对长期制度和结构问题;需求经济学关注短期经济增长问题,需求侧管理强调短期有效性。不过,即便从西方经济史角度来看,供给侧和需求侧的经济学研究其实一直呈现合流的趋势。双方在多数情况下,不是泾渭分明,不是"道不同不相谋",相反,它们更多的是相互融合、互相补充,颇有点"云为山态度,水借月精神"的味道。

从中国经济学理论看,供给经济学理论研究主要集中在所有制和产权、现代企业制度、生产要素供给效率等方面;需求经济学理论研究主要集中于收入分配制度、政府的作用、比较优势等方面。长期以来,经济学界针对供给侧、需求侧和结构方面的理论研究、探索,为我国供给侧结构性改革理论形成提供了深厚的基础。作为中国新供给经济学的核心理论观点,供给侧结构性改革经济思想显然具有不同于西方供给经济学派及西方结构主义思想的特征,本质上是中国特色社会主义政治经济学的重要组成部分。

为什么这么讲?中国供给侧结构性改革的目的,是在稳定和扩大社会总需求的前提下,通过全面深化改革,最大限度地解放和发展生产力,提升增长质量效益,增强发展动力,从而实现经济高效持续增长。从这一点来看,中国供给侧结构性改革与中国特色社会主义政治经济学的本质特征不谋而合。

与时下不少理论和学者强调"在供给侧做改革文章"不同,我理解的中国供给侧结构性改革,包含"供给侧、结构性、改革"这三个维度。"供给侧"是指着眼于供给端和生产端的管理及制度建设,提升资源要素供给质量效益和产出水平;"结构性"是指实现结构优化调整,化解结构性问题,提升资源要素配置效率,实现经济社会协调发展;"改革"是原有制度改革和新制度构建,构建有助于进一步解放和发展生产力的制度保障。

三者紧密联系在一起,环环相扣,构成一个整体。把目光仅仅放在"供给侧",忽视"结构性"和"改革",是我们经常陷入的误区之一,因而往往一叶障目、不见森林,缺少更高的战略视角。"结构性"和"改革",可以说是理解"供给侧"的一把钥匙,让我们对当前经济改革的深刻性、复杂性和艰巨性有更为全面的把握。

如何真正推动供给侧结构性改革,既需要来自政府与市场的双重发力,更需要经济系统内生变量和外生变量的共同发力。

一方面,供给侧结构性改革的内生变量,是指直接推动解放和发展生产力的变量。要通过强化全要素生产率、提升资源要素配置效率,实现要素资源效率最优化。其中,全要素生产率提升就是要着力提升劳动力、资本、技术、土地等资源要素供给效率;资源配置效率提升则需通过促进资源要素在不同生产领域合理流动、科学配置来实现。

另一方面,供给侧结构性改革的外生变量,是指保障、促进解放和发展生产力的制度安排、结构安排和政策安排。制度新供给就是要强化政府职能转变,推进行政管理体制改革,打破束缚市场功能发挥或导致结构扭曲的体制机制,强化供给侧结构性改革相关制度安排的落实;结构新供给就是要突出价格机制改革,着力化解经济社会发展中存在的结构性矛盾,通过结构优化调整释放错配的资源要素价值,促进资源要素的有效供给和合理配置;政策新供给就是要针对短期问题化解、中长期结构优化调整和制度构建,形成整体协调、实施有序、相互促进的政策体系,从宏观、中观、微观以及社会层面等为供给侧结构性改革提供政策支持。

从决策角度来看,供给侧结构性改革需要"供需两侧"同时发力、有效协同。短期内,通过有效的需求侧管理,确保经济运行、就业环境的总体稳定,为供给侧结构性改革营造宽松的经济环境,营造良好的战略机遇。中长期,要实现总供需的结构均衡,增强经济发展动力,释放经济增长潜力,以创新供给带动需求扩展,以扩大有效需求倒逼供给升级,实现稳增长和调结构互为支撑、互促共进。

当然,中国新供给经济学理论创新是一个漫长的理论研究和实践检验相结合的过程,是从实践到理论、再从理论到实践的反复过程。期待国内外经济学者共同研究中国新供给经济学理论的创新和发展,进而使"旧学商量加邃密,新知培养转深沉"。

(作者是原上海市人民政府发展研究中心主任、

党组书记、研究员、博士生导师,

本文选自2016年5月10日《解放日报》)

推进供给侧结构性改革若干思考
——为中国经济"第二波浪潮"蓄能聚势

郑俊铿

十八届三中全会开启了全面深化改革新纪元,2014年及随后,中国经济发展进入新常态,重点推进供给侧结构性改革。

改革是一场继往开来的革命,一条永不停歇的进取之路,开弓没有回头箭,改革攻坚勇者胜。供给侧结构性改革就是用改革的办法推进结构调整、体制和政策变改,矫正供需错配和要素配置扭曲,在更高水平上实现供需平衡,通过供给侧结构性改革重塑发展动力。

推进供给侧结构性改革是以习近平为核心的党中央深刻把握我国经济发展大势作出的战略部署,是"十三五"时期的发展主线,是适应和引领经济新常态的重大创新,是适应后国际金融危机时期综合国力竞争新形势的主动选择,是综合研判世界经济形势和我国经济发展新常态作出的重大决策,是对我国经济发展方式的优化调整,是解决我国经济发展面临突出问题的战略决策,是贯彻落实新发展理念、适应和引领经济新常态的重大创新,也是对社会主义市场经济理论的新发展。

一、经济新常态是引领供给侧结构性改革的大逻辑

中国经济进入新常态之前姑且称之为旧常态,新常态缘自旧常态。

(一)辉煌的旧常态

改革开放30多年来,中国经济以年均近10%的增幅快速发展,其发展进程可概括为三个10年。

1978年中国GDP为3 645.22亿元(2 164.61亿美元),居全球第15位。同年美、日GDP分别为中国的11倍和4.5倍。经过第一个10年快速发展,1988年中国GDP为1978年的260.7%,翻了一番多;第二个10年,中国GDP继续翻番,1998年达84 402.3亿元,是1978年的4.7倍,排位升至全球第七。进入21世纪,中国于2001年12月加入WTO,迎来融入全球快速发展的第三个10年。2002—

2011年GDP年均增速达10.3%，GDP在2000年突破1万亿美元的基础上，2005年突破2万亿美元，当年超过意大利成为全球第六，2006年起先后超过英、法、德国，上升为全球第三，2010年超过日本，成为仅次于美国的全球第二大经济体。在此期间，2009年GDP逾5万亿美元，5年后的2014年成功突破10万美元，5年又翻了一番，与美国共同成为全球仅二的"10万亿美元俱乐部"成员。在2010年超过日本后即大幅度领先，2015年中国GDP总量为67.7万亿元(10.5万亿美元)，是日本的2.44倍，美国(18万亿美元)的58.3%。

在取得辉煌成就的同时我们也付出了沉重代价。当前资源环境呈现强约束，凸显出传统经济发展方式已难以为继的局面。

(二) 呈现新常态

经过30多年高速增长，十八大以来中国经济增幅开始下降，2013年、2014年GDP年均增速降为7.6%、7.4%，2015年为6.9%，预计2016年为6.7%。

此次增速下降是内外部条件环境发生了重大变化。从资源禀赋特征和市场供求看，过去生产什么都能盈利，生产多少都能销售完的情况已不复存在，自然资源、劳动力成本大幅上升，人口红利大幅减弱；从空间角度看，30多年前适逢发达国家向外转移劳动密集型产业，且对制造业产品有旺盛需求，我国充分有效利用国际市场拉动了对外贸易和经济发展，2008年后海外需求疲软，贸易保护抬头，出口红利减弱，凸显传统拉动经济增长的动力难以为继，中国经济进入速度换挡、动力切换和结构调整的新常态。

经济发展进入新常态，是我国经济发展阶段性特征的必然反映，是不以人们意志为转移的必然趋势。经济发展史显示，一个经济体经过高速发展后，普遍存在进入中速发展阶段的特征。显示转型期间经济增长下行具有共性。

(三) 主动适应、把握、引领经济发展新常态

当前，我国经济发展正处在增长速度换挡期、结构调整阵痛期、前期刺激政策消化期"三期叠加"阶段，面临经济发展速度由高速向中高速换挡节点，面临经济结构呈现低端产能过剩需要集中消化、中高端产业要加快发展的结构优化节点；面临世界经济进入深度调整期，全球贸易发展进入低速期，必须加快改革创新，在政策上作前瞻性安排，加大结构性改革的力度，工作重心要从需求侧转向供给侧。

二、供给侧结构性改革是适应、引领经济发展新常态的重大创新

供给侧结构改革是针对中国经济新常态而提出的重大理论创新。

（一）需求侧条件已发生变化，显示供给侧改革必要性

从中国经济自身而言，传统支撑经济快速发展的条件正在发生变化，即需求侧（"三驾马车"）的条件在发生变化。

从投资需求增长看，往昔支撑高投资的客观条件已发生变化；从出口看，国际市场需求低迷；从消费看，消费正在逐渐成为拉动增长的第一动力。但消费增速趋降，2008年是20%左右，2014年不足11%。

归纳起来，供给侧结构性改革具有一定的必要性：1.从战略调整角度来看，我国很长一段时间采用的通过扩大需求解决中国经济增长动力的战略，面临战略失效的风险，由此提出了战略调整的要求。2.从实现中国梦的根本要求来看，"十三五"经济增速不应低于6.5%，否则改革性目标、结构性目标均难以如期实现。面对实现"两个一百年"目标的根本要求和需求侧动力不足的现实，另寻他侧就成为一个战略选择，由此中央提出供给侧改革。

（二）以新理念思路引领供给侧结构性改革

供给侧结构性改革具有明显的理念、清晰的思路。

1. 以创新、协调、绿色、开放、共享"五大发展理念"引领供给侧改革。

2. 推进供给侧改革的总体思路，宏观政策要稳，产业政策要准，微观政策要活，改革政策要落实，社会政策要托底。"五大政策支柱"整体融合、有机结合、相互配合，为推进供给侧结构性改革打造良好环境和条件。

（三）重点转移与主要任务之内在逻辑关系

1.要实现10个方面工作重点转移。在工作实践中，要以"十个更加注重"标尺对照着干。2.五大重点任务（三去一降一补）之间存在内在逻辑关系。3.着力补长"五块短板"——供给侧短缺。

其一，补技术创新需要的人力资本。其二，补制造业"进口替代"和"高端智造"的短板。其三，提高住宅和非住宅建筑的质量。其四，补上基础设施建设的短板。

其五,生态环境治理。由于各地基础不同,现状千差万别,仍需各自摸清家底,明确短板,然后针对性补齐。

(四)打造供给侧新动力系统

在当前国内外经济背景下,中国供给侧改革的核心是着眼于解决新常态下经济增长动力问题,注重通过推动供给端的结构性变革和制度性创新,既为中国经济增长注入新动力,也为世界经济走向稳定复苏作出贡献。

当前应三管齐下,协同发力。1.促创新。创新好比发动机。2.调结构。结构有如变压器。结构不佳,要素投下去,变压的效果就不明显。3.抓改革。改革的目的就是为经济持续中高速发展提供好的制度条件。

要通过创新引擎、结构变压器、制度改革引擎构成新的动力系统。其中体制机制的改革与创新仍然是整个供给侧改革的龙头和关键。

(五)供给侧结构性改革最终指向发展新经济

新经济或创新型经济是指 20 世纪 90 年代以来以信息技术、数字技术为主要支撑的经济增长。

1. 新经济与当代产业变革的突出特征密切相关。

2. 新理念、新模式、新业态快速兴起。

新理念如共享、整合、跨界、免费等成为新经济突出特点。新模式如产业链、整体解决方案、增值服务等成为企业经营管理的核心问题。新业态诸如共享经济、平台经济、体验经济、定制经济快速发展将成为引领性新业态。

3. 发展新经济应着力于"四要"。

(1)产业转型上要有替代产业作为着力点;(2)要特别重视业态创新;(3)要走出大规模定制的框架;(4)要走出简单的技术决定论。创新型经济是涵盖技术创新、商业模式创新、业态创新的经济形态。

供给侧改革是借鉴中外所有需求管理、供给管理的有益经验,又侧重于供给体系建设的系统工程,其核心内涵是问题导向以改革攻坚克难为关键解决生产力的长期行为,在供给侧涉及的劳动力、土地和自然资源、资本、科技、制度五因素中,必须更多以科技、制度改革带来的红利,打造发展"升级版"最主要的能量来源。

三、重视供给侧改革协同推进

供给侧结构性改革是一项系统工程,涉及诸多因素,必须放眼全局,多措并举,方能奏其全功。

(一)供给侧结构性改革关键在于国企改革

1. 深化国企改革是推进供给侧改革的关键

资料表明,当前我国产能过剩、库存严重积压的八大行业大部分集中在国企,现在国企,特别是央企产业结构偏重(重化工领域资产总额近70%),正是产能过剩的"重灾区"。深化国企改革消除产能过剩的深层次原因,才能把"三去一降一补"任务落到实处。

2. 分类改革为国企带来新生机

之所以需要对国企分类是基于国企的两个特征:(1)是政企不分的内生性问题。(2)就是国有产权难以退出的问题。而这两个特征带来的困境,可以把国企分为商业类和公益类两大类加以解决。

商业类国企改革分为:主业处于充分竞争行业和领域者;主业处于国有安全、国民经济命脉的重要行业和关键领域、主要承担重大专项任务者;处于自然垄断行业的商业类国企等三种不同情况分别推进。

对公益性国企,可采取国有独资形式,有条件者也可推行投资主体多元化,尚可通过购买服务、特许经营、委托代理等方式,鼓励非国有企业参与经营。

通过对两类国企实行分类改革、分类发展、分类监管、分类定责、分类考核、推动国企同市场经济深入融合,促进国企经济效益和社会效益有机统一。

3. 混合所有制改革旨在"转换国企经营机制"

"混改"的要义有四:(1)要坚持因地施策、不搞拉郎配,不搞全覆盖,不设时间表。(2)混合所有制不仅是"引资",更重要的是"引智",实现各种资本取长补短、相互促进、共同发展,建立联合经营机制。(3)从"单向混改"发展到"双向混改"。(4)关注员工持股问题。其改革方向是先混合,后持股。

完善现代企业制度,解决国企四大问题:

(1)针对存在的制约不足问题;(2)针对董事会形同虚设,"一把手"说了算等问题;(3)针对激励约束不足、活力政策不够问题;(4)针对国资监管越位、缺位、错位等问题。

4. 国资监管职能转变

由管企业转向管资本加授权,着力形成国资委负责资本监管,平台公司负责资本运作,企业集团负责生产经营的管理格局。

(二)着力建设创新型国家,协同推进供给侧改革

科技是第一生产力,创新驱动是转型发展主战略。

1. 从新一轮科技革命看,培育供给侧改革新动能

以信息化和工业化融合为基本特征的科技革命和产业主要具有以下特征:

(1)以信息技术突破性应用为主导驱动社会生产力变革。(2)以信息(数据)为核心投入要素提高社会经济运行效率。(3)以智能制造为先导构造现代产业体系。(4)以追求范围经济为主导,不断创新社会分工形态。由于数据要素具有更好的资产通用性,以数据为核心要素,以"云、网"为基础设施的新一轮科技革命和产业变革更能发挥范围经济的作用,即同时生产两种以上产品的成本比分别生产每种所需成本要低。于是生产组织和社会分工方式更倾向于网络化、扁平化,基于互联网平台的共享经济和个体创新创业将获得巨大发展空间。

2. 通过深化改革培育供给侧新动能的着力点

(1)完善技术创新生态,提高技术创新能力。(2)构建科学的政策机制,大力落实"中国制造 2025"和"互联网+"战略。(3)加强制度创新和人力资本培育,加大"云、网、端"基础设施投资。

3. 建设创新型国家有利于扩大创新供给

建设创新型国家将有利于扩大对供给侧改革的创新供给,推动发展方式向依靠持续的知识积累、技术进步和劳动力素质提升转变,促进经济向形态更高级、分工更精细、结构更合理的阶段演进。

(三)深化财税金融供给侧改革,服务经济转型发展

金融是经济的"血脉",税制是各地区各企业利益分配的"调节器",推进供给制改革离不开财税金融的同步改革创新。

1. 深入推进投融资体制改革,扩大对供给侧投资供给

2. 审慎对待资本账户进一步开放

根据国际货币基金组织统计,在共计 40 项资本账户的具体交易中,中国已有

14项实现了基本开放,23项实现了部分开放,只有3项完全不开放。基于下述六方面理由,在未来5年甚至更长时间内,中国仍需审慎对待资本账户进一步开放。

(1) 迄今为止,关于全面开放资本账户是否一定有利于经济增长,学界尚未达成共识,约半数学者认为资本账户开放与经济增长正相关,其余则显示不相关或负相关。因资本账户开放不仅包括各种潜在利益,也包括相应的成本(集中体现为金融危机);而如果成本超过利益,开放自然就难以促进经济增长。

(2) 如最终需要更大程度开放(特别是跨境证券资本的完全自由化),则时机仍是个重要问题。资本账户开放应是所有经济自由化改革的最后一个环节。

(3) 由于人民币汇率改革滞后,资本账户的进一步开放势必削弱中国的货币政策独立性。

(4) 中国的金融监管还不成熟,完全开放金融市场很可能导致金融体系振荡。

(5) 中国的要素市场还不够市场化,全面开放资本账户将加大市场扭曲。

(6) 宏观经济形势要求放慢而非加快资本账户开放节奏。

3. 着力金融创新支持供给侧改革

中国经济创新支持供给侧改革需分类型"对症下药":(1)支持现在的"三去一降一补"。如并购重组将是去产能过程中的重要手段和路径;"去杠杆"可变为"转杠杆",利用杠杆本身进行调整,短期内商品化杠杆率降不下来,金融机构应分析,哪些企业减少信贷,哪些企业应增加信贷支持,如给国企去杠杆,给创新业加杠杆;还可"移杠杆",中国有巨大的"移杠杆"空间。高杠杆率主要存在于非金融机构,包括一些国企、僵尸企业,而政府和居民杠杆率不高,一方面可通过政策释放红利,让居民敢于投资、敢于消费;另一方面可通过加大杠杆,扩大负债的方式,将非金融机构的杠杆转移到政府。去杠杆必须兼顾多重目标。而"降成本"关键是提高金融体系效率,减少服务环节。再如,小微企业、农村金融创新、夹层融资创新都有"补短板"的空间。(2)化解金融体系自身风险需要若干创新,诸如推进银行资产证券化,提高对不良资产的容忍度、放开金融资产的管理市场等。(3)金融体制机制需要创新。三种类型的创新存在较大关联度,需要协同。

4. 改革金融监管体系

现有"一行三会"框架属于分业经营监管框架,如今,金融混业经营与互联网金融发展态势,对传统金融监管体制提出了挑战。

四、推进供给侧结构性改革为中国"第二波浪潮"蓄能聚势

进入新常态的中国经济,不可能实现"V"型反弹,也不会是"U"型回升,可能会经历一个"L"型增长,进入"两个中高"持续发展新时期。

(一)中国经济仍有较大潜力

综合 2012 年世界银行和中国国务院共同发布的《2030 年的中国:建设现代、和谐、有创造力的高收入社会》报告,中国社科院研究院阎坤、刘陈杰在其《中国未来经济增长的新常态测算》论著中,著名经济学家林毅夫根据后发优势预测,国务院发展研究中心课题组 2013 年的一项研究,美国谷哥 2015 年 9 月 5 日发布《当前市场趋势》报告预测,认为中国 GDP 存在年均增长 5.6%~8%发展潜力。

综上,可从城镇化率消费在 GDP 贡献率中的占比,服务业在产业结构中占比,人均 GDP 水平等几个视角发现中国经济仍有较大上升空间,从 2016 年起,中国大体在 15~20 年具有保持 6%~7%中高速增长潜力。

(二)以大视域理解"一带一路"战略意义

当前"一带一路"建设已成为我国深化对外开放、参与国际经济合作和全球经济治理的平台。推进"一带一路"建设在惠及沿线各国人民,为中国各地区、企业带来机遇的同时,将有利克服世界市场失灵,为全球经济注入动力。

1. 中国各地区、企业面临六大机遇

(1)拓展海外市场机遇。(2)主动进行产业布局的机遇。(3)对外工程承包,提升总包能力的机遇。(4)提升我国国际地位的机遇。(5)物流航运大发展的机遇。(6)地方加快经济发展机遇。沿海先行,中原崛起,沿边开放开发等。

2. "三周年"成效初显,力促全球合作共赢

"一带一路"倡议提出 3 周年来,成效初显,已有 100 多个国家和国际组织参与其中,中国同 30 多国签署共建"一带一路"合作协议,与 20 多国开展国际产能合作,一批有影响力的标志性项目落地,"一带一路"成为催化剂,激发国际贸易投资增长,推动开放型世界经济。2015 年中国与沿线国家贸易额突破 1 万亿美元。"一带一路"是连通器。旗舰项目中巴经济走廊取得重大进展,交通网加速形成,第一批集装箱已进入瓜德港;非洲首条电气化铁路亚的斯亚贝巴至吉布提铁路竣工,通

过"渝新欧"(重庆至德国杜伊斯堡)、"义新欧"(义乌至西班牙马德里)等中欧班列开通,丝路经贸驶入快车道。

3. 构建"一带一路"金融生态体系

4. 助力克服世界市场失灵

当代马克思主义经济学认为,不仅在一个国家内部市场机制自发配置资源存在市场失灵,而且在世界市场上同样存在市场失灵。主要表现为:

世界市场机制不健全;跨国公司垄断世界市场;当下的竞争实质上是不平等的竞争,导致南北差距巨大、两极分化、难以实现公平。

"一带一路"建设倡导沿线各国共建、共享、共治,有利于形成世界市场作用和各国政府作用有机统一,相互补充、相互协调、互相促进的格局,有助于缓解世界市场垄断,完善世界市场机制,增加公共品供给,解决外部性问题,缩小世界贫富差距。

5. 以更大视域看待"一带一路"战略意义

"一带一路"建设既是中国深化改革、扩大开放的战略举措,也是中国为世界经济开出的"良方",是以此为契机开展跨国互联互通,提高贸易和投资合作水平,推动国际产能和装备制造合作,本质上是通过提高有效供给以催生新的需求,实现世界经济再平衡,是抓住发展这个最大公约数,在更大范围谋划、推进供给侧结构性改革,在造福中国人民的同时,造福沿线各国人民。

(三) 在跨越中等收入阶段中巩固扩大供给侧改革成效

人均收入四个阶段中各阶段的经济增长驱动力均不同,下中等收入(4 000～7 000美元)阶段增长的主要发动机是"要素驱动";上中等收入(7 000～13 500美元)阶段增长的主要引擎是"效率驱动"。供给侧结构性改革主要取向是提高供给体系的质量和效率,两者改革发展的诉求高度一致,显示其内在的紧密相关,在跨越中等收入阶段中必须进一步巩固扩大供给侧结构性改革成效为后续发展积聚潜能。

(四) 为中国发展"第二波浪潮"蓄能聚势

随着自贸试验区的持续扩大试点和"一带一路"的深入推进,中国高水平深度开放的经济格局正在形成;供给侧结构性改革、创新型国家的建设,创新驱动发展战略的有效实施,新一轮经济发展驱动力正在孕育形成。据预测按中国GDP年均增长6%～6.5%,中国将在2023—2024年进入高收入阶段,"创新驱动"成为经济增长的主要驱动力。可以窥见中国正在边调结构边转型,边为"第二次浪潮"蓄能聚势。如 2017 年 1 月特朗普就任美国总统后,国际经济格局不出现重大"利空",中国政府应对得当,中国将在"十三五"后期或稍后确立经济新常态,进入"两高"持续健康发展的新阶段。

五、上海应成为供给侧改革创新发展先行者

为不辜负党中央对上海率先改革创新发展的殷切期望,上海应着力深化自贸区试点、加快科创中心和全球卓越城市建设,着力发展"四新经济"和补齐短板,在供给侧结构性改革创新发展中继续当好排头兵、先行者。

(一)深化自贸试验区改革创新供给侧改革制度环境

1. 从自贸区 1.0 到自贸区 3.0

上海自贸区是国家对接国际投资贸易新规则的一种制度试验,自 2013 年 9 月 29 日在上海设立首个自贸试验区,到 2015 年 4 月 27 日广东、天津、福建自贸试验区成立,到如今将上海、广东、天津、福建试点经验,通过多种方式复制推广到辽宁、浙江、河南、重庆、四川、陕西等 7 个省市,自贸区进入"3.0"时代,将继续紧扣制度创新这一核心,进一步对接高标准国际经贸规则,在更广领域、更大范围形成各具特色、各有侧重的试点格局,推动全面深化改革扩大开放,这一东西南北中共同开放的格局,向世界表明中国进一步开放的决心,为供给侧改革提供高度开放的制度环境。

2. 以"四个联动、两个重点、一个标准"作为上海自贸区深化改革取向

自贸区深化改革应在新起点着力落实国家战略、对接国际卓越、推进协同发展,打造开放型经济新格局。

"四个联动"。(1)与海洋战略联动;(2)与长江经济带联动;(3)与"一带一路"战略联动;(4)上海自贸区改革目标之间联动。今后应着力其他四个目标(深化金融领域开放创新、扩大投资领域开放、推进贸易发展方式转变、完善法制领域制度保障)联动改革。

"两个重点"。今后改革重点:(1)金融领域,这是上海和其他自贸区错位发展,其他自贸试点区不可替代的功能、领域;(2)服务业,上海作为全国服务业最集中、部门最全、制造业与服务业融会程度最高的城市,理应走在服务业开放最前列。中国贸易总额占全球 15.1%,而服务贸易额仅占全球服务贸易总额的 6.1%。

"一个标准"。上海应对照最高标准,建立开放度最高、最高层次、最高标准、最高水平的自贸区。

(二)加快建设具有全球影响力科创中心,为供给侧改革增添动力

建设具有全球影响力科创中心,是新阶段党中央赋予上海的新使命,是上海城市功能进步的里程碑,必须以新理念引领上海科创中心建设,引领创新驱动发展。

1. 树立五种理念

(1)科创中心建设,创新驱动发展必须以"四个全面"为引领(以明确目标、动力、保证、关键);(2)创新必须在"负责任的创新"框架内开展,做负责的创新者;(3)科技创新必须以科技伦理自律,在科技的"功利效应"和伦理的"道义效应"两者价值观念的冲突与博弈、调适与坚守中构建起符合时代要求的科技伦理,协调好高科技发展与人和自然发展;(4)颠覆性创新并非否定一切,有其特定含义和范围,应重视创新积累;(5)创新驱动必须以科技创新为核心,带动全面创新。

2. 强化原始创新,增强源头供给

3. 加快探索产学研体制机制改革

4. 以"张江高科"和杨浦区为科创中心重要承载区

推进"三城融合""三区联动",引领上海从"制造型经济"向"知识型经济"转轨。

(三)着力发展"四新"经济,提升供给侧改革发展水平

在发展新技术、新产业、新业态、新商业模式中,尤应关注共享经济、平台经济、体验经济、定制经济等新业态和产业链、整体解决方案、增值服务等新模式的引领作用,着力打造经济产业发展新格局。

(四)勇于担当"一带一路"战略支点,引领长三角长江经济带协同发展

随着中国企业管理的瓜德港2016年11月13日正式通航,由美军扼守的新加坡马六甲航道一统天下的格局将被打破,长期以来中国80%石油通过马六甲运输,一旦美军封锁马六甲,瓜德港就成为石油运输生命线,对确保中国石油安全意义重大。2 000千米瓜德港至喀什中巴铁路建成,石油尚可通过铁路运达中国新疆喀什,喀什和瓜德港将成为世界繁忙的物流中转地(必将分流新加坡物流、金融业

务),有利于新疆成为中亚的中心城市,喀什成为新物流中心、金融中心,届时"一带一路"将拥有三个战略支点:南有香港、东有上海、西有喀什,而上海这一战略支点具有无可替代的重要作用。海运、航空港、铁路、公路四通八达,依托"四个中心"建设的深入推进,上海的金融、贸易业务蒸蒸日上。作为全国改革开放排头兵的上海,理应在"一带一路"战略实施中勇挑重担,敢于担当,充分发挥战略支点作用。

（五）着力"补短板",夯实供给侧结构性改革基础

"补短板"是供给侧改革五大重点任务之一,上海应着力补齐自身短板,为下站持续中高速发展奠定基础,横向比较有四个直辖市、31个省市中上海似存在以下短板:

1. 产业结构绿色基调尚不明显

2. 辖区内土地面积偏小

在四个直辖市中,唯上海市土地面积为四位数——6 340.5平方千米,其他均为五位数——北京16 807.8平方千米、天津11 760.26平方千米、重庆82 400平方千米。为破解辖区面积偏小、土地开发空间余地不大的制约,可考虑:(1)腾笼换鸟,将低附加值产业梯度转移,腾出场地发展中高端产业、中高附加值产品;(2)整合现有工业开发区,腾出低效土地另作布局;(3)有序推进土地变性,功能适度混合,腾出土地发展现代服务业、战略性新兴产业;(4)变"招商引资"为"招商引智＋招商选资";(5)消除违法用地,为发展腾出空间。

3. 人口老龄化居全国前列

2015年末,上海60岁及以上户籍人口占比达28％,远高于全国平均水平,基于此,(1)要加强劳动人口培训,以"人力资本红利"替代消失的"人口数量红利"。(2)要挖掘"老年人口红利",包括:培育老龄化消费需求产业;发挥老科技人才作用,让经验丰富、技术精湛的老科技人员、管理骨干继续为上海经济社会发展服务;加快延迟退休制度试点步伐,适应人口老龄化趋势。

4. 物质资源储量低,能源对外依存度高

进入新时期,上海应加快从主要依靠物质资源投入转向更多依靠人力资本推动经济社会发展。加快试点让科技人员、管理骨干以科技成果、管理成果参与股权分配。

5. 创新能力与所处地位不相称

尽管改革开放30多年上海发展成果卓著,然而创新力不尽如人意,突出表现为缺少颠覆性的自主创新科技成果和自主品牌。

（六）着力建设卓越全球城市，为上海"第二波浪潮"蓄能聚势

学界多年前已酝酿上海建设全球城市，2016年6月3日国务院公布《长江三角洲城市群发展规划》，正式提出上海建设全球城市的发展定位，8月22日《上海市城市总体规划（2016—2040）草案》正式公示，上海建设全球城市提上议事日程，新愿景引领上海攀登新高峰。

1. 由"四个中心"进位"五个中心"

新一轮上海城市总体规划（2016—2040）提出上海城市愿景是：追求卓越的全球城市，一座创新之城、生态之城、人文之城。在2020年基本建成"四个中心"的基础上，2040年将上海建设成综合性全球城市，成为国际经济、金融、贸易、航运、科技创新中心和国际文化大都市。

2. 在世界城市体系转型中上海担当建设全球城市使命

过去几十年经济全球化深入发展，导致世界城市体系的转型。以产业链为特征的空间经济结构正转变成以价值链为特征的空间经济结构。新形势下伴随着经济活动的低附加值区段（制造和装配）空间扩散，更为需要经济活动的高附加值区段（管理和控制）空间集聚。

跨国公司在经济全球化中举足轻重。全球化进程的主要特征是跨国贸易的增长高于世界生产的增长。跨国公司成为经济全球化的主要作用者，世界贸易的相当部分是跨国公司内部的跨国贸易。为此，世界城市体系分析应把握的四个基本维度之一，即是基于跨国公司总部及其分支机构的全球网络，考察全球资本服务体系和全球资本支配体系。

在2005年和2014年《福布斯》企业总部集聚度排名前30位城市中，东京、纽约、伦敦保持前3位，北京和上海排名分别从2005年的第15位、第209位上升到2014年的第8位和第17位。

再从另一维度看，全球化与世界城市研究中心依据175家世界主要企业的全球关联网络，对2000年、2004年、2010年和2012年的世界城市体系进行关联网络分析，在2000—2012年，伦敦、纽约在高端生产性服务业的全球关联网络中始终处于绝对主导地位，香港、巴黎、新加坡和东京也占据重要地位。但同时，亚太区域的其他主要城市迅速崛起，上海和北京分别从2000年的第31位、第36位上升到2012年的第6位、第8位。

值此全球城市体系转型与中国经济转型发展,产业结构转向服务业为主,迈向"两个中高"之际,上海建设卓越全球城市目标定位,体现了世界经济格局新变化和国家发展战略新要求,上海理应担当"全球城市"的国家使命,代表国家参与全球竞争和合作。

3. 达成全球城市战略目标,上海任重道远

一个城市的全球网络关联度,是外向辐射度和内向集聚度的总和。上海是外向辐射度(本土跨国公司总部)很低和内向集聚度(境外跨国公司分支机构)较高的长三角乃至国家门户城市。在全球影响力中,上海的经济影响力高于科技影响力和文化影响力;在经济影响力中,上海的门户城市属性高于中心城市属性。尽管上海的跨国公司地区总部数量不少,但主要面向国内市场,亚太地区总部占比很低。应着力"强长板""补短板",在继续提升经济影响力基础上加速提升科技影响力、文化影响力,在继续优化物质资本的基础上加速优化体制资本、人力资本和环境资本。

建设全球城市,上海应明确自身在全球体系中的坐标和对标城市。

4. 建设独具特色的全球城市

经济影响力是全球城市首要维度,科技影响力和文化影响力也不可或缺,上海建设目标应为代表中国参与全球性城市的经济竞争和科技竞争,同时有足够强的文化、社会、生态、治理等城市全球化能力为经济、科技高峰提供支撑。为供给侧改革拓空间,添动力,为中国第二波发展蓄能聚势。

六、企业是供给侧结构性改革微观主体

供给侧改革取向为减少过剩低端供给,增加有效高端供给,提高供给体系质量和效率,增加供给结构对需求变化适应能力。实现这些目标,除政策顶层设计、政策引领、多方协同外,离不开企业发挥微观主体的基础作用。

供给侧改革企业应发挥五个主体作用分别是:(1)质量主体;(2)效率主体;(3)创新主体;(4)投入主体;(5)成果应用主体。企业应结合自身实际从不同视角践行供给侧结构性改革。

(作者是上海浦东工业技术研究院副院长、
教授级高级工程师、上海市注册咨询专家)

新时期供给与需求约束和机遇分析

曹玮清　钧家

一国一地的经济发展速度和增长潜力,与其所处不同发展阶段的供给与需求要素禀赋结构相关。要素禀赋是指一国一地拥有各种生产要素的丰歉程度,是指一个经济体中自然资源、劳动力、资本等生产要素及其不同要素间的相对比例和构成。在一国一地经济增长中,产业结构和技术结构总体水平的升级是一个经济体中要素禀赋结构变化的结果。在改革开放后,中国经济发展的早期,如同经济发展的一般规律,其要素禀赋特征是资本的严重短缺、劳动力要素丰富,经济增长主要依赖要素规模的扩张来实现。经过30多年发展,中国经济增速之所以进入下行通道,可从供给学派和需求学派模型诸要素的变化所产生的约束因素加以界定和解释。

(一)供给驱动约束与机遇分析

根据供给学派模型,经济增长取决于资本、劳动力、全要素生产率的共同作用。历经30多年的高速发展,中国经济中的要素禀赋结构发生了巨变,在产生约束的同时仍有潜在机遇。

1. 资本

资本是支持一国一地经济增长的长期因素,也是最基本的生产要素之一。改革开放以来,中国经济发展呈现高储蓄、高投资的结构性特征,采取投资推动型经济发展方式。2001年加入WTO后,利用自身的资源、成本、市场优势,全面融入全球产业体系分工重构的大潮中,扩大开放、引进外资成为推动经济高速增长的另一动力。但近年来情况已发生明显变化:

(1)国内资本对经济增长贡献以及引进外资出现了波动与下滑。据国家统计局分析,2009年,中国资本总额对国内生产总值的贡献高达87.6%,拉动国内生产总值增长8.06个百分点,随后逐年下降,2012年贡献率仅为46.1%,2013年回升至54.4%。

(2)利用外资在2009年增幅降至最低(与受全球金融危机冲击有关),2012年的增速降至－11.7％，2013年持续下降，降幅收窄，增速为－3.34％，达4 319.44亿元。

(3) 依靠较低劳动力成本、融资成本和土地成本形成的"投资成本洼地"效应逐步减弱，凸显投资驱动型经济难以为继。

与此同时，中国资本开放仍存在诸多机遇：

(1) 60万亿元储蓄资源凸显资本潜力巨大，可供开发。

(2) 金融体制改革将进一步激发国内外资本的活力。金融的基本功能是资金融通，将富裕资本与实体投资相结合，必然包含两个方面：一方面满足资金需求方的投资需求，从而促进实体经济发展；另一方面应满足资金供给者的金融投资需求，让更多出资者分享实体经济发展带来的福祉增进。然而，多年来，我国采取的是发展建设金融模式，这种模式着重于资金需求方的利益诉求，牺牲了资金供应方的利益。目前，这种政府通过金融垄断、利率管控等措施，以牺牲居民财富投资的需求为代价，为国有企业和国家建设服务的模式已不合时宜，随着金融改革的推进，银行利率市场化的实施将有利于促进民间资本投入实体经济。

产生这种模式的根源在于市场和政府在资源配置中的界限未能较好界定，而今十八届三中全会《决定》明确让市场在资源配置中起决定性作用，必将助推金融市场化改革，互联网金融、证券市场的改革。2014年推出的"新国九条"、沪港通、上市公司注册制、未来将推出的深港通等将进一步激活中国资本市场。

(3) 目前中国经济存在的结构性缺陷、服务业发展的滞后，为未来资本优化配置，提高投资效率提供巨大空间。

2. 人口要素

改革开放30多年来，中国经济的高速增长，廉价劳动力的供应充沛，较高的劳动人口共同释放出巨大人口红利是决定性因素。30年后的当下，中国人口总量与结构都发生了变化，主要特征是老龄化形势日趋严重，人口要素禀赋结构特征的变化，对经济持续发展的制约作用渐显，在劳动年龄人口数下降、工资报酬（劳动成本）快速上升、人口总抚养比的结构性改变的共同作用下，人口红利作为推动中国经济高速增长的驱动力已难以继续发挥主力作用。

在刘易斯拐点来临、人口格局变化，"传统人口红利"效应逐渐减弱的境况下，仍然存在以下创造"新人口红利"的机遇：

(1) 培育人力资本红利。通过教育水平提高和健康寿命延长，共同增加劳动者的人力资本。劳动者人力资本的提高使得人力资本替代劳动力数量成为可能。

只要人力资本对于经济增长的贡献率超过劳动力数量对经济增长的贡献率，人口结构转变过程中出现的"数量人口红利消失"就可转而被新生成的"人力资本红利"所替代，并创造出新的发展动力。意味着这一以人力资本充分利用为动力的发展模式，将更加依赖人才、知识技术和健康促进的发展模式，通过人力资本的不断投资和充分利用来提高劳动生产率，使得单位劳动者能够创造出更多的物质和社会财富，成为经济社会可持续发展的新动力。

（2）"人口消费和服务红利"。人口结构转变带来老年人口比重提高和社会抚养系数上升，人口红利消失、投资率下降，将带来消费率和服务需求的提高。这种消费和服务的增加，在某些方面表现为养老、护理等社会负担，或对非劳动力人口教育、健康等家庭社会开支，但如果消费和服务提高对经济增长的贡献率快于投资率下降对经济增长的影响，这样"传统人口红利"的减弱也就能够被增加着的"消费和服务红利"所替代（至少能部分替代），同时，增加的消费人口红利本身意味着提高居民的生活福利，并形成一种以服务为导向的、以福利幸福为追求的经济社会模式。

（3）挖掘"老年人口红利"。老年人口预期寿命和健康预期寿命在延长，老年人口数量和比重不断提高，意味着可以利用的老年人力资源和老年人力资本的存量也在增加。如若老年人力资源的开发利用快于劳动适龄人口的比重下降，总体上由于"传统人口的红利"减弱所带来的生产能力损失就能够被生产性老龄社会带来的经济社会贡献增加所替代（至少能部分替代以减少驱动力的减退程度）。因此，在充分认识老龄化过程对经济社会带来诸多挑战和不利影响的同时，我们需要一种逆向思维，就是生产性老龄社会建设本身就蕴含着解决"老龄化"挑战的对策思路，并为开辟新的人口红利提供可能。

3. 全要素生产率

全要素生产率是指各种要素投入水平既定条件下，所达到的额外生产率，主要由资源重新配置效率和微观生产效率两部分组成。在我国经济高速增长的"老常态"时期，更多依靠投资增长所带来的投资劳动比上升。根据世界银行经济学家估算，1978—1994年中国资本劳动比提高对劳动生产率的贡献率达45.3%，2005—2009年大幅提高到64.7%，2010—2015年进一步提高到65.9%。在上述三个期间，全要素生产率对提高劳动生产率的贡献度从46.9%大幅下降至31.8%，并预计将再降低到28%，凸显仅仅依靠提高资本劳动比来提高生产率将遇到资本报酬递减的瓶颈约束。

与此同时,存在以下提高全要素生产率的潜在机会:

(1) 在宏观层面上对劳动力资源重新配置,让农民工变成市民,提供培训,使之成为有知识、有技术的劳动者。

(2) 制造业的产业链向"微笑曲线"的两端延伸,实现制造业的服务化。

(3) 发展服务业,特别是生产性服务业。

(4) 用现代信息技术改造整个国民经济,而信息产业的主要成分就是服务业;可以说,提高效率的重点是发展服务业,以及从依靠"人口红利"推动发展转向依靠"人才红利"作为发展的新动力。

基于中国过去的发展、特别是外向型经济的红利主要是从制造业获取,未来服务业在全球化规则的导向下,其发展潜力巨大,发展空间极其远大。目前还处于体制约束下具有巨大发展潜力的现代服务业完全有条件通过制度创新、技术创新焕发出新的活力,成为中国经济结构调整的转型升级的新动力和主引擎。

(二)需求驱动约束与机遇分析

需求学派认为,一国一地经济发展主要由消费、投资、净出口三要素驱动。从需求学派视角分析,当前中国经济增长也因要素禀赋特征发生变化而受到诸多约束,存在若干不足。同时也存在发展机遇。

1. 进出口贸易

总体而言,受国际经济下行的外部因素和内部要素特征变化的共同影响,中国进出口贸易告别高于GDP增速15%以上的快速增长期,进入与GDP增速基本同步的新阶段,进出口额下滑主要缘于以下几点:

(1) 发达国家储蓄与投资缺口缩小。长期以来,西方发达国家在高消费、高福利导向下,储蓄率很低,在储蓄和投资之间存在很大缺口,需要靠发展中国家净进口加以补充;而这一期间中国低成本的竞争力很强,于是能够在发达国家净进口中占据较大份额,分得一块较大"蛋糕"。全球金融、经济危机发生后,发达国家去杠杆化,提高了自身的储蓄率。如此一来,根据经济学的"双缺口效应",只要发达国家储蓄与投资的缺口变小,发展中国家净出口的可能性(市场)就变小。美国储蓄率会有起伏但难以恢复到经济危机前的水平,随着中国劳动者工资水平的持续提高,中国产品的低成本优势已逐渐递减,因此在出口蛋糕的份额中会有所下降。

（2）传统制造业部件生产本土化的因素。改革开放初期通过引进外资,建立汽车等合资企业时,主要零部件由外方提供,组装后部分成品出口所形成的进出口贸易额,随着零部件国产化水平的提高,这部分国际贸易转为国内贸易或本地供应;加之我国在非洲等地区的产品出口逐渐转为在当地建厂生产,就地销售也使部分贸易额减少。

（3）中亚、西非等新兴市场尚处于培育之中,市场需求未能迅速上升,消费者购买力尚待逐步提高。

（4）欧美等国家"再工业化"。由于全球经济危机后,受欧美等国家推行以制造业回归、"制造业出口倍增计划"等为目标的"再工业化战略"的影响,导致原在中国的制造业回迁欧美。

（5）人口红利递减。由于中国劳动力成本、商务成本持续上升,国内生产要素成本的大幅提高和人口红利的逐渐消失,使中国"成本洼地"优势减退,部分跨国公司将原设在中国的企业迁至成本更低的越南、老挝、柬埔寨等东南亚国家。

基于过去中国外向型经济主要从制造业获取,与之对应的服务部门始终是以本地化封闭形态发展,且存在进口与出口比例的不协调性,未来的国际贸易仍存在较多机遇：

（1）从以扩大出口为主转向出口与进口并重。进入新常态,出口并非可有可无,而是应该通过出口,继续消化我国过剩产能,并使我国产品质量紧跟全球同类产品的最高质量,以保持全球竞争力；与此同时,要扩大进口,为提升中国制造的能级,必须使用外汇进口全球最好的零部件、品牌、专利等,充分利用、整合国际优质资源,使"中国制造"向"全球制造"拓展,使进口在中国产业升级中扮演重要角色；为满足民众日益增长的物质文化需求,也需扩大进口。众所周知,真正的贸易主动权掌握在进口方手中,在国际贸易中真正的赢家是进口方而不是出口方。

（2）以货物贸易为主转向货物贸易与服务贸易并重。中国的货物贸易在全球具有很大竞争力,但服务贸易长期处于劣势,据国家统计局2012年统计,当年中国货物的顺差与GDP增量相比贡献率为4%,而服务贸易为逆差,与GDP增量相比为-6.2%,两者相加为-2.2%,一方面显示贸易对GDP增长的贡献率低,甚至产生负效应；另一方面,显示服务贸易存在巨大的潜力和发展空间。

（3）在经济体制上,从以参加全球贸易体制为主转向参加全球经济贸易体制与区域经济贸易体制并重。基于全球经济贸易体制中的一些机构已渐被削弱,不能反映现实的政治经济力量对比,因而损害了其影响力,如世界银行和国际货币基金组织(IMF)的现有决策机制,已不能反映当前国际经济实力新的对比;WTO因确立了其中任一国家均可否决世界组织全体成员达成的协议的规定,导致2013年10月好不容易在印尼达成的贸易便利化全球协议,由于印度一国的反对而至今未能实施,很多国家开始抛弃全球经贸体制,而选择区域经济贸易合作体制。中国应顺势而为,在参加全球经贸体制的同时参加区域经贸合作体制,为自身发展争取更多国际合作机会。

2. 投资

改革开放以来,中国经济高速发展期间,主要依靠投资、出口拉动,属投资主导型发展模式。投资可分为国内投资和境外投资两大部分。就引进外资的本质而言,投资不是货币意义上的资本跨国流动,而是生产要素的国际流动。所谓生产要素,在传统意义上往往分为劳动力、资本和土地,但跨国公司在投资时,所提供的首先是特定的创新产品、核心的生产技术、相关的知识产权、优秀的管理方式与管理团队,以及国际市场销售网络等。诚然,其投资的重要目的之一是占领中国市场。其次才是营运所需的货币资本。通过引进外资实现高级稀缺要素流入,使国内低级充裕要素得以使用,在此基础上发展出口和实现增长是前30年发展的战略特征。如今这一发展模式遭遇瓶颈。就整体经济而言,中国面临制造业去产能化、房地产业去泡沫化、金融业去杠杆化、生态环境去污染的挑战。

虽然受到上述4个"去化"的困扰,中国经济在投资领域仍存在各种机遇。例如,在制造业领域,尽管造船、钢铁、水泥、平板玻璃等行业产能过剩,但基础设施建设、高新技术产业、战略性新兴产业仍有投资需求。又如房地产业随着人均GDP的上升和居民工资性财产性收入的增加,改善性住房需求和新婚青年婚房的刚性住房需求潜力巨大;据统计,即使到2050年,这一人群的人数仍达5亿人。另一方面,李克强总理在2014年政府工作报告中提出,今后一个时期,着重解决好现有三个"1亿人"问题:促进约1亿农业转移人口落户城镇,改造约1亿人居住的城镇棚户区和城中村,引导约1亿人在中西部地区就近城镇化,将成为房地产业发展的新机遇。2014年出台的土地制度改革方案,决定以农村集体经营性建设用地流转作为土地改革的突破口,农地入市参与流转、农村宅基地管理政策的改革,也将为房地产业提供新的发展机遇。

还有生态环境,虽然环境容量已接近上限,生态污染严重,但从反向思考,可以发现存在生态修复的发展机遇。通过大气、水环境和土壤的全面去污染,可为经济发展提供新动力、新空间。

3. 消费

改革开放30多年来,消费在GDP中的占比不升反降,是需求拉动经济发展"三驾马车"中的短腿。反而言之,也是在新常态下经济发展最具潜力的板块。

据商务部研究院分析,当前消费呈现以下5个新特点:

(1) 整体而言增速进入减速换挡期,消费长期保持中速增长,在三驾马车中增长最为稳定。

(2) 服务消费的占比和增速占比大幅提升,商品与服务的结构优化,服务消费占比达到小康甚至富裕的发展阶段。

(3) 科技创新、信息消费引领消费的增长,与互联网有关的消费成为最大的消费亮点。

(4) 消费去政策化特点明显,消费增长机制得到巩固,收入水平提升与人口数量增加是消费的主要驱动力。

(5) 消费文化发生重大转折,理性务实的大众消费成为主流,过度消费、炫耀消费逐渐淡出。

上述特点显示,由于消费增长机制得到巩固,居民消费能力逐渐上升,服务消费成为消费主流,只要商家把握得当,及时提供消费者个性化消费需求,在未来较长时期内,消费将可成为驱动经济发展的主动力之一。

综上所述,尽管中国经济发展的传统驱动力有所减弱,在要素配置、生态环境等方面存在诸多约束,同时也存在很大的驱动转换机遇,在增加服务消费,提高人力资本和全要素生产率(目前为28%,目标空间为60%),以及提高资本利用率、收益率,拓展国内外物流市场空间与虚拟市场空间等方面乃大有用武之地。只要我们顺势而为,推动经济发展从以需求驱动为主转向供给驱动为主,需求驱动并举,定能在过渡期内完成新旧经济发展阶段的衔接,确立合理的经济发展新常态。

(作者曹玮清是中石化上海工程咨询有限公司主任工程师、高级工程师,作者钧家是上海浦东工业技术研究院副院长、教授级高级工程师、上海市注册咨询专家)

供给侧改革与房地产转型发展

郑文焱

2016年12月中旬召开的中央经济工作会议指出,2017年是供给侧结构性改革的深化之年,经济工作的重点之一是促进房地产市场平稳健康发展,坚持"房子是用来住的,不是用来炒的"的定位,建立符合国情适应市场规律的房地产平稳持续发展的长效机制。据此,推进房地产转型发展不失为抑制房地产泡沫,防止出现大起大落的重大举措、有效途径之一。房地产业是中国经济发展的支柱产业之一,在中国经济进入转型发展之际,彰显房地产业找准供给侧痛点、转型发展的必要性与紧迫性。

一、房地产业与中国经济高速发展密切相关

供给学派和需求学派模型都能解释和界定各国经济发展的驱动力。从需求学派的角度出发,经济增长主要是投资、消费和净出口,在中国经济高速增长阶段,实际发挥主要推动作用的是投资和净出口,对消费这一动力未能很好挖掘。据美国经济学家分析,上述期间,投资对中国经济增长的贡献率接近5成(其中2012年为46.1%)。在总投资中,主要投向产业发展、基础设施建设、房地产、公共服务和民生等领域,其中房地产有关的投资约占总投资的30%,足见房地产在推动中国经济高速发展中的重要作用。据测算,房地产业的经济总量约占全国GDP的10%,2013年占14.3%(偏高)。房地产发展还带动钢铁、水泥、有色金属、工程机械、通信、家电、家具、装潢、纺织等三四十个行业协同发展,房地产及其关联产业的经济总量,约占全国GDP的20%~25%,在拉动经济发展的"三驾马车"中,成为名副其实的"骏马"。

二、房地产业将进入产品为主、品牌消费、理性发展的新常态

经过多年发展,中国住房和商业用房饥渴性需求已得到缓解。房地产业已进入行业分化、供求相济、竞争加剧、强者恒强,平均利润率回归正常水平的理性发展新阶段。

（一）中国房地产发展主要历程

自20世纪70年代以来,作为中国经济社会全面改革开放的一个重要组成部分,房地产是与国民安居密切相关,但其市场化程度是相对滞后的一个领域。在计划经济色彩仍然浓厚的年代,中国房地产同许多新鲜事物一样萌芽在珠三角地区。20世纪80年代的广州、深圳等最早一批接受改革开放洗礼的城市,成为日后中国房地产蓬勃发展的奠基石。整个中国房地产的发展波浪起伏,在30年的历程中,大体经历以下五个发展阶段:

1. 理论突破与试点阶段(1978—1991年)

1978年末党的十一届三中全会揭开中国改革开放序幕后,理论研究界开始提出住房商品化、土地产权等观点,为中国房地产发展打下理论基础。1982年,国务院在广州、重庆、深圳等4个城市进行售房试点;1990年上海市房改方案出台,住房公积金制度开始建立。1991年开始,国务院先后批复了24个省市的房改总体方案。

2. 非理性炒作与调整推进阶段(1992—1998年)

这一阶段的标志性事件有三:房改正式启动;住房公积金制度全面推行;1993年"安居工程"启动。

3. 相对稳定协调发展阶段(1998—2002年)

1998年中国房地产出现了一个新事物——"货币化分房"。1999年2月,中国人民银行下发《关于开展个人消费信贷的指导意见》,中国新一轮房地产的牛市正式启动。

4. 价格持续上扬,多次调控措施出台阶段(2003—2012年)

这一阶段,从"国八条"到"国六条",从"调控"到"再调控"。央行严格贷款的121号文件余热未尽,中国房地产又面临政策考验。

5. 房价上下波动,产品为主,理性发展的新常态阶段(2013年至今)

经过10多年快速发展,房地产出现过度供应,去库存成为行业的"主旋律"。去泡沫需求开始显现,房产供应预期趋于下降。2013年末出台"新国八条",调整效果显现。

据财政部信息,2014年全国土地出让面积同比下降20.6%。

在全国处于制造业去产能化、金融业去杠杆化、生态环境去污染化进程的同时,房地产业着力于去泡沫化。显示中国房地产市场将由"黄金十年"向"白银十年"转轨。

(二)居者有其屋,库存增加与房价上涨压力并存

经过近20年的快速发展,房地产市场已出现供过于求的局面,除受房价高企的约束外,大多数居民已可根据自身经济能力选购自住用房和改善性住房。在中国新生代流行结婚必须有"婚房"理念驱动下,大部分新婚夫妇都通过自力更生或在父母助力下购置了婚房。加上老一辈国企员工在"房改"政策的支持下,绝大多数已将单位分配的福利房购买为自有的产权房。于是,城镇居民家庭中拥有自住产权房的占比已逾50%,大大超过一般发达国家20%～30%的水平。可以认为,经过政策引领和房地产业快速发展,中国已基本实现居者有其屋(包括自有房和租赁房)。

与此同时,房地产市场去库存化压力巨大。

库存的去化周期本质上反映的是市场成交情况,一般库存去化周期应处于12个月左右较为合理。

对于房价高低的判断,一般以劳动者的月收入与每平方米房价之比——收入房价比来衡量。以德国为例,员工平均月收入与单位面积($1\ m^2$)房价的比例约为1∶2,即每平方米房价约为月工资的2倍,而在中国,收入房价比高达1∶6以上,反映出房价过高。

(三)主力购房人群总数将于2018年下滑

据中国楼市专家艾经纬分析,商品住宅的主力购房人群为25～49岁的消费者。一般而言,商品住宅的消费量与劳动人口总数正相关,过去20年楼市价格的节节攀升与我国劳动人口的持续增长关联密切。据统计分析,我国25～49岁的主力购房人数2010年为5.47亿人,于2015年达到峰值,约5.68亿人,随后将于2018年下滑;至2020年主力购房人口总数为5.43亿人,2050年将降至5亿人。

尽管主力购房人口总数将于2018年较快下滑,但即使是2020年主力购房人口总数为5.43亿人,仍是十分巨大的体量,对商品住宅仍有较大的需求,且我国全面开放"二孩"的人口政策,将对原有统计数据产生增量修正——即主力劳动人口总数在一二十年后将有较大的增量修正。李克强总理在政府工作报告中提出要解

决三个"1亿人"的居住问题,为房地产业提供了巨大的发展机遇。

(四)吸取日本九十年代房地产泡沫化的前车之鉴

1987年春季,日本政府摆脱从紧的财政政策,采取了规模庞大的紧急支出政策,通过了一笔用于公共投资约6万亿日元的附加预算。公共支出项目给相关行业,特别是建设行业、原材料和重工行业带来了繁荣增长。政府宏伟的开发计划将土地价格推到一个非常高的水平,国土厅"东京区域改造计划"让东京市中心区域地价大幅度提高。在公共投资的示范下,地价在公共工程和低利率的刺激下急剧上升,吸引了来自国内外的大量资金。1985—1990年期间,住房投资和消费者耐用品消费稳步上升,同时商业固定投资也不断上升,这被看成是经济增长的主要动力。

分析认为,这种投资驱动的经济,造成了生产与消费之间的扭曲,使得资本存量过度和经济出现了动态无效率。投资驱动所引起的投资爆炸式增长,并最终使得信用与生产循环破坏。

1985—1990年的5年间,日本城市地价在很高水平上又上涨了2倍,东京中央区地价上涨了3倍。房地产价格持续暴跌使许多房地产建筑公司在房地产业的投资严重失败,无力偿还贷款,不得不宣布破产,进而导致关联的金融机构相继倒闭,日本金融体系发生剧烈动荡,日本银行业的各项机能遭到重创。

日本房地产泡沫形成和破灭的前车之鉴,值得吸取以下教训:

1. 日本泡沫破灭显示,世界上没有只涨不跌的房地产。金融机构对于房地产泡沫应当保持最高程度的警惕。不能因追求利润而将房地产贷款作为最佳贷款项目,无节制地扩大信用规模,以助长泡沫的形成,从资金流上加以控制。

2. 切实防止由于投资投机过度造成房地产业虚假繁荣。人们从银行贷款购买房地产,然后用房地做抵押再去购买房地产,造成了大量的重复抵押和贷款,加剧了房地产价格的暴涨。

3. 在客观调控上要防止由于汇率的调整,特别是本币的升值导致的资产泡沫化和经济泡沫化。尤其在物价稳定时期,更应当心资产的泡沫化,以防遭遇泡沫破灭的劫难。

4. 必须处理好当前的经济繁荣与经济的长期持续健康发展的关系,不能为刺激短期经济增长而采取危害长远发展的宏观经济政策,因为不论是财政政策还是货币政策,都解决不了经济增长的根本动力问题,这点对于面临 GDP 增速下行,房地产业处于去泡沫化转型发展的中国而言,尤为值得记取。

尽管中国房地产出现一些供应过度,且供应过度长期不能消化会形成一定压力,但基于中国房地产坏账率低,尤其是个人购房首付 30% 以上的房贷制度,大大提高个贷的资产质量,因而控制得当不致出现金融危机。

三、房地产业应加快转型发展

当前,高房价已成为城市首要的民生问题,解决住房成为民众迫切的愿望和需要,对于上海市民,尤其是上海引进人才而言,没有住房就不可能产生归宿感,强化城市的居住功能已成为上海面临的最需要解决的现实矛盾,成为上海留住人才的关键举措之一。同时,为了转变经济发展方式,政府已将拉动内需视为重塑发展动力的最重要内容,政府主导、市场推动,建设市民急需的经济适用房、廉租房已迫在眉睫。而要推进经济适用房、廉租房加快建设,首先必须转变观念,强化房地产的公共产品属性,以满足居民基本需求作为房地产业的发展目标。使房地产在实现稳增长、促改革、调结构、惠民生的发展目标方针中发挥应有作用。

新时期我国房地产的转型主要体现在以下三个方面:

(一)房地产的属性由重视商品属性向重视公共产品属性转型

房地产是一种商品,与其他商品一样,在市场经济中有一只无形的手在调控它的价格。但是,区别于其他商品的是,房地产既有商品属性,也有公共产品属性。在上海房地产发展中,特别是宏观调控之前的几次转型,分别为改革计划经济体制,向商品经济房地产转型,向社会主义市场经济房地产转型,这都是房地产注重商品属性的特征。即使 2003 年以来的宏观调控仍然是把房地产放在经济领域里来提出和考虑问题的。应该说自从中国有了房地产市场以来,住宅的社会功能都被其强大的经济功能所掩盖。这必然造成房地产作为公共产品的属性没能得到延续,必然造成其公共产品属性缺失、缺位。在房改以后的房地产发展中,商品房、货币化,并用以拉动经济是非常主动积极的,但是从民生方面来考虑住房问题是被动和不够积极的,其结果是廉租房存在不同程度的政策缺位、资金缺位、机构缺位问题。缺位就应当及时补位,住房的两重性一腿长、一腿短,正在对我国的"以人为本"、满足人的需求、实现人的愿望、构建和谐社会形成冲击和影响。

（二）房地产的功能由投资功能向使用功能转型

从价值论角度看，房地产既具有使用价值，也具有价值。如住宅本身的使用价值是居住，这是其基本功能。房地产价值的属性是投资功能，这取决于不动产与金融的高度紧密联系。在国内外的GDP核算中，都把房地产归为投资，体现了其投资功能的重要性。我国房地产作为投资产品大受欢迎与我国投资过热以及银行利率政策导致的货币资产贬值，非货币实物资产升值有关。回顾一下，从我国银行利率比较高的1990年代，下降到比较低的现在，是不是存在固定资产投资整体过热问题，而不仅是房地产。投资过热与宏观经济有关，人民币的供应相对过剩，就需要提高贷款利率，因此央行不断小幅升息，但是银行又面临着高达10多万亿元的巨大的存贷差，因此最终导致了非货币的实物资产升值。因为在这么低的利率下，迫使存款人去购买实物资产，而最大的可保值的实物就是房子，这就是为什么房地产的投资（或投机）功能会得以被强调和放大，其结果是房地产升值。这种情况之下，必然强化了房地产的投资功能。从经济学角度而言，在任何一个国家，使实物资产升值都会导致贫富分化，因为只有富人才具备投资实物资产的能力，而实物资产升值后就使得这些人更富，最终导致贫富差距拉大。同时，国内外的热钱、游资也开始追逐我国的房地产投资，最终使得房地产价格越炒越高。因此，房地产的转型要求增加其使用价值，即向使用功能转型，使房地产在主要满足基本消费需求的同时，也能满足中高端消费需求，既满足居住功能又满足投资功能的需求，并使基本需求与中高端需求、居住需求与投资需求两者的比例相协调，从而促使房地产业的协调发展。

（三）房地产业由资源消耗型向低碳节约型转型

房地产业与钢筋、水泥、玻璃、有色金属等高碳产业关联性强，特别是对不可再生的稀缺资源——土地的刚性需求，使房地产成为典型的资源消耗型产业。

房地产业既是国民经济的支柱产业，又是碳排放大户。从建材的生产、运输到房屋的建造、维修、拆除以及住宅运行中的照明、制冷采暖、使用家电电器都消耗大量能源资源。据测算，如将房屋建设和使用过程中的能耗折算为碳排放，新建1平方米的建筑要排放约0.8吨二氧化碳，按照我国每年建造20亿平方米房屋计算，相当于每年增加碳排放16亿吨，整个建筑业的碳排放量约占全国碳排放总量的

1/3，远远高于交通运输和工业领域。在全球关注碳排放、低碳发展成为关系到人类自身生存发展、经济社会可持续发展和世界和谐的全球性大趋势的今天，房地产业向低碳节约型转型更具战略意义和迫切需要。

上海是我国四个直辖市中土地面积最小、原材料和能源主要依靠外地输入的城市。鉴于上海的资源禀赋特征，上海又是全球低碳城市发展项目的首批试点城市和电动汽车国际示范城市，资源消耗型发展方式制约着上海产业结构的优化升级和低碳发展，单纯依靠大量消耗资源来发展上海房地产之路已难以为继，必须向低碳节约型转型。

四、房地产业转型发展的若干思考

为提高中国房地产业的供给质量和效率，房地产业应更加重视在新发展理念引领下，转变发展方式，重视与社会、环境及生态文明的有机结合，走绿色、低碳、永续、协调、和谐的科学发展之路。

（一）弘扬"百年大计"的建筑文化

"土木之工，不可擅动"是我国自古以来重要的建筑思想。之所以如今的建筑使用不久就面临被拆成废墟的命运，质量往往并非主要原因。数年前统计显示我国是全球每年新建建筑量最大的国家，达20亿平方米，但建筑的平均寿命仅25~30年，正是基于此（拆了建，建了拆）我国创造了两项世界纪录，即在消耗全球最多的水泥和钢材的同时，生产出全球最多的建筑垃圾（4亿吨/年），占垃圾总量的30%~40%，而根据我国《民用建筑设计规则》，重要建筑和高层建筑主体结构的耐久年限为100年，一般建筑为50~100年。反观欧美等发达国家其建筑使用年限同为50年，但实际平均使用寿命长得多，英、法、美国的建筑统计平均使用寿命分别为125年、85年、80年，在意大利，2000年前的斗兽场如今依然屹立。

中国之所以出现大批"青壮年"建筑非正常"死亡"，究其原因主要有：1.来自政企的"短视"文化；2.崇拜GDP，大搞形象工程的错误政绩观；3.拆迁卖地的利益驱动；4.城市规划缺乏前瞻性、科学性、严肃性。从宏观看，规划应成为引领百年建筑的龙头，1.应进一步提高规划的科学性，并在城市规划阶段细化建筑物的寿命。2.应切实加强城市规划的严肃性，进一步加强城市规划的执法力度。3.要建立建筑拆除的法定程序，明确拆除条件，切实做到建筑拆除有法可依、有章可循。4.要强化责任追究,相关部门应出台政策法规,严厉禁止没有质量问题的建筑提前被拆除,并对违规拆除"短命"建筑的相关责任人追究责任。5.要建立建筑物拆除评估组织,可参照国外的做法,在业内设立由业内专家组成的委员会。包括建筑、规划、文物、文化等行业的权威人士,共同论证是否允许拆除某个建筑,对于某些重要建筑的拆除甚至可以举行听证会。

(二)着力推进生态房地产发展

生态地产——绿色生态地产除需具备遮风避雨、采光通风等基本功能外,还需具备协调环境、保护生态、节约能源的特殊功能。

在世界范围内,绿色建筑已成为通行的理念。英国前首相布莱尔发起的非政府气候组织,在中国运作低碳生态建筑项目。建筑业、城市交通运输和城市化推进将是我国"刚性碳排放"的三大重点领域。目前建筑能耗约占我国总能耗的28%,这一比重在未来15~20年将上升到35%。因此,发展绿色建筑产业对于我国应对气候变化、推动低碳经济发展具有重要意义。尤其是2016年9月在杭州召开的G20会议期间,习近平主席与美国奥巴马总统向联合国秘书长递交政府批准的《巴黎气候协定》文书,中美共同引领全球减排,承诺中国将在2030年达到碳排放峰值,非化石能源达到21%的战略目标,我国碳减排的任务包括建筑节能任务更为紧迫。

为此,建筑节能应着力于增量建筑低碳发展,存量建筑低碳改造。

(三)发展住房构件工厂化生产

建筑业在转变发展方式中应推进住宅部件模块工厂化生产,然后运送到工地进行住宅搭建,以提高住宅生产效率和质量,降低成本,节约资源能源,方便建筑的维护和改造。早在1910年,德国建筑师沃尔特·格罗皮厄斯提出"住宅产业化"概念。随后各国兴起对住宅产业化的研究和实践。

住宅产业化在美国、日本、欧洲、新加坡等发达国家起步早,产业化程度高。在瑞典,80%的住宅采用以通用部件为基础的住宅通用体系。在美国,住宅构件的标准化、商品化程度几乎达到100%,这也成为发达国家建筑寿命普遍较长的重要原因。

在国内住宅产业化于近10年才逐渐进入实践阶段,推行"工业化建房"技术的企业,以远大和万科为代表,万科采用混凝土结构,远大是钢结构。建筑主体工业化和产业化,首先是楼房本身,其次是内装修、管线设计,万科的住房产业化主要是外墙生产,国际上住宅产业化的重头戏则是内装修与管线设计,远大建造钢框架后,在内装修、管线设计方面,目前国内尚无配套产业链,可见国内生产系统、产业化程度尚未成型。

住宅产业化在我国的发展进度依然较慢的主要原因在于缺乏必要的法律保证,似应从以下几个方面加大住房产业化的推进力度:1.加大宣传引导,使消费者、开发商理解全装修住宅的经济和社会效益;2.出台强制性成品住宅验收标准,把设备的质量、节能减排的效益纳入质量评定范围;3.调整税收政策,用经济手段激励开发商建设成品住宅;4.培育和完善全装修住宅产业链;5.制定住宅产业化建筑部件标准,使之标准化、系列化。

(四)房地产转型发展应具备互联网、云技术思维

随着互联网在各领域的应用日新月异。对人类的生产生活产生越来越大的影响,在房企转型发展中必须高度关注。

10多年前,互联网、云技术与房地产是各不相关的行业,但是随着信息时代的迅猛发展,互联网、云技术与房地产关系日趋紧密,两者发生了奇妙的"化学反应"。对房地产而言,至少已表现在以下几个方面:

1. SOHO需求上升。在建设SOHO小区时,应考虑同时满足白领阶层工作和生活两个层面所必须的配套设施,在规划和设计中更加突出"以人为本",满足白领阶层个性化需求的指导思想,提供充分和必要的人性化设施。

2. 智能化写字楼应运而生。将智慧云技术运用于房地产建设智能化写字(商务办公)楼,成为互联网云计算与房地产融合的又一产品。典型者如绿地集团,选址广东的广州绿地中央广场,将成为首尝智慧办公的综合体。其超级中央前台具有较强的多项服务功能,可承担各入驻企业的前台收发接待、会议室预约、人事招聘、工商注册、社保缴纳等一系列关于行政、人事、财务的外包服务。

3. "云管家"崭露头角。住宅装修是最能体现消费者个性化需求特征的工程,也是消费者最为费心费时劳心劳力的环节。在消费群体纠结于挑选设计师、海量淘案例、担心预算有猫腻,苦于跑建材市场、操心装修进度时,上海同济高科技有限公司研发推出的以互联网为平台的装修利器——"云管家"。该系统平台共有量

房、设计、预决算、施工、验收等 15 个板块,装修流程分为"前期设计备案阶段""中期施工监督阶段""后期验收质保阶段"三个阶段。使用该系统,消费者通过点击鼠标,即可获知所有装修重点,完成装修进程中需要消费者自主的一系列任务。

4. SOHO 3Q 网上租房系统隆重推出。近日,SOHO 中国宣布在其开发的上海 SOHO 复兴广场和北京望京 SOHO 将率先推出 SOHO 3Q 网上租房系统,通过互联网开展办公空间灵活、短租业务。

传统的写字楼通常采取整租、年租的方式。而在 SOHO 3Q 系统,客户可以只租一个星期、一个月,从选房、订房到付款交易,随时随地,每个环节都在互联网上进行。

据介绍,2015 年中国有 8 座办公楼中的 3 万 m^2 参与这项新业务。这一模式还将打破 SOHO 一贯创导的"北上广、繁华地带、中心区域"惯例,扩展至全国。

5. BIM 建筑信息模型崭露头角。高度达 632 米的上海第一高楼——上海中心,工程信息海量复杂,仅图纸数量即逾 15 万张,如依靠传统建筑工程模式,将对设计、施工提出巨大挑战。运用 BIH 技术对设计进行虚拟建造,可将时间维度、制造厂家、工程进度和成本等方面动态三维地展现出来。应用该技术,提前发现和解决上海中心的碰撞点数超过 10 万个,节约费用 1 亿元。在施工阶段,利用 BIM 数据化技术,将实际测量坐标与理论坐标进行对比,及时纠正不符合规范的部位,从而达到预拼装效果,减少返工、节省材料。在外幕墙的拼装上,运用 BIM 技术后,绘制加工图效率提升 200%,加工图转化效率提升 50%,复杂构件测量效率提高 10%。而在室内装饰方面,利用 BIM 技术,将工厂制造的装饰构件运到现场拼装,使上海中心办公部分内部空间装饰工业化率达到 85%。

(五)外向化、多元化、集约化将成房企持续发展的理性选择

经过几年的调整,楼市各方都进入更加理性的状态,意味着楼市处于一个理性时代。进入楼市发展新阶段,房企必须顺势而为,相应调整发展的策略,拓展自身发展空间,确定新时期发展路径。

1. 外向化是拓展房企发展空间的必由之路

在国内市场现实需求与得到一定程度满足,部分城市去库存化仍是"主旋律"的环境下,房企向海外发展,已成为拓展市场空间,谋求持续发展的必由之路。

近年来,绿地、碧桂园、万达、富力、雅居乐……这些国内知名房企纷纷布局海

外。遍布韩国、澳大利亚、马来西亚、新加坡、美国等国。大连万达2012年收购美国AMC娱乐控股公司;绿地旗下的汉拿山小镇更成为上海既叫好又叫座的项目之一。

据业内人士分析,目前海外置业的热点主要集中在旅游、投资和教育等方面。多元化是拓宽发展领域的必然选择。

2. 集约化是整合资源、提高竞争能力的必要举措

随着楼市回归正常的过程,伴随而来的则是行业分化加剧。近日发布的房地产销售排行榜显示,50强房企总体业绩在持续膨胀,房企集中度迅速提升。从发展趋势看,行业比拼规模的时代或已过去,未来房地产市场的竞争核心将转向企业核心能力的竞争,房企应调整发展节奏及布局领域,同时,强化房企的核心竞争能力。而集约化经营,将是强化企业运营能力的再建设、提高房企发展质量和效益、增强市场竞争能力的必要举措。

(六)挖掘房贷证券化市场的潜在需求

房贷证券化是指由银行业、金融机构发放的住房抵押贷款支持证券(MBS),是一款起源于美国华尔街的房地产金融创新产品,旨在增强房贷资产的流动性,以增加金融机构对个人住房贷款的投放能力,从而加快金融机构本金回笼和资金周转速度。实施房贷证券化,银行即可于放贷后,将住房按揭贷款及其附属担保权益,以特定利率转让给受托机构。受托机构则可以以资产支持证券的形式发行受益证券,把这笔资产再打包成理财产品、保险产品或信贷产品,以一定的利率向投资者出售。通过上述程序操作,银行可谓一举多得:1.可将贷款本金提前收回;减少银行负债,增加现金流;2.可将自身承担的隐形风险转移到证券市场;3.在理论上每年可赚取固定的贷款利率与MBS利率之间的利息差(房贷利率—证券利率—发行费率),或收取手续费、中介费;4.可降低银行在个人贷款业务中长期资产和短期负债的匹配难度。

对购房者而言,好处有二:1.银行融资渠道的拓宽和贷款规模的扩大,能够间接降低贷款者的申请难度;2.基于银行风险因此举而大为降低,其所推出的按揭贷款利率可能有大幅度的优惠,从而降低购房者贷款成本。

可以说,MBS业务如能顺利推行并达到规模化,对银行和购房者是一项"双赢"的举措。

（七）房地产建筑应向"境筑"升华

房地产是城市的基本构成要素之一，房地产等建筑是城市建筑的重要组成部分。建筑与城市设计密不可分，是体现城市人文特点、历史积淀的重要载体。房地产建筑的发展必须与城市发展相协调，融入城市设计理念、建设发展规划之中。

转型发展的房地产，应告别"野蛮生长"，转向"文明成长""理性成长"，以与时代前进同步的心境为指引，更加关注于适应城市设计观念，更加善于从"营造环境"到适应环境、融入环境，着力于实现建筑物要从单纯设计到环境为基的要求，体现优秀建筑应是"境筑"的理念，为城市的建设发展添光增彩。

关于城市设计理论，在我国，可上溯到2 000多年前的《周礼·考工记》。其中的"匠人营国"实际上是西周奴隶制王国国都的设计模式，体现了至高无上的王者权力以及严格的封建宗法和等级制度。西方城市设计理论可追溯到公元前5世纪古希腊建筑师希波丹姆斯，其设计思想反映了古希腊奴隶制基础上的民主政治和人本主义。他所设计的米利都城，中心广场是市民活动的中心，在空间设计上追求几何形状的和谐及不对称的均衡，被称为"希波丹姆斯城市模式"。

进入近现代，城市的性质功能变得十分复杂，为解决众多矛盾以适应新形势，现代城市设计理念应运而生。大体可分为：

1. 从花园城市到新城设计理论

英国人霍华德1898年提出的"花园城市"理论，首次把空想社会主义者欧文、圣西门等人的理想城市设想加以具体化，开新城城市设计之先声。

国际现代化建筑协会的城市设计理论。主张依靠现代技术力量，从规划、技术着手，充分利用和改造城市有限空间。建议减少市中心建筑密度、增加绿地、增加人口密度，其具体办法是高层化。该协会1933年发表的《雅典宪章》为现代城市规模奠定了理论基础。

2. 从卡米罗·西特到依里尔·沙里宁

卡米罗·西特是19世纪末到20世纪初著名的建筑师和城市设计师。强调城市空间要和自然环境相协调。

美籍芬兰建筑师依里尔·沙里宁十分推崇西特的观点，强调城市应该是有机的，如同自然生长出来的。他十分重视"体形环境"。沙里宁的思想对世界各国都有影响，我国梁思成教授就提出形体环境问题，并将建筑系一度改名为"营建系"。

梁思成的继承者吴良镛是沙里宁的最后弟子之一,曾于 40 年代赴沙里宁创办的匡溪艺术学院学习。该学院融城市规划、城市设计、建筑、绘画、雕刻、园林、工艺设计于一体,是一个典型的环境设计学院。

3. 凯文·林奇的《城市意象》

当代著名城市设计师凯文·林奇另辟蹊径,在其名著《城市意象》中,第一次将环境心理学引进城市设计。

反观我国古代的城市设计,无论理论还是实践都有很高的造诣;近现代则不太突出。作为建筑行业的一员,如何在自身的工作实践中探寻适合中国自身的设计思想和艺术感悟,使自身的产品能以"心境"为引领,沿着时代发展潮流,结合所处城市人文历史环境特征,不断推陈出新,有所建树,应成为深刻思考、身体力行的责任和义务。

(八)政府应适时高举"有形之手"引领房产业科学发展

20 多年来,房地产业始终是中国经济发展的支柱产业,历届政府都十分重视房地产的发展。由于房地产相关联的行业多达三四十个,涵盖钢铁、水泥、木材、有色金属等大宗商品和家电、家具、纺织品等消费品行业以及金融业,房地产市场轻微变化会通过多个渠道汇总,对宏观经济的增长、就业、税收和物价等产生重大影响。一直以来受到政府和社会的高度关注,成为政府宏观调控的主要对象。从近几年政府工作报告中对房地产表述的变化,可以窥见政府对于房地产业调控的大体轨迹基调。

在 2010 年政府工作报告中提出:促进房地产市场平稳健康发展,要坚决遏制部分城市房价上涨过快的势头。在 2011 年政府工作报告中提出要"坚定不移地搞好房地产市场调控,切实稳定房地产市场价格"。2012 年则提出要"坚定不移地加强房地产市场调控"。2013 年的提法改为:"健全房地产市场稳定健康发展长效机制"。2014 年则明确提出要"增加中小套型商品房和共有产权住房供应,抑制投机投资性需求"。2015 年提出要"支持居民自住和改善性住房需求,促进房地产市场平稳健康发展"。在 2016 年 3 月全国"两会"期间,李克强总理在《政府工作报告》中指出,"推进城镇保障性安居工程建设和房地产市场健康发展。"2017 年 3 月全国"两会"明确"房子是用来住的,不是用来炒的"。强调住房回归公共产品的属性。

从近 7 年《政府工作报告》中对房地产表述的变化,可以窥见政府对于房地产调控的重点和思路：

1. 前3年（2010—2012年）重点调控房价过快上涨，避免房地产过度泡沫化。事实上在此之前的各年度多以调控房价过快上涨为重点。

2. 2013年重点是强调机制建设，要求通过长效机制的建设和完善，推进房地产市场稳定。

3. 2014年，突出对产品和需求的针对性调控：(1)规定各个楼盘90 m² 以下的中小套型商品房面积需转商品房总面积的70%以上，进一步体现保障房是政府的一项职责。千方百计让"夹心层"有住房。(2)出台第二套房限购政策，强力抑制投机投资需求，确保自主和改善型自主需求得以满足。

4. 2015年，重点是引导刚需消费需求加快释放。基于2015年房地产基本面仍处亢奋后的疲弱期，悲观预期将对量价产生收缩性影响。随着住房告别短缺时代，不动产登记条例实施，房产税征收试点以及反腐力度加大，2015年的房地产市场将延续谨慎和悲观的预期，对房地产投资产生负面影响。

5. 2016年则从以供给侧结构性改革为主线，以深入推进新型城镇化为主题（依托），因城施策化解房地产库存；建立租购并举的住房制度，促进房地产市场平稳运行。深挖国内需求潜力，满足合理自住购房需求，开拓发展更大空间。

为了鼓励具有刚性需求购房者出手购房，政府和金融机构纷纷加大扶持力度。主要有以下几个方面：

(1) 提高公积金个人贷款额度，继北京市2015年1月1日起实行公积金贷款新政，购买首套自住房可申请120万元公积金贷款额度后，上海已在加紧制定提高公积金个人贷额度的方案。而2014年以来，住房和城乡建设部连续下发《关于发展住房公积金个人贷款业务的通知》《关于放宽提取住房公积金支付房租条件的通知》等多个政策性文件，要求各地切实提高住房公积金的使用效率，发挥在改善中低收入家庭住房条件，促进房地产市场平稳健康发展方面的重要作用。2015年3月20日住建部召开全国加强住房公积金的管理电视电话会议时，部长陈正高要求各地要提高资金使用效率，发挥住房公积金的潜力。

(2) 金融机构贷款利率松动。上海市四大银行集体给出优惠利率，20多家银行首套住房商业贷款利率松动。在27家银行中，有的一家首套房贷利率9.5折；国有四大行中，农行首套房贷款最多贷七成，购买10万元以上理财产品可享受利率9折优惠；友利银行、大华、民生三家银行优惠幅度最大，达8.5折。

（3）住建部、财政部推出房贷新政。2015年3月30日住建部、财政部等5个部委出台两项楼市新政,大大降低了购房"门槛"。其中的信贷新政放宽了二套房的贷款条件,购买第二套房贷款首付由七成降低为四成;税收新政规定,普通住房交易营业税免税期由5年调整为2年。

（4）房地产调控"分城施策"。李克强总理2015年3月15日答记者问时,提出房地产市场有其自身规律,中国国土面积辽阔,有特大型城市、中小城市和小城镇,情况各异,所以我们要求强化地方政府合理调控房地产市场的责任,因地制宜,分城施策。当下一线城市防范房价过高,着重"去杠杆";二线城市区别情况,分别"稳房价"或"去库存";三四线城市继续推进楼市"去库存",着力推进新型城镇化,创造条件使农民转为市民。

（5）针对性调控措施相继出台有利于房地产市场平稳健康发展。本轮调控政策的特点是不搞"大水漫灌"的千篇一律,不搞一刀切,而是采取微调、预调、针对性、差异性调控,能够更有效地调控需求已经分化的房地产市场,加以公积金个人贷款额度的提高,必将有利于中小户型住房去库存化,促进刚需和改善性住房购房者入市,有利于房地产市场平稳健康发展。

房地产是中国宏观经济与社会民生的重要构成部分,尽管近年来处于下行周期中,但房地产及其相关产业仍有巨大的经济规模,对国计民生仍将发挥重要作用,而且仍然存在巨大的发展潜力。以我国25~49岁的主力购房人群为例,这一人口总量达5.68亿人,超过美日韩三国人口的总和,仍然蕴含着巨大的消费需求。笔者认为,尤其是在房地产转型发展期间,政府应适时扬起"有形的手"调控,引领房地产业的健康持续发展,使之在助力国家发展,满足民生需要方面作出应有贡献,发挥应有作用。

（作者是鼎固控股有限公司副总经理、高级工程师、工商管理博士）

从供给侧发力,避免掉进"拉美旋涡"

刘 伟

今天围绕供给侧结构性改革要求制度创新这一话题,谈三个问题。第一个问题是,现在为什么要提出供给侧结构性改革;第二个问题是,供给侧结构性改革能不能解决当前的问题;第三个问题是,怎样推进供给侧结构性改革。

一、进入上中等收入阶段面临新的机遇和现实挑战

现在为什么需要提出供给侧结构性改革?我想主要是出于两个方面的原因:(一)我国经济发展到特殊阶段的历史需要;(二)我国现阶段经济失衡的特殊性,克服这种失衡需要一个特殊渠道。

那么,我国经济发展到了怎样的历史阶段?经过 30 多年的改革开放,我们的经济持续高速增长,平均增长速度在 9% 以上。持续的高速增长,使国家的经济基础、经济规模发生巨大变化。到 2015 年年末,我国 GDP 总量达到 67.7 万亿元,比改革开放初期提高了将近 29 倍,从占全球 GDP 的 1.8% 上升到 13% 左右。到 2009 年,按照汇率折算,我国经济总量超过日本,成为世界第二大经济体。

从人均 GDP 水平来看,2015 年年末我国人均 GDP 达到 49 000 多元,保持了持续 30 多年平均 8.5% 左右的增速。在此期间,我国人口增长了 41% 以上。这确实是一件很不容易的事。如果把 49 000 元折算成美元,就是 7 800 美元,大概为当代上中等收入国家的水平。

进入上中等收入国家的新历史阶段,又会带来哪些新变化呢?

首先说机遇。按照世界银行的划分标准,高收入国家大概有 70 个左右,主要是发达国家,也有 10 多个发展中国家。他们从上中等收入阶段迈进高收入阶段,平均用了 12 年零 4 个月的时间。其中,20 个人口大国平均花了 11 年零 9 个月的时间。大国进入这个阶段,通常比小国快一点,这是大国的优势。中国是世界上人口最多的国家,按照这个历史规律,给 10 年时间,能不能实现这个跨越,即从 2010 年进入上中等收入阶段为起点,到 2020 年迈进高收入阶段呢?应该是差不多的。这不是我个人的假设,而是约 70 个高收入国家的历史经验总结。它们大体把握住

了这个机会,用11~12年跃过了"中等收入陷阱"。

2010年,我国GDP总量为40多万亿元;到2020年翻一番,即约为90万亿元,相当于17万亿美元,这大致相当于美国现在的水平。也就是说,2020年,我国经济总量可以赶上美国现在的规模。如果有这个基础,2030年我国经济总量就有可能超过美国,成为世界第一大经济体。再往下,就是到21世纪中叶,即到"第二个百年",我国基本实现社会主义现代化,其中一个很重要的标志就是人均GDP赶上发达国家的平均水平。

再来看挑战。现在最现实的一个挑战,就是如何跨越"中等收入陷阱"。在国际社会,很多发展中国家不但没有跨越过去,而且相当一部分还深深陷在"中等收入陷阱"中。比较典型的例子就是一些拉美国家。20世纪70年代,一些拉美国家达到上中等收入阶段,但直到40年后的今天它们依然没有实现跨越。所以,人们也将"中等收入陷阱"称之为"拉美旋涡""拉美陷阱"。

在日本、韩国以及我国香港、台湾地区经济起飞之后,菲律宾、泰国、印度尼西亚、马来西亚等国家,作为亚洲的"第二梯队"也实现了快速发展。20世纪80年代,它们达到了中等收入阶段。但是,现在30多年过去了,它们还是没有实现跨越。非但如此,在1997年亚洲金融危机的打击下,这些国家的经济大规模倒退,被人形容为"东亚泡沫"现象。

到20世纪90年代,西亚、北非的一些国家,如叙利亚、利比亚、埃及、也门等,经济也达到了上中等收入国家。它们的石油、矿山、外来资本很多。但20多年了,它们也没有实现向高收入阶段的跨越。不仅如此,现在西亚、北非的动荡,什么时候能够结束,还看不到一个时间表。

二、传统要素成本大幅上升逼迫向"效率和创新"要动力

很多国家未能跨越"中等收入陷阱"的原因很多,但究其根本在于到了上中等收入阶段后,相关国家会发生一系列社会、经济、政治、文化条件的变化。

仅就经济来说,突出的变化有两个方面:一个在需求侧,一个在供给侧。

需求侧。到了上中等收入阶段,不论是投资、出口,还是消费,大多会从增长强劲逆转为需求疲软。在我国,还要考虑到一定的体制背景。20世纪60年代,我国经济长期落后,供给不足。从体制上说,计划体制有诸多弊端,但也无心插柳柳成荫,为改革提供了一个遗产,即制造了短缺。很长一段时间,发达国家的企业家是

羡慕贫困国家企业家的。因为这些企业家在短缺背景下，相较而言不用考虑销路，而只需考虑生产就行。

我们当然不希望短缺，但短缺带来的客观结果是激活了高速增长、创造了市场需求。然而，经过几十年的发展，短缺局面在20世纪90年代基本上得到克服。所以，1997年亚洲金融危机爆发后，引发了一轮产能过剩。进入新世纪，特别是2010年前后，我国产能过剩的矛盾，开始从一般的工业消费品深入工业投资品。再加上国际金融危机的负面影响，问题就更加显现出来。

供给侧。过去，我国供给侧的核心竞争力是要素成本低、劳动力便宜、原材料便宜、环境便宜、技术进步便宜。同时，模仿是各种技术进步中代价最低的。如果法律制度、产权制度不十分严格的话，模仿也是最经济的。但现在，上述几大要素都发生了变化。"人口红利"的窗口逐渐关闭，土地、自然资源等要素的稀缺程度也将越来越严重。此外，环境的承载力越来越脆弱，要求的标准越来越高。模仿也逐渐没有出路，企业竞争越来越要靠核心技术、自主研发，可自主研发又是各种技术进步当中成本最高、风险最大、周期最长的一种形式。所以，在劳动力、土地、自然资源、环境和技术进步这几方面，成本呈现系统性地大幅上升。

这一系列变化，都要求经济发展方式必须实现根本改变：从过去主要依靠规模扩张、依靠要素投入量扩大驱动经济增长，转变到主要靠效率、靠创新来带动经济增长。而靠效率和创新带动经济增长，非常重要的一个方面就是要提高企业、产业、劳动者的生产率和创新能力。这些问题究其主要来说就是在供给侧发力。所以说，现在我国经济的问题主要是供给侧的问题。这里不是说需求侧没有问题，但主要方面在供给侧。

再进一步看，我国当前的经济失衡，既有经济下行的严峻威胁，又有潜在的通胀压力。CPI现在处在"2时代"，PPI增速下降。经济表面上看起来是通缩，实际上却有潜在的巨大通胀压力。这主要来自需求拉升和成本拉升共同推动的成本压力。所以，表面看起来是"双重风险"的需求疲软，但仔细分析可以看出主要原因仍然在供给侧。

需求疲软再往深层看，一个是投资疲软，一个是消费疲软。

投资为什么疲软？最深层的原因是创新力不够，产业结构升级没有空间，有钱投不出去，投就是低水平的重复，就是泡沫。而缺少投资机会，产业结构升级缺少空间，没有有效的投资项目。所以结论依然是：技术创新能力不够，产业结构升级动力不足,导致了需求疲软。

消费为什么疲软?这里有信心问题、储蓄率提高问题等,但深层次的原因在于国民收入的分配结构问题。即使国民收入高速增长,但如果收入分配结构不合理,在初次分配上,政府、企业、个人劳动者三家分割时,给劳动者的少,同时基尼系数不断扩大,劳动者内部收入分配差距拉大,其结果就是:宏观上消费增长和社会增长不适应,微观上大部分居民支出迟缓,不敢花钱。没有消费能力的增长,消费倾向必然下降。所以说,劳动者收入和剩余的分配扭曲,导致了消费需求疲软。这其实也是供给侧的问题。

三、供给侧结构性改革重点:完善基本制度和宏观调控方式

当前,我国经济处在一个"十字路口"上,有机遇,也有挑战,而矛盾和失衡的重点在供给侧。那么,供给侧结构性改革能不能解决问题呢?

从政策、运营层面来说,供给侧结构性改革和一般的需求侧管理一个最大的不同是,它所有的政策和制度改革举措的影响对象是生产者,要解决的核心问题是生产者生产方式和生产效率的提高。

这里的生产者是广义的,至少包含三个方面:(一)企业,企业当然是生产者,所以供给侧入手的改革举措、政策主张首先要影响企业。(二)产业,企业的集合就是产业。供给侧结构性管理,不仅直接作用于单个企业,也要作用于企业的集合。要保证公平竞争,保证合理的规模经济,保证适度的进入门槛,也就是要有一个合理的产业结构和产业组织。(三)劳动者,或者说生产要素和劳动者的结合。

短期来看,供给侧结构性改革的政策、改革举措,重要的是降低企业的成本,提高企业的竞争力,提高产业的合理规模,保证产业结构的合理性,调动劳动者的积极性。长期来讲,提高企业的效率,不是简单地降低成本问题,而要提高创新能力和效率。同时,改变产业结构,也不是简单地完善产业组织的竞争秩序问题,还要在技术创新、技术进步的基础上,在市场竞争的基础上,要有一个结构的升级。同时,不是简单地调动劳动者积极性,而要增加人力资本的投入,进而提高劳动者的技能、劳动者的素质和生产力。

我们现在的核心问题,真的是要关注企业、关注产业,关注真正创造财富的实体经济。要坚定站在中国企业的立场上,从提高企业竞争力的角度,来考虑政策的实施和效果。这是供给侧管理的一个突出特点,是不同于一般的需求管理的特点。

最后来看看如何实现供给侧结构性改革？我的建议是系统性制度创新。这主要有两个方面：（一）基本制度层面；（二）宏观调控方式层面。

基本制度层面，实际上要通过深化改革，解决国家、市场、企业的定位和相互关系问题。从经济体制来说，党的十八届三中全会提出一个时间表、一个路线图，并特别强调了市场的决定性作用。如果这些改革措施能够顺利实施，到2020年将会形成比较完备的社会主义市场经济。社会主义市场经济体制的关键是解决好政府和市场的关系，让市场在资源配置中切实发挥决定性作用，让政府在宏观调控以及长远的社会发展和"市场失灵"领域确实起主导作用。

但是，光有市场经济体制改革恐怕还不够。市场经济也是法治经济，所以还要推动政治体制改革。政治体制改革要解决的核心或者说重要的问题是民主与法治建设问题。因此，一个是社会主义市场经济体制的改革，解决政府和市场在资源配置当中的关系问题；一个是社会主义政治体制的改善，推动社会主义民主法治建设，特别是依法治国的民主建设进程。

这两方面对于供给侧结构性改革至关重要。原因有二：

（一）供给侧所有的政策结构、制度、措施，实际上都要深入生产者和企业之中。如果企业的权利和市场主体的产权制度、利益关系、责任约束、激励约束，在经济制度和市场制度、市场秩序和法治环境上没有得到保障，就很可能导致政府过多的、随意的行政干预。

（二）供给侧结构性改革要解决的突出问题是效率和结构失衡。而结构问题与总量问题有一个显著不同，即总量是统一的、一刀切的，要么收紧，要么扩张，而结构改革是可以有区别的。关键在于去产能也好，鼓励产业发展也好，限制企业也好，扶持企业也好，这种差别要建立在市场公平竞争的基础上。政府更多地是给规则、给秩序，而不是行政性地去切割。

这就要求，无论在经济体制还是政治体制上，必须界定清楚企业和政府的权力。刚才谈到很多国家没有跨越"中等收入陷阱"甚至陷入危机，深层次的原因归结起来就是制度创新的落后。特别是，经济制度上政府和市场的关系没有处理好。该政府做的事缺位，如宏观经济的主导、长远发展的目标设定、产业结构的战略规划等。不该做的，政府却过多直接干预，市场在资源配置中没有起到决定性作用。同时，社会政治制度改革落后，法治化进程落后，对政府权力缺少民主监督和法治约束。这就导致对私权、对市场主体的权利，没有尊重，缺少保护；对政府手中的公共权力,缺少规范,没有约束。

　　结果就是,在竞争中,企业不能通过公平的市场竞争获得资源。因为市场失灵了,市场不起作用了,只能找政府官员。而政府官员有着巨大的权力,没有"阳光照耀",没有法治的约束,就可以滥用。设想一下,当缺乏对政府官员权力约束时,企业要和政府谈判,劝说政府把这个项目给它,最有效的手段或者最惯用的手段会是什么呢?政府官员如果每天面对一群拿着钱、准备腐蚀你的企业家,又会怎样呢?

　　所以,"拉美旋涡""东亚泡沫"和西亚北非危机的背后都有腐败的身影。权钱交易,一会破坏公平正义,二会瓦解效率。资源配置不按照效率原则,不是看市场竞争中谁有效就配置给谁,而是谁行贿力度大就给谁,怎么能有效率呢?怎么能有正义呢?没有公平和效率的社会,又怎么能跨越"中等收入陷阱"呢?

　　由此可见,反腐败不仅有政治意义,还有经济意义。所以,现在提出供给侧结构性改革,对我国的民主政治建设、法治建设的要求,同样也提升到了一个新的阶段。我们有理由相信,在以习近平同志为核心的党中央领导下,通过推动供给侧结构性改革和社会主义民主法治建设,中国完全有能力跨越"中等收入陷阱"。

(作者是中国人民大学校长、国务院经济委员会委员、
教育部学科发展与专业设置委员会副主任等,
本文是作者在复旦大学首席经济学家论坛上的演讲)

激发供给侧动力,要拉好"三驾马车"

陈 宪

2008年国际金融危机爆发后不久,《世界是平的》作者托马斯·弗里德曼撰写专栏文章《罕见的不确定》。他认为,无论在美国还是欧洲,宏观经济都需要经历一些大的结构性修复才能回到可持续发展的轨道上来。结构性修复是针对结构性矛盾而言的。结构性矛盾既存在于产业层面,也存在于制度层面。前者是浅层,后者是深层,是矛盾的根源所在。

长期以来,西方发达国家的经济学者认为,成熟市场经济中产业层面的结构问题由市场自身调整。只有遇到总需求冲击或总供给冲击时发生的总量问题,政府才需要通过财政政策和货币政策进行调整。这场金融危机以后,情况发生了一些变化。例如,在美国,虚拟经济和实体经济间的结构性失调已是不争的事实。无论眼下效果如何,所谓回归实体经济、再工业化,就是针对这一结构性失调采取的政策举措。但在全球范围内,危机后学者和领导人的主要思考和研究集中于制度性的结构性矛盾,由此提出并推进的改革就是结构性改革。

何谓结构性改革?吴敬琏综合拉古拉迈·拉詹(曾任国际货币基金组织首席经济学家,现任印度中央银行行长)的观点和《经济学家》杂志一篇文章关于结构性改革的解释,概括了一个定义。他认为,结构性改革原意是指在市场经济条件下对部分制度架构和政府规制架构进行改革,特别是对政府职能进行改革。他强调,结构性改革不可与主要用行政方法进行的"结构调整"混为一谈。因此,结构性改革主要是在制度层面,而非产业层面。

2015年11月,习近平总书记根据适应和引领经济发展新常态的要求,以及国际经济格局的重大变化,提出了"着力加强供给侧结构性改革"的新思路。中国经济经过30多年快速发展,在取得巨大成就的同时,积累了比较突出的体制性、素质性的结构性矛盾和问题。在经济增长持续下行的表象背后,是原有增长动力衰减,新的增长动力还未形成;一些行业和产品供给能力过剩,而新需求和潜在需求的有效供给能力不足。基于这些对基本事实的判断,将供给侧结构性改革作为未来一个时期经济改革发展的主线,是正确的主动选择。

毋庸置疑，我们将结构性改革冠以"供给侧"这一定语，是强调现阶段经济生活中，总需求和总供给这对矛盾的主要方面在总供给。在一些行业和产品产能严重过剩的同时，核心技术、高端产品和服务、关键装备制造还要依赖进口。在农产品和消费品领域，这个矛盾同样比较突出。供给侧结构性改革主要通过形成市场在资源配置中的决定性作用，以最终解决这个矛盾。这是供给侧结构性改革要解决的问题之一，也是经济体制改革要解决的核心问题——市场和政府关系的问题。所以，供给侧结构性改革主要在讲"对政府职能进行改革"，进而是制度性的结构性改革。

无论在宏观经济学的框架中，还是在现实经济运行和发展中，总供给主要是一个中长期增长动力的问题，是供给创新的问题。因此，供给侧结构性改革需要解决的基本问题，就是中长期增长动力和创新驱动的问题。

分析供给或总供给的基本工具是生产函数或增长模型，劳动、资本和技术是其中的三个基本要素。现代经济增长主要不是靠劳动、资本和其他资源的投入，而是靠人力资本积累和效率提高。也就是说，在人力资本投资的作用下，劳动在很大程度上被人力资本所取代，人力资本成为活劳动（主要指技术劳动和管理劳动）意义上的主要投入。随着技术进步对经济增长的作用日益增强，物质资本的相对重要性在逐步下降，作为技术进步源泉的人力资本重要性相对上升。而且，公共的人力资本投资具有兼顾效率和公平的性质，影响经济增长的数量和质量。同时，还可以促进收入分配差距的缩小，为可持续的经济增长创造更好的外部环境。人力资本成为中长期经济增长的一个重要动力。

在过去一个时期里，宏观经济学的分析框架由短期和长期组成。这里的短期和长期不是具体的时间，短期是指总供给不变，只有总需求变化；长期则是指总供给也变化，其动因主要是技术进步。经济学家罗默指出，技术变革的速度受到激励的影响，市场经济体系内部存在这种激励，技术进步是由市场体系内生的。技术变革作为经济增长的主要动力，得到了充分的确认。

自从经济学家科斯创建交易成本理论和企业理论，提出"企业是替代市场而产生的"论断以来，关于需求和供给就有了另一个分析框架——市场与企业的分析框架。这里，需求是比较纯粹的市场决定，供给一方面根据需求形成，即需求导向；另一方面，供给是一个创业者、企业家不断试错的过程，通过供给创新对需求进行试错，尽管做对者概率甚低，但新需求就是这样被创造并满足的。企业家的基本动机和行为,就是通过这样的创新获得超额利润,进而实现他们的社会责任。由此,确立了企业家精神是中长期经济增长的另一个重要动力。

我认为,供给侧动力也是"三驾马车":技术进步、人力资本和企业家精神。问题在于,我们在新常态下的动力转换还存在一系列体制性、制度性障碍,制约着供给侧动力的实现,致使原创性技术和核心技术缺乏,人力资本积累不足、质量不高,创业创新精神和企业家精神缺失。这是中国的结构性改革首先要解决的问题。在任何国家和地区,保持经济可持续发展的一个重要前提就是,制度、体制和政策环境这三个有助于中长期经济增长动力,得到有效激发和维护,以保证它们切实发挥作用。正是在这个意义上,我们说结构性改革是一个全球性课题。

当然,在不同发展阶段、不同的体制演化过程,乃至不同的文化传统背景下,结构性改革有着不同的重点和方式。中国现阶段结构性改革聚焦于中长期增长动力和创新驱动;在欧美国家,长期自由市场经济的发展,尤其是金融市场的发展,暴露了大量结构性矛盾,学者们因此提出"重新关注市场的制度基础"。拉詹和路易吉·津加莱斯在《从资本家手中拯救资本主义》中写道:"不幸的是,并不只是在一个转型经济里才需要为自由市场体制而斗争。即便在最发达的国家里,每天也需要这样的斗争。市场需要政治上的支持,但是其自身的运转在削弱这种支持。结果,市场成了一个脆弱的制度,在过分的政府干预和过少的政府支持之中艰难前行。"这是全球都要面对的结构性改革课题。

(作者是上海交通大学教授,
本文选自2016年6月7日《解放日报》)

从新特征看供给侧结构性改革效果

张晖明

2015年,中国的GDP增长速度为6.9%。新近公布的2016年上半年增长速度是6.7%,由此给人的直接感觉是经济下行压力还在。人们不禁要问,下行惯性是否得到了遏制?进一步也许还会提出以下追问:中国经济增长速度走势是否已经开始"筑底"?速度背后,中国经济运行方式和动力结构转型的实际质量又如何?

持乐观判断的学者,主要以全要素生产率理论作为讨论分析的依据,且根据潜在经济增长率说明继续保持相对高增长的现实条件,从而判断只要找准改革深化发力点,就能够使中国经济继续回到相对高增长轨道。

持相对悲观观点的学者,主要是强调产业结构、技术结构转型升级的"惰性",加之劳动力成本上升,特别是一些体制机制的深层次难点难以克服等因素,将导致经济下行之势难以得到遏制。

悲观也好,乐观也罢,有一点是肯定的,那就是深化推进改革开放仍然是中国经济发展的主要驱动力。事实上,从2016年上半年国民经济运行统计的主要指标来看,我们完全有理由积极看待中国经济的前行态势。

分季度看,2016年一二两个季度速度持平,似乎开始显示出"走平""筑底"的迹象。然而,另外一个指标却又让人纠结,这就是上半年的投资数量有所回落,增长幅度回落到个位数。同时,构成GDP产出需求总量的另一个指标内容——外贸出口,受外部市场不景气的影响,货物贸易出口比2015年同期下降2.1%。对此,有学者认为,投资增速回落到个位数,正是说明中央政府已经改变"大水漫灌"的宏观调控做法。政府投资没有出现随意扩张,符合投资结构优化、投资主体从政府逐步转向企业和民间的改革取向。

不过,在投资和出口数量均有所下降的情况下,消费增长的强劲势头填补了这一不足,支撑着GDP的稳定增长。最终,消费对经济增长的贡献率达到73.4%。这预示着,我国经济增长动力的主要力量逐渐转向以国内市场支撑为主,同时也说明经济发展更好地满足了居民消费增长的要求。所有这些,都与正在推进的供给侧结构性改革要求相符合,说明中国经济发展方式和增长动力结构正在稳步调整。

但也有人对投资下降态势的解读是,总体上的投资回落,反映企业对未来发展预期的积极性不高。特别是,民间投资同比增长仅为2.8%。

对此,其实需要作进一步分析,尤其是从宏观微观互动关系加以审视。在供给侧结构性改革大环境下,产能过剩的总体态势会对部分企业家的投资决策带来影响。加之产业结构、技术结构转型升级的压力增加了投资选择的复杂性,必然表现为微观的企业投资行为更加审慎。就此而言,投资有一定幅度的回落,是一种相对正常的经济现象。况且,对于民间资本而言,还存在金融体制、投资准入等方面的掣肘。因此,不能用投资回落特别是民间投资下跌,来判定中国经济发展不乐观。

当然,我们应该承认,新旧动能的转换有很大的挑战性,难以一蹴而就,一定存在许多痛苦和困难、存在较大的成本,需要有定力和恒心。细细来看,经济领域中的一些新现象、新数据表明,供给侧结构性改革正在产生实实在在的效果。

比如,看新设企业数与注销退出数的对比。2016年上半年,平均每天新登记企业1.4万户;而同一时期,共注销吊销企业87.82万户,平均每天"死亡"的企业数4 852户。这反映出当前的市场经济还是很有活力的。

再如,看新兴技术与传统产业技术、服务型产业与传统制造型产业领域的企业结构变化。2016年上半年,战略性新兴产业同比增长11%,高于全部规模以上工业增加值。同时,第三产业新登记企业数同比增长30.2%。服务型产业的快速增长,还带动了就业数量的增长。这是经济增长速度回落、就业却能有所增长的一大原因所在。这一情况,同样反映在就业结构优化和居民生活消费结构和质量的优化。

客观上说,技术升级具有相当的难度,需要相当长的时间积累。2015年,我国研究与发展的投入比上年增长了9.2%,其中企业投入占到77%。2016年,各地进一步加大研发投入力度。特别是国家统计局对相关核算方法进行改革,将研发投入从原来的中间消耗修订作为固定资本形成,这将更加鼓励和引导企业重视此项开支的投入。历史经验证明,对于技术进步需要保持持续的投入和执着的行动。尽管这种投入要产生效应有很大的风险和不确定性,但我们不能对此有什么犹豫,更不能有所畏惧。现阶段,我们要对后发展国家技术进步和赶超行动的一般规律有清醒的认识,及时发现并呵护新技术成长,着力变革技术进步政策和企业组织政策,加快技术变革节奏和步伐。

宏观经济走势的另一个制约因素是,劳动力成本上升。如何认识这个问题?

有学者对 2008 年开始实施的劳动合同法提出批评,认为"现行的劳动合同法让中国损失几十万亿元"。意思是说,劳动合同法的实施,不恰当地抬高了企业运营的成本,使之失去市场竞争机会,进而成为拖累中国经济增长的一大因素。

这一说法是不客观、不科学、不成立的。理论上,经济增长速度与劳动者的贡献分不开,经济增长成果应首先让劳动者分享。这样才有助于调动劳动者的积极性,形成劳动者与经济增长之间的良性互动。我们也注意到,经济发展的不同阶段,技术进步的不同方式和不同阶段,对劳动生产率会产生直接的影响,造成工资增长与劳动生产率增长之比产生偏离,这种偏离,与构成企业生产、产出能力和效率的多个元素相关,不能只是将之归结为劳动者工资成本的上升。因此,说劳动者工资上升影响企业竞争能力和企业发展的说法是站不住脚的,甚至是一种无视劳动者合法权益的"歪理"。

对于劳动力成本上升压力如何消解,不是没有应对之策可以寻求。如何结合推进供给侧结构性改革的"三去一降一补"等降低企业运营成本,我们其实有很多招数可以用。例如,从产业准入、政府服务、物流组织、技术进步、加强金融服务实体经济、社会保障费用负担缴交以及企业内部管理优化、劳动者技能学习培训提高等角度出发,切实降低企业运营成本,提高企业的市场竞争能力,等等。

(作者是复旦大学企业研究所所长、教授,
本文选自 2016 年 8 月 16 日《解放日报》)

第五章 "一带一路"与自贸区

"一带一路"高峰论坛开幕式主旨演讲

习近平

尊敬的各位国家元首,政府首脑,各位部长,各位国际组织负责人,女士们,先生们,朋友们:

"孟夏之日,万物并秀。"在这美好时节,来自100多个国家的各界嘉宾齐聚北京,共商"一带一路"建设合作大计,具有十分重要的意义。今天,群贤毕至,少长咸集,我期待着大家集思广益、畅所欲言,为推动"一带一路"建设献计献策,让这一世纪工程造福各国人民。

女士们、先生们、朋友们!

2000多年前,我们的先辈筚路蓝缕,穿越草原沙漠,开辟出联通亚欧非的陆上丝绸之路;我们的先辈扬帆远航,穿越惊涛骇浪,闯荡出连接东西方的海上丝绸之路。古丝绸之路打开了各国友好交往的新窗口,书写了人类发展进步的新篇章。中国陕西历史博物馆珍藏的千年"鎏金铜蚕",在印度尼西亚发现的千年沉船"黑石号"等,见证了这段历史。

古丝绸之路绵亘万里,延续千年,积淀了以和平合作、开放包容、互学互鉴、互利共赢为核心的丝路精神。这是人类文明的宝贵遗产。

——和平合作。公元前140多年的中国汉代,一支从长安出发的和平使团,开始打通东方通往西方的道路,完成了"凿空之旅",这就是著名的张骞出使西域。中国唐宋元时期,陆上和海上丝绸之路同步发展,中国、意大利、摩洛哥的旅行家杜环、马可·波罗、伊本·白图泰都在陆上和海上丝绸之路留下了历史印记。15世纪初的明代,中国著名航海家郑和七次远洋航海,留下千古佳话。这些开拓事业之所以名垂青史,是因为使用的不是战马和长矛,而是驼队和善意;依靠的不是坚船和利炮，而是宝船和友谊。一代又一代"丝路人"架起了东西方合作的纽带、和平的桥梁。

——开放包容。古丝绸之路跨越尼罗河流域、底格里斯河和幼发拉底河流域、印度河和恒河流域、黄河和长江流域，跨越埃及文明、巴比伦文明、印度文明、中华文明的发祥地，跨越佛教、基督教、伊斯兰教信众的汇集地，跨越不同国度和肤色人民的聚居地。不同文明、宗教、种族求同存异、开放包容，并肩书写相互尊重的壮丽诗篇，携手绘就共同发展的美好画卷。酒泉、敦煌、吐鲁番、喀什、撒马尔罕、巴格达、君士坦丁堡等古城，宁波、泉州、广州、北海、科伦坡、吉达、亚历山大等地的古港，就是记载这段历史的"活化石"。历史告诉我们：文明在开放中发展，民族在融合中共存。

——互学互鉴。古丝绸之路不仅是一条通商易货之道，更是一条知识交流之路。沿着古丝绸之路，中国将丝绸、瓷器、漆器、铁器传到西方，也为中国带来了胡椒、亚麻、香料、葡萄、石榴。沿着古丝绸之路，佛教、伊斯兰教及阿拉伯的天文、历法、医药传入中国，中国的四大发明、养蚕技术也由此传向世界。更为重要的是，商品和知识交流带来了观念创新。比如，佛教源自印度，在中国发扬光大，在东南亚得到传承。儒家文化起源中国，受到欧洲莱布尼茨、伏尔泰等思想家的推崇。这是交流的魅力、互鉴的成果。

——互利共赢。古丝绸之路见证了陆上"使者相望于道，商旅不绝于途"的盛况，也见证了海上"舶交海中，不知其数"的繁华。在这条大动脉上，资金、技术、人员等生产要素自由流动，商品、资源、成果等实现共享。阿拉木图、撒马尔罕、长安等重镇和苏尔港、广州等良港兴旺发达，罗马、安息、贵霜等古国欣欣向荣，中国汉唐迎来盛世。古丝绸之路创造了地区大发展大繁荣。

历史是最好的老师。这段历史表明，无论相隔多远，只要我们勇敢迈出第一步，坚持相向而行，就能走出一条相遇相知、共同发展之路，走向幸福安宁和谐美好的远方。

女士们、先生们、朋友们！

从历史维度看，人类社会正处在一个大发展大变革大调整时代。世界多极化、经济全球化、社会信息化、文化多样化深入发展，和平发展的大势日益强劲，变革创新的步伐持续向前。各国之间的联系从来没有像今天这样紧密，世界人民对美好生活的向往从来没有像今天这样强烈，人类战胜困难的手段从来没有像今天这样丰富。

从现实维度看,我们正处在一个挑战频发的世界。世界经济增长需要新动力,发展需要更加普惠平衡,贫富差距鸿沟有待弥合。地区热点持续动荡,恐怖主义蔓延肆虐。和平赤字、发展赤字、治理赤字,是摆在全人类面前的严峻挑战。这是我一直思考的问题。

2013年秋天,我在哈萨克斯坦和印度尼西亚提出共建丝绸之路经济带和21世纪海上丝绸之路,即"一带一路"倡议。"桃李不言,下自成蹊。"4年来,全球100多个国家和国际组织积极支持和参与"一带一路"建设,联合国大会、联合国安理会等重要决议也纳入"一带一路"建设内容。"一带一路"建设逐渐从理念转化为行动,从愿景转变为现实,建设成果丰硕。

——这是政策沟通不断深化的4年。我多次说过,"一带一路"建设不是另起炉灶、推倒重来,而是实现战略对接、优势互补。我们同有关国家协调政策,包括俄罗斯提出的欧亚经济联盟、东盟提出的互联互通总体规划、哈萨克斯坦提出的"光明之路"、土耳其提出的"中间走廊"、蒙古提出的"发展之路"、越南提出的"两廊一圈"、英国提出的"英格兰北方经济中心"、波兰提出的"琥珀之路"等。中国同老挝、柬埔寨、缅甸、匈牙利等国的规划对接工作也全面展开。中国同40多个国家和国际组织签署了合作协议,同30多个国家开展机制化产能合作。本次论坛期间,我们还将签署一批对接合作协议和行动计划,同60多个国家和国际组织共同发出推进"一带一路"贸易畅通合作倡议。各方通过政策对接,实现了"一加一大于二"的效果。

——这是设施联通不断加强的4年。"道路通,百业兴。"我们和相关国家一道共同加速推进雅万高铁、中老铁路、亚吉铁路、匈塞铁路等项目,建设瓜达尔港、比雷埃夫斯港等港口,规划实施一大批互联互通项目。目前,以中巴、中蒙俄、新亚欧大陆桥等经济走廊为引领,以陆海空通道和信息高速路为骨架,以铁路、港口、管网等重大工程为依托,一个复合型的基础设施网络正在形成。

——这是贸易畅通不断提升的4年。中国同"一带一路"参与国大力推动贸易和投资便利化,不断改善营商环境。我了解到,仅哈萨克斯坦等中亚国家农产品到达中国市场的通关时间就缩短了90%。2014年至2016年,中国同"一带一路"沿线国家贸易总额超过3万亿美元。中国对"一带一路"沿线国家投资累计超过500亿美元。中国企业已经在20多个国家建设56个经贸合作区,为有关国家创造近

11亿美元税收和18万个就业岗位。

——这是资金融通不断扩大的4年。融资瓶颈是实现互联互通的突出挑战。中国同"一带一路"建设参与国和组织开展了多种形式的金融合作。亚洲基础设施投资银行已经为"一带一路"建设参与国的9个项目提供17亿美元贷款,"丝路基金"投资达40亿美元,中国同中东欧"16+1"金融控股公司正式成立。这些新型金融机制同世界银行等传统多边金融机构各有侧重、互为补充,形成层次清晰、初具规模的"一带一路"金融合作网络。

——这是民心相通不断促进的4年。"国之交在于民相亲,民相亲在于心相通。""一带一路"建设参与国弘扬丝绸之路精神,开展智力丝绸之路、健康丝绸之路等建设,在科学、教育、文化、卫生、民间交往等各领域广泛开展合作,为"一带一路"建设夯实民意基础,筑牢社会根基。中国政府每年向相关国家提供1万个政府奖学金名额,地方政府也设立了丝绸之路专项奖学金,鼓励国际文教交流。各类丝绸之路文化年、旅游年、艺术节、影视桥、研讨会、智库对话等人文合作项目百花纷呈,人们往来频繁,在交流中拉近了心与心的距离。

丰硕的成果表明,"一带一路"倡议顺应时代潮流,适应发展规律,符合各国人民利益,具有广阔前景。

女士们、先生们、朋友们!

中国人说,"万事开头难"。"一带一路"建设已经迈出坚实步伐。我们要乘势而上、顺势而为,推动"一带一路"建设行稳致远,迈向更加美好的未来。这里,我谈几点意见。

第一,我们要将"一带一路"建成和平之路。古丝绸之路,和时兴,战时衰。"一带一路"建设离不开和平安宁的环境。我们要构建以合作共赢为核心的新型国际关系,打造对话不对抗、结伴不结盟的伙伴关系。各国应该尊重彼此主权、尊严、领土完整,尊重彼此发展道路和社会制度,尊重彼此核心利益和重大关切。古丝绸之路沿线地区曾经是"流淌着牛奶与蜂蜜的地方",如今很多地方却成了冲突动荡和危机挑战的代名词。这种状况不能再持续下去。我们要树立共同、综合、合作、可持续的安全观,营造共建共享的安全格局。要着力化解热点,坚持政治解决;要着力斡旋调解,坚持公道正义;要着力推进反恐,标本兼治,消除贫困落后和社会不公。

第二,我们要将"一带一路"建成繁荣之路。发展是解决一切问题的总钥匙。

推进"一带一路"建设,要聚焦发展这个根本性问题,释放各国发展潜力,实现经济大融合、发展大联动、成果大共享。产业是经济之本。我们要深入开展产业合作,推动各国产业发展规划相互兼容、相互促进,抓好大项目建设,加强国际产能和装备制造合作,抓住新工业革命的发展新机遇,培育新业态,保持经济增长活力。

金融是现代经济的血液。血脉通,增长才有力。我们要建立稳定、可持续、风险可控的金融保障体系,创新投资和融资模式,推广政府和社会资本合作,建设多元化融资体系和多层次资本市场,发展普惠金融,完善金融服务网络。

设施联通是合作发展的基础。我们要着力推动陆上、海上、天上、网上四位一体的联通,聚焦关键通道、关键城市、关键项目,联结陆上公路、铁路道路网络和海上港口网络。我们已经确立"一带一路"建设六大经济走廊框架,要扎扎实实向前推进。要抓住新一轮能源结构调整和能源技术变革趋势,建设全球能源互联网,实现绿色低碳发展。要完善跨区域物流网建设。我们也要促进政策、规则、标准三位一体的联通,为互联互通提供机制保障。

第三,我们要将"一带一路"建成开放之路。开放带来进步,封闭导致落后。对一个国家而言,开放如同破茧成蝶,虽会经历一时阵痛,但将换来新生。"一带一路"建设要以开放为导向,解决经济增长和平衡问题。我们要打造开放型合作平台,维护和发展开放型世界经济,共同创造有利于开放发展的环境,推动构建公正、合理、透明的国际经贸投资规则体系,促进生产要素有序流动、资源高效配置、市场深度融合。我们欢迎各国结合自身国情,积极发展开放型经济,参与全球治理和公共产品供给,携手构建广泛的利益共同体。

贸易是经济增长的重要引擎。我们要有"向外看"的胸怀,维护多边贸易体制,推动自由贸易区建设,促进贸易和投资自由化便利化。当然,我们也要着力解决发展失衡、治理困境、数字鸿沟、分配差距等问题,建设开放、包容、普惠、平衡、共赢的经济全球化。

第四,我们要将"一带一路"建成创新之路。创新是推动发展的重要力量。"一带一路"建设本身就是一个创举,搞好"一带一路"建设也要向创新要动力。我们要坚持创新驱动发展,加强在数字经济、人工智能、纳米技术、量子计算机等前沿领域合作,推动大数据、云计算、智慧城市建设,连接成21世纪的数字丝绸之路。我们要促进科技同产业、科技同金融深度融合,优化创新环境,集聚创新资源。我们要为互联网时代的各国青年打造创业空间、创业工厂,成就未来一代的青春梦想。

我们要践行绿色发展的新理念,倡导绿色、低碳、循环、可持续的生产生活方式,加强生态环保合作,建设生态文明,共同实现2030年可持续发展目标。

第五,我们要将"一带一路"建成文明之路。"一带一路"建设要以文明交流超越文明隔阂、文明互鉴超越文明冲突、文明共存超越文明优越,推动各国相互理解、相互尊重、相互信任。我们要建立多层次人文合作机制,搭建更多合作平台,开辟更多合作渠道。要推动教育合作,扩大互派留学生规模,提升合作办学水平。要发挥智库作用,建设好智库联盟和合作网络。在文化、体育、卫生领域,要创新合作模式,推动务实项目。要用好历史文化遗产,联合打造具有丝绸之路特色的旅游产品和遗产保护。我们要加强各国议会、政党、民间组织往来,密切妇女、青年、残疾人等群体交流,促进包容发展。我们也要加强国际反腐合作,让"一带一路"成为廉洁之路。

女士们、先生们、朋友们!

当前,中国发展正站在新的起点上。我们将深入贯彻创新、协调、绿色、开放、共享的发展理念,不断适应、把握、引领经济发展新常态,积极推进供给侧结构性改革,实现持续发展,为"一带一路"注入强大动力,为世界发展带来新的机遇。

——中国愿在和平共处五项原则基础上,发展同所有"一带一路"建设参与国的友好合作。中国愿同世界各国分享发展经验,但不会干涉他国内政,不会输出社会制度和发展模式,更不会强加于人。我们推进"一带一路"建设不会重复地缘博弈的老套路,而将开创合作共赢的新模式;不会形成破坏稳定的小集团,而将建设和谐共存的大家庭。

——中国已经同很多国家达成了"一带一路"务实合作协议,其中既包括交通运输、基础设施、能源等硬件联通项目,也包括通信、海关、检验检疫等软件联通项目,还包括经贸、产业、电子商务、海洋和绿色经济等多领域的合作规划和具体项目。中国同有关国家的铁路部门将签署深化中欧班列合作协议。我们将推动这些合作项目早日启动、早见成效。

——中国将加大对"一带一路"建设资金支持,向丝路基金新增资金1 000亿元人民币,鼓励金融机构开展人民币海外基金业务,规模预计约3 000亿元人民币。中国国家开发银行、进出口银行将分别提供2 500亿元和1 300亿元等值人民币专项贷款,用于支持"一带一路"基础设施建设、产能、金融合作。我们还将同亚洲基础设施投资银行、金砖国家新开发银行、世界银行及其他多边开发机构合作支持"一带一路"项目,同有关各方共同制定"一带一路"融资指导原则。

——中国将积极同"一带一路"建设参与国发展互利共赢的经贸伙伴关系,促进同各相关国家贸易和投资便利化,建设"一带一路"自由贸易网络,助力地区和世界经济增长。本届论坛期间,中国将同30多个国家签署经贸合作协议,同有关国家协商自由贸易协定。中国将从2018年起举办中国国际进口博览会。

——中国愿同各国加强创新合作,启动"一带一路"科技创新行动计划,开展科技人文交流、共建联合实验室、科技园区合作、技术转移4项行动。我们将在未来5年内安排2 500人次青年科学家来华从事短期科研工作,培训5 000人次科学技术和管理人员,投入运行50家联合实验室。我们将设立生态环保大数据服务平台,倡议建立"一带一路"绿色发展国际联盟,并为相关国家应对气候变化提供援助。

——中国将在未来3年向参与"一带一路"建设的发展中国家和国际组织提供600亿元人民币援助,建设更多民生项目。我们将向"一带一路"沿线发展中国家提供20亿元人民币紧急粮食援助,向南南合作援助基金增资10亿美元,在沿线国家实施100个"幸福家园"、100个"爱心助困"、100个"康复助医"等项目。我们将向有关国际组织提供10亿美元落实一批惠及沿线国家的合作项目。

——中国将设立"一带一路"国际合作高峰论坛后续联络机制,成立"一带一路"财经发展研究中心、"一带一路"建设促进中心,同多边开发银行共同设立多边开发融资合作中心,同国际货币基金组织合作建立能力建设中心。我们将建设丝绸之路沿线民间组织合作网络,打造新闻合作联盟、音乐教育联盟以及其他人文合作新平台。

"一带一路"建设植根于丝绸之路的历史土壤,重点面向亚欧非大陆,同时向所有朋友开放。不论来自亚洲、欧洲,还是非洲、美洲,都是"一带一路"建设国际合作的伙伴。"一带一路"建设将由大家共同商量,"一带一路"建设成果将由大家共同分享。

女士们、先生们、朋友们!中国古语讲:"不积跬步,无以至千里。"阿拉伯谚语说,"金字塔是一块块石头垒成的"。欧洲也有句话:"伟业非一日之功"。"一带一路"建设是伟大的事业,需要伟大的实践。让我们一步一个脚印推进实施,一点一滴抓出成果,造福世界,造福人民!

祝本次高峰论坛圆满成功!

(作者是中华人民共和国主席)

"一带一路"有效抵消"重返亚洲"

郑永年

2013年习近平主席访问哈萨克斯坦时,提议打造"丝绸之路"经济带,把合作共赢理念体现到政治、经济、安全、文化等方面,以合作取代对抗,以共赢取代零和,树立建设伙伴关系新思路。3年后的今天,全球人们都在继续评论着,虽有不同看法,但一个共识正在形成:"它体现了中国的长远战略眼光和全球战略的创新,是一个开放的中国同全球化时代相向而行"。

美国的"重返亚洲"战略不仅导致了中美之间的紧张关系,更导致了中国和东盟国家之间(尤其是那些和中国有南中国海主权纠纷的国家)之间的高度紧张。美国明言,其"重返亚洲"是针对中国崛起的。尽管中国并没有要把美国赶出亚洲,但中国的崛起被视为对美国的亚洲霸权构成威胁。这一(抱有恶意的)意向从一开始就决定了"重返亚洲"不会成功,因为这是美国秉持的西方国际关系"零和游戏"逻辑的延伸,并不符合中国本身的国际关系逻辑。

美国"重返亚洲"战略的设计过于仓促,呈现病态。这一战略本身没有做到经济和军事之间的平衡。理论上说,美国的战略由经济和军事两部分组成,但这两方面都出了问题。

具体地说,经济上就是跨太平洋伙伴关系协定(TPP)。美国明确扬言,TPP主要是针对中国的,尤其是中国的国企。对美国来说,TPP更多的是一个政治协定而非经贸协定。也正因为如此,TPP对美国内部的因素没有足够考量,遭到美国国内的强烈反弹。从经济上说,人们对美国当选总统特朗普宣布退出TPP感到可惜;但从政治上说,美国的退出是必然的。

在军事上,美国为"重返亚洲"战略寻找到了一个错误的基点,那就是南中国海问题。南中国海是中国和东南亚相关国家(而不是整个东盟)的历史问题。美国错误地估计了局势,不仅把这个问题搞成了中国和东盟的关系问题,而且也搞成了中美之间的关系问题。美国的出发点是典型的美国逻辑,即要通过南中国海问题把中国塑造成东盟的"敌人"。

对中国的崛起,美国有恐惧,因此一直要防止各种中国"威胁"。但同时,美国也在逐步慢慢地向中国的崛起作调整。很简单，无论在双边关系上还是在国际层面，中美两国一直在合作，也需要合作。不过，对东南亚国家，美国所传达出的信息则完全错误。美国对东南亚国家说："你们可以大胆地对抗中国，而美国必将站在你们这一边"，美国的这种错误信息也导致了一些东南亚国家的错误判断。

"一带一路"倡议是中国版的再平衡战略，意在把中国和东盟关系的重点再从安全方面拉回到经贸上。通过这些年中美两国的较量，不难看出中美之间的巨大差异。简单地说，美国是以军事为主，经济为辅；而中国则经济为主，军事为辅。美国以军事为主是因为经济相对衰落，而军事仍然强大。中国以经济为主，军事为辅是因为中国历史上就是商贸大国，而没有军事扩张主义的文化基因。

在南中国海问题上，对美国军事上的"重返亚洲"，中国在进行有效反击的同时也进行了有效管控，防止发生公开冲突。这些年来，中国的重点是"一带一路"，即经贸战略。在今天看来，这一战略在有效抵消美国"（军事）再平衡"的同时，也促进了中国和东盟国家关系的可持续发展，为实现双赢局面创造了条件。

（作者是新加坡国立大学东亚研究所所长，
本文选自2016年12月20日《联合早报》）

"一带一路"打开"筑梦空间"

王敬文

一、新丝路连接"中国梦"与"世界梦"

2014年5月21日,习近平在亚信峰会上做主旨发言时指出,中国将同各国一道,加快推进"丝绸之路经济带"和"21世纪海上丝绸之路"建设,尽早启动亚洲基础设施投资银行,更加深入参与区域合作进程,推动亚洲发展和安全相互促进、相得益彰。

打开世界地图可以发现,"一带一路"这条世界上跨度最长的经济大走廊,发端于中国,贯通中亚、东南亚、南亚、西亚乃至欧洲部分区域,东牵亚太经济圈,西系欧洲经济圈。它是世界上最具发展潜力的经济带,无论是从发展经济、改善民生,还是从应对金融危机、加快转型升级的角度看,沿线各国的前途命运,从未像今天这样紧密相连、休戚与共。

"一带一路"不仅是实现中华民族振兴的伟大构想,更是沿线各国的共同事业,有利于将政治互信、地缘毗邻、经济互补等优势转化为务实合作、持续增长优势。

通过"一带一路"建设,无论是"东出海"还是"西挺进",都将使我国与周边国家形成"五通"。"一带一路"合作中,经贸合作是基石。遵循和平合作、开放包容、互学互鉴、互利共赢的丝路精神,中国与沿线各国在交通基础设施、贸易与投资、能源合作、区域一体化、人民币国际化等领域,必将迎来一个共创共享的新时代。

据中国经济网了解,2013年中国与"一带一路"国家的贸易额超过1万亿美元,占中国外贸总额的1/4。过去10年,中国与沿途国家的贸易额年均增长19%。未来5年,中国将进口10万亿美元的商品,对外投资将超过5 000亿美元,出境游客数量约5亿人次,周边国家以及丝绸之路沿线国家将率先受益。

二、筑牢"利益共同体"和"命运共同体"

2014年6月5日,习近平出席中阿合作论坛第六届部长级会议表示,希望双方弘扬丝绸之路精神,以共建"丝绸之路经济带"和"21世纪海上丝绸之路"为新机遇新起点,不断深化全面合作、共同发展的中阿战略合作关系。

"一带一路"是开放包容的经济合作倡议,不限国别范围,不是一个实体,不搞封闭机制,有意愿的国家和经济体均可参与进来,成为"一带一路"的支持者、建设者和受益者。在共同建设的未来,"一带一路"无疑将释放更大的活力。

外交部副部长张业遂2014年3月22日曾表示,"未来'一带一路'进程中的很多项目涉及的国家和实体可能更多,开放性也更强。"

外交部国际经济司副司长刘劲松此前表示,"一带一路"倡议符合时代潮流,亚洲已经成为经济增长的引擎,是世界多极化和全球化的中坚力量。如何巩固和平发展,进一步凝聚亚洲国家的共识和力量,增强"利益共同体"和"命运共同体",实现和谐亚洲是亚洲国家的共同课题。

"一带一路"倡议,正在世界各国人民心中落地生根。复兴丝绸之路,一幅横贯东西、共谋发展的宏大蓝图正在铺展开来。有梦想,有追求,有奋斗,一切都有可能。中国人民有梦想,世界各国人民有梦想,这将给世界带来无限生机和美好前景。

三、构建开放新格局助推区域大合作

2013年12月,习近平总书记在中央经济工作会议上指出,推进"丝绸之路经济带"建设,抓紧制定战略规划,加强基础设施互联互通建设。建设"21世纪海上丝绸之路",加强海上通道互联互通建设,拉紧相互利益纽带。

回顾历史,2 000多年前,各国人民就通过海陆两条丝绸之路开展商贸往来。从2 100多年前张骞出使西域到600多年前郑和下西洋,海陆两条丝绸之路把中国的丝绸、茶叶、瓷器等输往沿途各国,带去了文明和友好,赢得了各国人民的赞誉和喜爱。

如今,随着中国经济的崛起和腾飞,中国在更多方面有能力帮助别国,特别是作为制造业大国,中国不仅可以输出丰富多彩、价廉物美的日常用品,而且能够向世界提供更多的技术和设备。作为全球主要外汇储备国,中国能够携手各国共同应对金融风险,中国有实力投资海外,与急需资金的国家共同把握发展机遇。

原商务部部长高虎城曾撰文阐述"一带一路"建设意义时称,改革开放30多年来,我国对外开放取得了举世瞩目的伟大成就,但受地理区位、资源禀赋、发展基础等因素影响,对外开放总体呈现东快西慢、海强陆弱格局。"一带一路"将构筑新一

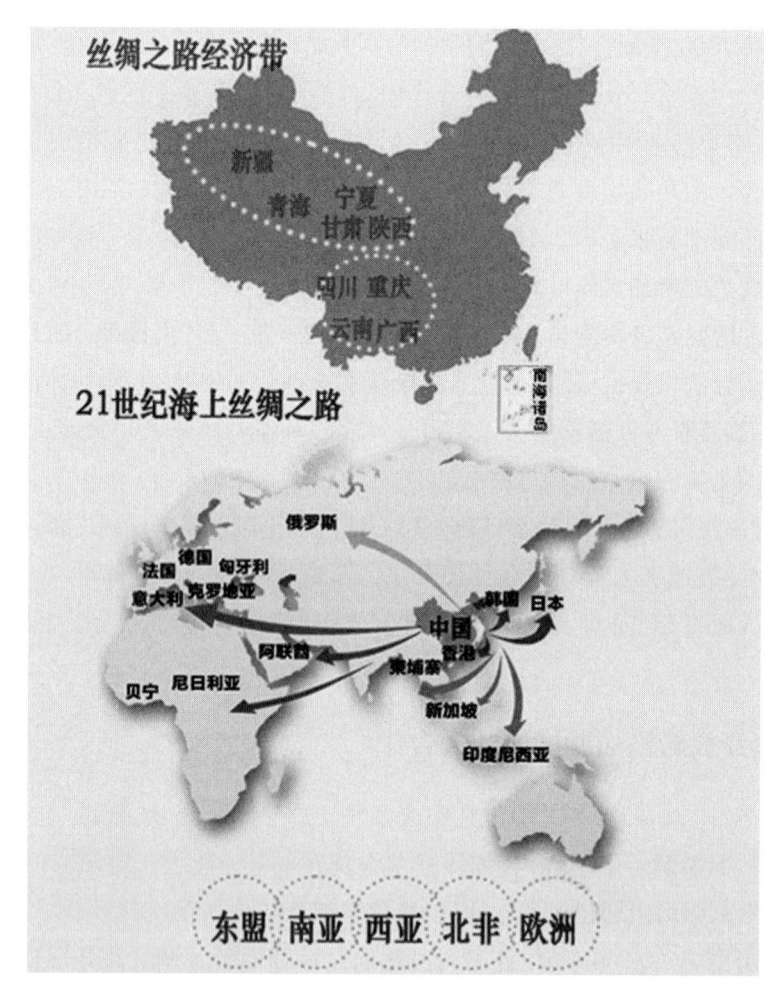

"丝绸之路经济带"和"21世纪海上丝绸之路"格局（中国经济网，马常艳制图）

轮对外开放的"一体两翼"，在提升向东开放水平的同时加快向西开放步伐，助推内陆沿边地区由对外开放的边缘迈向前沿。

据中国经济网了解，"一带一路"沿线大多是新兴经济体和发展中国家，总人口约44亿人，经济总量约21万亿美元，分别约占全球的63%和29%。这些国家普遍处于经济发展的上升期，开展互利合作的前景广阔。深挖我国与沿线国家的合作潜力，必将提升新兴经济体和发展中国家在我国对外开放格局中的地位，促进我国中西部地区和沿边地区对外开放，推动东部沿海地区开放型经济率先转型升级，进而形成海陆统筹、东西互济、面向全球的开放新格局。

中国经济的发展,是一个不断开拓创新和寻求突破的过程,从沿海地区向西部内陆不断推进,"一带一路"建设将为全面深化改革和持续发展创造前提条件,在区域合作新格局中寻找未来发展的着力点和突破口,可谓是"一子落而满盘活"。

在中国国内近年实行西部大开发战略的形势下,中国和中亚乃至向西更多国家的经贸合作也成为发展的必然趋势。而中国的发展经验和成果,可以为中亚等各国借鉴。公路、铁路、油气管道、网络通信设施等不断修建,正在形成古丝绸之路上的现代商队。

四、新丝路连接"中国梦"与"世界梦"

2014年5月21日,习近平在亚信峰会上作主旨发言时指出,中国将同各国一道,加快推进"丝绸之路经济带"和"21世纪海上丝绸之路"建设,尽早启动亚洲基础设施投资银行,更加深入参与区域合作进程,推动亚洲发展和安全相互促进、相得益彰。

打开世界地图可以发现,"一带一路"这条世界上跨度最长的经济大走廊,发端于中国,贯通中亚、东南亚、南亚、西亚乃至欧洲部分区域,东牵亚太经济圈,西系欧洲经济圈。它是世界上最具发展潜力的经济带,无论是从发展经济、改善民生,还是从应对金融危机、加快转型升级的角度看,沿线各国的前途命运,从未像今天这样紧密相连、休戚与共。

"一带一路"不仅是实现中华民族振兴的伟大构想,更是沿线各国的共同事业,有利于将政治互信、地缘毗邻、经济互补等优势转化为务实合作、持续增长优势。

通过"一带一路"建设,无论是"东出海"还是"西挺进",都将使我国与周边国家形成"五通"。"一带一路"合作中,经贸合作是基石。遵循和平合作、开放包容、互学互鉴、互利共赢的丝路精神,中国与沿线各国在交通基础设施、贸易与投资、能源合作、区域一体化、人民币国际化等领域,必将迎来一个共创共享的新时代。

据中国经济网了解,2013年中国与"一带一路"国家的贸易额超过1万亿美元,占中国外贸总额的1/4。过去10年,中国与沿途国家的贸易额年均增长19%。未来5年,中国将进口10万亿美元的商品,对外投资将超过5 000亿美元,出境游客数量约5亿人次,周边国家以及丝绸之路沿线国家将率先受益。

五、筑牢"利益共同体"和"命运共同体"

2014年6月5日,习近平出席中阿合作论坛第六届部长级会议表示,希望双方弘扬丝绸之路精神,以共建"丝绸之路经济带"和"21世纪海上丝绸之路"为新机遇新起点,不断深化全面合作、共同发展的中阿战略合作关系。

"一带一路"是开放包容的经济合作倡议,不限国别范围,不是一个实体,不搞封闭机制,有意愿的国家和经济体均可参与进来,成为"一带一路"的支持者、建设者和受益者。在共同建设的未来,"一带一路"无疑将释放更大的活力。

外交部副部长张业遂3月22日曾表示,"未来'一带一路'进程中的很多项目涉及的国家和实体可能更多,开放性也更强。"

外交部国际经济司副司长刘劲松此前表示,"一带一路"倡议符合时代潮流,亚洲已经成为经济增长的引擎,是世界多极化和全球化的中坚力量。如何巩固和平发展,进一步凝聚亚洲国家的共识和力量,增强"利益共同体"和"命运共同体",实现和谐亚洲是亚洲国家的共同课题。

"一带一路"倡议,正在世界各国人民心中落地生根。复兴丝绸之路,一幅横贯东西、共谋发展的宏大蓝图正在铺展开来。有梦想,有追求,有奋斗,一切都有可能。中国人民有梦想,世界各国人民有梦想,这将给世界带来无限生机和美好前景。

(作者是中国经济网记者,本文选自《中国投资》2014年第19期)

"一带一路"倡议的核心内涵与推进思路

陈 耀

2013年9月和10月,习近平总书记分别在访问哈萨克斯坦和印度尼西亚时提出共同建设"丝绸之路经济带"和"21世纪海上丝绸之路"(简称"一带一路")倡议,2014年12月中央经济工作会议把"一带一路"确定为优化经济发展格局的三大战略之一。一年多来,国内外就"一带一路"倡议展开了广泛讨论并积极谋划行动方案,但对该倡议内涵的理解却有较大的差异,特别是国内各地区在积极参与过程中也凸显出盲目和无序。因此,本文拟就如何把握和推进"一带一路"倡议谈些个人的看法和思考。

一、准确把握倡议内涵

"一带一路"倡议顺应了时代要求和各国加快发展的愿望,是一个内涵丰富、涉及面广、包容性强的巨大发展平台。笔者认为,可以从以下几组对应平衡关系中来理解和把握。

(一)古今传承。丝绸之路始于古代中国,是连接亚洲、非洲和欧洲的古代商业贸易路线。我国从汉、唐、宋时期通过陆路和海上把丝绸、瓷器、茶叶、冶铁、耕作等商品和技术,传播到国外,同时从国外带回国内所没有的东西,这种互通有无的经贸联系和文化交流,改善了沿线国家的社会生产力和人民生活水平。今天重新提出"丝绸之路",不是期望恢复古老丝路往日的辉煌,其现代的含义更加宽泛,丝路成为一个象征性的标志,一个大的国家发展战略。从古到今要延续历史的精神,传承并提升古代文明,促进我国与世界各国在物质和文化等多方面更广泛的交流合作,这是实现中华民族伟大复兴中国梦的大战略棋局。

(二)内外开放。"一带一路"既涉及国内区域又涉及国外区域,是国内沿线区域与国外沿线国家和地区通过现代运输方式和信息网络连接起来的相互开放,对外开放是核心。我国当代对外开放从空间上看很不平衡,沿海地区起步早,开放程度高,而内陆和沿边地区相对较晚,开放程度较低。丝路经济带要有包括内陆地区和沿边地区的国内大部分区域参与,扩大这些地区的对外开放水平,形成全方位的开放经济体系。

（三）海陆统筹。"一带一路"既涉及陆上通道又涉及海上通道，陆路通过铁路、公路联通中国到中亚、东南亚、西亚到欧洲，形成若干条陆上大通道、大动脉；海上丝绸之路在古代路线基础上不断拓展新航线，也就是现在21世纪海上丝绸之路，实现陆海连接双向平衡。"一带一路"将打破长期以来陆权和海权分立的格局，推动欧亚大陆与太平洋、印度洋和大西洋完全连接的陆海一体化，形成陆海统筹的经济循环和地缘空间格局。

（四）东西互济。丝路经济带贯穿东西，连通南北，但主线是东西两个方向。从我国来看，过去30多年主要是依托东部地区通过海上贸易的东向开放，丝路经济带则更多是考虑通过连接亚欧的陆路大通道，加大西向开放的力度。我国西部地区由过去开放的末梢变为开放的前沿，向东开放和向西开放的相对均衡化，也必将促进国内东西部地区经济协调发展。当然也考虑到南北向与国际的货物运输、贸易往来，除了南方的海上丝绸之路，更有北方对接"草原丝绸之路"联通东北亚的蒙古、俄罗斯等陆路通道，开辟东北地区对外开放新局面。

（五）虚实结合。"一带一路"是一个长远的国家决策，一个内涵丰富的大概念。由于它的边界不是完全确定的，它所涵盖的内容不是固定不变的，它的目标也不会是完全清晰的，因而使得这一决策显得有些"虚"。但是，从提出初期的基本构想到现在推进的过程看，这一决策正由"虚"变得越来越"实"。比如我国与相关国家的大通道建设，陆上和海上基础设施的互联互通、能源和矿产资源合作、贸易往来日益频繁、中国产品和投资"走出去"、油气管道在建、基础设施投融资机制建立，这些都是看得见的成果，"一带一路"倡议正在一步一步地向前推进，已经变成实实在在可以落实的工作。

（六）中外共赢。"一带一路"是由我国提出的倡议，显然对我国自身发展有着重要战略意义，不仅有利于我国充分利用"两种资源、两个市场"，尤其是保障我国的能源资源安全、化解富余产能和经济转型升级，而且还有利于加强我国与周边国家尤其是新兴市场国家的经济和文化交流，建立长期合作伙伴关系。但必须看到，"一带一路"又是一个中国与相关国家能够实现互利共赢的决策，一方面是中国的发展会对丝路沿线国家经济产生巨大的带动效应，如带动这些国家的优势资源开发、满足这些国家对中国工业品和生产技术的需求；同时更重要的是，中国政府充分考虑到周边相对落后国家建设"一带一路"的现实困难，出巨资建立了亚洲基础设施投资银行和丝路基金,并鼓励中国企业向外投资,这些都会使沿线国家获得实实在在的好处和利益,从而实现共同建设、共同发展、共同繁荣。

二、科学规划布局重点

作为国家倡议,对"一带一路"科学规划至关重要。2014年11月,习近平总书记在中央财经领导小组会议上强调,要做好"一带一路"总体布局,尽早确定今后几年的时间表、路线图,要有早期收获计划和领域。由于涉及国际国内特别是国家间关系的复杂性,初期规划应当依托已有基础,分层分类,先重后轻,先易后难,循序渐进。

强调依托现有基础,目的是要充分利用现有设施资源,避免大量新建和新增投资,尤其是通道建设、港口和口岸建设;所谓"分层分类"就是要明确国家、地方、城市不同层次的分工,确定不同类型地区的重点任务(如西北地区对中亚和西亚合作,西南地区对东盟和南亚合作,东南地区对港澳台合作,东北华北地区对俄罗斯、蒙古、日韩合作);"先重后轻"就是对关系全局的重大项目优先部署,比如干线通道、基础网络、互联互通关键环节;"先易后难"主要指对国家间关系相对稳定、合作意愿强烈、容易达成共识的项目优先考虑,对那些尽管有合作意愿,但达成共识难、前景不明朗的项目,要缓期开展,严格控制风险。

从空间布局上,要按照"以线串点、以点带面、内外对接"的思路,规划好陆上和海上互联互通的大通道、重要的节点城市和口岸,以及国内重点建设区域。互联互通建设是"一带一路"倡议的基础和前提,既包括铁路、公路、航空、管道、海路,也包括电信、互联网、物联网。目前亚欧大陆桥已经在丝路经济带上发挥骨干作用,今后还要加快中国与东盟国家大通道的建设,推动孟中印缅经济走廊以及中俄中蒙大通道的形成。重要节点城市和口岸主要是指陆上和海上的交汇点,要重视那些海铁联运条件好、港口功能强、腹地广阔的城市,如华北地区的天津、华东地区的连云港和宁波、华南地区的深圳以及北部湾。从国内区域层面看,已经基本形成共识的是,陆上重点在西北地区,海上重点在东南沿海地区。

"一带一路"是国家对外开放的倡议,倡议实施的进度和程度不只取决于中方,还取决于沿线相关国家的认知和共同努力,因而国家层面的对接十分重要。从国家层面上,重点是要围绕"五通"着力推进。其中,(一)政策沟通是关键。我国要与相关国家就"一带一路"倡议进行交流,本着求同存异原则,协商制定推进区域合作的规划和措施,在政策和法律上为倡议实施"开绿灯"。(二)道路联通是前提。没有互联互通的跨境大通道和信息网络,经济带就缺乏依托和载体,所以完善跨境基础设施是基础条件。(三)贸易畅通是核心。"一带一路"连接亚太经济圈和欧洲经济圈,市场规模和潜力独一无二,沿线各国要积极推动贸易和投资便利化,尽快消除贸易壁垒、降低贸易和投资成本。(四)货币流通是手段。要推动实现各国在经常项目和资本项目下本币的兑换和结算,以降低流通成本,增强抵御金融风险能力。(五)民心相通是根本。建设丝路经济带要尊重各国的文化习俗,在保护文化多样性的前提下加强人民友好往来,增进相互了解和传统友谊,为开展合作奠定坚实的民意基础。

国内区域层面陆上应以西北省区为重点,使其成为我国向西开放的前沿,并打造西部开发的升级版。我国西部地区占全国71%的国土面积和28%的总人口,经济总量仅占全国不足20%,既是资源富集地区又是经济欠发达地区。但从西部地区内部看,西北和西南又有很大差异,西北地区经济欠发达的程度要高,对外开放程度要低。据2012年统计,西北五省区(陕甘宁青新)经济总量为31 844亿元,不到西南(云贵川渝桂)的一半。西北地区进出口总额仅占全国1.5%,而西南地区占到4.0%;西北地区外商投资仅占全国地区总量的1.3%,而西南地区占到5.5%。

古丝绸之路途经的国内省份主要在陕西、甘肃、新疆等西北地区,建设丝路经济带为西北发展带来了历史机遇。西北地区虽然是全国经济发展的"洼地"但却是资源禀赋的"高地"。石油天然气、煤炭、风电、太阳能等能源,黄金、有色金属等矿产资源,以及生物和旅游资源,不仅丰富且组合条件好,广袤的土地也为经济开发提供了巨大的空间。西部大开发以来,西北地区的交通、通信、能源、水利等基础设施条件和脆弱的生态环境均得到很大改善,国家"向西开放"的战略将使西北地区偏僻的地理区位劣势得以改变。借助于丝路经济带的建设,必将进一步完善西北地区的基础设施,促进西北乃至整个西部地区优势资源的开发,提升对外开放水平,并为我国经济持续平稳增长提供有力支撑。因此,笔者认为,将西北省区作为丝路经济带的重点是合适的。

此外,国内区域海上丝路建设重点应在福建、广东、广西等沿海省份。有大港口的地方都能成为起点,特别是有远洋航线、对外贸易发达的城市,要成为建设海上丝路的重要节点城市。依托这些重要节点城市及港口,促进我国与东盟、南亚、北非等国家经贸合作。

三、积极稳步有序推进

按照中央的部署，2015年我国"一带一路"战略要有一个良好的开局。目前，国际上尽管有不同看法，但总体上我国的倡议获得了热烈响应；从国内看，各地区都在纷纷谋划如何融入这一战略，甚至呈现出争"起点"、争"核心"等争先恐后、抢抓机遇的局面。针对目前的现状，笔者认为推进战略的实施，要坚持"积极、稳步、有序"的总方针，避免出现国际上"剃头挑子一头热"、国内地区间无序竞争、超能力对外援助投资等问题和风险。

（一）尽快出台总体规划指导意见。编制一个完整详实的"一带一路"规划需要时间和大量的调查研究论证，短期内难以做到，由于涉及国际层面，这样的规划也较为敏感，因而建议有关部门初期尽快先出台总体指导意见，重点明确推进原则、思路、主要任务、空间布局、国内相关区域定位以及保障措施，以指导部门、地区和企业行为，避免无序和重复建设。

（二）要重视该倡议惠及沿线国家民众的国际推介。为体现"亲、诚、惠、容"的周边外交理念，使沿线国家对我们更认同、更亲近、更支持，要加大在国际上的推介力度，特别是要突出"一带一路"倡议如何能够使沿线国家民众受益。同时邀请沿线国家的普通民众来我国参观访问，增进民间交流尤其是青年学生交流和民众友谊。

（三）加强对各地区开辟国际货运班列和跨境物流的管理。目前我国至少已有8个城市开通了直达中亚和欧洲的国际货运班列，还有很多城市正在计划开辟新的铁路货运线路。这些班列对于我国商品更快地进入国际市场发挥了积极作用，也是丝路经济带建设的重要内涵，需要注意的是，随着班列的增多，各地争夺货源的竞争也趋激烈；同时，跨境电商、跨境物流加快发展。有关部门需做好管控，防止恶性竞争损害国家整体利益。

（四）对外援助投资要严格论证，把控风险。我国周边一些国家经济发展相对落后，对交通等基础设施建设需求很大，建立亚洲基础设施投资银行和丝路基金，有助于对这些国家提供帮助，并逐步形成我国政府的海外发展援助机制（ODA）。对于这些基础设施项目必须遵循国际通行规则严格进行可行性论证，既要考虑需要也要考虑可承受能力，防止出现后续项目的"无底洞"效应。

（作者是中国社科院工经所研究员、中国区域经济学会副理事长兼秘书长，本文选自《中国发展观察》2015年第1期）

"一带一路":造福各方　远超古人

潘　光

一、"一带一路"2014年大事记

2月

习近平主席和普京总统就俄罗斯跨欧亚铁路与"丝绸之路经济带"和"海上丝绸之路"的对接问题达成了共识。

3月

李克强总理在《政府工作报告》中介绍今年重点工作时指出,将"抓紧规划建设丝绸之路经济带、21世纪海上丝绸之路"。

4月

博鳌亚洲论坛年会开幕大会上,李克强总理特别强调要推进"一带一路"的建设。

5月

作为"丝绸之路经济带"建设的首个实体平台,连云港中哈国际物流基地的启用,标志着中哈两国依托新亚欧大陆桥,共建"丝绸之路经济带"的倡议进入实质性阶段。

11月

习近平总书记主持召开中央财经领导小组第八次会议,研究"丝绸之路经济带"和"21世纪海上丝绸之路"规划、发起建立亚洲基础设施投资银行和设立丝路基金。

11月

习近平主席11月18日宣布,中国将出资400亿元成立丝路基金。丝路基金是开放的,欢迎亚洲域内外的投资者积极参与。

12月

2014中央经济工作会议中,明确提及将重点实施"一带一路"等决策。

中国领导人倡导的"丝绸之路经济带""21世纪海上丝绸之路"构想,具有重要意义和全球影响。

二、适应经济形势　兼顾各方诉求

(一)"一带一路"建设适应世界和地区经济发展变化的新形势。当前,世界经济出现了以总需求增长放缓和经济结构深度调整为主要特征的调整期。全球经济的疲软及其复苏进程的不确定性,导致各国经济的外部发展环境出现不同程度的恶化。外部需求的下降削弱了中国、印度、俄罗斯等新兴经济体的发展动力;全球资源需求和价格逐步回落,对中东、中亚国家以及俄罗斯等资源出口型经济模式造成严重冲击。在这种情况下,各国对全球范围和地区框架内的经济合作寄予厚望。"一带一路"建设适逢其时,有助于推动全球经济合作的深入发展。

(二)"一带一路"建设符合欧亚各国、乃至全球经济合作转型升级的要求。例如,欧亚经济合作中仍存在实体经济合作薄弱、资源合作比重过大、贸易结构失衡等深层次问题。以资源合作为代表的粗放模式严重制约欧亚经济合作进一步发展的空间,很难为欧亚各国长远发展提供强有力的经济支撑。"一带一路"建设的主要内涵不仅仅是传统意义上的贸易通道经济带,更重要的在于其实体经济层面上的产业带、产业链和价值链。"一带一路"建设以点带面,从线到片,逐步形成区域大合作,是经济合作崭新的发展思路与合作模式,符合欧亚、乃至全球经济合作转型升级的要求。

(三)"一带一路"建设兼顾了所有参与国的利益关切与合作诉求。世界各国的经济实力和发展状况有所不同,对经济合作的利益诉求不尽一致,在经济合作中的收益也有所差别。如不能兼顾各方的利益,就难以形成经济合作的共识和动力。目前,资源出口型国家对转变经济发展和对外合作模式的要求极其强烈,希望通过经济合作推动其国内经济转型的进程。"一带一路"建设旨在将参与国之间的友好关系优势、地缘毗邻优势、经济互补优势转化为务实合作优势、可持续发展优势,打造互利共赢的利益共同体。需要指出,未来5年中国进口将达10万亿美元,对外投资达5 000亿美元,还有大量的对外产能转移,这必将对"一带一路"建设作出重大贡献。

三、辐射作用强大　促进人文交流

"丝绸之路经济带"和"21世纪海上丝绸之路"建设不仅将影响沿带、沿路的国家和地区,而且将对全球的经济发展、安全架构和人文交流产生极其深远的影响。

(一)"一带一路"建设具有强大的辐射作用和显著的包容性特征。历史上的陆海丝绸之路从来就不是单线的,而是多路线的。在科技和交通高度发达的今天,"丝绸之路经济带"和"21世纪海上丝绸之路"更不可能是一条线,而是多线的,并且通过陆路、水路和空中形成立体发展态势。历史上丝绸之路的影响往往局限于沿路地区,因为骆驼和马的活动范围是有限的。今天的情况完全不同,凭借高速铁路和公路、大型航空器、远洋轮船和互联网,"丝绸之路经济带"和"21世纪海上丝绸之路"将对整个欧亚大陆、非洲、大洋洲,乃至全球产生强大的辐射和延伸作用。历史上的丝绸之路促进了各国、各民族、各种文明的交流,推动了区域合作。今天的"丝绸之路经济带"和"21世纪海上丝绸之路"在这方面将发挥更大的作用。

(二)"一带一路"建设离不开安全保障,围绕"一带一路"建设的安全合作体系将有利于全球新安全架构的建立。2014年"亚信"峰会倡导共同、综合、合作、可持续的亚洲新安全观,提出创新安全理念,搭建地区安全和合作新架构,努力走出一条共建、共享、共赢的亚洲安全之路。亚洲新安全观虽然冠以"亚洲"这一地域范畴,但实际上指明了为"一带一路"建设、乃至全球的和平发展构筑新安全架构的方向。当前,为"一带一路"建设提供良好的安全环境,需要世界各国进一步加强安全合作。

(三)"一带一路"建设具有厚重的历史文化底蕴,将极大地促进全球范围的人文交流。古丝绸之路的影响,既表现为贸易对经济、社会发展的推动和促进,也表现为与贸易紧密相连的文化交流使多种文明互相交汇、融合。今天的"一带一路"建设,也并非仅仅是经济问题,而具有深刻的文化历史底蕴。"一带一路"建设要促进政策沟通、道路联通、贸易畅通、货币流通、民心相通,而民心相通是最为重要的。"一带一路"的建设和发展,又必然进一步促进各种文明的对话互鉴和全球范围的人文交流。

(作者是上海社科院上合组织研究中心主任、亚信项目负责人,本文选自 2014 年 12 月 25 日《新民晚报》)

"一带一路"孕育区域经济发展新气象

赵红军

当前,世界经济、社会、政治和区域发展进程中最热门的讨论,当属习近平主席2013年提出的"一带一路"倡议了。目前,国内外有关"一带一路"将如何影响世界的讨论较多,相关的智库、会议更是接二连三地成立和召开。然而,"一带一路"究竟将如何影响中国的区域经济发展?

毋庸置疑,"一带一路"对中国区域经济发展是一个巨大的机遇。

"一带一路"不仅是陆上的对外开放和区域联动,而且是海上对外开放和区域联动。无论是中国的东部地区,还是中西部地区,每个地区都拥有机遇。这种机遇需要各地在对外开放和区域联动上做文章。它不仅是一个地区的对外开放,而且是整个区域的相互开放、相互之间的协作,以及整体上的对外开放。

"一带一路"与"1+3+7"自贸区、长江经济带之间是相互配合、相互推进的关系,而不是相互替代的关系。"1+3+7"自贸区可以看作中国对外开放新格局的一个试点,目的是试验负面清单、责任清单、权力清单等国际通行的新制度在国内操作的可行性、难点和突破点,以寻找可复制、可推广的可行性方案。如果将"一带一路""1+3+7"自贸区、长江经济带放在地图上就会发现,自贸区主要位于沿海地区,长江经济带位于中国南方,由西向东,"一带一路"则不仅涉及江苏、福建、陕西、宁夏、新疆等,而且还涉及从中国东部到欧洲、美洲、非洲等地。显然,三者之间是相互配合、相互推进的关系。其中,"一带一路"是纲,"1+3+7"自贸区和长江经济带是目,所谓纲举目张。

具体来看,"一带一路"可以在三个不同区域层面上实现联动共赢。

一、长三角层面

以江苏为例。虽然江苏没有入选1+3+7自贸区试点,但这并不意味着江苏的区域经济发展就没有特色。眼下,江苏"两个对接"的战略非常清楚。一方面,苏北对接"丝绸之路经济带",不仅可以向西走向中亚、欧洲,而且还可以往东走向日本、韩国甚至北美、南美。另一方面,苏南则全面对接上海自贸试验区。比如,南通全面对接上海的"456战略"已经确定,即四成农产品供给上海、五成企业与上海对接、六成产品和货物经上海港出口。又如,苏州更是直接选派官员到自贸试验区挂职学习,全面复制和推广上海自贸区的负面清单、权力清单和责任清单。毫无疑问,这些都是推动江苏经济发展出现新亮点、新作为的重要战略举措。

再来看浙江。浙江过去10年的经济发展出现很多新亮点,值得其他地区借鉴学习。"十二五"规划纲要中就早已明确设立舟山群岛新区的规划。2011年2月25日,国务院批复同意《浙江海洋经济发展示范区规划》,明确建设"舟山海洋综合开发试验区"。2012年,浙江省设立舟山港综合保税区。2015年,中央明确舟山自贸试验区成为浙江自贸试验区的一个重要组成部分。

从另外一个维度来看,以杭州、宁波等地为引领,浙江民营经济突飞猛进。如今,"杭州城西科创大走廊"已经成为浙江省"十三五"规划的重中之重。浙江省委省政府计划今后5年在此投资2 000亿元,以强化浙江民营、外资在高科技、信息等领域的全球领导力。就宁波而言,它已经和上海港建立战略合作关系,对接"21世纪海上丝绸之路",实现1+1大于2的基本战略。

乌镇只不过是一个江南小镇,但近年来在互联网领域的影响日益增长;湖州和杭州分别是浙江的一个地级市和省会城市,但G20智库会议和G20会议分别选择在此召开。可见,无论是一个小镇、一座城市,还是一个省份,只要经济发展有特色,只要拥有自己的比较优势,就能够获得国家和市场认可,进而也就能够获得世界认可。

二、珠三角层面

珠三角与长三角虽然地理位置有所不同,但有一个共同特点,那就是位于东南沿海地区,与海外贸易、做生意的成本相对较低,拥有对接"一带一路"的良好地理条件。眼下,无论是福建还是广东,一方面通过贸易、对外直接投资等方式引导有竞争力的企业走向海外;另一方面,也正努力学习和复制成熟市场经济体通行的做法,以"三个清单"管理模式倒逼地方政府职能转变和制度创新,进而推动区域经济的发展和转型升级,打造区域经济的长远竞争力。

三、中西部层面

"一带一路"倡议提出以后,中国中西部地区"陆上丝绸之路"的区位优势将会得到较大显现。比如,宁夏近年来通过市场化和国际化方式做大做强当地旅游产业,带动区域经济发展。特别是当地政府和企业进行密集调研,邀请专家出谋划策,邀请海外企业入股和参与管理,最终打造了基于黄河古道旅游+特色产品销售+文化营销的区域综合发展模式,快速改变了区域经济发展的被动局面。如今,来到宁夏旅游的海外游客越来越多。

另一个例子,甘肃的中医药产业通过"丝绸之路经济带"走向海外,不仅在哈萨克斯坦、吉尔吉斯斯坦设立中医医院,向海外传播中国文明和医药遗产,而且还吸引众多留学生来华学习中医、针灸等,推动了当地中医和医药产业的发展。

值得一提的是,过去陕西和甘肃虽然是邻省,但经济发展缺乏协调发展和联动。2009年,关中—天水经济区规划获批。目前,天水、宝鸡和西安之间的跨区域联动越来越频繁,城市和区域之间相互分工、合作的局面正在形成。这些都是推动中国区域经济发展出现新气象的强大动力。

(作者是上海师范大学商学院副院长、教授,
上海市世界经济学会"一带一路"泛区域合作与发展专委会主任)

认识和适应"走出去"新常态

朱兴龙　李　锋

"走出去"是我国对外开放的重大战略,是更高层次、更高水平的对外开放。国际金融危机爆发以来,国际市场持续低迷,国际贸易保护主义抬头,一些国家实施"再工业化"和"经济再平衡"。我国经济面临下行压力,资源环境约束趋紧,产能过剩问题突出。面对严峻复杂形势,我国提出稳增长、促改革、调结构、惠民生、防风险,着力推动经济转型升级。在这样的大背景下,我国对外直接投资迎来重要机遇、面临新的任务,必须与时俱进,加强顶层设计,在"走出去"战略思维和实践操作上不断创新。当前,尤其要进一步认识对外直接投资领域的新变化、新特征,创新"走出去"的内容和形式。

增添"一带一路"新内容。中央提出的"一带一路"倡议是"走出去"的有力抓手,给"走出去"注入了新的内容。"一带一路"建设以具体项目为支撑,重点开展交通基础设施和能源项目等的合作建设,扩大与沿线国家的经贸往来,对我国对外直接投资具有重要带动作用。成立亚洲基础设施投资银行,设立丝路基金,加大与东南亚、中亚、中东、欧洲、非洲等的合作力度……众多举措将建设"一带一路"与落实投资项目紧密结合,为"走出去"注入新活力、提供新载体。

打造重质量、可持续新内核。近年来,我国对外直接投资发展迅猛,对外直接投资规模由2002年的27亿美元增至2011年的746.5亿美元,年均增长26.9%,远高于世界同期增速;2014年达到1029亿美元,成为全球三大对外投资国之一。但我国离世界投资强国还有很大差距,我国的跨国公司存在大而不强、国际化程度低等问题,海外投资收益不甚理想。应继续鼓励对外投资,但在扩大投资规模的同时应更加重视投资的质量和可持续性,更加重视国际竞争力的提升和软实力的储备,优化对外投资的国家和行业布局,强化企业投资主体地位,并更多地鼓励民营企业参与对外直接投资。

实施从核准制到备案制新监管。深化对外投资体制改革,应加快从核准制向备案制转变。这一转变主要体现在两个方面:(一)减少对外投资审批环节,提高审批效率;(二)转变政府职能,从注重事前审批转向事中、事后监管,加强信息、法律、融资、保险等服务。以国家发展改革委2014年5月施行的《境外投资项目核准和备案管理办法》为例,其体现的新变化主要是:大幅提高境外投资项目的核准权限,缩小核准范围,对一般境外投资项目一律实行备案制;简化程序,明确时限,提高境外投资项目核准和备案规范化、便利化水平;突出依法行政、明确责任、加强监管、维护秩序。

适应准入前国民待遇加负面清单新规则。准入前国民待遇加负面清单,是现今国际上普遍实行的双边投资协定模式。我国一些企业对外投资受阻,原因之一就在于部分国家缺少透明的约束机制和评判标准。实行准入前国民待遇加负面清单模式,对于我国对外投资企业来说是有利的,双向的开放和透明有利于维护我国企业合法投资权益,也有利于我们按照国际规则和标准办事。这对于减少对外投资风险和盲目性、提高投资效率和效益大有裨益。当然,机遇背后也有风险。准入前国民待遇加负面清单模式是双向的,既有利于我国企业"走出去",也有利于外资企业进入我国;既要求外国政府放松对我国投资的管制、允许我国企业参与公平竞争,又要求我国有关政府部门转变职能、提高行政效率。

建立确保投资安全、实现投资效益新机制。认识和适应"走出去"新常态,应建立健全对外投资损益问责制、对外投资决策长效机制,以保证对外投资安全、提高对外投资效益。中央企业是对外直接投资主力军,是其境外国有资产管理的责任主体。2011年颁布的《中央企业境外国有资产监督管理暂行办法》和《中央企业境外国有产权管理暂行办法》强调,对造成国有资产损失的情况,国资委将按照法律、行政法规以及国有资产监督管理有关规定,追究相关责任人的责任。而对于为数众多的其他国有企业和民营企业来说,如何进一步明确海外投资责任主体,避免对外投资盲目性,是一个大问题。解决这个问题,需要加快出台境外投资条例,完善国家层面的宏观战略规划和企业层面的具体决策机制。

明确当地化经营新理念。当地化经营和属地管理,对于"走出去"的中资企业来说还有很大提升空间。当地化体现在原料采购、产品研发、市场销售和雇用员工等生产经营活动各个方面,是跨国公司国际化水平和企业竞争力高低的重要体现。随着现代企业制度不断完善和国际化管理经验不断积累,我国跨国公司当地化经营将迈上新台阶,而当地化经营也将帮助我国企业更好地融入东道国、贴近市场、规避风险,实现共赢。

强化履行企业社会责任新约束。近年来,企业社会责任逐渐成为对外投资的软法律。相关部委不断加强对企业海外责任的规范和指导,出台了一系列指导文件;对外投资企业也不断强化责任意识,从长远发展角度主动践行企业社会责任,包括重视劳工权益、加强环境保护、助力社区发展等,大型国有企业还定期发布社会责任报告或可持续发展报告。我国企业在履行海外社会责任方面已有所作为,但还需进一步提高认识并积极践行。

(作者是武汉大学国际问题研究院研究员,本文选自2015年3月23日《人民日报》)

"一带一路"倡议与上海产业经济发展

李小钢

一、"一带一路"倡议的主要任务

"一带一路"计划的大致的目标是：形成以亚洲为重点，以经济走廊为依托，以交通基础设施（项目）为突破口（中国建造），以建设融资平台（AIIB）为抓手，以人文交流为纽带的国际经济合作平台。具体要点是：

（一）新一届中央政府搭台、主导、运营的新的全球开放合作的大平台，表明中国由参与转变为试探性的组织主导国际金融合作。

（二）利用中国的优势资源和能力，与"一带一路"国家实现共赢共享的格局。中国现在主要拥有以下优势：1.巨额的外汇存款；2.强大的中国建造；3.中国制造；4.中国国内市场强大的消费能力。前3点，很多国家都能做到，特别是我们"一带一路"主要竞争对手日本。但在第4点，中国整个经济的体量是我们在"一带一路"方面最重要的保证。在"一带一路"沿线很多国家，国土面积比都比上海大很多，但没几个国家能超过上海的GDP。因为如果我们将产能搬过去后，利用当地的资源进行制造，再返回到中国来销售，这对当地来说是非常有利的。这在我们早期利用外资的时候，也出现过这样出口返销的情况，这使得我们的项目很容易被批准，我们可以利用我们巨大的市场进行消化。这4条是我们实行"一带一路"的优势和能力。

（三）水陆并进的推进路线。丝绸之路在历史上有两个阶段，在陆上丝绸之路兴起的时候，还没有海上丝绸之路，有了海上丝绸之路时，陆路已经荒废了。现在我们是两路并进，一个叫西走，一个叫南下，这是"一带一路"很重要的方向。通过一带一路，我们可以继续保持中国增长的空间。

（四）将中国沿海和内陆地区同步对接（国家/地区/城市），形成有效互动。同时，在国内，中国的规划也开始重大调整，原来中国的规划是东中西，这次配合"一带一路"将垂直规划调整为横切，就是从渤海湾到新疆一块、长江经济带一块、珠江一块。这种横切的规划同时也将内部的资源进行整合。例如上海与长江西部地区经济落差是很大的,通过"一带一路"横向的整合以后,国内的资源先进行一次配置,再通过一个往南,一个往西走出去。这一块在"一带一路"中也是比较重的任务,因为经济落差导致观念方面的巨大差别。

(五)今年开始实质性启动,10年后对接中长期国家战略。"一带一路"也和"中国制造2025"有关。中国在实行转型中间,在制造业花了很多力气,所以国家发布了《中国制造2025》规划,制造规划若要成功,必须要留出空间。现在"一带一路"就是把原来挤在一起的产能腾出来,给"中国制造2025"留出空间,所以这也是"一带一路"计划与中国制造的结合。

二、"一带一路"带来的巨大商机

(一)巨额投资带来的商机。现在外交部是最忙的,正在紧锣密鼓地与各个国家对接。对于"一带一路"的国家,有两种表述,一个是具体的国家表述;另一个是没有具体国家但有具体数字的表述。陆上的国家大都不太稳定,都需要"一带一路"来援助;海上的国家有一些经济也不好。按照亚洲开发银行估算,未来10年内,亚洲国家每年需要基础设施建设投资规模达7 500亿美元(亚洲开发银行200亿美元)。亚投行(AIIB)估且可达1 000亿美元(同马歇尔计划:130亿美元×35倍黄金=4 550亿美元现值)。

(二)快速增长带来的商机。根据亚投行和世界银行的预算,亚洲的基础设施建设严重短缺,未来8年里,每年需要的基础设施投资是12 000亿美元,到2020年的时候有8万亿美元的基础要投资,但现在亚洲开发银行,每年的贷款只有200亿美金,这只有亚洲需求的2%,这就是中国提出建立亚投行的事实依据。这些投资规模带来怎样的生意呢?这些沿海国家有20多万亿美元的GDP,这些国家的经济增长率跟发达国家不一样,发达国家是在0.5%~1.5%,这些国家包括中国在内,GDP增长都在5%以上,有的国家比中国还要高。如果这些国家的GDP在中国的带领下能达到过去中国30年的标准的话,接下来10年,这些国家的GDP大约在30万亿美元。假定GDP内的结构是一产10%,二产是50%,三产是40%,这些国家不是发达国家,都是与中国差不多,也就是说,这个地区的制造业大概有15万亿美元的GDP,那么15万亿美元的GDP怎么换算成商机呢?GDP与工业产值之间的关系,美国来说100元的产值中间产生32元的GDP,就上海来说,100元的产值大概产生20元的GDP,整个中国的平均水平是18元。如果"一带一路"国家的水平能保持和现在中国的平均水平一样的话,那么这个区域的产值可以达到130万亿~150万亿元。

三、实施"一带一路"倡议的难点

(一)现在的难题是"一带一路"的沿线节点国家大部分都是发展中国家,政治非常不稳定,发展中国家的一个重要特点就是政局变更频繁,导致政策的可持续性难以确保。怎么解决,真的很难。这么不稳定的国家,发达国家资本都不愿去的地方,中国为什么要去?我用了非洲卖鞋的故事例子,就是有一批人到非洲推销鞋子,回来跟老板说,那里没有市场,因为非洲人都不穿鞋。老板不信,再派第二人过去,那人回来写了报告,说非洲市场巨大,因为他们现在没有穿鞋,如果他们全穿上鞋的话,那么几十亿双鞋子的市场就出来了。所以角度不一样,看问题的结论也不一样。现在能够给中国提供机会的国家,说实话世界上也就剩下这些国家,其他国家在这几十年中间,国际资本跨国公司外商直接投资(FDI)流动在1.5万亿至1.8万亿美元,这几十年流下来以后,几百万亿美金的资本流动已经把这些国家开发得差不多了,这些FDI不去的国家肯定是有它的问题,那么我们去不去?所以,我的解释是要去,就跟卖鞋一样,也就是说我们组建亚投行作为国际机构过去很重要的原因就是,作为一个国际组织而不是中国机构,这样的话安全度会提高。

(二)中国政府一系列的高调举措,可能被沿线国家的政客们误读或歪解,增加了"一带一路"倡议在实际推行过程中间的难度和风险。因为中国在国际媒体上几乎没有话语权,尽管我们有《人民日报》、有新华社,但在国际媒体中间我们是没有话语权的。所以,过多的公开亮相以后,很多报道中,80%是负面的,只有1%相对来说是客观的。如果长期以往的话,中国政府推动"一带一路"倡议的计划会越来越困难,到最后会走也走不动,这是非常难的。

(三)"一带一路"计划涉及的具体项目的性质需要明确,是基于援助性的事业项目?还是基于利益性的商业项目?否则,会使项目评估标准的漂移,最终导致项目失败。1 000亿美元项目是援助型的还是商业的,这两个做法是不一样的。援助是不讲究成本效益的,如果是利益项目的话,就要讲究投入回报。在这上面,中央政府并没有给我们更多的明确,所以在这方面有一个非常有意思的报道,《纽约时报》在报道习主席去巴基斯坦签了51个项目的时候说:中国援助了巴基斯坦500多亿的51个项目。实际上,外国政府也把中国"一带一路"要变成援助,如果这样概念在别的国家产生的话,就可能会变成援助了。所以,中国政府在"一带一路"计划里要给予明确,如果这块不明确的话,钱真的出去了回不来。

(四)相对于 SWOT(企业的竞争性分析),人们对 PEST(投资者或企业所处的宏观环境)的熟悉和使用程度更低,而这又是确保"一带一路"计划不可缺少的手段。大部分中国企业在走出去的时候或者是在国内分析的时候用 SWOT 分析,而恰恰这种对外投资项目不仅仅要 SWOT 分析,还要 PEST 分析。这个 PEST 分析在中国实际上变得非常不普及,我不太清楚大家知道 PEST 分析有多少,但是我知道 SWOT 分析的起码有一半以上是知道的。PEST 分析,就是有四个字母,分别指政治(一个国家的政治政局制度)、经济发展状态、社会文化宗教,还有就是技术水平。PEST 分析是 SWOT 分析的前提,如果没有 PEST 分析可行的话,SWOT 分析是没有意义的。但是这一块在中国相对来说是比较弱的,如果因为弱而不去做的话,可能整个对外投资这块可能会出现问题。

(五)如何有效使用过去 30 年引进外资过程中所积累的经验和资源?外资是怎么进来?怎么有机组合?怎么防范风险?尤其是一些先期成功实现海外投资国家的经验。如何在"一带一路"走出去中间被使用?实际上,这一块对上海来说是最重要的。因为上海是引进外资比较成功的,在走出去这块也可以发挥作用。但是这里面牵涉一个问题,我们走出去的企业是什么资源?外资商会最担心的就是中国的"一带一路"计划和他们在中国的投资是否有冲突?或者他们在中国的投资是否能分享"一带一路"的巨大商机?他们也看出来这里面的商机很大,所以中国"一带一路"走出去是中国的企业走出去,中国的企业包括国有企业和民营企业,应该也包括在中国生根的外资企业。如果以这种思路去考虑的话,可能对中国"一带一路"上等级的发展会有好处,纯粹靠国有和民营企业的话,对整个"一带一路"计划推进,在技术上可能并没有太多保证。因为从目前来说,中国目前的技术,产品质量比较好的还是外资企业,尤其是上海,这是不容回避的。如果能带上他们一起组合的话,可能对"一带一路"来说比较好。

(六)缺乏对沿线节点上的相关国家进行细致全面的国别分析,尤其是对个别阻力国家的分析和应对。现在我们发现有二个对冲,一个是印度的季节计划。他也在做南亚国家的类似"一带一路"的方案,这是印度的做法,但是印度的体量不大,只有 2 万亿不到的 GDP,所以他控制这个计划是比较难的。从现在印度参加亚投行的积极性来看,他是准备加入中国的"一带一路"计划,放弃他自己的计划。

第二个是日本。日本由于中日韩自贸区中止,现在中国和日本处于非常冷淡的时期,所以日本现在就是顶着中国做,中国做一项事业,他就跟你对抗相持,这就无形之中增加了中国很多困难。原来我们在泰国的高铁,1千米的高铁成本,日本是中国的1倍,加拿大和德国是中国的1.2倍到1.5倍,但是如果日本通过降低汇率来参与中国高铁竞争的话,中国的"一带一路"计划可能会被日本拖下水。也许中国高层已经意识到这一块,正在缓和中日之间的关系,由完全的对冲国变成合作国。大家知道中国与日本往来是单向的,中国去的人非常多,他过来的人非常少,而且贸易也是,我们现在对全球主要发达国家是顺差,对日本是逆差,也就是说我们很多的产品部件中间是离不开日本的。如果这两个国家能组合起来共同推进"一带一路"的话,那么就会事半功倍,效果非常好。

四、上海的机会和作用

说实话,"一带一路"走出去,是需要资源和能力才能走出去的,我把这些资源归结为企业资源。走出去的主体是企业,企业资源是上海走出去从中分得重大商机的保证。上海有哪些企业资源?

(一)从每年社会统计公报来看,2014年社会统计公报上,上海的GDP是3 800亿美元,也就是23 500亿人民币,它的构成比例是:一半国有,一半非国有;国有中间,中央一半,地方国有一半;非国有里面外资占了大多数。所以,对于上海来说最有竞争性的企业是外资企业,不是国有企业更不是民营企业,上海的民营企业并不是很强。所以上海的企业资源在哪里?在外资企业。

(二)今年1月份,税务局颁布了"纳税百强",其中制造业缴纳1 700亿元的税,服务业1 388亿元的税;按企业的数量来计算,上海的国有企业是32家、外资企业是62家,民营企业是6家;列入制造业百强的国有企业只有32%,外资有62%,民营只有6%,从这里看出上海的民营企业真的不行。国有企业是哪些?我统计了一下,国有企业基本上都是一些钢铁、烟草、能源(包括燃气、电力等)企业,而处于完全竞争性行业的国有企业几乎凤毛麟角,也就是说,上海的企业资源格局就是这样,除了垄断企业,上海的企业资源处于竞争优势的就是外资企业。那么上海要参与走出去的话,谁走出去,这个可能需要讨论。一些中小企业就不具有走出去的能力,而且相对来说,中国本身的市场更适合他们。

(三)福布斯颁布了"中国企业百强",其中也反映了上海企业资源的情况,500

强企业,北京97家,香港83家,上海43家,深圳31家。上海的企业资源优势与北京是两个世界,现在上海的企业下降为跟一般外省市的企业差不多了,这个是有问题的。上海原来在全国的地位跟现在已经完全不可同日而语了。从营业收入来看,北京的97强企业占了500强59.7%的营收,利润占60%,所以现在上海谁走出去这个问题真的很难,需要更多的讨论。如果"一带一路"不从国家、企业的角度来看,上海的企业资源是支撑不了"一带一路"计划的,就是说"一带一路"上面巨大的商业机会跟上海企业是没有直接关联的。

那么,上海的机会在哪里?

(一)咨询业可能获得巨大商机。咨询业有三个品牌,1.国家地域品牌;2.机构品牌;3.专家品牌。上海在发展咨询业方面有独特的地域品牌优势,如果这块能做好的话,如果"一带一路"中上海咨询业能全面参与的话,那么咨询业可以掌握整个中国"一带一路"计划的所有的项目资源,我们通过分配这些项目资源,上海也可以得到很多机会。

(二)改变思维方式走出去。我们的企业资源有没有能力走出去,这个问题说起来也很难。去年中国对外投资超过1 000亿美元,但是上海只有113亿美元对外投资,占中国非金融类对外投资的12%。既然有那么多投资,为什么还要问上海有没有能力走出去?实际上我们对外投资的成功比例30%都不到,大部分的企业投出去之后都是竹篮打水。中国民营企业家对外投资只是基于转移国内的资产,为了确保资本安全,而不是为了开拓市场,增加产能。如果基于这样的思想,对外投资风险是相当高的。大家可能听到前段时间山东的泉林纸业在美国弗吉尼亚投了20亿美元的造纸项目,这就是一个资本转移。这一块是限制中国发展很重要的原因。实际上,在我们看来可能是资本投资,在国际投行来看就是一个保全资本。这是一个思维方式的问题。

下面谈一下短缺思维,这是企业能不能走出去之前一个最好的训练。因为中国企业在走出去之前是中国的企业,它在中国的生长环境下成长起来的。但是由于中国政府对市场是进行管理的,这个管理思维方式就叫短缺思维,短缺思维的概念就是政府在管理经济中,把所有的社会资源短缺化,其手段就是招标和拍卖,由此整个社会交易的横向交易过程变成纵向交易,就是中间一定要经过政府的环节。例如土地,需求有那么多,但供给只有一个,这种情况下,价格由供应方随意掌控。这个政策来源于香港,香港执行的是1999年的土地拍卖政策,但我认为香港与我们不一样,它的政策应该是不适用于我们的。原因是什么呢？香港曾是英国的殖民地,此前英国作为自己的财富,一点点地创造出来。中国政府应该让市场充分发挥作用,而不应该是设置短缺。实际上很多情况都是这样,汽车牌照也是这样。短缺思维的结果是什么呢？就是所有差异市场的主体,主要是企业,在正常情况下,它要搞定市场才能存活下来,由于政府的短缺思维存在,使大量中国企业需要去搞定政府。大部分有能力的中国企业是通过搞定政府长大的,能不能走出去的时候去搞定国外政府呢？如果说它除了搞定政府的能力外没有搞定市场的能力,那么接下来做什么？所以我觉得走出去在"一带一路"中间,对于上海来说,这是非常重要的,就是不要量上的变革而要质上的变革。这个思维方式不改变的话,上海的科创新中心建不起来,上海在"一带一路"巨大商机面前也没有机会。

（作者是上海社会科学院外国投资研究中心主任，
本文是作者在上海市经团联、
上海市工轻联举办的专题报告会上的演讲）

TPP 语境中重构经贸格局战略思考

郑文焱 郑俊铿

在美国的极力推动下,TPP 谈判终于 2015 年 10 月 5 日在美国亚特兰大落下帷幕。TPP 与美国重返亚太战略的关系,对中国经济贸易将产生何许影响,中国应如何从战略层面加以应对,笔者就此发表一孔之见。

一、大国博弈催生 TPP

(一) 由 4 国协定到美国主导

TPP(跨太平洋伙伴关系协定)源于 2005 年 5 月由智利、新西兰、新加坡、文莱四国签订的《跨太平洋战略经济伙伴关系协定》。此乃一个就货物、服务、知识产权贸易和投资等相关领域给予互惠的经济合作协定。由于四国的经济体量较小而未引起全球的广泛关注。

2008 年,美国高调加入,并主导了此协议谈判,随着澳大利亚、秘鲁、马来西亚、越南、日本、墨西哥、加拿大的加入,最终形成拥有 12 个成员国的 TPP——跨太平洋伙伴关系协定。自 2010 年 5 月开始正式启动 TPP 谈判以来,在各国激烈争议中谈判持续 5 年之久未能达成一致,2014 年奥巴马访日,2015 年 5 月安倍晋三访美期间,TPP 均作为主要议题之一,力求取得决定性成果,然而由于双方坚持自身利益而未能如愿。2015 年 6 月,在奥巴马大力推动下,美国国会特意通过了贸易促进授权法案(TPA)。该法案又名"快速通道法案",将国会权力限制在对谈妥的贸易协定进行投票上,不能逐条审核修订与删减。这对 TPP 基本达成发挥巨大作用。在美国不断对 TPP 成员国施压和自身退让下,2015 年 10 月 5 日,在美国亚特兰大达成一致。TPP 名为"跨太平洋伙伴关系"的协定,却将亚洲第一,全球第二,经济规模占全球 15% 的全球第一贸易大国——中国排除在外,其司马昭之心,路人皆知。

(二)贸易规则话语权之争乃其表象,阻滞中华民族复兴进程乃其实质

美国前总统奥巴马数次在外交内政场合声称必须掌握制定"21世纪贸易规则"的话语权,表示美国的商品贸易95%在亚太地区进行,应由美国主导制定贸易规则。言外之意是制定亚太地区贸易规则的话语权不能旁落其他国家。TPP的达成,使美国加强了在亚太地区的影响力和存在感,是其亚太再平衡、重返亚洲战略的重要内容,而亚洲再平衡是美国遏制中国在亚太地区以及全球范围影响力日益扩大的战略举措之一。同时,美国多次炒作南海话题,以自由航行为名派军舰、军机进入我国国境12海里范围,力图显示美国仍是亚太地区主导力量。除对中国施压外,还使中国必须分散精力、配置资源加以应对,进而减缓中国崛起进程,尽可能长地延迟新老大国交替,从而达到长期保持美国独霸全球的格局。

在经济领域推进TPP、TTIP(跨大西洋贸易及投资伙伴协议)的同时,又重新调配太平洋军力,在冲绳、菲律宾、新加坡部署新的武装力量,国防部长卡特还在2015年11月登上所谓"例行经过南海"的美国西奥多·罗斯福号航母,把亚太再平衡作为其重新调整军力部署的核心,针对中国的意图十分明显,意图长久维持独霸全球的现状,实非明智之举。

智者如美国布朗大学高级研究员斯蒂芬·金泽认为,美国不应惧怕其他大国崛起,国家随着时间的推移而兴起和衰落是自然而然的事。存在最久的国家(如中国和伊朗)凭借的是顺应历史潮流。美国人缺乏这一方面的经验。对美国来说,潮水始终是高涨的。在20世纪,美国的实力稳步增长。美国习惯于掌管世界。未来,美国无法再掌管世界。美国的历史没能帮助自己为全球地位的这一变化作好准备。美国在心理上没有作好准备。

在21世纪中,美国不会再像上世纪一样掌管世界,美国人能顺应这个现实,就有希望实现全球稳定。如果美国拒绝,如果美国不接受自身实力的相对衰落,那么沮丧情绪可能促使美国以自我毁灭的方式四处出击。他指出,美国最强有力的武器是军事实力,而在这个新世界里,军事实力的价值将不断下降。在各国之间建立同盟是获取全球实力的关键,而美国尚未形成这种能力。要想在21世纪蓬勃发展,美国需要一整套新手段。最主要的是美国必须承认一个现实。那就是美国在世界上的作用正在发生变化。实乃真知灼见。

诺贝尔经济学奖得主、哥伦比亚大学教授约瑟夫·斯蒂格利茨 2015 年初发表的题为《中国世纪》的文章指出，按照购买力平价指标，中国已经取代美国，成为世界第一大经济体；美国应当正视这一事实，放弃零和博弈思维和以遏制为中心的对华外交政策，一起和中国建设国际政治经济新秩序。

美国首席"知华派"学者兰普顿曾提出"美国应腾出空间，中国要保持耐心"。

（三）虽已达成，尚非尘埃落地

历时逾 5 年的跨太平洋伙伴关系协定"马拉松"谈判终于 2015 年 10 月 5 日在美国告一段落——12 个成员国就"21 世纪的贸易和投资规则"达成协定。然而谈判收官、协定达成并非 TPP"尘埃落地"，TPP 最终"落地"尚需经历过五关斩六将的一番博弈。

1. 关键的当属"审批关"。12 个成员国政情各异，如何审议，能否批准协定，既受各自国内政局的左右，也受政党之间、利益团体之间复杂的政治博弈的影响。

以美国而言，就面临程序、政治、舆论等多重阻力。在程序上，美国总统在签署 TPP 协定前需提前 90 天通知国会，提前 60 天向公众发布 TPP 文本内容。这意味着奥巴马签署协定的时间最早在 2016 年元旦之后，随后由国会审议。由于 TPP 协定本身不能成为美国法律，奥巴马政府将与国会领导合作起草履行 TPP 协定的法案，然后递交国会辩论投票。如此一来二去，最乐观估计也需在 2016 年春夏之交，国会方能对协定投票表决。

从以往实践看，美国国会审批自贸协定通常耗时漫长，美韩自贸协定从签署到国会最后批准历时约 4 年。而且，即便国会 2016 年批准 TPP 协定，正式实施也须待到 2017 年初。

政治阻力方面，TPP 遭美国多名总统竞选人反对。从民主党呼声最高候选人希拉里到得克萨斯州共和党参议员克鲁兹，对 TPP 都持批评姿态，共和党内竞选领跑者、地产大亨特朗普用"可怕"形容该协议。2016 年美国进入大选年，共和、民主两党的党内预选也将在 2 月开始，在大选的背景下，经济议题政治化的倾向更为明显，国会审议难免受选情影响，一些民主党、共和党总统候选人已公开抨击 TPP，参议院多数党领袖也放言要"仔细审查"协定内容。

与此同时，民间社会指责协定是为跨国企业量身打造的。一些工会组织、环保机构、消费者维权组织和医疗保健机构等利益团体多次游行抗议 TPP，2015 年 11

月中旬公布协定文本内容后,一些工会组织(如美国劳工联合会和产联)认为TPP"首先考虑的是企业,而非为工薪阶层谋利益",投资者保护机制将"增加企业的权力",已构成民意汹汹的舆论阻力。12月《华尔街日报》文章认为,奥巴马2015年外交成绩很"脆弱",所取得的与伊朗达成核协议、与古巴复交、达成全球气候变化协议和TPP四项进展中,一些进展在国内还没有多少政界人士买账;另一些进展则面临法律挑战。其必须力促国会批准新达成的贸易协定(TPP),尽管两党中都有一些议员不愿批准该协议,而且两党中均有总统参选人抵制该协议。诺贝尔经济学奖得主约瑟夫·施蒂格利茨在英国《卫报》发表题为《2016年,让我们期待更好的贸易协定诞生,TPP死亡》的文章,认为也许该协定最终会被证明是最糟糕的贸易协定。这些(指TPP、TTIP)长达数千页的协定充满复杂的原产地规则,而这些规则却与效率和商品自由流通等基本原则背道而驰。上述诸多错综复杂因素交织下,国会能否最终放行,何时放行仍存在诸多变数。

美国如此,其他成员国各有"苦衷",较难让TPP一步到位。例如日本,由于政府力排众议、无视民意,强行通过新安保法,安倍晋三支持率大幅下跌,反对意见提议起诉政府,加上为达成TPP协定作出不少让步,或将重创国内相关行业团体利益,势必引发后者反弹,为此,国会通过TPP的前景并不明确。加拿大10月19日举行议会大选,反对党扬言要破坏总理哈珀达成的一切协议,现选举结果已终结哈珀政权,反对党已转变为执政党;越南领导层2016年换届选举,TPP均面临政治挑战。

2."实施关"也路漫漫兮修远。退一步说,即使TPP在各成员国通过"审批关"后正式生效,但要真正实现其标榜的"高标准""全覆盖"的目标仍将有较长的路要走。

(1)各项目标和愿景的落地,均需经历时间的"熬煮"。诸如各成员国决定取消的1.8万种商品的关税,并非在协定达成当天,甚至不是在生效当天即实行零关税,而是要在未来一段时间内逐步减让直至完全取消。以美日汽车零部件取消关税为例,这一问题是双边谈判中反复博弈的"硬骨头",美国虽然最终同意取消对日本汽车零部件的2.5%关税,但却设置了25年的过渡期;再如TPP 12国——P12的前身P4(智利、新西兰、新加坡、文莱)于2005年达成协议,但其中新西兰和文莱直至10年后的2015年方才实行零关税,而智利则延至2017年。由此可见,TPP成员国之间真正实行零关税尚需历经较长的时间方能修成"正果"。

（2）成员国间差异巨大,历经漫长艰巨谈判而勉为其难、勉强达成的协定日后施行亦非轻易之举。由于 TPP 12 个成员国发展水平差别较大,国情不一,既有美日加澳等发达经济体,也有越南、马来西亚等新兴经济体。TPP 实施后可能造成新的不平衡和不确定性。例如,协定对国有企业行为强化约束、对金融自由化设立高标准、对制药和科技企业制定严格知识产权规则、对跨国公司争端解决机制冲击主权国治理等,这些"高冷"的标准和规则将让一些发展中国家及其本土企业有"高处不胜寒"之感,结果会否"消化不良"、水土不服甚至拔苗助长尚有待观察。

（3）排他性协定必"难奏全功"。TPP 说到底是开展国际贸易,国际贸易自然是朋友越多越能带来更多福利,而 TPP 从谈判伊始即将中国排除在外,如欲使贸易福利最大化,缺少全球第二大经济体,显然将事与愿违,难奏全功。

二、TPP 带来的挑战和机遇

TPP 的签署既给中国经贸带来一定程度挑战,也带来进一步发展的机遇。主要挑战有以下方面。

（一）贸易转移效应

任何双边的、区域的深度一体化安排都会成为对原有安排的一种冲击和改变,对于原有安排内的其他成员而言,都存在潜在损失。正如经济学家调查分析所说明,英国 1973 年加入欧洲经济共同体(后来的欧洲共同体、欧洲联盟)后,由于欧共体内部的零关税,原来从澳大利亚进口的农牧产品改由从欧洲大陆各国进口,形成鲜明的贸易转移效应。

被称为"21 世纪贸易协定"的 TPP,对中国和世界意味着什么？初步分析,这一区域国际贸易协定对于中国拥有较大优势的产品出口而言,其影响较为有限。

（1）从定性分析而言,综合考虑中国与 TPP 国家间的贸易结构、美国现行最惠国税率的低水平、关税削减的分步实施等因素,TPP 短期内较难对中国的货物出口产生较大影响。同理,出口型制造业发生规模性转移的可能性也不大。同时,考虑到 TPP 成员之间,尤其是经济体量较大的成员之间已经存在 FTA(例如美国与加拿大、墨西哥、澳大利亚、新加坡、智利、秘鲁等均已有双边或区域 FTA),其关税水平已经很低,进一步降税的空间很小,所能产生的"转移效应"有限。服务贸易方面,中国多年来一直处于进口大于出口的贸易"逆差"状态,短期内受 TPP 影响可能更小。

（2）从定量分析看，学界对自由贸易协定（FTA）贸易的实证研究主要采用两种方法：一种是以统计学理论为基础的计量估算方法，基于引力模型对 FTA 的经济效应进行事后研究；另一种是以经济理论中的一般均衡分析框架为基础，对模型校准后，采取反事实估计，对 FTA 的经济效应进行事前的模型研究。在 TPP 等自贸协定实施前对其效应进行研究，宜采用事前模拟方法。

在 TPP 效应的定量研究方面，中国社科院世界经济与政治研究所国际贸易研究室李春顶副研究员与加拿大西安大略大学经济系约翰·沃利（John Whalley）教授合作发表在国际期刊《世界经济》（The World Economy）2014 年第 37 卷 2 期上的论文《中国和 TPP：影响效应的数值模拟》（China and the TPP：A Numerical Simulation Assessment of the Effects Involved）对 TPP 的潜在经济影响进行了定量分析。论文构建了一个包含 11 个国家的全球一般均衡模型系统，引入核算贸易成本并分解为关税和非关税壁垒以便于探求 TPP 的非关税减让效应；同时，模型还引入了内生货币的假定以形成一个内生的贸易不均衡决定机制，这一设定更加贴近现实且有利于更准确探求 TPP 的贸易影响效应。模型使用了 2011 年的真实世界数据进行校准，并模拟多种情景下的 TPP 经济影响。研究结果发现，在同时考虑关税和非关税的情形下，日本加入的 TPP 会损害中国福利约 0.18%；但中国的出口并不会受到损害，反而因为国外需求的增加而提高 0.13%，但进口会下降 0.44%，可见 TPP 对中国经济的负面影响和冲击十分有限，甚至从贸易角度看是有利于中国的出口增长、进口下降。如果仅考虑非关税减让，影响更小，中国福利会下降 0.07%，出口增加 0.21%，而进口减少 0.16%。TPP 的成员国会受益，美国的福利约增加 027%，出口增长 7.89%，进口增长 5.31%；日本的福利约增加 0.59%，出口增长 9.42%，进口增长 8.84%。其他非 TPP 成员国基本都会在一定程度上受损。欧盟的福利会下降 0.05%，出口将会增加 0.11%，而进口增加 0.004%；韩国的福利会下降 0.14%，出口减少 0.006%，进口减少 0.26%。可见，TPP 对中国的冲击甚小，无需过多担忧，关键在于按自身思路，调整重构符合自身和亚太国家利益的经贸格局。

尽管关于 TPP 测算的各种结果与真实经济运行均有一定差距，但总体来说，模拟研究的结果为我们提供了理解现实问题的方向。

(二)高标准的服务业开放

TPP对服务业设定了开放的原则,特别是在第30章中,设专门章节对金融服务、电信服务进行了专项规定,除谈判中确认的一些例外,TPP成员间必须相互开放金融服务市场、允许其他成员跨境提供电信服务。协定规定TPP成员国须接受负面清单义务,除特殊情况外,成员国市场应对服务供应商完全开放。服务贸易重点开放的领域集中在金融、法律服务、教育、电信、快递、电子商务和数据等。此外,服务贸易要求服务提供者和消费者处于同一地点;且其中涉及诸多商标、专利等问题。基于此,知识产权保护、跨国投资等条款也对服务贸易自由化发挥保护作用,这些国民待遇、最惠国待遇和市场准入的基本原则对于服务业尚未完全开放的中国造成不少压力。

(三)国内规则的国际化规范

TPP在与贸易和投资相关的诸多领域制定了一系列新规则,包括知识产权、环境标准、劳工标准、竞争原则、电子商务、政府采购等方面。在跨国投资方面,除了国民待遇、最惠国待遇基本保护外,还规定允许资金自由转移;引入负面清单,除特殊领域外,缔约国市场向外国投资者全面开放。TPP还就一些特殊问题作了统一规定,如涉及环境和生态方面,规定不得为了贸易和投资弱化环境法律,这对于不重视环境保护的国家是一大挑战。此外,还要求避免对国有企业提供非商业支持。造成对其他缔约方的不利影响,这些规则在WTO中尚未提及或标准较低。TPP在这些领域达成的一系列协议本身,说明原来属于各国内部权力的与国内贸易投资相关的规则,今后需要进行国际规范,再也不是各国内部的事务,将对中国产生较大的冲击。

(四)投资转移效应

过去数十年中国对外商投资主要开放制造业,各地政府通过土地、税收优惠吸引外资进入制造业。由于严格控制,服务业FDI投资甚少。TPP则追求服务业贸易自由化,大大降低了服务业的投资门槛,并提供了诸多投资便利,中国外商直接投资将受到冲击。如中国未能扩大服务业开放,未来外资将更多转向TPP成员国。

（五）设定了有争议的内容

主要是对国有企业和争端解决机制的规定，我国应认定这些条款不适合中国国情，也不适合中国的基本经济制度。很明显，美国版的投资协定过分强调跨国公司在投资过程中享有的权利和东道国政府的责任，淡化跨国公司责任和东道国的主权，甚至要求东道国失去部分经济管理主权，却未直接规定跨国公司应负的义务，尤其缺乏针对跨国公司的社会责任要求及其促进东道国经济发展的责任。

在 WTO 框架中，投资方必须遵守所在国国家法律法规。一旦发生利益纠纷，东道国拥有司法裁判权。如不服则可上诉到 WTO，但投资方必须通过其所属国才能上诉到 WTO，此乃基于只有主权国家才有权提出诉讼，也只有 WTO 成员国才拥有解决贸易争端的最终控制权，包括选择仲裁机构的权利。但是 TPP 协议中的 ISDS 机制则剥夺了主权国家提出诉讼和仲裁的权利，而交到跨国投资公司和某些类似"国际投资争端解决中心"等设于华盛顿、纽约等地的国际机构仲裁，这类仲裁无任何上诉机制，其不利于主权国家的结构设计一目了然。显而易见，一旦加入 TPP，跨国投资公司若认为所在国政府制定的法律、法规、政策损害其利益，即可提出诉讼，由地处美国的仲裁机构进行终审裁决。也就是说，缔约成员国政府不仅必须对其现有的法律、法规、政策重新审核，以免损害外国投资公司利益而招致巨额赔偿损失；而且缔约国今后制定本国政策法律法规时，必须事先咨询在本国投资的外国公司的意见看是否有损其利益。在这种情况下，跨国公司成为缔约国的隐形"太上皇"。加入 TPP，实质就是拱手把本国经贸易立法，司法仲裁权送给外国投资公司，并任由外国投资公司主导本国的法律、法规、政策。从中可见，TPP 就是为跨国集团夺取超越主权国家的国际司法仲裁权，在发生贸易争端时可以合法干预缔约国的经济、贸易、甚至社会、金融（货币）等国家核心政策，使实力强大的大企业能够向财政紧张的政府提起代价高昂的诉讼，如若我国接受此种制度安排，则我国每项立法、政策出台，如未获得外国投资公司的认可，将面临遭到其在国外提起诉讼的可能性，而且一旦败诉，将面临巨额赔偿。

如上所述，加入 TPP，实质就是将涉及国内政策的权力让渡给跨国机构，即将经贸立法、司法仲裁权拱手让给跨国公司集团，并任由跨国公司集团主导本国的法律、法规、政策。这是社会主义国家所不能接受的。

正如某些学者担忧，TPP 将带给世界一个全新的资本帝国统治。形成中的

TPP 实际上是一种超越主权国家的新型资本运作方式。资本已走过依靠政权力量而形成统一国家市场以及依靠主权国家在国际舞台上扩张两个阶段,其将进入的第三阶段主要特征则是去资本"主权国家化",实现资本自身的自主性和自治性,形成不受主权国家控制的资本帝国。可以预见,一旦成功运行,TPP 意味着一个新型资本帝国的形成。这个帝国不同于现行的资本全球化,是一个超越民族国家、有能力规避民族国家影响的资本帝国。

TPP 一旦实施,定能为美国的资本带来巨大利益,但能否为美国人民带来同样巨大利益?过去几十年实践表明,几乎是不可能。基于此,人们在考量 TPP 这一贸易组织所能带来经济利益的同时,必须考量其所包含的巨大社会政治风险。

三、未雨绸缪,先期布局

近年来,美国为强化其主导全球经济治理地位,获取经济红利,进而获得丰厚的地缘政治红利,推出"3T"全球 FTA 战略,在全球大力推进 TPP(跨太平洋伙伴关系协定)、TTIP(跨大西洋贸易与投资战略合作伙伴关系协定)和 TISA(服务贸易协定)等以广覆盖、高标准为特征的新自由贸易规则谈判,究其实质,均是为超越主权国家、直接为跨国公司财团服务,力图在未来建立一个统治全球的"世界政府"。

在 TPP 谈判达成一致后,美国着力推进规模更大的超级 FTA 谈判,旨在建立一个拥有 8 亿人口,占全球 GDP 总量 1/2、贸易额 1/3(约 3.8 万亿美元)的自由贸易区。按欧盟估计,美欧自贸协定达成可使欧美国内生产总值在 2027 年分别增加 0.5 和 0.4 个百分点,相当于 860 亿和 650 亿欧元。而美国商会预计,如 TTIP 达成,双方的经济增速可提高 1.5 个百分点.

美国在两年前启动 TTIP 谈判。2013 年 3 月 1 日,奥巴马向美国国会参众两院提交《2013 年总统贸易政策议程》报告,列举美国 2013 年贸易工作重点是:继续推进 5 年出口翻番计划、TPP 谈判、TTIP 谈判等,打开美国出口市场并维护美国在国际贸易领域的领导地位。一旦美欧在产品技术标准上达成一致,成为新的国际标准,TTIP 就将成为新的国际贸易投资规则的基础进而影响全球规则制定。但目前 TTIP 最大的难点是 ISDS:投资者与国家争端解决机制。该机制规定投资者与东道国发生争议时,允许投资者将争议提交国际仲裁机构裁定。美国一直致力于将该机制引入 TTIP 谈判,而欧盟内部未能达成统一意见。一旦 TPP 和

TTIP联合,美欧自贸区范围将覆盖全球产业超过70％的规模,成为覆盖全球东西两个半球、规模最大的两个自由贸易区,并构成美国在全球贸易体系的"两翼"。

TPP、TTIP和TISA的联合推出,对全球贸易规则、标准和格局将产生重大影响,并直接或间接影响中国的比较竞争优势。对此,中国未雨绸缪,早已洞察其中要害,先期采取应对举措:加快实施自由贸易区战略,构建开放型经济新体制。

(一)建立中国(上海)自贸试验区

这是在新形势下,中国推进改革开放的重大举措,旨在推进政府职能转变,探索管理模式创新,促进贸易和投资便利化,为全面深化改革和扩大开放探索新途径、积累新经验。

党中央国务院高度重视自贸区试点工作,习近平总书记强调,建立自贸试验区要牢牢把握国际通行规则,尽快形成一批可复制、可推广的新制度;加快在促进贸易投资便利、监管高效便捷、法制环境规范等先试出首批管用有效的成果。

2013年9月18日,上海自贸试验区正式启动。一年后,以负面清单管理为特色的制度创新和管理创新的经验已复制推广到广东、天津、福建三省市,明年(2016年)将进一步扩大试验范围,为构筑面向全球的自由贸易区网络打下基础。

(二)实施"一带一路"倡议,在"一带一路"沿线建立自贸区网络

2013年和2014年,习近平主席先后访问哈萨克斯坦、斯里兰卡,提议打造"丝绸之路经济带"与"21世纪海上丝绸之路",2015年3月博鳌亚洲论坛上,发布《推动共建丝绸之路经济带和21世纪海上丝绸之路的愿景与行动》以来,以"共商、共建、共享"为原则,"政策沟通、设施联通、贸易畅通、资金融通、民心相通"为合作重点的"一带一路"倡议受到沿线60多个国家和国际组织的欢迎和响应。"一带一路"倡议的实施将有利于优化对外开放区域布局,拓展国际发展空间。

从地理路线看,"丝绸之路"经济带具体路线包括北线、中线和南线,各线均以北京为起点,北线由北京经俄、德进入北欧;中线由北京经西安、乌鲁木齐进入阿富汗、哈萨克斯坦、匈牙利到达巴黎;南线由北京起经南疆、巴基斯坦、伊朗、伊拉克、土耳其进入意大利后到达西班牙。

从地域看,"一带一路"线路贯穿欧亚大陆,东面连接亚太经济圈、西面连接欧

洲经济圈。"一带一路"的沿线国家在经济结构、贸易类型上都与中国有着互补性。从国际关系看,"一带一路"倡议把上海合作组织、欧亚经济联盟、"中国—东盟10＋1"机制都统筹了起来,通过"一带一路"倡议把上述各个点状发展格局连接形成一个网状的全新亚太经贸体系。

"一带一路"倡议推出后,各方面响应热烈,沿线一批基础设施建设项目取得实质性进展。2015年10月上海合作组织成员国经贸部长第14次会议,以上合组织区域经济合作与"一带一路"对接为主题,各方围绕落实7月上合组织乌法元首峰会取得的共建"一带一路"重要成果,确定了9项具体举措;沃尔沃集团中国区总裁表示,包括沃尔沃在内的跨国企业不应缺席"一带一路"发展机遇;采用中国标准、中国技术、中国装备的中泰铁路项目以及炒得沸沸扬扬的印尼雅加达—万隆高铁项目终于尘埃落定;中国—中东欧"16+1"合作将成"一带一路"样板房;中国将推进"一带一路"六大经济走廊建设,其中中巴经济走廊已完成选址;2015年前9个月,中国与"一带一路"国家进出口值4.5万亿元,占同期中国外贸总值的1/4;前三个季度"一带一路"沿线国家对华投资增加18.4%;中企在建69个境外经贸合作区"一带一路"沿线48个;2015年10月2日,中国公司在老挝投资的南椰2水电站竣工发电;中俄筹建高铁合资企业开展本地化生产合作;我国铁路项目首次进入欧盟市场(匈塞铁路项目);凡此种种,均可显示"一带一路"建设开局良好。

(三)实施"连横"战略扩大自贸区朋友圈

面对世界两大洋——大西洋和太平洋自贸区的包围,中国主动作为、积极参与全球新规则制定,着力通过双边、区域FTA扩大贸易合作伙伴圈。

截至2015年年底,中国已与22个国家和地区达成14个自贸协定,分别是中国与东盟(2010年1月建成)、新西兰(2008年4月)、新加坡(2009年1月)、巴基斯坦(2007年7月)、智利(2006年10月)、秘鲁(2010年3月)、哥斯达黎加(2011年8月)、冰岛(2014年7月)、瑞士(2014年7月)、韩国(2015年12月)、澳大利亚(2015年12月),中国内地和香港、澳门的更加紧密经贸安排(CEPA),中国大陆与台湾两岸经济合作框架协议以及中韩、中澳自贸协定。中韩、中澳FTA属于标准高、开放程度高的FTA。中韩FTA规定,在货物贸易领域,中方零关税产品最终将达到税目的91%、进口额85%的水平;而韩国最终零关税产品将达到税目的92%,进口额91%的水平;在服务贸易领域,中国满足韩国在视听合作合拍、出境游、环境等方面要求,韩方满足中方在速递、建筑、医疗等方面要求;在投资领域双方也作出相应安排。

中澳自贸协定涵盖货物、服务、投资等10多个领域,实现了"全面、高质量和利益平衡"目标。根据协定,双方各占有出口额85.4%的产品在协定生效时立即实现零关税;减税过渡期后,澳大利亚最终实现零关税的税目占比和贸易额占比均达到100%;中国实现零关税的税目占比和贸易额占比将分别达到96.8%和97%;在服务贸易领域;澳方承诺自协定生效起,澳以负面清单方式开放服务部门,成为首个对中国以负面清单方式作出服务贸易承诺的国家,中方则以正面清单方式向澳方开放服务部门;在投资领域,双方自协定生效起相互给予最惠国待遇,澳方将对中国企业赴澳投资降低审查门槛。

两个自贸区的建立对参与方而言是"双赢"之举,中韩自贸区正式生效意味着经济总量达12万亿美元的共同市场形成。据测算,中韩和韩越、韩新西兰三个FTA全部生效后,韩国GDP增速由2015年的2.7%,上升到2016年的3.1%。其中,中国是韩国最大出口市场,越南居美国之后,列第三位。据测算,中澳自贸区生效3年内,中国对澳出口产品可获得16亿美元的关税减免,澳研究机构称,自贸协定将不同程度地拉动两国经济增长。

(四)牵头建立亚投行和丝路基金

继中国在金砖组织内推动建立金砖开发银行之后,又牵头建立成员构成更广泛、业务范围更多元的亚洲基础设施投资银行。2013年10月2日,中国提出筹建一个政府间性质的亚洲区域多边开发机构,重点支持基础设施建设的倡议,2014年10月24日,包括中、印、新加坡等21个首批意向创始成员国的财长和授权代表在北京签约,共同决定成立亚投行。尽管受到守成大国的阻挠,作为全球首个金融中心的英国于2015年3月21日申请加入,成为首个申请加入亚投行的西方国家,随着德、法、意、澳、韩、葡、以、冰岛等五大洲共57个国家和地区申请以意向创始成员国身份加入亚投行,亚投行的朋友圈迅速扩大,中国为世界搭建一个"多赢"平台,各国向中国投来"信任"的眼光。

经创始成员国共同决定,亚投行将落户中国北京,中国财政部原副部长金立群被确定为候任行长。此前,金立群以书面发言的形式表示,亚投行预计年底正式运营,2016年二季度开始贷款。金立群于2015年11月访问巴基斯坦期间,与巴总理谢里夫、财长达尔等官员就亚投行与巴基斯坦可能开展的合作,特别是基础设施领域的合作进行了富有成效的讨论。相信亚投行在不久的将来会支持巴基斯坦基础设施项目。

正如全球知名会计师事务所及咨询服务机构安永于2015年11月发布报告《聚焦"一带一路"新机遇——金融铺路、基建先行》称,中国主导的"一带一路"建设将使沿线国家共同推动新一轮基建潮。而中国企业在走出去过程中,金融支持至关重要。时至今日,亚投行已具备一定优势。

与此同时,中国还自行设立500亿美元规模的丝路基金和160亿美元规模丝绸之路黄金基金,将共同助推"一带一路"倡议的实施。

四、重构经贸格局路径探析

在TPP语境中,《跨太平洋伙伴关系协定》(TPP)、《跨太平洋贸易投资战略合作伙伴关系协定》(TTIP)和《服务贸易协定》(TISA)组成的"3T"共同挤压下,将对中国的贸易环境产生压力。尤其是TTIP将对全球贸易产生下述影响。

(一)TTIP将开创非关税壁垒削减先河

"二战"后的贸易自由化主要集中在降低关税领域。欧美间关税已然很低,更多的关税减让也不会带来较大收益,因此TTIP谈判聚焦于非关税贸易壁垒,包括进口配额及"购买美国货"等歧视性措施,管理和安全标准、检验程序以及对国内公司的倾斜。据估计,非关税壁垒、规则问题或成"边境后"措施相当于10%~20%的关税。消除这些壁垒将大大降低公司开展跨大西洋业务的成本。

(二)TTIP将为国有企业设定全球标准

欧委会在欧美贸易谈判中试图为国有企业补贴的透明度以及规则设定全球标准,借TTIP谈判推动一项被长期搁置的目标,即将竞争政策纳入未来(尤其是与中国的)贸易协定中。欧盟在谈判中推动补贴、反垄断和并购有关条款,正是试图将这些问题重新带回全球贸易舞台。政府补贴和其他对国有企业的优惠措施是如何扭曲竞争并损害欧美企业,也是TTIP谈判的重要内容。此举被普遍认为明显针对中国国有企业。

(三) TTIP 将引领全球经济自由化新规则

欧美谈判的重点是规则的协同,尤其是新技术方面。新框架将解决当前和未来工业面临的问题,为此,美国同意将海洋贸易、金融服务、国防、烟草、政府采购等美国敏感行业全部纳入谈判。TTIP 谈判将 WTO 未涉及的新领域作为谈判内容,试图引领未来全球经济自由化包括金融自由化方向。

(四) 美国的影响力将加强

伴随着 TPP 的落地,除美国企业能快捷、便利进入亚太地区外,美国在亚太地区的话语权控制权将得到空前的彰显和提高,相应地其对中国在亚太区域的影响力的制约也将加强。

一旦 TTIP 达成,基于美欧之间特殊的政治与军事联盟关系,双方针对亚太国家的政策协调程度无疑将明显加强,亚太地区许多国家随美国而动的代入感将进一步强化,美国借助于 TPP 充当亚太地区"领袖"角色的色彩将加浓、美国借助于 TTIP 和 TPP 除获得经济利益外更将收获丰厚的地沿政治红利。

显然,TTIP 和 TPP 将对全球贸易投资规则和标准产生重大影响,由于美国刻意"去中国化"以及某些条款与中国基本经济制度无法相容,短期内中国加入 TPP 几无可能,TTIP 在区域空间上与中国无关。面临新形势对中国的战略挤压,中国必须以大视野放眼全球和长远,积极应对,主动作为,探索在 TPP、TTIP 语境中主导重构经贸格局的路径。设想为:立足当前、放眼长远,推进 WTO 与推进双边、区域 FTA 并举,完善亚太中长期战略合作架构,加快推进亚太自贸区建成和"一带一路"倡议布局,遵循货物贸易领域高标准开放、服务贸易领域加快有序开放,投资领域以中澳 FTA 为样板,协定条款与中国基本经济制度兼容(坚持制度自信),开放程度与亚太区域大多数国家发展阶段、承受能力相适应的五项原则,打造涵盖亚太,联通欧非、辐射全球,互信、包容、合作、共赢的一体化、开放型网络、互联互通的经贸新格局,形成连接周边、联通一带一路、涵盖金砖国家上合组织以及发展中国家、新兴大国和发达国家的自贸区网络、多层次多元化大市场,让中国继续引领亚太、亚太继续引领全球增长。形成互利共赢国际合作新格局和命运共同体。

(一) 推进 WTO 与推进 FTA 并举

1. 继续发挥 WTO 在全球贸易规则制定中的主导作用

消除区域合作碎片化倾向,维护多边贸易体制。2015 年 12 月在非洲内罗毕召开的世贸组织(WTO)部长级会议,已就农产品出口补贴问题达成协议。应发展中国家要求,发达国家承诺立即取消补贴,发展中国家将在 2018 年底前取消补贴,特殊情况可延长至 2023 年。

迄今发达国家对农产品出口的补贴妨碍了发展中国家经济体进入其农产品市场,因此取消这些补贴成为发展中国家在国际贸易中最关注的问题。此项协议的达成是由 162 个成员组成的 WTO 20 年发展历程中在农业领域取得的最重要成果,这项具有里程碑意义的协定有利于提高全球贸易公平度。同时,也证明了世贸组织的重要性及其取得成果的能力。美国贸易代表迈克尔·弗罗曼表示,世贸组织在这一领域的行动将终止现存的部分最扭曲贸易的补贴行为。世贸组织的这些行动还表明了这个多边贸易机构在团结一致解决问题时所具备的潜力。

需要继续努力的是,全面致力于多哈发展议程目标,包括中国在内的主要成员要继续为结束多哈谈判提供有力指导,推动 WTO 下一届部长级会议达成平衡、有意义、符合发展内涵的成果。

2. 继续推进双边和区域 FTA 进一步扩大贸易合作朋友圈

(1) 加快亚太自贸区建设。2014 年在北京召开的 APEC 第 22 次领导人非正式会议,中国首次提出建立亚太自贸区 FTAAP 建议以来,亚太自贸区进程有序推进,联合战略研究等取得阶段性成果,接下来应按照路线图所示,如期完成联合战略研究,得出符合各方长远利益的结论和建议,为转入下阶段工作做好扎实准备。着力加快进程,早日建成亚太自贸区。

(2) 加快正在进行的五个自贸区谈判进程。

目前正在进行的 5 个自贸区谈判,涉及 23 个国家和地区。包括区域全面经济合作伙伴关系协定(RCEP)、中国—海湾合作委员会自贸区、中国—挪威自贸区。另外,正在研究阶段的自贸协定有 5 个:分别是与印度、哥伦比亚、马尔代夫、格鲁吉亚、摩尔多瓦。应大力推进 RCEP 自贸区协定达成,使之与 TPP 共同作为通向 FTAAP 的核心站点。着力加快正在进行和正在研究的几个自贸区谈判进程,从双边 FTA 中探索各种有利于参与方发展的合作模式和条款,为推进 FTAAP 达成提供可借鉴的经验。

(二)政府间合作和跨国公司间合作并进

按照惯例各国均通过政府间合作达成双边、多边贸易合作,这应是中国开展国际贸易合作的主渠道。

鉴于一些国家在国际贸易谈判中更多是为跨国公司谋取利益;在国会讨论提案时多有游说者身影,而其背后所代表的某些跨国企业集团或利益群体的利益,政府和国会相当程度上成为跨国企业利益集团代言人。考虑到资本主义国家政府往往为影响力强的跨国公司集团服务,且在贸易谈判中以政府和综合国力强势提出较高要价,为各个击破,可考虑在政府间合作的同时,直接与影响力强大的跨国公司开展合作,基于跨国公司的"经济人"性质,更多考虑自身经济利益,与政府既谋求政治红利又谋求经济利益的全面诉求有所区别,在与政府合作的同时开展与跨国公司的直接合作,将有利于我国在重构全球经济治理体系中获得更多话语权。

(三)加强经济外交,助推中国提升综合国力

外交是内政的延伸。经济连着政治、内政连着外交。在各国内政中,发展经济、创造就业往往是最重要议题。近20年中国经济对世界经济增长的贡献率达35%,即使当下GDP增速下调至6.5%~7%,对世界经济增长的贡献仍达30%左右,中国有能力有条件让相关国家搭乘中国发展的列车,实现合作共赢。

当今世界,国际矛盾错综复杂,大国关系发生深刻变化。在竞争中合作成为当今大国关系的基本形态。与竞争合作相对应,综合国力竞争成为大国竞争主要方式,在国力竞争中政治、经济、外交、军事手段交叉使用成为新常态。2015年5月日相安倍访美期间,美防长卡特声称TPP是美国亚洲再平衡的重要内容,足见当下地缘经济与地缘政治、军事关联密切。

当下中国加强经济外交,可以推进国际产能合和联合开发第三方市场为重点。把中国现阶段的比较优势——中国制造、中国建设和中国储蓄、中国投资、中国储备与具有互补需求的国家相结合,既能为发展中国家、特别是"一带一路"沿线国家提供助力,为世界经济增长作出贡献,又能使中国存量资源转化为经济发展动力。

(四) 推进"一带一路"和亚太自贸区互联互通

北京APEC会议通过的亚太自贸区互联互通蓝图,对补长亚太区域基础设施短板,解决亚太发展瓶颈问题具有十分重要意义。我们要建设的"一带一路"和亚太自贸区互联互通是基础设施、制度规章、人员交流"三位一体"、政策沟通、设施联通、贸易畅通、资金融通、民心相通"五大领域"齐头并进,全方位、立体化、网络状的大联通。通过互联互通对接各国发展战略和规划,找准优先领域和项目,实现各区域、各国生产要素互通有无、产业产能优势互补、发展经验互学互鉴。优化亚太供应链、产业链、价值链,形成亚太规模经济效应和联动效应,使亚太和"一带一路"沿线国家经济血脉更加通畅,从而扩大经济社会发展潜力,实现亚太和"一带一路"沿线国家以及欧亚经济联盟的经济整体振兴。

(五) 主导全球能源互联网建设

在"互联网+"的浪潮中,能源与互联网深度融合将成为大势所趋,这不仅会为消费者提供更便捷的服务,也将助力我国能源结构的绿色转型。当下我国能源结构中煤炭占比过高(占70%),亟须向清洁化、绿色化转型。然而风电、太阳能等清洁能源往往具有间歇、分散性特征,这类能源大量纳入电网,对电网是一项重大挑战,但并非不可克服。随着智能电网、微电网、特高压输电等技术推广应用,未来将可更好地对分散和规模较小的可再生能源生产进行整合和利用,解决弃光、弃水、弃风等问题,有效提高能源资源综合利用效率。国家电网董事长刘振亚在其所撰《全球能源互联网》一书中,对利用光电、水能、风能、海潮等自然能源转化为电能造福人类作了生动描述。到2050年,全球每年可生产66万亿KWH的清洁电能,比2010年增长近10倍。

主导全球能源互联网建设,可从国内首先联网着手,进而推进可再生能源的区域性联网,作为亚太和"一带一路"互联互通的内容之一;然后推进可再生能源大型基地建设,为洲际联网作准备,最后实现洲间联网和洲际联网。

关于中国能源互联网,埃森哲公司日前发布的《中国能源互联网商业生态展望》研究报告预测,到2020年,中国能源互联网的总市场规模将逾9400亿美元,约占GDP 7%。9400亿美元市场规模中,可再生能源相关产业链增加值、能源供应新增能效投资二项分别占6000亿美元和3000亿美元。能源互联网预示着新型产业链、新型市场和新型商业模式正在形成。该报告认为,中国能源互联网演化将经历四个阶段:目前处于第一阶段,传统能源生产商与输配服务提供商仍主导市场,随着改革深入降低能源行业进入门槛以及物联网设施加快部署,更多的分布式可再生能源将被纳入交易,能源企业将向"能源服务集成者"转型。

在第二阶段,需求侧管理将成为坚实的业务增长支柱。以智能计算和流量数据分析能力为支撑的智能微网、虚拟电厂技术将加速普及,平台化能源供给和能效服务模式互补出现,供应商与用户往往同时具有生产、消费、销售多重角色。

进入第三阶段,家庭和工商业"能源产销合一者"加速涌现,分布式能源能在骨干网络即插即用。蕴含生产运营与用户消费信息的数据将成为能源互联网中各利益相关方的重要资产。能源生产、加工、传输、配送、消费全产业链数据可共享用于支撑能源互联多交易平台。

到达第四阶段,中国的低碳能源结构将逐渐形成,单位 GDP 能耗降至工业化发达国家水平。成功的能源企业将兼具产业技术与数字技术基因,以帮助用户降低能耗、减少排放、完善用能体验为核心收入支柱。

通过中国能源互联网建设并向"一带一路"沿线国家及亚太自贸区延伸、拓展,为洲间联网、洲际联网,实现更大范围互联互通奠定坚实基础。

(六)在大众创业万众创新的同时着力培育和发展跨国公司

具有较大影响力的跨国企业集团,实质上是继政府、国际组织之后出现的第三种全球经济治理力量,如美国的微软、苹果、波音,欧洲的空中客车等巨型跨国集团,在全球经济治理和贸易规则制定中,发挥着不可小觑的作用,尤其是当今社会进入信息时代,互联网巨头既控制了全球网络又掌握了网络间传输的大量信息,同一国的经济安全和军事安全关系十分密切。

我国在改革开放后,诞生了 BAT 网络三巨头和华为、小米、联想、海尔等跨国企业,但与欧美国家相比较,中国本土化跨国企业无论在数量上、规模上都相形见绌,需要在大力提倡大众创业、万众创新的浪潮中注意培育和发展本土化的跨国公司,使其成为参与全球经贸治理的一分子,更多地发出中国声音、提振中国的话语权。例如阿里巴巴成为美国总统奥巴马的座上客,共议网络管理电商发展等议题;阿里巴巴收购香港《南华日报》将使其能更全面、客观地报道中国,对参与全球治理、让世界了解真实的中国作出了贡献。

（七）加快从产品经济向品牌经济转型

据统计，近年来中国每年出境旅游达1亿人次，境外购物消费逾1万亿元人民币。中国游客到境外购买服装、皮鞋、箱包、马桶盖，回国后方才发现产品标示Made in China。据悉，国人到日本抢购的马桶盖就是中国杭州生产的，这正是中国多年来有产品无品牌的真实写照。中国早已成为世界工厂，但制造品牌在全球品牌榜上名不见经传；中国国内知名品牌的价值与国际知名品牌更不可同日而语，仅美国"苹果"品牌的价值就超过上海在全国品牌榜中上榜近50个品牌价值的总和，足见中国制造品牌建设的任重道远、来日方长。

品牌是企业最宝贵的无形资产，是市场经济的通行证，如果一个产品缺少可信可靠的品牌，便缺乏消费者的吸引力；一种产品从同类产品中脱颖而出，靠的就是品牌力量。中国从"制造大国"走向"制造强国"，必须补长品牌建设这块短板，中国产品从产业链的低端，向中高端攀升离不开加强品牌建设这一环节。当前中国市场需求不足与供给过剩并存，究其根源，乃因供给方不能提供消费者所需的中高端产品，现有产品和服务无法满足已然升级的消费需求，从一个方面凸显供给侧结构性改革的必要性和迫切性。

打造知名品牌，至少应把握三个要点：1.品牌说到底是一种文化；2.品牌建设需要时间积淀，要有历史厚重感。品牌建设不可能毕其功于一役，一蹴而就，需要静下心来潜心打造；3.品牌需要产品、服务和商业成功三者支撑。产品和服务是品牌的载体，只有保持特色的产品和服务并不断丰富其文化内涵，才能持续吸引消费者。在产品开发中，只有经历科技研发成功进入市场成功，最终走向商业成功，才能扩大品牌影响力，提升品牌知名度、市场占有率，最终转化为企业经济效益，并形成国家的GDP。

（八）培养"一带一路"所需复合型人才

在人类社会发展、经济建设进程中，人才是社会文明进步、人民富裕幸福、国家繁荣昌盛、事业兴旺发达的重要动力源泉。在一切资源中，人是最可宝贵的第一资源，完成任何工作任务都离不开人才资源的支撑和保障。

在推进"一带一路"战略进程中，应着力培养完成此项任务所需的各种人才。"一带一路"沿途既有发展中国家又有发达国家，是中国需要重点开发的新市场区域。沿线国家语言多样,需要加快培养掌握沿线国家语言文字的小语种外语人才,尤其是既懂小语种语言又熟悉外贸业务、既懂小语种语言又懂生产技术的复合型人才和国际化人才。

"一带一路"倡议提出了政策、道路、物流、贸易、金融和人心相通的"五通"要求,欲达其任一目标,拥有可用人才都是关键,香港、新加坡等的经验,国际化人才绝不仅是外语人才,当前大多数地区更缺乏的是具有国际视野、国际工作背景、国际金融、国际法律、国际会计、国际贸易的领军性、领导型综合人才。一旦缺乏这方面人才,企业到国外投资时,往往因缺少能在实际操作方面领军人才,经营时会遇到难题。在此背景下,地方政府、企业在吸引国际人才时,1.要不囿于以高薪吸引国际人才,更注重为其提供施展才能的舞台。在一些发达国家和地区,有一类高端人才,他们或是早年创业取得丰厚资金后过着半退休生活,或从一些跨国公司退下来的高级职业经理人,这些人年龄不算太大,手中不那么差钱,具有丰富经营经验、管理经验或专业技术。这些国际人才或民间高人,是否愿为政府、企业所用,更多考虑的是能否为其提供足够大的舞台和足够多的信任;有了舞台和信任后,还应建立一个符合国际规范的环境和文化方能长期留住人才。2.不能忽略本身具备一定业务能力和经验的"中熟人才",这类人才往往具有一颗渴望再上一步、做出成绩的心愿,一旦他们拥有这样的目标,同时保持中熟人才的弹性适应力,就是政府、企业最需要的一种能够嫁接新、旧生命的新能力。我们必须善于利用中熟人才的弹性和适应力,利用其优势以融合新旧人才,才能建设起最有效率和行动力的团队。3.牢记训练人才永远比寻找人才更为重要,任何时候都不要忽略培养本土人才。忽略本土人才在中小企业相当普遍,不少企业对家族、私人利益的兴趣远大于人才培养,明显是一种短视行为,要求忠诚更甚于专业,即便挖来一些国际人才,亦然内圈、外圈有别,这样的企业自然难有长久的竞争力。

(九)进入"一带一路"应抓住机遇、讲好故事、统筹资源、防范风险

"一带一路"为企业走出去提供新的发展机遇,但"一带一路"在各方面的认识尚未达成一致。

"一带一路"提出后获得60多个国家和国际组织响应和支持,但尚有一些国家对其存在疑虑和误解,国际共识有待进一步凝聚。如何讲好"一带一路"故事是当前面临的一个关键点。

必须深刻认识"一带一路"是新时期基于促进中国发展和区域、世界发展而提出的外交新理念、对外大战略，是以周边外交和互联互通为依托，连接亚欧、辐射全球、涵盖经济（创造增长新引擎）、政治（深化地缘政治合作）、外交（对外关系均衡）、文化（人文广泛互通融合）等全方位的新型区域合作概念、新型发展合作方式（采取协商而非谈判共同规划合作项目），由中国主动（并非主导）的发展合作大平台。互联互通是"一带一路"倡议设计的支撑基础，实现互联互通就是要构建基于"三位一体"的全方位的连接、发展的四通八达的海陆空交通网络，实现政策、贸易、设施、资金、民心、"五通"的全方位、立体化、网络化的大联通，是超过自贸区和多边贸易体制推进综合发展环境的构建，强调共同建设、共同发展，形成制造业、服务业、金融业协调发展，以及人文广泛交互融合，不同于以往以贸易和资源为主的经济关系结构的一种全新发展大战略，必将在中国发展的同时，惠及周边地区和世界，是中国对周边国家关系的重大战略性规划，即推动基于共同发展的中国与周边国家的利益共同体和命运共同体的建设，是一个带有动态特征的开放性大战略规划。

中国提出"一带一路"倡议，有利于缓解世界对公共产品日益增长的需求和落后的供给能力之间的矛盾。世界上还有数亿人无电可用，而中国的特高压供电技术世界领先；中国高铁运营里程逾1.9万千米；中国秉持"己欲立而立人，己欲达而达人"的哲学观，在自身脱贫致富时也愿助更多国家人民脱贫致富，"一带一路"就是中国对世界作出贡献的重要渠道。

在"一带一路"讲好中国故事时，应统筹政府、企业、媒体、智库四个方面资源形成合力，发挥联动效应，实现资源、信息、人才的整合。

在进入"一带一路"中，国有企业和中小企业应协同共进，分别发挥主力军和"蚂蚁雄兵"的作用，依照产需结合、优势互补、互利共赢的原则，重点推进中东和东北亚能源资源的开发勘探合作；东南亚和南亚新兴市场产业转移，中东欧新兴市场合作和资本市场开发，将投资和贸易有机结合，以投资带动产业、贸易发展，同时带动工程、企业、产品走出去，拓展贸易领域，优化产业结构。

企业进入"一带一路"既要抓住机遇，又应注意防范风险。"风险永远与利益同在"。"一带一路"建设的确存在若干风险，但不应在风险面前裹足不前，而应在前进中防范各种经济、法律、安全、政治风险，采取"借船出海"、"抱团取暖"、产融结合、公私合营及全球产业链等策略，是值得中小企业思考的路径。

(十) 深刻认识当下大国关系阶段性特征

进入新世纪,新兴大国经济、政治、军事、科技等软硬实力明显提升,守成大国发展已越过"拐点",力量对比发生微妙变化。守成大国与新兴大国此消彼长,新旧交替正在推演渐进,守成大国在推动以自己为中心的世界秩序、治理体系建设中继续坚持其霸权稳定理论和美国式全球化理论,仰仗其军事实力仍居全球第一,地缘政治仍保有传统优势,必然以军事手段、经济手段、政治手段、外交手段交叉使用,着力维护旧世界秩序,继续发挥全球主导作用,TPP 和 TTIP 战略即是其中一招。今后较长期间,仍将在金融、投资开放,国有企业、南海军事挑衅等屡屡出招。而新兴大国主动提出与守成大国构建基于不对抗原则,开展对话与合作的新型大国关系,避免陷入大国必争、强国必霸的"修昔底德陷阱",不走传统大国崛起道路。同时,秉持新时代要求发展新的机制,要求机制创新的理念,在中国加入现行国际制度的同时,也推动对现行制度的调整、改造,通过构建新的机制满足自身新的发展需求。

在主导构建新型大国关系和全球经济治理新秩序中应发挥好处于"黄金时代"的中英关系。作为开工业革命先河的国家,英国人的创新意识有目共睹,上天并没有给英国带来什么恩惠,孤悬于欧洲大陆之外的英伦,更多的是一些困窘与艰辛。瓦特改良蒸汽机使英国的纺织工业迅速发展,又在风帆时代最先跨入动力航海进程,奠定了日不落帝国基石。虽然英国经历两次世界大战以及美国崛起的压制,昔日风光渐淡,但流淌在血液中求新求变意识,首都伦敦当今依然葆有全球金融中心(世界经济血液循环的重要泵站)和世界创意之都的美誉。正是这种创新求变意识,使中英关系创下多项"第一":英国是第一个承认新中国的西方大国,率先同中国建立全面战略伙伴关系的国家;是除香港外最大人民币境外交易中心,首个发行人民币国债的西方国家;也是吸引中国留学生最多、开办孔子学院最多的国家。正是这种创新求变意识,促成英国在西方国家中首先申请成为亚投行创始国成员,并率先提出中英关系进入"黄金时代",表示愿成为中国在西方最好的伙伴、对华最开放的国家。充分显示中英两国对世界发展大趋势拥有较多共识。英国是欧洲三驾马车(英德法)之一,影响力不可低估;中英关系发展将刺激中法、中德关系发展,通过中英关系联动中欧关系,欧盟和中国有很多利益契合点,在全球治理领域,中欧合作具有十分广阔前景,处理好中欧、中俄关系将有利于中美新型大国关系的发展。基于此,在构建新型大国关系的大棋盘中,着力走好中英关系这一"招",不失为具有战略意义的"先手棋"。

关于中美应如何"管理两个大国之间的关系",美国首席"知华派"学者兰普顿(曾任美中关系全国委员会主席、亚洲基金会主席、约翰·霍普金斯大学高级国际研究学院院长)曾提出"美国应腾出空间,中国要保持耐心"。他认为,美国在建立战后西方秩序方面发挥了巨大作用。但现在中国、巴西、印度、南非这些国家力量都上升,我们必须特别致力于现存机制中给他们腾出空间。中国要做的是更耐心一些,机制的改变是要花一点时间的。

中国深知,尽管当下美国处于相对衰落状态,但很难调整其意识形态,并且要继续维持其霸权地位。如何使美国"知华派"智库的智慧成为美国政府的政策取向,这是中美两国都应思考并行动的问题;应该让美国深刻认识当前世界发生的巨变。英国经济与商业研究中心2015年12月公布的2016年"世界经济排行榜"对未来15年分析预测,指出因法、意、俄经济实力不断下降而印度和巴西等国经济增长,力量的重大转移可能将使法、意、俄告别八国集团;英国预计将是西欧表现最好的经济体,2014年超越法国,预计21世纪30年代可能超过德国和日本;中国将把美国推到第二的位子上。G8成员将发生重大变化,如仍按GDP水平,则意大利、法国和俄罗斯可能被抛出,而印度、韩国、巴西可能跻身其中。经济实力的变化要求全球治理体系随之相应改革。必须让美国决策者了解,其主要盟友英、法、德、加等西方国家和中国没有直接的地缘政治利益冲突;这些国家已经没有很大的国际野心,它们关切最多的还是国内发展,尤其是经济发展;这些国家尽管有时也讲"人权"之类,但这是虚的一面,实的一面是国际经济活动;它们都不会放弃中国的巨大市场。所有这些特征使得它们和中国可以找到更多共同利益。历史进程显示,在美国和欧洲领导人之间分歧日渐扩大,跨大西洋关系依赖于共同价值观,但在紧急情况发生时,价值观往往不那么重要,导致各国自顾不暇。亚投行的顺利诞生是生动的一例。在中国提出"一带一路"倡议,针对亚洲基础设施薄弱且资金供应不足的短板,提议建立亚投行时,美国、日本极力反对由中国主导建立新的国际金融机构,然而随着英国率先加入,德、法、意、加、澳等美国的西方盟国纷纷加入。遍布五大洲的57个国家成为亚投行创始成员。充分显示,英国、德国等美国盟友迫切希望从中国崛起中获益,仍将继续追随中国主张。

同时应让美国明白,中国无意把激进的变革引入现存的国际秩序,而是要在内部与其他国家共享应有的与实力相当的国际空间,中国需要构建自己的国际秩序话语,但中国是现存国际秩序的改革者而不是革命者,中国坚持和平、合作、共赢的发展理念,主张构建和谐世界。这将有利于美国增强对中国的信心,共同推进新型大国关系的确立。

与此同时,应继续发展中美经贸合作。基于中美已互为第一、第二大贸易合作伙伴,宜以着力推进中美投资协定签订作为突破口,把中美经贸合作引向纵深,由货物贸易向投资合作领域发展,促进美国向中国企业公平公正开放投资领域,使中国资本在美国经济领域更有"用武之地"。

中美两种社会制度国家达成投资协议,实现两种规则体系的适度对接,意味着中美就新一代国际投资规则达成一致,理应成为全球投资协定标准,以此作为范本,把中国与其他国家的经贸合作普遍提升到大范围资本领域合作的层面。并依此重新评估新投资规则对国内治理的影响,使之成为在新阶段新形势下,中国放眼未来,高屋建瓴谋划新的发展战略、激发国内经济社会活力、重构国际经贸格局的外在压力和动力,倒逼国内经济管理体制、制度深化改革,顺应、引领历史发展新潮流。

(本文撰于2016年,尽管美国总统特朗普在2017年已宣布退出TPP,但由日本主导11国参与的TPP仍在推进中。)

(作者郑文焱是鼎固控股集团有限公司副总经理、高级工程师、工商管理博士,郑俊镗是上海浦东工业技术研究院副院长、教授级高级工程师)

未来自贸区还要加快再走五步

周汉民

中国(上海)自由贸易试验区在 2014 年 3 月 29 日迎来挂牌半周年,除了诸多企业争相入驻的热闹之外,自贸区在过去的半年如何支持金融开放,未来又将有何创新举措值得关注?2014 年 3 月 26 日,由长宁区政协主办的"建设中国上海自贸区,以更大的开发促进更深入的改革"论坛在沪召开,全国政协常委、上海市政协副主席周汉民解读了自贸区对金融开放的重要作用。

一、改革开放第四次浪潮

"就像阿基米德说,给我一个支点和杠杆,我将撬起整个地球一样,自贸区就是一个支点,十八届三中全会《决定》是杠杆,撬起的是整个国家的改革开放"。在演讲的开篇,周汉民点出上海自贸区的设立意义。

周汉民表示,中国改革开放以来有四次浪潮,第一次是五大经济特区和 14 个沿海开放城市的设立;第二次是上海浦东新区的开发开放;第三次是中国加入 WTO;而第四次就是上海自贸区的批准建立。

他说,上海从来都在中国改革开放的第一线,而自贸区的建立更是中国一次前所未有的"自我开放",是一扇开放模式创新的"窗口",更是一场制度改革的"大戏"。由此,它将带来追求要素自由流动的更高层级开放,货物与服务贸易、金融开放的齐头并进。

"自贸区的使命何在?"周汉民提出,上海自贸区建立后,世界舆论普遍认为,金融体制的开放和中国再度融入世界,是最受关注的亮点。

二、已产生七大溢出效应

"形成一批可复制、可推广的新制度",是国务院对上海自贸区最基本的要求。在周汉民看来,这些新制度就是"未来上海自贸区在投资贸易便利、监管高效便捷、法治环境规范等方面先试出的体制和机制"。

他在演讲中表示:"自贸区已经产生七大溢出效应。"包括构成十八届三中全会公报决定的 60 个具体任务、300 多项重大改革举措的新内容；推动了中美双边投资协定实质性谈判；开启了中欧双边投资协定的谈判；推进了中欧自由贸易区协定谈判的可行性研究；"权力清单"管理成为国家行政体制改革的重要内容；上海自贸区在 2014 年就要形成第一批可复制、可推广的经验；上海自贸区的努力为全国其他地区的进一步开放提供了借鉴等。

目前，在自贸区，对负面清单之外的外商投资暂时停止实施《外资企业法》《中外合资经营企业法》《中外合作经营企业法》等 3 部法律的有关规定。周汉民表示，三部暂停的法律将在未来两年半也不会回来，修改方向就是自贸区目前施行的政策，"上海自贸区怎么做，这三部法律就怎么改"。目前，已经有 32 部法律根据自贸区需求作出了调整，他认为接下来应该借鉴国际立法经验和改革开放经验，加快自贸区立法，同时要与国际规则接轨。

"上海自贸区的成功必须'放得开、管得住'，要尽可能地开放，但前提是每一步的开放都有相应的管制、管理或者说治理措施。"

三、尽快形成新制度

周汉民表示，上海自贸区金融体制改革、服务、贸易、文化领域开放等 4 个领域的功能已经凸显。其中，金融行业在自贸区受益面最广，一方面，金融体制改革已经展开，他特别提出了四个"化"：利率市场化、汇率国际化、人民币境外使用的扩大化、管理的宽松化；另一方面，金融业作为服务业的一种，在企业的贸易和投资过程中，扮演着重要角色。而在货物贸易方面，自贸区最具有竞争力的行业就是融资租赁业。

习近平总书记提出，上海自贸区的建设要大胆闯、大胆试、自主改，尽快形成一批可复制、可推广的新制度。对此，周汉民认为，未来自贸区还要加快再走五步：

（一）货物贸易转型升级。28.78 平方千米不可能做更多的转口贸易，"强化国际贸易集成功能"是核心。上海自贸区的企业应定位为有限离岸公司，它们应当在外汇和其他政策上享受优惠。海关对上海自贸区的监管目标是"一次报关、一次查验、一次放行"，到现在为止，上海自贸区最具竞争力的行业是融资租赁业。

（二）加快发展服务贸易。上海自贸区在服务贸易领域的开发十分必要，要提升服务贸易的能级和规模，包括以下领域：工程承包、设计咨询、信息服务、金融保险、教育医疗、文化创意，此外还应主动承接国际服务外包的转移，包括：软件开发、研发设计、物流等。

（三）外汇管理体制的改革。建立网上行政审批管理的服务平台，实现网上信息公开。要探索利用外资的新途径，今后外资直接投资会增长，但更大的投资是外资的间接投资，开放债券市场、外汇市场、证券市场、期货市场、衍生品市场和黄金市场已经刻不容缓，未来这些领域的国家级交易所在自贸区将有实体存在。

（四）完善对外投资的管理和服务。中国是对外投资的大国，最大的问题是建立并发展海外投贷基金的作用，对企业走向世界不仅是鼓励还要帮助。中国银行海外机构应当行使代理行的职责。

（五）积极发展离岸金融。保险、证券、基金、信托、货币、同业拆借、黄金和衍生品市场应当一应俱全。离岸金融中心的管理核心是地区总部的资金管理，投融资管理和避险保值的管理需要国际通行的做法。要建立独立的法律法规体系、管理办法和实施细则。

（作者是全国政协常委、民建中央副主席，
本文选自 2014 年 3 月 28 日《新民晚报》）

上海自贸区建设和金融改革的协同性

上海市社联课题组

2013年12月27日下午,"中国经济的改革与开放"自贸区建设专题研讨会在华东师范大学闵行校区法商北楼1楼报告厅举办。会议由上海市社联主办,华东师范大学商学院承办。会议围绕未来中国经济的改革深化与进一步开放,自贸区金融改革的协同性、自贸区金融改革的优先次序等问题进行了广泛研讨。来自上海财经大学、上海社会科学院、复旦大学、华东师范大学商学院、金融研究院、周边合作与发展协同创新中心的10余位学者做了专题发言,上海相关领域专家及中青年学者共100余人参加了会议。

一、上海自贸区的五大看点

上海自贸区方案公布后,大多数舆论将它看成是中国进一步改革开放的举措,是打造中国经济升级版的试验地。与会专家认为这些试验将体现在五个方面。

(一)上海自贸区是中国特色的自由贸易试验区,而非传统意义上的"自由贸易区"。目前世界上的自由贸易港,比如香港还有其他一些经济体特殊区域内设置的自由贸易区,都是以货物的普遍自由贸易为特征的,大多数商品都免税,货物进出自由,限制很少。资本进出包括直接投资和间接投资也都比较自由,管理相对宽松。但是,由于中国特殊的经济体制和市场经济改革尚未完成,上海自由贸易区也就有着中国市场经济的特色。

根据目前公布的对货物进出自贸区管理的方案,我们可以看到它基本上沿袭了原来保税区对货物进出口分类的管理,并没有全面地放开和免税。这主要是由自贸区的基本功能定位决定的,因为中央要求自贸区"形成可复制、可推广的经验,发挥示范带动、服务全国的积极作用,促进各地区共同发展",而在原有的保税区范围内建立一个商品免税的"飞地",与这一目标并不相符。因此,货物贸易改革试验的重点,放在了简化报关化检疫检验等贸易便利化的措施方面。

(二)上海自贸区是一个新的外资投资体制改革的试验区。这是当前这个阶段自贸区推进和试验的重点。这是因为投资的自由化正成为国际规范的重点领域,而且中国企业要走出去,需要中国与贸易投资伙伴国签署双边投资协定,中国政府也正在与美国和欧洲磋商签订双边投资协定的可能性,这涉及中国目前外资审批体制的改革。

因此在自贸区暂停实施原有的外资投资法规,实行外资准入前国民待遇和公布限制外资进入的所谓"负面清单",就成为上海自贸区为整个中国外资管理体制改革的先驱。从公布的"负面清单"的内容看,这是针对未来全国范围外资投资所设定的"负面清单",比如,对于只有28.78平方千米的上海自贸区而言,采矿业的限制显然不具有针对性,但是对全国而言就不同了。

(三)上海自贸区是一个服务业对外开放的试验区。服务业开放已经成为全球下个阶段国际分工深化的主要领域,从公布的一些开放领域看,增值电信终于迈出了重要的对外开放步伐,健康医疗保险市场对外开放开始起步,一些其他对我国国计民生不构成大冲击的服务行业开始尝试拆除保护。当然,如前所述,步子不可能迈得太大,服务业的开放将逐步推进。

(四)上海自贸区是中国金融改革开放的试验区。中国金融体制改革现在已经到了需要有重大突破的阶段,因为中国已经成为全球第二大经济体,人民币需要走出去服务于中国资本对外输出的需要。

高层希望自由贸易试验区首先试验金融改革和开放的相关措施,以便为区外上海金融中心提供经验。就目前公布的金融改革和开放的具体措施而言,步伐还是比较谨慎的,已经明确了的内容只有允许外资开设银行、融资租赁公司;而关于推进人民币国际化、资本项目可兑换、人民币跨境使用、跨境融资自由化等改革的具体措施还有待进一步公布和落实。这实际上也反映了金融改革开放所面临的两难,即搞活金融与风险可控两者之间需要平衡,具体措施可能还需要随着整个中国经济发展的需要再行斟酌。

(五)上海自贸区还是政府管理和监管体系改革的试验区。目前,自贸区管理委员会将成为一个综合管理部门,统一行使现在很多不同政府部门的行政管理职责。另外,它还将协调工商、税务、检验检疫、海关等其他相关政府管理部门的监管要求,与这些政府机构一起探索新的更加符合国际惯例的监管体系。这无疑将是一个小型行政管理体系的革命,也正因为此,这不是一个试验区和上海市政府能够完全胜任的任务,它必须在中央政府的领导和支持下才能实现。正是从这个意义上看,自贸区是中国的自由贸易试验区,上海只是这个试验区的所在地,是在国务院领导下与其他政府部门一起来推动中国(上海)自由贸易试验区的试验。上海自贸区的对外开放和改革试验是一个动态的进程。2014年,各种改革和开放的措施将按照国务院的总体方案的要求逐步推进。应该相信,目前公布的改革开放措施并不是到此为止的措施。而上海自贸区的成功,将为中国在新的国际分工格局中赢得新竞争优势,推动中国经济继续健康增长。

二、上海自贸区改革不断深入

国务院宣布在中国(上海)自由贸易试验区内暂时调整有关行政法规和国务院文件规定的行政审批或者准入的特别管理。调整共涉及32项具体规定,主要针对改革外商投资管理模式和扩大服务业开放两大领域,而备受市场关注的金融领域的改革并未提及。上海自贸试验区是中国突破新一轮国际自由贸易谈判包围圈的破局之举。其建设方案和成功经验对未来具有重要的参考意义。新一轮服务贸易促进政策有望在近期出台,其中,服务外包将成为新一轮服务贸易促进政策支持的重点。

另外,财税方面的改革新措施也有望推出,包括支持服务贸易企业直接上市融资、设立服务贸易发展专项资金、对符合条件的"营改增"行业服务出口实行优惠税率等措施。对于上海自贸区的近期发展情况,与会者强调:

(一)法制不破不立,制度滞后导致观望气氛。以外资管理为例,这次调整解决了在2013年8月暂停"三资法"以后外资企业进驻的具体开放,从批准到备案的整个法律法规的一致性问题才刚刚得到解决。

挂牌之后,各政府部门原有的规章法规成为外资进入的限制,自贸区双满月时38家外资新设企业的数量较1 396家内资企业来讲悬殊明显,制度滞后造成的不确定性是一大障碍。但目前来看,重大突破尚需等待,上海自贸区基本法有望在2014年6月出台。

(二)航运商贸、工信文化先行,金融往后放。在《中国(上海)自由贸易试验区总体方案》中,扩大服务业开放提及六大行业:金融服务、航运服务、商贸服务、专业服务、文化服务以及社会服务,这次调整中扩大开放,唯独没有金融服务。2013年12月初的"央行30条"也仅仅是框架性质的描绘,金融细则尚未落地,FTA账号都还不知怎么办理,这也是汇丰、东亚、星展3家外资银行获准开业却迟迟不开工的原因。

自贸区金融服务作为贸易与投资自由化的支持,核心是资本账户可兑换,国内利率局势非常脆弱,时间点可能往后放。

(三)短期的静默是迎接全方位开放的蓄积,制度设计的谨慎透露了改革试点的务实。自贸区的投资机会正从群魔乱舞转入深耕细作。上海自贸区获批之后,沿海6个自贸区申请已在商务部备案,粤港澳自贸区已上报国务院。但国家应该不支持盲从,也不支持遍地开花,第二批的推广区域,重点把握上海、山东、天津、广东、广西等地区。

三、上海自贸区最终目标是全国推广

上海自贸区是一个既能让政府振兴经济,又不完全依赖财政和货币政策的好例子。其最终目标是向全国推广,以促进中国长期保持经济活力。

参会者认为,虽然入驻这些保税区的企业已经享有针对国内贸易的关税优惠,但通过从保税区进口多国的国际进口货品则仍需交付进口关税。上海自贸区成立以后,区内企业在国际贸易方面将享有更多的灵活性。至少,清关手续有望简化。除了享有更多贸易自由以外,入驻自贸区的企业将比成立于其他地区的企业享有更多运营自由。在区内设立合资企业或与本地企业合作的外企,将在3年内享有和国内企业同等的待遇。

此外,区内注册的本地企业将有可能享有15%的优惠企业所得税税率,而在地区外注册的企业需缴付25%税率。上海自贸区还将提供专属且更宽的金融条例,如实现人民币自由兑换和利率市场化等。

2012年,上海贸易总额占全市GDP的137%。自贸区挂牌后,贸易总额可能迅速达到GDP的150%左右,甚至超过200%(深圳经济特区的贸易于2012年占深圳GDP的227%)。

当前,尽管贸易对GDP增长的重要性有所下降,但中国依然没有放弃发展贸易。换个角度看,中国是在尝试利用一个创新的方式来提振贸易领域的竞争力。这点尤其重要,因为其他经济体都在积极促进贸易集团以合作伙伴关系,其中最重要的当属跨太平洋伙伴关系协定(TPP),其成员占全球产出的近40%,约占全球贸易的1/3。

同时,上海自贸区还将建立在岸资本账户可兑换的试点区。在相关软件基础设施设立后,自贸区应该将随之试点利率市场化和人民币可自由兑换。政府将鼓励金融机构在区内设点提供人民币相关服务和贸易融资。利率市场化可能将率先推出，这是由于国家贷款利率已全面放宽，而政府也一直在筹划建立一个长期的存款保险制度。若区内试点成功，该举措将在全国范围迅速推广。

另一方面，货币可自由兑换可能紧随而来。（一）利率市场化是资本项目可兑换的先决条件。（二）由于货币可兑换不曾在岸执行，这将是一个全新的尝试。即使区内货币可兑换试点成功，在全国范围内的推广工作却可能是渐进的过程。其严峻的挑战是如何为自贸区划定一个有效的金融边界。自贸区必须有效禁止向非自贸区企业提供税收优惠和人民币可自由兑换。此外，当局也需要设立一个机制以防区内和区外间发生利率套利交易。

在上海已有一个特区的成功案例——成立于1992年的上海浦东新区。该区不但在外资招商方面取得显著成绩，也为上海未来20年的发展奠定了坚实基础。浦东新区的特殊之处在于区内企业享有的优惠政策有别于其他经济特区。举个例子：允许外国投资者在区内设立金融机构和服务型企业。为此，在某种意义上，在上海自贸区的企业也将享有类似的营运自由，中外合资的企业或协办单位与中资企业获得同等待遇。此外，上海自贸区还将效仿浦东新区，给予关税免除和各项税务优惠。

鉴于两者存在诸多相似之处，上海自贸区的发展可参照浦东新区的成功经验。浦东新区的GDP于1993—2009年增长了63倍，并于2011年占上海GDP的约1/3。相比之下，中国全国GDP在同一时期仅增长了10倍。同样，于1980年代成立的深圳特区，尽管过去只是个渔村，但在过去30年取得平均25.8%的爆炸性年增长率。由于硬件设施已经到位，相信上海自贸区能在更短的时间内取得成功。

与会者一致认为，上海自贸区是一个好战略，其利远远大于弊。从贸易的角度来看，随着全球贸易动态从贸易保护转移到贸易协作，目前是推出自贸区的好时机。作为全球出口量最大的国家，中国可以从更自由的贸易往来中共享到更多的经济利益。此外，自贸区的成立也能让中国从西方国家近期的经济复苏中获利，享有更多的出口机会。自贸区的成立也符合国家加强服务业的长远目标。发展贸易行业有助于提振物流、金融和法律咨询等服务业，从中期发展来看，自贸区将成为服务业发展的孵化器，服务业目前占上海GDP的60%。发展自贸区反映了政府提振经济的整体战略。

从金融改革的角度来看，建立上海自贸区是绝对有必要的。特别是在货币兑换问题上,选择合适的地方进行可控性试点至关重要。若没有经过本地试点就在全国范围推广货币可兑换是不可行的。一旦发生重大变动,对货币价值的潜在影响将是完全无法预估的。自贸区内金融试点的成功对全国性政策产生了巨大影响,包括利率全面市场化和资本账户全面开放等。

最后,上海自贸区的启动不应被视为用以刺激短期经济增长的手段,如果说上海自贸区的启动是成功的话,那么其最终目标是向全国推广,以促进中国长期经济活力。由此,以最终目标为导向方能了解上海自贸区为中国经济长期可持续发展带来的重大影响。

(作者是上海市社联专项研究课题组成员,
本文由上海市社联办公室提供)

不负重托 奋楫者先
——中国(上海)自由贸易试验区三年回看

李泓冰 孙小静

2013年9月29日,中国(上海)自由贸易试验区挂牌。这块从28平方千米扩大到120平方千米的改革试验田,是中国新一轮改革的历史性支点,意在撬动;是一艘在改革深水区奋楫者先的夜航船,意在破冰;是一台肩负国家责任的掘进机,用风险较小的局部突破,激活创新动能,意在为全局提供样本。

自贸区3年试验,吹皱了中国新一轮改革开放的一池春水。

一、先行先试,制度创新

120平方千米的范围,只占浦东新区面积的1/10,产值却占3/4。面临国内外经济下行压力,上海自贸区却逆势而上。制度创新持续激发市场创新活力和经济发展动力,走出一条以质量和效益为核心的经济增长之路。

"这是一场代表国家打的硬仗,只能赢不能输;能不能赢的标志,是制度创新有没有关键性突破。"上海市发改委副主任朱民道出了大家的共识。负面清单、事中事后监管、合署办公、先照后证,要做制度创新高地、不做优惠政策洼地……3年前的新名词,经由上海自贸区可复制可推广的改革实践,成了当下流行语。

"负面清单"撬动政府职能转变,是最深刻也最艰难的制度创新。被中共中央政治局委员、上海市委书记韩正认为是自贸试验区最大亮点的负面清单,堪称龙头性和根本性制度。"有了负面清单,企业搞活了,政府管制进一步放松了,政府审批制度必须进行颠覆性的改革,必须建立事中事后监管制度。"

这份首次在中国面世"非禁即可"的清单,击穿了投资管理体制的封闭之"墙",打开一扇透明的门。在普华永道问卷调查中,59%的企业认为"负面清单"使政策更透明、限制更具体。

"政府开始寓管理于服务之中,把市场准入的'方便'给了企业,把事中事后监管的'困难'留给了政府。"浦东新区副区长陆方舟说。过去,与国际贸易相关的管理部门很多,进出口企业得一家家跑。现在只要在一个窗口递交材料就行,过程公开透明,减少了审理者的自由裁量权。

先行先试,必须于法有据,为改革提供长远制度保障。依法改革、依法创新,成为上海自贸区制度创新一大特点。当初,为推动上海自贸区对外商投资实施准入前国民待遇加负面清单管理模式,国务院提请全国人大常委会审议并通过"关于授权国务院在中国上海自由贸易试验区等国务院决定的试验区域内暂停实施外资、中外合资、中外合作企业设立及变更审批等有关法律规定的决定草案"。

二、多设路标,不设路障

2016年11月,李克强总理到上海浦东新区市场监督管理局来了一次"双随机抽查","保障食品安全大于天,我就选'食品安全'监管这一栏吧!"他通过网上综合监管平台点击鼠标,随机抽取接受检查的27家食品企业,又随机抽取几十位执法人员……市场监管局副局长吴伟平一点都不紧张,该局早就将原工商、质监、食药监、价格监督检查职能"四合一",并建立网上综合执法平台,监管透明公开,不怕抽查。

有意思的是,这个局是两个机构一块牌子,同时也是上海自贸区市场监管局——这便是国内具有首创意义的、自贸区与浦东新区政府"合署办公"模式,联动创新一级政府管理体制,实现合乎市场经济规则的政府职能转变新突破。

浦东先后成立市场监管局、城管执法局、知识产权局,着力解决执法部门职责交叉、处置效率不高的弊端。改革后,市场监督管理局内设机构由原来29个减少到17个,80%以上的执法力量下沉到基层和一线。同时,浦东还加大政府职能转变力度,将新区层面的64项行政审批事项全部取消。

如今的上海自贸区,"窗口无否决权",对企业创新需求只说YES不说NO。吴伟平说,"一个简单的'NO',很可能就扼杀了一个创业的梦。今天吃不准的,或许就是明天改革的突破点。我们应当为双创多设路标,不设路障。"

另一项立竿见影的改革突破,是以贸易便利化带动的贸易监管体制的有效运行,产生了实实在在的效益。原来不能做的贸易,现在可以做了;原来很复杂很专业的报关业务,现在企业可以自助通关。海关卡口由机器代替人工,货车司机从"两下两上四敲章",变为"零下零上不敲章",平均过卡时间从6分钟缩短至30秒。"原来排除堵车,现在要加减速带,防止车速太快。"外高桥保税区海关物流监控一科副科长茅晓峰笑言。

由国家口岸办牵头推出的国际贸易"单一窗口",更是打破了信息孤岛,实现系统集成和流程优化,现已具有"监管＋服务"9个功能板块,覆盖口岸通关作业全流程和贸易监管主要环节,目前上海口岸95%的货物申报、100%的船舶申报,都通过单一窗口办理,减少了环节,降低了成本。

对丹佛斯总部资金部助理司库李淑菁来说,自贸区新设的FT账户更令人欣喜,"我们的人民币结算中心从伦敦迁到了上海自贸区,通过自由贸易账户和花旗全球化平台,进行更为灵活高效的跨境人民币资金管理。"

人民币跨境资金池打通后,80多家跨国公司区域性国际结算中心,在自贸区获得了人民币跨境资金池的资格,提升了资金、资源跨境配置的能级。服务人民币国际化和实体经济发展的金融创新制度正有序推进。

金融服务的开放为实体经济的运转增添了"润滑剂"。在自贸区开设的自由贸易账户达6.35万个,办理跨境结算折合人民币约10.5万亿元,涉及118个国家和地区的近2.8万家境内外企业。企业通过自由贸易账户获得的本外币融资总额折合人民币8 289亿元,平均利率为3.89%。

三、复制推广,试验田效应明显

在上海,从28平方千米扩到120平方千米;在全国,从1个变4个,4个变11个。自贸区扩展效应明显。

扩区之后,试验的土壤更肥沃,关联的业态更丰富。区内企业从1万多家激增到10万家,不必造城围地,只用改革激发企业活力。挂牌以来,区内新注册企业4万家,超过挂牌前20多年的总和。

改革红利也在显现。2015年浦东新区GDP增长9.1%,比上海市高2.2个百分点,三产比重达72%;金融业对GDP增长贡献率超过60%。

"制度创新,让落户扎根由'不可能'变成'可能'。"作为上海自贸区扩区后的首家外资认证机构,美安康质量检测技术(上海)有限公司启动运营不过半年,已与中国多家食品药品类企业建立起合作关系。"第三方认证需要非常专业的服务,我们拥有庞大的国外专家团队,也需要进一些新人。"公司执行总裁斯榕说,外国专家证放宽年龄限制、在沪留学生直接留沪就业等政策,契合了公司最为迫切的需求。"自贸区将为企业搭台,为境外顶尖人才与境内高端资源提供支持。"浦东新区科技和经济委员会主任唐石青表示。

国务院发展研究中心等第三方评估机构认为,上海自贸区创新政府管理经济方式,实现由管制型政府向服务型政府的转型,政策服务体系已经覆盖企业生命周期的各个阶段,改革溢出效应不断显现。

创新经验被复制推广。近水楼台,上海所有区县都实现市场监管体制改革,都建立了企业准入单一窗口。3年间,上海自贸区形成了一批可向全国复制、推广的创新制度及改革事项,累计近100项。

自贸区的溢出效应如涟漪般向境外发散。3年来,通过股权收购、直接投资等方式,上海自贸区累计投资境外项目1 190个,中方投资总额424.25亿美元,投资目的地以美国、英国等发达国家为主,也包括俄罗斯、印度等"一带一路"沿线国家和地区。

"上海自贸区摸索出的改革操作模式为全国提供了'上海样本',正有效发挥改革'试验田'作用。"央行有关人士评价。

(作者是《人民日报》记者,本文选自2017年1月14日《人民日报》)

第六章 市场化改革

重拾"市场"的力量

刘 吉

"市场在资源配置中起决定性作用",充分表达了以习近平为总书记的党中央完善社会主义市场经济改革、推进市场经济发展的坚不可摧的决心,把社会主义市场经济体制改革从理论上推向新水平新高度,谱写下中国特色社会主义改革开放和中国特色社会主义建设的新篇章。

"决定性"市场理论将至少在以下三方面指导社会主义全面深化改革:首先,决定了政府和市场的正确关系;其次,决定了国有企业改革的根本方向;再次,更深远地,决定了相应的上层建筑改革。

怎么看待"市场",是中国改革的一条重要主线。党的十八届三中全会作出的《中共中央关于全面深化改革若干重大问题的决定》是关于"全面深化改革"的决定,也是强调"经济体制改革是重点"的决定。其中,经济改革不仅鲜明地坚持社会主义市场经济体制这一改革目标和方向,而且提出了"市场在资源配置中起决定性作用"这一新理念,具有重大的理论意义和现实意义。

一、中国改革历来围绕"市场"展开

回顾中国改革的历史进程,可以发现,改革是围绕着对"市场"认识的不断深化而展开的。

1978年,党的十一届三中全会确立了"一个中心,两个基本点"的基本路线,开创了中国社会主义改革和中国特色社会主义道路这个全新的历史时期。毛泽东领导了第一次革命,建立了中华人民共和国,但这只是万里长征的第一步。把一个贫困落后的半封建半殖民地的中国建成高度繁荣、高度民主和高度文明的社会主义

社会,同样是中国共产党人和全国人民的奋斗目标和历史使命。邓小平称社会主义改革开放和中国特色社会主义道路为"第二次革命"。邓小平指出,"改革是全面的改革",包括经济、政治、文化、科技、教育和社会等各方面的改革。同时,根据马克思主义基本原理,经济是基础,其他政治、文化等都是由经济基础决定并服从经济基础的上层建筑。所以,中国经济体制改革理所当然是改革的基础,是首要的改革、必须先行的改革、贯彻始终的改革。从一开始,邓小平就是以不争论的策略和胆略"摸着石头过河",推进"市场导向"的经济体制改革,支持市场中涌现的非公经济的发展,取得了巨大的成功。

在改革开放的成功实践中,全党不断提升了对市场的认识,取得了越来越多的共识。1992年党的十四大划时代地正式确立把社会主义市场经济作为经济体制改革的目标,市场经济成了中国特色社会主义的经济基础。但是,什么是社会主义市场经济?当时是有过激烈争论的。反对的意见,坚持经济体制改革的目标是"计划经济为主,市场经济为辅""计划和市场相结合"等。1992年6月,江泽民在中共中央党校省部级干部进修班上所作《深刻领会和全面落实邓小平同志的重要谈话精神,把经济建设和改革开放搞得更快更好》的讲话中,对建立新经济体制的讨论提出意见,表示:我个人的看法,比较倾向于使用"社会主义市场经济体制"这一提法。即使如此,在十四大报告最后一稿讨论时,仍有人提出将报告中"市场在资源配置中起基础性作用"改为"起重要作用",以期降低市场和社会主义市场经济的巨大意义。

十四大以后,在以江泽民同志为核心的党中央领导下,全国掀起了社会主义市场经济改革的高潮,市场在资源配置中的基础性作用越来越显示出它的巨大效率,中国特色社会主义建设取得了举世惊叹的成就。然而,改革的道路不是平坦的,所以胡锦涛指出,"不动摇、不懈怠、不折腾,坚定不移地推动改革开放"。全党全民重温了邓小平"不改革开放只能是死路一条"的教导,发出了全面深化改革的强烈呼声。此时,以习近平为总书记的党中央顺从党心民意,以巨大的政治勇气和智慧,在十八届三中全会上作出"全面深化改革"的决定,这是有非常重大历史意义的。习近平总书记说,"改革是由问题倒逼而产生,又在不断解决问题中而深化","以重大问题为导向找出答案"。本届三中全会决议没有回避当前中国的各种问题,而是全面给予了改革的回应。三中全会决定中亮点频频,特别闪光的亮点是提出"市场在资源配置中起决定性作用",充分表达了以习近平为总书记的党中央完善社会主义市场经济改革、推进市场经济发展的坚不可摧的决心,把社会主义市场经济体制改革从理论上推向新水平新高度,谱写下中国特色社会主义改革开放和中国特色社会主义建设的新篇章。

二、新历史时期深化市场改革要求迫切

如今,中国社会主义市场经济体制已经基本建立,生产力被大大解放,中国经济获得了长足发展。但与此同时,以建立社会主义市场经济体制为目标的改革开放还远未完成,这主要表现在以下两方面:

(一)从市场领域讲。全国还有许多领域虽然不断受到市场的巨大影响,但作为根本性的体制变革,有的还刚行动,甚至尚未起步。中国农业生产体制就是突出例子。中国有着世界悠久的最完备的农业生产体制,即一家一户、若干亩地、全能农艺耕作、自给自足的小生产方式,今日这种小农经济仍占据中国农业主体。要解决这个问题,是有巨大难度的。从农业社会转变为工业社会是人类发展的必然规律。工业生产要求产业企业群落化,要求劳动者劳动集聚化。工业化要求不断增长的廉价自由劳动力,而广大农村不断增长的剩余劳动力,正是工业化劳动力的巨大源泉。所以,工业化不仅是全能小生产的手工业向分工协作的社会大生产方式的工业转轨,其根本标志还在于农业人口的减少,一直减少到占全民的10%以下(日、韩)乃至3%(欧洲)、2%(美国)以下,并由此带来城镇化。农业人口进城了,减少了,但民以食为天,农业不能衰落。谁来种田?如何种田?农业现代化就是唯一的出路。农业现代化就是把几千年传统小生产方式的农业,改造成与工业社会相适应的农艺分工协作的社会化大生产方式的农业;从农业社会的小农经济,转轨到工业社会的市场经济。社会化大生产的现代农业的基本要素是:农艺分工协作,大大提高生产效率;土地集中,形成规模经济;吸纳现代科学技术的容量无限等。但这不是祖辈相传的农民所能承担得了的,代之的则是以工业社会受过良好专业教育的农场主来经营。与此相应,还必须改变城市户口制度和农村土地流转制度。先进发达国家的实践表明,这场变革的结果使农业劳动生产率比传统小生产农业提高了8～10倍,乃至更高。这是一场艰难而巨大的改革,但中国如果能够大力推进并完成这场农业生产方式的改革,仅此一举就将大大推动今后10年GDP的高速增长,足以保证国民收入翻番,实现全面小康社会。

除农业生产方式的转轨之外,国有企业改革一直是一个"老大难"课题。国企改革的要害是政企分开,脱离官本位,解除垄断地位,各种所有制企业具有配置社会资源的平等权利。这样,国企才有真正的市场竞争力和效益,国企发展自当不可限量。金融改革则是另一个必须大力推进的领域。此外,即使很多已经按市场经济体制改革了的领域,也还有这个或那个部分有进一步改革的潜力。

(二)从市场质量讲。中国社会主义市场经济改革和实行时间不长,还有许多机制不完善,质量还不高。质量不高,首先表现为对社会主义市场经济体制的社会共识不够,缺乏系统工程建设。社会主义市场经济基本准则是"社会需求、等价交换、自由竞争、法制公正、宏观调控、优胜劣汰、化劣为优",必须根据这七大准则建立起相应的运行机制,特别是建立起相应的法律保证。然而,至今可以说机制还有待完善,法律也还比较薄弱。市场经济是法制经济,没有精准完善的法制,就没有社会主义市场经济,有了也无法巩固,在这种状况下说社会公正就是"空谈误国"。社会主义市场经济的运行准则,还内在地包含了生产结构和发展方式的转型,离开了市场的动力和机制,转型云云都是空谈。

质量不高,还突出表现在社会主义市场经济体制缺乏相应的上层建筑改革的强大支持。中国经济已从计划经济体制改革为市场经济体制。当经济基础已发生根本性改革,政治、文化等上层建筑都需要进行相应的改革,这是马克思主义的一条基本原理。如果上层建筑不改革或改革滞后,则必将阻碍经济体制进一步改革和完善,甚至已有经济体制改革的成果还会丧失。一个突出例子是:社会主义市场经济运行除了用相应法制建设来保证外,还要求服务、自由、竞争、开拓、创新、勤奋、法制、公正、诚信、合作、学习、崇尚知识、崇尚科学、崇尚人才等,形成民主、稳定等一系列全新的价值观和社会道德。近一段时间,之所以会产生社会普遍性的道德焦虑和道德讨论,正是因为中国社会主义市场经济七大运行准则的新秩序尚未完善,建立在社会主义市场经济基础上的这些新文化、新道德还没有得到充分的认可与宣扬,而那些封建主义的、资本主义的文化和道德还在顽抗、哀鸣乃至打着市场名义张扬,如拜金主义。对此,少数人没有把社会上出现的一些不良现象归罪于计划经济以及旧文化道德等对改革的对抗,从而激励推进新的改革,完善改革,反而误认为社会主义市场经济改革的后果,这是不妥当的。

可见,在新的历史起点上推进全面深化改革的要求迫切,我们必须在以习近平为总书记的党中央领导下,进一步解放思想,攻坚新领域、提高运行质量,推进中国社会主义市场经济体制改革。

三、社会主义市场经济理论的巨大飞跃

把从十四大以来的"基础性"作用，改写为"决定性"作用，是十八届三中全会一个新论断，这三字之差体现着社会主义市场经济理论的巨大飞跃。众所周知，市场之所以比政府能更有效地配置资源，是因为它更准确更充分地体现了经济发展的基本规律，特别是价值规律。三中全会将市场对配置资源的作用提升到"决定性"的高度，是对市场机制在资源配置方面重要价值的肯定，是中国社会主义市场经济改革曲折实践的总结，更体现了马克思所说的"价值规律的革命作用"。"决定性"市场理论，是马克思主义基本原理与当前中国改革与发展实践相结合的重大成果。

未来，"决定性"市场理论将至少在以下三方面指导社会主义全面深化改革：

（一）决定了政府和市场的正确关系。从而指导政府功能和职能的根本转变，彻底消除长期存在、积重难返的计划经济特征的政府"越位"（各种管控微观经济的审批权以及其他本该由市场做的事，政府成了"运动员"）和"缺位"（对市场监督、经济安全、宏观经济调控以及公共服务和社会管理等，政府本应承担"教练员"和"裁判员"责任）。这样，也就实现了三中全会决定要求的更好发挥政府作用。更好的政府作用，将使我国行政体制彻底与苏式农业社会主义的计划经济管理体制决绝，从与几千年小农经济相适应的中央集权郡县制的阴影中走出来，改革对与社会化大生产和市场经济适应的全新的社会主义行政体制提出了要求。政府功能和职能的这种根本转变，本质上是行政体制改革，正是我国政治体制改革重要组成部分和当务之急。

（二）决定了国有企业改革的根本方向。国有企业是改革计划经济体制留下来的一个难题。它既不能全盘私有化，又必须打破它在资源配置中的垄断特权和对政府权力的依赖。三中全会指明了国企市场化的改革方向，实现与非公企业实现各种形式与股权比例的混合经济。

（三）更深远地，决定了相应的上层建筑改革。我国经济基础最终成为完善的社会主义市场经济，越来越强烈要求上层建筑改革与之相应：两者相应，就巩固了经济基础并进一步促进社会主义市场经济更好更快地发展；不相应，就必然阻碍乃

至破坏社会主义经济基础。要言之,政治、文化、科技、教育和社会等等上层建筑改革必须在"相应"二字上做文章,一切阻碍社会主义市场经济发展的,破坏"决定性"市场的,都应在改革之列。

(作者是中欧国际工商学院名誉院长、中国社会科学院原副院长,本文选自2013年11月28日《解放日报》)

通过市场化改革释放增长潜力

迟福林

一、建设消费型社会须提高百姓收入

经过30多年的高速增长,中国经济进入了亟须加快转变发展方式和调整结构的新阶段,加上世界经济环境发生的深刻变化,未来中国经济的发展速度成为广受国内外关注的一个问题。

对此,迟福林在和讯网的论坛上提出,"13亿人的消费大市场是我国最大的增长优势","初步估算一下,到2020年,我国潜在的消费需求将达到45万亿到50万亿,也有人说能够达到50万亿到60万亿,由此引发的投资需求将使我国到2020年的内需总规模达到上百万亿,这将为未来7年7%左右的经济增长奠定重要基础。"

但他同时强调,有增长潜力并不表明会转化为现实的增长优势,关键是要通过市场化改革释放内需潜力。他认为,有几个方面的改革需要尽快突破:争取一到两年内资源要素的市场化改革有实质性进展,让市场在资源配置中说了算;两到三年内垄断行业的改革有重大突破,实现民营企业参与国有企业改革,为社会资本创造更大的市场空间,使民营经济成为增长的主力军、生力军;未来一到两年,在金融、石油、电力、铁路、电信、资源开发、公共事业等领域,应当向社会资本推出一些重要的项目。他说,突破这些改革的重点,才能释放全社会创新和创业的活力,才能保障增长的活力。

多年来,"建设消费型的社会"、促进消费对我国经济的拉动作用,一直是迟福林研究的一个重点。他曾主持海南"中改院"完成了《消费主导——中国转型大战略》的研究报告,这个报告提出,我国经济发展方式转变的核心是转变投资与出口主导的增长方式,尽快走向消费主导,使消费成为经济增长的内生动力。

迟福林进一步提出,消费型社会的形成,必须建立在国民收入导向的基础上,必须对收入分配制度进行改革,"老百姓的收入水平不高,社会福利没有一个可靠的保障,消费能力和消费潜力都不会得到释放。"他认为,"不仅要在国民收入的初次分配中适当提高比例,还要完善再分配,教育、医疗等基本公共服务在城乡之间要均等化;税制、个税也应进行结构性调整;同时以公益性为目标,重新配置国有资本。通过"这些综合措施,再加上3个点左右的通货膨胀率,我想年均15%的人均名义收入增长是有条件实现的"。

二、政府权力清单需要尽快明确

如何根据中共十八届三中全会的要求,处理好政府和市场的关系?迟福林认为,市场决定不是不要政府发挥作用,问题在于政府的作用应当尊重市场决定资源配置这个大前提。

在政府与市场的关系上,迟福林从三个方面提出了自己的看法:

(一)要把营造公平竞争的市场环境作为健全宏观调控体系的基本目标,把宏观调控与行政审批职能严格分开,建立以货币和财政政策为主的宏观调控体系;货币政策与金融市场化改革有机结合,突出利率市场化和汇率市场化的改革,以金融改革带动实体经济的发展和转型;财政政策与财税体制改革有机结合,突出财税体制在调节收入分配、拉动消费中的重大作用。

(二)从事前审批转为事后监管前置性的审批过多过滥,既抑制了市场活力,又难以形成公平竞争的市场秩序。以事后监管为主,克服市场失灵,形成微观规制的基本框架;并统筹考虑审批与监管体制改革,调整市场监管结构,把政府的市场监管与行业自律相结合,有效发挥社会力量在规范市场行为中的重要作用。

(三)界定负面清单与权力清单的政府与市场的关系多年剪不断理还乱,关键是政府权力清单不明确,现在到了需要创造条件尽快明确的时候了。比如以负面清单管理倒逼行政体制改革;再比如中央政府带头,尽快制定和公布权力清单,鼓励支持地方政府尽快制定公布权力清单,有些地方政府率先实现负面清单管理;目前的竞争性地方政府要实现公共服务主体的角色回归。

迟福林认为,市场决定必将伴随着一场十分深刻的思想解放。市场决定意味着政府主导经济增长模式的终结,意味着权力配置资源导致机会不平等、权利不平等的历史终结,意味着官本位、权力寻租、经济特权的历史终结,对于市场主导下更好地发挥政府作用、形成公平竞争的市场环境、抑制消极腐败、突破利益固化的藩篱,都具有决定性影响。

三、今后自贸区将成为世界性潮流

十八届三中全会《决定》提出,要加快自由贸易区建设,扩大内陆沿边开放。对此,迟福林认为,在区域经济一体化成为经济全球化发展的重要趋势的背景下,打造东盟—中国"10＋1"自贸区升级版,不仅是我国以周边为基础加快实施自由贸易区战略、形成面向全球的高标准自由贸易区网络的迫切需求,也是我国提高区域资源整合能力和区域影响力的客观要求,对中国未来几年形成对外开放新格局,具有战略性、决定性的重大影响。他预测,"今后双边、多边自贸区会成为一股世界性潮流,中国和东盟的一些边境地区可能建立跨国自由贸易区,国内自由贸易区也会在上海自贸区试验的基础上增多起来。"

迟福林认为,上海自由贸易区与香港能达成双赢,"香港应该利用上海自由贸易区的机遇,比如汇率改革、人民币可兑换方面,加快香港的发展;而上海则应该利用香港的经验,尤其在金融、服务贸易、物流方面,上海很大程度上需要向香港学习。"

迟福林说,海南是中国最早申请设立自由贸易区的,到现在海南也一直在努力,未来海南将通过国际旅游岛最终走向自由贸易区。他设想,以国际旅游岛为重点推进海南自由贸易区进程,大致可以分三步走:(一)以建立国际旅游岛为直接推动力,加快实行旅游产业的全面开放;(二)在旅游产业全面开放的同时,加快推进与国际旅游岛直接相关的服务产业的全面开放,例如,金融、电信、服务业等;(三)在旅游产业和相关服务业全面开放的基础上,以国际旅游岛建设为重点,在多方面实施投资、贸易、服务自由化政策,真正使海南成为开放之岛。

他还认为,海南作为岛屿,设立自由贸易区更便于管理,设立以后也有特殊的国际影响。但海南建立自由贸易区与上海相比,在经济基础、管理人才的积累方面还是差距明显。

(作者是中国海南改革发展研究院院长、海南省社科联主席、

享受国务院特殊津贴专家,

本文选自2017年4月21日《中国经济网》)

向"以市场促创新"转变

朱岩梅

100多年前,恩格斯曾经指出,一个市场需求往往比10所大学更能拉动技术进步。在全球化竞争中,市场对于推动国家技术进步和提升创新能力至关重要,是一种极其关键的战略性资源。对于发展中国家而言,鼓励创新决不能忽视本土市场的力量。创建一个"创新友好型市场",实现向"以市场促创新"的转变,是中国建设创新型国家的必修课程,对中国经济发展方式转变具有重要推动作用,并决定着中国能否有底气参与真正意义上的国际竞争。

一、技术的"先进性"最终由市场决定

技术进步与市场需求的关联是复杂的、多方向的、互动的。学者施穆克勒认为,专利活动或者发明活动,与其他经济活动一样,基本上是追求利润的经济活动,是受市场需求引导和制约的,因此,是市场需求牵动了技术创新行为。学者莫威里和罗森堡在《创新之路》一书中提出:决定创新的基本力量,不仅包括技术进步带来的机会,而且还包括市场机会。国内学者柳卸林认为,市场是一个对技术创新的自组织过程,原因包括,市场可以消除创新的不确定性,市场能正确引导创新,市场通过竞争给企业以创新压力,市场能自发地培育企业家。应该说,在创新过程中,技术进步可以创造市场需求,市场需求也能拉动技术进步。市场是基于能力的资源,技术是基于资源的能力,两者相互关联,互为因果,相互促进。

进一步看,对创新而言,不同国家的需求结构是不同的。技术进步的累积性、渐进性和不确定性,都决定了技术创新必须采取产品的形式,而市场是检验产品的最好"场所"。技术进步不是直线式的,而是一个充满不确定性的演进过程;这个演进过程深受市场需求的影响,而各国市场的需求结构即使在全球化条件下也具有不同特点。所以,不同国家的企业组织能力存在不同的发展路径。技术进步只有采取产品形式才可能产生经济效益;而只有从创新中获利,产生经济效益,技术进步过程才可能持续。所以,技术的"先进性"必然最终由市场决定。

具体来看,市场对于技术创新和企业创新具有以下几方面作用:

（一）市场扩大会激发技术"报酬递增"效应

技术进步的网络效应，又称网络外部性，是指消费某特定产品的单个用户，随着消费该产品的用户数增加而获得增加的效用。网络效应大大增加了技术竞争的利害关系。一种技术轨道一旦走上正反馈道路，就会产生"报酬递增"效应：越是得到更多的应用，就越能够得到改进，从而因技术更优越而更加普及。一方面，主导设计的创新产品不一定拥有最先进的技术，而是受多种因素的影响，占据了市场有利位势是其中一个主要原因；另一方面，技术标准是产业主导企业寻求垄断和进行全球利益分配的"游戏规则"，谁掌握了"规则"的制定权，谁就占有了市场竞争的优势地位。同时，技术标准对市场结构也会有重要的影响。技术标准确立即主导设计出现之后，产业开始了"抖落"现象，通常只有少数企业能够抓住行业标准，快速发展，竞争力和经济规模迅速提高，许多企业则被市场淘汰出局，进入该行业的"机会窗口"很快关闭。

此外，劳动生产率（与技术进步有关）是随市场规模增长而增长的。有研究表明，技术进步和市场规模之间存在"凡登效应"，即生产率随市场规模而增长的现象。有数据显示，市场规模每增长10%，劳动生产率增长4.5%，即劳动生产率（与技术进步有关）产出弹性的平均值为0.45左右。因此，技术进步的网络效应会在市场中不断得以强化。

（二）市场渠道会帮助企业获取创新回报

从企业角度而言，拥有市场渠道、客户等市场资源就拥有了实现技术进步的一项重要的互补性资产。为什么很多小企业虽然拥有技术创新的能力、活力和冒险精神，但往往竞争不过大企业？原因就在于，大企业拥有营销渠道、客户资源、品牌等重要的互补性资产，这使很多小企业最终不得不将创新的技术或产品卖给大企业。因此，从企业层面而言，市场也是一种战略性的资源。

只有来自市场的利润，才是企业可持续的创新投入源泉。依靠政府扶持、财政和税收补贴的创新是不可持续的。企业只有持续不断地获得创新的市场回报，才能更加积极主动地投入技术改进和研发，创新和研发的投入也才能更有效率。

(三) 市场用户能够有效地驱动创新

创新通常不是个体的行为,创新的出现源自多个组织间的互动,尤其是生产者和用户的互动。

目前的技术发展模式给我们的生活带来了巨大进步,但也在一定程度上导致了"创新螺旋"现象。所谓"创新螺旋",是指因忽略了用户需求而盲目创新,造成了产品和用户需求间的不匹配,也造成了投资和收益之间的巨大断层。因此,很多企业都将注意力从单纯追求技术上的新突破,转向满足用户需求为前提的技术创新,即"市场驱动"的创新,其本质就是用户驱动的创新。用户之所以能有效推动创新有多个原因。1.用户最了解真正的创意需求;2.用户群多样化有益于创意多元化;3.用户自身的开发潜力是创新的不竭源泉。随着全球化、信息化的发展,可以预见,科学技术的发展方向将由全体用户共同决定。很多著名企业都通过不同的方式,如苹果公司的应用商店模式、宝洁公司的众包模式等,让千千万万的用户和分布全球的软件或产品应用开发者都参与到创新的过程中。

二、重视利基市场和低端市场对新兴技术的重要性

所谓利基市场,是指那些被市场中的统治者或有绝对优势企业所忽略的某些细分市场。技术利基可以避免创新的技术被传统市场排斥和挤出。通常而言,破坏性技术(颠覆性技术)需要首先在利基市场中站稳,技术利基可以看作是严酷选择环境下的"保护空间",通常由补贴或战略性投资所创造。比如,液压挖掘技术和硬盘驱动技术都曾经历这样的发展过程。还有印度学者提出了"金字塔底层"(BOP)市场的概念,认为BOP市场可以改变产品、技术和概念在系统内扩散的时间规律。变革和市场增长的所有驱动力量同时在BOP市场出现,它们包括放松管制、私营部门对BOP市场的介入、数字化、无处不在的网络连接、有利的人口结构等。这些驱动力相互作用,对"S形曲线",即发达国家新产品、新服务的扩散模式形成了挑战。利基市场和低端市场,给予了新兴技术发展的重要空间,对其发展具有重要价值。

总的来讲,市场资源是一国参与国际竞争的重要战略资源。能否有效地挖掘市场资源来促进技术能力提升和创新,取决于一国的社会能力,包括制度能力、政策能力、教育、文化等。"用工荒"等种种迹象,昭示着中国"人口红利"时代即将结

束,未来中国参与全球化竞争的最大优势不再是廉价劳动力,而是13亿人口所形成的多样化、多层次的巨大市场空间。深化对市场这一战略性资源的认识和谋划,将意味着扩大中国企业的生存与发展空间,给中国企业和产业技术能力的培育和成长提供重要机遇,而这将是中国建设创新型国家进程中的重要组成部分。

(作者是同济大学中国科技管理研究院副院长、兼任"浦江创新论坛"副秘书长等职,本文选自2011年10月3日《解放日报》)

依法行政,先治"红头文件依赖症"

封寿炎

据报道,开展群众路线教育实践活动以来,全国已压缩文件190.8万个。按每个文件1张A4纸估算,连起来长度达566千米,厚度相当于50层摩天大楼。数字令人震惊,背后的成因令人深思。

长期以来,有些单位和部门的领导形成了浮夸的工作作风。他们整天召集下属开会,商量事务、布置工作。秘书们一字不漏做好会议记录,回头整理成红头文件下发执行。这样的"文山会海"有多少?去机关里转转就知道了。许多单位都有一群专门办会的人,还有一群专门办文的人,全部工作就是张罗会议,撰写文件。机关大院里的大小领导路上打招呼,上班时间都是"去开会",下班时间都是"刚刚散会回来"。

红头文件太多,容易使机关单位陷入"文牍主义"的泥潭,纸上谈兵、不做实事。上级部门源源不断下发文件,布置这个安排那个,强调这点要求那点。下级部门以不变应万变,像流水线生产一样,层层转发、层层强调要求。然后就是没完没了地请示、答复、总结、汇报。表面上忙得不可开交,实际上实事几乎没有做。上级机关的任务要求,下级机关的落实措施和工作成绩,都是在来来回回的文件之中完成。群众把这种不务实际、不求实效的纸上谈兵,辛辣地称为"空对空导弹"。

红头文件泛滥成灾,还会妨碍依法行政。机关部门的职责是什么,每个职位的责任是什么,大多数已经规定得清清楚楚。部门工作就应该是按照法律规范的要求,切实承担起职责。但有些领导就是闲不住,兴之所至,今天组织这项工作,明天组织那项工作。长此以往,推动机关部门工作的就不是相关的法律规范,而是各种行政指令和红头文件。这样就会干扰下级部门的工作秩序,他们只能将法律规范摆到一边,而疲于应付上级部门的行政指挥棒。结果就可能挂一漏万,指挥棒指向的那部分工作做到了,没有指向的那部分工作就很容易被忽略,从而不利于机关部门全面履行法定职责。

相比法律规范的严谨,红头文件往往带有很大的主观性和随意性。有些领导缺少法治思维,既没有依法行政的意识,也不熟悉相关法律规范。因此,常常会出现违背相关法律规范随意指挥的现象。一旦会议上布置的这些任务和要求,形成红头文件下发,有时候就难免闹笑话。一些地方和部门屡屡曝光的"奇葩文件",其折射出来的以行政代替法治的思维,正是依法行政所要着力解决的问题。

不可否认,就目前而言,红头文件仍然是政府部门开展工作的重要手段,其及时、灵活、具体的优点,在很大程度上弥补了法律规范的不足。但凡事过犹不及,如果过度依赖红头文件,甚至让红头文件取代了法律规范的地位,成为政府工作的路径依赖,那就会妨碍依法行政的推进。如果不加节制,让红头文件泛滥成灾,部门工作就可能深陷"文牍主义"的泥潭,效率低下、不做实事、没有实效。

可见,推进依法行政,就要切实清理"文山会海"问题,清理一切不必要的文件和会议,对确有必要印发的红头文件,也要切实执行审查制度,确保其符合相关法律规范的规定。

(作者是《解放日报》记者,本文选自
2014年11月7日《解放日报》)

结构改革要重视目标选择

李泊溪

2014年,经济结构调整成为人们探讨经济发展不可回避的课题。现在要回答的是经济结构向哪里调整,这有宏观上的目标,又有区域和城市的目标。从研究情况看,不少地区和城市在谋求城市空间转型与产业转型方向问题,往往要求研究单位告知该地区今后发展什么产业,怎么过渡到这些产业。对这些问题我们见到两种答案:一种是在研究报告中给出了要求发展什么的答案;另一种是分析当前和未来的市场需求变化趋势,创造必要的环境让市场主体去选择。其实第一种做法往往因市场的变化而改变,忙了半天一场空。

一、经济结构调整要有规划和安排

有关研究把世界主要城市转型的经验概括为四个阶段:从农业向制造业转型(工业化)、从制造业主导向服务业主导转型(服务业)、从传统服务业主导向现代服务业主导转型(服务业高端化)、从资本驱动向创新驱动转型(创新发展)。这是很好的总结,对我国经济结构调整有重要参考作用。

我国经济结构转型中,制造业向服务业转型是较为普遍的说法。其实,对不同地区、不同城市是有很大区别的,有的面临更多的是传统制造业向现代制造业转型问题,与此同时,要发展相关的生产性服务业。

需要明确的是,今后一段时期我国仍会是制造业大国,问题在于如何从制造业大国走向制造业强国。在这过程中,需要创新驱动和提高资源配置的效率。

我国要发展服务业,提高服务业在国民经济中的比重,这是正确的。问题在于我们这个比重在今后一段时期中要提高到什么程度,时间进程如何安排,在我国这样的人口大国有何特点,全国和不同地区(或城市)要有不同目标安排,2015年在宏观上对此要有目标提法。

服务消费可分为生产性服务消费和生活性服务消费,这两类服务业的市场是不同的。生产性服务业是世界经济增长中最快的行业,也可能会是我国经济增长中最快的行业。在考虑这个问题时,我们要关注制造业与服务业的紧密联系,包括制造业支撑服务业，服务业为制造业提供市场空间，制造业的生产与服务功能日益融合，制造业高度发展会显现"服务化"趋势等。这些都是需要在我国服务业发展规划中考虑的。

我国经济结构调整如何规划和安排，在2015年需要有个目标提法，哪怕是阶段性的，以使全国结构调整有所遵循。

二、创新驱动要有突破性进展

我国依靠要素成本优势驱动、大量投入资源和污染环境的经济发展方式难以为继，这是不争的事实。同时，世界第三次产业革命兴起，全球科技革命风起云涌，我们必须增强紧迫感，抓住机遇，迎接挑战，增强自主创新能力，掌握全球科技竞争的战略主动。

重要的突破是，要加快研究，提出创新驱动发展顶层设计，明确创新驱动转型的基本要求。根本的是改革体制和机制，提高全社会的创新积极性，营造一个有利于创新的环境。在2015年要确立体制构架并对机制要求的制度建设有所进展，制定完善创新推动的政策体系，包括财务、科技、资金、管理和人才激励政策，修改完善相关法律法规，基本形成有利于创新驱动的法律法规体系。要建立知识产权保护体系，以利于在创新上竞争。以这四大突破为基础，推进具体的创新项目和创新平台建设。

三、推动经济体制改革

经济体制改革是全面深化改革的重点，核心问题是处理好政府与市场的关系，使市场在资源配置中起决定性作用和更好发挥政府作用。政府经济职能的转变集中表现在简政放权上。这可能涉及一些政府的核心权力，需在2015年的经济体制改革中明确相应的措施和制度建设，如国家层面的负面清单制度要逐步出台。从当前试点的负面清单看，清单过长，限制仍然多，2015年的负面清单，要体现改革的实质要求。

更好地发挥政府作用，在2015年的经济体制改革中是重要工作之一。政府的职责作用在党的十八大决议中有明确的提法，即主要是保持宏观经济稳定，加强和优化公共服务，保障公平竞争，加强市场监管，维护市场秩序，推动可持续发展，促进共同富裕，弥补市场失灵。在2015年的改革工作中，应系统地规划政府改革行动,特别是监管到位问题,以更好地发挥政府作用。

2015年需要根据十八届三中全会的改革部署,将我国市场体系改革的目标模式具体化,以便加以推动。要使市场在资源配置中起决定性作用,涉及诸多法规的修改、完善,甚至要补充新法,对此要设立时间表,这是完善市场体系的关键。市场经济需要有市场主体,市场主体是企业(和自然人),对企业包括不同所有制企业的市场主体地位需要进一步确认和给予法律保证,这也是法律建设任务。

四、推进国家治理现代化

推进国家治理体系和治理能力现代化是改革的总目标,每项改革都要和总目标的要求相结合。2015年必须关注国家对治理现代化的顶层设计及要求,每个地区每个产业都需抓紧对影响发展的治理问题进行认真分析,找出改革要解决的相关问题,以便和国家的相关改革相适应。

现在地区和产业发展都暴露出治理方面要改革的问题,国家已着手有关治理方面的改革。最近国家出台的区域性战略,如京津冀协同发展等,意味着对行政区划限制的突破。行政区划问题在很多情况下,对发展造成很大的不利影响,即使在同省内,各地区的行政区划限制也很多,这是治理体系中的重要问题之一。

目前,行政管理权限下放取得一定成绩,为进一步改革打下基础。但从有关研究、调研看,还有许多工作要做,主要是行政管理权限要从下放多到取消多;下放或取消的权限要从虚得多到实得多;下放或取消的权限从小得多到大得多;下放或取消的权限利益从少得多到含金量多的方面转变等。行政管理权限下放之后,有关监管工作要跟上,行政管理权限下放,各有关行政部门之间要协调此项工作要作为治理体系建设的一部分,在现有改革的基础上2015年再向前推进一步。

(作者是国务院研究中心研究员,
本文选自2014年12月13日《经济参考报》)

深化改革,打造"中国经济升级版"

王一鸣

2013年全国"两会"记者会上,国务院总理李克强首次提出"中国经济升级版"。在谈到实现2020年经济发展目标时,他表示,"关键在推动经济转型,把改革的红利、内需的潜力、创新的活力叠加起来,形成新动力,并且使质量和效益、就业和收入、环境保护和资源节约有新提升,打造中国经济的升级版"。此后,李克强多次强调,要用更大气力释放改革红利,努力打造中国经济升级版。

近期,一些研究机构先后发布宏观经济分析与预测报告,认为中国宏观经济不能依靠政策宽松与刺激来重返经济持续复苏的轨道,亟待进行更深层次的经济体制改革。

怎样认识深化改革在打造"中国经济升级版"中的重要性?如何实现经济升级?日前,国家发展和改革委员会宏观经济研究院常务副院长王一鸣受中国浦东干部学院邀请做客"中浦讲坛",本报记者就上述问题对其进行了采访。

一、实现升级版,关键要靠释放改革红利

解放新论:现在各界都很关心"中国经济升级版"。但一国经济从既有版本到更高级的版本,从一种发展轨道到新的发展轨道,涉及很多基础条件的制约。很多发展中国家落入"中等收入陷阱",足以说明经济转型升级之难。我国一直强调要更加注重增长的质量,而非增长的数量,要减少污染等,但进展并不明显。您认为瓶颈何在?

王一鸣:2006年世界银行提出的"中等收入陷阱"概念,是指一个经济体从中等收入向高收入迈进的过程中,既不能重复又难以摆脱以往由低收入进入中等收入的发展模式,很容易出现经济增长的停滞和徘徊,人均国民收入难以突破高收入的门槛。第二次世界大战以后,仅有为数不多的几个国家和地区成功跨越"中等收入陷阱",大部分国家长期在中等收入阶段徘徊,迟迟未能进入高收入国家行列。究其原因,主要是受到既有利益格局制约,体制调整变革难以有效推进。我国经历30多年经济高速增长,2012年人均国民收入突破6 000美元,进入中等偏上收入

阶段。如同其他进入这个阶段的经济体一样,我国经济增长也出现了阶段性变化,使既有发展模式的矛盾更加突出地暴露出来。

就我国而言,国内经济转型进展不明显,客观上受到基本国情和发展阶段的制约。这体现在,我国人口众多但劳动力素质偏低、二元结构矛盾突出、城乡地区差异大、生产方式呈现多层次特征等,这些都增大了经济转型的难度。此外,我国正处于工业化中后期,经济结构加快变动,重化工业比重提高,能源消耗总量增大;社会结构深刻调整,利益关系更趋复杂,各种矛盾集中显现,进入了矛盾多发期。

但从根本上说,经济转型迟缓还是体制条件制约所致。这主要表现在,政府职能转变滞后,资源配置权过多过大,越位错位缺位现象仍较为普遍。国有经济布局战略性调整和国有企业改革不到位,非公经济发展缺乏公平竞争的市场环境。财税、金融和土地制度改革滞后,资源要素价格扭曲,资源环境压力没有完全通过价格信号传递给市场主体。特别是,现行体制在一定程度上使地方政府重规模速度、轻质量效益,更多依靠行政手段推动发展,急功近利,使经济发展付出了较大的成本和代价。

这些说明,打造"中国经济升级版",根本还是要深化改革、进一步释放改革红利。无论是挖掘内需潜力,还是增强创新活力,关键都在于深化改革,塑造新的体制机制和利益分配格局。在市场经济条件下,体制机制引导市场主体行为,形成相关利益格局,决定对发展版本的选择。相比以往,未来推进改革会受到"利益格局更加复杂多样"的牵制,但不突破原有体制机制,不冲破既有利益格局,发展版本就很难升级。

二、发展升级版,需要培育经济发展新动力

解放新论:中国经济增速放缓,引发了国内外高度关注。在各界聚焦增长数字之时,强调经济升级有怎样的紧迫性和重要性?中国经济增长的阶段性变化,给打造经济升级版带来了哪些新要求?

王一鸣:中国经济调整其实早于本轮金融危机,但当时增速回调是主动调整的结果。国际金融危机的爆发,给我国经济增长造成很大压力。中央出台的"一揽子"计划和政策措施,曾一度遏制了经济增速下滑态势。但随着计划能量逐步释放,从2011年一季度开始,我国经济增速连续7个季度回落,直到去年四季度经济

出现回升态势,增速达到7.9%,但今年一季度再次放缓。这一变化曲线表明,中国经济增长正在发生阶段性变化,经济增长正在由过去两位数的高增长转向7%～8%的"新常态"。

随着近年来增速放缓,我国经济也出现了一些新变化,如产能过剩矛盾趋于突出,劳动力低成本优势减弱,创新能力不足问题更加凸显,能源资源约束持续强化。这些变化有国际金融危机引发的外部需求收缩等因素,但更重要的是随着我国人口年龄结构发生变化,劳动年龄人口绝对减少,储蓄率和投资率趋于下降,原有的投资和出口驱动的经济增长动力开始减弱。这些决定了,中国经济再按原有版本运行下去,发展中面临的矛盾将越来越突出,风险将越来越大,必须加快发展版本的升级,培育经济发展新动力。

经济升级的紧迫性和重要性至少来自三方面:

(一)加快经济转型的需要。改革开放30多年来,中国经济发展取得了举世瞩目的成就。但既有发展版本是在当时历史条件下形成的,带有当时发展阶段难以克服的矛盾和问题,未来如果不尽快扭转高投入、低质量、低效益的粗放发展方式,发展成本会越来越高,路子就会越走越窄,即使通过增加投入把速度提升起来,也是不可持续的。

(二)挖掘内需潜力的需要。过去一个时期,中国经济增长对外需的依赖程度较高,金融危机后,全球经济持续低迷,市场扩张速度明显放慢,贸易保护主义重新抬头,外部需求明显收缩。因此,要充分挖掘内需潜力,使中国经济实现新的平衡,同时要继续创造基础设施和住宅等投资需求,使经济增长由过去过多地依靠外需转向内外需协调拉动。

(三)增强创新活力的需要。近年来,我国积极推动经济发展由要素驱动向创新驱动转变,科技进步对经济增长的支撑作用开始显现。但总体上,企业创新能力不强,技术转移和转化水平低,科技体制、教育体制不完善,与经济发展结合不紧密。这些也为增强创新活力留出了空间,只要加快营造公平竞争的环境,倒逼市场主体强化创新,推进经济发展向创新驱动转变就可以取得实质性进展。

三、打造升级版,谋求有质量有效益可持续的速度

解放新论:有人认为,升级版是指中国必须告别石化煤钢铁拉动GDP的年代;也有人判断,升级版就是放弃速度换取质量。"中国经济升级版"的内涵是什么?

重点有哪些?

王一鸣:我理解,打造"中国经济升级版"是要适应国际环境深刻调整和中国经济增长阶段性变化的要求,对既有发展版本进行升级,使中国经济发展更有质量、更富活力、更具效率、更加公平、更可持续。

(一)升级版的发展形态是数量和质量的统一。升级版不是不要数量和速度,而是要有质量有效益可持续的速度。今后一个时期,支撑经济增长的主要因素已经由生产能力的大规模扩张,转向提升产业价值链和产品附加值、提高全要素生产率和资源配置效率、提高科技进步和体制变革对经济增长的贡献率,这就要求,将经济工作的重心转到提高质量和效益上来。

(二)升级版的根本动力在于释放改革红利。升级版要求明确界定政府和市场的边界,进一步向市场放权,用政府权力的"减法"换取市场活力的"加法",让市场发挥对资源配置的基础性作用,通过改革进一步解放生产力,使经济发展潜能进一步释放出来。

(三)升级版的需求动力来自挖掘城镇化潜力。通过对包括户籍、土地、财税在内的制度改革,以及加强公共服务能力建设,增强消费对经济增长的基础作用,发挥好投资对经济增长的关键作用,释放城镇化的内需潜力,形成中国经济发展的新动力。

(四)升级版的供给动力来自增强创新活力。充分利用市场的倒逼机制,推进市场导向的科技创新,促进资金、人才、技术等创新要素向企业集聚,注重发挥企业家才能,加快科技创新,加强产品创新、品牌创新、产业组织创新、商业模式创新,提升产业整体素质和竞争力。通过改革构建创新生态,建立有利于创新潜能充分释放的体制环境。

(五)升级版的重要实现途径是社会公正。激发全社会创造活力,必须守护社会公正的底线,政府要当好社会公正的守护者,努力使人人享有平等参与、公平竞争的机会。不论是来自城市还是农村,不论是来自怎样的家庭,只要通过自身的努力,就可以取得应有的回报;不论是国企、民企还是个体经营者,只要靠诚信公平竞争,都可以获得应有的成功。

(六)升级版的根本目的在于改善民生。升级版强调提高城乡居民特别是低收入者的收入,持续地扩大中等收入群体,重点保障基本民生,编织一张包括义务教育、基本医疗、基本养老、保障房等覆盖全民的保障基本民生的安全网;强调更加主动地采取措施,解决突出问题,力推绿色发展,让人民群众呼吸洁净空气、喝干净的水、吃安全食品。

四、推进升级版,要在三大重点领域协同作战

解放新论:未来应如何有效推进中国经济升级?

王一鸣:我体会,当前需要重视以下三个重点领域:

(一)推进城镇化,挖掘内需潜力。要有序推进农业转移人口市民化,就要积极稳妥推进土地管理制度改革,建立健全农村产权确权、登记、颁证制度;分类推进户籍制度改革,统筹推进公共服务、社会保障制度改革,将基本公共服务逐步覆盖到符合条件的常住人口。还要合理布局大中小城市和小城镇,更加注重提高中小城市和小城镇自我发展能力和综合承载能力,完善加快小城镇发展的财税、投融资等配套政策,增强其产业发展、公共服务、吸纳就业和人口集聚功能,促进农业转移人口就近就业和转化为城镇人口。

(二)加强科技创新,增强创新活力。重点要推进市场导向的科技创新,建立企业主导产业技术研发创新的体制机制。鼓励科技要素向企业流动,引导资金、人才、技术等创新资源向企业集聚,支持有条件的企业加强研发平台建设,加大对中小企业、微型企业技术创新的扶持力度,加快建立高校、科研院所技术成果向企业转移的机制,推进传统制造向以研发为基础的制造转型。要把培育发展战略性新兴产业与增强科技创新能力结合起来,加强技术集成和商业模式创新。建立有利于创新潜能充分发挥的体制环境。

(三)深化改革开放,释放改革红利。要加快简政放权为核心的行政体制改革,把市场和社会能够承担的职能交还给市场和社会,政府管理重心则要逐步后移,由"前置"的审批环节转向"后置"的服务和监管。创新政府公共服务提供方式,推动公共服务提供主体和提供方式多元化。强化产权保护,保证各种所有制经济依法平等使用生产要素、公平参与市场竞争、同等受到法律保护,营造各种所有制经济公平竞争环境。深化财税体制改革,完善财政预算制度,建立公开、透明、规范、完整的预算体制;完善财政转移支付制度,减少、合并一批专项转移支付项目,增加一般性转移支付规模和比例;建立健全覆盖全部国有企业的国有资本经营预算和收益分享制度;健全中央和地方财力和事权相匹配的机制,提高基层政府财

力。深化金融体制改革,稳步推进利率市场化改革;完善人民币汇率形成机制,充分发挥市场供求在汇率形成中的基础性作用;加快和规范发展民营金融机构和面向小微企业、"三农"的中小金融机构。

(作者是国家发展和改革委员会宏观经济研究院常务副院长,本文选自 2013 年 6 月 20 日《解放日报》)

"开放、改革、管理"三驾马车拉动经济体制转型
——中国经济体制转型原理的系统性研究

石 军

中国30多年的经济体制转型实践,不仅促使经济社会发展取得了举世瞩目的成就,而且形成了丰富多彩的理论宝库,理所当然成为世界关注的焦点和学界研究的重点。

"开放、改革、管理"三驾马车拉动经济体制转型原理(以下简称"三驾马车"原理),是我在2000年12月作为工作思路提出来,而后又放在实践中检验并在理论上展开研究的。研究这一原理,具有极为重要的现实意义。一方面,可以通过挖掘改革开放以来形成的理论宝库,有助于推动经济体制转型理论创新;另一方面,可以通过总结过去的经验教训,防止和避免在经济体制转型牵引全面深化改革过程中走弯路。

一、"三驾马车"原理的基本内涵

经济体制转型是指由传统计划经济体制转为社会主义市场经济体制的过程。这一过程不只要靠改革这一种手段拉动,还要依靠开放和管理这两种手段拉动。也就是说,要靠"开放、改革、管理"这三驾马车合力拉动。

(一)"三驾马车"原理的构成要素

"三驾马车"原理,是由"是什么"和"怎么办"这两大要素构成的。"是什么",是研究经济体制转型的本质规律;"怎么办",是回答运用什么方法拉动经济体制转型。

这一原理可表述为:在传统计划经济体制基础上,由生产力水平和发展要求决定,坚持中国特色社会主义和市场化取向,以开放、改革、管理为拉动力,朝着建立完善的社会主义市场经济体制目标不断前行过程的本质规律和方法论。它包括4个要素:1.转型目标,即由传统计划经济体制转为完善的社会主义市场经济体制;2.转型决定因素,即由生产力水平和发展要求所决定;3.转型基本特征,即坚持中国

特色社会主义和市场化取向；4.转型拉动力，即"开放、改革、管理"这三驾马车。

前3个要素讲的是经济体制转型的本质规律，即回答"是什么"的问题，它根本性地规定了，要破除传统计划经济体制，就必须选择市场经济体制；要解放和发展生产力，就必须顺应而不能违背生产力水平和发展要求这一普遍规律；要确立中国市场经济体制，就必须坚持中国特色社会主义方向和市场化取向。

第4个要素讲的是经济体制转型的方法论，即回答"怎么办"的问题。经济体制转型的方法，不是凭空设想出来的，而是根据转型规律确定的。这就要求我们，既须通过开放学习借鉴市场经济成功经验和做法；又须通过改革革除传统计划经济体制弊端；还须通过管理组织落实开放、改革举措，并将其成功经验和做法上升为法律法规。

应该肯定地说，中国已在深刻认识经济体制转型规律基础上，找到了与之相适应的方法论，这就是开放、改革、管理三大手段发挥有机协同的运行模式。

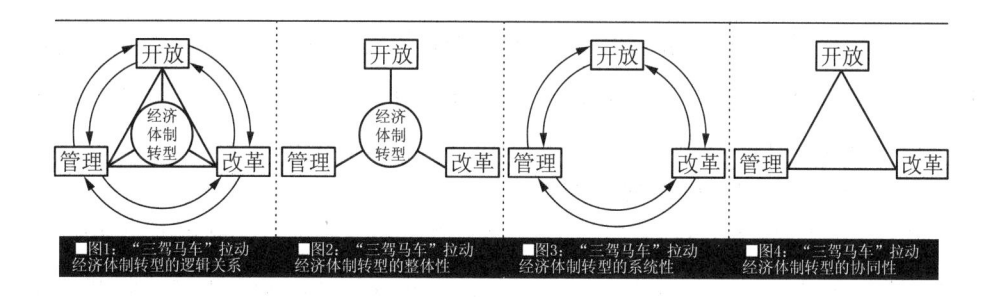

■图1："三驾马车"拉动经济体制转型的逻辑关系　■图2："三驾马车"拉动经济体制转型的整体性　■图3："三驾马车"拉动经济体制转型的系统性　■图4："三驾马车"拉动经济体制转型的协同性

（二）"三驾马车"原理的逻辑关系（图1）

从实践情况看，开放、改革、管理分别都对经济体制转型具有重要拉动作用。然而，它们的作用却不仅仅体现在每驾马车的拉动力上，更重要的在于发挥"三驾马车"的拉动合力。

1."三驾马车"是个整体，不能顾此失彼。"三驾马车"是一个有机联系的整体，它们同处一个平台，都是指向一个目标，这就是由传统计划经济体制转为完善的社会主义市场经济体制，解放和发展生产力。这就要求我们在制定经济体制转型规划中，务必注重"三驾马车"的整体性。（图2）

2."三驾马车"是个系统，不能将其分割。"三驾马车"拉动经济体制转型，正是系统论讲的任何一个系统都是由若干要素以一定结构形式连接构成的具有某种功

能的有机整体。"三驾马车"只能在整个系统运行,才能发挥应有的作用。这就要求我们必须注重"三驾马车"的系统性。(图3)

3. "三驾马车"相互影响,不能厚此薄彼。"三驾马车"是相互联系和互相影响的。任何一驾马车顺时针方向都会直接影响前一驾马车,逆时针方向都会直接影响后一驾马车。这就要求我们在实施经济体制转型规划中,尤其注重"三驾马车"之间的协同性。(图4)

4. "三驾马车"动态平衡,不能平均用力。"三驾马车"是动态平衡的,其地位和作用不是一成不变的。党的十一届三中全会召开的前一年,我们的主要着力点放在对外开放上,此后若干年主要放在深化改革上,目前则应主要放在制度创新特别是法律法规建设上。这就要求我们根据问题导向原则,适时调整每驾马车的位置和着力点,特别注重驾驭"三驾马车"的灵活性。

(三)"三驾马车"在拉动经济体制转型中的行进方向

"三驾马车"原理能否成功运用,关键在于其行进方向是否正确。行进方向正确,就会呈现正向拉动态势;行进方向偏离目标,则会出现偏向拉动;行进方向错误,就会形成逆向拉动。

1. "三驾马车"对经济体制转型的正向拉动

改革开放以来,"三驾马车"拉动经济体制转型的方向总体上是正确的,成效也非常突出。自1978年12月十一届三中全会确立改革开放基本国策,到1993年11月十四届三中全会确定建立社会主义市场经济目标之前,"三驾马车"拉动经济体制转型是在"摸着石头过河",再到十四届三中全会确定建立社会主义市场经济体制目标之后,"三驾马车"坚持中国特色社会主义和市场化取向不断前行,并于2003年10月初步建立了社会主义市场经济体制。此后至今,特别是十八届三中全会以来,"三驾马车"一直朝着完善社会主义市场经济体制目标奋力前行。

"三驾马车"正向拉动的成功,主要得益于三大因素:具有政治勇气和智慧而又与时俱进的领导集体;广大群众的拥护和支持,较为稳定的社会环境;从中国国情出发,设置转型目标,创新转型理论,制定转型方略。

2. "三驾马车"对经济体制转型的偏向拉动

在拉动中国经济体制转型过程中,改革开放背景下的"三驾马车"没有出现逆向拉动现象,但偏向拉动问题却客观存在。

20世纪90年代中期,由于法律法规和政策不配套,加之有的地方和企业不按规范程序操作,致使部分国有企业在改制中出现了资产流失问题。此类的改制方式,打的是经济改革的旗号,行的却是损害国家和职工利益的勾当。尽管中央及时发现并坚决纠正了这些问题,但客观上难以挽回许多国有资产的流失。在"三驾马车"拉动经济体制转型过程中,还出现了诸多不协调不同步现象,这主要表现在:开放、改革、管理三个方面的安排相互脱节;政策措施不尽一致;具体行动不相协调等。

3. "三驾马车"对经济体制转型的逆向拉动

我们必须充分肯定计划经济时期社会主义经济社会发展取得的辉煌成就,这是今天中国全面深化改革的重要历史前提。新中国成立到十一届三中全会前的30年,囿于当时的国际国内条件制约,那时的开放只能是对社会主义阵营国家的开放,那时的改革仅是放权收权式的改革,那时的管理仅是命令式的管理。这主要表现在:(1)在对社会主义阵营国家的开放中,照搬苏联经济体制模式,造成纯而又纯的公有制经济反过来强化了照搬苏联的经济体制模式,压缩了中国式改革的实践空间。(2)放权收权式的改革,长期走不出"一放就乱、一乱就收、一收就死、一死又放"的怪圈,造成了放权收权式改革越改越固化计划经济体制。(3)无所不包的指令性计划和高度集中的行政手段,不仅窒息了经济发展的活力,而且使得经济管理处于僵化状态。

二、"三驾马车"原理的实现形式

"三驾马车"原理,是通过诸多实现形式而发挥作用的。按照排列组合方式,可将这一原理组合为6种实现形式,其中1种属于基本实现形式、5种属于演化实现形式。

(一)"三驾马车"原理的基本实现形式

循着十一届三中全会以来的经济体制转型轨迹可以看出,开放打头、改革跟上、管理保障,是拉动经济体制转型的基本实现形式,也可称为循序渐进的实现形式。

1. 开放为改革打头。讲的是开放在前,改革在后,开放倒逼改革。就是说,通过对外开放,了解并掌握国际规则与惯例尤其是发达国家市场经济的经验等相关情况和发展趋势,反过头来审视我国现行体制机制存在的弊端,找到深化改革的切入点或着力点。

2. 改革紧紧跟上开放。讲的是改革在后,开放在前,改革跟上开放步伐。就是说,根据扩大开放的要求,及时推出有针对性的改革举措,着力解决体制机制制约,使其逐步适应生产力发展和经济全球化要求。

3. 管理为开放和改革提供保障。讲的是开放和改革在前,管理寓于其中并强力跟进。就是说,根据开放和改革的要求提供相应的管理保障,并把开放、改革成熟的经验和做法及时上升为法律法规,进而依据法律法规巩固和发展开放、改革的成果。

十一届三中全会作出的改革开放战略决策,主要是开放打头的结果;在此之后采取的若干改革举措,基本上都是开放打头带来的连锁效应,也就是人们常讲的"开放倒逼改革";而此间形成的法律法规,则都是管理作用的体现。设立"经济特区"就是开放打头、改革跟上、管理保障的范例。当然,这种循序渐进实现形式,有时也以同步拉动形式出现。2013年8月,国务院批准的"中国(上海)自由贸易试验区"就完全体现了这种特点。

(二)"三驾马车"原理的演化实现形式

在拉动经济体制转型过程中,"三驾马车"的位置和作用不是固定不变的,而是动态变化的。这种变化是由需要解决的问题决定的。依据问题导向原则,可将"三驾马车"拉动经济体制转型基本实现形式演化为5种主要实现形式,这里主要谈3种主要实现形式。

1. "开放、管理、改革"循环拉动形式。这种形式的基本路径是:通过扩大开放,促进经济管理;通过强化管理,促进改革深化;通过改革深化,促进对外开放。

要打破行业的垄断,应该运用这一循环拉动形式。(1)需要在已经推行诸多改革措施基础上,加大开放力度、积极引入竞争。不通过引入竞争,垄断局面就难以打破。(2)必须在扩大开放、引入竞争基础上,紧紧跟上完善法规和强化监管。否则,就会导致无序竞争。(3)应该在完善法规和强化监管基础上,抓紧深化国有垄断企业产权制度改革。引入竞争和强化管理,只是解决了垄断行业准入和监管问题,而不能解决国有垄断企业产权单一问题。同样不通过改革实现产权多元化,就难以避免政府偏袒国有企业。

2. "改革、开放、管理"循环拉动形式。这种形式的循环方式是：通过改革，促进开放；通过开放，促进管理；通过管理，促进改革和开放。

中国的金融体制转型，目前运用的就是这种循环拉动形式。(1)把着力点放在利率和汇率市场化改革上。积极发挥市场在资源配置中的决定性作用，客观上要求完善包括利率和汇率在内的各种要素由市场决定价格的机制。(2)在深化利率和汇率改革中，必须加大对外开放力度。如果不跟上开放，中国金融就会与世界金融调整相脱节，就难以使中国金融更好走向世界。(3)在推进改革和开放过程中，必须强化金融监管。否则，就难以保障改革和开放顺利进行，更难以有效防范金融风险。

3. "改革、管理、开放"循环拉动形式。这种形式的主要安排是：针对存在的体制机制弊端进行改革，根据改革的需要强化管理，通过扩大开放推进改革深化和管理水平提升。

中国农业体制转型和"三农"发展当属这种形式的范例。中国的经济改革是从农村开始的，农村的改革是从"包产到户"发端的，如果没有全国改革的大背景，就没有"包产到户"的生存和发展。同样道理，如果不跟上属于管理范畴的中央方针政策的指导和法律法规的保障，也不会有农村改革的深化和"三农"的发展。在农村改革和管理向前推进过程中，如果不拓展对外交流与合作，也就难以提高"三农"发展水平。

三、"三驾马车"原理的实践特征

中国经济体制转型的本质规律，明显体现在"三驾马车"拉动经济体制转型过程中，并呈现出诸多与之相适应的实践特征。

（一）以基本国情为立足点

在改革开放的探索阶段，邓小平反复强调无论是改革开放还是经济建设，都要从中国的基本国情出发，都不能照搬其他国家的模式。在确定建立社会主义市场经济体制目标之后，江泽民特别强调，必须从社会主义初级阶段这一基本国情出发，来谋划和把握中国的改革开放和现代化建设的行动方向。在中国经济持续高速增长情况下，胡锦涛强调指出，中国处于并将长期处于社会主义初级阶段的基本国情没有变,人民日益增长的物质文化需要同落后的社会生产之间的矛盾这一社会主要矛盾没有变,中国是世界最大发展中国家的国际地位没有变,并要求将这"三个没有变"作为一切工作的总依据。在经济体制转型进入攻坚阶段,习近平突出强调,坚持实事求是,就要清醒认识和正确把握中国仍处于并将长期处于社会主义初级阶段这个基本国情。我们推进改革发展、制定方针政策,都要牢牢立足社会主义初级阶段这个最大实际,都要充分体现这个基本国情的必然要求,坚持一切从这个基本国情出发。

正是因为中国始终强调以基本国情为立足点,坚持一切从社会主义初级阶段这个最大实际出发,才使中国发展的"列车"跑在了自己的轨道上,也才使经济体制转型坚持了中国特色社会主义和市场化取向。今后,我们要更好把握"三驾马车"的前行方向,就必须更好坚持社会主义初级阶段这个最大国情。

(二)以思想解放为先导

中国经济体制转型的历程,就是思想解放为先导的进程。十一届三中全会研究的主要内容是政治路线问题,而不只是经济问题。此前,邓小平发表的《解放思想,实事求是,团结一致向前看》著名讲话,为十一届三中全会奠定了思想基础并明确了政治路线的基本方向,及时确定了后来党在新时期"一个中心、两个基本点"的基本路线,进而依据改革开放这个基本点开始了经济体制转型的探索征程。

以江泽民为核心的党中央,把解放思想、与时俱进作为神圣的历史责任,在推进中国特色社会主义理论的实践中,创立了"三个代表"重要思想,使人们在什么是社会主义和怎样建设社会主义等重大问题的认识上发生了质的飞跃,从而形成了推动改革开放的强大力量。

以胡锦涛为总书记的党中央坚持解放思想、实事求是、与时俱进,勇于探索中国特色社会主义发展道路,逐步形成了指导改革开放和现代化建设的科学发展观,使和谐社会建设、创新型国家建设、社会主义新农村建设尤其是改革开放取得重大进展。

十八大以来,习近平总书记反复强调,解放思想是解放和发展生产力、解放和增强社会活力的总开关,并明确要求深入探求和把握事物发展规律,勇于变革、勇于创新、永不僵化、永不停滞,使各项工作体现时代性、把握规律性、富于创造性,使经济体制转型理论得到创新,有力推动了制度创新和经济社会发展。

(三)以经济建设为中心

十一届三中全会认真总结中华人民共和国成立以来的经验教训,果断摒弃"以阶级斗争为纲"的指导思想,明确决定把一切工作转到以经济建设为中心的轨道上来。在此之后,党中央不断重申坚持"一个中心、两个基本点"的基本路线。邓小平在南方谈话中强调"基本路线要管一百年,动摇不得";十七大报告指出:"以经济建设为中心是兴国之要,是我们党、我们国家兴旺发达和长治久安的根本要求";十八大报告进一步指出,要"聚精会神搞建设、一心一意谋发展";十八届三中全会更加深刻地指出,全面深化改革,必须"坚持发展仍是解决我国所有问题的关键这个重大战略判断,以经济建设为中心,发挥经济体制改革牵引作用,推动生产关系同生产力、上层建筑同经济基础相适应,推动经济社会持续健康发展"。

中国36年来的实践,正是始终坚持以经济建设为中心,一直循着"三驾马车"拉动经济体制转型、经济体制转型拉动经济建设的轨迹走过来的。在全面深化改革中,我们必须更好坚持以经济建设为中心,更大力度发挥必须以经济体制转型拉动经济建设的牵引作用。

(四)以探索渐进为前行方式

中国经济体制转型的进程,就是探索渐进的过程。探索是渐进的前提,渐进是探索的结果。这主要体现在4个方面:1.先农村后城市。农村改革的突破,为城市改革提供了启示和经验,极大地鼓舞和推动了城市改革。2.先试点后推广。中国各领域的改革大都经历过进行试点、扩大试点、全面推广的过程。这样做既可以取得经验,又可以避免犯大错误。3.先易后难。这种做法最有代表性的是"农村到城市"和"增量到存量"的改革。4.先做后说。这种做法的特征是,尊重群众首创精神,允许基层大胆试、大胆闯,然后再根据实践效果加以评说。这种做法的优点是,不争论,争取时间干,鼓励开拓创新。

探索渐进方式行之有效,是国内外大多数专家的共识。也有一些学者认为,这种方式会使改革久拖不决,进而会使发展失去活力甚至滑向"发展陷阱"。对这种推论,需要在具体分析中作出判断。从过去实践看,这种推论是站不住脚的,这是因为中国探索渐进转型的成功和苏联"休克疗法"的失败已经提供了充足的证据。

从今后走势看,这种警示又是有道理的,这是因为中国的制度创新已经进入经济体制转型为牵引,政治、文化、社会和生态文明体制整体推进阶段,这不仅需要继续采用探索渐进方式,而且更加需要搞好顶层设计和全面规划,协同推进各个重要领域的改革。

(作者是全国政协经济委员会副主任,本文选自 2014 年 7 月 31 日《中国社会科学报》)

创新驱动之战略思考

钧 家

新常态下经济发展驱动转换的方向是由要素驱动、投资驱动转为创新驱动、效率驱动。需要明确的是转为创新驱动并非排斥投资驱动和要素驱动,而是在创新驱动、要素驱动、投资驱动"三驾马车"中,创新担当辕马——主力;新常态下经济发展仍需高质量要素(如由人力要素提升为人才要素。诚然,此亦属创新范畴)和高效投资的协调驱动。在其驱动所产生的成果——GDP 的增长中,应表现为在无形的手和有形的手共同作用下,投资的增长率低于 GDP 增长率,只有如此,方能体现创新驱动的主动力作用。

新时期、新形势下,创新驱动应遵循以下战略导向:

一、创新驱动须以"四个全面"统领

当前,我国经济发展进入新常态发展阶段,实施创新驱动发展,必须以"四个全面"为统领,明确创新方向,找准发展路径,深化体制改革,加快创新跨越,支持发展转型,推动经济社会发展。从要素驱动、投资驱动为主向创新驱动、效率驱动为主的根本性转变,打造经济社会发展新引擎。

以"四个全面"统领创新驱动发展主要体现在以下几方面:

(一)明确了创新驱动发展的根本方向——全面建成小康社会

全面建成小康社会,体现了中国特色社会主义的本质属性和必然要求。当前,我国经济社会发展面临资源环境约束加剧,生态环境承载能力已接近上限,产业结构有待优化,农业基础薄弱,城乡区域发展不平衡、不协调,就业总量压力和结构性矛盾并存等突出问题,成为全面建成小康社会征程的绊脚石。发展仍是解决我国各种问题的关键,必须以全面建成小康社会作为创新驱动发展的根本方向,加快推进以科技创新为核心的全面创新,最大限度激发科技这一第一生产力的巨大潜能,最大限度释放全社会的创新活力和潜力,向科技要效益,使创新成为强大驱动力。

（二）为创新驱动发展提供动力源泉

改革开放是决定当代中国命运的关键之举，也是决定实现"两个一百年"奋斗目标的关键举措。30多年来，改革为我国创新发展提供了不竭的动力。在大力推进科技体制改革，深化分配制度、用人制度、资源配置制度改革，构建国有创新体系等方面多有建树，2015年3月13日党中央国务院颁布《关于深化体制机制改革加快实施创新驱动发展战略的若干意见》，明确指出创新是推动一个国家和民族向前发展的重要力量，面对全球新一轮科技革命与产业变革的重大机遇和挑战，面对经济发展新常态下的趋势变化和特点，面对实现"两个一百年"奋斗目标的历史任务和要求，必须深化体制机制改革，方能加快实施创新驱动发展战略。《若干意见》从营造激励创新的公平竞争环境，建立技术创新市场导向机制，强化金融创新功能，完善成果转化激励政策，构建更加高效的科研体系，创新培育、用好吸引人才机制，推动形成深度配合的开放创新局面，加强创新政策统筹等8个方面，提出30项深化体制机制改革的举措，为实施创新驱动发展提供强大动力。

2015年政府工作报告提出，要将"大众创业、万众创新"打造为推动中国经济发展的双引擎之一。5月7日李克强总理在主持国务院常务会议时提出，要针对阻碍创新发展的"堵点"、影响干事创业的"痛点"和市场监管的"盲点"，为创业创新减负清障。国家领导这种用政府权力的"减法"换取创新创业热情的"乘法"的改革举措，必将有利于加快释放创新红利。

（三）为创新驱动发展夯实制度根基

党的十八届四中全会作出全面推进依法治国的决定，为创新驱动发展夯实了制度根基。全面推进依法治国是一项系统工程，是国家治理领域一场广泛深刻的革命，将为创新驱动发展提供良好的法治环境。近年来，国家大力推进有关科技创新的法治建设，修订了科学技术进步法和专利法，正在修订科技成果转化法和研究制定职务发明人条例，创新的法治环境不断完善。党的十八届四中全会《决定》明确了创新立法重点，要求"完善激励创新的产权制度，知识产权保护制度和促进科技成果转化的体制机制"。贯彻党的十八届四中全会《决定》，围绕科技治理体系和治理能力现代化，推进科技领域法治水平提高，必将有利于加快形成以保障和促进创新为核心的法律法规体系，激发各类主体的创新活力，保障和促进全面创新。

(四) 为创新驱动发展提供坚强保障

党兴则民族兴，党强则国家强。全面从严治党为创新驱动发展提供了坚强保障，是科技事业健康发展、深化实施创新驱动发展战略不可或缺的思想信念和组织保障。回顾新中国成立以来科技事业发展历程，党的领导是取得辉煌成就的有力保证。一大批科学家把创新追求和共产党的理想信念结合起来，用实实在在的创新行动和创新贡献报效祖国、服务人民，正是党所开创的建设新中国的事业吸引了他们。当今面临全面建成小康社会，实现"两个一百年"奋斗目标的激励下，坚持从严治党，必将凝聚起大批能人志士团结在党的周围，为建设创新型国家而克难攻坚。

坚持全面从严治党，全面落实党风廉政建设的主体责任和监督责任，加强科研院所基层党组织建设，充分发挥各级党组织在创新中的政治核心和战斗堡垒作用，必将引领和激励科技骨干、广大科技工作者增强使命意识、责任意识、危机意识，勇攀高峰，在实施创新驱动发展战略，建设世界科技强国的伟大征程中建功立业。

二、创新驱动须以科技创新为核心

在创新驱动发展、坚持全面创新中，应把科技创新摆在国家发展全局的核心位置，统筹推进科技体制改革和经济社会领域改革，统筹推进科技、管理、品牌、商业模式创新，统筹推进军民融合创新，统筹推进引进来和走出去合作创新，实现科技创新、制度创新、开放创新的有机统一和协同发展。

在诸多创新中把科技创新摆在核心位置，此乃基于科技本质上属于生产力范畴，制度、组织、管理、商业模式等均属生产关系（上层建筑）范畴，从函数视角分析，前者是主变量，后者为应变量，换言之，后者应在前者的基础上建立、变革，把科技创新摆在国家发展全局的核心位置，正是顺应事物发展客观规律的反映。

纵观当今世界，新一轮科技革命和产业变革正在孕育兴起，全球科技创新呈现出新的发展态势和特征，学科交叉融合加速，"跨界"创新迭出，新兴学科不断涌现，前沿领域不断延伸，物质结构、宇宙演化、生命起源、意识本质、人脑科学等基础科学领域正在或有望取得重大突破性进展。信息技术、新能源技术、生物技术、新材料技术以及互联网的广泛渗透，带动几乎所有领域发生了以绿色、低碳、智能、泛在为特征的群体性技术革命。传统意义上的基础研究、应用研究、技术开发、工程化试验、产业化推进的边界日趋模糊,科技创新链条更加灵巧,技术革新和成果转化更加快捷,产业更新换代不断加快。科技创新活动不断突破地域、组织、技术的界限,演化为创新体系的竞争,创新战略竞争在综合国力竞争中的地位日益重要,科技创新就像阿基米德所说的,撬动地球的杠杆,总能创造令人意想不到的奇迹。蒸汽机的改良标志着第一次工业革命的开始,诞生了一个蒸汽机时代;电力的广泛运用标志着第二次工业革命的开始,随之诞生了电气时代,令人类社会的生产生活方式发生颠覆性变化,凸显在全面创新中把科技创新摆在国家发展全局核心地位的必要性和重要性。

三、创新驱动发展须在"负责任创新"框架内推进

当今世界,人类掌握了塑造地球系统的主导力量,人类活动对地球生态系统产生了巨大的全球性影响。据研究,由于人类的无节制活动,人类有可能遭遇突发的、灾害性的环境变化。资料显示,2009年,由28位国际知名科学家组成的研究团队提出"行星界限"(Planetary boundaries)概念,认为人类在地球上的"安全操作空间"共有9个界限。在九大界限内,人类可以繁衍生息、繁荣发展,而"越界"则可能引起环境突变或不可逆转的环境变化。2015年1月,多国生态环境专家在美国《科学》杂志发文表示,显示人类在地球上"安全操作空间"的9个"行星界限"中已有4个被突破,其中有2个是"核心界限",这意味着人类活动增大了地球"宜居性"降低的风险,地球未来或将进入充满不确定性的新状态。澳大利亚墨尔本大学政治学教授罗宾·埃克斯利(Robyn Eckersley)发文表示,"如果我们不能及时控制气候环境持续恶化,极端天气事件、自然灾害、资源匮乏将导致全球大量人口失去生计,冲突、战乱频发。"要想有效解决这些问题,需要地球公民的集体努力,必须对现行的政治和经济模式作出巨大调整。英国爱丁堡大学教授蒂姆·海尔德(Tim Hayward)认为,"环境立宪(environmental constitutionalism)和环境公民身份(environmental citizenshop)是应对上述挑战的关键途径:环境立宪有助于对"放纵"的市场力量保持一定的政治控制,预防环境及其他社会环境领域内的逐底竞赛;环境公民身份主张:公民有责任贡献于可持续发展,公民的个人行为应与公共环境利益相符,相较于自由主义公民身份,环境公民身份更加注重公民的环境责任和义务,而不仅仅是环境权利"。近二三十年来,恶劣天气、自然灾害的频繁发生、全球气温和海平面的上升,凸显人类为了自身的可持续发展,必须约束不利于环境

生态的行为,转变经济社会发展方式。在其中,人类采取"负责任的创新"行为来增进福祉,促进经济社会发展是题中应有之义。而在技术创新中,须防范新兴技术改变人与环境协调发展关系。此外,保护生态环境也是不可或缺的一环。

世界经济论坛发布 2015 年十大新兴技术榜单(Top10 emerging technologies):燃料电池汽车、下一代机器人、可回收再利用的热固性塑料、精密基因工程、增材制造、应变人工智能、分布式制造、能够"感知和躲避"的无人机、神经形态、数字体基因组等 10 项极具潜力的技术入选。2015 年的榜单显示出人类改变世界的能力正在迅速增强,同时也引发了人们关于技术创新的固有危险以及"负责任的科技研发"(responsible development technologies)的思考。

2013 年,英国埃克塞特大学商学院副院长理查德·欧文(Richard Owen)、英国伦敦大学学院讲师杰克·斯蒂尔格(Jach Stilgoe)、英国杜伦大学地理学系教授菲尔·麦克纳顿(Phil Macnaghren)在美国《科研政策》刊发的《负责任的创新框架构建》(Developing a Framework for Responsible Innovation)一文中,将"负责任创新"定义为:"通过对当下的科学与创新的集体管理来观照未来",并分析其中包含 4 个度:预计(anticipation),即对新兴技术的影响提出问题;自反性(reflexiviry),即科研人员、资助及管理机构反观自己的活动、承诺、设想,审视构建科学、创新及其治理的价值体系和理论;包容性(inclusion),即让广大公众参与到科技创新的治理当中,使公共讨论发生在科技创新的"上游";响应(responsiveness),即对新知识、新观点、新角度、新规范作出及时反应。

据美国密歇根大学风险科学中心主任、环境卫生科学教授安德鲁·梅纳德(Andrew Maynard)介绍,一些国家政府已开始重视类似"负责任创新"等提议。如欧盟目前最大的研究和创新计划"地平线 2020"(Horizon 2020)中,就包含"负责任研究与创新"的专门规划。欧盟委员会指出,"负责任研究与创新"是以"科学需要社会的参与、科学为社会服务"(Sciene With and for Society)为目标的关键行动,它要求科研人员、公民、政策制定者、企业、非政府非营利机构在科研创新过程中开展合作,以使过程和结果更加符合社会的价值观、需求和预期。

任何科学技术都不是零风险,但因其具有巨大潜力而至关重要。因此,我们要做的是不再孤立地评析新兴技术的风险和收益,而是转向考察科技创新、社会、环境之间高度复杂、非线理性的相互作用,并作出回应。对于各领域来说,这都是一片未知领域,我们需要新思路、新工具、新研究,以便在获益于技术创新的同时,远离潜在的隐患。这是中国在实施创新驱动发展战略、依托科技创新打造新的发展动力进程中应该加以重视并遵守的社会公德,体现中国作为负责任的大国的重要表现。

四、科技创新须以科技伦理自律

现代人一方面受益并依赖于高科技发展所带来的高效率、高收益的生活;另一方面却始终对其保持高度警惕。科学家关于科技伦理的思考也不断遭遇新兴科技发展所带来的冲击和挑战。美国圣母大学约翰·莱利科学、技术和价值研究中心曾发布《2014年科学技术领域中将出现的伦理困境和政策问题》报告,其所提及的科技伦理困境,主要关涉以下几对科技伦理关系:科技与人的伦理关系、科技与社会的伦理关系、科技与动物的伦理关系、科技与环境或者说是生态的伦理关系。

其中,涉及科技与人伦理关系的包括数据植入:我们还有个人隐私吗?伴侣机器人:改变人类互动的价值观?神经增强方法:人类何处越界?人机交互:重新定义"人格"?关涉科技与社会伦理关系的包括犯罪预测警务:是否需要惩处潜在罪犯?机器人执法:何时需要人类的判断?虚拟货币:是否会助长违法行为?太空产权:私人公司有哪些权利?关涉科技与动物伦理关系的包括机械化有机体:将动物当成玩具?关涉科技环境及生态伦理关系的包括气候工程:如何加强环境正义?

东南大学科学技术伦理学研究所所长陈爱华教授认为,导致上述伦理困境的原因,归结起来主要是科技活动主体在"能做什么"与"应做什么"的选择中产生的伦理冲突。这实际上是一种康德"问题式"再现。

当代科技发展与造福人类、维护人—自然—社会系统协调发展密切相关:一方面,信息、网络、计算机、人工智能等现代科技取得了长足进步,满足了人们交往多元化、信息化、高速化的需求;另一方面,交通、建筑、能源、材料等领域高新技术的崛起,不仅推进了人们衣食住行及精神文化需求的量的增长,而且促进了其质的提升。与此同时,自然资源紧张,尤其是能源、土地、资源的匮乏使人—自然—社会伦理问题日益凸显。基于此,协调人—自然—社会复合性的多重伦理关系,在科技的"功利效应"与伦理的"道义效应"两者价值观念的冲突与博弈、调适与坚守中,构建起符合时代要求的科技伦理、解决好科学技术与伦理道德的关系,协调好高科技发展与人和自然的发展,是当代科技发展不可回避的问题。

可见,现代科技无论是研究还是成果应用,都不再是与价值即科技伦理无涉的范畴,凸显让科技创新发展造福人类,促进人—自然—社会伦理关系和谐可持续发展,是当代科技活动主体的道德责任与历史使命,也必然是中国在实施创新驱动发展进程中,应遵循的价值理念,在实施"制造业2025"行动计划中,主动规避工业化进程造成的生态环境失衡,维护生态伦理。

历史上一方面可从中国伦理思想中的"天命之谓性"(引自《中庸》)、孟子的尽心知性而知天等思想,认识到对新兴科技伦理审度,实际上是在科技时代必须开启的道德创造;另一方面可以从"唯天下至诚,为能尽其性"和"赞天地之化育,则可以与天地参"等思想出发,看到新兴科技的伦理审度的最终目的并非阻挡科技发展,而是审天人之性,度万物之势——使自然力的充分发挥、人的充分发展与天地万物的存在变得更加和谐统一。

当下,中国在科技伦理构建中应秉承中西贯通、古今融汇、古为今用的思维,既要在文化脉络中理解西方外来话语之要义与局限,更要把中华本土的观念从历史中提炼到现实来加以更新,把党中央、习近平总书记在"四个全面""五位一体"新型国际关系、社会主义核心价值观中的公平、正义、和谐、共享、可持续等价值理念融合于其中,凝聚当代世界科技伦理价值公约数,整合利益相关者,据以处理好地球公民之间、国与国之间、人与自然和社会之间的关系,彰显负责任的新兴大国在经济新常态发展阶段的崇高理念和良善形象。

五、坚持在生态文明视域下开展科技创新

生态文明融科技与人文于一体,超越工业文明,其核心就是人与自然、人与社会,以及人与自身的和谐。党的十八大报告已将生态文明建设纳入国家发展战略,形成"五位一体"的中国特色社会主义事业新格局。生态文明建设旨在构建可持续利用的生态环境和人类心灵的生态平衡。因此,除了技术和制度设计外,社会价值体系、价值观的转型及提升至关重要。

在工业文明的伦理观看来,自然界则成为人类攫取和奴役的对象,不堪重负的自然界灾害频生,且在全球蔓延。2015年5月,美国NASA最新研究显示,南极洲万年历史的冰架将在2020年消失,给人类敲响新警钟。面对危机四伏的生态环境,人类必须省察自身,反思现代伦理,不再以人的需要和嗜好作为判断的最高准则,而应对其他生物和自然心存敬畏,着力于从工业文明向建设生态文明演进。

建设生态文明,人类需要反思现代物质主义,提升人的精神世界,以求完善人

性。不难看出,生态危机的根源在于人类精神与文化伦理危机,要想消除生态危机,人类需要重审自我生活方式与文化伦理观念,以解决人类内部生态危机。很显然,唯物主义与人类精神危机之间存在必然联系。长期以来,与现代工业文明并生的物质主义与消费狂热导致"人为物役"性生存,人类对自然界无止境的盘剥与利用已使自然界不堪重负,而人类在"役物"的过程中又不断地陷入"役于物"的境地。值得欣慰的是,近日一些社会名流深感数以百计的皮鞋、拎包和数以千计的服装,既占据了大量空间和需要不断付出清理时间,许多物品购买后从未使用,困惑于"役于物"而期望回归简单的生活。为处于危险世界而创作的生态文学,在揭示"物质至上、及时行乐、以邻为壑"思想危险性的同时,积极倡导建立一种适度的健康消费模式,提倡绿色消费,崇尚追求物质简朴、精神丰富的生活。诚然,绿色生活的前提应该是重建人的心灵生态平衡。主张要以一种道德态度来敬畏自然、呼吁培育生态良心及对土地的责任和义务,建立有利于土地健康、恢复保护人类土地和谐共生关系的"土地伦理"。这种新的伦理体系,要求人类重新审视人与自然界的关系,超越功利、物质化的自然认知模式,重建对大地的尊重和热爱。

包括生态文明建设在内的"五位一体"的中国特色社会主义事业的大格局,蕴含了人们必须在生态文明视域下推进科技创新的内在要求,告诫人们在科技创新中,关注经济社会与生态环境的和谐协调发展。

(作者是上海浦东工业技术研究院副院长、
教授级高级工程师、上海市注册咨询专家)

转型升级的新战略与新对策

王 战 翁史烈

一、上海建设全球影响力科技创新中心的目标

依托长三角,建设全球领先的、政府引导与需求导向相结合的科技创新中心。努力使上海成为全球高端人才创新创业的集聚区,世界前沿技术研发和先进标准创制的引领区,国际性领军企业的发展区,具有全球影响力的高技术产业的辐射区,体制改革与机制创新的试验区。

在此基础上,上海要形成瞄准世界科技前沿,勇于自主创新的主体思维;形成以技术应用为先导、基础科学创新为突破的创新发展格局;成为国内、国际创新型人才创新和创业的乐土;成为国内外跨国企业研发机构的集聚地;成为产学研互动紧密、不同主体知识信息和技术交流的重要枢纽;形成高技术产业对上海城市功能升级的核心支撑。

重点是吸引和聚集国内外创意、创新、创业的高端人才;大力提升高校、研究机构的科研创新和国际化水平;确立一批优先发展的战略性基础科学项目;扶持一批响应市场需求和应对全球共同问题的高技术产业;加快培育创新型跨国龙头企业,提升本土企业的创新竞争力;形成与上海全球城市地位相适应的科技创新影响力。

二、上海科技创新面临的重大瓶颈

(一)上海科技创新面临的主要问题

上海具有科技创新的基础,也拥有全国领先的科技创新实力,但上海在迈向全球科技创新中心建设征途中,仍然面临严峻挑战,需要克服较多的瓶颈制约因素。

1. 科技创新资源相对匮乏、集聚度不高。创新资源的形成与集聚是打造具有全球影响力的科技创新中心不可或缺的基础条件。目前,上海的科技创新资源相对匮乏、集聚度不高,主要体现在以下几个方面:

(1)创新人才相对不足;(2)高水准科研机构相对较少;(3)高新技企业整体规

模还不够大、竞争力还不够强;(4)研发投入结构不尽合理。

2. 科技创新成果转化功能不强、效率较低。科技创新成果产业化是创新成果经济社会价值的体现,也是全球科技创新中心建设的重要内容。相对滞后的科技创新成果转化体系,不仅抑制了对创新活动产生应有的激励作用,也导致了产学研结合程度偏低,技术研发和市场转化出现条块分割的情况。

(1)科技创新成果转化率较低;(2)科技创新中介服务组织还不发达。

3. 科技创新支撑功能乏力、体系有待完善。建设国际科技创新中必须要有相对完善的科技金融、教育培训和激励机制等作为支撑。上海在科技创新支撑体系建设方面虽然已取得很大的成就,但相对于国际科技创新中心建设的战略目标,仍然比较弱,主要表现在以下三个方面:

(1)科技金融支撑不足;(2)科技创新教育培训机构不强;(3)科技创新激励机制不到位。

4. 科技创新文化相对缺失、创新社会氛围不浓。良好的科技创新文化氛围是建设全球科技创新中心的精神动力源泉,但目前上海的科技创新文化氛围并不浓,有待进一步培育。(1)"海派商业文化"对创新创业热情不高;(2)政府部门的创新意识和服务水平不高。

5. 科技创新网络开放度较低、交流合作程度不高。构建开放、紧密合作的科技创新网络是建设全球科技创新中心不可或缺的外部条件,但上海在科技创新网络建设方面相对滞后。(1)国际科技创新人才交流合作程度不高;(2)科技创新开放合作程度不高。

(二)上海科技创新重大瓶颈

1. 组织与管理体系抑制着科技创新发展。创新资源"碎片化"和聚焦不够的老问题,已成为科技体制改革亟待突破的关隘。上海整体科技创新缺乏强有力的内在驱动力,科技创新主体缺乏一种向科技创新发起攻击的活力。政府拥有科技创新资源与要素,形成强大的行政推动力,但资源独占、信息封闭、经费争夺等,条块分割的创新组织,分立独行的科技创新体系,不利于科技创新资源的优化配置,已经严重抑制上海科技创新的发展。(1)多条独立的科技创新组织路线,阻碍创新资源的交流和有效利用;(2)产学研组织松散、功能重叠,未能形成科技创合力;(3)以管理生产的方式管理科技创新。

2. 政府越位，导致企业缺乏创新内动力。科技创新驱动主体必须是企业和科研机构，他们才是科技创新的主导力量，政府只能起辅助、推动和协助作用。但从目前的情况来看，企业与政府错位现象非常突出。资源集聚在缺乏内在驱动力的特殊背景"火车头"上，而活力四射却没有资源的中小科技企业只能空叹息。

三、上海科技管理的机制创新

尽管涉及科技创新管理的多方面，但是科技创新机制的重点表现在三方面：(一)科技发展的组织；(二)科技研发的支撑；(三)科技成果的转化服务。微观上包括研究开发、技术转移、要素交易、知识产权保护和科技金融服务等专业科技服务和综合科技服务。

(一) 架构全新的组织管理体系

上海建设成为具有国际影响力的科技创新中心，是一项长期的、具有战略意义的系统工作，是一项统揽全局的科技创新工作，更是一项具体的、细致的、深入的工作。必须坚决将以前林林总总的各有关部门的权力下放，不再具体地管理项目、管经费。科技创新工作绝对不是简单的合并同类项或加强协调分工，而是从全市层面重构现有科技管理体系并转变相关政府部门的科技管理职能。

(二) 建立市场运作科研要素交易平台和评估中心

上海要尽快成立独立于政府行政直接管理的科研成果与科研过程价值的第三方评估机构，实现科技创新的社会化市场化运作，形成政府监管下客观公正的、市场化运作的科技成果评估中心或者机构群体，只有这样才可能实现科技创新资源的有效配置和提升科资源的有效利用，才能有效保护科技创新的成果。

(三) 设立科技创新资源共享平台

上海目前拥有高等院校68所，有R&D活动的单位111家，自然科学研究与技术开发机构179家，这些实验室的使用率很低，部分实验室的人员和设备处于半空闲状态。与此同时，许许多多的企业，特别是民营企业的科研基础相当薄弱，实验条件相当差，而他们对实验室的需求极大。民营企业自己建立实验室的可能性不管是从人力、财力、时间、还是技术上看，都无法满足要求。因此，开放现有的实验室,鼓励科研人员在做好本职工作外,到企业兼职帮助搞科研实验,释放"8小时"外的剩余能量,是上海科技创新工作推进的一条既有基础,也有可能的最佳途径。

建立大型科学仪器设施和科技资源共享平台。出台政策和规定,凡是利用财政资金购置、建设的科技基础设施,应当以非营利方式向社会开放,支持大型企业、高等院校和科研机构向社会开放其自有科研设施。

（四）改变科研经费财务管理模式

明确上海市中长期科技创新的发展目标、路线图和年度重点关注任务,强化科技创新的业绩跟踪监测和评价,建立市级科技创新投入项目经费管理信息系统,进一步落实科研资金使用的自主权,调动科研人员的投入积极性。

改变财政投入方式。投入方式由原来的经费拨付,向重点资助基础性科研项目研究和产业化过程转变,特别奖励具有产业化成果的企业,加大对具有广度和深度"产业群"效应的重大项目的支持。

由上海市财政局、市发改委、市科委、市经信委和国资委等五部门共同成立"市级财政科技成果和产业化项目投入管理平台",初步建立科技成果转化和产业化项目投入部门会商机制,通过会商和项目会审,一定程度上避免财政科技资金支持项目的交叉重复,加强科技创新计划与财政科技投入的统筹协调。1.建立市级科技创新投入决策和协调机制;2.优化整合各类科技计划（专项）;3.强化科技创新投入的绩效跟踪与评价制度。

改变科技创新项目支持方式:1.设立科技成果转化和产业化奖励资金;2.改进科技创新经费的管理方式和监督方式,进一步激发科研人员和科研单位创造热情和创造活力;3.成立市场化运作的风险投资机构,由财政拨付一定资金用于在世界范围内购买具有新创意和新技术的知识产权。

四、人才新战略需要破解的瓶颈问题

（一）思想认识瓶颈

存在三个层面的思想认识瓶颈:1.对人才重要性这一最基本层面的认识,没有真正入脑、入心,落到行动上。2.对人才工作的认识,经常等同于人才项目。3.对人才战略的认识,没有紧跟甚至超前全球化进程,对全球性战略,不敢想,也不知如何做。

(二)人才队伍结构性瓶颈

建设全球影响力科技创新中心需要各类人才的支撑,其中最重要最关键的,也是上海目前来看最为稀缺和不足的,是企业家人才、科学家人才、科技创业人才和风险投资人才四类人才。这也带来了四大结构性瓶颈问题:1.缺乏面向全球、引领创新驱动发展的企业家人才。2.缺乏具有全球影响力、引领科技创新前沿的科学家人才。3.缺乏掌握最新科技知识、怀揣创新创业梦想的科技创业人才规模化群体。4.缺乏能够调配资源、助推创新驱动发展的风险投资人才。

(三)创新创业生态链瓶颈

对于人才的创新创业活动,政策固然重要,但更为基本和重要的,是创新创业生态链或生态系统,也就是我们习惯所说的人才发展综合环境。放在全球背景下比较,上海的创新创业生态链在三个环节上瓶颈制约非常突出,如果不能予以重点破解,就很难保证人才新战略的实施效果,更难以加快迈向全球影响力科技创新中心。1.过早面临的高商务成本成为成长中的致命制约。2.庞大的大学和科研院所群体在事业单位框架制约下未能真正成为创新创业的策源地。3.白领文化渐渐占据主导,即使外来人才的冒险精神也会被弱化。

(四)人才政策创新力瓶颈

推进人才全球战略,必须遵循人才创新创业规律,借鉴发达国家的成功政策做法,实施更加开放、更加积极的人才政策。对上海来说,创新人才政策既有来自国家层面的制约,也有地方自身层面的制约:1.国家层面对地方率先创新人才政策的制度性制约。2.地方层面对创新人才政策的旧框框制约。

(五)人才工作体制机制瓶颈

实施人才全球战略必须坚持党管人才原则。《中共中央关于进一步加强党管人才工作的意见》(2012年),对于健全党管人才领导体制提出了"五位一体"领导体制和工作格局,即加强党委统一领导,发挥组织部门牵头抓总作用,促进职能部门各司其职、密切配合,发挥用人单位主体作用,调动社会各方面力量参与人才工作的积极性;对于进一步健全党管人才运行机制提出了"四大"工作机制:科学决策机制、分工协作机制、沟通交流机制、督促落实机制。从当前上海人才工作的体制机制看,存在两方面的瓶颈:1.党委及组织部门抓人才工作的领导体制还不够强大。2.各个部门抓人才工作的推进机制还不够健全。

(作者王战是上海社会科学院院长,翁史烈是原上海交通大学校长,本文选自上海社会科学院与中国工程科技战略发展研究中心(上海)联合课题)

第七章 资本市场发力

新"国九条"绘就资本市场顶层设计蓝图

蔡宗琦

一、新"国九条"绘就资本市场顶层设计蓝图

被市场广泛称为新"国九条"的《国务院关于进一步促进资本市场健康发展的若干意见》2014年5月8日正式出炉。意见从顶层设计全面绘制了包括股票市场、债券市场、期货市场在内的资本市场发展蓝图,明确了股权市场的层次结构、基本要求和发展债券市场、期货市场的政策措施。

意见提出,加快建设多渠道、广覆盖、严监管、高效率的股权市场,规范发展债券市场,拓展期货市场,着力优化市场体系结构、运行机制、基础设施和外部环境,实现发行交易方式多样、投融资工具丰富、风险管理功能完备、场内场外和公募私募协调发展。到2020年,基本形成结构合理、功能完善、规范透明、稳健高效、开放包容的多层次资本市场体系。

发展多层次股票市场。积极稳妥推进股票发行注册制改革,建立和完善以信息披露为中心的股票发行制度。发行人是信息披露第一责任人,必须做到言行与信息披露的内容一致。发行人、中介机构对信息披露的真实性、准确性、完整性、充分性和及时性承担法律责任。投资者自行判断发行人的盈利能力和投资价值,自担投资风险。逐步探索符合我国实际的股票发行条件、上市标准和审核方式。证券监管部门依法监管发行和上市活动,严厉查处违法违规行为。加快多层次股权市场建设,提高上市公司质量,鼓励市场化并购重组,完善退市制度。

规范发展债券市场。完善公司债券公开发行制度。发展适合不同投资者群体的多样化债券品种。强化债券市场信用约束,深化债券市场互联互通,完善债券品

种在不同市场的交叉挂牌及自主转托管机制,促进债券登记结算机构信息共享、顺畅连接。加强债券市场监管协调。

推进期货市场建设。发展商品期货市场,继续推出大宗资源性产品期货品种,发展商品期权、商品指数、碳排放权等交易工具。建设金融期货市场。配合利率市场化和人民币汇率形成机制改革,适应资本市场风险管理需要,平稳有序发展金融衍生产品。

提高证券期货服务业竞争力,放宽业务准入。实施公开透明、进退有序的证券期货业务牌照管理制度,研究证券公司、基金管理公司、期货公司、证券投资咨询公司等交叉持牌,支持符合条件的其他金融机构在风险隔离基础上申请证券期货业务牌照。积极支持民营资本进入证券期货服务业。支持证券期货经营机构与其他金融机构在风险可控前提下以相互控股、参股的方式探索综合经营。促进中介机构创新发展,壮大专业机构投资者,引导证券期货互联网业务有序发展,支持有条件的互联网企业参与资本市场,促进互联网金融健康发展,扩大资本市场服务的覆盖面。

扩大资本市场开放,便利境内外主体跨境投融资。扩大合格境外机构投资者、合格境内机构投资者的范围,提高投资额度与上限。稳步开放境外个人直接投资境内资本市场,有序推进境内个人直接投资境外资本市场。建立健全个人跨境投融资权益保护制度。在符合外商投资产业政策的范围内,逐步放宽外资持有上市公司股份的限制,完善对收购兼并行为的国家安全审查和反垄断审查制度。逐步提高证券期货行业对外开放水平,加强跨境监管合作。

防范和化解金融风险。完善系统性风险监测预警和评估处置机制。健全市场稳定机制。从严查处证券期货违法违规行为。推进证券期货监管转型。

营造资本市场良好发展环境。健全法规制度,推进证券法修订和期货法制定工作,坚决保护投资者特别是中小投资者合法权益,完善资本市场税收政策。按照宏观调控政策和税制改革的总体方向,统筹研究有利于进一步促进资本市场健康发展的税收政策,完善市场基础设施,加强协调配合,出台支持资本市场扩大对外开放的外汇、海关监管政策。地方人民政府要规范各类区域性交易场所,打击各种非法证券期货活动,做好区域内金融风险防范和处置工作。规范资本市场信息传播秩序。

二、"新国九条"全面释放资本市场改革红利

国务院 2014 年 5 月 8 日印发《关于进一步促进资本市场健康发展的若干意见》(国发〔2014〕17 号,下称《意见》),对新时期资本市场改革、开放、发展及监管等方面作出统筹规划和总体部署。

《意见》对资本市场顶层规划进行了再设计,作为全面深化改革的总纲领,对发展多层次股票市场、规范发展债券市场、培育私募市场、推进期货市场建设、提高证券期货服务业竞争力、扩大资本市场开放、防范和化解金融风险、营造资本市场良好发展环境等工作进行全面部署;明确提出到 2020 年,基本形成结构合理、功能完善、规范透明、稳健高效、开放包容的多层次资本市场体系。

资深专家分析认为,当前我国处于全面深化改革的新时期,改革要求、目标、制度环境已与 2004 年"国九条"出台时期大不相同,"新国九条"针对当前市场存在的问题与矛盾"对症下药",从国务院层面对资本市场下一阶段发展进行顶层规划再设计及制度重构,将为我国市场改革发展释放新的活力,提高市场运行效率及资源配置能力,也将使市场参与各方获得改革红利。

(一)明确未来一个时期发展目标

《意见》明确指出未来一个时期我国资本市场改革发展的主要任务是:加快建设多渠道、广覆盖、严监管、高效率的股权市场,规范发展债券市场,拓展期货市场,着力优化市场体系结构、运行机制、基础设施和外部环境,实现发行交易方式多样、投融资工具丰富、风险管理功能完备、场内场外和公募私募协调发展。

到 2020 年,基本形成结构合理、功能完善、规范透明、稳健高效、开放包容的多层次资本市场体系。

资深专家认为,我国正处于全面深化改革的新时期。《意见》对当前和今后较长一段时期促进资本市场健康发展进行顶层设计、作出统筹部署,将进一步促进资本市场健康发展,有利于构建符合我国实际的多样化投融资平台,拓宽企业和居民投融资渠道,更好地满足日益增长的多元化投融资和风险管理需求,使市场在资源配置中起决定性作用;有利于发挥资本市场引导创新创业的功能优势和机制优势,激发各类经济主体的创新活力,推动经济结构战略性调整和发展方式转变;有利于进一步丰富资本市场的投资产品,拓宽居民获得财产性收入的渠道,促进保障和改

善民生;有利于优化金融市场结构,健全金融市场体系,提高直接金融比重,增强我国金融市场运行的稳定性和金融体系的抗风险能力,防范和分散金融风险。

同时,《意见》也将为释放改革红利、鼓励创新发展、激发市场活力、优化外部环境、夯实市场基础、加强市场监管、维护市场稳定创造更为有利的条件和政策环境。

(二)多层次股权市场发展"对症下药"

加快多层次股权市场建设,是健全多层次资本市场体系的一项重要任务。《意见》针对当前存在的突出问题,对症下药,围绕市场载体、市场主体、市场机制三个角度提出了具体政策措施。

专家分析,在市场载体方面,我国市场目前有的市场板块竞争力不强,有的制度安排不完善,有的功能定位不清晰等。对此,《意见》提出多层次股权市场的体系结构,明确壮大主板、中小企业板市场,改革创业板市场,加快完善全国中小企业股份转让系统,将区域性股权市场纳入多层次资本市场体系的部署。

在市场主体方面,当前我国上市公司规范化运作水平不高、回报投资者能力不强、激励约束机制不健全。为此,《意见》提出引导上市公司通过资本市场完善现代企业制度、履行好信息披露义务、增强持续回报投资者能力、鼓励建立市值管理制度、完善股权激励制度、允许按规定通过多种形式开展员工持股计划等政策措施。

在市场机制方面,针对市场配置资源的作用尚未得到充分发挥,发行上市、并购重组、公司退出等环节的市场化程度有待提高等问题,《意见》明确积极稳妥推进股票发行注册制改革,建立和完善以信息披露为中心的股票发行制度。

同时将充分发挥资本市场在企业并购重组过程中的主渠道作用,实现公司产权和控制权跨地区、跨所有制顺畅转让。构建符合我国实际并有利于投资者保护的退市制度,逐步形成公司进退有序、市场转板顺畅的良性循环机制。

(三)债市明确"一手抓发展一手抓规范"

近年来,我国债券市场实现了快速发展。截至2013年底,公司信用类债券余额已达9.2万亿元。

业内人士认为,我国债市发展目前仍面临一些深层次矛盾和结构性问题,如品种不够丰富、市场相对分割、信用约束机制不健全和违约处置机制不完善等。对此,《意见》给出了"一手抓发展,一手抓规范"的改革思路。

"一手抓发展"包括完善公司债券公开发行制度,发展多样化债券品种,丰富适合中小微企业的债券品种,统筹推进符合条件的资产证券化发展。同时,完善债券品种在不同市场的交叉挂牌及自主转托管机制,促进债券跨市场顺畅流转。鼓励债券交易场所合理分工、发挥各自优势。

"一手抓规范"包括充分发挥公司信用类债券部际协调机制作用,各相关部门按照法律法规赋予的职责,各司其职,加强对债券市场准入、信息披露和资信评级的监管,建立投资者保护制度,加大查处违法违规行为的力度。

另外,《意见》还明确将强化债券市场信用约束,强化发行人和投资者的责任约束,健全债券违约监测和处置机制,切实防范道德风险。

(四) 首次提出培育私募市场总体部署

值得注意的是,《意见》在统筹规划股票、债券、期货"老三样"市场的发展同时,还单列一部分对培育私募市场作出了具体部署,这在国务院级别文件中尚属首次。

业内人士表示,私募市场既包括股票(股权)、债券、基金等金融产品,也涵盖了场内及场外的交易方式。境外成熟资本市场通常是以私募市场、场外市场为基础发展壮大起来的。我国资本市场在过去20多年中,主要围绕交易所市场和公募市场展开,私募市场刚刚起步,发展空间和潜力巨大。

《意见》提出了证券私募发行的总体要求,包括建立合格投资者标准体系,规范募集行为。对私募发行不设行政审批,允许各类发行主体向累计不超过法律规定特定数量的投资者发行股票、债券、基金等产品。建立健全私募产品发行监管制度,切实强化事中事后监管。建立促进经营机构规范开展私募业务的风险控制和自律管理制度安排,以及各类私募产品的统一监测系统。

《意见》还对发展私募投资基金进行了专门规定。包括按照功能监管、适度监管的原则,完善各类私募投资产品的监管标准。依法严厉打击以私募为名的各类非法集资活动。完善扶持创业投资发展的政策体系,研究制定保险资金投资创业投资基金的相关政策。创新科技金融产品和服务,促进战略性新兴产业发展等。

专家认为,培育私募市场,不仅可以健全多层次资本市场体系,拓展市场服务范围,增强对新兴产业、中小微企业的服务能力,还能够有效拓宽居民投资渠道,激发民间投资活力,提高社会资金使用效率。

(五) 证券期货行业将重塑竞争力

《意见》在提高证券期货业竞争力方面,针对当前行业发展实际作出了详细的部署,包括放宽准入、允许交叉持牌、壮大机构投资者等系列工作在列。其指向均在于重塑证券期货业竞争力。

根据《意见》,将实施证券期货业务牌照管理制度,研究券商、基金、期货、投资咨询公司等交叉持牌,支持符合条件的其他金融机构申请证券期货业务牌照;积极支持民营资本进入证券期货服务业;支持证券期货经营机构与其他金融机构在风险可控前提下以相互控股、参股的方式探索综合经营。

《意见》同时提出了中介机构创新发展的目标和支持政策,明确引导证券期货互联网业务有序发展,健全证券期货互联网业务监管规则,以堵塞监管漏洞,强化风险监测。

从业人士认为,进一步放宽行业准入,有效打破行业和业务分割,规范发展证券期货互联网业务的举措可谓"与时俱进""与行业发展需求俱进",这将极大激发行业活力、促进竞争,有利于差异化、有竞争力的业态形成。

另外,《意见》还对壮大专业机构投资者进行详述,提出要支持全国社会保障基金积极参与资本市场投资,支持社会保险基金、企业年金、职业年金、商业保险资金、境外长期资金等机构投资者资金逐步扩大资本市场投资范围和规模。推动商业银行、保险公司等设立基金管理公司,大力发展证券投资基金。

专家分析,机构投资者在稳定市场运行、强化市场约束、倡导理性文化等方面作用重大。下一阶段我国市场要迎来长足发展,壮大专业机构投资者的工作不可或缺。

(六) 资本市场对外开放迎来新机遇

《意见》进一步明确了资本市场扩大开放的措施,包括便利境内外主体跨境投融资、逐步提高证券期货行业对外开放水平、加强跨境监管合作等。

根据《意见》,未来将扩大合格境外机构投资者、合格境内机构投资者的范围,提高投资额度与上限;稳步开放境外个人直接投资境内资本市场,有序推进境内个人直接投资境外资本市场。

同时,《意见》从适时扩大外资参股或控股的境内证券期货经营机构的经营范围,鼓励境内证券期货经营机构实施"走出去"战略;推动境内外交易所市场的连接,研究推进境内外基金互认和证券交易所产品互认两方面对行业对外开放作出部署。

随着资本市场对外开放程度不断加深,还将完善跨境监管合作机制,加大跨境执法协查力度,形成适应开放型资本市场体系的跨境监管制度。

专家认为,我国资本市场20多年来取得了巨大发展成就,但总体看,市场整体开放水平滞后于实体经济的开放进程。当前,利率与汇率市场化改革稳步推进,对资本市场的对外开放提出了迫切要求,《意见》的若干工作部署将为我国资本市场推进对外开放带来新的发展机遇。

三、新"国九条"吹响资本市场改革号角

春末夏初,被称为新"国九条"的《国务院关于进一步促进资本市场健康发展的若干意见》高调亮相。这是自2004年1月以来,国务院第二次以红头文件形式出台的资本市场纲领性文件。

如果说中国资本市场的第一次革命是建立规则和搭建平台,但遗留下了一个不成熟不够理想的市场的话,那么此番新"国九条"的推出,则表明中国资本市场将进入全面规范的第二次革命,明确了今后一个时期改革发展的总体要求和政策举措,勾画了资本市场顶层设计的路线图,传递了全面深化改革的信心和决心,对引导形成明确的社会预期,推进资本市场全面深化改革给出了清晰的政策信号。

细细品味国务院9项促进资本市场健康发展的政策措施,我们看到一系列力促资本市场"血脉"通畅的办法,加快建设多渠道、广覆盖、严监管、高效率的股权市场,规范发展债券市场,拓展期货市场,着力优化市场体系结构、运行机制、基础设施和外部环境等长远规划,充分体现了"措施要准、工作要实"的中央战略布局,这些举措将有力促进实体经济发展,激发各类经济主体创新活力,推动经济结构战略性调整和发展方式转变,为资本市场多元化发展提供支撑。

与此同时,新"国九条"还给出了资本市场深化改革的时间表,即到2020年基本形成结构合理、功能完善、规范透明、稳健高效、开放包容的多层次资本市场体系。可见,资本市场全面改革已迫在眉睫,各项改革措施都要提上议事日程,要有整体安排并考虑完成时间,在面对新情况新问题时,既要有摸着石头过河的闯劲,还要有逢山开路、遇河架桥的魄力。

10多年前,资本市场的"国九条"为资本市场发展提供了巨大的政策红利,资本市场发展随之步入快车道,A股由此进入了牛市通道;10多年后,已届"弱冠"的

资本市场更应该借此契机来整理体制机制中所面临的问题,正本清源,从而为经济社会持续健康发展创造动力,给投资者持续坚守的信念和鼓励。

资本市场改革的号角已经吹响,啃"硬骨头"的旅程注定艰辛。只要市场各参与主体心往一处想,劲往一处使,直面难题,凝神聚力,就一定能完成资本市场全面深化改革任务,把握好企业融资与投资者回报的平衡,理顺市场与监管的关系。

这份沉甸甸的纲领性文件装着资本市场的未来。随着资本市场顽疾的逐步改革以及力度空前的政策支持,市场热情将因此被点燃。

四、国务院发布新"国九条" 资本市场迎来重磅利好

推进证券法修订和期货法制定工作、出台上市公司监管、私募基金监管等行政法规;继续坚决保护投资者特别是中小投资者合法权益,优化投资者回报机制;同时还要完善资本市场税收政策和市场基础设施。

资本市场迎来重大利好,2015年5月9日,国务院发布了《关于进一步促进资本市场健康发展的若干意见》(以下简称《若干意见》)。《若干意见》从指导思想、基本原则和主要任务三个方面,提出了进一步促进资本市场健康发展的总体要求。为了营造资本市场良好发展环境,《若干意见》提出要健全法规制度,推进证券法修订和期货法制定工作、出台上市公司监管、私募基金监管等行政法规;继续坚决保护投资者特别是中小投资者合法权益,优化投资者回报机制,健全多元化纠纷解决和投资者损害赔偿救济机制;同时还要完善资本市场税收政策和市场基础设施。

加快多层次股权市场建设,是健全多层次资本市场体系的一项重要任务。《若干意见》针对当前存在的突出问题,围绕市场载体、市场主体、市场机制三个角度提出了具体政策措施。

《若干意见》明确了多层次股权市场的体系结构,提出要壮大主板、中小企业板市场,改革创业板市场,加快完善全国中小企业股份转让系统,在清理整顿的基础上将区域性股权市场纳入多层次资本市场体系,从而加快多层次股权市场建设。

《若干意见》紧紧围绕提高上市公司质量这一目标,提出了引导上市公司通过资本市场完善现代企业制度、履行好信息披露义务、增强持续回报投资者能力、规范控股股东和实际控制人行为、鼓励建立市值管理制度、完善股权激励制度、允许按规定通过多种形式开展员工持股计划等政策措施。

《若干意见》提出,要积极稳妥推进股票发行注册制改革,建立和完善以信息披

露为中心的股票发行制度。充分发挥资本市场在企业并购重组过程中的主渠道作用,实现公司产权和控制权跨地区、跨所有制顺畅转让。构建符合我国实际并有利于投资者保护的退市制度,对欺诈发行的上市公司实行强制退市。逐步形成公司进退有序、市场转板顺畅的良性循环机制。

在推动债券市场发展方面,《若干意见》提出完善公司债券公开发行制度,发展适合不同投资者群体的多样化债券品种,丰富适合中小微企业的债券品种,统筹推进符合条件的资产证券化发展;充分发挥公司信用类债券部际协调机制作用,各相关部门按照法律法规赋予的职责,各司其职,加强对债券市场准入、信息披露和资信评级的监管,建立投资者保护制度,加大查处虚假陈述、内幕交易、价格操纵等各类违法违规行为的力度。

《若干意见》提出,继续推出大宗资源性产品期货品种,同时,建设金融期货市场。配合利率市场化和人民币汇率形成机制改革,适应资本市场风险管理需要,平稳有序发展金融衍生产品。

证券公司、基金管理公司、期货公司等证券期货经营机构是资本市场重要的组织者、参与者。进一步促进资本市场健康发展,离不开一支具有较强竞争力的证券期货经营机构队伍。因此,《若干意见》提出了四个方面的政策措施:(一)放宽业务准入;(二)促进中介机构创新发展;(三)壮大专业机构投资者;(四)引导证券期货互联网业务有序发展。

此外,《若干意见》在统筹规划股票、债券、期货市场发展的同时,还单列一条对培育私募市场作出了具体部署,主要包括建立合格投资者标准体系,规范募集行为。对私募发行不设行政审批,允许各类发行主体在依法合规的基础上,向累计不超过法律规定特定数量的投资者发行股票、债券、基金等产品。针对私募产品的风险收益特点,建立健全私募产品发行监管制度,切实强化事中事后监管。建立促进经营机构规范开展私募业务的风险控制和自律管理制度安排,以及各类私募产品的统一监测系统。

对此,证监会新闻发言人邓舸表示,当前,培育私募市场,不仅可以健全多层次资本市场体系,拓展市场服务范围,增强对新兴产业、中小微企业的服务能力,还能够有效拓宽居民投资渠道,激发民间投资活力,提高社会资金使用效率。

(作者是《中国证券报》记者,本文选自 2014 年 5 月 10 日《中国证券报》)

论中国资本市场改革、发展与创新

曹凤岐

一、建设和完善资本市场

中国资本市场不稳定主要是由资本市场本身的制度缺陷所造成的,我们应当从建设和完善资本市场制度方面入手,把资本市场建设成长期稳定的市场。建设资本市场的关键在于形成能保护投资者,尤其是中小投资者权益的市场,使其能积极参与市场投资,得到投资回报,并将投机者变成投资者。

（一）在法律上规范企业现金分红。如果投资者在公司内通过分红能得到比较高的收益,那他就不会在市场上频繁交易了,就有可能从一个投机者变成为一个投资者。

（二）国家可以考虑通过特定的机构以法定的方式设立股市平准基金来平抑股市的大起大落。

（三）改革相关征税制度,根据市场情况可以免征或减征红利税,如果分红所得资金再投资于本企业的股票,可以缓征红利税。这样可以鼓励投资者长期投资,减少短期炒作等投机行为。

（四）改进和完善股票发行制度,让中小投资者分享发行收益。散户在网上申购按户头抽签,让中小投资者可以享受到一级市场的收益。

（五）除了通过国资委限制大非解禁抛售外,应对大小非实行时间锁定和价格锁定两项措施,以给投资者一个明确预期,起到稳定股市的作用。

中国的改革开放是从1978年开始的,到2008年已经走过了整整30年的历程。中国改革开放30周年的历史是中华民族走向富强的历史。发展资本市场是中国经济体制改革最重要的改革之一。从1990年上海证券交易所和深圳证券交易所建立算起到2008年已经走过了整整18年。可以说18年来中国资本市场是风风雨雨、跌宕起伏。

总结中国资本市场发展的历史,对于进一步发展和完善资本市场有很大的现实意义。

二、中国资本市场取得的成绩与存在的问题

（一）中国资本市场取得的成绩

18年来，中国资本市场取得了很大成绩。资本市场给投资者提供了投资的渠道、投资的机会，但是更重要的是，利用这个市场来调配社会资源、调配企业资源，改变中国计划的、传统的、行政的融资体系和融资方式，促进了我国经济的市场化和国际化，这是发展资本市场最根本的或者最重要的一个问题。我国资本市场筹资额不断扩大，上市公司数量不断增加，上市公司质量得到提高，大型蓝筹上市公司成为中国股市的中坚力量。资本市场在中国经济和企业发展过程中的地位和作用越来越重要。资本市场促进了中国经济和企业的发展，资本市场融资和资源配置功能逐步发挥，资本市场推动了企业的发展壮大和行业整合，上市公司的行业布局日趋丰富；资本市场促进了企业和资产价值的重新发现，引领了企业制度变革，促进了国有企业和国有资产管理模式的变革，促进了民营企业的发展。

（二）中国资本市场存在的问题

1. 资本市场整体规模有待扩大

2001—2007年，中国境内直接融资筹资额与同期银行贷款增加额之比分别为9.50%、4.11%、2.97%、4.49%、2.05%、8.38%和21.95%，虽然逐步提高，但是仍然偏低，2008年由于股市低迷，股市融资与银行贷款之比大幅降低。

2. 中国的资本市场结构很不合理

中国并没有形成多层次资本市场体系。资本市场和货币市场的区别就在于货币市场是短期融资市场，包括票据、短期债券、同业拆借等，而资本市场是长期投资市场，包括股票和长期债券市场，包括长期信贷市场及长期金融衍生品市场，都应属于资本市场范畴。实际上还有一些长期贷款。我们的债券市场一直没有发展起来，过去我们发的都是国债，公司债未得到发展，所以我国的所谓资本市场就是指股票市场而言。对发达市场来说，公司债的规模已经超过了股票的规模。我们债券市场远低于美国等成熟市场，甚至低于韩国、印度等新兴市场，结构失衡是很突出的。

3. 市场投机性较强，换手率极高

中国股市仍然是一个投机的市场。这是中国股市暴涨暴跌非常重要的一个因

素,大家都不是真正的投资者,尤其不是长期投资者。在这里,机构投资者的规模也偏小,个人投资者占了51.29%,证券投资基金占25.68%,一般机构投资者占16.63%。有人也有不同看法,说中国的机构投资者是最大的投机者,他们也不是投资者。但是总体来说,在成熟的市场机构投资者占主要成分。

2007年统计,中国股市流通股年换手率接近8倍,按全年260个交易日计算,平均持股期限32.7天。而美国0.97倍,日本1.4倍,韩国1.05倍,香港0.97倍,台湾1.27倍。这种换手率就是投机的,老换,而且在印花税双边征收很高的情况下都交给国家了,换个好股,你看这股不行换那股,那股到你手里又不行了,所以有一首歌说"早上起来就割肉,中午晚上继续割,反正割到没有了",这种投机这个市场肯定是不稳定的市场。

4. 中国股市定位有问题

中国一开始就把股市定位成一个融资的市场。实际上资本市场最基本功能是投资,资本市场首先是一个投资市场,必须有投资者投资,企业才能从市场上筹到资金,然后企业才能去投资,才能够扩大再生产。企业从市场上筹到资金必须有一个简单的前提,那就是要给投资者投资回报。而中国一开始就把资本市场定位成一个融资市场,企业之所以发行股票和上市,是因为企业"缺钱"!企业可以低成本地从市场上拿到钱,而且完全可以不考虑给投资者以回报,有的企业竟然10年不分红!这样一种定位,使资本市场成为了企业疯狂"圈钱"的市场,投资者投资不仅得不到回报,而且严重亏损。这样的市场是很难有生命力的。

5. 股权分置改革的一些遗留问题还有待解决

我对股权分置改革给予了很高的评价。现在有人说股权分置改革失败了,我不同意这种说法。然而必须承认股权分置改革仍存在一些遗留问题,影响了中国股市正常运行。所谓遗留问题就是解禁的非流通股量很大,对市场造成无形的压力。另外,非流通股的成本太低了,在行情不好的时候抛出去也不会亏本,所以,市场越不好,解禁的非流通股越可能抛售而套现,这对流通股持有者的信心是一个打击,他们也可能非理性抛售,致使市场非理性下跌。

6. 中国上市公司和资本市场的发行制度、交易制度、内部管理制度都存在很大问题

最关键的问题缺乏保护投资者,尤其是中小投资者的机制。这是导致中国资本市场至今仍是一个投机的市场而不是投资市场的重要原因。

三、恢复对资本市场的信心十分重要

中国资本市场是一个不稳定的市场。中国股市 18 年来是一个跌宕起伏、暴涨暴跌的市场。这种现象在 2007—2008 年演绎得淋漓尽致。中国股市从 2001 年 6 月的最高点高 2 124 点下跌后，到 2005 年 7 月跌到 1 000 点，之后开始一路上扬。2007 年年初达到 2 000 点后，到当年 10 月中旬上涨到 6 124 点，之后便一路下跌，到 2008 年 11 月份，一年的时间竟下降到 1 600 多点。下降了 70%！总市值从最高的 32 万亿元，降到 10 万亿元，总市值损失了 20 多万亿元！中国股市这种过山车式的暴涨暴跌，着实让投资者尝到了股市巨大风险的滋味。

影响中国资本市场不稳定的原因有短期因素和长期因素。

从短期来看，国内宏观经济形势和国际金融危机会对中国资本市场产生影响，但无法解释中国资本市场长期不稳定的原因。比如 2001—2005 年是中国经济发展较快和较平稳的几年，但中国股市却是 4 年漫漫熊市，2008 年中国经济虽然遇到了困难，但仍然保持了 9% 的增长速度，国际金融危机美国股市只下跌了 40%，而中国股市却下跌了 70%。因此，中国资本市场不稳定的根本原因应从资本市场内部去找。我认为中国资本市场长期不稳定，主要是资本市场本身存在的制度缺陷所造成的。

股市信心非常重要。如果说像 2007 年 4 月—5 月的行情，再拿多少资金做再融资、大小非流通、发行新股都是没问题的。在市场缺乏信心的情况下，很多应当做的事情包括改革都很难做了。

目前无论从中国宏观经济发展的层面，还是从股市运行的微观层面进行理性分析，都没有理由让大家做出如此恐慌性抛售行为，但连续的急剧下挫确实极大地打击了投资者的信心，尤其是散户的投资信心，因此要抑制市场的非理性下跌，就要从稳定股市信心入手。

目前，各方面都要努力稳定中国股市。现在正在争论政府应不应该救市的问题。也许不用"救市"一词更好。实际是政府应该不应该干预市场问题。我认为政府应当干预市场。历史的经验、世界的经验已经表明，任何市场经济的发展，是离不开政府的。政府必须干预市场，当然不能过度干预。就是因为市场不是万能的，市场有失灵的时候，而市场本身有很多的缺陷。在这个时候，政府应该进行干预。

无论哪个国家和地区，包括发达国家，只要股市出现不正常的情况，对经济和投资者造成危害或损害,而市场本身已经很难解决时,政府都是要干预股市的。美国政府救过市,美国在"9·11事件"以后曾经出台了很多有利于证券市场发展的政策。美国次贷危机后,美国政府通过注入资金的办法来救市。另外,在亚洲危机的时候,香港特区政府动用政府资金进行了救市。我认为,在中国股市暴跌的情况下,政府有必要出台有利于股市稳定发展的政策。因为现在中国的股市已经不是1990年代初的股市了,甚至都不是1990年代末的股市了,中国的股市对中国的经济发展太重要了。中国股市一旦出问题,整个经济体系、经济改革、经济成长都会出现一些大的问题。

我个人认为中国资本市场的发展,从来没有离开过政府。关于中国政府和资本市场的关系,或者是中国的政府在中国资本市场发展中有以下4个作用,是8个字:"推动,建设,保护,调控"。所谓的"推动",就是政府要推动资本市场的发展。中国改革的历史表明,如果没有政府的推动,实际上中国是不会有资本市场的。所以,首先在改革的过程中、市场化的过程中,政府对中国的资本市场发展起了非常大的推动作用。

所谓的"建设",就是政府要加强资本市场的制度建设、基础建设,主要是制度和规则的一些建设,要完善这个制度。这些年来我们也是这样做的。

所谓的"保护",这个保护包含了维护的意思,首先维护市场的公平、公正、公开,然后保护投资者的合法权益。这是政府应该做的事情,而且要采取各种措施来防范资本市场的风险。

所谓的"调控",就是政府有责任和义务对资本市场进行宏观调控,及时出台各种政策和措施,以保持资本市场的稳定和健康发展。

有人说政府不应该"救市",因为必须改变中国股市"政策市"的情况,要进一步市场化,要市场自己解决问题。实际上,救市和政策市是两个概念。如果说救市就是政策市,那么美国也是政策市、英国也是政策市,都是政策市。政府提振资本市场,主要通过有利于发展和稳定资本市场的政策,包括财政政策、货币政策和其他直接针对资本市场政策来保证资本市场的稳定和发展。而所谓的政策市是指政府直接用行政手段干预市场或政府本身成为市场主体。中国资本市场的初期是真正的政策市。那是靠行政计划来管理这个市场的,是靠额度管理市场的,这是政策市。不可否认中国股市在相当长的时间内存在"政策市"问题。我们有政策打压股市,我们也有政策抬升股市的情况。1996年12月,政府认为中国股市股指太高了,就发表《人民日报》特约评论员文章打压股市。出台有利于市场稳定与发展的政策,和政策市并不是一回事。我们要遵循市场规律,要遵循市场原则,要根据市场的发展来采取政策措施。所以,不能把救市和政策市混为一谈。

恢复对市场的信心非常重要。信心比黄金都重要,有了信心一切都有了。中国的资本市场从来不缺资金,从来缺的就是信心。应当采取积极措施稳定股市和增强投资者的信心。

在2008年,我是最早提出降低印花税的学者之一。我认为,增强投资者信心最有利的措施就是降低印花税。降低印花税当然不会解决股市的根本问题,但它却能够给一个明确的政策信号,即政府采取了稳定股市的政策和措施。事实证明,降低印花税对刺激股市回升是有积极作用的。2008年4月24日印花税从3‰调整为1‰,当天股市上涨9%,这是近些年来中国股市日涨幅最大的,说明政府给出了稳定股市的信号,投资者信心有所恢复。

要把股市的功能定位为投资的市场,而不应该只是融资的市场,以此改变投资者对市场供求关系的预期。要发挥股市的融资功能,首先要发挥好股市的投资功能。如果投资者都亏损了,那么投资者就不会再入市。目前,对于大小非解禁与抛售以及上市公司再融资行为,要出台明确的制度规定,合理引导其行为。另外,对于IPO节奏,也要明确在必要的时候可以进行必要的行政干预。增加股市资金供给,如增发基金和增加QFII额度等。

四、加强资本市场制度建设

中国宏观经济需要一个稳定的资本市场,需要一个高效配置的资本市场,帮助实体经济顺利度过目前的转型阵痛期。中国的资本市场现在发展已不是本身的问题了,它是关系到改革开放的重大问题,甚至影响到经济增长问题。中国股市2008年的暴跌,造成了股市功能的丧失、发行功能的丧失、再融资功能丧失、投资功能丧失。在这种情况下,企业不能从市场上筹到更多资金,有可能回到过去主要靠银行和财政融资渠道和方式上去,不能有效地动员社会资本、民间资本投入企业中去,对企业的发展是非常不利的。2008年一年,中国股市总市值从32万亿元,降到10万亿元,从静态上来考虑,投资者损失了20多万亿元。如果能有20多万亿元的资金进入股市,对于启动经济、稳定资本市场都有着不可估量的作用。我们提出要扩大内需,就要提振股市的观点,就是从资本市场对于中国经济的重要性来考虑的这个问题的。

既然中国资本市场不稳定主要是由资本市场本身的制度缺陷所造成的,我们就应当从建设和完善资本市场制度方面入手,把资本市场建设成长期稳定的市场。建设资本市场的关键在于形成能保护投资者,尤其是中小投资者权益的市场,使其能积极参与市场投资,得到投资回报,并将投机者变成投资者。

(一)规范分红,促进投资氛围的形成。中国股市主要是散户的市场,是一个投机的市场。这个市场很大的一个特点就是市场参与者基本都是投机者而不是投资者。也就是大家都不长期持有公司股票,从内部分红得到回报,而是通过在市场上炒作获取买卖差价得利,因此持股时间很短。中国股市的换手率非常高,一年平均8次,而美国只有1次。对个人来说风险很大,由于羊群效应有可能造成股市剧烈波动。需要在法律上进行规范,盈利企业必须要进行现金分红。如果投资者在公司内通过分红能得到比较高的收益,那他就不会在市场上频繁交易了,就有可能从一个投机者变成为一个投资者。

(二)国家可以考虑通过特定的机构以法定的方式设立股市平准基金来平抑股市的大起大落。在市场出现不正常的波动时,动用平准基金,通过买入或者卖出股票,按照逆大盘指数方向操作来平抑证券市场非理性的剧烈波动,达到调节股票市场供求关系,进而稳定市场的作用。

从其他证券市场看,中国香港、韩国等都曾设立股市平准基金,并且在稳定股市方面发挥了比较突出的作用。比如,1998年东南亚金融危机时,中国香港特区政府动用了1 000多亿元港币的外汇基金进行干预,避免了股市的大幅波动。韩国政府1990年设立的股市安定基金在稳定市场方面也发挥了一定功效。

(三)改革相关征税制度。根据市场情况可以免征或减征红利税,如果分红所得资金再投资于本企业的股票,可以缓征红利税。这样可以鼓励投资者长期投资,减少短期炒作等投机行为。

(四)改进和完善股票发行制度,让中小投资者分享发行收益。目前股票发行机制不合理。一级市场收益都被机构投资者和大投资者拿去了,中小投资者只能在二级市场上接盘和炒作,炒亏的可能性是很大的。因此,我认为要改变申购方式,分网上和网下申购。机构投资者在网下配售,投资基金等机构投资者也在网下申购,也可采取抽签的办法。散户在网上申购,也采取抽签办法,但不按资金量抽签,而按户头抽签,即规定每个账户最多申购不超过10 000股、50 000股等。这样中小投资者中签率就高了,中小投资者可以享受到一级市场的收益,持股成本也较低。

（五）解决股改遗留的问题。股改遗留问题,就是大小非解禁问题,现在已经成为影响股市的重要因素之一。股权分置改革没错,但是存在一些遗留问题,就是所谓大小非解禁问题。股改的时候,我们考虑已经给流通股对价补偿,以此换取流通权。现在看来我们在股权分置改革的设计上还是考虑有些不周,只是考虑如果一下子非流通股全部放出来,市场可能承受不了,所以限制流通,一年放5%。但是没想到另外一个问题,他们的持股成本太低了,所以股票市场越不好越抛,到了解禁期的时候,经过增配成本可能已经几毛钱了,所以就抛,这一抛市场下去了。尤其市场不好的时候,肯定会出问题。我们认为,在市场信心不足、投资者对大小非解禁存在疑虑的情况下,除了通过国资委限制大非解禁抛售外,应对大小非实行时间锁定和价格锁定两项措施,以给投资者一个明确预期,起到稳定股市的作用。比如说可以规定大小非减持价格不得低于从股改完成到复牌首日解禁前12个月平均流通价格,比如平均价格是20元,现在已经降到18元就不得抛,在高于20元平均价格时,可以抛售。在价格上对非流通股转为流通股进行限定,是对股权分置改革的补充与完善,有利于以解决历史遗留问题,有利于稳定市场,有利于保护投资者的合法权益。

五、进一步发展多层次资本市场

中国资本市场之所以屡屡出现问题,与市场规模小,市场结构不合理,金融工具单一有关。中国至今并未形成多层次资本市场。必须进一步改革、发展和创新中国资本市场,发展多层次资本市场,改变资本市场结构,扩大资本市场规模,为投资者提供更多投资渠道,争取资本市场资金供求平衡。只有这样才能使中国资本市场真正走出困境,迎来一片新的天地。

（一）要继续培育蓝筹股市场,特别是发行大盘蓝筹股。大盘蓝筹股是我国优秀企业的代表,由于市值比较大,不容易被炒作,能够起到稳定市场的作用。大盘蓝筹股上市对打造我国资本市场的航空母舰具有很大好处。

（二）要大力发展中小企业板,推出创业板市场,建立健全非上市公司股份转让系统,改善和推进面向法人的产权交易市场等。尤其是应当尽快推出创业板市场,为更多的中小企业、民营企业、中小高新技术企业提供融投资渠道。

（三）大力发展企业债券市场。在国际成熟的资本市场上，发行债券是企业融资的一个重要手段。特别是自20世纪80年代中期以来，债券融资日益取代股票融资，成为企业直接融资的主渠道；近些年来，债券融资的比重进一步上升，在企业对外直接融资中占据了主导地位，企业通过债券融资的金额往往是其通过股票融资金额的3～10倍。目前各发达国家都十分重视企业债券的发行。我国的企业债券市场很不发展，表现为规模小、品种单一，绝大多数企业并未通过债券市场融资，主要原因是企业信用体系缺失、利率还未市场化等。要发展企业债券市场，改进债券市场发行和交易制度，完善企业信用评级体系。当前应当重点发行上市公司可转债和中小企业联合债等。

（四）进一步发展证券投资基金市场，充分利用证券投资基金专家理财的优势和通过投资组合防范分散风险的特点，维持股市稳定。美国60%的家庭都持有基金，在我国，散户也应该更多地投资基金市场。

（五）要发展创业投资市场，允许创投企业发行真正的创业投资基金。应当进一步发展产业投资基金；应当允许设立私募股权基金，使其合法化、阳光化和规范化；发展直接股权投资。

（六）要发展衍生工具市场。有人认为衍生工具市场风险大，美国金融危机的一个原因就是金融工具创新过度。中国和美国的情况截然不同，如果说美国是金融创新过度的话，中国则是金融创新不足。中国截至目前为止仍是一个单边市场，没有做空机制，缺乏套期保值工具和机制，即使是机构投资者也必然随大盘涨跌而盈亏。因此，要发展和完善商品期货市场，推出和交易与国民经济密切相关的品种，包括大宗农产品和石油等战略物资品种。适时推出股指期货交易，完善股市做空机制，利用股指期货市场的功能，稳定现货市场。据统计，2008年金融危机以来，美国、英国、韩国等22个已经推出股指期货和中国、越南等8个没有推出股指期货国家的现货市场的最大跌幅，推出股指期货国家现货市场平均跌幅为46.91%，没有推出的平均跌幅为63.15%，我国上证指数跌幅达72.81%，深圳成分指数跌幅为73.8%。

最后，必须完善金融监管体系。为了维护市场的公平、公正和公开，维护市场纪律，保护投资者的合法权益，必须加强对金融市场的监管。美国华尔街出现的一些问题，与美国监管不力有很大关系，尤其是对投资银行和衍生产品市场监管不力。为了保证中国资本市场健康发展，必须进一步完善中国金融监管体系，要更新监管理念,完善监管方法。加大对非法证券活动的打击力度,对虚假陈述、内幕交易、操纵市场行为要严格监管,净化市场环境,更好地维护投资者的利益,以保证中国资本市场健康发展。

(作者是北京大学金融与证券研究中心主任,本文选自2009年2月10日《证券时报》)

中国资本市场发展的六大战略课题

祁 斌

中国资本市场发展需要研究六大战略课题,包括制定市场发展蓝图、发展多层次股权市场、发展统一互联的债券市场、推进期货与衍生品市场发展、协同养老体系建设与资本市场发展、加快市场对外开放等。

中国资本市场的发展历经20余年,实现了非凡的成长,市场规模位居世界前列。当然,资本市场或股市的规模并不能完全代表市场发展的水平。我们还应该清醒地知道,中国资本市场在很多方面比起发达市场,甚至一些新兴市场或周边的市场都有相当大的差距。

中国的资本市场和美国华尔街的发展道路是完全不同的,美国是自下而上的发展模式,中国则是自上而下和自下而上的结合。美国资本市场早期的野蛮生长甚至是很荒唐的,在长达七八十年的时间里,上市公司都不需要披露信息,长达100多年中没有证券法,没有证监会,直到美国1929年股市崩溃之后才有了证券法,有了证监会。而中国资本市场的早期虽然也有一个野蛮生长的阶段,但非常短暂,很快出现了全国性的监管机构。所以中国和美国采取的是两个完全不同的发展模式,在形态和发展方向上常常是正好相反的。美国的市场往往是过度自由、过度繁荣,中国总体来说是要推动市场化改革,当然同时也要不断加强监管和把控风险。

一个国家的资本市场不可能脱离经济社会的发展水平,它受制于社会的法制环境、诚信水平、文化因素等方方面面的影响。但是作为一个经济中比较活跃、比较先进、比较市场化的部分,它同时必须引领经济和社会的发展。比如中国的上市公司,就应该通过各种努力成为中国经济中较为先进或优秀的部分。

一、与成熟市场的差距

中国资本市场的发展成就,非常值得自豪。但中国资本市场与发达市场还有相当大的差距,主要体现在四个方面。

(一)金融结构的差距。2008年中国证监会出版的《中国资本市场发展报告》比较了几个国家的金融结构。日本是典型的商业银行主导型,38%的金融资产在商业银行里,而美国只有18%,所以美国金融体系比日本的市场化程度高很多。但中国的这个数据是63%,说明我们的结构相比日本来说还更加过度倚重商业银行。5年过去了,今天这个比例达到了78%,也就是说,过去几年中,在某种程度上中国金融结构的发展是走向了更加严重的失衡。

(二)在市场机制上的差距。以企业IPO的机制为例,全球几乎所有主要的交易所都实行注册制,我国目前还是核准制。但事实上,注册制、核准制或审批制之间并不是绝对的黑和白的关系,不是一个非此即彼的关系,而是一个渐进的变革过程。事实上,美国证监会的注册制也很严格,有上百个需要打勾的栏目,专司IPO注册的工作人员也有100人之多。其真正值得我们借鉴的是这些流程的机制化、标准化和透明化程度,但这些也是以较为成熟的市场化机制为前提的,例如较为良好的市场诚信环境、对于虚假信息披露较为严厉的市场和法律惩戒机制、相对规范和守纪的金融中介机构,以及相对成熟和专业的机构投资者群体等。中国证监会一直致力于发行体制的市场化改革,取得了很大的成效,但是并不可能一天之内就达到最终目标。同时,发行体制的改革也需要与多层次资本市场的建设、机构投资者的发展、市场诚信环境的改善、中介机构勤勉尽责意识的提高等方面协同推进。总的来看,发行体制和资本市场其他诸多改革的市场化取向是会坚定不移的。

(三)市场深度上的差距。中国市场结构是一个倒金字塔,美国是一个正金字塔。美国纽交所有2 300家挂牌公司,然后是纳斯达克,有2 500家,再往下是OTC市场,大致将近1万家挂牌公司,再往下是一个灰色市场,有6万家挂牌公司,尽管在这些市场上挂牌的公司与交易所上市的公司无法同日而语,但它们服务于低层次企业,实现了很好的分化。而中国正好相反,主板有1 400家挂牌公司,中小板是700家,创业板是355家,中关村代办转让系统原来只有100多家,今年以来多了些,当然中国还有很多区域性产权交易所,但发展不太规范,良莠不齐。所以要加快三板和四板的市场建设,尤其是"新三板"。

此外,与股票市场相比,中国债券市场的差距更大。中国债券市场的发展滞后于股票市场,金融衍生品和期货市场又滞后于债券市场,相对更加欠缺。

(四)市场文化上有一定差距。中国资本市场的一个很大的特色,就是换手率比较高。A股市场是一个以散户为主的市场,尽管散户在中国市场中持有的市值仅有20%多一些,但却贡献了70%以上的交易量。当然,全世界的很多市场都是经历了一个过程才发展成为以机构投资者为主的市场。例如美国早期的市场完全是投机,但在1929年股市崩溃后,以巴菲特的老师格雷厄姆为代表,基本面和价值投资的理念才逐步出现,随后共同基金的发展和养老金的参与,才逐步在二十世纪七八十年代最终建立起了相对成熟的市场文化。

市场的活跃度是一件非常微妙的事情,没有一定的活跃度、没有一定的流动性就不能称之为市场,但如果投机气氛过浓,也是比较危险的。1921年的中国,上海滩上就曾经出现过100多个光怪陆离的各类交易所,但次年便因投机过度而几乎全数倒闭了。从中国市场的参与者众多、活跃度总体较高来看,中国从来不缺乏发展资本市场的基因,但要真正走向一个比较成熟的市场文化,中国的市场还有很长的路要走。

二、六大战略课题

我们正在积极推进以下六个资本市场战略课题的研究。

(一)制定蓝图

制定中国资本市场发展的蓝图,借鉴国际经验教训,充分发挥后发优势,对中国资本市场进行一定的顶层设计,凝结共识,明确预期。

借鉴世界银行和国际证监会组织等国际机构的评估方法,我们试图为中国资本市场建立一个"四加一"的评估体系。"四"是指世界银行对于金融市场的评估指标,市场的深度、广度、效率和稳定性,"一"是指国际证监会组织(IOSCO)对监管机构有效性的一套评价指标。这套体系可以每年给中国的市场做一个体检,看看它在什么样的水平上,在哪些方面取得了进步,在哪些方面还需要改进。

2008年,证监会曾经对中国资本市场的历史回顾和未来发展作了比较全面的介绍。当时提出了资本市场的5个重要的发展原则:1.把发展资本市场作为一个重要的战略任务;2.立足为国民经济服务,实现资本市场与中国经济社会的协调发展;3.坚持市场化改革方向;4.大力加强法制建设,不断提高资本市场行业规范化程度;5.稳步推进对外开放,提高中国资本市场的国际竞争力。

今天如果我们需要补充一条的话,就应该加上把投资者利益的保护作为我们工作的重中之重,因为投资者的信任和信心是一个市场发展的源泉,一个市场如果不能充分保护投资者的合法权益,那么从长远来看是不可持续发展的。

(二) 建设多层次股权市场

在增速放缓的背景下,中国经济面临着深刻的转型挑战,其中,中小企业和创新、创业型企业的发展是这一转型的重要抓手之一。中小企业融资难问题一直困扰着中国经济的发展,正规渠道的融资成本极高,非正规渠道的融资风险又极大。而且,作为中国金融的主渠道的银行,其风险厌恶型的金融运作本质,使得其对于中小微企业的支持非常有限。相对而言,直接融资体系风险共担、收益共享、市场化定价和多层次服务等特性使得其必然成为支持中小企业发展的重要渠道。但截至2012年底,浙江省销售过亿的企业有9 710家,这些企业有可能都上市吗?显然不太可能。在这种情况下,就必然需要有一个多层次的资本市场。所以,要加快发展三板市场,并逐步将区域性股权市场纳入多层次资本市场体系中去。大量的暂时不够条件去上市或到三板挂牌的企业,可以先到区域市场挂牌,完善一下治理结构,有个价格,有人买有人卖,有个市场机制约束它们,整个中国经济都会上一个新的台阶。未来中国股权市场的结构,也将是一个正金字塔形。

(三) 发展债市

第三个课题是发展债券市场。大家都知道CNN(美国有线电视新闻网),但可能很少有人知道CNN是依靠垃圾债发展起来的。美国的垃圾债曾有力地支持了一大批创新企业的崛起。中国在去年推出了中小企业私募债,在某种意义上相当于美国的高收益债和垃圾债。一批中小企业就可以以相对较低的成本获得资金,获得了成长壮大的机会。

中国的债券市场总体来说是比较落后的,银行间债券市场、企业债市场和交易所债券市场都加在一起,勉强排到全球第四,绝对数远低于排在第一位的美国和第二位的日本,纯粹的公司债规模就更小了,债券市场的发展需要加快。

未来债券市场的发展,1.要做到"五个统一",也就是统一准入条件、统一信息披露标准、统一资信评级要求、统一投资者市场性制度、统一投资者保护制度。2.要培育更多的市场机制,减少信用背书或者说隐性担保,进一步市场化。3.要扩大私募债的发行与场外交易。4.要增加资产证券化等结构性产品,包括类市政债、信贷资产证券化、企业资产证券化等产品,同时要对整体风险进行较为严格的把控。

大家都知道,改革是中国最大的红利,城镇化是中国最大的潜力。但要将城镇化这个潜力发挥出来,需要解决融资的巨大需求。靠卖地难以为继,靠收税远远不够,解决这个瓶颈的根本方法是资产支持证券化和类似于美国的市政债这些产品。

(四)推进期货与金融衍生品市场的发展

中国的期货市场在过去20年取得了长足的进步,但与大部分人的生活还离得非常遥远。黄浦江上出现了1万头死猪,引起了全社会甚至是全世界的广泛关注。原因显然很多,其中一条可能与期货相关。中国今天大致有4亿头猪,猪肉市场的行情变化会对农户的市场判断和生产积极性会产生巨大的影响。如果中国有一个有效的生猪期货市场,农户可以大致预判出数月后的猪价,就会降低很多养猪的盲目性,也会少掉很多类似的黄浦江上的尴尬。当然生猪期货是个很复杂的产品,检疫、标准化、交割,都有很多的难点,而且,猪肉价格因地而异,有很多非市场化的因素,这么一个市场或许不是那么轻易就能建设起来的。但这个事件反映出,在目前的发展阶段,中国经济对很多期货产品尤其农产品期货的需求都是巨大的,任何一个期货产品的成功推出对于经济社会的贡献都将是巨大的。

美国的商品期货市场中场外交易占95%,中国场外交易基本还是空白;美国场内交易中,期权占比58%,中国目前还没有商品期权;金融衍生品方面,目前中国仅有股指期货一个金融衍生品,美国场内金融衍生品就多达700个,场外金融衍生品更是不计其数。

2008年的时候,有很多人说,千万不能搞金融创新,不能发展金融衍生品,不能发展资产证券化产品。用一个比方来说,好比美国人是开了一辆法拉利,没开好,开到沟里去了,而我们有些同志骑了一辆自行车,觉得还是骑自行车比较安全,但这种想法的危险性在于,如果某一天别人的法拉利修好了,他发现自己还骑着自行车。今天,金融危机后的第5年,美国人的法拉利基本上修好了,道琼斯指数创了历史新高,美国的实业和房地产业也基本完全复苏了。所以我们应该积极稳健地推动金融创新,推进资产证券化产品和金融衍生品的发展。

(五)协同养老体系改革

关于中国的养老体系与资本市场的协同发展问题,社会关注度很高,而且已有很多的讨论,亦有不少认识误区。

在过去50年中,世界上所有发达国家和一些发展中国家,都有关于延迟纳税、税收优惠、企业强制补充等方面的制度安排,都值得我们去好好研究和借鉴。20世纪80年代初期,美国开启了著名的401(K)计划,这是针对所有雇员的养老金计划,属于基本养老第一支柱之上的第二支柱。随后30年中,美国401(K)账户的平均资产增加和道琼斯指数的相关系数高达98%,每个普通美国人在401(K)计划账户中的平均个人资产翻了6倍。这说明美国的养老体系和资本市场的关系,是相辅相成、相互促进和互为因果的。

过去10年中,全国社保基金取得了年均8%以上的回报,做出了一个好榜样。但它的运作并没有什么特殊之处,只是遵循了全球所有的养老金投资的基本方法,即资产配置、基金经理选拔、业绩归因分析和风险管理,并坚持了三大原则,即专业投资、分散投资、长期投资。全国社保的成功,证明了世界各国普遍采用的养老金投资管理方法,具有很强的科学性,在中国也是可以走得通的。

一个国家的养老金体系建设和社会的和谐稳定具有很高的相关性。凡是养老体制建设比较完善的国家,基尼系数大部分都比较低。未来,我们不仅要发展好第一支柱,还应逐步发展第二和第三支柱,并根据各个支柱不同的风险偏好,做出不同的投资安排,建立起全社会的可持续的养老制度安排,增加社会稳定性,促进社会和谐。

(六)加快对外开放

中国资本市场发展的历程,是和对外开放的过程紧密相连的。在这个过程中,我们学到了很多,进入中国市场的外资也有收获,两者之间是一种相互学习补充和竞争的关系。即便是竞争,对双方都是有利的,因为最好的学习就是在市场的竞争中去提高自己。

在中国资本市场对外开放的过程中,有一点非常重要,那就是我们对自己一定要有自信。中国改革开放30年,除了一些不能开放的行业如军工等,凡是最开放的,结果我们往往都是最强大的,如家用电器,中国的电视机已经可以远销欧美;凡是最不开放的,结果可能反而不如人意,如汽车,今天满街跑的都仍然是外国品牌。金融亦如此。中国基金业在开放数年后,行业的前10名,基本上都是本土公司,甚至,很多本土公司的国际化程度甚至远超于合资公司。为什么?因为合资公司的竞争,本土公司把大量的员工送到国外学习培训,有的比例竟高达70%。另外一个有利于我们的重要因素是,市场本身是在中国的,培养出来的人才并不会流失。

同时,资本市场的发展还有很多非常重要的基础性工作要做。我们需要做好资本市场风险监测、预警和防范工作,坚守不发生系统性风险的底线。我们需要进一步加强投资者的保护工作,加强法制和诚信体系建设,加强执法力度,严厉打击各项违法违规活动。我们还需要完善监管体系,提高监管能力等。只有这样,我们才能建立一个越来越公开、公平、公正和透明的市场。

党的十八大报告提出了"加快发展多层次资本市场"要求。我们发现,十八大提出的很多中国经济社会的目标,都和资本市场的发展密不可分。实现经济生产总值和居民人均收入翻一番,需要资本市场支持经济转型和可持续增长;维护金融稳定,防范金融风险,需要加快资本市场发展,尽快改变金融结构的失衡;推动科技和经济紧密结合,需要资本市场引导和促进科学技术的产业化进程;社会保险基金的保值增值,需要资本市场提供稳健的投资平台;此外,城镇化、农业现代化等多项经济社会的发展目标,也都离不开一个强大的资本市场的支持。

(作者是中国证监会研究中心主任兼北京证券期货研究院执行院长,
本文选自2013年4月11日作者在北京大学
国家机关司局长自选课上的讲座)

以四个特别注重 强化中小投资者权益保护

王明伟

对证券期货一线监管机构而言,中小投资者的权益是否得到尊重、中小投资者保护是否充分是检验工作做得好与坏的最直接的标准。国务院《关于进一步加强资本市场中小投资者合法权益保护工作的意见》(以下简称《意见》)的发布为一线监管工作者更好地开展投资者合法权益保护工作指明了方向,为促进社会各界达成共识,形成中小投资者保护合力注入了动力,最终将会推动资本市场在更高水平上规范持续健康发展。

江苏近些年资本市场发展较快,投资者群体不断扩大。目前,全省证券期货投资者的开户数超过780万户。据调查情况显示,江苏87%的证券投资者投资金额低于50万元,80%以上的证券投资者家庭年收入在20万元以下。所以,总体上看,中小投资者在资本市场占据着十分重要的地位,保护好他们的合法权益,不仅关系到资本市场持续发展和平稳运行,也关系到经济社会大局的长治久安。

近年来,江苏证监局始终把保护中小投资者合法权益作为监管工作的重中之重,在制度建设、监管执法、投资者教育等方面,开展了大量工作,取得了积极成效。围绕《意见》提出的各项措施,江苏证监局要坚持四个特别注重,全力将保护中小投资者合法权益贯穿于一线监管工作始终。

一、特别注重强化市场投资功能,保障中小投资者收益权

获取合理的投资回报是中小投资者参与投资的初衷,也是根本目的。《意见》从保护中小投资者收益权出发,把增强投资回报作为首要内容,提出多个层面的具体举措,为引导市场长期价值投资提供了依据。

上市公司现金分红是中小投资者获取回报的重要途径。从历年现金分红情况来看,不同上市公司之间表现出较大的差距。对此,江苏证监局有针对性地组织回报股东意识较强的上市公司发起现金分红倡议活动,编印《上市公司回报投资者手册》,促使上市公司回报意识不断增强。据最近3年江苏辖区上市公司年报显示,江苏上市公司现金分红家数占比依次为72%、75%、81%,呈逐年提升态势。

让中小投资者依法获取投资回报是监管工作的一项重要职责,江苏证监局通过把分红决策机制、分红政策和规划等情况作为一线监管的重点关注内容,督促上市公司制定明确、持续的分红政策,不断强化市场各类主体的投资回报意识。2012年江苏上市公司现金分红总额占归属于股东净利润总额的1/3以上。

随着居民收入水平的提升,投资需求的相应增长,中小投资者对提高投资回报水平、丰富投资回报方式有着更高的期待。需要在一线监管中贯彻《意见》中优化投资回报的相关要求,加强督促和引导,努力推动形成持续稳定、多元化的投资回报市场。

二、特别注重强化监督引导,全面推进投资者适当性管理

投资者适当性管理是成熟市场普遍采用的一种保护性制度安排。我国的创业板、股指期货、融资融券等业务均实施了投资者适当性制度,《意见》立足市场整体,就投资者适当性制度安排与实施作出了顶层设计,具有非常现实的指导意义。

作为现代金融服务的基本原则和要求,适当性管理重在落实。除了在日常监管中细化适当性管理内容和要求,江苏证监局还组织开展"规范金融产品销售,落实适当性管理"中小投资者保护专项活动,明确各类经营机构的适当性管理要求,对违反适当性管理和落实不到位的机构予以及时查处并通报,从源头上减少侵害中小投资者合法权益的行为。

我国适当性管理起步较晚,市场主体普遍对其认识和了解还不够深入,在落实过程中也表现出较大差异,一些经营机构简单地把适当性管理作为交易门槛加以设定。对此,江苏证监局在一线监管中会同自律组织加强督促和引导,把适当性管理理念贯穿于市场主体的经营销售过程之中。今年,江苏证券业协会先后组织会员单位开展了全省金融产品销售适当性管理专题培训和投资者适当性知识竞赛活动,推动形成以适当性管理为主题的市场经营文化。一些经营机构在服务和产品设计中主动融入适当性管理内容,如华泰证券自主开发设计了投资者适当性管理Flash系列视频,在产品中引入对投资者的分级评估模型。

随着资本市场层次结构日益完善、产品种类日益丰富,适当性管理促进资本市场健康稳定发展的作用愈加显现。保护中小投资者合法权益客观上要求监管部门在工作中落实好《意见》中适当性管理要求,规范好证券期货经营机构及从业人员的销售行为,帮助中小投资者防范风险和防止损失。

三、特别注重加快监管转型,严厉打击证券期货违法行为

中小投资者在信息获取、风险承受和自我保护等方面均处于弱势地位,容易成为违法违规行为侵害的对象。随着资本市场规模的不断扩大,各类违法违规行为也呈现出高发、多发态势,江苏证监局始终以维护中小投资者合法权益为己任,坚持从严治市,保持对资本市场各类违法违规行为严厉打击的高压态势。今年以来,共查处内幕交易、信息披露、操纵市场等各类违法案件44件。

资本市场信息化程度高,其违法行为具有手段复杂隐蔽,涉及面广,发现难、取证难、处罚难、执行难等特点。江苏证监局联系一线监管执法实际,制定出台《关于加强稽查执法工作实施意见》,落实"立、查、审"分离执法链条,形成日常监管与稽查执法互联互通机制,对于监管中发现的违法违规线索,移交稽查提前介入办理,及时制止违法违规行为。同时,江苏证监局还与相关司法部门建立常态化的执法合作机制,形成行政执法和刑事司法的有效衔接。

随着政府职能的进一步转变,资本市场监管工作重心从事前把关转向事中、事后监管执法,加强监管执法成为我们加快监管转型的"着力点",《意见》也对此作出了明确要求。履行好一线监管职责,适应新形势下证券期货监管工作要求,需要进一步加强日常监管和稽查执法对接,加大侵害中小投资者权益行为监管打击力度,形成对违法违规行为的有力震慑。

四、特别注重深化监管协作,积极构筑投资者综合保护体系

中小投资者权益保护涉及社会经济生活的方方面面,需要相关部门的共同参与和配合。《意见》的出台,将有利于在全社会树立中小投资者权益保护理念,促进各方力量的共同参与和相关部门的协调配合,形成中小投资者权益保护的综合体系。

中小投资者权益保护是一项复杂的系统工程,江苏证监局在认真贯彻相关法规政策的基础上,结合一线监管实际,完善相关配套机制建设。今年,江苏证监局制定出台《江苏证监局投资者保护工作规程》,设立投资者保护工作领导小组及日常工作部门,建立包括行业协会在内的分工协作机制,逐步形成稽查执法、行政监管、自律引导、市场自我约束、投资者自我保护的综合保护体系。

同时,为把中小投资者权益保护做深做实,江苏证监局与人民银行南京分行共

同签署了合作备忘录,深化跨行业、跨市场的监管合作。在日常监管数据共享的基础上,2013年以来,双方共同深入高校、社区开展了投资者权益保护宣传月、金融知识普及月等一系列中小投资者教育宣传活动,受到中小投资者的广泛欢迎。

随着金融业务的融合发展,中小投资者权益保护涉及的社会层面更广,关系也更为复杂。作为一线监管部门,我们将在充分发挥现有协调机制的基础上,加强统筹协调,有效调动相关政府部门、司法机关、自律组织、市场机构、新闻媒体等各方以及广大中小投资者自身的积极性和主动性,共同努力创造江苏资本市场良好的投资生态环境,把中小投资者权益保护落在实处。

(作者是原江苏证监局局长,本文选自2013年12月31日《人民网》)

人民币国际化问题研究及对资本市场的影响

郑伟刚

随着中国经济的持续发展,中国已经成为全球第二大经济体,未来中国将不断"走出去",推进"一带一路"的建设和发展。推进人民币成为国际储备货币,使人民币国际化成了我们当前的现实选择。在中国尚未实现资本项目自由开放的条件下,人民币国际化的推进,有助于对接"一带一路"的建设。同时,从战略层面考虑,人民币应该像美元一样独自在全球发挥作用,还是采取德国模式,使自己完全融入亚洲,这是我们在制定人民币国际化由区域化至国际化政策时,从战略层面必须考虑的一个问题。在这期间,也会对中国资本市场的发展产生深远影响,需要我们积极应对。

一、人民币国际化所面临的战略机遇

按照国际货币基金组织的定义,货币国际化是指一国货币在世界范围内自由兑换、交易和流通,最终成为国际货币的过程。一国货币能否成为国际货币,有三个最基本的决定因素:经济规模、对币值的信心和金融市场的深度。

(一)从前两个基本因素观察,人民币已经具备了成为国际化货币的条件。中国自改革开放以来,以其经济的持续稳定增长、巨大的市场潜力和世界政治地位的提高,为人民币的国际化营造了良好的内部和外部环境。根据美元等国际化货币形成的经验,一国的经济规模和全球贸易份额,是其货币能否获得国际货币地位的决定因素。经过30年的改革开放与经济发展,中国已成为世界第二大经济体和最大贸易出口国,以及世界第一大外汇储备国。巨额的贸易结算量和外汇储备量为人民币国际化奠定了良好信用基础。

(二)欧美日益深化的主权债务危机,导致欧元与美元的世界货币地位弱化,为人民币国际化提供难得的历史性机遇。2008年国际金融危机以来,美国三度实行量化宽松政策,由此带来货币扩张导致美元大举外流,促使美元对其他主要国际货币贬值。美元的大幅扩张被认为是其他国家输入性通货膨胀的主要诱因,由此导致美元强势地位的弱化。欧洲主权债务危机愈演愈烈,由希腊蔓延至整个欧元区,欧元区解体的威胁引发了欧元长期面临贬值的预期。欧美货币地位逐渐弱化的事实,导致美元主导下的国际货币体系存在巨大系统性风险。世界银行和国际货币基金组织改革国际货币体系的呼声日趋强烈,储备货币多元化已成为共识。

在一个更合理和均衡的国际货币体系的构建过程中,提升与其经济地位相符合的人民币作为除美元和欧元外的储备货币地位已经势在必行。

二、人民币国际化的现实必要性

人民币面临国际化的历史机遇,而从国家利益的角度出发,人民币国际化将变得更为紧迫。

(一)有助于实现外汇资产的保值,维护中国国家经济利益。在以美元为主导的国际货币体系下,中国对外贸易过程中累积起巨额的美元外汇储备。由于缺乏投资渠道,巨量外汇储备大多数投资于美元资产。美元汇率的不断波动有可能导致中国外汇资产面临巨大损失的风险。如果人民币能够成为国际化结算货币,出口企业承担的外汇风险就会降低,政府经营外汇储备的压力也将大为缓解。

(二)有助于缓解中国经济失衡状态,实现可持续增长。目前全球经济存在着"双失衡"状态,中国国内经济存在着投资与消费、出口与内需等结构上失衡。中国经济持续失衡的状态一方面传导至全球经济,为发达国家所诟病;另一方面影响中国经济增长模式的转变,并对中国的汇率、利率政策带来巨大压力。人民币国际化本身虽不能直接减少结构上的失衡状态,但有助于控制外汇储备过快增长,缓解汇率压力,加大中国与主要贸易伙伴国之间的经济与贸易平衡等。

(三)有助于带动国家"一带一路"的建设。在推进"一带一路"的建设时,投贷结合是一种有效的方式,有利于规避海外市场许多不确定因素,同时又能获得一定的投资收益。

(四)有助于提升中国的政治经济话语权。中国在国际经济和金融领域的影响力与话语权与世界第二大经济体的地位远不相称,很大程度上归结于人民币国际地位的缺失。如果人民币成为国际化货币,被贸易伙伴国逐步接受为结算货币,将加大中国在国际贸易中的影响力,为中国政府的汇率政策以及其他经济金融政策增加主动性与灵活度。

此外,人民币国际化还将为中国带来铸币税收益,对中国资本市场带来深远影响,使中国真正融入全球经济一体化。

三、人民币国际化的路径选择

（一）稳步推进人民币区域化

推进人民币区域化是人民币国际化克服美元惯性的战略选择。人民币区域化能够降低美元在亚洲的地位，进而打破美元惯性对人民币国际化的制约。从这个角度上看，可以说人民币的国际化必然要先区域化。日元国际化的停滞不前很大程度上是由于脱离了亚洲，面对美元的惯性作用，没有亚洲国家的支持，日本很难在世界范围内提高日元的地位。人民币国际化应该吸取日元国际化的教训，充分地认识美元惯性对本币国际化的阻碍作用，根据中国的国情设计人民币国际化的具体方案。总体上，中国目前仍是个发展中国家，在国际贸易和金融领域的影响力有限，人民币的国际化在相当长的时间内只能是区域化，成为亚洲地区的关键货币，成为亚洲国家的储备货币和干预货币。而后逐步扩大人民币的接受区域，逐步扩展人民币的国际货币职能，实现人民币国际化。这一阶段，人民币的国际化要以实现人民币在周边国家和地区进而在亚洲全境的国际化为主要目标，也是本节讨论的重点。事实上，人民币的国际化不但是必需的，而且是可能的。

（二）逐步提高人民币国际化水平

1. 提高我国企业的国际竞争力

企业国际竞争力的提高能够有效的促进货币的国际化，提高企业国际竞争力可以采取的措施很多，至少应该做到以下几点：(1)企业竞争力不足的核心问题是企业的创新能力不足，应该大力推进企业的技术机制创新，鼓励企业积极参与到国际竞争中去。(2)培育国际化经营的主体和人才企业是生产力的表现形态之一（企业与市场），跨国公司的多少是一国经济实力的具体体现。要继续坚持"扶大、扶优、扶强"，建立重点企业联系机制，引导和支持企业强强联合，向跨国公司方向发展。国际化经营人才的缺乏已经成为困扰我国企业"走出去"的一个重要问题，要完善培训制度，加强人才培养。

2. 深化金融体制改革，启动"金融强国"战略

从中国金融发展水平来说，无论是金融资产（总量与质量，存量与增量，属于金融发展广度）还是金融市场发展程度（国内市场效率及与国际市场衔接状况，属于金融发展深度),都和发达国家有一定距离,金融发展滞后状况使得境外持有者对长期持有人民币作为结算和储备货币有一定顾虑,给人民币国际化的进程带来负面影响。

(1) 改善银行体系不良资产形成的机制。我国银行体系不良资产比例过高,经营管理水平落后,存在爆发支付危机的隐患。要促进我国先进银行体系的建设,改进银行管理水平;加强境内银行之间的竞争与合作,增强国内银行的整体竞争优势;鼓励有能力的银行积极拓展海外业务。

(2) 解决我国证券市场的一些结构性问题。目前,我国债券市场规模远不及其他 SDR 篮子成员国,显然,债券市场特别是国债市场还需继续扩容。同时,股票市场投机气氛盛行,积极备战纳入 MSCJ 指数,有助于吸引境外中长资金投资 A 股,有利于优化 A 股投资者结构,促进资本市场稳定发展。

(3) 强化金融监管。提高监管水平人民币国际化的过程,同时也是人民币业务、机构、交易网络国际化的过程。在降低金融交易成本、提高金融市场效率的同时,人民币国际化也使国内金融体系在国际市场范围内面临着更多的风险。为了更好地应对风险,需要加强金融监管的国际合作。此外,提高监管人员专业素质的同时,也要提高监管人员的责任感、使命感。

四、人民币国际化对资本市场的影响

人民币国际化不仅事关国内金融改革,也与中国资本市场开放等紧密联系。在国际金融理论中存在着"不可能三角",即"货币政策独立性,资本自由流动和汇率稳定"三大目标之间只能同时满足两样。人民币国际化意味着在金融市场的深度上,资本自由流动必须得到满足。但是,短期内中国政府为了保持货币政策的独立性和汇率稳定,对跨境资本流动项目实行管制。

众所周知,一国货币国际化的决定条件,除了需要强大的经济规模作为支持外,更重要的是金融市场的深度,即强大的资本市场平台。只有不断地发展壮大国内资本市场,建立多层次资本市场体系,提高资本流动效率,才能为人民币国际化提供良好的外部环境。因此,人民币国际化的推进有助于国内资本市场管制的放松,提升资本市场效率。

短期内,有利于降低资本流动限制,提高境外资金参与国内资本市场的活跃度。人民币国际化将显著降低外资进入国内资本市场门槛,国外资金将更容易进入国内资本市场寻找增值机会。根据最新的统计,在人民币国际化加速推进的背景下,合格的境外机构投资者(QFII)进入国内资本市场的速度明显加快。同时,沪港通、深港通的推出,实现了人民币在资本项下的有条件自由流动,原先海外上市的公司能够在国内资本市场找到足够的投资者,大大提高国内资本市场上的需求,最终承载起绩优企业回归国内资本市场。

长期而言,有利于提升国内资本市场效率。人民币国际化有助于国内资本市场融入国际资本市场,共享资金、市场管理、信息传播等资源。尤其是 QFII 制度的推出,有利于丰富国内资本市场投资者结构,促进上市公司治理质量提升,提高资本市场国际化水平和影响力,不断增加国际社会对中国经济和社会发展情况的了解。同时,国内银行、证券公司、基金管理公司、保险资产管理公司等金融机构通过与 QFII 开展业务合作,有利于提高金融服务水平,培养专业人才,对国内金融机构拓展国际市场发挥积极的推动作用。这些状况对于长期安于现状、缺乏竞争压力的国内资本市场提供了内生推动力,有利于国内资本市场效率的提升。

最后,有利于加大资本市场监管合作力度,提高市场监管效率与影响力。短期内,开放国内资本市场有可能增加资本市场剧烈波动的风险。由于国内资本市场监管较为薄弱,开放后面临的监管压力增大。同时,在市场容量、参与主体、层次、产品、机制、规则等方面都存在不同程度的比较劣势,这些问题的存在使得我国资本市场短期内难以适应与国际接轨的要求。人民币国际化的推进有助于监管层加大境外证券期货监管机构、国际组织和政府部门的交流合作,并积极参与国际多边、双边和区域性的磋商和对话,维护中国证券行业和资本市场的利益,不断提高中国资本市场的监管效率和影响力。

(作者是原上海证券有限责任公司总经理助理)

纵观上海全球资源配置能力

陈信康

上海作为崛起中的全球城市,在全球城市网络中正扮演着越来越重要的角色。

2012年,上海的GDP总量、股票市场和期货市场规模、集装箱吞吐量、浦东国际机场的货邮吞吐量等经济指标,均位居全球城市的前列。与此同时,上海在很多权威的全球城市综合性或专业性排行榜上也屡有上佳表现,排名不断攀升。比如,2012年,在由科尔尼咨询公司和芝加哥全球事务委员会合作发布的"全球化城市指数"中,上海在66个全球城市中总排名第21,在商业活动方面的表现排名第7;在由日本森纪念财团都市战略研究所发布的"全球城市综合实力指数(2012)"中,上海在40个全球城市中综合实力排名第14,经济表现排名第7。

虽然,自浦东开发开放以来,上海以其卓越的表现,创造了世界城市发展史上可圈可点的奇迹。但是,我们必须清醒地看到,当前制约上海经济社会发展的瓶颈因素也越发突出。比如,上海的全球资源配置能力虽然在经济方面有强势表现,但在文化、创新、信息等方面,仍与国际领先者之间存在着非常大的差距。在"全球化城市指数"、"全球城市综合实力指数(2012)"等国际权威排行榜中,上海在经济以外其他方面的表现,还远未达到与其经济地位相符的程度。

而对于那些在全球城市体系中居于最高等级的城市而言,在全球范围内集聚与配置高端资源的能力,是其核心竞争力的重要组成部分。因此,如果上海想在2020年之前,基本建成为一个国际经济、金融、贸易、航运中心和社会主义现代化国际大都市,全球资源配置能力的提升乃重中之重。

一、什么是全球资源配置能力

世界城市除了需要具备对经济、创新、信息和文化等战略资源的配置能力,还需要有足够的制度支持和充分的资源配置潜力来确保全球资源配置的成功以及资源配置的可持续发展。

城市的全球资源配置能力,是世界城市理论研究中的崭新领域,目前尚且处于发展的初步阶段。但如果我们基于前人对资源配置与资源配置能力等方面的研究,并从全球城市理论、2008年金融危机之后全球城市的发展趋势、上海全球城市建设的现实诉求等方面展开梳理,一个可以初步评价全球城市资源配置能力的理论模型清晰可得。

简要而言,一个城市的"全球资源配置能力",是指该城市在全球范围内吸纳、凝聚、配置和激活城市经济社会发展所需的战略资源的能力。它反映了一个城市在全球范围内进行资源配置的规模、质量和效率,是一个"全球城市"取得经济社会发展的决定性因素。而对于全球城市而言,尤其是对于像上海这样一个正在崛起的全球城市而言,这里所说的"资源"是广义上的综合性资源,而不单单是经济学上所讲的要素资源。

"资源基础理论之父"巴尼曾指出,对于企业而言,可以产生持续竞争优势的资源必须具备4个属性。它们分别是价值性、稀缺性、不完全模仿性和不完全替代性。对于全球城市而言,它们如果要保持可持续的竞争优势,同样需要具备这4种属性的独特资源。若要作更具体的细分,我们的研究表明,世界城市的全球资源配置能力应该包括资本资源配置力、创新资源配置力、信息资源配置力、文化资源配置力和全球资源配置保障力等5个方面。

(一)资本资源配置力,指该城市所具有的在全球范围内吸纳、凝聚和配置资本的能力。它主要包括经济资源配置力、金融资源配置力、贸易资源配置力和物流资源配置力等4个层面。纽约、伦敦等举世公认的"全球城市"的成功经验都表明,资本资源的配置力是这些城市最核心的资源配置能力。另外,无论是从世界城市理论角度,还是从世界城市排行榜来看,这4个层面的资源配置力都是全球城市最核心的功能。

(二)创新资源配置力,主要包括创新成果配置力和潜在创新资源配置力两个方面。创新一直是推动城市发展和城市转型的主导力量,也是城市应对发展危机、融入全球城市网络的决定性力量。世界上最繁荣的地区囊括了全世界大部分的技术创新。资本和创新的双重驱动,已经成为当前欧美全球城市发展的主要动力机制。

(三)信息资源配置力,主要包括民间信息配置力、媒体信息配置力和组织信息配置力等三个方面。信息资源配置力反映了城市在全球城市网络中的话语权。它决定了城市对国际议程的影响力、塑造了城市发展的国际环境,并对城市全球吸引力的提升具有决定性作用。信息中心、国际组织中心、媒体中心等都是现有世界城市所共有的核心特征,同时也是全球城市排行榜关注的重要指标。

（四）文化资源配置力,主要包括文化基础资源配置力和文化消费引领力两个方面。首先,从经济发展的角度来讲,文化产业是21世纪世界经济的亮点和焦点,纽约、伦敦、巴黎等世界城市文化产业占GDP和就业的比重都比较突出,并且文化产业的增长率远远高于GDP的增长率。其次,从软实力发展的角度讲,文化资源是城市软实力形成的最核心要素,也是彰显世界城市个性和凝聚力的关键所在。因此,文化资源的配置力对于任何一个世界城市而言,都是不可或缺的。

（五）全球资源配置保障力,指确保资源配置能力实现的制度力以及在配置全球资源上的潜力,主要包括资源配置现实保障力和资源配置潜力。竞争力研究领域的国际权威学者波特教授认为,社会基础设施和政治制度是影响企业生产率的两个最重要的因素。实际上,对于任何一个世界城市而言,制度和管理环境都是决定其资源配置能力高低和配置效率的关键因素。换言之,世界城市除了需要具备对经济、创新、信息和文化等战略资源的配置能力,还需要有足够的制度支持和充分的资源配置潜力来确保全球资源配置的成功以及资源配置的可持续发展。

二、上海的现状与国际方位

国际比较发现,上海资本资源配置能力较强,贸易与物流资源配置力出众。但在创新资源配置力、信息资源配置力、文化资源配置力、全球资源配置保障力的提升方面任重道远。

不久前,基于对全球资源配置能力的五大维度的研究,我和我的研究团队构建了由53个具体测项构成的全球资源配置能力评价指标体系,对上海目前的全球资源配置能力进行了测评。为了使这一测评有更直观的呈现,我们选择了国际上公认的、最具影响力的4个大城市纽约、伦敦、巴黎和东京作为上海的对标城市同时展开测评,以期准确把握上海全球资源配置能力的现状和不足。

实证测评的结果显示,纽约的全球资源配置能力高居榜首。如以最高得分的纽约为100分的话,则伦敦为98分、巴黎为85分、东京为82分、上海为52分。总体而言,这五大国际都市的全球资源配置能力可以分为3个梯队。纽约和伦敦远远领先于其余3个城市,位居第一梯队;上海的综合得分与第一梯队的纽约和伦敦相比存在巨大差距,即使与巴黎和东京相比也有明显差距,因此它位居第三梯队;巴黎和东京得分分别为85和82,两城市的实力相当,但其资源配置力明显低于第一梯队，但是高于第三梯队。

针对上海全球资源配置能力的现状及其所在的国际方位，我们获得了以下五大方面的初步判断：

（一）上海资本资源配置能力较强，贸易与物流资源配置力出众

上海的资本资源配置能力，是其所有全球资源配置分项能力中表现最为强劲的。在这方面，上海之所以能够力压巴黎，紧追纽约、伦敦和东京，其在贸易资源配置力、物流资源配置力以及金融资源配置力等方面的出众表现是决定性因素。上海的贸易资源配置力和物流资源配置力都在五大国际都市中排名第2，体现出了较强的资源配置力。

（二）上海创新资源配置力差距明显，创新配置潜力亟待提升

在创新资源的配置力方面，纽约和伦敦全面领先。上海与领先的纽约、伦敦和东京相比存在着巨大的差距。按100分制折算，上海的得分为39，而纽约和伦敦的得分高达100和97。

在创新成果配置力方面，上海与其余4个国际大都市相比差距非常明显。上海在创新配置潜力方面排名最后，其得分仅为排名榜首的纽约的41％。上海在创新成果配置力方面的差距，主要是由于上海在专利授权量、高校研发绩效等方面在这五大国际城市的排名中靠后。普华永道发布的《机遇之都2012》显示，上海在知识产权保护度、数字经济竞争力、人力资本等方面均在五大国际城市中排名垫底，并且与领先的纽约、伦敦等城市相比存在巨大差距。从国际比较来看，上海相对薄弱的创新资源配置力将是其在全球城市建设征程上亟待突破的重要瓶颈之一。

（三）上海信息资源配置能力全面落后，媒体资源配置力尤为欠缺

在组织资源配置力方面，上海的主要差距体现在非政府组织和领事馆的数量方面，两项指标均排名垫底。其中，由联合国经济与社会理事会（ECOSOC）认定的具有咨商地位的非政府组织，上海目前仅有3家，而纽约有725家、伦敦有347家。令人欣慰的是，上海在国际友好城市数量和举办国际会议数量方面表现不俗，在五大国际城市中均排在中等水平。

在媒体资源配置力方面，上海的得分仅为排名榜首城市的36％，差距明显。

上海目前还没有媒体集团进入福布斯"2 000强",而纽约则有9家媒体集团入选,显示出超强的媒体资源配置力。

在民间资源配置力方面,上海与东京旗鼓相当,但是与领先的伦敦、纽约和巴黎等老牌世界城市相比,差距明显。根据《世界城市文化报告2012》的数据显示,在国际学生数量方面,上海在5个城市中人数最少,总数大约为纽约的43%;在国际游客占城市人口比重方面,上海为36.3%,伦敦则高达194.5%;非本国出生人口占城市人口比例方面,上海约为0.9%,纽约为36.8%。从后面两项指标来看,与顶尖的世界城市相比,上海还有很长的路要走。

(四)上海文化资源配置力薄弱,文化之都建设任重道远

近代以来,巴黎、纽约和伦敦等老牌世界城市一直处于世界文化中心的位置,它们都拥有卓越的全球文化资源配置力。上海作为正在崛起中的世界城市,得分仅为榜首城市巴黎的35.9%。在文化基础资源配置力方面,上海得分为巴黎的37%。

上海在联合国教科文组织认定的世界遗产数量、美术馆(画廊)、每100万人电影院屏幕数量等文化基础资源方面,与其他几个城市均有较大差距。在文化消费引领力方面,上海的主要差距体现在每年举办的音乐会数量、每年舞蹈演出场数、电影节数量等方面。根据《世界城市文化报告2012》的统计,上海年举办音乐会的数量为巴黎的10.5%,年舞蹈演出场数为纽约的26.8%。

(五)上海全球资源配置保障力不足,提高政府效率和公共制度力是当务之急

上海在资源配置保障力方面排名落后,其得分为榜首城市纽约的34.5%。政府效率和公共制度力是确保城市资源配置能力得以实现的关键因素。但是,上海在这两项指标上的得分在5个国际大都市中排名最后,且与排在榜首的纽约相比,存在巨大差距。上海的研发吸引力仅为纽约得分的31.3%。因此,对于上海来说,提高研发吸引力已经是迫在眉睫的事情。

三、下一步上海可以做什么

对于建设全球资源的配置能力来说,符合国际规范的、与世界贸易组织规则一

致的、让企业能够更便利经营的法制化环境,是非常重要的。

上海在全球资源配置能力上的提升,显然需要系统化的思考和对策,并在现实中形成合力。其中,有4条战略路径值得引起充分注意和更深入的研究:

(一)上海可以通过其国际影响力,提升上海的全球资源配置能力

从全球资源配置能力的理论与实践来看,若作为一个单纯意义上的经济中心城市,其获得可持续发展的能力、参与全球资源配置的能力是受到制约的。而在此过程中,国际影响力与全球资源配置能力有直接的正相关关系。从我们所做的全球资源配置能力测定来看,完全证明了这一点。

上海的城市国际影响力中主要的问题是软实力,软实力薄弱限制了上海的全球资源配置能力。我们要充分认识到软实力是整合城市力量和资源,突破城市政治、经济和社会发展瓶颈的关键力量,是城市硬实力发展的倍增器,是推动城市可持续发展、提升城市全球资源配置能力的关键点。

(二)文化创意产业的发展,应作为上海产业发展的重中之重

上海文化创意产业集群与城市经济系统耦合协调度总体呈现出明显的增长趋势。因此,在通过重点发展文化创意产业带动上海经济的可持续发展的同时,促进上海经济的转型发展,应是明智之举。而且,文化创意产业的发展又会增强上海的软实力,从而加强上海的国际影响力,进而提升全球资源的配置能力。

(三)利用"自贸区"平台,探索全面开放包括文化产业在内的现代服务业

文化创意产业等现代服务业的发展对上海城市发展的重要程度,无论怎样看重都不为过。上海应借"自贸区"的"东风",在"自贸区"域内,向国内外、全方位地开放包括文化创意产业在内的现代服务业。现代服务业对于城市网络资源的集聚具有很强的促进作用,而城市网络资源的集聚,有利于全球资源配置能力的提升。

(四)建设国际化、服务型善治政府,提升全球资源配置保障力

近年来,上海一直致力于建成"全国行政效率最高、行政透明度最高、行政收费最少"的行政区之一,但是与纽约、伦敦等全球城市相比,上海的差距仍然非常明

显。在《全球城市竞争力报告2011—2012》中,上海在公共制度力(包括经商便利度、自由度指数、政府公共治理指数等)上排名全球第266位,在我们测评的5个国际大都市中排名最后。为了更好地发挥政府作用,上海需要在以下两个方面进行重点突破：1.建设国际化、法制化营商环境。对于建设全球资源的配置能力来说,符合国际规范的、与世界贸易组织规则一致的、让企业能够更便利经营的法制化环境是非常重要的。2.建设高效、便捷、透明的服务型政府。

世界银行《2012年营商环境报告：在一个更加透明化的世界里经营》指出,如果开办企业所需的时间减少10天,就会使投资率增长0.3个百分点、GDP的增长率增加0.36%。因此,上海需要着重强化以下几个方面的工作：

1. 深化行政审批制度改革,核减审批项目、简化审批程序、减少审批环节、公开收费标准、严守审批时限,提高审批效率。同时,以企业登记制度改革试点为重点,加快市场准入体系建设。

2. 按照"非禁即许"的原则,凡公民或法人能够自主决定、市场竞争机制能够有效调节、行业组织或中介机构能够自律管理的事项,政府都应退出；凡可以采用事后监管和间接管理方式的事项,都不设前置审批。

3. 借助于智慧城市建设,进一步推进政府信息公开,推进公共资金、公共权力、公共资源、公共服务的高度透明；同时加快建立、健全政府履职的监督体系,使政府在社会监督之下有效运行。

(作者是上海财经大学现代服务经济研究院院长,
本文是作者在上海财经大学的演讲)

上海金融中心建设与风险防范

范永进

2016 上海公共关系国际高峰论坛在上海举行。在"互联网时代金融公共安全与风险防范体系建设"分论坛上,爱建股份副董事长、党委书记,上海金融业联合会副理事长、金融法律专委会主任范永进以《上海金融中心建设与风险防范》为题发表主旨演讲。他围绕上海金融中心建设的背景、历史回顾及当下风险防范三部分展开。以下为主旨演讲实录:

一、建设上海国际金融中心是老一辈领导人的战略决策和远见

上海在 20 世纪 30 年代曾经是远东的金融中心,一直到 1978 年党的十一届三中全会以后又重新提出了金融中心建设的问题。邓小平有一个重要的论断,就是金融是现代经济的核心。

一个大国的崛起,金融是有力的支撑,没有金融的支撑,大国是无法建立起来的。从历史来看,英国、美国作为世界大国,都有强有力的金融作为支撑。当初我们在讨论金融中心建设的时候,也有同志提出金融中心建设是一项十分艰巨的任务,在建设过程中如果有失误,金融中心就会变成一个风险中心。记得 1990 年前后讨论交易所放在哪个地方的时候,就曾经有美国归来的一些学者提议在北京建证券交易所,当年北京的领导没有采纳这个方案,促成了上海的金融中心。因此,建设上海国际金融中心是老一辈领导人的战略决策和远见,也是我们中华民族伟大复兴不可缺少的一个任务。

同时,金融在新的时代越来越和企业、百姓、国家利益息息相关,已经作为一个利器,在大国崛起、经济发展中发挥着越来越重要的作用。金融作为互联网时代公共安全的重要内容,不仅仅关系到少数人,而且涉及社会的方方面面,涉及千家万户,涉及企业的竞争,涉及国家的安全。

我们当下生活在一个新时代,在很短的时间跨越、见证、参与了很多新的内容,整个银行的支付包括接下来货币都要无纸化,这些与我们原来想象的都不太一样。所以在这么一个背景下,提出上海金融中心建设与风险防范是非常重要的。

二、上海金融中心建设的历程

1978年,党的十一届三中全会拉开了改革开放的大幕。第二年邓小平就提出了要把银行变成真正的银行的概念。1990年上海推出了交易所,也开启了上海浦东的开发开放。1991年,邓小平在上海专门提出上海过去是金融中心,是货币自由兑换的地方,今后也要这样做;还提出中国在金融方面取得国际地位,首先要靠上海。1992年,江泽民总书记提出以浦东开发开放为龙头,带动长江三角洲和长江流域的发展,从那个时候党中央对上海提出了要求,后来上海从三个中心又变成四个中心,现在又加了科创中心。

到2000年,市委市政府专门提出上海国际金融中心5年打基础,10年建框架,20年基本建成的目标。我们当时在搞规划的时候,感觉还是非常遥远的,可是现在已经跨过了5年打基础,10年建框架,进入距离2020年只剩4年的时间。2008年金融危机爆发,对中国也提出了新的命题。2009年国务院专门下发了《关于推进上海加快发展现代服务业和先进制造业,建设国际金融中心和国际航运中心的意见》(国发〔2009〕19号),提出到2020年把上海建成与我国经济实力与人民币地位相适应的国际金融中心。2011年,国家又推出了上海国际金融中心的"十二五"发展规划,提出到2015年要基本确立上海全球性人民币产品创新交易定价和清算中心的地位。这几年上海自由贸易区建设,特别是金融方面的内容又赋予了新的内涵,这项工作也在推进。实际上留给我们的时间不多,离2020年也只有4年的时间,所以任重而道远,使命光荣。

三、当下面临的六大重点防范风险及三个建议

风险防范是系统性的问题、全球性的问题,它既是国内的问题,又是国际的问题,既是宏观的问题,又是微观的问题,既是网上的问题,也是网下的问题。所以有几大风险:(一)政治政策风险,比如美联储一会儿说加息,一会儿说不加息,所以人民币也在上上下下;(二)法律风险,中国的企业现在"走出去",有的落败而回,因为法律的风险没有加以考虑。工会的问题,劳工的问题等,有些方面要付一些学费;(三)市场风险,现在很大的就是汇率风险,货币也代表了不同国家的能级水平;(四)道德风险,道德风险是非常可怕的,2015年在中国就发生了股灾,股市一下子跑上5 000点,一下子跑到3 000点以下,这里面体现了人的贪婪;(五)技术风险,

互联网时代的新科技手段,可以为守法者所用,但同时也可以为犯罪分子所用。(六)其他不可抗力,包括战争风险……在这种情况下,风险的防范是非常重要的。

所以提三个建议:(一)加强全球金融合作与治理。因为金融很多是地区性的、国家性的,也是世界性的,所以大家要联手。(二)强化风险防范与控制的制度和技术建设。货币的贬值、升值,这里面也很有用意。(三)要坚决打击各类金融犯罪,特别是利用互联网技术犯罪的行为,一定要遏制这种势头,整个金融中心是要造福于国家,造福于中国的企业,造福于中国的百姓,还要造福于全球,如果有这些害虫,我们就达不到这个目的,就会付出更多的教训。

(作者是爱建集团党委书记、副董事长)

第三篇 实践篇

导语

实体经济是我国发展的根基,不论经济发展到什么程度,实体经济都是国际竞争中赢得主动权的根基。工业基地是靠实体经济起家的,市场经济离不开实体经济制造产品质的提高与量的发展,新一轮经济的振兴,深化改革也需要凭借实体经济的支持。

要把中国各区域的城市建设成为新型现代化城市,其关键之一在于建设新型现代企业。

企业在改革创新中处于双主体地位,必须根据中央和地方政府部署,按照《指导意见》进一步深化国企改革,全力以赴坚定不移地稳步推进和深化企业改革,要花大力气清理解决历史遗留问题,着力"三去一降一补",加强企业运营和管理能力,为国强民富作出新贡献。

第八章 国资国企改革

破解国有企业领导班子建设难题的思考与研究

戴叔铭等

国有企业是国之重器,是国民经济的支柱,也是中国共产党执政和国家事业发展的重要物质基础和政治基础。搞好国有企业,涉及多方面的因素和条件,但关键是加强企业领导班子建设。本课题组围绕加强国企领导班子建设,通过问卷调查、走访座谈、查询资料等途径开展调查研究。在此基础上,针对当前国企领导班子建设中的难点问题提出对策和建议。

一、当前国企领导班子建设现状和存在的主要问题

总体来看,无论是中央企业还是市属国有企业,近年来着力于改革改制建立现代企业制度,探索建立适应现代企业制度要求的领导体制与运行机制,规范和加强企业管理制度建设,采取一系列配套措施,强化企业党建工作,在加强领导班子建设方面取得了积极成效。

但从中央深化国有企业改革、全面从严管党治党、加强党对国有企业领导等战略高度来审视,当前国有企业领导班子建设还存在一些不容忽视的突出问题。问卷调查数据显示,在当前国企领导班子建设中存在的突出问题,作为第一选项的分别是:(一)运行中的突出问题是,"思想观念与当前企业改革发展的新要求不相适应",占70%;(二)自身建设存在的突出问题是,"激励不足和监督制约不到位同时存在",占77.5%;(三)领导班子建设中突出问题是,"求稳怕乱,缺少敢于作为、勇于担当的精神",占71%;(四)班子成员个人在能力与素质方面突出问题是,"学习创造能力欠缺",占57.4%;(五)在领导干部监督管理方面存在突出问题是,"缺少

市场化配置企业经营管理人员的机制,无法形成职业经理人队伍",占 66.5%;(六)在年轻干部(后备)选拔培养方面存在的突出问题是,"缺乏艰苦环境的实践锻炼和解决复杂疑难问题的磨炼",占 49.3%。

考虑到国有企业领导班子建设涉及方面多,为此本课题组重点聚焦于领导班子建设中"领导体制机制、权力监督约束、责任主体落实、后备干部培养"等四个难点问题进行论述。

(一)体制机制转换规范运作难

建立以法人治理结构为核心的现代企业制度,是深化国企改革、实现依法治企的主要目标,是促进国有企业规范运作的根本所在。抽样调查显示,目前大部分国有企业初步建立了现代企业制度,但是在实际运转中,仍有一定数量的企业存在不对接、不融合、不顺畅和效率不高、制衡乏力的情况。具体表现在:1.董事会、监事会、党委会、总经理班子各自职责和事权还不够清晰。2.企业党组织对"一把手"的权力制衡约束的制度安排还没有很好解决。3.党委书记、董事长和总经理分设的、即所谓"三驾马车"式的企业,党组织工作上协调的难度更大。

(二)企业领导人员尤其是"一把手"监督制约难

近年来国有企业领导人员尤其是"一把手"腐败问题仍然非常突出,揭露出来的问题触目惊心。从披露的多起典型案例来看,基本上都是通过上级巡视、审计、纪律审查或信访举报发现的,或者是在查处其他案件中带出来的,依靠内部监督机制受到查处的很少,存在"上级监督太远、同级监督太软、下级监督太难"的现象。企业内部监督机构不少,但大都各自为战,"都在履行监督职能又都监督不到位"。制度规定也很齐全,但制度约束刚性不够自觉性不高,缺乏严肃严格执行的韧劲,"处处是高压线,就是从来不带电"。

(三)从严管党治党的政治责任难以真正落实到位

在全面从严管党治党方面不同程度存在一些问题,主要不足是:党组织管党治党的主体责任落实不到位,政治敏锐性不强,执行制度规定不够自觉和坚决;对企业落实党建工作责任认识上存在偏差,认为企业是经济组织,完成经济任务是第一位的、是硬指标,而党建工作毕竟是"软任务","两个责任"的角色定位不准,责任不够清晰;思想观念上党对国有企业的领导很长一段时间不那么强调了,存在层层淡化、弱化、虚化的倾向,越是基层,这一问题越显得比较突出。

(四)后备干部选拔培养缺乏长远谋划

后备干部队伍的选拔培养,是优化领导班子结构的基石和源泉。调查显示,目前大多数国有企业中,班子成员的年龄普遍集中在"60后"这个年龄段上,企业集团一级的班子中"70后"年轻干部屈指可数,不同程度存在着人才断层现象,这成为目前影响企业可持续发展的瓶颈。这一问题主要有以下几个原因:1.认识上存在误区。有些企业对后备干部的选拔条件十分苛刻,标准要求过高,没有从发展的眼光、关心爱护的角度出发来培养、使用年轻干部。2.管理体制机制上有短板。企业在选人用人上仍然套用党政机关干部选拔任用的模式,大都采用组织配置的方式,真正从市场配置的所占比例非常小。3."惯例"有变化。国有企业后备干部制度是参照《党政领导干部选拔任用工作条例》,在实施过程中,一些问题也越来越突出,比如"备而不用",即后备干部在领导班子调整时并不占据优势的地位,一些非后备干部反倒后来居上,出现"用而不必备"的现象。

二、问题产生原因的分析

国有企业领导班子建设问题,从本质上讲是加强党的领导和党的建设问题。

(一)领导体制的原因。目前企业内作为政党组织的党组织与法人治理结构中的生产经营组织除了理论实践上的互补性外(这是基本的),就领导体制来说仍然存在着一定程度的矛盾性。一方面强调"党组织在企业中要发挥政治核心作用",另一方面又明确"董事会在企业法人治理结构中处于核心地位"。"两个核心"的体制性矛盾客观存在,尽管采取了"双向进入、交叉任职"的办法互相包容,但由于"两个核心"蕴含于整个企业领导体制,其职能定位、日常运作尚未理顺,与此相对应的制度和规范相对缺失,导致某些问题或矛盾仍时有显现。

(二)领导机制的原因。董事会对企业重大问题进行决策,党组织要有效参与重大问题决策,两者肩负的目标任务从根本上是一致的。然而各自担负的角色不完全相同,党组织不能越俎代庖替代董事会决策,它们既有共性的一面,又有其个性的一面。从现有的法律法规看,对国企党组组如何参与决策、参与的途径、方法、路径等都没有明确细化的规定,而对于"发挥政治核心作用"之题,包括有关权威性的表述,也比较抽象原则。就实践层面而言,具体的内涵和外延,众说纷纭,实际操作中也往往取决于主要领导人的个人素质。在领导机制建设上,至今尚未从企业领导体制的高度,妥善地明确重大问题决策中党委会、董事会、总经理办公会各自的职责,包括议事规则、决策程序、工作流程等的相互衔接与整合。

（三）社会大环境的原因。主要是国内外"气候"对企业发展综合作用的结果,一方面我国改革开放后由计划经济向市场经济过渡,国有企业需要学习借鉴当代先进管理方法,建立现代企业制度,用几十年的时间赶上西方企业一二百年的发展历史,实现跨越式的发展,体现"现代企业特点";另一方面我国的社会主义性质又要求我们必须确保党对国有企业的领导,保持"中国特色"。这就决定了我国国有企业必须坚持"现代企业特点与中国特色"相结合的发展道路和衡量标准,而两者之间在融会磨合中必然要经过相当长时期的吸收、消化、改造和创新,所以其间出现种种问题也属情理之中。在这个中国独有的特定环境下,探索加强领导班子建设的任务是空前艰巨的,而这个时间的长短既取决于我们探索研究破题的创造力,更取决于现代企业制度和体制机制的创新发育的进程。

（四）党组织自身的原因。企业领导班子建设问题从根本上讲是党的领导弱化虚化,主体责任缺失,管党治党不严,党的路线方针政策未能得到有效贯彻,问题的症结还是在于企业党组织自身,有的企业党内政治生活不正常,民主集中制执行不到位、政治生态不健康,搞一团和气,是非问题不开口,话到嘴边留半句,遇到矛盾绕着走;有的重大问题不讨论,决策不讲程序,办事不依法依规;有的党委领导班子力量不足;有的党组织长时间不换届,班子人员严重空缺;有的党委书记缺乏岗位必备的要求和能力,不善于当"班长"等。

三、加强和改进国有企业领导班子建设的对策和建议

本课题组就加强和改进国有企业领导班子建设提出如下对策和建议。

（一）把握原则核心,进一步提高对企业党建工作的站位

破解国有企业领导班子建设中的难点问题,首先要加强领导班子思想政治建设,进一步提高对国有企业党建工作的站位。领导班子的思想作风建设要持之以恒,常抓不懈。自觉增强阵地意识,不忘初心,把企业打造成为贯彻和实践习近平总书记治国理政新理念、新思想、新战略的重要阵地。党员领导干部必须自觉增强

"抓好党建是本职、不抓党建是失职、抓不好党建是不称职"责任意识,统筹谋划,切实把管党治党的主体责任扛在肩上抓在手上。

(二)强化制度建设,确保党组织抓班子带队伍作用的有效发挥

1. 落实中央44号文件精神,确立党组织在企业法人治理结构中的法定地位。首先在国家层面修改《公司法》或研究制定《国有企业和国有控股企业法》,将国有企业内党组织的设置以国家法律形式确立起来。其次研究制定《国有企业和国有控股企业党组织工作条例》,对国有企业党组织工作加以规范。再次在企业层面,将党组织定位、职责和工作任务纳入企业章程。

2. 确立任务清单,严格落实党建工作责任制。制定国有企业党建工作责任制实施办法。严格执行党组织书记向上级定期报告工作制度、面向党员的年度述职和评议制度、班子其他党员领导干部向党组织报告"一岗双责"履行情况等制度。严格落实党建工作责任制的运行与考核机制,明确运行与考核的内容、方法,保障党建工作责任制的有效实施。

3. 明确细则程序,完善党组织参与重大问题决策的运行机制。应当进一步明确国有企业党委、董事会、监事会、经理层和职代会等五大治理主体各自的职责权限。按照党委会管人,董事会抓事的思路,涉及企业战略发展规划、体制机制调整、企业关停并转、薪酬调整等事关企业改革发展和稳定、涉及职工切身利益的重大决策事项,党委在提请董事会最终决策拍板前应召开党委会集体审议。董事会或总经理办公会形成的决议、决定,如存在不符合党的路线方针和政策、国家法律法规和制度规定的,党委可明确提出撤销或暂缓执行的意见。如得不到纠正的,要及时向上一级党组织报告。

4. 加强领导力量,选配好专职副书记。党委书记、董事长"一肩挑"的,必须选配一名专职副书记。在选配时要坚持拓宽视野选人,坚持人岗相适原则,坚持高标准严要求,树立良好的用人导向。方法上可以通过单位推荐、集中面谈、差额考察、按干部管理权限讨论决定、任前公示等环节,选好配强专职副书记人选。

5. 坚持制度化、程序化问责。强化"监督的再监督、问责的再问责",把问责条例执行情况纳入专项巡视、监督检查等常态工作中,倒逼各级党组织把自己摆进去,真问责、严问责。尽快积累形成问责案例库,促进"开门问责",提高党内问责的执行力、公信力和精准度。

（三）坚持精准施策，切实加强对领导人员的监督约束

要突出监督重点，强化对关键岗位、重要人员特别是"一把手"的监督管理，完善"三重一大"决策监督机制，严格日常管理，整合监督力量，形成监督合力。

1. 形成靠制度管权管事管人的刚性约束机制。公开领导班子成员分工与权限，明示其履行职务的权力清单。整合监督职能和力量，形成纪检、监察、人事、审计、巡视等监督合力，分工合作、综合施策，定期分析情况，强化信息互通共享。加大职务任期约束。

2. 落实"一把手"责权利相统一的激励约束制度。在明确岗位职责的前提下，通过开列"一把手"权力清单，明确"一把手"权力边界，从制度上保证企业"一把手"正确行使"用人、用钱、决策、审批"等权力。倡导"一把手"不直接分管财务、人事和物资采购等敏感事务，形成"副职分管、正职监管、集体领导、民主决策"的权力制衡机制。约束"一把手"财务支出开支权，明确"一把手"正当行使职责的自由裁量权。充分理解"一把手"承担的责任与压力，在薪酬福利待遇上要向"一把手"适当倾斜。

3. 科学规范企业"一把手"用人的权力。积极探索党组织在企业选人用人中发挥领导作用的有效途径和办法，主要把好以下几个关：坚持选拔任用干部的标准关；坚持选拔干部听公论，履行民主推荐程序关；坚持严格考核考察政治审查关；坚持党委会集体讨论决定任免关。强化程序规定，"一把手"个人在干部选拔任用工作中行使权力要符合制度的规定和程序，在讨论中不应先发表意见，多听取其他班子成员的意见，集中正确的意见作出最终的决定。

4. 整合各方监督力量。加大自上而下的监督力度，综合运用外派董事、监事，审计、监察、巡视等手段，强化对企业重大决策、财务运行、经济效益、廉洁自律、干部作风等方面的监督检查、专项检查。建立上级监督机构监督不力的责任追究制度，凡由于对下属企业监管不力的，不仅要追究企业管理人员的直接责任，也要追究企业领导人员的领导责任，同时要追究上级监督机关的领导责任。重视发挥巡视组从严治党的利器作用，进一步完善企务、党务公开制度。

5. 深化国有企业董事会监事会建设。探索建立专职外部董事、监事制度，打破现时期外部董事、监事来源单一、国资委系统内"外部董事人才荒"的困局。进一步放权给董事会，避免外部董事内部化。完善外部董事的激励和约束机制。构建外部董事监事培训与评价体系。

(四)打破常规,加快优秀年轻干部选拔培养力度

1. 坚持统筹资源,拓宽选人视野和用人渠道。拓宽干部培养交流的范围,加大干部交流力度。进一步创新选拔培养机制,尤其是专业性人才。坚持"培养提高、备用结合、动态管理、统一使用"的原则,加大年轻干部培养力度。

2. 尊重干部成长规律。切实把最合适的干部放在最匹配的岗位上,把最放心的干部放在最不放心的岗位上,把能担当、敢担当的干部放在最重要的岗位上,把核心能力最强的干部放在主要领导岗位上。切实把握干部使用的"黄金期",在干部最具精力、最富激情、最有期盼的时候起用重用。坚持"扶上马送一程",补上思想作风建设的短板。

3. 建立以绩效考核为导向的激励机制。构建以市场劳动力价位为参考、企业经营业绩为导向、差异化分类管理为核心的薪酬分配体系。把创造效益、创造价值、降低成本、减少亏损作为决定企业领导人员薪酬高低的重要杠杆。加强与国际知名大企业对标研究,紧密结合国有企业自身特点,积极探索实施企业年金、期权、股权激励等现代激励手段。探索实施职业经理人制度,发挥市场在资源配置中的决定性作用,培养造就一批适应中国企业的职业经理人。

4. 选优配强企业"一把手"。在董事长、党委书记"一肩挑"的人选上,要把政治判断能力、大势把握能力、学习创造能力、决策落实能力、团队协调能力、廉洁自律能力较强的人选拔上来委以重任,坚决避免安置性、照顾性配备。要选配好总经理,必须选配政治素质高、政策运用力好、团结协作力强、工作推动力足、环境应变能力强的同志来担当。坚持按照专业配套、年龄梯次、能力叠加、职数恰当、性格互补原则,进一步优化领导班子成员配备,防止形成年龄断层。

(作者是原上海石化监事会主席,俞崎虎、万海让参与执笔,本文选自公司联合课题)

深化国有企业改革的几个问题

赵振华　楼俊超

深化国有企业改革是当前人们关注的热点、焦点和难点问题。不久前,中央印发了《关于深化国有企业改革的指导意见》(以下简称《指导意见》),这成为新时期指导和推进国有企业改革的纲领性文件。那么,为什么要印发该《指导意见》? 国有企业改革与国家整体改革是什么关系? 为什么《指导意见》要将国有企业分为商业类和公益类? 这种划分会不会导致商业类国有企业的新一轮下岗潮? 怎么理解加强和改进党对国有企业改革的领导? 本文将对这几个问题进行探讨。

一、《指导意见》的重要意义

(一) 印发《指导意见》是贯彻落实党的十八届三中、四中全会精神的具体要求。十八届三中全会通过《中共中央关于全面深化改革若干重大问题的决定》(以下简称《决定》)明确指出,要推动国有企业完善现代企业制度,以规范经营决策、资产保值增值、公平参与竞争、提高企业效率、增强企业活力、承担社会责任为重点,进一步深化国有企业改革。十八届四中全会通过《中共中央关于全面推进依法治国若干重大问题的决定》明确指出,社会主义市场经济本质上是法治经济,要创新适应公有制多种实现形式的产权保护制度,加强对国有、集体资产所有权、经营权和各类企业法人财产权的保护。因此,深化国有企业改革是贯彻落实十八届三中全会、四中全会精神的具体要求。

(二) 印发《指导意见》是贯彻落实"四个全面"战略布局的必然要求。"四个全面"战略布局是以习近平同志为总书记的党中央治国理政战略思想的重要内容。全面建成小康社会、全面深化改革、全面依法治国、全面从严治党,是"四个全面"战略布局的重要内容。按照"四个全面"战略布局的具体要求,以经济建设为中心,全面推进国有企业改革,坚定不移地做强做优做大国有企业,能够为实现"四个全面"战略布局提供必要的条件。

(三)《指导意见》是从整体上搞好国有企业,继续推进国有企业改革的纲领性文件。国有企业是推进国家现代化、保障人民共同利益的重要力量,是我们党和国家事业发展的重要物质基础和政治基础。国有企业改革早在改革开放初期便已开始,经过30多年的改革发展,国有企业总体上与社会主义市场经济相适应。然而,在新时期下国有企业仍然存在着诸如现代企业制度不健全、国有资本运行效率低下、利益输送、国有资产流失等亟待解决的问题。本次印发《指导意见》作为继续推进国有企业改革的纲领性文件,就是为了进一步从整体上搞好国有企业,更彻底、更全面地解决国有企业存在的问题。

二、国企改革与整体改革的关系

(一) 国有企业改革是国家整体改革的重要组成部分

党的十八届三中全会研究通过的《中共中央关于全面深化改革若干重大问题的决定》,是新时期下全面深化改革的纲领性文件,阐述了全面深化改革的重大意义,提出了到2020年全面深化改革的指导思想、总体思路、主要任务、重大举措。《决定》深刻阐述进一步深化国有企业改革的思路,并明确提出要准确界定不同国有企业功能,强化国有企业经营投资责任追究,探索推进国有企业财务预算等重大信息公开,合理增加市场化选聘比例,合理确定并严格规范国有企业管理人员薪酬水平、职务待遇、职务消费、业务消费等内容。可以说,在全面深化改革的纲领性文件中,已经对深化国有企业改革作了指导性、方向性的规定。

(二) 深化国有企业改革可以带动国家整体改革

为了贯彻落实《决定》,按照中央全面深化改革领导小组的部署,国家整体改革将在经济、政治、文化、生态、法治、国防等方面全方位开展。在这里,深化国有企业改革可以带动分配制度改革、产权制度改革、探索党领导国有企业的方式,进而带动国家整体改革。

1. 深化国有企业改革要实行与社会主义市场经济相适应的企业薪酬分配制度,要建立健全与劳动力市场基本适应、与企业经济效益和劳动生产率挂钩的工资决定和正常增长机制,要对国有企业领导人员实行与选任方式相匹配、与企业功能性质相适应、与经营业绩相挂钩的差异化薪酬分配办法,并探索实行员工持股计划等。这对带动分配制度改革作出了一定探索。

2. 深化国有企业改革要与发展混合所有制经济相结合,要推进国有企业混合所有制改革，引入非国有资本参与国有企业改革，鼓励国有资本以多种方式入股非国有企业。这对带动产权制度改革作出了一定探索。

3. 深化国有企业改革要求加强和改进党对国有企业的领导，充分发挥国有企业党组织政治核心作用，进一步加强国有企业领导班子建设和人才队伍建设，切实落实国有企业反腐倡廉"两个责任"。探索党领导国有企业的方式对进一步带动全面深化改革具有一定借鉴意义。

三、为何要划分国企不同类型

在《指导意见》中，根据国有资本的战略定位和发展目标，结合不同国有企业在经济社会发展中的作用、现状和发展需要，将国有企业分为商业类和公益类。这种划分的目的是根据国有企业的不同功能，承担不同的责任，采取不同的改革措施，达到不同的改革目的。

商业类国有企业以增强国有经济活力、放大国有资本功能、实现国有资产保值增值为主要功能和主要责任，需要按照市场化要求实行商业化运作。对于商业类国有企业的改革，必须推动国有企业同市场经济的深入融合，促进国有企业经济效益的提升，有序实现优胜劣汰、有进有退。

公益类国有企业以保障民生、服务社会、提供公共产品和服务为主要功能和主要责任。对于公益类国有企业的改革可以引入市场机制，采取国有独资或者推行投资主体多元化，还可以通过购买服务、特许经营、委托代理等方式，鼓励非国有企业参与经营。需要针对公益类国有企业的具体特点进行相应考核重点的改革，有区别地考核经营业绩指标和国有资产保值增值情况，并引入社会评价，以实现提高社会公益服务效率的改革目的。

有人担忧，将国有企业划分为商业类和公益类会导致商业类国企职工的新一轮下岗潮。这种担忧是不必要的，因为商业类国有企业并不存在导致下岗潮的条件。（一）国有企业的冗员经过多次改革之后已经大大减少，目前国有企业的在职职工相比当年已不可同日而语。而且，随着国有企业改革的深化，随着国有企业的不断壮大，在某种程度上会吸纳更多员工。（二）国有企业也要通过市场化方式选聘经营管理者和职工，形成职工收入谈判机制，探索实行员工持股等方式建立激励约束长效机制。在改革中，虽然不排除少量员工因为国有企业需要提升效益等问题而下岗，但这与市场经济环境下其他企业员工下岗并无差异。

四、党的领导与国企效率的关系

在深化国有企业改革的顶层设计中,加强和改进党对国有企业改革的领导是核心内容之一。这是我们党的性质和宗旨的必然要求,是建设中国特色社会主义的题中应有之义。同时,国有企业也是巩固我们党长期执政的重要基础。

发挥党在国有企业改革中的政治核心作用,其基本内涵是要对国有企业改革进行战略性、方向性的领导,要切实坚持党的领导和加强党的建设,目的是要提高国有企业的经营效率和市场竞争力。一方面,中国共产党是中国特色社会主义事业的领导核心,是当前全面深化改革战略部署的领导核心。目前,国有企业改革正处于攻坚期和深水区,国有企业改革在过程中会遇到战略性、方向性的难题,这就需要毫不动摇地加强党的领导。另一方面,当前,党的领导与完善国有企业公司治理在某些地方出现了一定程度上急需改进的问题,这就要求,在深化国有企业改革中要加强和改进党的建设,以适应市场经济条件下现代企业的发展要求。

《指导意见》明确指出,在加强和改进党对国有企业改革的领导中,要充分发挥国有企业党组织政治核心作用,进一步加强国有企业领导班子建设和人才队伍建设,切实落实国有企业反腐倡廉"两个责任"。近日,中共中央办公厅又印发了《关于在深化国有企业改革中坚持党的领导加强党的建设的若干意见》,这为在新时期下加强和改进党对国有企业改革的领导作出了新的部署。

当前,对于一个问题必须达成共识,那就是党的领导能够促进国有企业效率的提升。

(一)国有企业归全民所有,为全民服务,党的宗旨也是为人民服务,两者宗旨是一致的。(二)加强和改进党对国有企业的领导,目的是要提高国有企业的经营效率和市场竞争力,而国有企业本身也存在着提高自身经营效率和市场竞争力的本职任务,两者在目标上也是一致的。(三)我们党在领导社会主义建设事业中积累了很多宝贵的经验教训,有能力在新形势下继续领导国有企业发展得更好。国有企业的发展方向是为社会主义建设事业服务,这与我们党的奋斗方向是一致的。所以,党的领导与国有企业经营管理从宗旨上、目标上、方向上都是一致的,这也保障了党的领导有利于促进国有企业效率的提升。

(作者分别是中共中央党校研究生院院长、教授、博士生导师,
中共中央党校经济学部2014级政治经济学专业博士研究生,
本文选自2015年10月13日《解放日报》)

国企改革亟待重塑企业家精神

朱珉迕

众所期盼之下,中央层面的国企改革方案将浮出水面。据国务院国资委有关人士消息,《关于深化国有企业改革的指导意见》已经中央审议通过,近期将正式对外公布;另有多家媒体消息称,中央已将指导意见下发给部分机构。

此前,已有超过20个省区市发布了国企改革的规划和指导意见,近期更有多个省市密集出台改革计划,新一轮大规模的国企改革均已箭在弦上。同时,以改革破除长期掣肘国企发展的瓶颈,进而激活国有企业作为"国之重器"的创造活力,亦是重点所在。

十八届三中全会以来,本轮国企改革已被舆论赋予众多期望,而一切改革均事在人为。在具体改革手法尚待公布的情况下,通过国企改革重振国企负责人的企业家精神,是一个板上钉钉的方向。

事实上,提振企业家精神,也应视作整个国企改革的初衷和起点。这不仅因为在舆论关于国企的种种纷争中,国企负责人始终居于争议的焦点;同时也因为国企负责人在企业中扮演的角色和功能,往往折射出国企的发展环境和发展活力。习近平总书记此前在东北调研国企改革时即指出,推动国企改革须有利于提高国有经济竞争力,而改革亦须符合国情并遵循市场规律。国有经济和国有企业的竞争力,首先就体现于国企负责人的能力上;而既然国企要以现代企业面貌参与市场竞争,国企负责人自然需呈现企业家精神。

平心而论,国企管理者中并不乏精英。但很长时期以来,国企却极少涌现真正意义上出色而富有个性的企业家。由于国企的特殊性,除了承担企业经营的市场使命外,国企负责人更须承担来自行政体系的行政使命。这本是国企的要义,但在国企并不充分参与市场竞争的时代,其身上的行政属性更大大压过了市场属性,并逐渐形成了国企负责人身上的某种"行政惯性"。在这种惯性下,国企负责人的选拔、任用和奖惩,均更多依赖行政逻辑而非市场逻辑;相比民企,国企管理者身上的企业家精神,也就一直付之阙如。

曾有人将此称作国企的"企业家困境",在相当程度上,这种困境的确制约了国企的健康发展。一方面,计划经济时代的国企领导无需做决策,只需根据国家宏观需求执行指示,这使其在根本上就没有创造动力;另一方面,一些具有企业家性格的国企负责人,也因为相关行政制度的掣肘而难以施展拳脚——囿于相关规定,不少颇为得力的国企负责人不得不在事业炉火纯青时"到点退休",或在刚刚打开局面时被要求"干部交流",类似一刀切式的规定,成为培育企业家精神的障碍。

其实,国企在一些方面时常深陷舆论旋涡,也同企业家精神的缺失相关。企业家意味着对企业经营成果全权负责,同时意味着权责相当。而现实中国企高管薪酬问题一直饱受攻击,多少就与其行政色彩过浓和企业家色彩过淡相关——并不是说国企负责人不需要承担行政使命,恰恰相反,其行政使命的履行情况,也需要一个客观的标准进行评估,并与企业的绩效挂钩,遑论经营管理方面。现实中,公众普遍抗议国企负责人薪酬过高,国企负责人则频频为己"叫屈",两相撕扯的根源,恰在于这套评价和奖惩机制同企业运行脱轨。试想,如果以企业家标准衡量国企负责人,在必要限制下实现收益与绩效的正相关,体现出"好的多拿,差的少拿,有错追责",不仅企业创新动力会增强,针对国企的舆论纷争也并不是不能止息。

所幸的是,类似问题在本轮国企改革中,均已得到了明确的重视。两年前上海推出的国资国企改革"20条"中,即提出要推进市场化导向的选人用人和管理机制,进而培养国企中的企业家精神;今年6月,中央深改组会议通过《关于在深化国有企业改革中坚持党的领导加强党的建设的若干意见》,也强调要建立适应现代企业制度要求和市场竞争需要的选人用人机制。颇可期待的是,随着相关的改革举措推出,一度失落的企业家精神能在国企中得以重塑。而当国企中真正涌现出一批兼具市场意识和政治责任,并具有创新意愿的企业家,提升国企的竞争力自然不在话下。

(作者是《解放日报》首席评论员,
本文选自2015年9月9日《解放日报》)

宝钢武钢合并重组　打造中国钢铁巨无霸

曹　俊

新中国建设的首个特大型钢铁企业——武钢与改革开放初期建设的第一个特大型钢铁企业——宝钢联合重组而成的中国宝武钢铁集团,2016年12月1日正式揭牌成立。这是中国国企改革的大事,是中国钢铁业推进供给侧结构性改革的大事,也是全球钢铁业界的大事。宝武合并意在建成代表中国钢铁工业最高技术和实力水平、拥有钢铁技术自主知识产权、适应国家供给侧结构性改革要求、最具竞争力的钢铁企业。

一、集团重组与上市公司合并同步　跃升全球第二大钢铁企业

2016年6月,宝钢股份和武钢股份两家上市公司同时发布公告正在筹划战略重组事宜,9月22日,同时发布《吸收合并报告书》,武钢股份与宝钢股份通过换股合并重组,两只股票同时停牌。截至停牌前一交易日收盘,宝钢股份的股价为6.8元/股,与武钢股份股价之比为1∶0.54,在宝武合并方案出台后,两家上市公司的股价均上涨了四成左右。合并后的新宝钢股份总股数增至221亿股。宝武钢铁集团持股比例为52.14%,武钢集团持股13.49%,另有34.37%的股份为其他外部股东所有。

在两家上市公司吸收合并的同时,宝钢集团成为重组后的母公司,武钢集团整体无偿划入,成为其全资子公司。2016年12月1日,中国宝武钢铁集团有限公司在上海揭牌成立,此次重组是业内首个集团重组与上市公司合并同步推进的央企联合重组。在供给侧改革及钢铁产业转型升级的大背景下,中国最大的钢企宝钢集团与新中国第一家钢铁企业武钢集团重组合并有着深刻的意义。据官方统计,新成立的这家钢铁巨无霸共拥有员工22.8万人,资产总额约7 300亿元,年营收达3 300亿元,在2015年世界500强中可列123位左右。合并后粗钢年产能超6 000万吨,在全球仅次于欧洲钢铁巨头安赛乐米塔尔。

二、着力钢铁行业扭亏,宝钢武钢合并重组破冰

2016年的中国钢铁行业深陷亏损困境,进入"去产能"的开局之年。作为供给

侧改革的首要任务,去产能战役率先在钢铁行业打响,明确用5年时间再压减粗钢产能1亿~1.5亿吨,行业兼并重组取得实质性进展,产能利用率趋于合理。

宝钢和武钢合并可谓是化解钢铁过剩产能的动真格之举。在去产能的大背景下,宝钢和武钢捷足先登,在提高市场占有率、整合资源、控制成本、技术创新等各方面都会获得发展先机。业内普遍认为,宝钢与武钢合并后,将通过"去产能调结构"使部分核心产品的市场占有率将大幅提升,硅钢的市场占有率达到70%,高端汽车板市场占有率约60%,合并后的产能超过7000万吨,跃居全国第一,中国央企巨无霸的诞生,对于铁矿石的需求约1亿吨,约占全球铁矿石贸易总量的7%。

三、深度整合拉开帷幕,钢与非钢主业同步发展

合并重组之后,宝武集团内部的深度整合按"钢铁主业""非钢多元化"两大主线实施推进。

在钢铁主业的整合中又分两个方面。首先是换股后宝钢股份层面的整合,未来总部在上海的宝钢股份将对上海宝山、梅山、武汉青山、湛江东山四大钢铁基地实施制铁所模式。2017年宝钢股份要在生产线、销售、采购、财务、信息化等方面实施全面整合。钢铁主业整合第二个方面是对宝钢股份之外的钢铁资产整合,包括韶钢、八钢、不锈钢、特钢、鄂钢等。通过企业整合,成为区域内最具竞争力的企业。

武钢股份和宝钢股份超过90%的铁矿石都以进口为主,合并后的宝武集团在采购、议价、物流、仓储等方面将会有很强的协同效应,除了铁矿石外的其他诸如煤炭在内的原料也可增强议价能力。不仅原材料采购,宝武合并后,硅钢、汽车板材等优势产品在销售、物流等方面也将形成强大的协同效应,仅这两大拳头产品就占据全国硅钢、汽车板的60%~80%的市场份额,整合后可以减少同质化竞争,提升议价能力和降低物流等成本,市场前景广阔。

在供给侧改革和钢铁行业深度整合的市场环境下,宝武集团在2016年利润总额70.2亿元的基础上,2017年设定了更高的目标,预计2017年粗钢产量将达到6316万吨,化解产能545万吨,营业收入3900亿元,利润总额75亿元。

对于非钢主业的多元化业务整合,将通过进一步聚焦,有所取舍。充分挖掘内部资源,培育若干个有发展前途的业务,按照"专业化、市场化、平台化"的原则,发展成为营收过千亿元、利润过百亿元的产业。金融投资、信息技术、不动产等非钢

业务未来也将在上海和武汉两地实行产业协同,如在上海或武汉部分去产能退出的厂区地块开发、B2B领域的金融服务等,都是非常有前景的。

宝武集团和中远海运集团在上海签署战略合作协议。根据协议,未来宝武集团和中远海运将在航运、物流、修造船、码头等多个领域加强合作,具有标志性意义的战略签约给人留下了极大的联想空间,也意味着拥有中国第一、世界第二大钢铁产能的中国钢铁航母正式起航。

深度整合并不能一蹴而就,需要足够的时间消化和理顺,要让经营业绩从恢复性增长提升至稳定性增长。内部挖潜降本和瘦身健体是重要的功课。

四、多制造基地管理模式　发挥管理协同优势

宝武重组将是一个从企业联合走向产业整合及文化融合的过程。在钢铁产业整合方面,宝钢股份全面统筹的钢铁制造基地包括上海宝山、南京梅山、湛江东山、武汉青山四大基地,不同于以往的子公司管理模式,宝钢股份现在实行的是多制造基地管理模式,这种管控模式就是子公司实质上成为了生产制造基地,只负责生产,其余均交由总部处理,在这种多制造基地管理模式下,随着时间的推移,把研发、信息化、财务、采购、营销,甚至投资都集中到总部管理,有利于迅速把原先宝钢股份的优势更快复制到别的基地。宝钢股份的这种多制造基地管理模式一旦成熟,在钢铁业或是一种新的探索。同时,宝钢股份的四大制造基地相互之间有足够的战略空间,分布于长三角、珠三角、中西部等经济发达或未来潜力更大的区域,让宝钢股份未来更具备竞争力。将来每一个制造基地都能满足周边市场,管理上将采购、研发、销售等方面发挥协同效应、规模效应的地方集中起来,在制造端属地化、产品质量同质化,这样提供服务、响应市场变化的速度就会更快。

五、央企混改新突破　电商平台开放股权员工持股

由宝钢与武钢联合重组而成的中国宝武钢铁集团在央企的混合所有制改革中率先取得突破,其旗下钢铁电商平台——欧冶云商实施首轮股权开放及员工持股。作为国务院国资委首批10家央企员工持股试点企业之一,是宝武集团内首家全面推行混合所有制改革的子公司。在首轮股权开放中,欧冶云商与本钢集团、首钢基金、普洛斯、建信信托、沙钢和三井物产等国内外知名企业签约,同时成功引入126名核心骨干员工持股,探索国资保值增值的新机制和新动力,共募集资金超过10

亿元人民币。

在资本结构上,本轮股权开放引进的新股东既包括外资背景企业,也包括民资背景企业,还有公司自己的员工,成功实现了国资、外资、民资与员工出资的融合。新股东中的本钢、首钢及沙钢都是在中国有影响力的钢铁企业,入股欧冶云商,体现了钢铁行业的认可,在战略布局上与宝武集团形成了互补,使欧冶云商覆盖全国的服务网络更加高效。普洛斯作为全球领先的物流地产企业,未来将在大宗商品物流设施建设运营上提供合作。三井物产是知名国际商社,有遍布全球的经营网络,助推欧冶云商的跨境经营。欧冶云商的目标是通过进一步开放股权,引入更多的合作伙伴和投资者,最终实现股份公开发行上市成为公众公司。

宝武集团依托国家的"一带一路"战略和上海自贸区政策优势,欧冶云商通过大力实施"走出去"战略,拓展海外新兴市场,加快推动国际大宗商品流通领域的信息共享,提高全球资源配置效率,提升中国在国际大宗商品市场的定价权和话语权。

六、宝武联合的四大看点

宝武联合的意义何在?需要关注的方面有哪些?新华社记者概括出宝武联合的四大"看点"。

(一)宝武联合,是"国内、国际"两个轮子一起转。宝武集团成立后,将实施行业"领跑"战略,既要立足国内创新发展,切实承担起中国钢铁行业产业组织者和技术创新引领者的责任,成为行业领军企业,又要放眼国际,主动对标世界一流,找差距、补短板,打造成为具有国际竞争力的世界一流企业。

(二)宝武联合,在于做强做精钢铁主业的核心竞争力。国家已提出"中国制造2025"战略,以顺应制造业的服务转型和产业链竞争的发展趋势。行业专家认为,宝武合计的发明专利,约占国内重点钢铁企业发明专利总数的一半左右,联合后形成的创新协同,可有效形成中国钢铁制造行业的创新平台,增强中国钢铁业的创新发展动力。宝武集团将推动钢铁主业向高端化、智能化、绿色化、服务化发展。

(三)宝武联合,在于探索行业整合融合的有效途径。整合融合的推进,最终应表现为"资源配置更优、运行效率更高、盈利能力更强"。宝武联合后,资产总额约为7 300亿元,年产粗钢规模位居中国第一、全球第二,有条件统筹规划技术研发、产品布局、采购管理、销售渠道、物流网络等各方面的资源。关键在于:减少重复建设,压缩管理层级,减少法人数量,确保集团高效有序运转,在增品种、提品质、创品牌上下功夫。

（四）宝武联合,将在持续深化改革中激发出内生动力和发展活力。宝武集团已成为中国国有资本投资公司的试点企业之一,重组整合将是深化改革的一个契机,加快推进体制机制创新,在探索建立中国特色现代国有企业制度和国有资本投资公司运营模式方面,发挥示范带动作用。在宝武集团下一步的"改革议程表"中,已包括了:加快构建适应集团化管控、市场化运作、国际化发展的高效运行机制;建立和完善适应市场竞争要求的劳动用工和收入分配机制等方面。

（作者是上海股份制与证券研究会副会长）

混改需要"铁打"的张玉良们:打铁还需自身硬

严学锋

《关于深化国企改革的指导意见》甫一出台,引发了极大关注。对众多国企管理者而言,企业家的身份地位是他们最为关注的。

关于企业家部分,指导意见涉及的主要有三点:加强企业家队伍建设;造就一大批充满活力的企业家队伍;充分发挥企业家作用。

一、如何加强? 如何造就? 如何充分发挥?

在2014年上海市深化国资改革促进企业发展工作会议上,市委书记韩正曾表示,要完善有利于企业家成长的任职机制,让懂市场、懂经营的人来干企业,让干得好的人以企业为家,不能总是铁打的营盘流水的兵。

从国企发展历程上看,确保企业家地位的稳定、不做"流水的兵",是混改成功的重要保障之一。符合十八届三中全会所提"更好发挥企业家作用",符合"推进国有企业改革,要有利于国有资本保值增值,有利于提高国有经济竞争力,有利于放大国有资本功能",从而造就了国资、企业家、员工的共赢。

这方面绿地、联想控股、中联重科等进行了有益探索。就在上月下旬,绿地控股股份有限公司借壳金丰投资完成,当日以市值2 677亿元收盘,董事长、总裁张玉良持股1%。以此算来,其身家已逾26亿元。

23年以来,张玉良一直身居国企起家的绿地最高领导职位,没有被调走,没有走仕途,成就了一个业绩优秀的混合所有制企业。

做好混改这个大改革,需要"铁打的"张玉良们,当然,国资委为代表的出资人,应做积极尽职的股东,遏制张玉良们的内部人控制风险。

二、稳稳的张玉良们

"选拔、培养和保护企业家,充分发挥企业家作用。在企业改革发展过程中,企业家是偶然性因素,可遇而不可求。在混合所有制企业中,不能简单地用行政方式选人,而要依市场方式选人用人,企业的领导团队应以企业家为核心,确立企业家在经营决策中的核心位置,确保企业家在混合所有制企业中长期稳定的领导地位,而不是在行政干预下走马灯似的换人。"央企混改先锋中国建材集团董事长宋志平表示:"无论马云、柳传志,在公司机制的设计里面一定有一条,能保证他们这些创业者、企业家一个稳定的领导地位,保证了他们的地位,就保证了员工、客户的稳定,这是连在一起的,我觉得这很重要。"

混改、做大做强做优过程中确保企业家地位的稳定,张玉良等人证明了此路可行。

1992年纯国资的绿地成立,上海市农委主任科员张玉良任总经理(后改任董事长兼总裁至今)。1997年,职工持股会出资3 020万元,持股18.88%;职工持股会2003年持股达高点,为58.77%。2013年,平安创投、鼎晖等5家投资者增资117.29亿元,共计持股20.15%,上海国资委旗下国有股份降为48.45%,职工持股会持股29.09%。绿地董事会13人,其中职工持股会推派5人,上海地产集团、上海城投总公司各推派2人,中星集团、天宸股份、平安资本各推派1人,另设独董1人;董事长(即张玉良)由职工持股会推派,3名副董事长分别由上海地产集团、上海城投总公司、中星集团推派。股权相对分散制衡的同时,张玉良董事长的身份由职工持股会推派,确保了企业家的独立性。

2014年,为规范职工持股会而设立的有限合伙企业上海格林兰成立,其执行事务合伙人为格林兰投资,该公司由绿地管理层43人设立,受绿地管理层直接控制,法定代表人是张玉良,进一步确保了张玉良的独立性、话语权。

詹纯新的地位同样稳定。1992年以科研院所起家,经股份制改造、员工持股、引入战略投资者、整体上市等,截至2014年底,中联重科主要股东持股是:湖南国资委16.26%、管理团队和骨干员工持股7.14%、弘毅投资8.9%——形成没有控股股东,湖南省国资委、管理团队和骨干员工、战略投资者、国际投资者等共同持股的混合所有制产权结构。詹纯新一直是公司最高领导。

现年71岁的柳传志仍是联想控股董事长。国企起身的联想控股2014年改制为股份有限公司,主要股东是:国资国科控股(36%)、员工持股联持志远(24%)、民企中国泛海(20%)、员工持股联恒永信(8.9%)、董事长柳传志(3.4%)。

中国平安保险成立时股东是两家国企:工商银行和招商局。1992年,马明哲与招商局副董事长袁庚就中国平安股权问题进行讨论。马明哲说,中国平安打算花时间完成股权的结构合理化、分散化,一家企业最主要的问题是体制、机制和人才,体制决定机制,机制留下人才,而最为关键的问题则是由股权结构决定的。经长期的股权结构改造,中国平安成为没有控股股东、员工持股较多的上市公司。最初,马明哲由股东招商局派往中国平安出任董事、总经理,1992年员工持股达10%,其后,马明哲的董事席位可以由员工持股支撑,获得了独立性。其1994年升任董事长兼总经理,2001年改任董事长兼CEO至今。

三、铁打背后的保障

实践出真知。通过张玉良们长期的实践,对于混改中确保企业家铁打的地位,已形成了不少有益的、可复制的办法。

通过较大力度的员工(特别是经营层团队)持股来支撑企业家的地位稳定,是市场化的手段,公平、合理,可以大力推广。中国的公司法规定,股东选择管理者。即股权是企业家地位稳定的硬实力。张玉良称,"由于绿地集团这种混合所有制的形式,使我有可能像这样在一个企业干22年,也许在国有独资企业,我早就被调走了"。其地位的稳定,得益于大力度的员工持股。按宋志平的说法,绿地和中联重科,国有股虽然都是大股东,但地方国资委把董事长的提名权让渡给了员工持股公司,保证了企业家地位的稳定。在国务院国资委研究中心主任楚序平看来,十八届三中全会发展混合所有制和以前最大的不同就是鼓励员工持股。深化国资国企改革之际,理应力推员工持股。

为进一步优化股权结构,优先推进员工持股的同时,引入非国资的战略投资者,有利于优化公司治理、促进企业家地位的稳定。投资就是投人,很多战投就是冲着企业核心团队乃至企业家而投资的,入股后会支持企业家高效履职。中联重科、联想控股等均如此。

一般而言,混改需形成相对分散、制衡的股权结构,破除一股独大。形成国资、员工持股、战投等三分天下,是一种不错的选择,绿地近乎此结构。如果仍然国资一股独大,员工持股太少,制衡性不足,则公司治理难以市场化,企业家地位难以稳定。

优化股权结构是混改的基础工作,深层次的是公司治理市场化、不断优化。治理越市场化、水平越高,说到底越有利于企业家履职。切莫将混改停留在股权改造和公司治理改头换面上。张玉良称,"在推进混改的过程中,绿地集团一直在探索如何摆脱传统国企的束缚和局限,寻找贴合市场、适合企业发展需要的经营管理机制。这么多年来,我们在投资决策、文化导向、选人用人、激励约束、企业管控、内部竞争等多个方面,都形成了灵活、高效、管用的市场化机制,国有与民营'混血'的优势得以展现"。

打铁还需自身硬。企业家说到底靠业绩立身,赢得"铁打"。联想以20万元起步,2014年利润41.6亿元;绿地以2 000万元起家,2014年利润120亿元;中国平安以5 000万元起家,2014年净利润392.79亿元。假如企业家已不再适合,理当被替换。

股权相对分散制衡(股东包括国资不能随意妄为)、员工持股较多(支撑企业家履职)、公司治理市场化、业绩不俗,这可谓张玉良等人获得"铁打"的核心保障。国资转为优先股、采取阿里巴巴式合伙人制等全新思路,也是日后混合所有制企业优化治理、确保企业家地位稳定可探索的。

四、头悬达摩克利斯之剑

"我们的股东中国科学院是高瞻远瞩的开明婆婆。在政府各部门的支持下,中国科学院由1984年100%的全资,经过两次减持,现在上市后占有29%的股份。一路走下来,它让创业者、管理层和企业员工当了主人,让主人全心全意地策划企业的发展,分享劳动果实。"2015年6月联想控股IPO后,柳传志如是说。

保障企业家地位稳定,国资出资人的做法无疑很重要。

(一)是做"开明"的出资人。这里的开明,是指秉承合法、"有利于国有资本保值增值,有利于提高国有经济竞争力,有利于放大国有资本功能"的原则,支持公司治理市场化,特别是员工持股,更好地发挥企业家作用,不随意调动,去除传统国企的任职时间、年龄等非市场化限制。

(二)做积极的股东。相较私人股东,国资股东由于存在多层委托代理关系,履职动力、压力往往不足,能力相对薄弱。过往的国企改革,出现了不少内部人控制、侵占国资的恶劣案例。如今的混改,国资作为重要股东,理应做积极的股东,不能做消极、搭便车的投资者,底线就是把握好公司法赋予选择管理者的权力,遏制内部人控制;给力真正优秀的企业家"长期稳定",惩罚包括驱逐不合格者。特别要警惕的是,以往的混改中,出现了持股较多的企业家兼任国资产权代表的现象:这存在利益冲突。国资产权代表可以任非执行的副董事长,一般性责任外,突出监督职能。

（三）一方面，国资股东需开明，在支持公司治理市场化、不断优化的基础上，维护企业家地位的稳定；另一方面，确保企业家的履职，随时头悬达摩克利斯之剑，倒逼企业家履职到位。现如今，上海国资委合计持股绿地46%，远超员工持股的28.79%。这柄达摩克利斯之剑悬在头上，张玉良们当知有所为有所不为了。

（作者是财经作家，本文选自2015年9月22日《企业观察报》）

共享竞合模式与深化国企改革

曹 俊 钧 家

上层建筑必须适应经济基础是政治经济学的基本逻辑。随着生产力不断发展。作为上层建筑的生产关系,必须相应变革,方能助力生产力发展。

在"二学一做"活动中,习近平指出,基础在学,关键在做。学是做的基础,做是学的目的。知是行之始,行是知之成。年逾米寿的资深党员干部徐东吴毕生知行合一,以其实际行动证明自身是不忘初心的合格党员。

一、"209 老专家建议",结出硕果

209号老专家建议系徐东吴提出。20世纪50年代毕业于上海财经学院的徐东吴,在28岁时响应国家号召支边23年,为青海省邮电行业的建设和发展作出卓越贡献。调回上海邮电局后,提出邮电系统"四段核算法",参加邮电部组织制定的"邮电经济核算办法"在全国邮电部门实施后效果良好,牵头研究制定上海邮电"六五""七五"规划,提出采用数字技术改造上海通信网络,实现上海电话全自动程控交换,推动上海通信建设实现跨越式发展。

徐东吴热爱邮电事业与学术研究,曾主持国家与邮电部门经济关系的国家课题研究。参与邮电经济管理模式等软课题研究,对我国邮电通信发展产生了积极影响,两次荣获邮电部重大科技进步奖。

退休后壮志未已,继续关注邮电产业发展。看到2012年4月21日的《新民晚报》刊登了"上海万源路七百米人行道,密密码码树立的七十根电线杆"的文字,深感重复建设,浪费资源,不顾年事已高,实地考察后,接连撰写《触景生情——从电杆森林,想到宽带中国》和《可节约数千亿的宽带中国梦》送到有关单位,不料,都未引起重视。徐东吴深感作为一名共产党员,老邮电人,有责任向有关领导反映,于是将上述两篇文章合并写成《关于落实宽带中国战略的几点建议》送到老专家协会,协会高度重视,将两篇文章刊登于《老专家建议》第209期,报送上海市有关单位和领导,与此同时,徐东吴还给工信部领导和市委领导写信,并附上"209建议"。

市领导和工信部领导对其来信和"209建议"十分重视,分别有市经信委一处

长面复和工信部一名司长到上海来洽谈并表示感谢。

该建议的核心内容是2G/3G时代,中国移动、中国联通、中国电信三大运营商基站建设总量超过160万个,如4G时代减少10万个基站建设就可减少开支2 000亿元。节约土地数万亩,在通信建设中促进共建共享政策的推进,减少重复建设,从而节约大量人力、物力、财力和土地,这将是多方共赢的好事,最终会让广大用户受益。

根据工信部副部长尚冰所作"发挥体制优势,推进共建共享"批示精神,经有关部门共同努力和协商,2014年7月,由中国移动、中国联通、中国电信三家运营商共同投资的中国铁塔公司成立,统筹铁塔等通信基础设施的建设、运营、维护,相关数据显示,仅2015年,由于"能共享不新建",我国少建铁塔26.5万个,节约投资500亿元,徐东昊锲而不舍,砥砺前行,终于催生国企体制改革的硕果。为表彰徐东昊,近日中国老科学技术工作者协会(会长陈至立)向其颁发"在科技创新和经济社会发展中作出显著成绩,特授予2016年度中国老科学技术工作者协会奖"荣誉证书和金光灿灿的奖章。

二、共享竞合,探索国企供给侧改革新模式

2016年全国两会期间,国务院国资委主任萧亚庆以信号发射塔为例,阐述提高央企效率需要深化改革,过去移动、电信、联通三大通信公司,所建发射塔都选择其最近地区。每家公司建一个,导致周边居民有意见,浪费资源。现在三家公司成立了铁塔公司,每家出一定股份,共同享用这些资源,减少了资源浪费,并为社会提供了良好服务,这便是通过解决央企效率问题的良好实践。

铁塔公司共享竞合新模式的要义在于,坚持"能共享不新建"的原则,三家公司共享铁塔等通信基础设施资源,三家公司前端——需求端各自面向市场开展竞争,后端——供给端合作,共享发射塔等基础设施资源,共担建设运营资本。

兼顾协调好各方合法权益,是铁塔公司改革成功的关键环节。三家电信公司既有的铁塔,以何种方式交给中国铁塔,事关改革成败。此前三家电信企业铁塔站址资源分布不均衡,移动拥有76万座铁塔,超过联通与电信两者之和,铁塔虽系国有资产,如完全由行政划拨,则以前基础投资大的企业损失较大,有失公允,若按既有铁塔分配,中国铁塔股权,中国移动则将成为控股股东,不利于中国铁塔持续健康发展。

为了兼顾各方利益,在改革重组中采取剥离出售回租的市场化方式,即通过第三方评估机构评估,出售时,采取股权对价和加现金对价相结合的方式,并同步引入中国国新公司。最后,中国移动持股38%,中国联通与中国电信分别持股28.1%和27.9%,中国国新持有6%股份。由于以既有铁塔数最少的中国电信的铁塔资产作为基准计价,中国移动与中国联通还获得合计919亿元的现金收益。

由三家运营商各自建设、各自运营、各自管理,变成一家建设、一家运营、一家管理,三家共享,在推进供给侧结构性改革,减少重复建设,提升行业效率方面效果显著。铁塔公司成立22个月以来,电信基础设施规模快速增长,累计承接铁塔类项目116.5万个,交付铁塔基站102.6万个,建设量是过去30年通信行业累计建设总量的70%,助力电信企业建成全球最大的4G网络,大量减少重复建设,截至2016年10月,新建铁塔共享水平由20%提升至70%左右,相当于少建铁塔基站45.5万个,减少土地占用2.1万亩,为全行业节省投资806亿元,人均管理基站址数125座,是成立22年的美国铁塔公司的4.8倍。为央企依托无形之手整合资源,提质增效探索出新模式。

三、用市场化办法推进改革,提升国企效率和活力

中国铁塔改革重组成功实践,给人们以六点启示。

(一)企业应从竞争走向竞合。市场经济体制下企业需要竞争,但国有资产之间无序竞争既会推升企业成本,又会浪费资源,中国铁塔实践给人们的启示是,企业间应从竞争走向竞合,该竞争之处竞争,同时从国家战略和效益出发,该合作处合作,如此方能利企、利国、利社会。

(二)改革应多用市场化办法。企业改革重组,资源整合势必涉及企业利益,若不能合理协调,不仅会导致改革难以推进,而且可能影响正常的市场竞争。铁塔模式给人们启示之二是:国家层面的大力推进十分重要,具体操作过程,尽量采用市场化办法,也至关重要。毕竟市场化操作,各方心服口服,才能合得顺畅。而且完成资源整合只是第一步,还要通过市场运营,激发企业活力。唯有如此,国企的整体功能和运行效率才能切实得到提高。

(三)协同有利提升效益。中国铁塔成立后,在沪昆高铁云南段,186千米线路施工中,高铁线路与4G通信网络同步规划,同步施工,同步开通,大幅提升高铁乘客的上网体验,造福了沿线山区居民,比传统建设共节省投资1.06亿元,"三同步"

成效显著。

（四）铁塔标准化带来产业链升级。对铁塔结构进行标准化处理，划分为8类90种，标准化有利于生产模块化，其带来的节约和效益不低于铁塔收益，形成标准化，模块化两个维度的节约与效益提升，且对铁塔工程公司提出更高要求，带来整个产业链升级。

（五）行业共享向社会共享拓展。为进一步提高资源利用率，中国铁塔秉持行业共享向社会共享拓展的理念，以开发智慧灯杆作为未来业务发展方向，在一根路灯杆上集成六项功能：路灯照明、通信基站、环境检测、公安监控、LED广告和充电桩。充分显示市场化带来的活力和潜力。

（六）改革需要敢于担当。任何改革都会打破原有格局，进行权利再分配，利益再调整，需要一批敢于担当、敢于进取的能人来打破和推进。

供给侧改革最终的发展指向，是以信息技术，数字技术为支撑的创新型经济，宽带中国是其中旗舰工程之一，中国铁塔的成立，是体制改革的成果，宽带中国战略的实施，仍需在机制体制上继续突破，坚持理念引领，多措并举，协同推进，务求实效。

（一）突破思想束缚

强化全局观念，不做企业既得利益守护者，勇当行业革新攻坚者，继续发扬舍小家为大家的革命精神。

强化敢啃硬骨头，勇涉深水区，发扬克难攻坚，以踏石留印、抓铁有痕的决心，披荆斩棘，开拓前进，为优质、低耗、高效建设宽带中国尽心尽力。

（二）破解资金瓶颈

1.建立宽带中国基金。以三大电信运营商和国资投资公司为出资主体，筹建宽带中国发展基金，通过基金的杠杆作用，带动社会资本，拓展建设资金来源，作为2万亿元资金需求的来源之一。2.筹备上市。向资本市场直接融资，成为公众公司。3.发行"宽带中国"债。分期分批发行"宽带中国"公司债券，向社会融资。4.实施职工持股计划。让职工拿出真金白银入股，形成企业与职工命运共同体，既让职工共享企业改革发展成果，又让职工共担推进企业持续发展的责任。5.推进混改，引进民资。

（三）兼顾产业链各环节及消费者利益

宽带中国产业链条长，应在测算产业链各环节（制造、网络运营、终端等）成本基础上，本着按劳共享原则，合理确定各环节资费标准，着力做到，有福共享，有难同当，使产业链各环节共享宽带中国改革发展红利。同时，协调好运营商业与消费者利益，使消费者在宽带中国建设中有更多获得感，以体现发展的终极目的是满足人们日益增长的物质文化和生态需要。

（四）健全电信法律法规

在现有互联网条例基础上，制定《电信法》，健全电信领域法律体系，完善法制秩序，规范产业链各环节经营行为和个人网络信息发布行为，确保国家安全、产业安全和信息安全，有效保护个人信息隐私。

（五）发展混合所有制电信企业

着力双向混合。1.吸引民间资本进入国有电信企业，以拓宽建设资金来源，引入民企机制，增加企业活力；2.国有电信企业参股控股民企，如中国铁塔，向社会上数百家铁塔公司中择优入股，参股或控股的民营铁塔公司，以扩大国有资经济的影响力。

重复建设不仅存在于电信行业，石油、天然气、电力等具有天然垄断特征的领域，都有优化配置同类资源的空间，中国铁塔共享竞合新模式，应在国企供给侧结构性改革中加以推广。

2016年8月9日《人民日报》头版"改革敢啃硬骨头"专栏介绍了中国铁塔：探索共享，竞合新模式后，徐东昊进而提出《关于积极支持参与量子通信研发与应用的建议》《关于抓住SDN/NFV新技术，促进网络和业务转型的几点建议》，继续为中国电信产业发展献言献策，充分体现一名老党员忧国忧民，终其一生，建言献策，直言不讳，爱国敬业，鞠躬尽瘁的心路情结；彰显生命不息，奋进不止，老有所学，老有所为的精神境界；是"两学一做"学习教育中与时俱进，永不言退，知行合一，锐意进取的良知长者。

（作者曹俊是上海股份制与证券研究会副会长，钧家是上海浦东工业技术研究院副院长、教授级高级工程师、上海市注册咨询专家）

第九章　企业转型发展

"上海制造"的明天在哪里

林毅夫

上海市统计局最近发布的一份统计报告显示,2014年若扣除汽车制造业快速增长的影响,上海工业总产值与上年持平。

随之而来的问题便是:如果未来上海的汽车行业衰落了,上海制造依靠什么发展?

由于比全国提前进入新常态,上海经济结构提早转型,本市工业领域也是提早出现"阵痛",新兴产业还未能填补上传统产业下滑和转移的缺口,国内外经济下行压力下,上海制造面临的困境和挑战不容忽视。

而在全球和全国范围内,对制造业升级的认识已成共识。工业4.0风靡全球,中国制造2025战略规划出台在即,面对新一轮技术革命,以及经济新常态下国内消费升级带来的机会,"上海制造"能够抓住吗?

上海现在人均收入水平是15 600美元,从国际的指标来看已经是一个高收入的经济体了,服务业比重要比中等收入经济体的更高。

即使上海越来越多地往第三产业发展,但上海到底还是一个2 500万人的城市,不是一个500万人的城市,所以制造业的发展还是非常关键的。那么上海应该怎么发展制造业?

我想制造业应该可以分成五类来看。

一、跟发达国家有差距的产业

目前上海的人均劳动生产率水平也就只有美国、德国的1/3、日本的60%、韩国的一半。他们很高的收入水平和劳动生产率水平,还都有实体产业,代表他们实体产业的技术水平、附加值水平比上海高。这方面我们可以抓住后发优势，带动产业快速升级。现在大量从这些发达国家进口产品，是从哪个地方进来？我们的产业为什么自己不能生产？要利用差距有几种方式：有的是可以招商引资让他们来我们国内生产。我们国内是新常态，他们也是新常态，国外很多企业有一些技术，但是经济发展不好，所以利润很低，甚至濒临破产，在这种情况下可以鼓励国内相关企业去收购，把他们的技术买到国内生产。有的即使不能收购也可以进行合资，可以到海外设立研发中心利用他们的技术。

二、产业处于世界最先进水平，或者差距已经非常小

像宝钢基本上已经接近世界最先进水平了，造船业也应该是接近世界最先进水平了，所以就必须自己去做研发，创新新的技术，创新新的产品。因为差距小，外国企业不会把技术转让给你，合资买过来还有可能，要有新技术新产品自己必须研发。我们知道新产品、新技术的开发必须以企业为主，很多新产品、新技术开发前期需要的基础研发，一般企业不愿意自己做，因为投资太大、风险太大、周期太长。在这种情况下就需要上海给这类产业做相关的基础科研，支持一些大学研究机构，或者鼓励行内形成共用技术研发平台。

三、让中国变成世界工厂的劳动力密集型加工制造业

加工业在上海现在相对比较少，但长三角地区还是有很多让中国变成"世界工厂"的那些劳动力密集型的加工制造业。

过去我们的劳动力便宜，所以有很大的比较优势，进而成为竞争优势变成"世界工厂"，现在工资水平上升了，因为劳动力成本太高，这方面上海不太多，但是有的话就要有研发、品质管理和渠道管理，加工部分就可以转移出去。上海这个方面很少，但是还有一些，那么就走向微笑曲线的两端，将生产加工转移到工资水平比较低的地方。

四、以人力资本为主的新兴产业

它是弯道超车的机会，这个产品和产业是全世界最新的，但是它有一个特性，就是以人力资本为主，比如互联网产品，还有移动通信。我国在人力资本方面因为人多，这些年也下了很大的功夫，加上我们有13亿人口的大市场，所以在属于弯道

超车的产品上面,我们是有比较优势的。最明显的就是阿里巴巴、腾讯的微信,以及华为,现在做得都不错,说明机会还是相当多的,上海也可以抓住这样的机遇。但是上海要考虑怎么把这些人才吸引到上海,创造一定的环境、给予一定的激励,因为那些在弯道超车的产业一定是"以人为本"的。这方面做得比较好的一个是深圳;一个是杭州;广州也做了一些,上海可以从中找到差距。

五、大资本投入的国家战略项目

这些项目以大资本投入,金融资本投入非常多,研发周期也很长的。这种还不是我们的比较优势,应该是发达国家的比较优势,但是我们也不得不做。大飞机等都是这种类型,事关国家战略,项目需要大量财政补贴,也需要有地方落地。补贴是中央补贴,产值是地方产值,再加上这些产业多多少少还需要一些配套的东西,上海产业配套基础较好,所以到这个地方来生产,中央给的补贴可以少一点,也有利于地方的GDP,还有利于它的技术外移,上海在全国产业水平上面还是具有一些先发优势的。

(作者是全国工商联专职副主席、北京大学教授,
本文是作者在上海市政府发展研究中心主办的
"宏观经济与上海发展"专家闭门会议上的讲话)

经济"熊市"蕴藏大量商业机会

许小年

中欧国际工商学院经济学教授许小年,日前在中欧"戈十"回归日庆典活动上以"新起点,创新与互联网"为主题做了一场精彩的演讲。他认为,目前经济增长速度放慢,企业经营困难,是我们过去长期依靠投资驱动造成结构性扭曲的结果,去产能化是当前经济最紧迫的任务。在经济调整过程中,有大量的商业机会。第一个机会是行业重组,第二个机会是传统企业的更新换代,第三个机会就是创业。

"4万亿"刺激计划使本来已严重的结构失衡更加恶化,很多传统制造业部门产能已经过剩,在市场上找不到销路,急需更新换代。由于中国经济增长长期依靠投资驱动,当出现过剩产能的时候,企业不敢投资了,依赖投资的增长就掉下来了,这是结构性扭曲持续到今天的一个必然结果。

和金融体系与政府体系中的坏账相比,A股的场外配资简直就是小菜一碟。政府融资平台在执行"4万亿"过程中积累的债务,才是中国经济的大隐患。

许小年对中国的资本市场向来评价不高,但给予新三板很高的评价。新三板是第一块没有审批制的地盘,什么样的企业都可以上,只要有人愿意买。他认为这是一个很好的开端,希望从新三板扩展到创业板,再到中小板和主板,都搞注册制就行了,别再审批了。

一、中国经济不靠创新走不下去

关于互联网和创新,许小年教授从宏观经济谈起。他认为,中国经济走到了今天,不靠创新,已经走不下去了。看过去一两年里的宏观数据,经济增长速度在不断地放慢。虽然今年一季度、二季度的 GDP 全是 7%,但电力指标、运输货运量增长率和企业层面等情况都很清楚地告诉我们,经济正在滑入衰退。"为什么会衰退"他指出,经过了多年高速增长,经济内部所积累下的结构性问题已经"捂盖不住"了,表现在宏观上就是增长速度放慢;在微观上,企业经营越来越困难。

衰退的原因是过去透支了今天的经济景气。许小年教授解释,2008年在国际金融危机的冲击之下,中国经济有个断崖式的下跌,虽然是外部冲击引起的,但也反映了中国经济的脆弱性,如果能利用2008年那个时机,在经济下跌的过程中,忍受痛苦,进行结构调整,产业升级换代,就不会有今天的困境。

"4万亿"刺激计划使本来已严重的结构失衡更加恶化,很多传统制造业部门产能已经过剩、产品技术落后、在市场上找不到销路,急需更新换代。"但政府巨量投资,又使这些落后的产能、落后的技术和产品得以苟延残喘,甚至继续扩张一直到今天。原来经济中的内在的增长动力减弱了,这个时候需要增强它的体质,我们非但没有消除导致虚弱的内部结构性弊病,反而给它注射'强心针'。这浪费了一次衰退,浪费了一次极好的调整机会。"他指出,今天调整的困难比2008年还要大。

由于中国经济增长长期依靠投资驱动,当出现过剩产能的时候,企业不敢投资了,依赖投资的增长就掉下来了。出路在哪里?答案是去产能化。"如果不把过剩的产能消除掉,价格起不来,企业经营会很困难,经济就会长期在低位运行。去产能化是当前最紧迫的任务。这和2008年金融危机之后欧美经济的去杠杆化所面临的挑战是一样的。欧美发生金融危机的原因是过度借债,杠杆过高,把家庭和金融机构压垮了。要想经济恢复,必须把过高的杠杆率降下去。美国去杠杆化从2008年到去年2014年才基本结束。"

"和金融体系与政府体系中的坏账相比,A股的场外配资简直就是小菜一碟。"许小年教授特别指出,A股配资总共有2万亿~3万亿元,金融体系的贷款余额是80多万亿元,坏账率如果以10%计算就是7万亿~8万亿元。"政府融资平台在执行4万亿元过程中积累的债务,才是中国经济的大隐患。"他认为,尽管社会反响很大,但A股市场只是中国经济中的一个小问题。大问题是政府负债,银行的坏账,实体经济中的过剩产能。"据说水泥行业的过剩产能是60%以上。去杠杆的过程和去产能的过程可能会相当长,到底需要多少年?我想3年、5年总是要的吧?"

在这一过程中,许小年认为,企业的首要任务不是发展多快、要做多大、赚钱多少,而是活着。在经济下行的过程中,价值才能显现。"我喜欢熊市,不喜欢牛市。为什么?因为在牛市中,资产的价格都被高估,只有在熊市中,资产的公允价值才能够在市场上出现。所以不要害怕熊市,不要害怕经济的下行和经济的调整,在调整的过程中,会出现大量的商业机会。"

二、利用新技术提高生产效率

第二个机会是传统企业的更新换代。观察基层企业,许小年发现,行业重组是转型的机会之一。很多中小型钢铁公司都要倒掉,这时是并购的好机会。但并购障碍在于地方政府的干预,因此许小年指出,经济就像自然界,生老病死是自然现象,政府不应阻碍市场购并,不要阻碍企业的倒闭。优秀企业通过并购提高市场集中度,获得一定的定价能力改进利润率,实现经营状况的好转。

市场份额比较集中的企业应通过研发推动升级换代。他认为,在行业分散的情况下,中小型企业没有做研发的力量,只有不断地集中才有规模效益,只有集中才能有足够的资源进行研究与开发。他举例说,中国零售业全年零售额是20多万亿元,国有零售商1 000多亿元,但是不赚钱,赚钱的是民营零售商,最大的也不过500亿元;而沃尔玛的年销售额是4 800亿美元,我国的传统行业过于分散,效率太低。"在整合的过程中有多少机会?对于做投资者来说,机会非常多。"

去年,许小年教授在奔驰和宝马的生产线看到,尽管还未达到工业4.0标准,但车间里没有几个工人,随处是机器人,工位之间的搬运全部自动化。"我们要做的,就是用新的技术去提高效率,不必硬把自己套进互联网思维,而是要思考如何运用这些新技术来提高企业的效率。"他指出。

中欧有位生产缝纫机的校友,在今年上半年整个行业销售额下跌20%、利润下跌60%的情况下,他的企业销售额和去年基本持平,利润跌幅小于10%。分析此番成就的原因,许小年分享道,这位校友把电脑装到了缝纫机上,用电控提高缝纫机的自动化程度,在传统缝纫工越来越难招工的环境下,这位校友早就酝酿产品升级,提高缝纫机的自动化程度,在市场上脱颖而出。"不需要追求那些高大上的东西,一点一点地改进,空间非常大。经济下行并不可怕,倒逼企业研发,改进产品和技术,提高传统行业的效率。"他说。

三、传统行业"+互联网"也可以

许小年教授指出的第三个商业机会就是创业。但他认为,创业不是人人都能做的,不是大众之事,而是小众之事。互联网在中国之所以轰轰烈烈,(一)因为中国传统行业效率低,给互联网公司留出了很大的空间;(二)政府管制少,进入相对自由。不过,他认为,传统行业一样有创业机会,不一定非做"互联网+","传统行业+互联网"也可以。

互联网的作用是什么?许小年教授提醒企业家,于此必须要有自己的思考。"互联网无非是一种更为快捷的传递信息的手段,有助于降低和消除信息的不对称。信息的不对称会产生交易成本,互联网的应用因此主要是在交易环节而不是在生产环节。至于生产环节效率的提高,仍然要靠传统的研发。互联网用得最多的就是营销,减少交易中介,缩短交易链条,降低交易成本。新产品和新技术的开发和研究,还得走传统的老路子。"

因此,对于互联网,许小年教授认为,既不要排斥、轻视,也不要产生恐慌情绪,而是要冷静地沉下心来分析自己行业的业务特征,有哪些是适合互联网上做的,有哪些是互联网没办法做的,自己的优势到底在什么地方? 要不要上网,怎么上网? 他强调,企业家要独立思考。"传统企业现在是在恐慌情绪下盲目崇拜,以为我不上网就要死,没有那回事。很多传统企业向互联网投降,我觉得太早了,还没有认真抵抗呢,就投降了。"

依然回到零售业的案例,许小年教授列举网上销售做了10多年的沃尔玛,投资建自己的网站和电商仓库,沃尔玛在中国收购了仅次于京东的1号店,要发展自己的网上销售。同时沃尔玛在调整自己的店面结构,通过下沉逐渐减少大型门店,增加中小型的社区店,这些社区店将来就是电商的提货点和送货点。"为什么亚马逊在美国无法撼动沃尔玛的统治地位? 为什么电商在日本几乎没有生存的空间?"许小年教授解释,日本电商可能竞争不过遍地开花的便利店,而中国电商的快速发展,其中一个原因是传统零售业实在太落后。"沃尔玛现在一方面是去做电商,另一方面改造传统业态,亚马逊有可能招架不住。"

他建议企业家,要观察,不要慌,沉下心来仔细研究,决定今后往哪个方向走。"创新、创业不光是电商一个行业,其他行业也有机会。"他特别指出,要看到在经济下行过程中政府的改革措施反而是比经济上行的时候更到位,"最近上市的审批制改为注册制,都是进步。我对中国的资本市场向来评价不高,但给予新三板很高的评价,新三板是第一块没有审批制的地盘,什么样的企业都可以上,只要有人愿意买。我认为这是一个很好的开端。我希望从新三板扩展到创业板,再到中小板和主板,都搞注册制就行了,别再审批了。取消发审委,企业只要满足了信息披露要求,全都可以上。市场交易就是周瑜打黄盖愿打愿挨,你管那么多干什么? 政府要做的唯一的事就是保证足够的信息披露,使得投资者可以判断这家企业的状况。"

(作者是中欧国际工商学院经济学教授,
本文选自作者在中欧国际工商学院庆典活动上以
"新起点、创新与互联网"为主题作的一次演讲)

经济新常态之驱动切换与结构优化

郑文焱　钧家

中国经济进入新常态,需求侧的传统要素驱动力,投资驱动力已日趋衰减,必须推进科技创新为重点的全面创新,以供给侧结构性改革为主线,增强经济持续发展动力;优化产业结构,从产业链低端向中高端攀升,使供给与需求在高水平上达到新的平衡,实现"两个中高"的发展新目标。

一、科技创新——以供给创造需求

科技创新是中国经济由旧常态向新常态演进的主要驱动,是引领中国经济发展的第一动力和主要素,为此"抓创新就是抓发展,谋创新就是谋未来"。为加快创新进程,党中央国务院出台《关于深化体制机制改革加快实施创新驱动发展战略的若干意见》,对创新驱动发展作出了顶层设计,力求以改革红利,谋取(释放)创新红利。

当前科技创新应具全球视野,瞄准世界先进水平、前沿技术,整合全球科技资源为我所有,立足自主创新、跨越式发展,在统筹"五位一体"协调发展中推进科技创新,以全新的产品和服务创造出新的需求和市场空间驱动中国经济确立新常态。

(一)科技创新应紧扣工业3.0、衔接工业4.0,追踪第六次科技革命

"机者如神,难遇易失"。机遇最为可贵。历史上中国曾多次与机遇失之交臂。18世纪中叶以来,中国错失了工业革命、世界现代化、科技革命和产业革命浪潮带来的发展机遇,如今,我们面临第三次工业革命以及工业4.0,必须牢牢把握,不能错失良机。

美国经济学家杰里米·里夫金重新定义了第三次工业革命,认为"能源机制塑造了文明的本质,决定了文明的组织机构、商业和贸易成果的分配、政治力量的作用形式,指导社会关系的形成和发展",进而"每一个伟大的经济时代都是以新型能源机制的引入为标志"。因此,不同于第一、第二次工业革命以化石能源为主导,他定义的第三次工业革命则以可再生能源为主导,互联网技术和可再生能源将结合

起来,为第三次工业革命创造强大的新基础设施(这正是中国应紧紧抓住的新机遇)。在其看来,这场革命"即将爆发"并在今后几十年将迅猛发展,大概在2050年达到顶峰,然后在21世纪下半叶保持平稳状态。

美国久负盛名的《经济学人》定义的第三次工业革命为数字化。这与此前将第三次工业革命视为信息技术革命一脉相承。在数字化革命中,数字化、服务化正在渗透到一、二、三次产业中的每一个行业,其最大的变化是,人类创造并应用了与在第一、二次工业革命年代不同的基础设施。除了产品经济年代的"铁、公、基"和"水、电、气"等基础设施之外,还要增加"大、云、平、移"等"软"的基础设施。"大"就是"大数据",即通过云计算、移动互联网等手段,从各类数据中快速获得有价值信息的能力。

数字化革命将改变传统的生产模式和理念。德国从国情出发开始实施4.0工业规划,走的是再工业化道路;美国的再工业化道路则是多目标的,不仅沿着自动化、信息化、智能化和物联网化的方向向前推进,同时还沿着传统的"效率化"和"竞争化"方向再回归推进;法国则针对近年来工业实力衰退较为明显的国情,为了重整工业实力,2013年9月出台了"新工业法国"计划,推动法国"再工业化"。

笔者发现,在各国应对工业4.0中,除机器人外,有一项目为各国所聚焦——智能汽车。例如在"新工业化法国"计划的34个重点项目中,就包括属于智能汽车范畴的无人汽车。法国政府明确提出,到2020年无人汽车要在法国普及。法国雷诺-雪铁龙着手开展一系列构思精巧的研发项目,如:智能声音计划,智能天线和智能车钥匙计划。

英国政府期望,到2030年无人驾驶汽车和车联网为英国经济带来510亿英镑收益,创造32万个工作岗位。

高技术企业云集的硅谷,掀起智能汽车研发热潮,吸引了梅赛德斯—奔驰、宝马、丰田、日产汽车、英国汽车技术供应商德尔福以及涉足自动驾驶技术的中国互联网公司百度和乐视等相继在硅谷设立研发机构。

汽车行业之所以齐聚硅谷,是因为汽车的IT化正在迅速推进。其中的软件性能将决定汽车的竞争力。

据美国高德纳咨询公司预测,到2020年将有2.5亿辆汽车能够联网。

智能汽车的发展,需要智能高速公路以及智能电动汽车所需要的充电桩等相关基础设施与之相配套,随着智能汽车的发展,必将带动新一轮智能基础设施的建设,这将从根本上改变未来的道路交通模式,进入一个汽车新时代。为经济发展带来新的机遇和市场空间。

智能汽车所带来的新机遇应引起在转型发展中的我国政府和车企及其相关企业的高度重视。

处于工业化进程的中国,在面临第三次工业革命和工业4.0的外部环境时必须清醒认识到,中国的工业化正处在产业结构陈旧,只靠"知识经济"来替代"工业革命",是无法确保其经济增长的红利可以普惠整个社会。只有"共赢型经济"才可以确保"工业经济"与"知识经济"的相互促进。

我国在积极参与工业4.0的探索中,需关注以下几个问题:1.在工业4.0下机器和机器、机器和人都有相互沟通,在全球范围内需要保证这种沟通的安全性,即其间的信息网络的安全性;2.要建立全球性的标准,实现用同一种语言沟通;3.工业4.0需要更多具备新能力和技能的人才;4.要完善工业领域宽带架构、基础架构和法律框架。

在科技创新中还应追踪第六次科技革命。关注其发展进程,不失时机地参与其中。

科技革命是科学革命和技术革命的统称,是指引发科技范式、人类的思想观念、生活方式和生产方式的革命性变化的重大科技变迁。16世纪以来,世界科技大致发生了五次科技革命:近代物理学的诞生、蒸汽机和机械革命、电力和运输革命、相对论和量子论革命、电子和信息革命。这五次科技革命具有一定的规律性,例如,先有渐进的科技积累,后有革命性的科技突破;科技进步既有内在动力,如科学家的好奇心和科技进步的惯性,也有外部动力,如社会需求和市场竞争等;20世纪快于19世纪,18世纪快于17世纪,呈加速度前进。根据经济长波理论,2020年可能是经济长波周期的一个拐点。

第六次科技革命不但是生命科技、信息科技、纳米科技等三大科技的交叉融合,更将是科学革命、技术革命和产业革命三大革命的交叉融合。这是一次"完整意义"的复合型科技革命,明显区别于前五次科技革命。

作为科学、技术和产业三大革命的完整融合,第六次科技革命蕴涵着更巨大的经济利益和社会利益,其影响将超过前五次科技革命。研究报告认为,第六次科技革命更可能是一次新生物学和再生学革命。它将在五个主体学科发生重大突破:整合和创生生物学、思维和神经生物学、生命和再生工程、信息和仿生工程、纳米和仿生工程等。关键技术有五项:信息转换器技术、人格信息包技术、仿生技术、创生技术和再生技术等。

这是一次"革"到人类自身的革命,在这次科技革命中,生命科学、信息科学、纳米科学、仿生工程和机器人学的结合,信息转换器、人格信息包、两性智能人、人体再生和互联网的结合,可能将使人类获得三种新的"生存形式",即网络人、仿生人和再生人。加上自然人,人就有了四条"命"。

目前,全球数百个顶尖实验室在进行与第六次科技革命关键技术的研究,对此,中国在实施创新驱动发展战略中,必须在不长的过渡期内,科学布局,有效应对,建立快速有效的响应机制,方能抓住第六次科技革命的战略机遇,在新一轮科技竞争中占据应有地位,进而获得主导权。

(二)注重整合全球科技资源为我所用

资源整合是一种系统论的思维方式。所谓资源整合是指在科技创新活动中,对不同来源、不同层次、不同结构、不同内容的资源进行识别与选择、吸收与配置、激活与有机融合,使其具有较强的柔性、系统性和价值性,并创造出一种新的资源的一个复杂的动态过程。旨在通过组织制度安排和管理运作协调,寻求资源配置与科研需求的最佳结合点,从而获得整体最优的效果。

进行资源整合应分为三个步骤:1.资源识别;2.资源获取;3.资源整合。这是关键步骤。只有实施上述三个步骤,科研组织(涵盖企业研发部门、科研院所)才能真正实现资源整合。

在资源整合过程中,要着力于下述五种资源的整合:1.研究资源整合;2.开发资源整合;3.专利资源整合;4.生产资源整合;5.市场资源整合。

(三)重视知识产权充分利用国际专利规则的溢出效应

国际专利是人类创造的共同财富,中国在实施创新驱动发展战略进程中,应善用国际专利规则的溢出效应,助力自身的转型发展。1.要充分利用失效无效专利;2.要发挥专利聚合作用;3.要重视专利文献利用。

(四)消除科技创新"孤岛"须告别"信息孤岛"和"学术孤岛"

科技创新中的"孤岛现象",主要是指在科技创新体系中,某一环节、要素与其他环节、要素出现"隔离",在科技创新体系中形成"闭路循环",导致技术转移和科技创新效率低下,科研成果无法进入产业链,成为一个个碎片化的"孤岛"。

消除科技创新中的"孤岛现象",必须具备系统思维,从创新的多个环节共同发力,首先要告别"信息孤岛""学术孤岛",并从以下方面采取措施:

1. 连接"信息孤岛"

当前大量数据被封锁在"信息孤岛"上。应积极推进信息开放、数据共享,实现数据资源融合集聚,跟上、汇入大数据的发展潮流。

如何针对目前条块分割的信息孤岛,建立起汇集现有分隔化大数据的实体数据资源,形成以开放、共享、连接为特征的数据融合集聚机制,让信息流引导学术流、创新流是我们在科技创新中需要探讨、破解的问题。

2. 告别"学术孤岛"

告别"学术孤岛"是消除科技创新中"孤岛现象"的前置环节。学术研究应改变目前分散为一个个"学术孤岛"的状况,由科技国家队领衔、地方科研主力部队协同,把科研力量有效地集成起来,满足国家科技进步、经济发展、国家安全的重大需求,着力于在"颠覆性"创新上有所建树、有所突破,发挥支撑发展的重要作用。

科技体制改革的试点,必将有利于破解科研、生产"两张皮",消除科研创新中"孤岛现象"。推动创新驱动发展战略的加快实施。

(五)着力促进金融资源与科技资源有效对接,实现产业链、创新链、资金链协同发展

科技创新是发展的第一动力,金融是科技创新的助推器,促使科技与资本相结合,对推动科技成果资本化、产业化,具有重要意义。必须进一步引导金融资源向科技领域配置,加快形成多元化、多层次、多渠道的科技投融资体系,实现产业链、创新链、资金链协同发展,才能提升自主创新体系的整体效能,为实施创新驱动发展战略提供坚实保障。

1. 要加强顶层设计,形成政策合力。

2. 要建立高效融资机制,加强直接融资支持。

3. 创新体制机制,多措并举促进金融与科技结合。可从以下四个方面进行探索:(1)实施"风险赔偿金"政策,引导金融机构加大对科技企业支持力度,支持企业的科技创新和成果转化。(2)创新科技型中小企业支持方式,引导创业(天使)投资

共同支持初创期科技企业发展。通过股权、债权、融资租赁、融资担保等多种方式引导社会资本参与科技型中小型企业技术创新投融资，打造中小企业"创新资金＋投资机构"的支持模式。(3)搭建科技金融服务平台，畅通金融机构与科技企业之间的信息渠道，构建集科技金融服务机构、金融产品、企业融资需求一体化的线上线下工作流程体系。在此基础上，各地区可疏理内部科技信息系统的数据资源，构建地区"科技大数据平台"（或"科技大数据库"），率先向社会和金融机构开放，金融机构利用这些数据资源量身定制面向金融投资领域的应用方案，以提升投资效率。(4)组建新型科技成果转化投资载体，探索和推广"前孵化"综合服务新模式。探索打造从"原始创新""知识产权"到成果应用的重大科技成果转化"前孵化"新型服务平台，形成从"人才、技术"到"科技型企业"成长发展的专业化、职业化培育链条。

4. 改进科技资金使用方式，提高资金使用效率。建立科技孵化园、孵化基金，将更多资金用于科技孵化。以设立创业引导基金、科技贷款准备金等方式撬动社会资金。整合相关科技类产业基金，用于投资科技型企业或团队的种子基金、天使基金，同时拿出一定比例设立风险代偿基金，促进银行、担保公司等机构提供科技创新融资服务。

5. 创新发展金融组织及产品，提高金融服务水平。总结商业银行设立科技支行的经验，探索组建科技银行，服务初创期和成长期的科技企业。

6. 推动互联网金融规范发展，以"众融"促进"众创"。

7. 构建社会中介服务平台，营造良好融资环境。大力培育金融中介服务市场，探索建立政府、金融机构、企业等科技信息交流和共享平台，及时发布科技创新政策和银行信贷政策。相应加强无形资产评估事务所等中介机构的建设。

（六）着力构建鼓励创新的良好生态系统

营造尊重科学、崇尚技术、鼓励创新、宽容失败的浓厚氛围，让有识之士充分发挥智慧和创新活力，使科技人才敢于创新、放心创新，实现人生的价值，增加财富和乐趣。

加大引进吸收再创新的投入强度，培养提升二次创新的技术能力，提高研发质量。日本花费190美元引进技术，会花700美元消化吸收再创新，形成引进消化吸收再创新的良性循环和螺旋式上升的良好效果。我国花100美元引进技术和设备，平均仅投入7美元进行消化吸收再创新，因而形成不断重复引进的被动局面。

（七）完善科研机构评价体系，优化科研绩数评估，发挥"评价"的引领、激励作用

（八）借助于模糊性规避，助力新技术快速推广

（九）转变科技投入考核观念，从R&D向R&B演进

二、市场创新驱动——围绕需求实现供给

主要是在新常态和"四新经济"背景下，企业以全新的商业模式，更低成本，更便捷服务，更快速反应，满足市场需要，适应市场竞争。

如2013年在美国上市的外贸B2C网站兰亭集势，用谷歌营销推广，用PayPal实现支付，用LPS和DHL完成发货，精简了从工厂到消费者之间的4个贸易环节，美国新娘仅需300美元即可购买到一件1 000美元以上的婚纱。又如在线打车的快滴打车、滴滴打车，解决了乘客路边扬招打车难的问题，有效将区域的乘客与出租车对接起来，提高了近配效率，既减少了乘客候车时间，又减少了出租车空载时间，满足了市场需求。

在推进市场创新，促进消费增长，进而驱动经济发展中，应关注新常态下消费需求的新特征、互联网思维下商业模式的变化。

（一）新时期消费需求的主要特征

国家商务部研究院分析，当下消费需求将呈现不同年龄段需求特征的高度分化。主要特征为：消费长期保持中速增长；服务消费的占比和增速大幅上升，商品与服务的结构优化；科技创新、信息消费引领消费的增长与互联网有关的消费成为最大的消费亮点；消费去政策化特点明显，收入水平提升与人口数量增加是消费的主要驱动力；理性务实的大众消费成为主流，过渡消费、炫耀消费逐渐淡出。以上主要是"90前"年龄段消费人群的需求特征。

其中"90后"的消费群体的消费需求特征呈现更加个性化、特色化的趋势，对这一群体的消费需求特征，更难以一个年代（如"80后""70后""90后"）来区分，而必须以更小的口径来划分，并据以开发出符合其消费需求的产品和服务，才能使潜

在消费需求转化为现实消费力。

（二）关注互联网思维下的三种新模式

在互联网世界中"道"改变了,原来经营活动以厂商为中心变为以用户为中心,标志着用户主权到来;原来企业经营以"渠道为王"——产品能否实现销售取决于渠道体系的流畅能力,渠道成为企业最重要商业资源;而今是"产品为王"——符合消费需求的适销对路产品和服务,才是实现销售的关键。组织形式和经济形式改变了,显现去中心、分布式、个人化、社群化特征。商业层面的逻辑将转变为开放、平等、协作、分享,开放成为大趋势,万维网即是分享。

1. 互联网思维迥异于工业思维

工业革命产生了工业文明,当下的信息革命产生了信息文明。工业文明思维的主题是控制（控制人、财、物、成本等）、竞争,结果是非民主;互联网思维的主题是开放、分享,结果是民主、自由,工业思维的思考方式是垂直思维、线性思维;互联网思维的思考方式是水平思维、非线性思维;从生产方式、生产资料、生产主体看,工业思维是大规模集中化生产,其生产资料主要是土地、资金、技术,生产主体是工人;互联网思维下生产方式特点是分散,分布式,个性化,生产资料是知识、信息、数字,生产主体是知识员工——技术人员、科学家。工业思维的管理和传播是内部管理和追求企业、产品、品牌的知名度、信誉度、忠诚度;互联网思维的管理是外部管理——管理外部的机会、创新,以及众包、创客等合作者,传播追求的仅仅是忠诚度、粉丝经济。

互联网思维下将催生以下三种商业新模式。

2. 产品驱动商业模式

此模式是指企业的业务系统由一个引爆点开始,利用互联网技术和工具挖深做细,在一个领域经济做深度经济,在此基础上逐步扩展生态圈。这一模式的特点有四:(1)从用户痛点需求出发找到用户急需且紧迫的需求,运用互联网技术解决用户的痛点。打造极致的产品和服务,给予用户极致体验。(2)通常用免费模式吸引在线流量达到临界点。(3)经营粉丝和用户、粉丝友爱互动,增加产品的黏性,粉丝活性。营造社团氛围,建立社区。(4)变现的盈利模式呈现多元化的利润,而非单一的产品利润。

其发展路径是:工具—社区—生态圈。

工具指的是运用互联网工具,承载内容的互联网、移动互联网的客户端,可以是APP、微博、微信或电子商务等。在互联网工具的基础上植入产品内涵,吸附同类人群进入工具,这便是社区。做大做强社区扩大到生态圈。

3. 生态链驱动模式

此模式的关键点(1)抓入口;(2)打通产业上下游,消除壁垒,改变产业链成本结构,完成产业链价值重构;(3)采用方法:围绕用户打造生态链。

生态链融合驱动具有以下4个特点:

(1) 传统产业界限被打破,水平(包括垂直)跨界,形成新的融合产业的网络价值。

(2) 产业链融合驱动,在繁荣客户端的基础上由互联网连接打通各个产业,产生云平台。云平台反映了模式存在的基础,不同产业在云平台实现交融。

(3) 在此模式中,产业形态发生了巨大变化,融合不同产业形成生态平台,但还没复杂到"涌现"产生。

(4) 融合过程使得互联网产业和产业互联网融合;虚拟世界和物理世界融合。

4. 星球驱动商业模式

此模式具有4个特点:

(1) 每个系统(平台)都是自行运转的星球;

(2) 各星球相生互动;

(3) 由多种多样,错综复杂的服务体系组成;

(4) 在这个复杂的星球系统中,"涌现"现象俯拾皆是。

星球驱动商业模式的关键点:(1)形成多方参与的利益共同体,共治共享、生生不已;(2)要占领技术高地。

(三) 满足品牌消费的需求

经济学显示,当商品供大于求,品牌消费的时代即已到来。经过30多年高速发展,中国的商品95%以上已经供大于求,品牌消费已成为当下消费的主流,消费者重视品牌消费。中国每年逾1亿人次赴海外旅游,海外购物金额逾1万亿元人民币,与国内产品缺乏品牌影响力不无关系。为能满足当下的消费需求特征,吸引海外消费力回流,助推中国经济发展,加强中国经济发展的驱动力,必须十分重视品牌建设和品牌推广。

在当前品牌建设中,应把握以下几个要点:

1. 品牌建设要有战略视野,长远观点。

2. 振兴老品牌与培育新品牌并举。

3. 适时进行品牌延伸。为能扩大品牌的辐射空间,充分发挥品牌的价值,以品牌的纬度拓展强化企业软实力,企业应适时对品牌实施二个纬度延伸。

(1)向国际市场延伸,推进品牌国际化;(2)向网络空间延伸,做到虚拟市场与实体市场结合。

(四)在消费方面体现消费者主权

市场经济是消费者主权经济,消费者没有话语权,市场需求信息就不能真实、准确、快捷地传递到上游,市场配置资源的作用就得不到充分发挥,还可能出现资源错配等诸多问题。因此,必须保护消费者权益,着力清除市场壁垒,加快现代市场体系建设,保障消费者安全、便利。

同时,要形成激发消费愿望的供给环境。

三、制度创新驱动——依靠制度创造需求和供给

主要表现为以制度调整或创设,改变市场主体利益关系,开拓出新的发展空间。如国际碳排放规则,催生出1 500亿欧元的全球性碳交易市场(超过石油市场,跃居世界第一),推动了碳交易金融、碳审计、碳中介等相关的新模式、新业态发展。

通过制度创新驱动经济发展,是释放改革红利的重要内容之一。制度创新应从二个维度进行考量:

(一)根据十八届三中全会《决定》中明确提出"五位一体"协调推进的60项内容逐步推进,如持续简政放权、深化企业改革,构建开放型经济新体制、深化民生保障、加快生态文明制度建设等。

(二)从驱动转换,结构优化,培育新经济增长点的具体视角提出制度改革内容,然后将其分别纳入顶层设计的各个改革类别中。

从推进"五位一体"协调发展,提高全要素生产率,释放内需潜力等方面考量,在制度改革中应特别关注"人"的因素,因为劳动力、人才既是生产要素,又是形成内需的消费者,这种双重身份,提示我们在制度改革创新中,必须特别关注挖掘

"人"的各种潜能,使之成为驱动经济发展的主要动力之一。建议制度创新考虑以下几个因素:

(一)制定符合共同价值观的分配制度

实现收入分配合理化是一项系统工程,只有不断优化权利配置,确保起点公平,过程公平、结果公平,强调法治保证,并坚持"提低、扩中、调高"的作用方向,才能实现符合社会共同价值观的收入分配差距。

(二)以法治保障和谐劳动关系

和谐的劳动关系是构建和谐社会的重要基础条件之一。必须着力推进劳动关系治理,通过制度创新,构建和谐劳动关系。1.完善劳动法治建设;2.建立健全国家劳动标准制度和劳动保障监督体制;3.切实保障劳动团结权,真正发挥工会组织和集体协商机制的作用;4.完善劳动争议处理制度,自《劳动争议调解仲裁法》颁布后,劳动争议处理制度已较完善,在效率性和公正性方面可进一步加强。

(三)建立有利于社会融合的居住政策

这是推动人力资源重新配置的相关政策之一。人力资源由低效率、低附加值向高效率高附加值部门、地区流动重组,是提升全要素生产率的重要举措。居住所带来的宏观社会经济后果,必须引起足够重视。政府在继续推进住房市场化的同时,还应推进社会融合,通过社会融合导向的公共政策创新,解决居住分异所带来的社会隔离问题。

(四)将GDP的绿色价值纳入制度设计

绿色GDP研究始于2004年。对绿色GDP,广义的理解是绿色GDP=(传统GDP)-(自然环境部分的虚数)-(人文部分的虚数);狭义的理解指扣除自然资产(包括资源环境)损失之后新创建真实国民财富总量。当时山西省社科院核算出山西有绿色GDP为全部GDP的66.6%,每年环境污染损失约占GDP的15%,反映出发展成果中有1/3属于无效益的虚数。每年新增的GDP大部分被环境污染所抵消,问题的严重性已十分突出。

在国家环保总局组织下,我国绿色GDP1.0核算体系框架于2004年8月初步建立,该框架包括环境物量核算、环境价值量核算、环境保护投入产出核算和环境调整的绿色 GDP 核算 4 个具体的表式核算框架。国家环保总局决定在 6 个大区中各选择 1~2 个省市进行试点,2005 年北京、天津、河北、辽宁等 10 个省市启动了以环境污染经济损失调查为内容的绿色 GDP 试点工作。2006 年 9 月,国家环保总局和国家统计局联合发布了《中国绿色国民经济核算研究报告 2004》,该报告标志着中国的绿色国民经济核算研究取得阶段性成果。

之后的几年绿色 GDP 并未能实质性推行。究其原因,主要有三:1.生态文明建设尚未列入顶层设计,仍以谋求经济高速增长为宏观经济调控目标,尚未形成推进绿色 GDP 环境氛围和社会要求;2.有些地方政府对推行绿色 GDP 不积极;3.概念、方法和理论本身不够透彻,理论研究不够深入,没有取得突破。随着"五位一体"社会主义建设战略布局的出台,环境污染和国民经济发展质量问题再次成为舆论焦点,此后,国家环保部宣布重启绿色 GDP 研究,重启的工程被称绿色 GDP2.0 核算体系。与绿色 GDP1.0 相比,绿色 GDP2.0 将有所创新,其主要内容包括:环境成本核算,同时开展环境质量退化成本与环境改善效益核算,全面客观反映经济活动的"环境代价";环境容量核算,开展以环境容量为基础的环境承载能力研究,生态系统生产总值,开展生态绩效评估,将生态服务产品用价值、物理量核算出来;经济绿色转型政策研究,结合核算结果就促进区域经济绿色转型、建立符合环境承载能力的发展模式,提出中长期政策建议。

绿色 GDP 至今仍是一个正在研究、有待成熟的项目,是基于对现行经济核算的有益补充。绿色 GDP 中的"绿色"价值究竟如何体现与衡量,需要在政策设计和制度建设中着重考虑。

为推进绿色 GDP 核算体系的完善实施,一些学者已开始实际调研与理论建构,中国人民大学环境学院教授张象枢主持的"生态产品整体全寿命期价值链增值理论方法、政策、管理和案例研究",课题组所开展的各种案例基地实验研究,取得了显著生态、经济和社会效益,为不同类型生态脆弱区治理与自然资源合理利用,提供可贵借鉴的经验。

改革开放以来,我国经济社会发展评价指标偏重于经济总量和增长速度,不能全面反映经济增长的效益和质量,不能反映经济增长的全部社会成本和资源环境代价。因此,以实现产品全寿命期价值链增值的视角,在生态产品全寿命期的每一个环节,包括产品生产、运输、营销、品牌、研发等环节,按照下列公式进行经济社会环境的综合评价:该环节的综合效益＝(经济效益＋社会效益＋生态效益)－(经济损失＋社会损失＋环境损害)。这一范式具有一定的价值。

在生态文明建设已进入我国经济社会建设战略部署,在经济新常态下,追求更高质量更高效益经济发展的当下,我们思考制度创新时理应将 GDP 绿色价值纳入制度设计范畴。

(五)以法律法规创新挖掘节能潜力

劳动力、环境、能源、资源是当前制约我国经济发展的四大因素。节约能源是我国能源发展的优先战略,低碳发展已成为全球必然趋势。2016 年 9 月召开杭州 G20 会议期间,中美两国引领全球节能减排成为会议的亮点之一,同时也给中国节能减排提出了更高的要求。

能源消耗与全球气候密切相关,经济发展进入新常态后,强化节能仍面临多重挑战:

1. 节能投入面临巨大压力。地方政府为稳增长,促就业,惠民生,可能优先拉动投资需求,对节能的投入将进一步放缓。调结构,促转型对节能投入的产出绩效提出更高要求。

2. 未来节能潜力下降,成本增加。

3. 法律法规建设滞后于节能管理需要。目前,中央层面缺乏类似于"节能减排管理机构组织法"的专门法律;地方层面也没有节能管理机构设置的专门法律规章。因此,节能机构的设置稳定性较差,依法执政困难。同时,节能管理的各项立法之间,缺乏系统性、整体性。此外,还存在节能业务多头管理,职能配置重复交叉,削弱了节能工作的合力。节能目标与其他政策目标相冲突,增加了节能目标实现的难度。

4. 能源价格非市场化扭曲严重,不利于节能。我国能源价格总体水平偏低,未能完全反映能源的商品属性,即稀缺性以及生产、消费过程的外部性,既造成浪费、又阻碍结构调整。

进入新常态为加强对节能工作的领导,挖掘节能潜力,促进经济增长质量、效益的提高,有必要在制度、机制、组织创新方面采取以下举措。

1. 充分发挥价格政策对节能的促进作用。

2. 成立更高层次的"中央能源工作领导小组",构建统一协调的节能管理体制框架。

3. 完善法律法规体系,尽快出台与《节约能源法》配套的部门与地方法规、规章和标准。加快制定《石油天然气法》,修订《电力法》《煤炭法》,增强节能立法的系统和完整性。

4. 充分发挥市场在能源配置中的决定性作用,理顺能源价格,健全节能环保价格政策,通过成本压力,倒逼企业进行节能改造。

5. 建立全面、科学、动态的能源数据库,改善能源消费核算方法,提高能源消费统计信息的准确性、及时性;积极培育第三方能源统计、能源监测、能源服务体系。

(六)加快金融创新,让资本更好助力科技

围绕产业链部署创新链,围绕创新链完善资金链,引导金融资源向科技领域配置,更好地发挥金融资本对科技创新助推器作用。

1. 加强政策体系建设,营造资本服务科技的政策环境。(1)结合构建发展高端产业、新兴产业结构的要求,研究提出新形势下破解科技型企业融资的具体方案,完善科技创新的投融资体系。(2)研究制定加快建设国家科技金融创新中心的具体办法,推进科技金融创新中心的建设,逐步形成全国科技金融体系,促进科技与金融结合发展助力创新驱动发展。

2. 深化科技资金使用改革,全力支持创新型企业做强做大。(1)探索建立主要由市场发现、评价、培育技术创新项目的机制,在部分科技项目立项及实施过程中,引入创业投资、产业联盟等市场化主体,共同确定产业发展方向、支持重点,共同筛选并培育项目,增强企业创新主体地位。(2)地方对接国家科技成果转化引导基金,建立地方科技成果转化引导基金,通过市场主导,部市(中央和地方)联动,引导社会资金加大力度支持企业技术创新,培育更多投资于早期的、专业化、长期化投资队伍,促进科技成果产业化、资本化。(3)发挥地方科技发展集团资源集聚作用,借鉴硅谷银行成熟模式,加强与风险机构的优势互补及长期合作,搭建中小企业服务平台,通过专业化、市场化的融资制度,建立起与社会资本的良性互动,集中各类资金,合力支持中小企业发展。

3. 探索发挥市场作用,服务科技型中小企业发展。(1)支持互联网金融等新业态发展,用市场化方式、互联网思维解决中小企业融资难题,让互联网金融服务于实体经济、服务于中小企业服务平台,充分发挥平台经济的溢出效应,促进中小企业与社会资本、市场资源充分对接,拓宽中小企业融资渠道,降低融资成本。(2)培养一批专业化的科技金融服务人才及机构,推进科技创新投融资服务体系建设,完善科技金融综合服务平台建设,引导金融机构,科技服务机构点对点配套支持企业科技创新。

4. 全面提高科技资金使用效率,现行的科技计划(专项、基金等)是在改革发展各个阶段先后形成,为我国增强科技实力,提高综合竞争力,支持经济社会发展发挥了重大作用。但是随着时代的发展,显示出缺乏顶层设计、统筹协调不够、资助方式不完善等问题,中央财政各类科技计划,由近40个部门管理,有近100个计划渠道,客观上的分散造成了重复申请和封闭操作。广大科技人员多次提出,成为多头申请、跑项目的沉重负担,既牵制科技人员的精力和时间,也影响了科技资助资金的有效使用。在科技资金管理创新方面,有必要在保障财政对科技投入力度的同时,进一步整合科技资金,解决当前科技资金分割使用碎片化的问题,全面提高科技资金的使用效率,助力全要素生产率的持续提升。

此外,政府还应对智能汽车、3D打印、再制造产业、人工智能等新兴产业发展存在的制度、体制约束进行改革创新。

还要围绕让市场在资源配置中,真正起到决定作用进行制度创新、体制机制改革。

四、结构优化升级促转型

结构决定命运。如果说经济总量更多地代表"量",则结构更多地代表"质",当一国发展到一定阶段后,结构往往比量更重要。1840年中英鸦片战争时,尽管中国GDP位居全球第一,但英国的GDP总量中包括了钢铁、机器设备、蒸汽机、铁路等,而中国的GDP都由农产品、手工业品构成。

目前,结构调整的紧迫性遍及全球,调结构是当下中国经济必须承受之重。当今,从移动互联网到集成电路、高端装备创造、新能源汽车等战略性新兴产业兴起,到智能制造,分布式能源、电子商务、互联网金融等,到"互联网+"对传统行业牵引带动,可以说,谁率先向中高端水平迈进,谁就能赢得发展先机。充分显示,中国必须把转方式、调结构放到突出位置,推动经济转型升级,提质增效。

面临新形势、新要求,必须以全球视野、互联网思维、第二次"入世"的姿态和心态、系统的思考方法,推进结构调整,优化升级。

（一）产业结构转型

产业结构调整涉及范围包括第一、第二、第三产业。本轮产业结构调整中一件大事是《制造业 2025 规划纲要》出台，这明确了战略性、关键性的重要领域，有存在问题、战略对策以及推动强国建设的重大政策，这是对整个工业制造领域转型升级所做的顶层设计。

1. 在产业结构转型升级中应关注五个问题

(1)制造业在中国仍有很大发展升级空间；(2)充分认识中国制造仍然具备称雄世界的优势；(3)践行从"合格制造"到"优质制造""精品制造"再到"中国创造"的发展路径；(4)注意制造业与服务业的融合发展；(5)促进农业转型升级向"六次产业"发展。

"六次产业"是一、二、三产业融合发展的一个形象的说法，即鼓励农户搞多种经营，延长产业链条，不仅种植农作物（第一产业），而且从事农产品加工、机器加工产品（第二产业）与流通、销售农产品（第三产业），以获得更大增值价值；为农业和农村的可持续发展、农民增收开辟光明前景，这与我国一直提倡让农业"接二连三"内涵是一致的。"1＋2＋3"＝6；"1×2×3"也是等于6，"六次产业"给农业带来丰富的想象空间。

提倡"第六产业"出于增加农民收入、实现农业现代化的现实考量。把农业升级为"六次产业"是一项系统工程，必须广泛动员全社会力量，群策群力，走出一条农业现代化的发展新路。

2. 着力培育"四大产业体系"，助推"四新经济"成长

产业结构转型升级，应在"中国制造2025"10年规划的统筹协调下推进。笔者认为，基于有利于大众创业、万众创新、发展循环经济、绿色经济的需要，可考虑重点培育3D打印体系、再制造、生态修复和人工智能四个产业体系，助推四新经济发展。

(1) 3D打印＋互联网，助力大众创业万众创业

笔者设想，如能将3D打印这一具有"宜大宜小、宜多宜少、宜繁宜简"优点的加法制造技术，培育成3D打印产业链——包括3D打印产品制造和销售、3D打印设备设计和制造、3D打印材料研发和生产、个人3D"微工厂"与互联网、云计算连接软件设计开发等，将有利于推进大众创业、万众创新战略的实施，成为大众创业、万

众创新的载体和平台。

成为一个"3D打印产品供应商",具有家庭创业的"微工厂"特征;创业者可在家庭中安装台式3D打印机,通过互联网承接用户订单,根据用户提出的要求,进行产品设计、制造,然后通过物流链(如快递)向用户交货,通过网络金融机构(如支付宝)进行费用结算,所需材料,可通过互联网采购,由"3D打印材料供应商"供应,仍然通过网络金融结算费用,这样每位"3D打印供应商"都俨然成为一位"微企业家"。

(2) 打造再制造产业链

再制造是指专业化、批量化、规模化修复的生产过程,以先进技术和产业化为手段,使再制造产品达到或超过同类产品质量标准的产业。与新品相比,再制造产品可节约成本50%、节能60%、节材70%,减少排放80%,再制造产业是节约能源资源的有效途径、循环经济发展的高级形式,也是工业粗放线性向循环集约推进的重要支点。近年来,全球再制造产业年均增速达10%,年产值规模可达2 500亿元。

上海目前在再制造技术的规模上均处于全国领先地位,已初步形成专业化回收、拆解、清洗、再制造等完整的再制造产业链,在汽车零部件机电产品、工程机械、打印耗材等领域具备了较强的技术优势和一定的产业规模。2012年临港产业园获得国家质检总局、国家环保部、国家工信部分别批复同意建设"全国入境再制造检验检疫示范区""进口废汽车零件集中拆解利用示范园区""国家机电产品再制造产业示范园"。此后又通过国家发改委"全国再制造产业示范园区"的现场验收。

据介绍,上海大众幸福瑞贝德动力集成有限公司已被列入国家发改委第一批汽车零部件再制造试点单位;卡特彼勒再制造工业(上海)有限公司已发展成为卡特彼勒再制造在亚洲的营运中心;上海宝钢控股公司等公司则被列入国家工信部再制造产品目录。

(3) 培育生态修复工程

改革开放30多年来,在经济高速发展的同时,产生了严重的环境污染,生态承载能力已达到或接近极限,经济发展方式的粗放,导致在取得巨大成就的同时,也付出了环境资源的高昂代价。高能耗高排放的结果,造成空气、水、土壤受到不堪重负的污染。据统计,我国70%的江河湖泊受到污染,70%左右城市空气质量达不到新的环境空气质量标准;全国土壤污染物超标达16.1%,其中耕地污染率达19.4%,表层土壤中无机污染物增加比较显著。生态退化较快,全国近80%的草原出现不同程度的退化,水土流失面积占国土总面积的37%。

基于上述状况,笔者认为,国家应启动生态修复工程,把生态修复作为生态文明建设和经济建设协同发展的一项实事。是一项实实在在的惠民工程,又可在生态修复中创造新的GDP,为新常态下经济发展增添动力。还可为子孙后代留下生态承载能力较强,环境良好的生态系统,以做到代际公平,实为一举三得之举。

生态修复工程可与绿色GDP核算指标系统的推行结合进行,相辅相成,相得益彰。

(4) 人工智能工程

随着信息技术、大数据、云计算的快速发展,人工智能产业引起全球的关注,智能机器人、智能汽车、智能制造正在蓬勃兴起,未来发展的趋势可能是人工智能遍及生产和生活领域无处不在,各国都加大了对人工智能研发的投入。

在人工智能产业发展前景被普遍看好的当下,美国两所大学联合创建了一种新的、主要面向机器人的、同时能供任何要执行任务的设备自由访问的大规模知识引擎:机器人大脑(Robo Brain)。该"大脑"能解释自然语言文本、意象和图像;能运用其传感器来观察人类;且能通过与它们互动的方式来学习事物。创建者相信,通过学习和共享大规模知识,不同的机器人能够在各种新情境下更快速敏捷地完成各项任务。"机器人大脑"的创建改变了机器人深度学习方式。传统上机器人学习的重心是规则学习,随着大数据时代的到来,机器人开始由规则学习转向多模态数据学习。

受制于技术局限,面向人类的大规模知识引擎的数据来源,主要是万维网中"结构化"的文本模态数据,而无法有效挖掘一些"非结构化"的数据模态,如符号、图片、视频、音频等。"结构化数据"主要指能被数据库所理解的、可以被逻辑表征的数据,主要包括多种数据模态:文本、图片或图像、触感、XML、HTML、各类图表或报表、音频和视频信息等。

据资料统计,在大数据变革风起云涌的今天,世界上80%的数据均为"非结构化数据"。在云计算出现之前,传统计算机无法处理这些巨大数据。借助于以云计算为基础的数据挖掘、存储、处理和展示技术,我们可以在某种程度上有效地对其进行分析和计算。如此一来,"非结构化数据"的价值得到凸显。由于面向机器人的知识引擎在很大程度上是由"非结构化数据"组成的,而其本质上又是众源数据。因此,如何编码多种不同的数据模态并构建一个能与多种数据来源兼容的知识表征架构,是"机器人大脑"面临的最大挑战。为此,"机器人大脑"诉诸图表构架以解决不同数据模态之间的冲突和不一致问题。

"机器人大脑"的创立,标志着人类在人工智能产业化的道路上又迈出了实质性的一步。其在诸多方面的技术潜力无疑将进一步助推人工智能产业的发展。

3. 协调好传统制造与新兴创意的平衡关系

创意经济作为一种新的发展方式正在兴起,其中,经济、文化、社会和科学技术被视为发展要素紧密连接在一起,创造力、知识和信息获取日益成为促进经济和社会发展的强有力引擎。文化创意产业日益成为一种促进经济社会发展的有利方案,特别是在发展中国家,不仅能够促进当地经济发展,还有利于解决就业和社会包容性问题。

在创意经济中,"创造性"既是指新想法的构建,也包含在艺术产品、原创性文化产品、实用性发明创造(实用新型)、科学发明以及技术创新中应用并实现这些新想法。"创造性"不仅要有利于经济增长,还应对企业精神的建立,鼓励创新和提高生产力作出贡献。近几十年来,人们对文化、创意和经济三者的联系的认识越来越深刻,这就构成了"创意经济"这一概念的基础。发达国家和发展中国家都会围绕这一问题制订相应的战略规划。

今后真正的财富将不再是具体的、物质的,而是抽象的、非物质的,创新能力将成为竞争力的决定性因素。继物质资本后,非物质资本、包括人才、知识,专有技术将成为经济活力的基本标准,软实力将构成创意经济的基础,因而,中国在产业结构优化升级中,必须努力提高自身的创新能力,利用新技术和新媒体来克服空间的障碍,发展技术密集型以及与服务相关的产业。

为使中国能成为发展创意经济的沃土,需要处理好传统制造与新兴创意的平衡关系,并着力于使其协调发展、融合发展,既要发展基础设施和制造产业,使其能够涵养创意经济,也要通过提升创新能力、发展创意经济来实现制造业的升级,这是产业结构转型、优化升级的题中应有之义。

4. 关注"新硬件时代"的发展态势

在中国大搞"互联网+"时,美国正在进入"新硬件时代"——以互联网、大数据、软件技术为基础,由极客和创客为主要参与群体,以硬件为表现形式的一种新产业形态。

此处所指新硬件,并非当下的主板、显示器、键盘等计算机硬件,而是指一切物理上存在,而在过去生产、生活中闻所未闻、见所未见的人造事物。

Autodesk利用3D打印机打印出来的假肢让残疾人变成炫酷人群。极客和创客

(Geek & Maker)引领着"新硬件时代",大公司只是"买手"和"推手",他们看到好东西就花小钱把创客团队和"硬蛋"买下来,慢慢孵化,一旦养大,动辄就会撬动几百亿美元级的市场。极客和创客这一创新人群,1/3 在学校,1/3 在自家车库,1/3 在孵化器。

如今,百度在研发中国大脑、百度眼、神灯、翻译机;阿里在收购硬件型公司,拟开发智能电动车、无人驾驶汽车、机器人;腾讯在构建物联网基础架构,上马与微信支付配套的 POS 机。

中国在自主创新、产业结构升级中,应密切关注这一发展趋势,支持在万众创新中,创客如何走出第一步,为其创造启动资金和必要硬件条件。

5. 地方政府在产业分类基础上因势利导、个性引领

经济学家林毅夫按照结构经济学理论对我国现行产业分为追赶型、领先型、转移型、弯道超车型和战略型五大类,各地政府应根据本地产业发展与国际前站的差距,对本地产业进行分类,对不同类型产业因势利导,发挥不同作用,采取不同的、针对性调控、扶持举措加以引导。

(二) 区域布局和国民收入分配结构调整

1. 区域布局结构调整

区域结构调整应从以下几方面推进:(1)从沿海地区向中西部内陆地区拓展;(2)从沿海点状城市发展向块状带状城市群发展。例如,以上海为中心的长三角经济区,以广东为中心的珠三角经济区,以及京津冀经济区,还有沿长江的长江经济带;(3)借鉴新加坡在中国江苏省苏州市建立苏州新加坡工业园区的经验,到接受国建立各种特色的中国工业园区和农业园区,拓展我国发展空间,并通过建立工业园区输出我国的制造产能、技术、管理和资金。

2. 改革国民收入分配结构

为把消费培育成新常态下驱动经济发展的主要动力,必须优化国民收入分配结构,加大居民收入分配比例。

10 多年来,我国居民消费率不升反降,2000 年居民消费率为 46%,2010 年仅为 34%。居民消费率下降的唯一可能就是居民可支配收入所占比重下降。根据计算,居民可支配收入由改革开放早期的 65% 下降到近期的 50%,此乃十分严峻的变化。证明居民消费力不足的原因之一,是其收入占 GDP 的比重下降。

为了提高居民消费力,可从减负、增收和消除消费的后顾之忧三个方面着手,分别考虑以下措施：

(1) 降低社保缴费率。

(2) 发展医疗保险。

(3) 政府应制定提高居民消费率的指标。

(4) 抓紧进行国民收入分配改革。

(5) 通过刺激扩大消费的收入来源。要提高居民的财产性（资本）收入，但应突出来自实体经济的资本收入，而不突出来自资本市场的财产性收入（风险较大）。

加大居民收入的分配比例，促使其形成"收入多—消费多—生产多—经济增长多"的良性循环。

（三）城镇化转型——优化城乡结构

城镇化的推进有利于城市一体化发展。当下城镇化转型的方向是从规模城镇化向人口城镇化转变。人的城镇化是人口城镇化的必然要求，是城镇化的方向和目标，如果没有人口城镇化，农民工就没有实现市民化，就不会有全面的人的城镇化。

1. 未来5—10年城镇化仍是我国发展的最大红利。

2. "十三五"形成人口城镇化新格局

基本实现农民工市民化，让"农民工"退出历史。

3. 探索改变城乡二元制度的历史性突破

从经济社会发展需求看，至少要实现"三个统一"：(1)城乡统一的建设用地市场；(2)城乡统一的社会保障制度；(3)城乡统一的人口政策。2020年，老龄化社会快速到来，城镇化较快发展，应当有城乡统一的人口政策。

（四）消费结构转型升级

消费是拉动经济发展"三驾马车"中最具潜力的驱动引擎，在转型升级中，应从物质型消费走向服务型消费。

1. 消费结构转型升级的阶段性特征

主要表现在：

(1) 从生存型消费（马斯洛消费模型中的第一、二层），向发展型消费升级。

(2) 从传统消费向新型消费升级。随着温饱问题的解决，人们对绿色消费、信息消费、便捷消费等新型消费的需求进一步提高。例如，伴随着互联网的兴起和电子商务、物流快递等新型服务业的快速发展,新型消费增长迅速。2012年我国信息消费为1.7万亿元,同比增长29%;2013年、2014年同比增长28%和20%,预计"十三五"新型消费年均增长率仍将保持15%~25%。

2. 消费结构上升带来巨大的消费市场

(1) 消费结构升级拉动消费的较快增长。

(2) 消费结构升级扩张消费需求总规模。

(3) 消费的阶段性特点变化。模仿型排浪式消费基本结束,个性化、多样化消费已成主流。生存性消费"一批一批消费者"的时代将成为历史,服务型消费阶段"一个一个消费者"的时代开始到来。

3. 以释放消费潜力扩大内需

适应消费结构升级大趋势,重在推动消费驱动的经济转型,创新消费供给,适应个性化、多样化的消费需求,形成安全消费的市场环境。创造居民从想消费到能消费、再到敢消费的充要条件,着力使蕴藏于广大居民中的消费潜力充分释放,转化为巨大购买力,进而成为经济发展的驱动力。

总而言之,驱动转换应把握:(1)启动创新驱动新引擎;(2)加快金融体制创新为大众创业万众创新提供融资服务,解决其资金不足的短板;(3)充分发挥投资的关键作用;(4)释放消费的增长潜力;(5)更好发挥政府作用;(6)塑造区域发展与对外开放新格局,推动企业加大"走出去"步伐,拓展发展空间;(7)向生态文明建设、向循环经济要经济增长,实现社会公平与包容。通过结构优化调整,增加GDP的绿色含量、科技含量、知识含量,从而使GDP的质量更优、效率更高。

同时,还应进行国有经济布局战略性调整,资本结构优化调整等结构性调整。

新常态的表象是经济增长从高速增长转为中高速增长,其实质则是新旧增长动力的转换。创新驱动主要依靠技术进步和科技创新,经济发展将更加注重知识积累、制度规范、品牌建设、智力资源、有效信息等高级要素的投入,并促进结构优化升级、转型发展,凸显人力资本在其中的主驱动作用。在人才队伍建设中,人才高地的形成和人才潜能的发挥,将成为能否成功实现创新转型的关键所在。

(作者郑文焱是鼎固控股有限公司副总经理、高级工程师、MBA,
钧家是上海浦东工业技术研究院副院长、教授级高级工程师)

华谊能化开启"绿色化工"新征程

上海市国资委

56年前的这里,曾是一片荒芜的滩涂,黄浦江水的潮涨潮落,寂静地述说着岁月的沧桑;当有一天喧嚣的机器声唤醒了这片土地,作为上海华谊(集团)公司煤化工板块核心企业,以"绿色化工"为宗旨的上海焦化有限公司(简称"上海焦化厂")在此茁壮成长。

昨天,笔者来到这拥有50多年历史的老化工厂,在这丹桂飘香、秋色迷人的季节里,两座关停的焦炉区一片瓦砾,显得格外肃静。不久的将来,这里将会成为全球化的能源化工企业及气体产品供应商所在地。

变革在这里如春雨随风潜行:2008年7月,对于发展具有决定性意义的一氧化碳联产甲醇工程在关停焦炉原址上建成投产;2013年3月,作为企业产品链接填平补齐的完善化工程,产业结构调整多联产项目在原址上建成投产。

一次次的关、停、并、转,一次次的新设备投用,一次次的新工艺运行,正是上海焦化厂转型发展的一个缩影。今年9月9日,上海焦化有限公司和上海吴泾化工有限公司正式整合更名为"上海华谊能源化工有限公司"。这是华谊集团能源化工转型的又一项举措,也是传统产业的又一次腾飞。

一、调整整合,担历史使命

回望历史,上海焦化厂经历了半个世纪的风雨洗礼,曾经与上海市民的生活息息相关。

20世纪50年代,不少上海人还在使用"蜂窝煤饼",每天用引火柴生火,还要天天封炉子,一不小心就会呛出眼泪水来。这样的日子,令老一代上海人记忆犹新。

当时,城市煤气普及率仅3%。为了让上海市民早日摆脱"蜂窝煤饼",用上"城市煤气",上海市政府决定建设年产90万吨焦炭的炼焦制气厂。1958年,上海市吴泾炼焦制气厂(上海焦化厂的前身)正式成立。

"那时,'城市煤气工程'是和'菜篮子工程'相提并论的,重要性不言而喻。"上海华谊能源化工有限公司党委书记王文西告诉笔者,焦化厂的建立,不仅帮助老百姓摆脱了"蜂窝煤饼",而且用管网化的形式源源不断的将城市煤气输送到城市的各个网络区,当时最高峰可达到每天储存400万立方米的城市煤气。管网化既改变了运输方式,又减少了原先运输蜂窝煤饼过程中所产生的污染。随后,上海焦化厂引进美国先进的煤气化技术,建成了可以联产气体、供电和化工产品的"三联供"装置,1990年代初,上海焦化厂既有煤的焦化又有煤的气化。

尽管,城市煤气是上海市民的生活命脉。但随着上海城市发展对环境要求的不断提高,为了上海"天更蓝,水更清",从2006下半年开始到2010年,上海焦化厂先后主动关停了4座技术落后、粗放型的老焦炉及其配套净化系统与焦油加工装置。

取而代之的是在其原址上建成了具有当今先进技术水平的煤的气化装置。2008年7月,在焦炉装置关停拆除的原址上,对于发展具有决定性意义的一氧化碳联产甲醇工程建成投产,工程的建成,使企业从以煤的焦化为主调整为以煤的气化为主,产品结构发生了深刻的变化。在淘汰老装置的同时,公司的技术创新填补了煤化工技术领域的空白,自2010年具有自主知识产权的醋酐科研成果成功实现了产业化后,煤制乙二醇科研项目产业化的工业性生产装置在2013年也建成投产。同时,1,4-丁二醇、丁辛醇等一批技术攻关项目业已取得重大突破。而非煤产品苯酐的产能扩大到10万吨,不仅为企业增添了新产品,更为企业的能耗减轻了负担。

调整仍在继续。截至2012年5月31日,上海焦化厂在有利润的前提下又以壮士断腕的勇气,忍痛割爱关停了5号、6号焦炉;之后的一年中,一批焦炉配套的煤气生产装置也相继全部关停。2013年5月30日,公司煤气输送顺利退出生产序列,从此成为"没有焦炭的焦化厂"。此举,公司每年要减少产值超过10亿元,有500多名员工为此转岗分流,但是,关停5、6号焦炉及其配套的老装置,上海焦化厂每年可节约19万吨标准煤,减少二氧化硫排放670吨,氮氧化物排放630吨,为上海实施转型升级、改革发展和改善上海环境质量作出了重大贡献。

焦炉关停后,上海焦化厂从原来生产焦炭、煤焦油制品等传统高能耗、高污染能源产品的生产模式,调整为以煤的洁净气化技术为基础,以新材料、新能源产品为标志的"煤基多联产循环经济产业化基地",形成了煤的气化为主的以生产甲醇、醋酸、醋酐、苯酐、一氧化碳等煤化工产业链,并与吴泾化工区内的多个企业形成了产品上下游和物料互供的产品物流链,进一步降低了企业的能源消耗。2013年3月,又在焦炉装置关停拆除的原址上,作为企业产品链接填平补齐的完善化工程,产业结构调整多联产项目建成投产,上海本部达到了年产100万吨甲醇的能力,对装置满负荷运行、降本增效,起到了关键作用。

在一代代人的努力下,上海焦化厂在20世纪经历了1950年代的建厂大开荒阶段,走过了1990年代的"三联供"转型阶段,在21世纪初又经历了装置关停、项目新建,最终公司从煤的焦化迈入了以煤的气化为主的全新战略发展时期。

二、转型发展,看长治久安

新的转型发展,正在拉开序幕。

众所周知,上海的化学工业中,金山石化和高桥石化主打石油化工,而上海华谊(集团)公司发展煤化工有着技术和人才的优势。

然而,近几年来,全国煤化工风起云涌,众多地处煤炭资源地的煤化工企业,凭借着资源丰富和劳动力价格低廉的优势,展开激烈竞争,上海的煤化工,既无资源优势,人工成本又很高,在激烈的竞争中,劣势渐显,再加上上海的煤化工企业各自为战,导致资源的重大浪费。不整合,上海的煤化工就没有出路,而企业没有出路,最终受到损失的是上海的经济发展、员工的利益。

所以,从长远看,吴泾化工基地的焦化公司和吴泾化工公司必须走"精细化工、深度开发、综合利用、高端发展"的道路,实行"一体化"整合。这是做强做大上海煤化工的重要举措,更是上海煤化工可持续发展的必由之路。

2011年起,上海焦化厂启动了华谊集团煤化工板块"一体化"的整合工作。

为适应煤化工板块"一体化"整合的需要,上海焦化厂明确了"主辅分离、做大做强主业"的结构调整原则。2011年起,上海焦化厂先后关停了客运车队和新翼超市,员工上下班由上海海博汽车公司提供服务。2012年6月18日,上海焦化厂与宝钢集团下属的宝钢气体公司实施空分资产重组,成立上海宝冈工业气体有限公司,将原来隶属于焦化公司的空分资产和业务整建制转移,由宝冈工业气体有限公司实行契约化运作,专业化管理。2012年6月28日,华谊集团能源化工板块"一体化"整合的第一个实体——上海华谊新能源化工销售有限公司成立,同时,实现了采销分离,成立了采购中心,实行了吴泾化工区域内焦化公司、吴泾化工公司和安徽无为煤化工基地的安徽华谊化工公司"两地三厂"采销业务的一体化运作。

2013年,上海焦化厂组织机构调整工作全面启动,职能部门通过全员竞聘方式先后进行整合,并于9月撤销生产分公司建制,成立五大生产运行中心,实行扁平化、装置化管理。

与此同时,吴泾化工也主动进行产品结构调整。为全面落实"十一五"节能减排计划,吴泾化工先后淘汰了合成氨、氯硫酸、硫酸二甲酯、十八胺等高能耗、高排放装置,每年减少能耗21.6万吨标准煤,减少二氧化碳排放22万吨,减少污水排放165万吨。在"十一五"期间,企业总产值增加了20%,但总能耗却下降了50%,实现了社会效益和经济效益同步增长的良好态势。由于成绩显著,企业先后荣获"上海市节能先进单位""上海市节约用水先进单位"等荣誉称号,成为全市发展循环经济的示范基地。

经过3年时间的筹划和准备,2014年1月8日,上海焦化有限公司和上海吴泾化工有限公司正式整合为上海华谊能源化工有限公司(简称"华谊能化"),掀开了企业改革整合的崭新一页。2014年9月9日,"上海华谊能源化工有限公司"正式对外宣布更名。

"一体化"整合,既是机遇,也是一种挑战。整合后,如何发挥整体竞争力?

首先,通过班子的调整、人员的瘦身、装备的整合来提高企业整体的竞争力。整合后,一个领导兼两个厂,分工明确:焦化厂主营甲醇,吴泾厂主营醋酸,以焦化厂为班底,租赁吴泾厂的装置,将相关装置人员一起聘用过来。王书记告诉笔者,这种人员缩减比例是非常大的,最辉煌的时候,两厂工人有1.6万人,在缩减之前也有五六千人,而现在合并起来只有2000余人。人员虽然减少,但两厂整合之后效益却得到了提升,扁平化管理和"一体化"整合的效应得以显现。

数据显示,两厂合并之前,吴泾化工是亏损的,上海焦化厂略有盈利;但合并之后,今年总销售收入是120亿元,利润达到10亿元,这是两个厂历史上前所未有过的辉煌。而且现在,华谊能化的甲醇年生产能力达到了160万吨,位居全国前三位;醋酸年生产能力达到125万吨,位居全国首位;在全国范围内,华谊能化是唯一一个兼有这两套如此大产能设备的企业。

整体竞争力得到了提升,华谊能化还在继续谋求发展。王书记告诉笔者,华谊能化要继续在上海化工区内寻找生产基地,这不仅是简单的搬迁,更是技术能级的提升;同时,在安徽无为基地以外,上海焦化厂始终在全国各地寻找新的煤基多联产基地,这是华谊集团能源化工板块持之以恒实施"走出去"战略的实践举措,煤化工全国布局将不断拓展新天地。目前,华谊能化还在大力探索国际化合作的可能性,为企业走出国门,建成全球化的能源化工企业寻求突破。

三、安全环保,筑绿色化工

无论是调整整合,还是转型发展,在整个企业改革过程中,有一种意识贯穿始终,那就是安全环保、责任关怀意识。如今,安全环保这种意识非但没有减弱,甚至提高到"生命线"的高度看待。用华谊能化领导的话来说:"在安全环保方面的费用绝对不可省。"

华谊能化深刻地认识到,企业安全环保,是市场经济的客观要求,是化工企业生存发展的必然条件。华谊能化以同行业的先进企业为标杆,寻找差距、正确定位、确定对策,切实加强安全环保管理,以安全环保达标的标准为工作基线,严格管理、严格考核,夯实了安全环保运行基础,确保安全环保工作稳定运行。

华谊能化各级领导高度重视,亲力亲为,深入现场,深入思考,把安全环保受控作为履职的重要职责。公司把强化安全环保工作的落脚点放在基层班组,动员全体员工增强安全环保意识,建立长效管理机制,重点在员工劳动保护、主题劳动竞赛、班组文化建设等方面取得新进展。公司开展了全员"危险源辨识"活动,确立了公司13处重大安全环保危险源,建立起严格的管控制度,实行严格管理。班组安全环保活动体现了群众性安全环保活动的内涵,注重形式,更注重内容,公司建立安全环保"零点起步"制度,每年元旦凌晨,组织生产部门和管理部门的主管举行"安全环保零点起步"仪式,以此增强员工的安全环保责任心。组织员工积极参加全国"安康杯"安全环保知识竞赛,开展全员安全环保培训和考试,组织班组开展安全环保防范应急预案演练,为营造学习型企业打造了全员安全环保文化平台。

为此,华谊能化投入了大量工作项目,不懈努力。比如,2012年1月,公司投入近1亿元建成"硫回收酸性气体处理装置"二期项目,投产后,酸性气体一期、二期最大可处理硫化氢气体9 200立方米/小时,产生98%硫酸9 853吨,减少硫化氢气体排放3 281吨。为解决雨水和清下水直排黄浦江,以及杜绝发生突发环境事故时、污水进入黄浦江的现象,公司于2012年9月实施排水系统环保措施改造(二期)项目,新建强制排水泵房,将厂区雨水和清下水集中排放,该项目于2013年6月完成。在公司生产实时监控系统中增加环保设施的信息,可对公司废水总量实时监控,掌控废水处理装置的实际处理能力和处理效率等。

同时，华谊能化是以煤为原料的能源产品加工转换企业，年综合耗能达到了148万吨标准煤，是国家重点监控的"千家重点耗能企业"之一。历年来，公司将节能减排作为企业自身发展的内在需求，作为社会发展作贡献的重要举措，始终把节能降耗作为企业战略的核心内容，加大资金投入和技术投入，为全面开展节能减排活动，奠定了坚实基础。

"十二五"期间，华谊能化瞄准建成"资源节约型、环境友好型企业"的目标，以"转型升级、创新发展"的思路，坚定不移地开展节能减排活动。近两年来，通过调整产品结构和生产布局，实施节能技术改造、强化节能目标责任管理等一系列措施，取得了每年节约能源达到近4.7万吨标准煤的业绩，荣获"2012年全国减排先进集体"（2012年底评）；2011—2013年连续三年获中国石油和化学工业联合会《能效领跑者标杆企业》。

创新使用新技术，提升节能效果。在国家节能奖励政策鼓励下，华谊能化积极实施能源技术改造，走通了创新发展的节能减排新型道路。近年来，华谊能化按照国家"加快推行合同能源管理 促进节能服务产业发展"的要求，积极利用"合同能源管理"新机制，推动了节能技术改造向纵深发展。先后对130吨高压锅炉风机实施"合同能源管理"技术改造，以及高压变频改造、气化装置废热蒸汽回收利用、余热系统低压蒸汽外供、余热蒸汽发电等近20个节能技术改造项目，累计实现年节能效益超过3 000万元，每年节约能源折合标准煤1.5万吨，节能效果十分明显，减少了碳的排放量，公司节能减排工作所取得的成绩多次受到上级部门肯定。2013年11月26日，上海市碳排放交易启动，公司当日便成为上海市首批碳排放交易的单位之一，并完成了首笔交易。

而今，随着社会的发展，华谊能化公司将秉承着新的历史使命，在一次次整合调整中凤凰涅槃，在新起点下，开启"绿色化工"的新征程。

（本文选自2014年10月30日《解放日报》）

创新没有完成时 只有进行时

海通证券

2015年1月15日,上海市人民政府下发了《关于表彰2014年度上海金融创新奖项目的决定》(沪府发〔2015〕2号)。其中,由海通证券股份有限公司申报的2013武汉地铁可续期债券项目荣获一等奖。可续期债券是由海通证券股份有限公司推出的创新金融产品,一经推出便引发市场热议,其通过"续期选择权""浮动利率结构""债券募集资金可用于资本金"等方面的创新,为基础设施建设提供了长期资金,降低了地方政府短期偿债压力,有效防范债务风险,是通过金融创新服务实体经济的积极尝试。截至目前,第一单可续期债券项目推出已有一年有余,产品已从初期探索阶段逐步发展成熟,获得了市场广泛接受。

一、可续期债券是金融服务实体经济的利器

可续期债券是借鉴海外永续债券的特点,并结合企业实际需求及法律规定而推出的债券创新品种。永续债券是一种没有到期日的债券,其起源可以追溯到19世纪的拿破仑战争时代,当时的英国财政部为了给英法战争提供战争所需要的资金,减轻长期战争对国库的压力,增加财政的灵活性,发行了一只没有到期期限的债券,开创了永续债券的先河。

在20世纪末期,永续债经历了飞速的发展,由于银行补充资本金的需求强烈,永续债等创新工具得以大展身手。到2008年,全球永续债年发行量达到1 386亿美元的巅峰。目前全球已有50余个国家发行永续债。根据彭博统计,近10年永续债券发行量合计8 733亿元(数据统计期间为2004—2013年),从发行主体所在行业看,主要集中在银行、公共设施等行业。截至2013年武汉地铁可续期债券(以下简称"武续债")发行前,我国市场上没有真正意义上的永续类产品。但市场上已产生了此类融资需求,个别企业只能通过境外市场发行产品融资。

可续期债券是海通证券近期推出的创新品种,是海通证券在借鉴国外永续债券特点的基础上,对其方案结构优化完善并使之满足国内法律框架要求的债券品种。具体来说,可续期债券通过嵌入发行人续期选择权,赋予发行人定期将债券期

限延续的权利,即发行人理论上可永不兑付债券。

二、资本金融资支持"稳投资"与"稳增长"战略

投资在过去是我国经济发展"三驾马车"中的强劲动力,但近年来随着我国经济结构调整,固定资产投资增幅放缓,经济增速下行。国务院在近期多次会议中强调要"改善当前投资动力不足的状况,稳定有效投资,促进稳增长、调结构、惠民生","稳投资"仍然是"稳增长"的重要发力点。

目前,我国的固定资产投资面临的主要问题即是项目资本金较难筹集。国务院规定固定资产投资项目必须首先落实资本金(比例为20%~50%)。目前,固定资产投资项目的资本金来源主要有股权资金、财政拨款以及名股实债的私募资金等,但这些途径也存在诸多问题,如基础设施项目收益预期不高,很难通过股权融资募集资金、经济增速放缓背景下政府财政支持不足、私募资金的融资成本过高等。

根据国家发改委对"13武汉地铁可续期债"的批复,募集资金可以用于补充公司资本金。这意味着,可续期债券突破了项目资本金的传统募集方式,开辟了公开募集资本金的新途径,从而在很大程度上解决了我国企业投资所面临的资金本问题。另外,可续期债券的公开发行,实现了项目资本金的"阳光"融资,使资金成本远远低于信托等私募资金,从而消除项目资本金的审计风险,大大降低企业的财务负担。

应该说,在当前项目资本金制度、私募资金成本偏高的约束下,可续期债券可用于项目资本金这一创新对于基础设施项目具有重要意义,是可续期债券服务实体经济最重要、最突出的表现。

三、超长期限资金满足基础设施融资需要

建设期限长、资金投入大是企业固定资产融资的典型特征。目前,我国的企业固定资产建设主要采用银行贷款、企业债券等融资方式,但这些融资方式普遍存在期限短、规模小的问题,不能很好匹配项目建设期长、回收期长、资金投入大的特点。

可续期债券首创了"续期选择权",这一含权设置使得债券的期限由发行人自行决定,理论上可以永久存续,而这种特性很好地匹配了基础设施项目建设期长、

回收期长的特点。

另外,赋予发行人"续期选择权",意味着发行人享有决定债券期限的主动权,可以根据自身实际需要灵活决定债券的到期期限,从而大大降低了发行人的资金流动性风险。

四、权益属性力助高负债率企业去杠杆

债务水平偏高是当前我国许多企业面临的问题,实体经济去杠杆是当前我国经济结构转型的重要切入点。在可续期债券推出之前,降低资产负债率主要有两种方式:(一)企业自身的利润积累;(二)通过IPO、增发等方式进行股权融资。但是,当前我国经济增速放缓和通缩风险抬头,制约了企业利润增长;而IPO等股权融资方式的效率较低、门槛较高、不确定性较大,而且会稀释原有股权。

通过方案设计,可续期债券资金可以计入发行人权益。根据现行企业会计准则,在满足一定条件下,债券具有"股"性,发行人可以将可续期债券分类为权益工具并计入所有者权益。这意味着,可续期债券开辟了企业"上市"之外的又一条权益融资的公开渠道。而对于负债率较高的企业来说,发行可续期债券将成为降低企业负债率的重要选择。

五、可续期债券有效缓解地方政府债务问题

(一)有关地方政府债务问题

为应对2008年金融危机,我国推出了"四万亿"的经济刺激计划,要求地方政府通过加大投资力度带动中国经济走出危机。受此影响,地方政府通过各种负债方式获取资金,诸如银行贷款、企业债券、信托理财等,而当时由于财政预算软约束问题的存在,又进一步激发了地方政府负债融资的需求,导致部分地方政府债务高企。

然而,银行贷款、企业债券、信托理财都属于债务资本,具有按期偿本付息的"刚性"特征。地方政府的过度负债和频繁融资,不仅会放大政府债务负担,而且可能使政府面临债务集中到期兑付风险。特别是在当前经济下行、政府财政收入增速放缓的背景下,政府的偿债能力普遍下滑,未来债务兑付风险应给予重视。

（二）以时间换空间化解流动性风险

基础设施项目先天具有投资回收期长但收益稳定的特性，但其对应的负债通常是一笔到期，集中兑付，这就造成了政府的资产与负债期限错配，因此地方债务风险实际上就是债务流动性风险。倘若负债期限灵活可控，那地方政府债务压力就能减小很多。

发行人续期选择权是可续期债券的核心条款，通过嵌入发行人续期选择权，有效解决了传统融资方式的期限"刚性"问题，使发行人根据实际用款需求来决定债券实际到期期限，从而大大降低了资金流动性风险，或者说是通过"以时间换空间"的方式来解决地方政府债务问题。

（三）融资成本得到有效降低

2014年以来，国务院多次强调降低社会融资成本，并于2014年8月份颁布《关于多措并举着力缓解企业融资成本高问题的指导意见》，提出降低企业融资成本10项措施。从融资方式的角度看，直接融资具有更高的融资效率，是降低社会融资成本的重要方式。

与银行贷款、信托等筹资渠道相比，债券融资具有中间环节少、费用低、风险透明等优势。仍然以项目资本金筹集为例，按照2014年我国固定资产投资金额为50.20万亿元、资本金比例40%计算，如果使用信托融资（按照8.44%计算，根据Wind资讯统计数据计算得出，统计区间为2012—2014年），每年需要支付利息1.69万亿元；而如果发行可续期债券用于项目资本金（按照6.03%计算，根据Wind资讯统计数据计算得出，统计区间为2013—2014年），每年仅需支付1.215万亿元的利息，较信托融资每年可节约融资成本4 792亿元。

六、"武续债"促成永续类债券产品市场成熟

（一）永续类债券的相关制度已经落地

自"13武汉地铁可续期债"成功发行以来，可续期债券在我国得到了各方的高度重视，相关的制度建设已经基本完善。

1. 国家支持金融创新，鼓励金融创新服务于实体经济，这就决定了未来我国金

融创新将层出不穷,而永续类债券品种经过前期的探索已相对成熟,可以在服务实体经济方面发挥重要作用。

2. 债券市场的各个主管机关均支持永续类产品的发展,国家发改委、证监会、银行间交易商协会均推出了永续类债券产品,并制定了相应的监管政策支持这一品种发展。

3. 财政部明确了永续类债券会计处理原则,在技术上解决了可续期债券记账问题,使可续期债券这一品种具有了极强的复制性与操作性。

4. 永续类债券的发行上市、登记托管、估值清算等操作已形成了一套清晰完整的体系,配套措施已较为完善。因此,可以说武续债打响了永续类债券的头炮,为市场提供了范本,企业发行永续类债券的可操作性极强。

(二)永续类债券产品的市场认可度越来越高

从市场需求看,企业对永续类产品十分追捧。自武续债发行一年多来,永续类债券市场迅速打开。海通证券主承销的 2014 首创集团可续期债是国内首只分类为权益工具的可续期债券,资金主要用于北京地铁十四号线的建设。截至 2015 年,全国已经有 28 家企业发行永续类债券产品 35 只,发行总额为 909 亿元。

从投资者的角度看,市场机构对可续期债及永续类债券产品的态度从观望转变为追捧。从理论上来说,可续期债券长期限的特性恰恰满足了诸如保险资金、社保资金的资金配置需求;而相对高的票面利率和较好的流动性对于理财资金也有着较高的吸引力。但在武续债的销售过程中,多数投资机构对这一创新产品的态度相对谨慎,报价偏向保守。经过一年多的时间,随着市场配套设施的完善,机构投资者对可续期债券逐渐接受。目前,武续债在二级市场交易价格稳定在 110 元之上,而 2014 年发行的首创集团可续期债的发行利率仅为 5.99%,低于农业银行同期发行的优先股股息率。市场的认可使债券发行利率大幅降低,这又增加了可续期债券对于企业发行人的吸引力。

七、可续期债券发展前景无限

(一)在市政基础设施建设领域具有广阔的应用前景

可续期债券具有期限长、规模大、可用于项目资本金、成本可控、可降低资产负债率等特征,符合市政建设、能源、交通等重大基础设施建设的融资需要,有助于推动新型城镇化建设,应用前景十分广阔。同时,可续期债券拓宽了地方重大项目资本金筹措渠道,有助于缓解地方财政压力、化解地方债务风险,具有很高的推广价值。

2015年1月16日,国家发改委印发《关于加强城市轨道交通规划建设管理的通知》(发改基础〔2015〕49号),明确轨道交通项目资本金比例不低于40%。可以预计,可续期债券在未来轨道交通项目建设中将发挥不可替代的作用。

除此之外,海通证券认为铁路、能源、环保、保障安居工程、供水供热等项目均可以通过发行可续期债券解决资金来源,从而满足我国大型基础设施项目的长期资金需求。

(二) 可续期债券可以作为PPP模式下的债务融资工具

2014年9月,国务院出台了《关于加强地方政府性债务管理的意见》(以下简称《意见》),提出要推广使用PPP模式(即政府与社会资本合作模式),鼓励社会资本参与城市基础设施等有一定收益的公益性事业投资和运营。目前,国家发改委、财政部也分别就PPP模式的具体操作制定了相应的指导意见和操作指南,一批PPP项目将陆续上马。

在PPP模式下,社会投资者按约定与政府(或国有企业)共同成立特别目的公司(即项目公司),由该项目公司负责市政项目的建设和运营。可续期债券一方面可以由项目公司的国有股东发行,将资金以资本金方式投入项目公司,从而进入特定项目;亦可由项目公司直接发行,为项目直接筹资。

(三) 创新没有完成时,只有进行时

海通证券向来高度重视业务创新。早在2005年,海通证券率先申请并成为国内首批创新试点券商,如今"创新创造价值"已经成为海通证券的共识,创新基因已经逐渐融入每位海通人的血液中。

实际上,作为传统投行业务,债券承销的创新空间不大。而海通证券从客户实际需求出发,借鉴国外经验推出了可续期债券品种。从债券的方案设计、项目执行、报批到最后的销售,每一个环节都经过反复论证、推敲,产品的从无到有体现了海通证券的智慧与决心。海通证券的创新品牌在市场上得到了认可。

然而,任何项目都非一帆风顺,开展创新业务更是要面临各种意想不到的困难。在承销武续债时,海通证券面临的市场环境较为严峻:绝大部分投资者由于投资规定及风控要求的限制不能认购创新品种。海通证券做了大量工作,甚至投入了可观的成本培育市场、引导市场、促进相关配套政策的落实,为这一品种的发展奠基。这体现了海通证券作为大型投行的社会责任与担当。

武续债的问世是海通证券业务创新中的又一座里程碑,也是海通证券通过金融创新服务实体经济的最佳例证。但创新从来只有进行时,海通证券将继续秉承创新驱动的理念,为自身发展打开更广阔的空间,也为中国经济创新转型助力!

(本文由海通证券提供)

申银万国：老牌券商创新转型

刘　锟

早在2011年，申银万国深刻认识到行业环境的深刻变化和自身发展存在的问题，主动创新、率先变革、战略引领，通过实施业务转型、管理转型、文化转型开启了一场转型改革的征程，持续探索走出一条全面转型发展的道路。从当时企业自身来看，作为一家老牌券商的传统业务优势有所削弱，老国企的制度性障碍需要突破，市场化程度不高；从外部发展环境来看，一方面，证券行业盈利模式对经纪业务依赖性高，行业内部全方位的竞争不断升级，佣金战日益激烈对盈利带来巨大冲击，而且金融混业化、国际化竞争不断挤压证券行业的盈利空间；另一方面，证券市场客户类别不断增加，客户需求日益多元化，业务和产品创新不断涌现，证券公司必须适应新的形势和要求创新发展。

如今，经过过去三年多转型改革，申银万国在发展战略、业务结构和管理模式等方面都发生了重大变化，核心经营能力实现了四个显著提升。盈利能力显著提升，在净资产排名前十大券商中，申银万国净资产收益率连续三年位于行业领先水平；创新能力显著提升，创新业务收入占比连年大幅提升，2013年高于行业近10个百分点；风险控制能力显著提升，连续三年获得A类AA级证券公司分类评级，风险管理工作得到了监管部门的肯定；成本管理能力显著提升，连续三年保持行业第一。

转型创新的出色成绩使申银万国这家老牌券商焕发出新活力，也为申银万国抓住重组上市和资本市场的创新发展机遇，实现新一轮跨越式发展，努力跻身系统重要性证券公司行列，奠定了坚实基础。

目前申银万国与宏源证券的重组工作正在酝酿之中。两家公司的重组是深化金融改革进行的一次有益探索，重组工作对于证券行业构建系统重要性证券公司和实现两家公司的优势互补、强强联合，具有重大意义，也将为中国资本市场创新发展写下浓墨重彩的一笔。

一、打造从融资方到投资方的全产业链

早在2011年初，申银万国制定了五年发展战略。结合监管部门推出的系列创

新政策，积极借鉴国际投行的成功发展经验，确定了建设"国内一流"的证券控股集团的发展战略目标，推出了"多元化、集团化、差异化经营、协调发展及合作联盟"五大战略举措，力求打造一个从融资方到投资方的全产业链，建立新型经营盈利模式。

在战略引领下，申银万国按照"以市场为导向，以客户为中心"的经营理念，顺应行业创新发展趋势，找准方向在行业内率先推出并不断深化业务转型，突破证券行业和企业自身发展的一系列传统业务模式。

资产管理业务上，充分发挥大资管业务平台对各项业务转型的推动和支持作用，同时自身实现向通道式和自主管理并重的模式转型；零售业务上，在互联网金融迅速发展的大背景下，加快传统零售经纪向财富管理方向转型；机构业务方面，适应证券市场客户机构化发展的特点以及证券业务不断拓展的趋势，创新金融同业服务模式，实现从服务资本市场向金融市场的转型，从传统实现股票佣金收入向追求中间业务收入转型；投行业务方面，顺应企业投融资需求以及财务顾问等需求的变化，从传统的融资业务向综合金融服务转型；自营业务上，结合自身发展的风险偏好，构建资本中介和投资、交易并重的新型投资交易业务盈利模式。

事实证明，这些也正是后来监管层鼓励推动行业转型的一些重要方向。

在具体的业务转型上，申银万国始终坚持"以客户为中心、以市场为导向"，实现争先进位、可持续发展。

投资银行是金融业中最具创新的行业。申银万国积极借鉴国际投行的发展经验，顺应证券行业创新发展的趋势，不断实施了一系列的业务转型举措。通过建立客户经理制和CRM系统，来增加客户服务的针对性和多样化；通过以产品为纽带，整合业务功能和公司资源，以提高客户服务的有效性；通过明确各子公司的发展定位和重点，提高子公司与总公司的协同发展能力。截至目前，对于投行业务的企业客户、基金、保险、信托、私募等机构客户以及高净值个人客户，都配备了相应的客户经理实现"一对一"的客户服务；在产品链建设方面，加大自主创新步伐，目前已形成了较丰富的产品线，满足不同类别客户多样化的创新融资需求和财富管理需求。

转型改革一系列组合拳成效明显，申银万国转变了前些年业务优势逐步削弱的被动局面，经纪、资产管理、固定收益等业务排名大幅度提升，盈利结构明显改善，客户资产规模显著增长。

比如,许多业务实现了争先进位。在2010—2013年的市场排名方面,经纪业务,股票基金交易量市场占有率从第8名上升到第6名,上升2名;代理买卖证券业务净收入行业排名连续三年稳定在第7名。资产管理业务,业务规模排名从第19名上升到第4名,上升15名;业务净收入排名也从第19名上升到第4名,上升15名。场外市场业务持续保持行业第1名;债券主承销金额排名从第31名上升到第14名,上升17名。

二、管理转型为业务发展提供动力支持

管理转型是业务转型的重要前提和保障。伴随证券行业的发展空间不断扩展,过去相对比较陈旧的组织框架和经营模式束缚了手脚,需要通过转变观念、实施管理转型来释放改革的红利。申银万国围绕"以客户为中心"调整组织架构和流程,从以条线管理为主的模式向条块结合的矩阵式管理模式转变,做强总部、做实分公司、做活营业部。

申银万国要求总部发挥指挥中枢和保障中心作用,分公司发挥传递带动和区域经营管理作用,营业部则发挥自主经营、机制灵活的业务窗口作用。

为充分发挥总部规划、指导和推进作用,提高整体运行效率、防范经营风险,形成了"六大业务板块"、统一的运营平台和统一的风控平台,建立了协同发展的运营机制,完善了市场化的激励约束机制。同时,推行大部制改革,通过实施功能整合、资源整合,基本形成大经纪、大资管、大机构(包括国际业务)、大投行、大投资交易、固定收益产业链等六大业务板块格局。此外,实行事业部制,下放经营权限,引入市场化的业务运作和考核机制,重构事业部内外部流程,使事业部的运作效率和市场响应速度大为提升。

据介绍,统一的运营平台负责申银万国客户账户、托管、清算职能的集中管理,对各业务部门提供运营保障支持,将营业部开户审核等日常操作上收,加强后台集中操控。在统一的风控平台建设上,设立风险管理委员会,并建立风险管理联席会议机制;整合了原有的合规风控力量,设立了合规与风险管理总部,加强了全公司风险的统一管控;在行业内率先设立负责流程管理的二级部门,负责全公司流程梳理再造。申银万国实行以净资本为核心的风险指标动态监控体系,开展压力测试,引进《巴塞尔协议Ⅲ》有关风险管控指标。设立创新产品委员会,统一负责自主创新产品、引进代销产品的风险审查。建立公司评审中心,形成分级的风险审查机

制。监事会主席兼任稽核审计总局负责人,独立行使审计职能。总公司对子公司实行"穿透式"风险管理模式。

而在做实分公司方面,经营与管理职能并重,由费用中心向利润中心转化,强化区域集约化经营、自负盈亏。据介绍,申银万国一般按照行政区域进行分公司划分,目前有16家分公司,按照营业收入、净利润以及管辖营业部数量等情况将分公司划分为四级,进行差别化的经营管理授权。

所谓做活营业部,就是按照"委托代理通道、产品销售终端、创新业务载体、综合业务中介"等新的功能定位,实现多元化经营、差异化发展。申银万国目前有167家营业部,遍及21个省、4个直辖市、4个自治区的80个大中城市内。根据营业收入、净利润以及客户资产规模等情况将营业部划分成五级,进行差异化的经营管理授权。在互联网金融大背景下推动物理网点转型。实行中心营业部模式,通过一体化运作提高经营效益。营业部业务净收入的市场占比从2012年的5.00%上升到5.79%。

此外,申银万国通过实施再造组织架构和运营机制的系列举措,初步形成了现代投资银行的经营管理模式,为进一步做大做强奠定了良好基础。近年来,建立起"统一开发、专业承做、质量控制、统一销售、重点服务"的大投行运作模式;形成产品集中管理、统一审核、专业操作的大资管运行模式;完善了国际业务总部、香港公司、研究所协同的海外客户开发模式。此外,还"以市场化为导向"实施考核激励机制转型,鼓励经营单位争客户、抢业务、夺市场,实现从"坐商"向"行商"转变,开展全面的薪酬体系改革,并配套推进用人机制、考核激励约束机制的改革,从而进一步调动了队伍的积极性和创造性。

三、文化转型提升企业发展软实力

作为一家发展历史比较悠久的国有金融企业,如何把国企的政治优势转化为公司发展的竞争优势是申万人的一道考题。

三年来,申银万国通过文化建设,充分发挥建工作的引领保障、凝心聚力作用,大大增强了企业发展的软实力。2012年,申银万国委首次被上海市委评为"上海市创先争优先进基层组织"。在上级党委的正确领导下,申银万国建工作不断适应转型发展的要求探索新的方法和措施,积累了一些特色做法。

首先,领导班子建设开创新局面,各级班子合力显著提升,充分发挥出班子的领导和表率作用。申银万国领导班子坚持民主集中制、"三重一大"集体决策,注重中心组学习制度创建学习型组织,实施对口联系分公司制度,带头跑客户、带头跑项目、担任大客户经理;加强干部队伍建设,制订完善干部管理、班子建设的一系列制度,对各级班子进行整体考核,严格执行干部问责制度;坚持公平、公正、公开、透明的选人用人机制,总部级干部全部实行公开竞聘,外部专业人才采用市场化方式引进。

其次,企业建工作开创新局面,不断探索出企业建工作的新途径、新方法。申银万国始终坚持企业的工作要姓"企"的指导思想,做到"两个围绕、两个服务",即围绕企业中心任务,服务于企业发展需求;围绕"以人为本",服务于最大限度地保护和调动广大干部员工的工作积极性、主动性、创造性。申银万国坚持建主题系列活动和公司核心业务发展相结合,近些年来组织开展了"三创三争"系列活动("三创":即在全公司基层组织中开展创新、创效、创一流服务活动;"三争":即在公司全体员中开展争当岗位创新明星、争当岗位创效明星、争当岗位服务明星活动)、"双创"系列竞赛("双创":即我为公司多创收、多创效),促进企业加快转型发展。坚持以基层建设为重点,一方面实现基层组织建设"全覆盖"、消灭组织和员工两个"空白点";另一方面,实施基层支部、工会、团支部工作条例,不断夯实基层建工作基础。

此外,在企业文化建设上,形成了风正、心齐、气顺的良好氛围,市场形象显著提升。秉承着"诚信、专业、创新、共享"的核心价值观,多年来申银万国始终坚持以企业文化为内生动力,大力倡导"创业文化、执行文化、合作文化、责任文化、红线文化"五种文化,以文化建设的新成效不断增添企业转型发展的新动力。

申银万国作为中国证券市场的一个拓荒者、实践者,与中国证券市场共成长,丰厚的历史底蕴造就了申银万国人对诚信经营的坚守,对共享发展的追求。2012年,申银万国注册商标被上海市工商局认定为"上海市著名商标";2013年,申银万国被评为"五星级诚信创建企业"。

申银万国与宏源证券的重组工作如果顺利完成后,将会成为中国资本市场成立以来主动并购金额最大的重组项目,对证券行业新一轮并购重组具有示范和推动作用,对于中国证券行业具有着历史性的意义。

展望未来,中国经济结构调整和转型升级,给资本市场带来了新的发展机遇,证券行业迎来了广阔的发展空间,但同时也面临着混业经营、互联网金融等诸多挑战。证券行业需要寻求创新发展,需要打造具有系统重要性的现代投资银行。

申银万国经过三年多的转型改革,传统业务持续提升,创新业务有效推进,发展后劲不断夯实,初步形成了"以客户为中心、以市场为导向"的现代投资银行经营管理模式。申银万国未来将朝着建设一家"具有国际竞争力、品牌影响力和系统重要性的现代投资银行"目标而不断努力奋进,为推进上海国际金融中心建设和多层次资本市场发展作出新的贡献。

(作者是《解放日报》记者,本文选自 2014 年 7 月 22 日《解放日报》)

提升自主创新能力　增强企业自主发展

朱瑶翠

当前世界各国均处于创新的"孕育期",从而加大了推动技术创新的力度,以创新驱动经济的复兴和发展。习近平在中央财经领导小组第七次会议上指出:新一轮科技革命和产业变革正在孕育兴起,全球科技创新,呈现新的发展态势和特征,新技术替代旧技术,智能型技术替代劳动密集型技术趋势明显,我们必须增强紧迫感,紧紧抓住机遇,全面增强自主创新能力,掌握新一轮全球科技竞争的战略主动。2015年10月党的十八届五中全会上对创新的地位和作用进一步"定调",创新是党中央治国理政核心理念之一,创新驱动是为中国发展核心战略之一。二年多来,党和国家根据党的十八大关于创新驱动作了重大部署,有力地引领经济航船发展,破浪前进,为万众参与创新指出了明确方向,只有走创新之路,才能赢得竞争,走向胜利。

一、企业在创新中的双主体地位

根据科学创新的规律和社会化分工的要求,科学创新的主体应是从事于基础理论研究的科学院、所与大学,技术创新及其产业化的主体则是企业。

企业既是技术创新主体,也是产业化应用主体,从发达国家技术创新及其产业化经验来看,企业在技术创新中是处于双主体地位,这是因为:

(一)企业是生产经营活动的基层单位,直接面对用户和日益激烈的市场竞争的外在压力,迫切要求通过技术创新来提升竞争能力,使企业利润最大化;企业在生产经营活动中,能使所选择的技术创新的方向和目标更能符合市场的需要,从而吸引新老用户,扩大市场占有率,增强市场企业竞争能力。

(二)企业具有把科技创新的成果转化为生产力,例如新产品、创新设备、工程技术能力,以及社会化配套能力等。

(三)企业还具有把科技要素、工程要素、资金要素、市场要素等直接融合起来,从而提高技术创新的成功率和效益,为产品提供降低成本等。为此,建设全球创新中心的主体仍是企业。

上述种种都是企业本能表现的特征,也是企业职工应做好的日常工作,应常常想到,要为企业创新尽责尽力,特别是领导干部在企业创新中引领全体职工,抓住机遇,迎接挑战以实现企业持续、平稳地发挥作用,是一个重要的关键。

二、激发创新者自觉创新的动力

有长期工作经验的产权经济学家均认为,创新往往是由个人发动的,这个人在长期工作实践中,感受到在他工作身边某项事物、工作、环境等存在着潜在问题,有改革和创新必要,因而产生了创新思想与动机,遇到有创新机会,就触发创新念头或灵感并迅速见诸行动。例如:出生于中医世家的胡宣康在多年的医务工作中,了解到世界范围内,癌症每年夺去700万人的生命,而且每年又新增癌症病人上千万人,病人总数达到2 000万人,中国癌症病人也已达到340万人,相应治疗也是十分单一,被西医治疗所垄断,手术和放疗都有局限性,化疗的副作用在治疗中增加了病人的痛苦,他想如果一旦研制成功了中药汤进行治疗,不但能解决病人痛苦,还能为中药在治疗癌症方面占有一席之地,于是他萌生了创新念头,由于他多年临床经验,便走上了中医药领域创新道路,对研究防癌治癌副作用小的中医汤药充满信心。他花了20年时间,日日夜夜,艰辛而又曲折,研制出了针对肝癌等消化系统肿瘤为主的治疗性的原创中药,并获得国家颁发新药证书和专利,也获得了国际专利。又如水稻专家袁隆平,他有一个种出超级水稻的梦想,由于他的辛勤劳动,现在不仅完成了农业部超级杂交第四期攻关目标,使我国超级杂交水稻亩产超1 000千克,被广大群众称为"杂交水稻之父",他现在已85岁高龄,仍旧在超级水稻研究上废寝忘食,对杂交稻攻关不已,他一直在想,要实现"稻下乘凉梦"还要依靠年轻人再继续努力。

上述案例,充分说明了企业创新的成败取决于企业职工,特别是科技人员素质的高低,企业领导层在企业创新中要以人为本,发现新机遇,立即支持,安排场地,筹集资金,提供创新设备与人员等。激发职工掀起创新的热潮,人人参加创新活动,寻找创新突破口,解决企业创新的瓶颈,进而形成企业创新的整体合力,这种合力是取之不尽的源泉。

一般来讲技术创新具有很大的风险,特别是高新技术,不仅需要投入大量资金,时间较长,见效慢,而且还要承担因失败而带来的巨大损失和他人的冷言冷语等,因而较多企业和有关研究部门对技术创新望而却步。我们经多次探索,多数意见是:激发创新活力,宽容失败是个关键。现在各级政府文件都提到宽容政策,但宽容办法、内容都未提出,比如:投资100万元,结果失败,能否宽容?投资300万元,失败,能否宽容?政府要和有关部门、专家商量一下,定出个界限以安定"民心"。有时候单单宽容失败还不足以产生活力,这与激励及其方式有关,当前形势下,党和国家都在呼吁万众创新,就应当有个共识:应把创新者看作是一种劳动,当其为国家或社会创造了新价值,便应当享有相应的经济报酬和社会名誉;同时创新是很艰难的,更应当激励,这就要给予创新者体面和较丰厚的回报,也体现了社会对创新的真正尊重。

三、自主创新与自主发展

技术创新能力是一个国家自主创新能力的主要体现,是建设新型强国富民关键环节,也是企业发展必经途径。随着经济全球化与信息化又相互交织在一起,国际间产业和投资转移越来越依赖技术创新能力的高低,谁掌握了更多更好的技术创新能力,谁就能迅速地提升竞争能力,谁就能处于主动地位。目前全世界90%以上发明专利都掌握在少数发达国家手中,他们的一些跨国公司就凭借技术优势,对世界市场,特别是高科技市场的高度垄断,获取超额利润,而我国由于技术创新能力薄弱,核心设备基本上依赖进口,我们只能索取微薄的加工费。例如:一双在我国生产的耐克鞋,出售国外,我们只赚1美元多,可是拥有品牌的耐克鞋公司出售,就值近100美元,没有核心技术,只能受制于人,为此,我们必须在新形势下,千方百计采取各种措施促进企业成为技术创新的真正主体。目前,我国企业在创新能力上动力不足的原因具体表现为:(一)缺资金;(二)缺设备、人才;(三)缺长期打算;(四)缺认识。为此要有针对性地提升自主创新能力,这是关系到企业生存与发展问题的一项重要而又紧迫的任务。

学习和引进国外先进技术是必要的,但引进技术不能替代自主创新,这是因为设计和开发产品能力不属于我们,品牌不属于我们。大量调查研究证明,技术能力无论如何引进都替代不了自主开发,这是规律,也是国际法所规定的,任何人不得违反。

自主创新,要把立足点放在依靠自己力量的基础上,来实现创新发展,抓住这个牛鼻子,就有利于在前进道路上牢牢把握创新方向和自主创新的主动权。

四、新常态下企业要有"好状态"

经济新常态下拥有"好状态"是企业稳增长,持续发展的一个重要方面,有了好状态就易于调动群众积极性和热情,形成企业热火朝天的兴旺发达气氛,认识统一,智慧与力量共同朝向目标而奋斗,企业无往不胜。然而有些同志,人在新常态,心则在常态外,面对"换挡"要求,束手无策;也有些同志过去曾是高昂的精神状态,现在却变成情绪低落,心情不畅的"静等待派";甚至有些同志终日唉声叹气,担忧,这些都值得领导注意。

企业"好状态"要求我们要认识新常态实质,新常态凸显"三大化特点",即增长速度变化、产业结构优化、发展动力转化。

关于速度变化:新常态既不是一味地追求高速度,因为它破坏环境,严重浪费资源,经济形成大起大落,偏离持续稳定发展轨道,新常态也不是低速和守稳,它要的是保持经济增速在合理运行区间,这就明确了重点,要集中力量,更突出地转换到改革上来,速度下降是改革的好时机,被高速所掩盖的结构性矛盾、动力转换问题也显现出来了,有空间、有时间和人力去研究和解决,使企业走上轨道,顺利发展。我们要向改革要发展动力,向市场要中高速增长的活力,这个大好时机要抓好、抓快,用改革替换高速缺损。

如何判断合理运行区间,根据实践经验和科学论证,有三个标准:(一)符合潜在增长率;(二)符合就业吸纳的要求;(三)为深化改革铺路。

保持合理运行区间,又要处理好有效投资、有效需求和有效增长,以及各项工作的衔接和平衡。

关于结构优化:调整经济结构是一项重要而又艰巨的工作,在调整过程中,既要吃透政策,掌握规律,依据经济发展需求,因势而谋,顺势而为,又要有实效。实践证明,调整工作搞得好的,经济持续发展。反之,则经济下滑,甚至衰退,它比单纯追求总量经济更为重要。

现举一个实例来说明经济增速与经济结构优化状况:

根据国家统计局 2015 年 1 月 25 日发布的数据来说明我国经济正处于合理运行区间和结构有效的调整,我国 2014 年 GDP 突破 60 万亿元,比上年增加 7.4%,创 1999 年以来的新低,经济运行仍在合理区间。

（一）数据论证"合理区间"

1.7.4％是克服压力、困难的7.4％；2.7.4％是符合新常态换挡客观规律；3.在增长7.4％背景下，城镇新增就业1 322万，失业率稳定在5.1％左右；4.物价上涨2％。

以上数据来分析，可以说明中国经济运行仍在合理区间。

（二）经济迈向中高端明显

2014年全国第三产业增加值增长8.1％，快于第二产业的7.3％，也快于第一产业的4.1％，服务业的比重提高到48.2％。这就表明了中国经济由工业主导向服务业主导转变。

（三）工业内部出现新增长动力

2014年高技术产业增加值比上年增长12.3％，比规模以上工业增加值的速度快4个百分点，占比提高到10.4％；装备业比上年增长10.5％，快于规模以上工业2.2个百分点，占比提高了1.2％。

（四）经济质量也明显上升

2014年社会劳动率为72 313元/人，比上年提高7％，同时全国单位GDP能耗下降4.8％。

综合上述分析，2014年我国经济继续处于合理运行区间，这是很不容易的，我们要清醒认识到国内外环境仍然相当错综复杂，我们的经济结构状况还低于发达国家，如果在新常态下，不抓紧结构调整就是决策最大失误。

五、多措并举寻找创新驱动力

（一）加快以创新驱动发展为主转变

多年来，我国是靠投资、要素、资源等驱动经济发展，但这些消耗大量资源，造成环境恶化，偏离持续发展轨道，国内外都无人支持，难以为继；同时全球经济中心几度变化，竞争激烈，越来越复杂，其主要背后重要力量就是创新，全球各国特别是经济强国无一例外,都在孕育技术创新,争相寻找创新的突破口,抢占未来发展先机,在激烈竞争中,形成了唯创新者进,唯创新者强,唯创新者胜的局面。

老路走不通,新路在哪里?就在科技创新上,就在加快以创新驱动为主转变上。"创新兴则国家兴,创新强则国家强,创新久,则国家持续强盛。这是规律"。

我们要根据党和国家的战略部署,迅速认真贯彻落实,加快以创新发展驱动为主转变,掀起新一轮创新发展高潮,企业有了新气象,易于鼓励和吸引广大职工参与和关心,创新要按照"十三五"规划纲要启动一批新的科研项目,培育和壮大一批具有高水平、高素质、站在行业科技前沿的领军人才,坚持不断创新、精益求精、提高产品质量,推动企业向创新发展迈进。

要有计划地向广大职工宣传和教育:"创新"是人们从工作中摸索和反复实践中干出来的,它离不开工作岗位,这是创新的基点。每个人对自己工作都很熟悉,熟能生巧,如果你能长时间认真地观察和分析工作中的状态,你就会发现各种有利和不利的潜在因素,加以利用和消除,新的现象就会显现在你的眼前,有助于自主创新。

实践证明,每个自主创新都来源于实际工作,工作岗位是我们自主创新的土壤,只有出色工作才能在这块土壤中生根发芽,从而使自主创新具有针对性、操作性、超前性、启发性,易被同业者所接受,这也是规律,不以人的意志为转移。

(二)两个轮子一起转

2015年中国已步入经济新常态,未来中国经济从要素驱动,转向改革创新驱动,突破改革创新驱动的关键在于破除体制机制的障碍,除去约束人们的积极性、创造性,才能有效地形成企业新增长点,促进有质量、有效益和持续地发展。

改革和创新两个轮子,具有内部严密的互动关系,改革是点燃创新发展新引擎必不可少的点火系统,它的任务是破旧立新,要破除一切制约发展的体制弊端和束缚创新、创业的落后规章制度,只有深化改革,创新才有希望,企业才能不断发展。

创新引领发展,改革引领活力,把两者结合起来,企业才能"啃硬骨头",敢于破除制约创新和改革的思想以及制度藩篱,但必须做好事前准备:

1. 要明确企业的定位:在深入调研梳理后,明确企业的优势是什么?缺口在哪里?行业中地位怎样?群众情绪如何?应选择那些项目着手?应全面收集数据和事实,反复进行详尽分析,从自身实际出发制订可行性目标计划,引领职工统一认识,集中力量,打造自己企业特色的改革创新。

2. 既要完成集团(公司)布局的任务,又不能紧盯集团(公司)要项目、要经费、要办法,要从投资驱动、要素驱动转向自主创新,这是搞活企业永恒的出路。

3. 由主要依托自然资料和高碳能源支撑发展向依托智力资源、技术和再生能源支撑发展。

4. 建立健全科技创新机制,进一步实现产品质量更优、效益更好和战略性新兴产业。

5. 动员科室根据分工要求制订规划,及时公布情况,引领改革创新进展。

6. 严格检查与监督,防潜在问题的突发。

在上述工作基础上,推动两个"轮子"一起转其效益会更好,完成"三去一降一补"会更有力。

(三)坚决贯彻供给侧结构性改革

2015年中央财经领导小组第11次会议上提出要推进供给侧结构性改革,后又在2015年年底中央经济工作会议对"十三五"开局之年的经济工作进行全面部署,强调要着力推行供给侧结构性改革,推动经济持续健康发展,这是新一届领导在分析了国内外经济发展形势,特别是深刻总结了中国经济发展过程经验与新问题提出的新主张,以适应新常态的必然要求和引导经济新发展。

供给侧结构性改革是针对中国经济新常态而提出的,重在转换动力。目前中国经济面临的新问题,既有供给方面的问题又有需求方面的问题,这两者之间是辩证统一体,供给决定需求对象的方式、数量、质量和水平,需求反过来又推动供给侧的发展,两者之间相互结合,相互推进,但各有自己的运行规律、作用和方式,如把两者结合起来,对促进经济发展是上策,当然,问题在供给方面是比较多,是主要矛盾,不可忽视。

推行供给侧结构性改革,提高要素生产率,需要在增强和优化经济体制的供给能力上下大功夫。要深入、细致理解中央领导于2015年10月、2016年1月20日、2016年5月16日在中央财经领导小组三次会议上讲话精神的重要性和深远意义;当前影响和制约中国持续发展的主要问题,不是周期性的而是结构性的,主要矛盾是在供给侧,要提高供给侧能力,以适应人民需求;主攻方向是减少无效供给,扩大有效供给,当前的重点要抓好"三去一降一补"五大任务,即去杠杆、去库存、去产能、降成本、补短板。完成五大任务必须抓好三个重点工作：

1. 促创新。要想更好地完成预期任务，必须抓住基点，这个基点就是创新。抓创新就是抓发展，谋创新就是谋未来，特别是当前世界各国都在谋划以创新驱动经济复兴和发展，竞争激烈，我们要有紧迫感，必须把工作放在这个基点上，是个关键，只有创新才能提升能量，增强竞争力，取胜于他人，实行自我控制、自我发展。

2. 调结构。从中国实际经济发展来看，调整结构主要有两个方面：（1）把长线缩短，如"去库存""去产能""去杠杆"，为企业节约资金，把钱用在开发有效产品，资金流向就活跃了，由不健康向健康转变。（2）把短板加长，例如服务方面的养老服务、"一对夫妇生两个小孩"的相关服务、电讯服务、停车问题、司法治安等。生产服务方面如工业设计、品牌推广、科技服务等满足人民潜在新要求，同时也可消化一些过剩产能，是目前结构性改革中最需要和最紧迫的，要大力推行。

3. 抓改革。改革的目的是为经济持续发展提供良好制度环境，例如政府层面的简政放权、建立负面清单等都是为企业改革制造宏观条件，企业应抓住机遇对一切束缚群众改革积极性的规章、制度进行改进，以形成内部改革的良好基础，是重要的一环。

从供给方面来分析，一些支撑经济高速发展的传统因素，正在逐渐减弱，难以为继，例如：

投资情况变化：几年前，国内的基础设施如铁路、地铁、公路等公共投资和个人投资掀起了高潮，现在已达到饱和状态，投资热已过去，依靠投资来带动传统工业兴旺发达已不再继续。

廉价劳动力优势不再：中国劳动力告别廉价时代已是不争的事实，中国劳动力价格明显比周边的越南、柬埔寨、斯里兰卡要高，依靠廉价劳动力来降低成本增长企业效益是不可靠了。

内需发生变化：内需正在逐渐形成拉动中国经济增长的第一动力，为国家创造了大量财富，但在增长速度方面有所下滑，居民需求在2008年增长速度为20%，2014年增速不到11%，增长速度在放缓。

归纳起来，我们要面对现实，面对增长速度放缓，面对需求动力不足，急须另找他路，另寻他策，解决新出现的问题，就成为一个战略选择，由此，中央提出了供给侧结构改革。

供给侧结构改革的目标与任务，习近平总书记在2016年1月26日中央财经领导小组第 12 次会议上指出:供给侧结构性改革的根本目的是提高社会生产力水平,落实好以人民为中心的发展思想,在适度扩大总需求的同时,去产能、去库存、去杠杆、降低成本,从生产领域加强优质供应,减少无效生产,提高供给结构适应性和灵活性,提高全要素生产率,使供给体系更好适应需求结构变化。

当前中国经济的矛盾表现为"四降一升":即经济增速下降,工业品价格下降,实体企业盈利下降,财政增幅下降,经济风险发生率上升。这些突出矛盾和问题都是长期积累下来的结构性、体制性、素质性的矛盾,如果不解决这些问题,企业不可能提高利润,经济增长也就难说了。

供给侧改革是属于结构性的改革,涉及方方面面,主要构成因素,包括资本、劳动力、土地、技术(创新)等方面的供给能力及如何组织生产要素,形成全要素生产率制度、供给能力等。由于组织能力薄弱,才有今天"去杠杆""去库存""去产能"的"三去"任务的提出。

总之,只要政策对路,制度完善,能力提高,坚持落实,打胜供给侧改革这一硬仗,一定会实现国家富强,人民幸福指日可待。

(四)建立与健全企业科研机制

企业研发机构是个综合性的科室,以研发新品种和新技术为核心,兼顾市场需求、信息收集、成本高低、劳动者技术水平好坏以及企业管理变革情况等,优秀研究人员必须树立企业全局观念,不仅仅是研发新产品和新技术,而是为企业带来持续发展、为劳动人民带来福祉、企业能否顺利发展的关键部门。国外以及国内外资企业的领导经常参与其活动,共同筹划和制订方案。

根据统计,截至 2013 年底,在沪外资研发中心已达 366 家,2016 年已达 400 多家,其中 500 强企业研发机构 120 多家,分别占了全国的 1/4 和 1/3,其中 70 多家跨国公司在沪设立了全球性和区域性研发中心。

国内企业创新活动不少,创新活动也高于外企,但成效不足,不尽如人意,例如:国内企业创新产品和新产品销售额仅为外资企业的一半,明显落后于外企,究其原因是研发方向和方法截然不同,外资企业研发是以市场为核心,企业现状为主的先进技术开拓,深入市场,盯牢市场,掌握企管动态,根据市场变化的需求与资源、企管现状来确定企业的新生产与新投入,同时为了保证创新活动力源源不断的开拓,还寻求先进管理理念和企业新模式等相互结合,相互促进,形成一个内部"创新闭路",把从科技创新赚来的钱,再反哺下一步创新,创新活动生生不息,企业稳定发展。

国内企业应加强学习,当前更好学习与贯彻全国科技创新大会精神以转变思想,树立企业全局主导意识,深入市场和企业各个角落,寻找资源、动力、人才和办法等为创新所用,以填补创新不足的短板,刻不容缓。

(五)进行股份经济改革

国有资本、集体资本、非公有资本等交叉持股,相互融合的混合所有制经济是党和国家经过多年探索,突破经济所有制创举。近几年来,经企业实践后,体会到它有五大好处:1.有利于企业资本壮大,提升活力,扩大生产;2.国企、民企集中在一起,可统一发挥各自优势,国企资本雄厚,设备精细、齐全,人才济济,民企机制灵活,翻改品种速度快,及时满足用户需求,精干节约办企业,自负盈亏,敢于冒险;3.混合经济所有制,都建有良好的法人治理机构,既有相互协作,又有相互监督,易于遵法守法,不断增利和发展;4.混合经济所有制是国资和民资合作的场所,可以实现双赢;5.国有企业完成混合经济改革后,可以实现整体上市,以吸收散小股东,体现了社会化,大众化,也解决了部分企业生存与继续发展的困境。

总之,从目前情况来分析,大部分国有企业转化混合经济所有制企业,都体验到混合经济所有制既能推动国有企业改革的深入,又能带动非公有企业(包括私营和个体企业)的发展,非公有制企业的成长,将为混合经济所有制注入源头活水。

(六)组织产业链和科研链相互协作

习近平在2016年3月6日参加人大两会上海代表团审议时谈到,要消除科技创新中的"孤岛"现象,使创新成果更好地转化为现实生产力。所谓"孤岛"现象是指目前我们遇到的科技与经济呈现"两张皮"的严重现象,是个比喻。说明我们当前科技呈现一个自我循环的封闭状态,不解决孤岛现象,科技源头活力就很难活跃,发挥作用。

我国科技界每年取得成果3万多项,但在生产中使用的不足20%,形成产业的也只有5%,相比国外科技成果50%的转化率,悬殊较大并出现了一个奇特现象,即一方面是科技技术无用处,另一方面是企业技术无处求,需求双方,虽相隔"咫尺"却难以"携手"互助。如何办?从科研部门观察,科学研究要从仅仅局限于实验室的产品转向与经济发展紧紧相连的成果,深入市场调查,听取需求意见,初选课题要实实惠惠支持企业发展。近两年来,诺贝尔奖奖给那些对人类、对生产有益的项目。从企业角度来讲,企业主体地位具有转化科研成果为生产功能,企业在技术创新中也需要科研的指导,为此,消除"孤岛"现象,突破科技转化成果瓶颈,企业与科研部门应牵手协作,但关键在于企业主体。

把产业链与科研链结合起来,并非易事,单靠企业积极寻求研究成果外,还不足以打通,需要借助于中介服务或专业团队人员的引导。例如:上海科研院推出"创新伙伴计划"的所有项目都是上海科研院与企业共同商讨确立,以产业为牵引的导向,由企业和科研院直接对接,激活了企业创新的积极性,发挥了企业在科技转化中的作用。又如,科委穿针引线,协助上海理工大学共建中试平台,效果也不错。再如,飞利浦、GE、华为、奇瑞等在沪的跨国企业和民营企业都在积极联合科研部门共创科研成果,效果良好。

企业是创新成果的配置主体,人、财、物等资源集积在企业。有条件让更多的科技成果在产业链上"落地开花",贯通"孤岛",消除科技成果转让的瓶颈,让企业、科研获得双赢,对国家、社会亦作出贡献。

(作者是上海股份制与证券研究会原常务副会长、上海市委党校五分校经营管理教研室主任、副教授)

第十章 创新企业发展

推动经济增长,要靠创新靠提高效率

许小年

许小年教授在中欧国际工商学院"互联创新,自主创业"系列论坛上发表演讲,他关于中国企业转型、创新的犀利观点并不是对当下中国经济的一种悲观否定,而是通过批判的方式提醒30多年中国经济社会剧烈变化过程中被大家忽视的问题,这些问题的解决也正是他对中国未来发展的期望。

一、改变商业模式,用现有资源维持增长

依靠传统的增长方式,已经难以维持高速增长了,此时就必须要依靠创新,依靠效率。许小年教授认为,过去10多年间,效率提高,速度却在放缓。"在技术、商业模式、生产组织方式不变的情况下,要实现经济增长,就只能依靠增加资源的投入。所以我们看到投资占GDP的比重越来越高。这个经济增长模式到现在我认为已经走不下去了,必须要改变技术,改变经济体制,改变企业的商业模式,改变企业的生产组织方式,也就是在技术上、制度上进行全面创新,才能够用现有资源维持经济高速增长。"

二、制度层面创新,宏观微观要及时变革

关于创新,许小年的理解是:"它不仅是技术、产品的创新,实际上还包含了很重要的制度创新。制度创新既包含国家宏观层面的制度,又包含企业微观层面的制度。这些制度如果不能随着形势发展而及时改变,我们又会像过去十几年那样,国家依靠投资驱动,企业依靠资源投入来维持企业发展,宏观、微观层面上都是同样的模式。"

在增速放慢的情况下，本届政府提出了"新常态"理念，但许小年指出，新常态下旧思维正在回潮——银根正在放松，政府又在花钱投资，又在拉这个内需那个外需。"发钞票不能保增长，发股票就能保增长吗？大家都处于一种亢奋状态，谈什么都没用，因为一天到晚想着的都是今天股票又涨了多少。在这种皆大欢喜的全民盛筵中，根本性的问题被喧嚣的泡沫掩盖了。也许到泡沫破灭之后，我们才会去谈创新。"

三、更快实现转型，要打破习惯性思维

"我不反对炒股票，但同时要思考企业如何转型。最基本的公司财务的原理是股本资金的成本显著高于债务资金成本。现在怎么搞成股市可以降低企业的融资成本呢？人类历史上财富创造不是靠股票市场的泡沫创造的。财富到底怎么创造出来的？我们个人、企业、政府要问一下自己，这是经济学的最基本的问题。"

泡沫、虚假繁荣终究会过去，许小年教授认为，决定企业前途的不是今天在股市上赚多少钱，而是能不能比其他企业更早、更快实现公司的转型。但他指出，转型的最大障碍，是企业在过去几十年的经营中形成的习惯性思维。

低成本扩张带来过去的成功、机会主义心理和企业家缺乏的个性，都是阻碍转型的因素。"为什么市场上都是同质化的产品？因为中国的企业家没有个性，看上去都一样。他们的思维逻辑、商业模式都一样。所以在一定时期内，所有的企业家都在谈房地产，房地产'退烧'了，他说我干一个基金，现在所有的企业家都在谈互联网。一问你干什么呢？我干一个平台。"

（作者是中欧国际工商学院经济学与金融学教授，本文是作者在"互联创新，自主创业"系列论坛上的演讲）

创新,不是少数知识精英的专利

杜德斌

创新是一个国家、一个民族发展的不竭动力,也是推动人类社会进步的重要力量。世界各地都在努力创建自己的"硅谷",但硅谷模式常常难以复制。这是因为,政府往往更关注资金投入和人才引进,较少关注影响科技创新的文化动因。事实上,创新嵌入于特定文化中,真正具有创新力的城市一定具有深厚的文化土壤。文化是城市可持续创新的内在力量。

任何重大技术变革都会通过影响人类的生产和生活,塑造着代表那个时代的创新精神、商业理念和消费时尚,从而引导人类价值观的嬗变和思想体系的演进。从这个意义上说,具有全球影响力的科技创新中心需要通过在制度领域发展国家创新系统,在价值领域倡导求变精神,在生活领域满足人民不断增长的物质文化需要,从而深深地浸润和濡染人的心灵。

一、"3T",科技创新关键要素

科技创新中心是大家经常谈到的一个热词。那么,建设科技创新中心需要具备哪些条件呢?

美国著名区域创新问题专家佛罗里达认为,人才(Talents)、技术(Technology)和包容性(Tolerance)是促进城市和区域科技创新发展的三个关键要素,三者紧密联系又互相补充。

人才于科技创新的重要意义是不言而喻的。人才是科技创新活动行为主体,是新知识的创造者、新技术的发明者、新产业的开拓者。人才是创新诸要素中最能动、最核心的要素。在科技创新活动的整个过程中,不论知识和信息的生产、存储、使用或消费,还是相应过程中的技术、管理与决策等,都在根本上取决于各类各层次人才。科技创新的发生,不仅需要个体提供的智力支撑,还高度依赖于人才集聚所产生的集体智慧。从这个意义上说,全球科技创新中心本质上是全球人才集聚的中心。

技术是科技创新中心形成的另一个关键要素。如果只有人才的集聚,没有技术的产出,也无法形成具有全球影响力的科技创新中心。众所周知,企业是创新的主体,技术主要来自企业。一个具有全球影响力的科技创新中心,是靠一批具有全球影响力的企业支撑起来的。硅谷之所以成为全球最有影响力的科技创新中心,是因为这里培育出了惠普、英特尔、苹果、谷歌、思科、甲骨文、推特、脸书、特斯拉等一大批世界级的科技创新龙头企业。正是这些企业通过技术创新,最终将产品销往世界各地,对全人类的生产和生活施以重大影响。

包容性是指城市文化的宽容度和开放度,它借由人的行为体现出来,并作用于人的行为,进而影响城市创新活动。文化是城市的基因,与城市的历史密切相关,也影响甚至决定着城市未来的发展。文化既有可能成为科技创新成长的土壤,也有可能成为科技创新枯萎的园地……肥沃的土壤本身不会生长出任何东西,但是如果没有它的话,任何东西都会失去成长的根基。创新文化的特质是崇尚冒险、宽容失败、激励草根、包容异端,所以包容性和开放性是创新文化的两个重要特征。

二、宽容失败,催生更好的创新

包容性的创新文化具有推崇创业、宽容失败、鼓励冒险的价值观,其核心是激励成功、宽容失败。因为创新具有风险和不确定性,因而是一个"试错"的过程。失败可以创造机会,催生更好的创新。只要不断总结经验,就能迎来成功。

硅谷就是以具有包容失败的商业文化而闻名。那里的企业普遍推崇"允许失败,但不允许不创新""要奖赏敢于冒风险的人,而不是惩罚那些因冒风险而失败的人"等价值观。当然,成功和失败本质上应该是平衡的。如果还没有失败过,那说明你还没有尝试;但如果只是失败,那说明你还不知道怎么正确做事。硅谷的秘密就是,"失败,容忍大量的失败,20家公司中只有一家能在这里成功。但是你若失败了,那就得重新再来……一个初创公司不是一个技术公司,而是一部学习机器"。

某种意义上,成功的关键在于善于失败。硅谷对待失败的态度,不仅体现在失败发生之后对失败者的宽容,而且在于对创新创业一开始就做好了失败的准备。硅谷人常常会用一种"试错法"来尝试新的东西,设想很多可能性,不断试错,直到成功。尝试失败,就需要有人为失败埋单,这些为失败埋单的就是风险投资机构和天使投资人。

风险资本又称创业资本,泛指向初创企业提供金融支持的投资。它是科技人才与风险资本家的合作,是将技术、资金及管理重新组合,以促进高新企业的形成与发展。可以说,没有风险资本,就没有高技术创业。硅谷之所以成为全球高新技术创业"圣地",很大程度上就源于活跃的风险资本市场。硅谷以不到美国1%的人口,吸引了全美超过40%和全世界20%的风险投资,结果是创造了全美12%的专利产出。

同时,包容性的创新文化也包括对嬉皮士、怪才、黑客等各类边缘化群体,以及"异想天开"的容忍和接受。当年苹果创始人乔布斯从风险资本家那里融到第一笔资金时,就是一个嬉皮士。当然,这并不是说这些因素是科技创新发展的原因,更不是说这些边缘化群体更具创新力,而是指开放、包容的文化对科技创新型人才更具吸引力。

三、"仙童"离职,掀起创业热潮

包容性的创新文化,还包括对员工跳槽或自主创业等行为的宽容和鼓励。在硅谷的发展历史上,有一段著名的"8个叛离者"的故事,这个故事对硅谷发展具有里程碑式的意义。

晶体管被称为"20世纪最伟大发明"。1955年,被称为"晶体管之父"的肖克利博士,离开贝尔实验室返回故乡硅谷所在的圣克拉拉市,创建了肖克利半导体实验室。很快,因仰慕"晶体管之父"的大名,8名年轻的科学家从美国东部陆续到达硅谷,加盟肖克利半导体实验室。他们的年龄都在30岁以下,风华正茂,才华横溢,是当年美国西部从未有过的英才大集合。可惜肖克利是一个天才的科学家,却缺乏经营能力,对管理一窍不通。一年内,实验室没有研制出任何像样的产品。8名青年瞒着肖克利开始计划出走,肖克利斥责他们是"8个叛逆者"。

1957年底,这"8个叛逆者"在纽约一家企业的支持下,成立了仙童半导体公司。"8个叛逆者"有了自己投资、有了股份、有了管理权、有了技术方向,于是真正形成了一个团结、精悍的集体。短短2年时间,仙童公司取得了令人惊异的发展业绩。到1967年,公司营业额接近2亿美元,这在当时可谓天文数字。

然而,也就在这一时期,危机开始孕育。母公司不断把仙童公司的利润转移到东海岸,以维持其他子公司的盈利。看到这种不公平,"8个叛逆者"又开始纷纷出走,成立了自己的公司,其中就有后来大名鼎鼎的英特尔公司。

人才大量流失对仙童公司来说,无疑是一场灾难。但对整个硅谷发展甚至世界半导体产业来说,无疑是一个福音。一批又一批"仙童"的出逃,掀起了巨大的创业热潮。到20世纪80年代初,硅谷大约70家半导体公司中,半数以上都与仙童公司有着直接或间接联系。在一次半导体工程师大会上,400位与会者中,未曾在仙童公司工作过的不到24人。从这个意义上说,仙童公司就是"硅谷人才的摇篮"。

正是这"8个叛逆者"的反叛精神,成就了无数年轻人的创业梦想。也正是这种创业精神,成就了硅谷的伟大事业。正如乔布斯所言:"仙童半导体公司就像成熟了的蒲公英,你一吹它,这种创业精神的种子就随风四处飘扬。"

四、"车库文化",激励草根创新

包容性的创新文化,还具有激励草根的精神。硅谷的很多著名企业都是从车库里发展起来的,并形成了"车库文化"。"车库文化"是草根创新的最好体现。

20世纪30年代,相对于美国东部地区,硅谷所在的旧金山湾区,发展还十分落后。斯坦福大学物理学教授特曼鼓励他的学生毕业后留在本地创业,而不是到东部去就业。其中的2个学生比尔·休利特和戴维·帕卡德以538美元起家,租下一间不到4平方米的车库,开始了创业之旅。到1957年,这家公司上市时,员工已达1 500人,市值达4 800万美元。这家公司就是惠普,如今它的工厂遍布世界各地,年销售额超过1 100亿美元。

著名的苹果公司在20世纪70年代成立之初,也是一家只有几个人的车库企业。如今其销售额跃居硅谷之首,超过1 700亿美元,全球员工数逾8万人。

包容性创新文化的核心体现在以人为本、尊重个性和个人选择,使知识精英在兼容并蓄的文化氛围中找到发挥才能的舞台。我们知道,人才在选择就业城市时,不仅考虑工作的好坏,而且会考虑环境的包容性和文化的多元化。只有包容性的创新文化,才能够持续吸引高素质人才,并有利于人才的成长,最大限度激发人的激情与活力,为施展才干提供更多的机会、更大的舞台,从而促进初创公司繁衍和高水平创新成果产生。

此外,开放的文化氛围也能为优秀科技人才,提供思想交流、观念碰撞及竞合兼容的环境,促进隐性知识的溢出与新知识、新思想的产生。开放性创新文化降低了人才的进入壁垒,有利于多样化人才迅速融入新环境,并推动区域创新和发展。

例如,纽约和伦敦的国际人口占城市总人口的比例都达到1/4。硅谷的开放性特征更为显著,当地不仅移民比例非常高,并且来源地多种多样。其中,约1/4初创企业的创始人中至少有1人在中国或印度出生,约1/3的科学家和工程师在国外出生。在这个大熔炉里,不同母语、不同文化背景的工程师、科学家和企业家成为联结硅谷与世界的纽带,使得硅谷可以方便地接触到其他地区的技术和市场。这是硅谷保持创新活力的重要源泉。

事实上,城市的多元文化并不局限于城市精英阶层,而是具有更宽泛的含义。它不仅能吸引精英和知识人才,还可以为所有人提供改变命运的上升通道。从这个意义上说,贫民窟只是一个社会"中转站"。刚来城市的人先住在贫民窟,通过自身努力和财富积累,从而搬往更好的地段、住进更好的房子。与此同时,又会有新的怀揣梦想的年轻人住进贫民窟,开始他们的奋斗故事。没有这些组成,城市就会缺乏活力。不过,这一切的前提是社会流动通道未被阻隔。

五、瞄准"高大上",重视"接地气"

全球科技创新中心不仅是创新网络的核心节点,还是新观点和新理念的传播源。任何一个技术创新活跃、经济繁荣的城市,无一例外都兼备文化引导与文化繁荣。如果文化要素无法与其他要素协同发展,就可能成为迈向全球科技创新中心的鸿沟。从这个意义上讲,全球科技创新中心建设是一项长期而艰巨的文化再造工程。

坦率地讲,在城市发展变迁中,上海似乎形成了偏爱舶来品的"高大上"文化和刻意追求"精明规范"的白领文化。这种文化取向,与草根创新文化是有排斥的。须知,有时正是小人物成就了无人企及的伟大事业。同时,如果没有足够的包容,天才也可能成为异类,因受到歧视而一事无成。

21世纪以来,因为科技创新的复杂性和模块化不断发展,传统创新模式正发生革命性变化,互联网思维、开放式创新理念得到广泛传播和接受,开源创新、科技众筹、研发众包等创新范式层出不穷。在这样一个时代,创新不再是"高大上",而更多来自草根;不仅处于"庙堂之上",更在"江湖之远";不再是少数知识精英的特权和专利,而是千百万民众所共同的事业。"高手在民间"的理念正为人们所认同,激励着大众创新、草根创新成为实施创新驱动战略的社会基础性工程。

上海建设具有全球影响力的科技创新中心,要大力弘扬包容的创新文化,兼顾精英创新和草根创新。既要重视发挥科学家、企业家等精英的作用,更要激发各个阶层的创新活力;既要瞄准科技制高点,追求"高大上",更要重视民生关注点,推动科技"接地气"。要着力在创新政策的普惠性、创新环境的包容性上下功夫,使创新政策更多体现公平、普惠和实用原则。譬如，创新人才政策要更多覆盖整个人才群体，人才政策的立足点要更多从激励高端人才转向更多营造有利于人才成长和公平竞争的普适性条件。要将大学生宿舍、廉租屋等空间，变为有为青年和草根创业者交流奇思妙想的场所，让创新之树扎根于民间沃土。

（作者是华东师范大学科学部副主任、上海市政府决策咨询特聘专家，本文是作者在"企业社会责任论坛"上的演讲）

张江高科——为建设科技强国增添动力

郑俊镗

科技是国之利器。当今世界,科技创新成为各国综合国力竞争的主战场。创新驱动成为多国竞相采取的主战略。在中国迈向科技强国的征程中作为国家级科创园区、上海建设具有全球影响力科创中心主要承载区的张江高科,理应成为勇立全球科技创新潮头的弄潮儿。

不同于立足首都城区,基础设施完备、教育、科研等创新资源丰硕的中关村,张江高科从"一穷二白"的浦东新区农田起步,辛勤创业,经过20多年不间断持续开发,几经转型,目前已成为三大国家级自主创新示范区之一,张江高科的创业成长,走过一条不平凡的道路,收获了丰硕的高科技创新创业成果,其经验值得各地高科技创新园区深入思考、学习借鉴。

一、高起点开局,中国科创园区先行者之一

张江高科技园是浦东开发开放的产物,是浦东开发的重要成果之一。在1992—1999年探索发展阶段,顺应浦东开发开放大潮,在一片农田上开辟出一个高新技术园区——张江高科。成立之初,设立公司化的开发体制,从事土地开发、基础建设、招商引资和客户服务。开发公司依托浦东开发的优惠政策进行上市融资、间接融资和土地资本化,以享受二免三减半和不高于15%所得税的优惠税率政策吸引企业入区。至1999年,共引进项目88个,开发土地2.8平方千米。

1999年,上海市委提出聚焦张江发展战略,并成立领导小组,举全市之力推进外资高科技企业落户张江,开创孵化器模式吸引海归落户张江创新创业。同时,在政策方面出台张江"十九条",集中全市人、财、物,实行一门式服务,缩短企业设立的审批时限;设立园区办公室,充分授权,实行"张江事张江办"的特殊政策。在"聚焦张江"阶段末期的2006年,实现营业收入532亿元,工业总产值303亿元,工业总产值占园区营业收入56.95%,固定资产投资124亿元,分别比1999年增长18倍、7倍和10倍;引进和孵化了中芯国际、宏力半导体、展讯、盛大网络、微创等一批高新技术企业。

随着国内高科技园区蓬勃发展,园区竞争态势日趋明显,为了扩大品牌影响,2006—2010年的"十五"期间,张江进入深入拓展的发展阶段,张江高科成为上海高新技术发展的代名词,2009年两区合并后张江与康桥的国际医学园区整合发展,管理体制随之深化改革,上海市成立大张江管委会,2009年随着功能区撤销和"4+3"生产力布局的推进,实行管委会统筹多个开发区的管理体制。期间,中央批准成立首个综合配套改革试验区,推进了张江制度环境的优化,同时,市政府在人才引进、住房、子女就学等生活保障和高科技产业补贴方面推出一系列扶持政策。通过5年发展,"十五"期末张江高科营业收入达到1 556.77亿元,工业总产值577.51亿元,占37.1%,产业结构呈现优化,完成税收110亿元,地方财政收入34.22亿元,认定高新技术企业333家,典型企业有聚力传媒、1号店、快钱等。

2011年,"张江高科"被国务院批准为国家自主创新示范区,进入升级发展阶段,着力强化国家自主创新战略,与中关村、东湖共同探索创新型国家发展路径;园区面积拓展到75.9平方千米;在组织架构上,成立张江高新区核心区,形成大张江与中张江并行管理的体制。在政策上,浦东新区于2011年8月出台张江"创新十条",在股权激励、人才集聚、财税支持、金融服务、管理创新等5个重点领域推出10条先行先试的创新举措,"张江高科"迈入深化改革、创新发展新征程。

二、孵化创业及创新体系建设成效

"张江高科"自孵化器1995年起步,助力创业者创新创业以来已从孵化器向孵化服务链升华,实现跨越式发展,在创新资源集聚创新体系建设上不断迈出新步伐,经过20多年辛勤耕耘,取得了丰硕成果。

(一)创业孵化跨越式发展

早期注册成立的张江高新技术生产力促进中心,是最早孵化器的雏形,属于以承担提高企业成活率为己任的政府主办非营利性机构,经多年变革已实现跨越式发展;从发展形态看,张江孵化器走过了早期"政府办非营利性机构"—"非营利事业单位经营机构"—"企业化运营孵化器"的发展过程,运营主体从原来的政府到现在的国有、民营、外资的多种成分经营主体;从发展规模看,由早期的2 000平方米、孵化企业仅4~5家,到如今涵盖康桥和南汇的张江园区已形成集中的孵化器群体,共聚集孵化器63家,其中国家级孵化器3家,市级孵化器10家,新建市级

2家,占新区孵化器数量的91%,面积约40万平方米,在孵企业超过2 000家,累计为园区乃至整个浦东新区输送了330余家成功毕业的高科技企业;从发展专业类型看,由早期仅有少数综合型孵化器,到今天园区形成以综合孵化器为主要平台、专业孵化器为细分领域补充的架构(园区现有国家级综合孵化器3家,专业孵化器19家);从发展层次看,张江孵化器从早期只提供"基础物理空间+优惠政策"的简单模式,演进成基于集中、共享、专业的物理空间,提供"预孵化+孵化+加速"的三段式细分孵化服务链。从孵化效果看,创业企业发展态势良好。依托园区现有63家孵化器、3家加速器,40余万平方米孵化器面积,累计孵化毕业企业2 000余家,在孵企业1 200余家,截至2015年年末,园区上市公司数量32家,其中,园内主板上市9家,创业板上市8家,海外上市15家,新三板挂牌企业64家。

作为张江园区实现内生增长的主要动力源,孵化器在区域创新发展中发挥了重要作用,主要体现在集聚高科技产业、培育创新企业、吸引培养高层次人才、引领区域创新、引领战略性创新等几个方面:

1. 集聚高科技术产业的出发点。素有"大孵化器"的张江科技园区,其发展的两大主线(招商引资和孵化创新)之一的孵化器,对产业的贡献可圈可点,成长了一批具有知识产权的创业企业,搭建的人才培养→研究开发→中试孵化→专业服务的孵化器功能,走出了国内具有实力的生物医药、CRO企业。

2. 定向培育创新企业,推出创新成果与产品,区域经济和产业发展的新机会。通过孵化器的项目筛选,集中优势创业资源,提供全方位系统性服务,培育具有较强竞争力的创新企业,促进创新科技的研发和采用。并从中走出一批"张江特色"的高科技上市企业如上海复旦张江生物医药有限公司,填补国内药物支架空白的"微创医疗器械"等高科技企业。

3. 培养和吸引高层次人才的学校和摇篮,形成区域经济的内生机制。作为国家级"海外高层次人才创新创业基地"落实单位的张江孵化器,积极组织区内海外各层次人才申报国家"千人计划"、上海"千人计划"、浦东"百人计划",对陆家嘴、临港人才基地申报工作发挥示范效应。

另一方面,孵化器在吸引和培育孵化企业、项目的同时,孵化出高科技领域的创新创业人才。截至2012年6月,新区共入选国家"千人计划"49名,占全市的30%。

4. 引领创新科技、区域创新的重要推动力和抓手。孵化器一手连接企业,一手融合政府政策、公共服务平台、市场中介机构,为企业与创新要求之间的沟通、政策的上行下达、创新思维的碰撞提供了交流空间和桥梁,形成区域创新的重要推动和抓手。如:

搭建国家级、市级多层次孵化体系、阶段式孵化服务链,根据项目不同阶段的不同需求积极向两端延伸,形成"预孵化器＋孵化器＋加速器"的空间、服务延伸链:预孵化阶段(3～6个月,项目论证、筛选)、孵化阶段(整合更多创业资源,提供"贴身式"专业孵化服务)和加速器阶段(协助拓展销售渠道、扩大市场知名度、引进风险投资、助推上市、兼并收购)各有侧重,协同推进,加速进程。

结合市场力量的综合孵化服务团队,搭建市场化运作机制。建立"联络员＋辅导员＋创业导师"共同服务创业企业的综合孵化器服务团队的架构,加速资本与项目结合,为孵化企业开展国际化合作牵线搭桥,已建立中美中法中新国际孵化器。与政府沟通的重要渠道。成为引导国资孵化器,进行区域内战略性创新的抓手。

贡献园内创新创业服务品牌,抓住"相约张江""德勤高科技,高成长中国50强"和"DEMO CHINE 创新中国创业大赛"等大型品牌活动,适时推出优胜企业,为多家企业获得数千万元级的投资资金;向企业介绍国际前沿技术信息和管理理念;宣传创新创业的理念,营造创业氛围。

(二) 科创资源集聚体系建设

经过24年发展、18年聚焦,张江高科核心园已成为国内重要的创新创业基地,创新资源高度集聚,高科技产业快速发展,创新创业环境不断优化。

1. 创新资源持续集聚

创新要素不断集聚,创新网络日趋完善,创新成果不断涌现。仅"十二五"期间,园区专利申请量和授权量分别达37 957件和2.4万余件,国际专利2 205件。共有110项研究成果获得国家、上海市重大科技奖项。

2. 创业服务体系不断完善

企业融资环境持续改善。园区内集聚创业投资机构30余家,张江创业风险投资引导资金和种子投资引导资金引导社会支持小微企业发展。多家银行在园区设立科技支行,开发的知识产权质押融资,科技履约信用贷款等科技金融产品较好地满足了科技型中小企业融资需求。

创业国际化发展取得重要进展。与以色列、美国、俄罗斯、新加坡等国开展国际孵化合作,设立了中以创新中心、中新创新中心等国际孵化平台,加速融入国际创新创业网络。国家技术转移东部中心破冰布局海外,构建"上海(张江)→波士顿→伦敦"网络,欲打造中美科技合作"自贸区"伦敦分中心,希望为中欧技术转移开辟快捷通道。

3. 创新经济进一步增长

主要表现有三:

(1) 经济发展规模持续快速增长。2015年,实现经营总收入6 137亿元,同比增长13%,规模以上工业总产值2 718亿元,年均增长11%,园区企业上缴税收总额256亿元,年均增幅12%,每年累计固定资产投资达1 000亿元。

(2) 重要产业发展态势良好。2015年,生态区产业营业收入484.7亿元,同比增长15.6%,总技术产业实现营业收入2 430亿元,同比增长16.8%,文化创新产业实现营业收入1 090亿元,同比增长9.2%。

(3) 产业能级不断提升。生物医药产业,2015年已申报药品注册400多件,形成新药产品260多个,新药证书50个;集成电路产业形成了国内最完整的产业链,拥有集成电路设计企业160余家,中芯国际和华虹成为全国最大的集成电路晶圆代工企业;软件行业集聚了630家软件企业、研发机构,文化创意产业集聚度高,是全国规模最大的文化创意园区。

4. 制度创新深入推进

(1) 2011年,张江"创新十条"实施。加快在股权激励、人才集聚、财税支持、金融服务、管现创新等方面先行先试步伐,土地"二次开发"、代持股基金等政策拓展了产业发展空间,有利推动园区创新创业。

(2) "管镇联动"试点进展顺利。为适应新时期经济和社会管理发展需要,由张江园区管委会主导区域经济发展,张江镇将工作重心转移到公共服务、公共管理和公共安全等社会治理工作上,促进区域经济,社会发展管理一体化协调发展。

(3) 重大制度创新取得突破。药品上市许可持有人制度获得重大突破,集成电路保税全程监管改革试点深入推进,张江跨境科创监管服务中心加紧实施并取得重要进展。以事中事后监管为抓手的张江行政审批制度改革,以企业自律为核心的信用张江体系,海外人才出入境便利化等重要改革措施在优化区域环境方面发挥了重要作用。

三、中国经济进入新阶段,张江高科技肩负新重任

(一)"十二五"后期,进入一个新的发展阶段

1. 经济呈现新常态,供给侧改革是对新常态认识深化的战略聚焦。

2. 进入上中等收入阶段,创新成为迈向高收入阶段主要驱动力。据预测将出现在2023—2024年,标志着从"十二五"末到"十四五"中国经济成长将从"效率驱动"向"创新驱动"转型。

3. 建设创新型国家的战略任务。2016年5月,中共中央国务院颁发《国家创新驱动发展战略纲要》。《纲要》提出的战略目标是:2020年进入创新型国家行列,基本建成中国特色国家创新体系;到2030年,跻身创新型国家前列,发展驱动实现根本转换,经济社会发展水平和国际竞争力大幅提高;到2050年,建成世界科技创新强国,成为世界主要科学中心和创新高地,为我国建成富强民主文明和谐的社会主义现代化国家,实现中华民族伟大复兴的中国梦提供强大支持。

这就要求我们加快转变观念和行为方式,从全球创新跟随者向引领者演进,从主要依靠后发优势推动经济发展向更多依靠先发优势拉动经济发展,这就要求我国科研机构开发出更多具有自主产权的高新技术,引领和支撑经济发展。

4. 上海建设具有全球影响力科创中心和全球城市的内在要求。2014年5月,习近平总书记视察上海时,要求上海建设具有全球影响力的科技创新中心,这是新阶段新形势下中央赋予上海的历史使命。所谓科创中心,必须具备在全球前沿科技、关键技术创新研发,带动产业变革驱动经济发展和创新资源集聚配置"三大影响力",成为知识创造和传播、领先技术的研发集聚、高科技领先企业的全球集聚等五大功能中心。

2016年6月3日公布的《长江三角洲城市群发展规划》明确指出,上海要建设全球城市,战略定位为最具活力的资源配置中心,具有全球影响力的科技创新高地,全球重要的现代服务业和先进制造业中心,亚太地区重要的国际门户。与纽约、东京、伦敦等全球城市相比,上海城市国际竞争力和国际化程度不够,要求补短板,增实力。

无论是建设具有全球影响力科技创新中心还是全球城市,都对张江高科在新阶段创新创业提出更高要求,寄予厚望。纵观国内外态势可以窥见,创新驱动是世

界大势所趋,以智能、绿色、泛在为特征的群体性技术革命将引发国际产业分工重大调整,颠覆性技术不断涌现,正在重塑世界竞争格局,改变国家力量对比,创新驱动成许多国家谋求竞争优势的核心战略。作为全国改革开放排头兵,创新发展先行者的上海(包括张江高科),唯有勇立世界科技创新潮头,才能赢得发展主动权,为全面建成小康社会,实现中国梦作出应有贡献。

(二) 新阶段新形势下的机遇和约束

主要机遇有三:

1. 中国经济进入转方式、调结构、重塑发展动力的新阶段,迫切需要创新支撑发展。

2. 中国经济总量已居全球第二,2015年GDP逾63.4万亿元,进入10万亿美元俱乐部(全球仅美、中两国),具有加大科技投入的经济实力。

3. 经过多年积累,张江高科已具备较高知名度、较好的科研和产业基础,有利于吸引国际、国内知名企业和高端人才向张江集聚。

主要约束有三:

1. 欧美发达国家在法律层面禁止向中国出口航天航空、信息科技、生物医药等现代科技,制约了包括张江高科在内的科研机构利用全人类创造的知识成果加快自身科技发展的进程。

2. 包括上海在内的国内生态环境存在的健康风险(包括雾霾天气频发、水资源的土壤污染对健康造成负面影响),对拟来沪创业创新的高端人才造成心理压力,成为上海建设人才高地的负面因素。

3. 张江高科核心区土地资源紧缺,不能适应进一步创新发展,承担历史重任的物理空间需求,其所形成的刚性约束有待破解。

(三) 张江高科面临新使命

"十三五"及其后,张江高科肩负新使命新任务。

1. 由科技园区向科技城演进

进入上海建设具有全球影响力科技创新中心,中国经济跨越中等收入陷阱,迈向高收入的新阶段。张江高科面临建设世界一流科技城的新任务,需要探索学城融合、产城融合、科城融合的发展道路。经过20多年的建设发展,张江高科技园区已形成科技创新资源集聚高地,形成了一批有竞争力和影响力的创新产业集群,为建设世界一流科技城奠定了基础。

2. 建设综合性国家科学中心,打造科技研发策源地

张江核心园肩负推进上海光源二期、软x射线自由电子激光试验装置等大科学设施建设,打造高度集聚的世界级大科学设施集群;推动清华、复旦等大学、跨国公司和国内大企业在张江设立分校、研发总部和研发创新中心,集聚高端研发创新资源;积极推进国家实验室建设,在光子科技、量子科技等领域形成原创技术研究能力,加强研发创新能力建设;在生物制药、集成电路、人工智能、文化创意等领域新建一批公共技术平台,形成开放共享的技术支撑体系,构建国际化的协同创新网络,形成具有全球影响力的科技研发策源地。

3. 深化"双自联动",建设科技创新制度示范区

充分运用自贸区制度创新优势和国家自主创新示范区建设的政策叠加优势,创新政府管理服务方式,提高政府监管的综合效率;推动产业发展的制度创新,进一步落实药品上市许可持有人制度等改革试点,释放制度创新红利;深化集成电路产业链保税监管试点,优化集成电路产业发展环境,加快落实自贸区金融改革措施,为企业可持续发展护驾护航。探索高端研发创新的制度改革,优化研发用材料、试剂出入境审批流程,降低通关成本,调整企业研发中心的认定标准、认定流程,落实国务院关于推进科研领域改革措施,释放研发中心、科研人员创新活力。探索建立与科技创新、科学城建设相协调的体制机制和制度环境。

4. 聚焦"三大三新",加快重点产业高端化发展

提升信息产业、生物医药、文化创意"三大"产业能级,加快人工智能、航空航天配套、低碳环保"三新"产业集聚,进一步加强高端产业集聚发展的优势。争取到2020年,新产品数、产业规模提上一个新台阶。

5. 聚焦高端高效,构建最具活力的创新创业服务体系

围绕创新创业发展,引进高端创新创业服务结构,完善公共服务平台,主要有:

(1)推进国际化创业孵化体系建设,发挥"895营"等在自主品牌孵化创新平台作用的同时,支持海内外孵化器在张江发展,引导跨国公司、大企业建设创新孵化基地,充分发挥大企业产业、资本、技术、管理和人才优势,打造张江国际孵化品牌,利用两个市场、国内外两种资源加快张江国际化发展步伐,为创新创业服务,成为国内外最具活力和效率的"双创"示范基地,提升服务能级,构建能有效促进"大众创业,万众创新"的生态系统。

(2) 打造富有效率的科技金融服务体系,支持区内科技企业在各类资本市场上市或挂牌,力争达300家,融资500亿元,通过政策引导和信息共享降低商业金融机构的贷款风险和小企业融资成本;设立政府投资引导基金,引导园区重点领域骨干企业设立产业投资基金,鼓励企业开展产业链融合,实现外延式发展;建立信用张江融资平台,鼓励商业融资机构开发基于企业信用和无形资产抵押的融资产品;建设张江科技金融集聚区,打造全国科技金融高地。

(3) 构建专业化知识产权服务体系,发挥浦东新区知识产权协会、自贸区知识产权协会、科创365等知识产权平台作用,加大知识产权专业服务机构(包括知识产权法院)的集聚,充分发挥中介作用,形成园区良好的知识产权保护环境。

6. 推进人才改革试验区建设,打造国际化人才高地

围绕建设国家人才改革试验区,争取更多制度创新在张江先行先试:

(1) 深化人才工作机制创新,以建设国家海外高层次人才创新创业基地和国家青年人才创新创业基地为契机,形成海外高层次创新创业人才绿色通道,建立市场化人才评价体系,优化人才评选奖励政策体系和创新专业技术资格评价制度。

(2) 优化人才综合发展环境。实施张江人才安居工程,降低创新创业人才居住成本,提升人才服务水平。

(3) 大力集聚各类高端人才,到2020年,园区内拥有两院院士、首席科学家等各类高层次人才500人,外籍专家和归国留学人才总数2万~2.5万人,更好地利用全球研发和服务资源,服务张江创新创业。形成能有效支撑国家科学中心建设和创新创业发展的人才高地。

(四) 张江高科高标准创新发展若干思考

作为地处"全球城市"上海的国家级自主创新示范区,张江高科新时期、新视野、新战略,必将立足全局、着眼全球、高屋建瓴、高标准推进未来的创新发展。

1. 确立4种观念

(1) 创新驱动须以"四个全面"引领,体现在:①明确创新驱动发展的根本方向是全面建成小康社会,加快推进以科技创新为核心的全面创新;②为创新驱动发展提供动力源泉,2015年3月颁布《关于深化体制机制改革加快实施创新驱动发展战略的若干意见》,提出30项深化体制机制改革措施,为实施创新驱动发展提供强大动力。③为创新驱动发展夯实制度基础,四中全会作出全面依法治国为创新驱动发展夯实了制度根基,将为创新驱动发展提供良好法治环境;④为创新驱动提供坚强保障。党兴则民族兴,党强则国家强。坚持从严治党,必将引领科技骨干、广大科技工作者增强使命意识、责任意识,为建设科技强国建功立业。

(2) 科技创新须以科技伦理自律。现代人一方面受益并依赖于高科技发展带来的高效率、高收益的生活,另一方面却始终从伦理视觉对其保持警惕,科技伦理涉及科技与人的伦理关系,科技与社会、科技与生态、科技与动力等几对伦理关系,其中维护好人—社会—自然系统的和谐发展至关重要。必须在科技的"功利效应"和伦理的"道德效应"两者价值的冲突与博弈、调适与坚守中构建起符合时代要求的科技伦理,解决好科学技术与伦理道德的关系,协调好高科技发展与人和自然的和谐协调发展,是当代科技创新必须直面的课题。

(3) 颠覆性创新并非否定一切,应重视创新积累。诚然,可能引起现有投资、人才、技术、产业、规划"归零"的颠覆性技术创新,会对中国乃至全球经济社会引起巨变,然而颠覆性创新的实现需要长期积累且有其特定内涵。正如首先提出此概念的哈佛大学教授莱顿·克斯克指出:这种创新有其特定含义,①指特定的技术创新,而不是泛指一切创新;②所谓"颠覆"是指在功能和效用上,新技术新产品的完全取代旧技术和旧产品,而不是绝对否定已有的科学知识和基本技术原理。

(4) 创新驱动须以科技创新为核心。科技创新是提高社会生产力和综合国力的战略支撑。把科技创新摆在国家发展全局的核心位置乃是基于科技本质上属于生产力范畴,制度、组织、管理等均属生产关系范畴,把科技创新放到核心位置正是顺应事物发展的客观规律。

2. 全面推进科创中心建设,张江高科攀登产业价值链高端

科学技术创新包含科学、技术、创新三层含义。完整的创新包括科学创新、技术创新、经济过程创新三方面。科学创新——基础理论研究的突破;技术创新——应用型研发的拓展、深化,以及经济过程创新。按照熊彼特的定义,创新是建立一种新的生产函数,在经济活动中引入新的思想,实现生产要素新的组合。其所提出的5种类型是:引入新产品、引入新的生产方法、打开新市场、开发原材料新的供应来源等。张江在建设科技城中宜全方位推进,以发挥上海科创中心主要承载区的引领示范作用。尤其是着力发展高技术产业和创新型总部经济,推动张江高科向高技术产业价值链高端攀升。

3. 探索新常态下张江高科持续发展路径

新阶段张江高科创新发展似应沿着"三城联动""三区融合""区地协调",着力完善"二体系一基地"以服务促科创的路径。充分利用国内外两个市场,集聚国内国际两种资源,推进科城联动、产城联动、学城联动,国家自主创新示范区、自贸试验区、全面创新改革试验区三区融合,建设科技创新制度示范区与打造科技研发策源地协同推进,建成完善全产业链科技公共服务平台体系、具有国际水平的孵化器和众创空间体系、创新型产业集聚发展重要基地,以高质量、全方位服务促进创新创业蓬勃发展,围绕产业链组织创新链、围绕创新链部署资金链,催生更多高水平具有自主知识产权高科技成果,打造先发优势,率先实现跨越式发展,引领中国/上海从"制造型"经济向"知识型"经济转轨,为中国经济"第二波浪潮"蓄势聚能,提供强力支持。从"双自联动"扩展到"三区联动",即国家自主创新示范区、自由贸易试验区和全面创新改革试验区联动,结合张江综合性国家科学中心和上海科创中心核心功能区建设,全面推进张江科学城规划,将张江打造成促进科技创新改革的试验田,充分发挥示范引领作用。

4. 高效承接各种"溢出效应",助力自身创新创业

(1) 着力探索"二大(大设施、大项目)一小(小企业)"联动机制,有效承接综合性国家科学中心的"溢出效应"。

(2) 依托园区跨国企业高度集聚的优势,推进"跨国企业资源共享平台"建设,有效承接"跨国协同孵化"的"溢出效应"。

(3) 整合资源发挥创新链产业链"协同效应",在创新中注重整合各类资源,推进创新链与产业链协同发展,着力推进 5 个环节 5 种资源整合:研究环节资源整合、开发环节资源整合、专利环节资源整合、生产环节资源整合和市场环节资源整合。在对各单项资源整合的同时,还应注重各类资源之间的协同整合,主要是:研究资源与开发资源的协同整合,R&D 资源与知识产权资源的协同整合,生产资源与市场资源的协同整合,R&D 资源与市场资源的协同整合,R&D 资源与生产资源的整合。通过各类资源的协同整合,减少各类资源之间的界面效应,从而提高资源利用率,加快研发成果产业化、市场化步伐。

5. 着力打造有别于其他园区的差异化优势

(1) 探索"离岸创新"模式。整合"在岸资源"和"离岸资源",推进"离岸创新",开拓创新新渠道、新空间,培育一批具有全球影响力的本土引擎企业龙头品牌。

(2) 衔接国家"双创"战略,着力打造差异化众创模式,为创业者提供全面增值服务,持续提升创业孵化成功率。

6. 引领城区内企业高标准创新发展

(1) 以经济科技伦理自律,做负责任创新创业者,中国自古就重视经济伦理,晋商、徽商历来有儒商之称,表明儒家文化处理社会关系(包括人与人、人与自然、人与社会)的准则,仁义礼智信影响了商业的发展,尤其是经商要讲诚信,世世代代用诚信理念经商才能把生意做到全世界。中国实行市场经济体制,全面对外开放后,在激发经济活力的同时,不可避免地受到资本主义负面影响,不少商家逐底竞争,假冒伪劣屡有出现,需要企业自觉承担社会责任,坚守诚信经商的经济伦理道德,不因旨在降低商务成本而采用危害消费者安全和生态环境的技术,做一个负责任的创业创新者。

(2) 转变考核理念,从 R&D 向 R&B 演进关于科技研发投入,跨国公司已一反常规从关注 R&D(Research And Development)转向关注真正决定命运的另一种指标——R&B(Research And Business)——科技研发和市场转化投入。这一转变显示创新理念的进步,反映出"创新离市场多近,离成功就有多近"的创新成果产业化、市场化思维。

(3) 科技创新与品牌建设并举,张江的定位是全国示范、世界一流。张江创新的技术和产品均为中高端水平,而中高端消费的特征之一是品牌消费,在重视科技创新的同时必须着力推进品牌建设。品牌说到底是一种文化,需要时间的积累、历史的沉淀,品牌建设必须具备战略思维。

(作者是上海浦东工业技术研究院副院长、
上海注册咨询专家、教授级高级工程师)

专访任正非：28年只对准一个城墙口冲锋

赵东辉、李 斌、刘诗平、蔡国兆、彭 勇、何雨欣

任正非和华为公司，堪称当代商业史上的传奇。

1987年，年满43岁的任正非和5个同伴集资2.1万元成立华为公司，利用2台万用表加1台示波器，在深圳的一个"烂棚棚"里起家创业。

28年后，华为公司由默默无闻的小作坊成长为通信领域的全球领导者：2015年营收3 950亿元人民币，净利润369亿元，增速均达30%以上。作为华为领军人物，任正非从一名中年创业者成为全球知名企业家，深深影响了许多人。

华为走过了怎样的创业、创新之路？成功密码是什么？"28年只做一件事"的任正非究竟做了怎样"一件事"？有着怎样的心路历程？在他看来，当下的深圳乃至中国应该如何创新驱动发展？政府需要筑牢哪些堤坝？

带着一系列问题，新华社记者走进位于深圳龙岗坂田的华为总部，与任正非面对面，进行了3个多小时的访谈。

一、成功密码："坚持只做一件事"

记者：当下全球经济不景气，华为却逆风飞扬。华为成功的基因和秘诀是什么？

任正非：第一，华为的发展得益于国家政治大环境和深圳经济小环境的改变。如果没有改革开放，就没有我们的发展。深圳1987年18号文件明晰了民营企业产权，没有这个文件，我们不会创建华为。后来，华为发展到一定规模时，我们感到税负太重，很多同事说把钱分了算了。这时深圳出了"22条"，提出投资先不征税，等到收益后再征税，实行了好几年。这个时候我们就规模化了。

第二，华为坚定不移28年只对准通信领域这个"城墙口"冲锋。我们成长起来后，坚持只做一件事，在一个方面做大。华为只有几十人的时候就对着一个"城墙口"进攻，几百人、几万人的时候也是对着这个"城墙口"进攻，现在十几万人还是对着这个"城墙口"冲锋。密集炮火，饱和攻击。每年1 000多亿元的"弹药量"炮轰这个"城墙口"，研发近600亿元，市场服务500亿元到600亿元，最终在大数据传

送上我们领先了世界。引领世界后,我们倡导建立世界大秩序,建立一个开放、共赢的架构,有利于世界成千上万家企业一同建设信息社会。

第三,华为坚定不移持续变革,全面学习西方公司管理。我们花了28年时间向西方学习,至今还没有打通全流程,虽然我们和其他一些公司比管理已经很好了,但和爱立信这样的国际公司相比,多了2万管理人员,每年多花40亿美元管理费用。所以我们还在不断优化组织和流程,提升内部效率。

记者: 华为每年花上亿美元请IBM顾问团队来帮助管理企业。为什么要花这么大的价钱改进管理?

任正非: 你们知道吗?丰田的董事退休后带着一个高级团队在我们公司工作了10年,德国的工程研究院团队在我们公司也待了10多年,才使我们的生产过程走向了科学化、正常化。从生产几万元钱的产品开始,到现在几百亿美元、上千亿美元的生产,华为才越搞越好。我们每年花好多亿美元的顾问费。

我们走出国门、走向全世界的时候,什么都不会,不知道什么叫交付,全是请世界各国的工程顾问公司帮助我们。第一步就是认真学习,使公司逐步走向管理规范化。现在我们正在自己往前一步,就想再做得更简单一些、更好一些。

记者: 华为有没有弱点?

任正非: 有。华为公司3年前应该快垮了。为什么?因为大家有钱了,怕苦了。我们往海外派人都派不出去。大家都想在北京买房、陪小孩,都想在好地方待。我们就琢磨:为什么不提升一线作战的人的待遇呢?我们确定非洲"将军"的标准与上海、北京的标准不一样,年轻人在非洲很快就当上"将军"。你在非洲干,就朝着这个非洲"将军"的标准,达到了就是"将军",就可以拿"将军"的钱。现在我们的非洲员工根本不想回来。

记者: 创新能把华为领向一个怎样的未来?

任正非: 比如4K高清电视,现在北京、深圳都还做不到,但四川全省连边远农村用的都是4K高清电视,就是我们和四川电信合作做的。4K电视会把带宽、信息管道撑得很大。手机很快也是2K了,也会把信息管道撑大。这么大的管道一定要有人来做!4K现在还没有到来,VR(虚拟现实)就要到来了,还能互动,流量会远远大于4K。这是阻挡不住的社会发展趋势,也是巨大的战略机会。香港、澳门马上也会实现。四川的实践证明,普通的农村也可以享受很高的带宽。

二、坚持上甘岭："中心是有理想"

记者：华为成长过程中，正逢中国房地产爆发，您是否动摇过？

任正非：没有。没炒过股票，没做过房地产这些东西。

记者：没有诱惑么？

任正非：没有。那时，公司楼下有个交易所，买股票的人里三层外三层包围着。我们楼上则平静得像水一样，都在干活。我们就是专注做一件事情，攻击"城墙口"。

记者：是怎样形成这样一种文化的？

任正非：傻，要总结的话就是傻，不把钱看成中心。中心是理想，理想就是要坚守"上甘岭"。钱不是最重要的。

记者：华为为什么不上市？

任正非：因为我们把利益看得不重，就是为理想和目标而奋斗。守住"上甘岭"是很难的，还有好多牺牲。如果上市，"股东们"看着股市那儿可赚几十亿元、几百亿元，逼我们横向发展，我们就攻不进"无人区"了。

记者：历史上很多大公司几乎在一夜之间倒闭了，就像在《创新者的窘境》里写的一样。您有没有这种忧患意识？

任正非：至少在大数据传送这个领域不会出现这种状况。即使有"黑天鹅"，也是在我们的咖啡杯中飞。我们可以及时把"黑天鹅"转化成"白天鹅"。我们内部的思想氛围是很开放自由的，"黑天鹅"只会出现在我们的咖啡杯中，而不是在外面。我们这里已经汇集了世界主要的技术潮流。

记者：您对华为的未来比较乐观，但是您自己也在强调"下一个倒下的是不是华为"，为什么？

任正非：两个问题。第一，我们公司也会懈怠，我们增长的速度非常快，但是增长完了以后会不会变懒呢？我们要看到自己不足的地方。第二，我们国家一定要加强知识产权保护。物权都有物权法保护了，至少知识产权要等同于物权。国家要保护知识产权，才能有发明。

记者：前段时间您和爱立信签订了一个专利交叉许可协议？

任正非：是的，签订后我们公司高层欢呼雀跃，因为我们买了一张世界门票。我们一个普通员工写了个帖子，说"我们与世界握手，我们把世界握到了手中"。

如果我们保护原创发明，就有很多人去做原创，最后这个原创就会发展成

记者：企业间的竞争其实挺残酷的，但刚才听您讲到和国外的竞争对手可以自如地对话，这是怎么做到的？不是都讲企业竞争搞焦土政策吗？

任正非：那是别人说的焦土政策，我们从来没有这样做过。华为是小公司的时候就很开放，和别人总体都是保持友好的。为什么我们在国际市场有这么好的空间？因为我们知识产权的"核保护伞"建立起来了，这些年我们交了那么多的知识产权费给别人，当然我们也收了非常多的专利费，和那么多公司签了专利交叉许可协议，这本身就是友善、尊重别人嘛。我们现在发展速度比别人快，进入的领域比别人深，我们还要顾及世界的发展。

记者：华为都是在主航道作战，那现在主航道是越来越宽了呢，还是越来越窄了呢？竞争对手是越来越多了、越来越强了，还是怎样一个情景？

任正非：主航道只会越来越宽，宽到你不可想象。我们现在还想象不出未来信息社会是什么样子。我们只是把航道修宽了，在航道上走各种船，游艇啊、货轮啊、小木船啊，是别人的，运营商也只是收过路费。所以我们要跟千万家公司合作，才可能实现这个目标。

三、管住"两条堤坝"："政府最主要还是建立规则"

记者：在深圳，政府和企业的关系怎样？您对政府有什么建议？

任正非：深圳市政府做得比较好的一点，是政府基本不干预企业的具体运作。法治化、市场化，其实政府只要管住这两条堤坝，企业在堤坝内有序运营，就不要管。政府最主要还是建立规则，在法治化和市场化方面给企业提供最有力的保障。

记者：深圳创新型经济如何走在全国前列？

任正非：深圳就是要率先实现法治化、市场化，这方面要走在全国前面。打知识产权官司，法庭要公正判决。

记者：过去有一个阶段，珠三角地区被称为"世界工厂"。您怎么看这些年珠三角走的世界工厂之路？这条路对创新发展、创新驱动有怎样的价值？

任正非：20多年前你来华为看，会觉得华为是一家快关闭的工厂。我们是利用2台万用表加1台示波器在一个烂棚棚里面起家的。我们曾经也是落后工厂，落后到比珠三角的加工厂还可怜。

演变是一个循序渐进的过程。现在珠三角大量劳动密集型产业转到东南亚去了。你不能只看珠三角有少数高科技公司成功了。高科技公司也是在"低科技"的基础上成长起来的。你只要给他条件,他就会改进自己、赶超自己,慢慢就会发展。高科技公司也需要"低科技"的零部件。

记者:也就是说,如果没有这些基础制造业的支撑,所谓高科技也是没有基础的?

任正非:是的。我们的高科技是由多少"低科技"组成的?每个零件都是高科技吗?不可能。我们的产品是由多少零件组成的?以前买这些零件,我们都是付人民币,到东莞提货,现在是付美元,到东南亚提货了。

记者:您觉得现在抓住国际机遇进一步扩大改革开放,重点应该是在哪些方面?

任正非:第一,减税,先把税减下来。减税可以带来企业持续减负,从而增加更多投资和创新,企业有钱搞研发,这样就可能得到休养生息和喘息的空间,产业就能做大,税基也大了。第二,改变劳动和资本的分配机制。华为这些年劳动与资本的分配比例是3∶1,每年经营增值部分,按资本与劳动的贡献设定一个分配比例,劳动者的积极性就起来了。

记者:创新跟改革开放是什么关系?

任正非:创新就是释放生产力,创造具体的财富,从而使中国走向繁荣。虚拟经济是工具,工具是锄头,不能说我用了五六十把锄头就怎么样了,锄头一定要种出玉米,玉米就是实体企业。我们还是得发展实体企业,以解决人们真正的物质和文化需要为中心,才能使社会稳定下来。

记者:有人说这些年改革的动力有弱化的现象,您怎么评价?

任正非:我认为如果每个人都抱着一夜暴富的想法,实现不了,它的动力就弱化了。但真真实实的是,天还是那个天,地还是那个地,辘轳篱笆狗都没有变,你怎么能变成"富二代"呢?如果我们抱着一种努力创造、缓慢健康成长的心态,每个人的满意度就提升了。

记者:美国硅谷是世界高科技的高地,中国创新的希望何在?

任正非:高科技领域最大的问题,是大家要沉得下心,没有理论基础的创新是不可能做成大产业的。"板凳要坐十年冷",理论基础的板凳可能要坐更长时间。我们搞科研,人比设备重要。用简易的设备能做出复杂的科研成果来,而无知的人即使使用先进的设备也做不出什么来。

记者：中国有可能成长出许多个"华为"吗？

任正非：可以的。第一，小企业做大，就得专心致志为客户服务。小企业特别是创业的小企业，就是要认认真真、踏踏实实，真心诚意为客户服务。小企业不要去讲太多方法论，就是要真心诚意地磨好豆腐，豆腐做得好，一定是能卖出去的。只要真心诚意去对客户，改进质量，一定会有机会。不要把管理搞得太复杂。第二，先在一个领域里做好，持之以恒做好一个"螺丝钉"。第三，小公司不能稍微成功就自我膨胀。我始终认为企业要踏踏实实一步一步发展。

泡沫经济对中国是一个摧毁，我们一定要踏踏实实搞科研。一个基础理论变成大产业，要经历几十年的工夫，我们要有战略耐性。要尊重科学家，有一些人踏踏实实做研究。如果学术研究泡沫化，中国未来高科技很难有前途。不要泡沫化，不要着急，不要"大跃进"。没有理论的创新是不可能持久的，也不可能成功。

我们公司在世界资源聚集地建立了20多个能力中心，没有这些能力中心科学家的理论突破，就没有我们的领先世界。中国必须构建理论突破，创新才有出路。小改、小革，不可能成为大产业。

记者：您说的理论创新是指基础研究？

任正非：理论创新比基础研究还要超前，因为他写的方程也许连神仙都看不懂，就像爱因斯坦100年前写的引力场方程，当时谁也看不懂，经过许多科学家100年的研究才终于证明理论是对的。很多前沿理论突破以后，人类当时都不能理解。

记者：华为聘用的国外科学家很多？

任正非：我们海外研究所的科学家大多是外国人，所长是中国人，所长就是服务。我们"2012实验室"现在有700多位科学家，今年会到1 400多人。

记者：高科技发展应该以基础理论为支撑？

任正非：有理论创新才能产生大产业，当然有技术创新也能前进。日本一个做螺丝钉的小企业，几十年只研究螺丝钉，它的螺丝钉永远不会松动，全世界的高速铁路大都是用这个公司的螺丝钉。一个螺丝钉就有非常多的地方可以研究。我去过德国的小村庄工厂，几十年就做一个产品，打出的介绍图不是说销售了多少，而是占世界份额多少，村庄企业啊！

记者：就您在华为成长过程中的感受，我们国家在未来一轮经济周期怎样才能"抢占"高新技术的一席之地？

任正非：首先不要有"抢占"这个概念，一抢，就泡沫化。就是踏踏实实做基础，融入世界潮流，与世界一同发展，分享世界的成功。

四、未来三十年："一定会崛起非常多的大产业"

记者：有人说深圳走上了创新驱动发展的道路，其中的一个动力源就是华为？

任正非：未来信息社会的深度和广度不可想象，未来二三十年将是人类社会发生最大变化的时代。伴随生物技术的突破、人工智能的实现等等，未来人类社会一定会崛起非常多的大产业。

我们面对着极大的知识产权威胁。过去二三十年，是从落后通信走向宽带通信的二三十年，全世界出现多少大公司，美国思科、谷歌、Facebook、苹果，中国没有出多少，就是因为对知识产权保护不够。未来还会出现更多的大产业，比如VR虚拟现实，中国在这些产业是有优势的，但是要发展得更好，必须有十分苛刻的知识产权保护措施。

记者：您觉得中国应该建设和发展怎样的一种商业环境？

任正非：我认为中央提出新常态是非常正确的。我们不再追求高速度了，适当发展慢一点，有发展质量才是最根本的。

有个专家说，投资有两种方式：一种是外延方式，比如建一个钢铁厂，再建一个钢铁厂，又再建一个钢铁厂，规模就做大了；第二种叫普罗米修斯投资，普罗米修斯把火偷来了，有了火才有人类文明，这就是创新突破。我们国家提出要沿着创新之路增长经济，是正确的。外延式增长，投资越大产品越过剩，价格越来越低，投资效果越差。

记者：在您看来，我们面临着前所未有的大机遇，同时面临的大风险是什么？

任正非：我觉得，中国经济没有想象中那么大的问题。主要是不要把自己泡沫化了。中国的情况还是比别人好的，只要不让假货横行，就出不了大的问题。

五、防范危机："高成本最终会摧毁你的竞争力"

记者：您觉得深圳未来的危机在哪里？

任正非：很简单，140年前，世界的中心在匹兹堡，有钢铁。70年前，世界的中心在底特律，有汽车。现在，世界的中心在哪里？不知道，会分散化，会去低成本的地方。高成本最终会摧毁你的竞争力。而且现在有了高铁、网络、高速公路，活力分布的时代已经形成了,但不会聚集在高成本的地方。

记者: 华为是深圳本土成长的企业,您对深圳的城市发展比如国际化、改革开放等有怎样的期望?

任正非: 深圳房地产太多了,没有大块的工业用地了。大家知道大工业的发展,每一个公司都需要一定的空间发展。

我们国家最终要走向工业现代化。四个现代化,最重要的是工业现代化。工业现代化最主要的,要有土地来换取工业的成长。现在土地越来越少,越来越贵,产业成长的可能空间就会越来越小。既然要发展大工业、引导大工业,就要算一算大工业需要的要素是什么,这个要素在全世界是怎么平均的,算一算每平方千米承载了多少产值,这些产值需要多少人,这些人要有住房,要有生活设施。生活设施太贵了,企业就承载不起;生产成本太高了,工业就发展不起来。

记者: 对一些希望走出去的中国企业,有没有一些建议?

任正非: 首先中国要建成法治国家,企业在国内就要遵纪守法。你在国内都不守法,出去一定是碰得头破血流。所以我不支持中国企业盲目走出去。制度对社会的影响不会立竿见影,会几十年一百年慢慢释放影响。第二,要学会在中国管理市场经济,在中国你死我活地对打,还活下来了的话,就能身强力壮地出去跟别人打。中国要加强法律、会计等各种制度的建设,使自己强盛了走出国门。不然企业走出去会遇到非常多的风险,最后可能血本无归。所以我认为,中国企业要走出去,首先要法治化,要搞清楚法律,不是有钱就能投资的。

(作者是新华社记者,本文为2016年3月5日
任正非接受新华社记者专访)

十大互联网经典商战案例

周鸿祎

一、百度早期如何打动用户？

案例描述：当年百度的市场份额能获得这么多，真的是搜索技术比谷歌做得好？不是，是因为百度有MP3搜索。民工兄弟们交流的时候肯定不会说：我在用一个搜索引擎，使用了高级的搜索技术。他们会说：有一个网站，上面可以免费听歌，可以免费下歌，你也可以试试。正是这样一个简单的点，打动了越来越多的小白用户，才有了今天的百度。

二、QQ如何在免费基础上赚钱？

案例描述：互联网的增值服务模式，外国给它起了个名字，叫freemium，其实把free（免除）和premium（费用）两个词结合起来。初看起来，大家可能觉得freemium高深莫测，完全是一副高大上的样子。其实这种模式很简单，我们在日常上网的时候经常见。而且，在中国，这个模式的发明者绝对不是我，这个模式真正的探索者，真正做得最成功的，实际上是腾讯。QQ的广告模式被否认后，变相地逼着腾讯管理层去探索，最后探索出了增值服务这种模式。

现在的中国人，几乎人人都有一个QQ号，有的人甚至有好多个。大多数人用QQ聊天，是免费的，是不花钱的。即使你在现实生活中是高富帅，你在QQ里面也可以一毛不拔，不被诱惑，不轻易花钱，就穿个小裤衩在上面聊天，也无所谓，那你就是较低级别的QQ用户，是腾讯体系里的最低等用户。但现实生活中的很多人，比如十几岁的初中生，他每个月给腾讯交10块钱，成为这个钻、那个钻的用户，那么在腾讯体系里，他就是高级用户，是增值服务的用户。虽然大量免费用户在聊天，但有了这些增值服务用户，腾讯的商业模式就建立起来了。

有一个笑话，说中国有10亿人，如果每个人给我1元钱，那我就发大财了。问题是，大家凭什么给你1元钱？就算大家下决心每人给你1元钱，你为了拿到这1元钱，估计得付出2元钱的成本，这样算下来还亏了。但是，在互联网上这确实能做到。如果你有一款非常好的产品,通过互联网可以接触到几亿用户,那么,在这几亿用户当中,你推出一项增值服务,即使只有一小部分人愿意下单付钱,那么全加起来也能形成规模经济。QQ有6亿用户,如果腾讯又推出一个黑钻,即使只有0.1%的用户愿意每个月花10元钱购买,那么腾讯每个月也能有600万元的收入。

腾讯QQ的增值服务有很多种,比如蓝钻、绿钻、QQ秀,还有游戏。对QQ用户来说,游戏也是一种基础服务,可以免费玩,但是你要想玩得很爽,很痛快,玩得超越别人,那你就要在里面买QQ的道具。

三、小米如何颠覆传统手机厂商?

案例描述:雷军的小米手机为什么对传统的手机厂商形成这么大的冲击?我是很早就认识到小米手机的毁灭性的人。小米的模式其实特别简单,就是我经常讲的互联网硬件免费的概念。也就是说,它的手机会卖得很便宜,性价比会很高,因为它不再把卖硬件看成一个孤立的生意。大家用手机看大片、玩游戏,看大片会产生广告收入,玩游戏可能会付费。所以,小米手机一出来,我就认为会对中华酷联靠卖硬件赚利润的模式产生很大的冲击。

当时我给这些手机厂商讲了互联网的很多道理,现在来看其实就是什么是互联网思维。但很可惜,没有人能理解,觉得这是危言耸听。所有的人都看不起小米,都觉得老周在开玩笑。但互联网的发展速度比他们想象的要快得多。今天,几乎所有的手机厂商都建立了独立的互联网手机品牌,也试图模仿小米玩饥饿营销、粉丝文化。但我可以说,这些都是皮毛,是表象。

四、微信如何打败传统运营商?

案例描述:微信虽然免费,而且腾讯也要往里投很多钱,但这对腾讯来说是小意思,因为微信为腾讯凝聚了几亿用户。有这样一个庞大的用户群,微信将来在上面嫁接O2O(Online to Ofline,在线离线商务模式)可以赚钱,嫁接电商可以赚钱,网上发一款游戏还导致全民都打飞机,也可以赚钱。所以,腾讯将来通过微信用户群,一年何止赚几百个亿,这比靠通信收费赚钱要容易得多。但最要命的是什么?很多运营商当初不承认微信有多大威胁,认为:你们是互联网公司,没有我们运营商搭路哪有你们跑的车?

此话不假,但运营商没有发现,用户不再用你的短信了,不再用你的彩信了,不再用你的语音了,他们使用的都是微信的服务,他们从运营商的用户,转变成了微信的用户。用户才不关心路是谁修的。你作为修路的固然还会存在,但你没有了用户,或者用户无法感知到你的存在,那你的商业价值已经非常有限了。还有的运营商振振有词地对我说:我的短信收入没受影响。我心想:大哥你得看趋势啊。这就跟卖手机的一样,网上的销售量可能还比不上实体店,但它是爆发式增长啊。有一个省的运营商还跟微信合作了一把,因为腾讯劝说他们出一个微信流量包月套餐,虽然微信可能减少了运营商的短信收入,但微信用户还要耗流量,所以运营商可以在流量上赚很多钱。

五、360安全卫士为何会成功?

案例描述:2006年,360开始做360安全卫士的时候,没有商业动机,没有想到怎样挣钱,更没有想到未来要做免费杀毒,也没有想到要做浏览器,做搜索。做360的目的很单纯,就是要直接把那些流氓软件都打败。

那个年代,除了网易,几乎所有的互联网公司都做插件,不经用户同意,强制性地向电脑里面安装,然后劫持流量,乱弹广告。老百姓把这种插件叫流氓软件。

那个时候,流氓软件肆虐,用户叫苦不迭。如何解决流氓软件问题,对此基本上分为几派。一派是法律派,认为流氓软件的问题必须通过法律来解决。但是,互联网发展的速度飞快,而且在互联网上取证非常困难,先不说能不能立案,即使能立案,官司完整地打下来,也需要好几年。一派是政府派,认为要通过政府部门来解决问题。潜台词是老百姓永远是草民,碰见问题需要政府给自己当家做主。但是,有那么多困难问题、食品安全问题政府都没时间解决,流氓软件并无大的威胁,政府哪有工夫解决?后来,有关部门组织了大的互联网公司一起参与制定流氓软件的标准。我一看,这些公司全是做流氓软件的。最后,这个会议给我印象最深的一句话,就是大家要求在查杀流氓软件的时候,一定要慎重。

360主张第三条道路,以暴制暴派,就是把武器发给用户,让用户来解决问题。用户被流氓软件欺负,就是因为不懂技术。360给用户一个免费的工具,能把流氓软件都干掉。这样的话,电脑就太平了。

早期的360安全卫士技术含量并不高。查杀流氓软件,像金山、瑞星这些公司绝对是有技术能力做的。但他们都不愿意干这事,也不敢做这件事。他们不愿意做,是因为不挣钱,他们卖杀毒软件,卖一套就好几百元。做一个免费的东西,虽然用户欢迎,但不挣钱的话,有什么用?他们不敢做,是因为不愿意得罪人。大家抬头不见低头见的,都在行业里混,你把这些中国知名互联网公司的流氓软件杀了,得不偿失,压力是很大的。

难道周鸿祎压力不大吗?当然大,但没办法。查杀流氓软件,我是为了摘掉给我扣上的大帽子,是出于利己的动机,因此内心特别强大。如果是为了一个高尚的目标,我可能坚持不下去了。所以,我们做出360安全卫士,相当于为用户提供了一个免费的武器,专门查杀各种流氓软件。

从现在的角度来看,360的无意中成功,是因为当时中国互联网的网民在饱受流氓软件的危害,又没有人愿意出来解决这个问题。所以,我们出来解决这个问题,实际上就迎合了广大用户的需求。这给我们以后的启示是,360不仅要免费,而且必须以用户需求为核心。

六、淘宝怎样颠覆eBay?

案例描述:马云最早搞电子商务,宣布淘宝免费开店,而他的竞争对手eBay是要收开店费的。既然淘宝免费开店,在eBay上的卖家都觉得不开白不开,不管淘宝有没有流量,也愿意把店在淘宝上复制一家。最后,淘宝通过免费汇聚了大量的卖家,有了卖家就有了买家。

最初宣布免费的时候,我想马云未必想清楚了怎么靠免费来赚钱。本来他想收费,但腾讯的拍拍网虎视眈眈地准备抢淘宝的卖家,所以他3年免费之后,不得不说继续免费,永远免费。最后,当中国几乎所有的商家都到淘宝上开店的时候,会出现什么现象?你搜一种卫生纸,都会出来1万个结果。你免费开店没问题,但你如果在搜索结果里要排在前面,那就要交增值服务费。淘宝今天也成为中国最挣钱的互联网公司之一,实际上通过免费的模式创造了一种新的收入模式。如果淘宝不免费,我相信它既无法战胜eBay,也发展不出这样的收入模式。

因为eBay是收交易费的,因此特别担心买家和卖家共谋,严格规定卖家不许留自己的手机号码,不许留信箱地址。而中国人的购物习惯是不直接交流就没有安全感,但直接交流的话淘宝收不到交易费。于是,淘宝就把交易费也免了,买家卖家联系越多越好,还做了一个淘宝旺旺的聊天工具来撮合交易。这样,淘宝又有了一个即时通信工具。

既然全都免费了,那就好事做到底。淘宝提供了一个方便交易的支付手段,为了解决信用的问题,支付宝又创造性提出,比如可以买家拿到货再通知付款,所以回过头支付宝又促进了淘宝的交易。以马后炮的角度来看,淘宝又高瞻远瞩,成功布局了互联网金融。

七、个人电脑如何颠覆 IBM

案例描述:个人电脑一出世,浑身都是缺点,长得也不好看,甚至看不出来能解决什么问题,看不出来有什么商业价值。个人电脑在 1975 年刚出来的时候,就是一个玩具,计算能力非常差,连外壳都没有,也没有今天的显示屏,跟当时的大型主机根本不能比。当时几家做大型主机的公司都得出结论:个人电脑这玩意儿不可能成气候。所以,当工程师向 DEC 公司的创始人肯·奥尔森展示个人电脑的初期设计时,奥尔森问道:"人们为什么需要拥有自己的电脑呢?"等到他同意开发个人电脑的时候,他和另一位工程师曾拆开个人电脑一窥究竟,结果他对其内部结构冷嘲热讽。

但是,个人电脑为什么成气候了?从用户体验角度出发,在个人电脑出来之前,每个人去上机,都必须穿上白大褂,换上拖鞋,到一个守卫森严的机房里面。但个人电脑第一次给了所有的用户一个冲击:只要花 1 000 美元,就可以在家里有一台自己的电脑,想怎么折腾就怎么折腾。它在人性上打动了消费者,它不需要做十大功能,不需要每个功能都吸引消费者。只要一个功能打动人心,就会有消费者用你的产品,你就赢得了市场,就会有不断改善产品的机会。个人电脑经过几十年不断改进,今天已经成功地颠覆了传统的大型主机。今天个人电脑的计算能力和应用丰富度,已经远远超过 30 年前的大型主机。这就是我说的一个草根实现了对高富帅的逆袭。

八、亚马逊通过好的客户体验取得成功

案例描述:从 1994 年在网上卖书开始,亚马逊率先利用互联网的技术优势,进行各种创新,创造了很好的客户体验。例如鼓励读者写书评,利用读者购买的图书来推荐其他相关产品等。这些是传统书店没办法做到的。这些创新被迅速模仿后,亚马逊在物流体系上投入巨资,提高库存周转,加快货物递送速度;顾客不仅能更快地拿到货,还能在线查询订单处理情况。

最新的案例应该算是下面这个。《华尔街日报》刚刊出一篇文章《亚马逊最厉害的武器——贝佐斯的偏执》，这篇文章的作者提到，他在亚马逊网站购买了一条价格13美元的运动裤，到货后因为发现裤子太大想退掉。结果他收到亚马逊的一条重要的消息：他作为一个重要顾客，无须退回这条运动裤就可以拿到退款。换句话说，在评估顾客的重要程度，以及评估退货产生的费用可能会超过这条运动裤的价值后，亚马逊决定让这名顾客白拿一条运动裤。

贝佐斯一直强调的"客户体验"，在亚马逊到底有多重要？

《彭博商业周刊》记者布拉德·斯通所著《一网打尽》提到这样一个细节：贝佐斯有一个公开的电子邮件，他会阅读大量的顾客投诉，在邮件中加上一个"？"，然后，把电子邮件转发给相关的亚马逊员工。虽然电子邮件营销为亚马逊挣了很多钱，但是因为顾客强烈投诉，一些生殖健康类产品最终在贝佐斯的要求下停止了邮件营销。

为什么亚马逊会把客户体验放到这么重要的位置？

我的理解是，零售业作为服务行业，是体验式经济的前沿阵地。传统的经济模式是，制造电视的企业把电视卖给顾客，就完成了销售任务。电视是耐用消费品，企业巴不得顾客从此再也不来麻烦自己，这样它可以用广告和其他手段吸引新顾客。但是，零售业本来利润率就低，它必须依靠顾客持续购买才能产生规模收入。这就意味着像沃尔玛、亚马逊这样的零售企业必须得产生好的客户体验，顾客在购物过程中感觉舒服，才能以后再来购物。这如同我一直强调的那样，任何企业都应该像零售企业一样。用户使用产品的过程，是企业与用户对话的过程。用户买到产品，并不意味着销售任务结束，而是体验之旅才刚刚开始。

先创造用户价值，然后再产生商业价值，这是我一直强调的。从亚马逊的股价来看，在2009年之前，它一直低于50美元。从1994年创立开始，投资者就对这家公司争论不休，因为它总是不按照华尔街的章法来做事，华尔街也不知道它到底会长成什么样。在长达10多年的时间里，贝佐斯不讲如何为股东创造最大的价值，反而大讲如何创造最佳的用户体验。他四处出击花巨资购建了大量用不完的基础设施。这让亚马逊的投资回报率一直无法提高，然而它的客户群体却一直保持增长，且忠诚度高，帮助亚马逊一路打败了众多竞争对手。这让华尔街又爱又恨。

我认为，能让华尔街又爱又恨的企业，才有可能发展成为一个伟大的企业。判断一个公司是否伟大，不是在于它创造了多少市值，产生了多少千万富翁、亿万富翁，而是给顾客创造了多大的价值。在国内，有些企业是靠给用户制造问题，而不是通过解决问题来赚钱。比如在一些城市，你一坐上出租车，后排座位上挂着的液晶屏就开始播放刺眼、刺耳的广告，而且还关不掉。8年前，绝大多数SP通过给客户设计陷阱乱扣费来赚钱，有的竟然还上市了。但事实证明，不为用户创造价值的企业，即使能获得商业价值，那也是短暂的。

亚马逊在对于客户体验的创新方面，一直被模仿，但从未被超越。

九、360如何通过免费打败传统杀毒厂商

案例描述： 360一不小心进入了安全行业，从现在来看，正好赶上了中国互联网的大爆发。上网的人增长很快，各种软件、商业模式发展很快，当然网上的小偷也突然暴增。

在360出来之前，2005年中国网民是1亿，互联网普及率才8%，到了2013年，中国网民超过了6亿，手机网民比电脑网民还要多。所以，在360做安全之前，杀毒还是按照传统的商业模式，是卖软件的，没有人认为是普遍服务，没有人认为杀毒应该是免费的。但是，我当时有一个直觉，随着互联网的发展，互联网的安全会变成每个人都要面临的问题。那个时候，不仅流氓软件泛滥，而且出现了各种木马，QQ号、游戏装备会被盗，大家到网上下载软件都会下载下一堆广告插件。我相信，法律是解决不了这些问题的，就像法律解决不了流氓软件泛滥的问题。杀毒只是互联网安全的一小部分。而且，我认为，包括杀毒在内，互联网安全一定会成为一种基础服务，如果安全变成每个人都用的基础服务，它就一定是免费的。

360对免费的认识很朴素，只要是人人都需要的，就应该是免费的。所以，我们在用免费结束了流氓软件泛滥，把木马黑客赶到地下后，就想到这样一个问题：杀毒软件是人人都需要的，那么杀毒软件也应该免费。我们中国人不喜欢买软件，连微软的视窗操作系统都不爱买，更别说杀毒软件了。那个时候，每年花200元钱买正版杀毒软件的人非常少，2008年大约有2亿上网用户，买正版杀毒软件和装盗版杀毒软件的用户总计不到1 000万户，绝大多数人的电脑都在裸奔。

我们要做360免费杀毒，就彻底免费，就终身免费。事实证明，用户需求太强烈了，3个月的时间，360免费杀毒的用户就过亿了。我们连自己都没有意识到，我们无意中做对了一件事，这就是用免费的商业模式颠覆了瑞星、金山付费的商业模式。

但360做免费杀毒,鼓吹免费安全,也付出了很大的代价。首先是我们内部的。在做免费杀毒之前,360在网上给其他品牌的杀毒软件做代理销售,每年也有将近2亿元的收入。一旦做免费杀毒,就意味着360跟所有的杀毒公司成了敌人,这每年2亿元的收入也就泡汤了。当时我们的投资人很生气,在董事会上跟我吵架,激烈地反对我做免费杀毒,认为这是自绝后路。有的投资人对我说:老周,你能不能先把公司搞上市再推免费杀毒?公司上市了,我们这些投资人安全地把资金撤出来了,你爱怎么折腾就怎么折腾。

那一年有部电影特别火,叫作《建国大业》,我就带投资人去看这部电影。我军撤出延安的时候,很多人都不理解,说革命根据地不能说丢就丢啊。毛泽东跟大家说了16个字:地在人失,人地皆失;地失人在,人地皆得。按照互联网的思维来说,地就是业务,是收入;人就是用户,用户是互联网所有业务收入的基础。你可以暂时放弃收入,只要用户还在,就可以把收入再挣回来。但如果为了收入和业务,你损害了用户的价值,用户跑掉了,你有再多的收入都会崩溃。

除了内部反对意见外,外部也有很大的压力。我们宣布推出免费杀毒,网上出现了大量的攻击文章。有的说免费没好货,360免费杀毒不专业,杀不了病毒,是花架子。有的说,360推免费杀毒,背后有不可告人的目的。360肯定是暗地里偷用户的资料来卖,否则没有收入,怎么能养活这么多人?甚至有一家杀毒公司设立专题,在它好几千万的杀毒软件上写着"360安全卫士有后门,偷窃用户隐私信息"的大字报。后来,我们把这家公司告上了法庭,这家公司最后输官司赔款道歉。

但我相信,当时他们是真的认为360在偷用户资料,因为他们对免费是真的不理解:天底下哪有这样的傻瓜,上亿元的收入不要,说免费就免费了?所以,这些杀毒软件公司在网上雇大量的写手骂我,他们一致相信免费杀毒这事干不成。他们卖了20多年杀毒软件,周鸿祎怎么可能免费干得下去?那还不把周鸿祎赔死了!

今天,国内所有杀毒厂商都把360当成了学习榜样,360怎么做他们就怎么做。但是,他们忘了《笑傲江湖》中"葵花宝典"里的两句话。第一句话是:欲想成功,必先自宫。要把免费的模式做成,你必须得忍痛放弃收入。他们舍不得,我们舍得,结果我们做成了。360成了中国第一大互联网安全品牌,拥有了好几亿用户。他们亦步亦趋地学,翻到"葵花宝典"第2页:即使自宫,也未必成功。意思是,你即使放弃收入免费了,也未必能成功地找到新商业模式。

这也给所有要转型互联网的人上了一课,这就是:面对互联网的免费大潮,你如果主动拥抱变化,主动自宫,虽然未必成功,但最起码刀还在你手里;如果你不拥抱变化,抱缺守残,那结果只有一个——被别人拿刀革自己的命,最后肯定不成功。

十、乔布斯如何通过 iPod 开启二次创业的成功

案例描述:乔布斯二次创业,是从一个普遍需求开始的,这是他成就一项伟大事业的基础。有人说,乔布斯善于创造需求,我觉得这是扯淡。没有人能够创造需求,对音乐的需求是人类与生俱来的,乔布斯所做的,只不过是通过 iPod 把听音乐的体验做到了极致,满足了人们的需求。

iPod 之所以能够流行,首先在于它一流的设计,跟其他 MP3 相比,iPod 鹤立鸡群。再一个微创新,是里面的东芝小硬盘,号称可以存储 1 万首歌,一辈子都听不完。从 iPod 开始,每一个微小的创新持续改变,都成就了一款伟大的产品。在 iPod 中加入一个小屏幕,就有了 iPod Touch 的雏形;有了 iPod Touch,任何人都会想到,如果加上一个通话模块打电话会怎么样呢? 于是,就有了 iPhone;有了 iPhone,把它的屏幕一下子拉大,不就变成了 iPad 了吗?

然而,一切看似眼花缭乱、万象丛生的东西,无一不是从那个"一"开始,那个"一"就是 iPod。要知道,当苹果推出 iPhone 的时候,iPod 在全球的销量已经超过了 1 亿部。这 1 亿多部 iPod 不仅为苹果创造了口碑,创造了品牌,而且也为苹果捕捉了不少消费者的体验。没有这个台阶,如果乔布斯一下子上来就做 iPhone,也不见得会成功。

后来,乔布斯和苹果成了不少人崇拜的对象,大家开始学乔布斯做手机、做应用商店、做各种平板电脑。齐白石说过一句话:"学我者生,似我者死。"意思是,抄袭商业模式表面上来看最省劲,但简单抄袭肯定死,真正学到精髓的才可能生存。所以,如果要学习乔布斯,就要学习他的精髓,那一定得从 iPod 学起。这就像一个人吃了 7 个馒头吃饱了,你就觉得第 7 个馒头很神奇,看是用什么特殊面粉做的。这样学习乔布斯,肯定是舍本逐末。

(作者是 360 集团公司董事长,本文节选自《互联网方法论》)

小米、华为与联想背后隐含的商业模式

李智勇

一、小米、华为与联想背后隐含的商业模式

虽然最终呈现给用户的手机是类似的,但就我看来这三家背后隐含的模式却是有本质不同。2015年1月15日参加了小米产品发布会,正当雷军在台上讲小米Note的种种功能时我却突然意识到小米、华为、联想的拼杀到了2015年已经完全进入了一个新的阶段。在功能和体验上诚然大家会激烈地彼此追赶,但其实已经拉不开太多的距离,最终决定胜负的很可能是手机背后所体现出来的模式。这很像一场国际战争,胜负不再取决于一城一地而是取决于综合国力。

联想是经典的经营管理派。这一派的基本逻辑是做同样的东西时,通过管理优化我就是比你做得快、做得好、成本做得低。对于产业中的后发者,往往需要借助于这类手法对现有体系中的引领者进行超越。这在很多传统的产品中比如复印机、相机、PC已经得到了体现。联想在PC中通过这样的方式最终成为市场的老大。

华为则是技术派。这一派的基本逻辑是,我就是要技术领先,做出你做不出来的东西,最终通过这个产生产品差异,拉开和对手的距离,所以华为有自己的芯片。

小米则是平台派。这一派的基本逻辑是,手机不再是单纯的娱乐与通信中心,也还是整个生活的中心。这样一来,就可以将空气净化器、盒子、电视、路由器等纷纷上阵,每上阵一个都等于给手机增加了一份附加值。

这里面华为和联想的商业模式比较传统,它需要依赖于硬件来赚钱,小米的模式则和互联网公司比较类似,入口可以不赚钱,如果生态起来了,入口也就是手机甚至还可以免费。

二、模式间决胜的关键

对这三种模式稍微作点分析,我们就可以发现胜负的关键其实非常明显。

如果攀科技树的能够摆脱产品同质化,打造出用户可感知的具有独立特色的产品,那华为的模式会秒杀另外两者,否则就会因为投入巨大,但毛利率上不来而被淘

汰。这并不难理解,比如说如果华为可以做出能顶一个月的电池,别人还是只能顶一天,那显然华为可以获得绝对优势。但如果你使很大力气,还是超不出供应链所能提供的平均水平,产品在用户可感知的层面上完全与友商相类,那就相当于很多的独立研发完全没产出,这种研发就会成为包袱。所以华为的模式确实相当于是在爬珠穆朗玛峰的北坡,咬牙爬上去那就一览众山小,但在爬的过程中摔死的可能性很大。

如果打造平台的能成功,那毫无疑问会把拼经营管理的秒杀掉。平台对单品有点像斯巴达方阵对小兵,小兵基本没机会。平台之所以有优势的关键是网络效应和二次打击的能力。网络效应是说平台里的东西你用得越多好处越大。想象一下如果有一天,小米把家里常用的硬件都搞了一遍,从电视到冰箱等,而每一个都连接到路由器并可以通过小米的手机来控制,并且每一个都有价格优势,那会怎么样?显然这时候就会形成网络效应,你越多用小米的产品你收益越大,你单用手机就牺牲了它可以当遥控器的功能,你单用电视就浪费了路由器可存储的功能。这道理很简单,连中国电信都会用,它把宽带、IPTV、电话捆绑在一起做一个套餐,你都用它的它就很便宜,我身边很多人就这么被电信所捕获的,大家甚至因此忽视了电信手机不好买的事实。

二次打击能力是说,如果这模式真成了,它真可以毛利率为零卖手机,甚至让手机免费,只要它能在其他地方,比如广告、内容上把巨大的流量变现。当然这模式的坏处也比较明显,它在某个临界点之前会处在"就差钱"状态,一旦融不到钱,中途挂掉,那模式再好也不顶用。看看阿里巴巴在成气候前烧掉多少钱,对这点就会有比较直观的体会了。

只有攀科技树的拉不开与供应链平均技术水平的差距,打造平台的打造不出用户认可的网络效应时,拼经营管理的才有机会。这时候联想可能再一次复制自己在 PC 上的故事,通过成本优势在长线上取得胜利,但这一模式似乎即使胜利了结果也不是很好,2014 年联想的毛利率在 13% 左右,一般的产品比如 PC、手机应该是低于这个值的。

三、未来更可能属于哪种模式?

猜测平台模式和拼经营管理的模式哪个会胜出比较容易,因为只要我们相信互联网会更加深层次地介入我们的生活,那显然平台模式会胜出。这其实也不是什么猜测,而是已经发生的现实,Nest 乃至各种手环等不已经在那里了嘛!

猜测攀科技树的模式与平台模式哪个会胜出则要困难许多,这背后的关键问题其实是：到底是一种横向整合的模式会胜出还是一种纵向整合的模式会胜出？

攀科技树的极端情形就是所有关键部件都是自己搞定，比如：芯片（设计和生产能力）、显示面板、闪存等全都自己可以搞定，这很像复制一个三星出来，是彻底的纵向整合。

实际上纵向整合上走得最彻底的正是现在如日中天的苹果。在 PC 那个年代，苹果甚至连生产都要自己一手搞定。但在那个回合里面苹果的纵向整合败给了以微软为代表的横向整合。但在 iPod、iPhone 这一块苹果则扳回一局，证明了纵向整合也可以很成功。

所以这是个非常难以预测结果的问题，但如果非要选一个的话，在手机上我会选平台模式胜率更大，主要原因有两个：

（一）纵观 PC 的发展历史，我们可以认为手机的两大关键也是操作系统和 CPU（含相关方案）。而在手机上操作系统先天是开源的，CPU 上要想用自有的方案战胜现有的以高通为代表的几家，就相当于一个 PC 厂商同时也搞定 CPU，难度太高。所以更可能的结果是大家一起依赖于相同的生态链，共存共荣。从一个国家的角度看华为的诺亚方舟计划是极为值得尊敬的（包括小米、联想其实都可能从中受益），但单从打造产品的角度看这方向至少在短期是投入产出比不好的。

（二）在手机这项产品上，未来技术供给会越来越充沛，所以即使能在技术上领先，也未必能因为技术在用户可感知的范围产生巨大差异。Windows 7 相比 XP 无疑走出了很远，但对于很多用户而言，他们差别并没那么大。而能拉开差距的整体体验并不主要取决于技术。有多少人会认为苹果的领先主要是因为技术先进呢？所以我认为华为（也包括三星）其基本方向并不契合这产业的基本发展趋势。

当然这只是基于必然逻辑的分析，很多偶然因素对具体的结果会有更大的影响力。

四、结束语

在小米 Note 发布后，手机江湖已经演变成大家高中低档全线对决的势态，2015 年的各种 PK 一定会更加白热化，但如果上面的分析是对的，那胜负的关键已经和一时间谁赢谁输关联不大，它们所依赖的模式能否产生切实的收益日渐成为决定胜负的关键。

（作者是互联网专家，本文选自《虎嗅网》）

从共享到经济
——共享经济深度研究报告

中银国际证券

"共享经济"从狭义来讲,是指以获得一定报酬为主要目的,基于陌生人且存在物品使用权暂时转移的一种商业模式。共享经济的本质是整合线下的闲散物品或服务者;目前共享经济龙头已现;共享经济将成为社会服务行业内最重要的一股力量。

"共享经济"从狭义来讲,是指以获得一定报酬为主要目的,基于陌生人且存在物品使用权暂时转移的一种商业模式。这其中主要存在三大主体:商品或服务的需求方、供给方和共享经济平台。共享经济平台作为移动互联网的产物,通过移动LBS 应用、动态算法与定价、双方互评体系等一系列机制的建立,使得供给与需求方通过共享经济平台进行交易。据统计,2014 年全球共享经济的市场规模达到150 亿美元。预计到 2025 年,这一数字将达到 3 350 亿美元,年均复合增长率达到36%。与传统的酒店业、汽车租赁业不同,共享经济平台公司并不直接拥有固定资产,而是通过撮合交易,获得佣金。这些平台型的互联网企业利用移动设备、评价系统、支付、LBS 等技术手段有效地将需求方和供给方进行最优匹配,达到双方收益的最大化。

一、主要观点

共享经济的发展——去中介化和再中介化的过程。去中介化:共享经济的出现,打破了劳动者对商业组织的依附,他们可以直接向最终用户提供服务或产品;再中介化:个体服务者虽然脱离商业组织,但为了更广泛地接触需求方,他们接入互联网的共享经济平台。共享经济平台的出现,在前端帮助个体劳动者解决办公场地(WeWork 模式)、资金(P2P 贷款)的问题,在后端帮助他们解决集客的问题。同时,平台的集客效应促使单个的商户可以更好地专注于提供优质的产品或服务。共享经济生逢其时:"共享"概念早已有之,信息共享是 web2.0 时代最大的特征之一,而共享经济则彻底是移动互联网下的产物。1.全民移动化,尤其是服务提供者

(如出租车司机)开始接入移动互联网,打开共享经济的前端供给;2.移动支付:移动支付随着移动互联网的应用而普及,支付的全面应用成为保证共享经济平台的便利性、中介性的最重要条件;共享经济平台提供了供给方与需求方的互相评价机制、动态定价机制,成为共享经济发展最佳的注脚。

共享经济龙头已现。Uber 和 Airbnb 作为全球共享经济产业内的龙头,在过去3年迅猛发展,两家成立不到10年的企业,当前估值已经分别达到510亿美元和255亿美元。其中,Uber 公司成为全球估值达到500亿美元用时最短的公司(5年零11个月),并超过小米成为全球估值最高的非上市科技公司。

共享经济将成为社会服务行业内最重要的一股力量。在住宿、交通,教育服务以及生活服务及旅游领域,优秀的共享经济公司不断涌现:从宠物寄养共享、车位共享到专家共享、社区服务共享及导游共享。新模式层出不穷,在供给端整合线下资源,在需求端不断为用户提供更优质体验。

二、共享经济:从 Uber、Airbnb 说起

提及共享经济,大多数人首先想到的是以 Uber 为代表的打车软件。Uber 自2009年成立以来,以一个颠覆者的角色在交通领域掀起了一场革命。Uber 打破了传统由出租车或租赁公司控制的租车领域,通过移动应用,将出租车辆的供给端迅速放大,并提升服务标准,在出租车内为乘客提供矿泉水、充电器等服务,将全球的出租车和租车行业拖入了一轮新的竞争格局。

与 Uber 类似,Airbnb 源于的两位设计师创始人在艺术展览会期间出租自己的床垫而引申出来。Airbnb,意为在空中的"bed and breakfast",旨在帮助用户通过互联网预订有空余房间的住宅(民宿)。同样由于供给端的迅速打开,以及 Airbnb 所提供的各具特色民宿,Airbnb 在住宿业内异军突起,预订量与房屋库存开始比肩洲际、希尔顿等跨国酒店集团。

根据统计,2014年全球共享经济的市场规模达到150亿美元。到2025年,这一数字将达到3 350亿美元,年复合增长率达到36%。

事实上,共享概念早已有之。传统社会,朋友之间借书或共享一条信息,包括邻里之间互借东西,都是一种形式的共享。但这种共享受制于空间、关系两大要素,一方面,信息或实物的共享要受制于空间的限制,只能仅限于个人所能触及的空间之内;另一方面,共享需要有双方的信任关系才能达成。

2000年之后，随着互联网web2.0时代的到来，各种网络虚拟社区、BBS、论坛开始出现，用户在网络空间上开始向陌生人表达观点、分享信息。但网络社区以匿名为主，社区上的分享形式主要局限在信息分享或者用户提供内容（UGC），而并不涉及任何实物的交割，大多数时候也并不带来任何金钱的报酬。

2010年前后，随着Uber、Airbnb等一系列实物共享平台的出现，共享开始从纯粹的无偿分享、信息分享，走向以获得一定报酬为主要目的、基于陌生人且存在物品使用权暂时转移的"共享经济"。

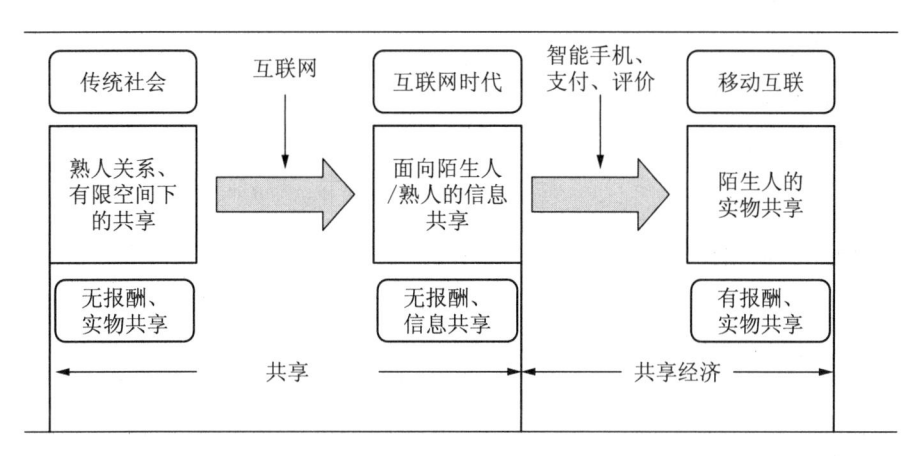

图1　从共享到共享经济

资料来源：中银国际证券。

我们以Uber模式下的私家车共享为例来分析共享经济给供需双方所带来的收益。

假设私家车车主以50万元购买车辆，每年维护保养费用为3万元。假设车辆使用寿命为10年，每年平均驾驶里程为5万千米，车主每年自身驾驶里程仅为2万千米，剩余3万千米为闲置资源。目前市场上出租车价格为3元/千米（扣除燃料费），若该车主定价为2元/千米（扣除燃料费）。不考虑车主为共享经济平台所需支付的佣金，那么，闲置的3万千米每年可为车主带来额外的6万元现金流。与仅个人使用相比，在车辆使用的10年内，车辆共享带来的净现值收益为36.9万元。而对于需求方乘客而言，出租车价格为3元/千米，高于私家车的出租价格2元/千米。假设乘客每年乘坐出租车的需求为3万千米。则需求者乘坐私家车代替市场上的出租车，每年可节约3万元。在10年时间内，乘客乘坐私家车的净现值收益为18.4万元。

表1 私家车共享收益分析(万元)

年 度	0	1	2	3	4	5	6	7	8
投入现金(资本支出、维护费)	−50	−3	−3	−3	−3	−3	−3	−3	−3
贴现率	10%								
个人使用里程(万千米)		2	2	2	2	2	2	2	2
共享使用里程(万千米)		3	3	3	3	3	3	3	3
个人出租价格(元/千米)		2	2	2	2	2	2	2	2
市场出租价格(元/千米)		3	3	3	3	3	3	3	3
所有者的成本收益分析	0	1	2	3	4	5	6	7	8
(1) 私家车出租									
出租带来的现金流		6	6	6	6	6	6	6	6
投入现金	−50	−3	−3	−3	−3	−3	−3	−3	−3
净现金流(FCF)	−50	3	3	3	3	3	3	3	3
DCF	−50	27	25	23	2	1.9	1.7	1.5	1.4
总贴现值(DCF Value)	−31.6								
(2) 不出租									
投入现金	−50	−3	−3	−3	−3	−3	−3	−3	−3
DCF	−50	−2.7	−2.5	−2.3	−2	−1.9	−1.7	−1.5	−1.4
总贴现值(DCF Value)	−68.4								
共享相对于不共享的收益	36.9								
需求者的成本收益分析	0	1	2	3	4	5	6	7	8
私家车出租成本		6	6	6	6	6	6	6	6
出租车出租成本		9	9	9	9	9	9	9	9
净收益		3	3	3	3	3	3	3	3
DCF		2.7	2.5	2.3	2	1.9	1.7	1.5	1.4
共享相对于不共享的收益	18.4								

资料来源:中银国际证券。

三、共享经济的本质与优势

(一) 共享经济的本质

共享经济的本质是通过整合线下的闲散物品或服务者,让他们以较低的价格提供产品或服务。对于供给方来说,通过在特定时间内让渡物品的使用权或提供服务,来获得一定的金钱回报;对需求方而言,不直接拥有物品的所有权,而是通过租、借等共享的方式使用物品。

由于供给方提供的商品或服务是闲散或空余的,而非专门为需求方提供的。供给方从商业组织演变为线下的个体劳动者。因此,需要有一个平台对数量庞大的需求方和供给方进行撮合。因此就产生了共享经济的平台公司。

与传统的酒店业、汽车租赁业不同,共享经济平台公司并不直接拥有固定资产,而是通过撮合交易,获得佣金。正如李开复所说"(Uber、阿里巴巴和Airbnb三家)世界最大的出租车提供者没有车,最大的零售者没有库存,最大的住宿提供者没有房产"。这些平台型的互联网企业利用移动设备、评价系统、支付、LBS等技术手段有效地将需求方和供给方进行最优匹配,达到双方收益的最大化。

(二) 共享经济的发展是一个去中介化和再中介化的过程

1. 去中介化/去机构化(deinstitutionalization)

在传统的供给模式下,用户是经过商业组织而获得产品或服务。商业组织的高度组织化决定了它们提供的主要是单一、标准化的商品或服务。同时,劳动者或服务提供者需要依附于商业组织,间接地向最终消费者提供服务。共享经济的出现,打破了劳动者对商业组织的依附,他们可以直接向最终用户提供服务或产品。

2. 再中介化

个体服务者虽然脱离商业组织,但为了更广泛地接触需求方,他们接入互联网的共享经济平台。过去,优秀的个体劳动者是难以脱离商业组织而存在的。因为,脱离有组织的商业机构意味着他们需要自行解决办公场地、资金、客源、营销等非常繁多的问题。而共享经济平台的出现,在前端帮助个体劳动解决办公场地(WeWork模式)、资金(P2P贷款)的问题,在后端帮助他们解决集客的问题。共享经济平台成为劳动方和需求方的中介,帮助他们参与"比较复杂的市场经济职业"。同时,平台的集客效应促使单个的商户可以更好地专注于提供优质的产品或服务。个体服务者脱离商业组织后,成为独立的劳动单位,与共享经济平台的关系松散:他们可以接入多个平台,可以根据自己的需求调节服务提供时间,不再受到商业组织的制度束缚。另一方面,这种松散的关系反而促使并激发他们提供更多样化、个性化和有创意的服务或产品,以获得消费者的口碑和好评,以此帮助他们在平台上更好地集客。

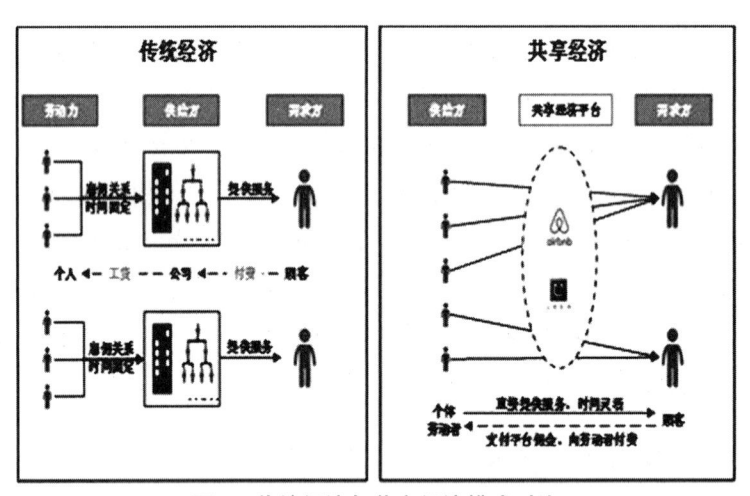

图 2　传统经济与共享经济模式对比

资料来源:中银国际证券。

共享经济的另一个核心特质是,所说的"共享"是指对个人闲置资源的共享。这一点在相当长的时间内,并不成为一个重要的问题。就在中国创业公司伴米在硅谷"闯祸"事件发生后。对个人所有的资源进行共享,并获得一定的收益,才是共享经济的核心实质。

个性化旅游平台伴米网是通过接入海外的兼职导游资源,让本地居民带领出境游游客进行个性化的旅游体验。例如,参观海外名校校园、品尝私人饭店或酒庄的菜肴等。其初衷是利用海外华人的闲暇时间、本地化经验,为自由行的出境游客提供更个性化的服务。

伴米网最初拓展的海外城市旧金山硅谷是科技公司集中的区域。2015 年 9 月,一位 Facebook 华人员工因收费将游客带入公司内进行参观和享用公司午餐,一共有3名华人员工在此事件中被公司开除,甚至有拿到Facebook公司offer的新员工,由于在伴米上进行了实名注册,被Facebook公司直接收回offer。此事件在海外华人圈引发轩然大波,硅谷包括Airbnb、苹果、Facebook等公司开始调查此事。

可以说,伴米网让游客体验海外真实生活是一个有益的共享经济尝试。但共享经济中所谓的"共享"是利用属于自己的闲置资源,将其分享出去并获得一定的收入。而远非利用公司的、公共的资源进行共享,并为共享者带来利益。而这其中涉及的公司保密问题、公共资源侵占问题,都并非是共享经济的初衷。

3. 共享经济的优势

去中介化的过程伴随着前端供给能力快速释放,为产品和服务的供给带来非标准化的可能性。在共享经济的平台下,供给端的创造力被激发,他们更倾向于提供非标准化的产品和服务,以形成个人产品独特的品牌。我们认为,共享经济平台的极大优势在于:

(1) 整合线下资源

以Uber为例,它将线下闲置车辆资源聚合到平台上,通过LBS定位技术、算法,将平台上需要用车的乘客和距离最近的司机进行匹配。从而达到对线下车辆资源整合的目的。

除在全球除提供用车服务外,Uber还开始尝试将线下其他有需求的零散资源整合。2015年3月,Uber在杭州推出"一键叫船"服务。用户通过Uber的客户端,可以预约西湖的摇橹船。而在这之前,Uber还在美国、印度、澳大利亚等地推出预约直升机的服务"Uber Chopper"。Uber的专车首先会将乘客载到直升机机场,乘客搭乘直升机达到目的地后,Uber专车会将乘客直接送至酒店,最终完成服务。除此之外,Uber在中国曾经推出过一键呼叫舞狮队、胡同三轮车、甚至是一键呼叫创业公司CEO等个性化的活动。而Uber公司最大的想象力就在于此。这个以用车功能搭建起来的平台,未来有可能将线下多种资源整合,成为线下零散服务在线上的重要出口。

(2) 降低成本,提升配置效率

共享经济的出现,降低了供给和需求两方的成本,大大提升了资源对接和配置的效率。这不仅体现在金钱成本上,还体现在时间成本上。

① 对供给方：

降低成本：供应方不需受雇于某些组织或公司而直接向客户提供服务并收取费用。通常，个体服务者只需要向平台支付一定的佣金。而有些平台（例如 Airbnb）是向消费者收取佣金，个体服务者不需要支付任何费用。

更易获客：共享经济平台上聚集了大量客源，服务或产品提供者只需要在共享经济平台上注册即可获得客源，省去获客寻找客源的时间成本。

闲置资产变现：所有者的闲置资产得到了有效利用，共享物品或服务可以令其闲置资产变现，从而为整个市场带来更多供给。只要共享价格高于共享需要付出的成本（例如资产的折旧），对劳动者而言就能获得经济利益。

② 对需求方：

供应方成本的降低促成个人提供的共享服务价格往往低于企业所提供的服务。当使用共享服务的成本低于从市场上租用或购买该标的的成本时，需求方选择共享标的就可以相对获益。

以北京为例，非高峰时期 10 千米路程如果需要 40 分钟（其中 10 分钟低速或等待）的话，搭乘出租车需要 33.7 元，而使用滴滴快车或人民优步只需要 25 元，价格较出租车便宜 25%。酒店业同样如此，全球各大城市普通酒店价格普遍高于 Airbnb 价格，有的甚至达到 Airbnb 价格的 2 倍多。

表2 北京非高峰期出租车、滴滴快车、人民优步价格比较

	出租车	滴滴快车	人民优步
计价规则	起步价＋3千米以外里程价＋低速或等待时间价格	起步价＋里程价格＋时间价格	起步价＋里程价格＋时间价格
起步价	13元（3千米内）	0元	0元
里程价格	2.3元/公里（3千米外）	1.5元/千米	1.5元/千米
时间价格	2.3元/5分钟（等待或低速）	0.25/1分钟	0.25/1分钟
最低消费	无	10元	10元
举例：10千米路程40分钟（其中低速或等待10分钟）	33.7元	25元	25元

资料来源：网络公开资料，中银国际证券。

表3 全球各大城市 Airbnb 和普通酒店价格对比

	Airbnb 标间均价（人民币）	酒店标间均价（人民币）
北　京	279元	504元
上　海	290元	490元
巴　黎	628元	1 172元
纽　约	730元	1 633元
伦　敦	480元	1 057元
柏　林	416元	717元
罗　马	557元	993元
悉　尼	602元	1 250元

资料来源：网络公开资料、piper jaffray、中银国际证券

（3）提供非标产品

Airbnb 以独特的民宿体验成为共享经济的重要平台之一。Airbnb 并不致力于提供标准而廉价的酒店，而是通过 bed&breakfast 为顾客提供具有本地化、人情味丰富，或者独特的体验。Airbnb 在瑞士雪山的缆车上提供豪华套房，在旧金山提供搭建于树上的树屋。由于 Airbnb 是一个开放的共享经济平台，随着平台的壮大，Airbnb 的房屋出租者为了在众多供给方中脱颖而出，他们也在房屋的布置、装潢上更花费心思。他们为用户提供配备智能家居设备的房间、榻榻米屋、卡通主题屋等，或向用户介绍本地的独特娱乐、游玩体验。

图3 Uber 和 Airbnb 的非标准化产品

资料来源：网络、中银国际证券。

大多数商业机构追求标准化的服务，而个体服务者可以提供更为多元和个性的服务/商品，甚至追求提供独特、无可替代的体验。Airbnb 最基本的功能是帮助用户通过互联网预订有空余房间的住宅（民宿），让 Airbnb 平台名声大噪的原因并非是其基本的预订功能，而是租客能在 Airbnb 的房屋中得到独特的住宿体验。

① 个性化民宿：房东（host）通常会根据自己的喜好、当地的特色将房间布置成个性化的风格。例如，在房间内配备智能体重秤、智能灯具等各种智能硬件设备的房间；修建在大树上的"树屋"，或者是在欧洲城堡里的花园洋房等。

② 本地体验：Airbnb 的房东希望帮助房客（guest）在旅行时以当地人的视角去体验。他们通常会为房客准备详细的入住指南，并在其中提供最本地化的旅游建议和餐饮建议。

③ 情感社区：Airbnb 上构建的房东与房客关系并非简单的主客关系，而是以出租的房屋为空间，本地房东与外地房客之间的情感社区。房东与房客之间分享各自的生活状态、交流旅行经验，甚至房东会邀请房客参加他们组织的 party 等。

事实上，以 Uber 为代表的打车平台，仍然满足的是一种个性化的需求。平台根据用户所提交的目的地信息，将每个用户的个性化需求推送至司机端。在供给方和需求方个性化需求提出后，共享经济平台为他们提供了自由匹配的可能性：平台将所有乘客的用车信息推送到每个司机手机上，供司机选择合适的乘客。

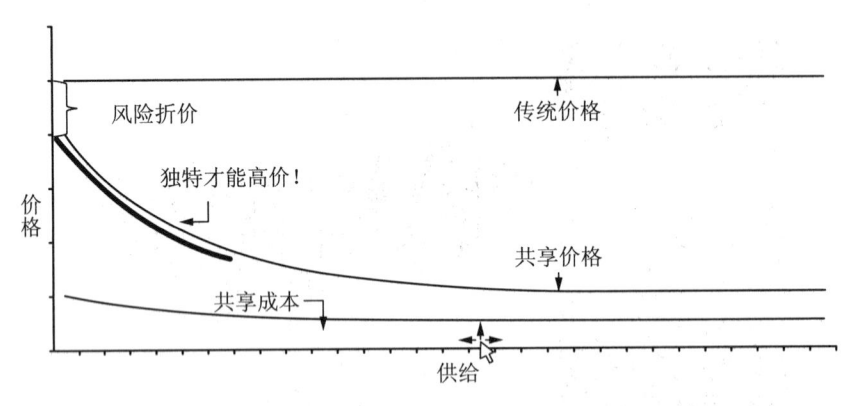

图 4　共享经济提供独特价值

资料来源：Piper Jaffray、中银国际证券。

（4）树立个人品牌

在 Airbnb 等固定空间、服务使用时间相对较长的共享经济服务上，劳动和服务提供者不再是商业组织的雇员,他们可以通过提供服务树立起自我的品牌。在商业组织中的雇员,很难脱离组织而形成自我的品牌,劳动者从属于公司,形成单一的雇佣关系。因此有了希尔顿、洲际等著名的酒店集团。而在共享经济下,个体劳动者的品牌价值被放大。消费者从传统对商业机构品牌的认可转向对提供服务人员个人价值和品牌的认可。例如,在 Airbnb 上提供优质独特住宿体验的房东,会形成个人品牌。租客明确知道房屋的独特和舒适是由房东打造的,而并非由一个酒店集团或 Airbnb 平台提供。在果壳网所打造的知识共享平台"在行"上,平台对每一位共享知识的老师进行"包装",包括雇用专业的摄影师团队为其拍摄个人照片、撰写个人故事并进行传播等,从而形成个人的独特品牌。

共享经济平台所提供的机制凸显了个人的品牌、信誉。供给方不再使用商业组织的头衔而直接面向顾客提供劳动或服务。他们在庞大的商业组织中,被忽视的能力和才华,可以通过共享经济平台得到进一步的发掘。而通过他们提供的优质、个性化的服务,他们更获得了比在商业组织内更大的成就感、知名度。

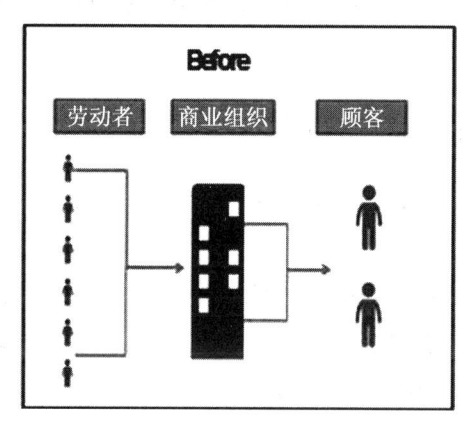

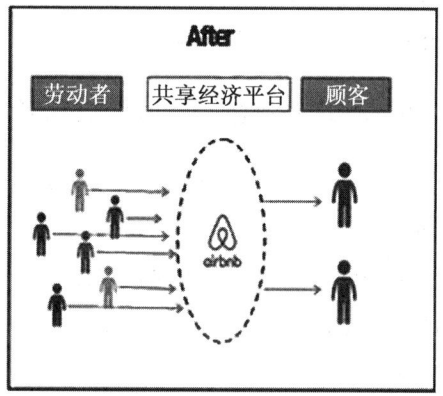

图 5　共享经济对劳动提供者的改变

资料来源:中银国际证券。

(本文来源于"人人都是产品经理"合作媒体亿欧网,
作者是中银国际证券,其社会服务团队成员有:
旷实、梅林、范欣悦、杨艾莉,本文为《共享经济:
下一个万亿级市场,缘起+动力+未来》报告节选)

第十一章　企业与供给侧改革

供给侧改革与企业创新发展

郑俊镗

推进供给侧结构性改革是党中央深刻把握我国经济发展大势作出的战略部署，是"十三五"时期的发展主线，是适应和引领经济新常态的重大创新，是适应后国际金融危机时期综合国力竞争新形式的主动选择。这一新形势所形成企业创新发展的外部环境，对企业创新发展提出新要求，要求企业正确面对宏观新形势，对自身后续发展作出新思考。

一、供给侧改革是新常态中引领企业创新发展大逻辑

经过30多年高速发展后中国经济进入新常态，企业发展外部环境发生重大变化。

从资源禀赋特征和市场供求看，过去生产什么都能盈利，生产多少都能卖出去的情况不复存在；自然资源、劳动力等生产要素成本大幅上升。随着国家连续提高最低工资标准，已从10年前800多元上升到2 000多元（上海2017年是2 300元），企业用工成本大幅度提高，挤压了利润空间；随着我国与发达国家技术差距缩小，后发优势也在减弱。这些变化要求企业发展的增长动力必须更多来自创新。

从空间角度看，在30多年前我国改革开放时期，适逢新一轮国际产业梯度转移，发达国家向外转移劳动密集型产业，对大量制造业产品有旺盛需求，我国充分有效地利用国际市场，尤其是2001年12月加入WTO后，拉动了对外贸易和经济发展，但2008年发生全球金融危机以来，发达国家实施"再工业化"战略，加上民粹主义抬头，加强了贸易保护，海外市场需求疲软，使我国依靠外需拉动的经济增长受到一定冲击，需要更多依靠创新和扩大内需来拉动经济增长。

再从消费水平发展阶段看,2015年中国人均GDP已达8 000美元,进入上中等收入阶段,与20年前人均GDP 1 000多美元相比,消费需求已大不相同,经历了手表、自行车、缝纫机"老三大件"排浪式消费到彩电、冰箱、洗衣机"新三大件"再到当前的轿车、住房、旅游的新消费热点,反映了消费需求的不断升级。近年来每年出境游1亿多人次,境外消费逾1万亿元,从一个侧面反映出当前中国的供给质量,档次不能适应升级了的消费需求,供求不匹配的矛盾凸显。

基于以上分析,显示当前和今后一段时间供给侧结构性改革是企业创新发展必须遵循的大逻辑。

二、企业是供给侧结构性改革的微观主体

供给侧结构性改革的取向是减少过剩的低端供给,增加中高端供给,提高供给质量和效率,这些改革目标的实现,除政府顶层设计、政策引导外,很重要的是让企业这个市场经济的微观主体发挥基础作用。

企业在供给侧结构改革中应发挥五个主体作用。

(一)质量主体。企业是产品和服务的供给者,提高供给质量、档次,提供高质量产品和服务,离不开企业这一经济实体的积极参与。

(二)效率主体。企业是资源转化体,投入资源,资本,劳动力,产出系列产品和服务,企业每单位产品消耗多少资源,多少能源,多少劳动力,占用多少资本,排出多少二氧化碳的环境污染物,都与企业的转换效率息息相关,所以提高供给效率,全要素生产率,离不开企业发挥主体作用。

(三)创新主体。企业处于生产经营第一线,成年累月在市场摸爬滚打,及时掌握着市场活动的脉搏,最了解消费需求特征。企业成为创新主体才能更好地推进以市场为导向的科技创新,使科技创新和消费需求紧密结合,才能提高生产供给与市场需求的一致性,避免创新活动和市场需求脱节。

(四)投入主体。创新是新常态新阶段企业提高供给质量、档次的主要途径;是满足中高端需求、重塑发展动力的战略举措,企业不能依靠政府投入而应该自觉成为创新研发投入的主体,通过研发投入成为创新成果、专利技术的拥有者,增强发展后劲,提升自身在市场竞争中的优势和话语权,给竞争对手设立较高的准入门槛。

(五)成果应用主体。企业是科技成果产业化的关键环节,科技成果只有被企

业认可,为企业所接受,从工程化到产业化才能最终产生出满足市场需求的产品,产生经济效益和社会效益,才能创造出 GDP。企业也因为应用科技成果而提升产品和服务技术等级、优化产品结构,达到适销对路,进而提高企业的市场竞争力和盈利能力。基于此,企业理应成为科技成果应用主体。

三、供给侧结构改革领域中企业创新发展若干取向

供给侧结构改革的战略目标是通过优化供给结构,重塑发展动力,推进经济在新阶段持续发展,更好满足人们日益增长的物质文化需求,给人们以更多获得感,简而言之就是通过新改革,促进新发展,满足新需求。

(一)以新理念引领新时期企业创新发展

发展理念,是发展行为的先导,是发展思路、发展方向、发展着力点的集中体现。供给侧结构改革,作为企业发展的大逻辑,应该遵循创新发展、协调发展、绿色发展、开放发展,共享发展的理念。着力崇尚创新,打造发展新动力;注重协调,增强发展整体性、协调性;倡导绿色发展,切实改善生态环境,青山绿水,就是金山银山;厚植开放,形成开放型经济新优势;坚持共享,机会公平,保障民生,着力增进人民福祉,体现人民是发展的主体。

(二)高端创新和中低档创新并举

企业在创新发展中,应结合自身实际,分别打造先发优势和后发优势。

1. 突破性创新

由大型企业与科研院所合作,推进高新技术自主创新,突破关键技术瓶颈,为发展高端制造业,战略新兴产业提供技术支持。

30 多年来,我国在自主创新上取得很大进步。在全球超级计算机 TOP500 中,连续五届,位居第一,2016 年 6 月,获得第一的"神威太湖之光",采用自主知识产权芯片,浮点运算速度达 9.3 亿次/秒。比第二名的"天河二号"(采用英特尔芯片)快 2 倍,效率高 3 倍,入榜超级计算机 167 台,超过美国的 165 台,从运算速度和上榜(入围)数量 2 个维度,双双超越美国,是为"中国速度";"神舟 9 号"和"天宫二号",空间准确交会对接,最新"北斗"芯片达米级,可谓"中国精度";超浮水半潜式钻井平台/"蛟龙"号深潜器下潜达 6 000/8 000 米,海洋地质 9 号科考船为万米

深海做CT,可谓"中国深度";"天鲲一号"新技术实验卫星发射升空进入预定轨道,可谓"中国高度";还有最近每小时420千米高速的高铁对开的试验成功,墨子号量子卫星发射后,卫星上532纳米绿色激光束与地面671纳米红色激光束,成功实现天地"握手",从而为通信和物理等领域的突破性实验铺平道路,开启了量子通信新纪元,开辟了安全通信新时代,获得了引领性的先发优势。

2. 渐进性创新

考虑到我国量大面广的小企业绝大部分(80%以上)没有自主创新的专利,在发展过程中,可充分利用国际专利规则的溢出效应——失效无效专利,助力自身发展。

知识产权保护,有时效性和地域性两个时空游戏规则,时间规则是,发明专利保护年限20年,实用新型专利和外观设计10年。

数据显示,全球每年诞生的专利,85%没有申请中国专利,而在国内专利中失效专利占专利总数的约1/2,这些都是含金量很高的资源。创新能力弱的中小企业,可以积极使用无效和失效专利,这样做,短期内可让这些企业跳出跨国集团的专利约束,获得喘息机会,长期则有利提升企业实力,并作为进一步发展的台阶。印度企业在利用失效无效专利方面做得很出色,由此生产出的大量药品畅销发展中国家是其中一例。利用失效专利的典型案例,是1980年代的日本企业,利用荷兰一家跨国公司的失效专利大量生产各种录音机,赚得盆满钵满。

(三)整合资源,发挥创新链、产业链协同推进效应

企业在创新进程中,应注意将各类资源加以整合,推进创新链与产业链协同发展,在资源整合中,着力推进5个环节、5种资源整合。

1. 研究环节资源整合,将组织中研究资源集中于组织的核心领域。相应建立研究机构,以保证组织能够通过内部研发持续推出新产品、新技术,同时注重组织内部知识资源整合。

2. 开发环节资源整合。可以引进许可和联盟活动作为组织内部研发的补充,促进协同效应,力求在提高新产品价值的同时,加强自身核心领域市场地位。

3. 专利资源整合。首先可在组织内成立知识产权部门,旨在使专利活动与组织的研究、开发、生产、市场,联盟活动相衔接,提高组织专利活动效率和准确性、针对性。

4. 生产资源整合。(1)应着眼于建立全球生产体系,优化生产系统,提高生产效率,进而考虑中国创造,全球制造;(2)在利用外包资源上,实施战略性外包,开展长期合作,协助外包生产企业改进质量保障体系和生产技术,构建柔性生产体系。

5. 市场资源整合。(1)应充分发挥品牌资源的杠杆作用;(2)根据企业发展需求,构建全球销售系统和线上销售系统,做到线上线下融合发展;(3)利用市场资源杠杆,结合自身产品优势,引进互补产品,组成和完善系列产品,使企业在该领域建立优势。

在对各单位资源进行整合的同时,还应该注重各类资源之间的协同整合,主要有五个方面的协同、整合。(1)研究资源与开发资源的协同;(2)R&D资源与知识产权资源的协同;(3)生产资源与市场资源的整合;(4)R&D的资源和市场资源的整合;(5)R&d资源与生产资源的整合。

通过各类资源的协同整合,减少各类资源之间的界面效应,从而提高资源利用率;通过创新链和产业链的协同推进,加快研发成果产业化、商业化的进程。

(四)建立行业产学研协同创新联盟

秉持密切产学协同创新,谋求"1+1大于2"的理念,建立行业产学研协同创新联盟,强化研发创新的协同性、针对性、实用性,加快科技成果产业化,实现组建联盟、搭建平台、服务企业、平等互利、资源整合、优势互补、协同创新、合作共赢的愿景。可考虑以行业中各企业的研发机构,情报信息机构为基础,吸收相关科研院所参加,组建专业产学研协同创新联盟。

1. 协同创新遵循三个原则:(1)市场化原则,坚持以消费需求为导向。研发新产品、新技术、新业态、新商业模式、新装备,着重满足企业近期、中期战略发展需要。(2)协同推进原则,从研发新产品、新技术到工程化、产业化,各方精英协同推进,力求创新成果无缝隙衔接地实现商业化。(3)合作共赢原则,开发项目是由企业与科研机构共同投入资源,按照有共同但有区别的原则,分别投入人力资本、资金、设备、设施,各有侧重,各方着眼于行业整体发展,而不纠缠于短期利益责任,在研发成果产业化后,双方共享创新成果所创造的收益。

2. 产学研协同创新联盟的合作方式主要有三:(1)协同型创新,由企业和研究机构协同投入开发所需软资源和硬资源,各有侧重,研发成果归双方所有,科研机构或研发人员,可在产业化收益中占有合理的比例。(2)订单型开发,由企业向科研机构或联盟,提出具体开发需求,科研机构或联盟组织力量,按需研发。企业应预付定金,成果完成后支付大部分费用;产业化后结清全部费用,科研成果归企业所有。(3)转移性合作,研究机构已有成熟科研成果,而企业又有此需要,可采用有偿转让方式,或作价入股,将成果转移至企业产业化,但研究机构应参与(负有一定责任)产业化进程。

3. 行业产学研协同创新联盟的主要功能:(1)科技研发平台。(2)信息情报平台,对行业科技、经济、金融贸易信息的搜集、整理、分析、集成及传递;承担行业统计职能。(3)咨询服务平台,接受企业委托,提供科技、经济、市场等,专项调查,为企业度身定制发展战略、市场营销策略等决策、技术管理咨询服务。(4)专业培训平台,根据行业、企业的个性化或共性需求,提供专项技术、管理、营销等项目培训,并作为行业创业者的实训基地,践行大众创业、万众创新的平台。

(五) 转变考核理念,从 R&D 向 R&B 演进

很长时间,业界将全社会科技研发投入——R&D作为衡量一家企业、一座城市和一个国家对科技创新的重视程度。然而,在跨国公司中,真正决定命运的创新却是另一种指标——R&B,即科技研发和市场转化投入,这一转变显示创新理念的进步,反映出"创新离市场有多近,离成功就有多近"的创新成果产业化、市场化思维。

(六) 着力构建鼓励创新的良好生态环境

营造尊重科学、崇尚技术、鼓励创新、宽容失败的社会氛围,让有识之士充分发挥智慧和创新活力,让科技人员敢于创新、放心创新,实现人生的价值、增加财富的乐趣。坚持知识产权保护,维护知识产权所有者合法权益,着力提升二次创新的技术能力,提高研发质量。日本花费190美元引进技术,会花700美元消化吸收再创新,形成引进消化吸收与再创新的良性循环和螺旋式上升的良性循环,我国花100美元引进技术和设备,平均只花7美元进行消化吸收再创新,因而出现不断重复引进的局面。

美国硅谷已形成持续创新的生态系统,美国的风险投资公司更加乐意将资金投给曾经有失败经历的创业者,这种文化氛围是促成高含金量创新成果层出不穷的重要因素,值得借鉴。

（七）利用国际国内两种资源、两个市场，加快走出去发展

大量中国企业已经具备走出去到国际市场拓展发展空间的资源禀赋，国家拥有 3 万亿美元外汇储备，增强了企业走出去的底气，企业应抓住我国实施"一带一路"新倡议，推进国际产能合作的机会，抓住全球经济尚未从 2008 年金融危机中复苏、欧洲经济增长乏力、受欧债危机围困的时机，大踏步走出去。兼并收购发达国家资源类和高科技企业，从而获得其技术专利、管理经验、渠道网络、产品品牌等资源，广东美的家电控股德国赛卡是成功案例之一，中广核集团投资 600 亿英镑与法国电力集团，共同承接英国星光创克利核电项目（工程量 180 亿英镑），是国际产能合作成功案例之一；中巴经济走廊开工建设，显示"一带一路"建设开局良好；张瑞敏按照"走出去，走进去，走上去"三部曲，把海尔带进美国、英国洗衣机高端市场，使中国家电品牌成功占领美国市场的力作，为中国企业走出去树立了榜样；我国政府为推进企业走出去，新修订的境外投资管理办法，于 2014 年 10 月 6 日生效。过去，中国企业境外投资额突破 1 000 万美元便需要商务部核准，如今只需将境外投资方案在商务部登记备案即可，仅有涉及敏感国家和地区敏感型行业的项目需要报批。总体而言，对外投资审批程序管理的简化，大大提升了便利程度。

（八）变道超车，实现跨越式发展

总体而言，中国经济处于工业化中后期，然而世界经济已开启了智能化时代，20 世纪后半叶开始的第三次工业革命，主要标志是通过信息技术结合电气化，实现自动化生产，中国政府提出了工业化与信息化融合发展的战略方向。但 3 年前，德国推出了工业 4.0 的新战略，中国企业面对新形势应该发挥后发优势，变道超车，着力提高新产品智能化，生产过程智能化水平，利用互联网信息系统、物联网、信息系统、CPS，将生产中的供应、制造、销售信息数据化、智能化，达到快速有效、个性化的产品供应，从而提升供给能力和效率，实现跨越式发展，不同行业的企业，应采取不同的创新发展战略思维：

1. 信息产业的软件。手机、穿戴电子产品，应利用我国市场容量大、科研人才多、生产加工能力完备的优势，弯道超车，超越国际竞争对手。

2. 已经处于国际领先的，白色家电、高铁、造船等企业。由于产品技术已处于国际领先或接近国际最高水平，只有依靠自主创新，研发新产品、新技术，才能继续

保持领先地位。

3. 对于我国还具有比较优势,产能有富余的行业,如钢筋、水泥、平板玻璃、电解铜等可结合"一带一路",进行国际产能合作,在国家的支持下,将产能转移到有需要的非洲、南亚、中亚、拉美等友好国家。

4. 不具备比较优势的行业,缺乏有影响品牌、研发能力、渠道管理等条件的企业,应考虑转产或停产。

(九) 科技创新和品牌建设并举

中高端消费的特征之一,就是品牌消费。在重视科技创新的同时,必须着力推进品牌建设,历史上,上海拥有2 000多个知名品牌,但经过市场经济浪潮后,剩下不到1/10。世界品牌实验室主席、1998年诺贝尔经济学奖得主、欧元之父罗伯特·蒙代尔教授说,品牌是世界交流的语言,企业需要品牌,国家也需要品牌。在世界品牌实验室2013年6月发布的中国最具价值的品牌五百强排名榜中,上海入选45个,位居北京(92个)、广东(84个)之后,名列第三。浙江省、福建省入选的品牌,分别为44个和38个,显示上海尽管位列第三,但与第一、第二名差距甚大,约为其1/2,却与第四、第五名十分接近了;从品牌价值看,上海入选品牌的平均价值为116.39亿元,仅为入选500个品牌平均价值131.68亿元的88.39%。从入选品牌数量和每个品牌平均价值低于500个品牌平均价值两个维度分析,可以认为,上海品牌建设已跌入第二梯队,应引起上海有关部门和各企业的警觉。

(十) 创新应以科技经济伦理自律,做负责任的创新者

科技伦理涉及科技与人的伦理关系,科技与社会、科技与生态、科技与动物等几对伦理关系,其中维护好人—自然—社会系统的协调发展至关重要。必须在科技的功利效应和伦理的道德效应,两者价值的冲突与博弈、调适与坚守中,构建起符合时代要求的科技伦理,解决好科学技术与伦理道德的关系,协调好高科技发展与人和自然的发展,是当代科技创新所不可回避的问题,也是企业在创新发展中必须正确面对的课题。30多年来,我国生态环境遭到严重破坏,空气、水的质量已对人们的健康造成负面影响,就是由于未能处理好、调适好科技与生态环境的伦理关系,进而影响到科技与人的伦理关系。在新时期,必须把让科技创新造福人类,促进人—自然—社会系统的和谐可持续发展,作为科技创新主体的道德责任和历史

使命。

从经济伦理上看,中国自古就重视经济伦理。历来的晋商、徽商,也被称作儒商,说明孔子的儒家文化,在处理社会关系方面,包括人和人、人和自然、人和社会的相处准则已为商界所遵循,引领商业健康发展,"仁义礼智信"哲思成为为人处世的规臬,尤其是做商业要诚信,世世代代用诚信的理念经商,才能把生意做成全世界都知道的生意。市场经济改革后,在激发经济活力的同时,未能避免资本主义社会所带来的负面影响,不少商家逐底竞争,假冒伪劣产品屡屡出现,皮革奶、有毒姜、注水肉等屡禁不止,需要企业在新阶段创新发展中,坚守诚信经商的经济伦理道德。说到底,是企业应从"经济人"向"经济人+社会人"转轨。

(十一) 着力人才队伍建设,打造新工匠精神

人才队伍建设,重点是抓两头带中间,一头是抓企业领军人才。领军人才是企业的预言家、银行家、压舱石,有什么样的企业家,就会带来什么样的企业。马云带出的阿里巴巴,成为全球最大的电商和第三方支付平台,阿里巴巴加快了中国国内经济一体化和经济网络全球化的进程;任正非带出了华为,进入欧美市场,成为苹果、三星的主要竞争对手;马化腾带出的腾讯,由于其内部引入市场竞争机制,竞争出成果,在腾讯微博的基础上,开发出微信,据说,马化腾正准备在企业和市场中保持竞争,期望复制产生第二个微信的神话。当代企业应选配好企业领军人物、科技领军人才和品牌领军人才。

另一头,在企业生产第一线,着力培养"新工匠精神",需要的不仅是传承,重要的是在传承基础上的创新。"六神花露水"在传承基础上创新为"六神劲凉提神花露水",其清凉效果被形容为:好像看到有企鹅在我家走来走去,也因此成为网红花露水,卖断了货,就是"新工匠精神"成功的案例。

日本1750年成立的密电米屋,转型为八代目宜宾味米料理餐厅,把米饭做到极致,年销售额达到15亿日元,带动了日本整个大米产业链的复兴。

德国人的工匠精神为其职业性,最大的特点是有标准可循。德国认为,工匠教育是一项社会系统工程,要成就楷模,也要守住底线,不达标准不发证,可以有高标准,有高要求。但达不到最低标准,绝不颁发合格证书。这些他山之石,可以攻玉。

同时,对提高工匠待遇,应有战略思维,如果没有一脉相承、稳定的高质量的工匠队伍,很难实现从制造大国到制造强国的涅槃,重视工资这一重要杠杆,加强人

才激励,为实现创新驱动发展战略提供强大的人才支持,是提高供给质量和效率、实现两个"中高"不可或缺的环节。

(十二)政府、市场、社会与企业协同推进

政府应加大对企业提高供给质量和效率的政策引领和扶持力度;让市场进一步发挥在资源配置中的决定性作用,有赖于政府进一步转变职能,简政放权;社会应鼓励企业,着力营造提高供给质量和效率的人文环境和工作氛围,多方协力,助推企业找准供给侧痛点,提高供给质量效率,提高全要素生产率。

(作者是上海浦东工业技术研究院副院长、
教授级高级工程师、上海市注册咨询专家)

深化改革途中持续迈进的上港集团

梅方盘

上港集团,全称是上海国际港务(集团)有限公司。前身是交通部直属的央企上海港务局。经历了央企下放地方管理,然后改制重组,由上海市国有资产监督管理委员会、招商局集团"招商国际"等5家单位作为发起人发起成立。经国家商务部批准,于2005年6月28日正式成立。集团于2006年10月26日在上海证券交易所正式挂牌上市。目前,上港集团已经是我国大陆最大的港口企业,从2010年起,上海港年集装箱吞吐量已经连续6年保持世界第一,2015年集装箱吞吐量达到3 653.7万TEU(标准箱);货物吞吐量保持世界第二,2015年达到5.13亿吨。公司总资产达到984亿元,比上年增长了4.4%。上港集团近年发展轨迹可以看出的特色是:政企分离、股份制改革、整体上市、规划引领、多元发展以及职工持股(共享发展成果)等。

一、实行政企分离

上港集团的前身是上海港务局。上海港务局原是交通部直属的政企合一的港口管理和生产部门,后来下放上海市地方进行管理。2003年1月27日,经过上海市人民政府批准,剥离上海港务局承担的行政管理职能,并同意上海港务局改制为上海国际港务(集团)有限公司。2003年4月4日正式改制成立,成立时,注册资本为50亿元。新成立的上海港务局改制为上海国际港务(集团)有限公司实行国有资产授权经营。对在市场经济条件下,为企业自主经营、自负盈亏、自我约束、自我发展并提高资产的运营效益迈出实质性的一步。公司在内部进行资产重组,原来有26家企事业单位,按照主营业务进行整合,形成四大板块,即集装箱、杂货、散货及辅助业务。在外部引进中央和地方公司参股,为实现"投资控股,资本运作"打下基础。

二、进行股份制改革

根据中央提出建设上海国际航运中心和上海市人民政府提出建成世界性跨国

公司的目标要求，必须进一步深化改革，使企业从生产经营型转向生产经营和资产经营并重型。所谓资产经营，就是指以追求最大利润和促进资产最大增值为目的，以价值形态经营为特征，通过对生产要素的优化配置和资产结构的动态调整等方式和手段，对企业资产进行综合运营的一种行之有效的经营模式。

2005年5月经国家商务部批准，将上海国际港务（集团）有限公司改制为上海国际港务（集团）股份有限公司，并取得商务部商外资审字〔2005〕0150号《中华人民共和国外商投资企业批准证书》。改制以后，上港集团的股本总额为1 856 898.298万元。其中，上海市国资委以评估后净资产1 299 828.809万元出资，持股50%，招商局码头（上海）有限公司以外币现汇折合人民币557 069.489万元出资，持股30%，此外，上海同盛投资集团有限公司、上海国有资产经营有限公司和上海大盛资产有限公司分别持股19%、0.5%和0.5%。

三、公司股票上市发行

2005年6月27日，上港集团召开了股份公司创立大会暨第一次股东大会。2005年7月8日，取得上海市工商局企业法人营业执照。2006年10月26日，上港集团A股上市发行，发行价格为3.67元。公司股票上市发行以来，每股股票的价格稳步上升，目前，每股股票的价格在5.60元左右，比原来发行价提高了53%左右。上市后，股份公司的股权结构虽然有一定变化，但是总体稳定。公司的财务状况也非常健康。

历年财务数据：

年　　份	净利润（亿元）	同比增长（%）	备　　注
2011	47.24	−12.8	
2012	49.69	5.18	
2013	52.56	5.77	
2014	67.67	28.76	
2015	65.62	−3.02	

2015年，每10股派发红利人民币1.54元（含税），共计派发现金红利约人民币35.7亿元（含税）。剩余未分配利润结转2016年度。目前，总股数已经达到2 325 581 393股，总市值在1 300亿元左右。

四、规划引领、多元发展

上港集团为了公司的长远发展,制订了公司国际化战略、长江战略、东北亚战略以及为"一带一路"服务战略。明确要力求保持集装箱产业持续较快健康发展,实现中转业务突破,确立和巩固上海港东北亚国际航运枢纽港地位。在上港集团的战略中,长江战略处于核心地位。公司对长江战略不断深化。明确推进重点和深化方向,进一步完善长江流域投资布局,签署相关协议积极推进南京港等有关项目,从而提高了上海港集装箱水水中转的比重。2015年,上海港水水中转同比增长1.9%,比重已经达到45%,其中洋山港集装箱水水中转的比重已经达到55%。由此,进一步巩固了上海港年集装箱吞吐量位列世界第一的地位。

上港集团不仅抓住主业的发展,而且在多元发展上也做足功夫。首先是抓住与主业相关的港口物流产业的加快推进。公司抓紧"互联网+"发展机遇,注重利用港口优势,加快跨境电商服务。积极推进拼箱中心等"五大平台"建设,进一步发展空箱服务、冷链物流、汽车物流等业务。其次是加快相关多元产业的拓展。如对上海银行增资,成为上海银行的第二大股东;不断开拓融资租赁业务,实施了海华、中谷海运等多个项目;利用自贸区和邮轮实验区的政策优势,有效盘活资源,持续拓展邮轮延伸业务。

五、坚持职工持股,让职工共享发展成果

上港集团的职工持股是根据2014年6月20日证监会发布《关于上市公司实施员工持股计划试点的指导意见》实施的,根据有关方面统计,仅在2014年就有38家A股上市公司实施了员工持股计划,上港集团就是其中之一。2015年1月—7月又有191家公司股东大会审议通过员工持股计划。

上港集团实际控制人上海市国资委,2014年12月5日召开股东大会通过了员工持股计划,股票来源为非公开发行股票,资金来源为员工自筹。员工持股计划认购公司本次非公开发行股票金额181 860万元,认购股份不超过42 000万股。本次员工持股计划的存续期为48个月,自上港集团公告本次非公开发行的股票登记至员工持股计划名下时起算。员工持股计划认购非公开发行的股票锁定期为36个月,自发行结束之日算起。本次参与总人数为16 082人,其中公司高管人员12人,员工持股人员为职工总人数的81.05%。

上港集团本次员工持股计划的实施为公司的发展前景和员工共享发展成果都作出了不少的贡献。具体表现在以下几方面：

（一）助推了国企改革，为企业发展提供了做多能量。因为员工持股计划完全是大股东主动选择的结果，表明大股东对公司股价的稳步增长有充分信心，在此前提下，公司谋求发展业绩。本次共募集资金18.186亿元，对公司做大主业和完善公司结构调整都十分有利。

（二）有利于公司股价稳定。由于持股是公司的核心人员以及本公司员工，对公司的情况比较了解，因此，他们持股对公司股价在市场不利的情况下有一定的保底效应，而一旦市场转暖后又将会率先迎来反弹。2015年6月15日以后，由于A股大盘持续下跌，有部分职工持股的股票跌破发行价，但是上港集团股票相对比较稳定，没有跌破发行价，后来，股市有好转，上港集团的股票价格出现了较快的上升。截至2016年7月23日每股价格在发行价基础上提高了20.6%。

（三）有利于提升员工关心整体和企业的成长发展

上港集团本次职工持股时间是4年，其中3年内是锁定期，所谓锁定期，就是在这段时间内，职工持股的股票是锁定的，即是不可以自由买卖这些股票的。这是一个中长期持股的安排。4年以后，职工持股的股票一次性归属。在这段时间里，员工要努力为公司工作，为公司创造更好的经济效益，为上市公司股票价格的提升努力，同时，在股票价格提升后，又与公司共享发展成果。上港集团职工持股已经有一年多了，就拿2015年的情况来看，持股职工就可以初步看到了可以预见的成果。1. 2015年上港集团上市股票每10股派发红利人民币1.54元（含税），共计派发现金红利人民币35.7亿元。剩余未分配利润结转2016年度。2.股票价格的提升，本次职工持股每股股票的发行价格是4.33元，2016年7月23日的股票价格是5.22元，比原来发行价已经提高了20.6%。

由于亲眼看到了预见成果，增强了员工的信心，也提升了员工关心整体和企业的成长与发展，并意识到"大河没水，小河干"，意义是指没有企业的发展，哪有个人共享发展成果，从而出现了相互关心、协作和企业发展的好风气。这就为企业进一步持续发展打好了坚实的基础。

（作者是原上海市发展和改革委员会城市交通处处长）

张玉良：操刀绿地混改

严学锋

2014年6月，上海金丰投资股份有限公司董事会审议通过公司被绿地集团借壳上市的议案。这是绿地混合所有制改革的重要一步——通过积极发展混合所有制，绿地国资、员工等各方实现共赢。

2013年，绿地实现业务经营收入超过3 283亿元，年末总资产3 533亿元；位列2014年中国企业500强第42名、财富世界500强第268位。迄今为止，绿地集团国资已增值1 000倍以上，员工也因持股获利巨大。按董事长张玉良的说法，绿地成立22年来，之所以取得跨越式的发展，得益于企业长期坚持改革创新所形成的独特体制机制，核心基石是混合所有制。"绿地在项目审批、干部人事任免、薪酬激励等方面摆脱了单一所有制的束缚和局限，高度体现市场导向与灵活性，使几种不同的所有制在市场中互相融合、优势互补，不断激发出企业的动力、活力和竞争力，推动企业持续成长。"

绿地的混改也得到了各方面的认可。2013年12月发布的"上海国资改革20条"里，其中一个模式就是绿地的混合所有制模式。一路混改，绿地合法依规，成效显著，颇值得其他企业借鉴。

一、"92派"做纯国资

起家时，绿地是纯国资，创始人为张玉良。

上海人张玉良生于1956年，高中毕业后，有过回家务农的经历。1986年6月—1992年5月任上海市农委主任科员、住宅办副主任，副处级。但是，"由于体制原因，很多想法无法在原来单位实现"，1992年5月，张玉良拿着"总经理"（后改任董事长兼总裁至今）的任命书和上海市政府划拨的2 000万元，成立了绿地集团的前身——绿地开发总公司。

当时，受到1992年邓小平"南方谈话"的影响，政府干部中出现了下海经商热，被称为"92派"企业家，著名的冯仑、潘石屹等大佬均位列其中。而顺应时势下海的张玉良，随着绿地的发展壮大，也成为其中一员。

绿地公司成立后,要通过综合经营,实现自负盈亏,协助政府完成绿化建设。彼时的张玉良,刚从机关下海,觉得特别难。以前领导怎么说怎么做,不安排不做也没错,可是到了企业,每天要面对市场、员工、社会,所有人都盯着你,压力很大。他回忆说:"我们是自负盈亏的企业,竞争失败谁也不会来照顾我们。我们将失去所有。"

在发展模式上,绿地选择了"做政府所想,为市场所需"的道路。张玉良说:"所谓'政府所想',政府代表了这个社会主流的需求,代表了社会倡导的需要,市场潜力一定很广阔。为什么做市场需要和群众所需呢?这是基本经济规律所决定的。我们要按经济规律实现我们的宗旨,并不是说领导怎么说你脱离市场怎么做,而是按照经济规律的要求去实践我们这个愿望,然后把政府的导向与社会的需求有机结合,既满足了社会需要,也满足了企业自身的快速成长。"

1992年,上海开始第一轮的大规模市区旧区改造,需要大量的动迁房提供给被动迁的市民。绿地抓到了3个项目,开始建造动迁房。完成这些项目用了2年,盈利3 000多万元。当时,这是一笔巨款,成为绿地非常丰厚的第一桶金。然而,随着公司业务的发展,张玉良越来越感到国资的诸多制度安排对公司发展造成严重掣肘。彼时现代企业制度在中国还是新鲜事物,国企的体制机制非常传统。

1993年12月,《公司法》通过。1994年,绿地成为首批上海现代企业制度改革的试点企业。当时的绿地对人才缺少吸引力。为挖到体制内的人才,张玉良亲自跑到人事局的处长面前要优惠政策,让跳到绿地的人员只备案不申报批准。后来,他在公司执行"三资企业"的绩效考核和薪酬体系,并且引入人员竞争机制,实现能者上、庸者下。"那时候张总说,绿地是国有企业的体制,外资企业的机制,乡镇企业的路子。这个话很打动我。"一个被张玉良挖过来的员工对此回忆说。

1996年,有人推荐张玉良去上海市的一个县当县长。他婉拒了:"我对做企业有信心,你可以做自己想做的事情。在政府就不一样了。"

二、推动员工持股

1997年,绿地引入了员工持股,不再是纯国资。这是张玉良的重大一步。

当年,绿地总公司改制为有限责任公司,重新设立了股本金,绿地职工持股会出资3 020万元,持股18.88%,其余股份为国资。这次改制的一个外因,是彼时政策层面强调国企要改制。

当然，张玉良也有自己的想法。他后来回忆道："我们觉得只在工资收入上做点文章还不行。那时候中央提出劳动和资本的结合，改制符合大气候；内部环境讲，既然员工们这么奋斗，这么拼命，就应该把他们的利益更多地与企业存亡捆绑在一起……"

现在都呼吁员工持股，但在当时做职工持股很不容易。张玉良称："因为那时候绿地很小，改制需要职工掏钱持股，那是很大的障碍。员工都不愿意买股份，因为他看不到企业的未来。为了这件事情，当时我们的经营团队主动以身作则，规定凡是公司的中层干部或者是高层干部必须底线入股多少钱，要不就免你的职。所以在改制的时候，绿地是很痛苦的，也是做了大量的工作，我们才有相当数量的员工持股了。"

职工持股的好处很明显，比如员工特别关心企业的成败，主人翁意识增强，以及促进了企业高管意识的转变。对于这次改制，成为小股东的张玉良称："以前是向上级领导负责，现在除继续向上级负责外，还需要向全体股东负责，也是对我自己的投资负责。"持股还刺激了科学决策。张玉良表示："你是股东、董事，如果决策失误，自己的利益就会受损，所以不会随便随意决策。"

绿地还特别为职工持股设计了运行机制。持股会内部采取"集合竞价"的方式来实现股份的内部交易和流通，每年有4次交易。如果持股人离开绿地集团，则必须在持股会中卖出自己的股份，不得带走。这个体系运转至今，是持股会不断保持活力的原因之一。

1998年亚洲金融危机后，绿地的资金很困难，而在全国发展业务又需要大量资金。当时，政府批文同意企业增资扩股，但由于其他股东不愿意配股，绿地就要求员工持股。彼时，张玉良给员工做工作，希望他们与公司同命运，拿不出钱的由公司财务部出面跟银行做工作。当时张玉良自己借款最多，借了300万元。借款入股，张玉良等人的信心可谓不小。

其后绿地又经历了10多次增资、股权改造等股权变更。职工持股会2003年5月持股达到高点，为58.77%，成为绿地的控股股东；2009年，职工持股会持股降为46.02%。

2009年，根据相关政策，绿地的隶属关系从上海农委转到了上海国资委。时任上海市市长韩正支持绿地的要求："你们仍然市场化，不要走国有体制这一套。"他还跟市国资委说："你们不要按老办法管绿地。他们发展得很好。如果管死掉了,你们要负责的。"

三、改革的动力

除去员工持股外,在混改路上绿地还积极、大力度地引入了战略投资者。

2013年12月,平安创投、鼎晖、汇盛聚智、普罗投资、国投协力五家战略投资者联合向绿地增资117.29亿元,分别持股10.01%、4.3%、3.86%、1.01%、0.97%,共计持股20.15%,上海国资委旗下国有股份降为48.45%,职工持股会持股降为29.09%,民企天宸股份持股2.31%。此次引资进一步夯实了资本实力,企业股权结构更加多元化,运行机制更加市场化。

这种市场化体现在公司治理的核心——董事会。目前,绿地董事会共13人,其中职工持股会推派5人,上海地产集团、上海城投总公司各推派2人,中星集团、天宸股份、平安资本各推派1人,另设独董1人。董事长(张玉良)由职工持股会推派,3名副董事长分别由上海地产集团、上海城投总公司、中星集团推派。在董事会构成上,股东制衡色彩明显。张玉良称,公司重大的决策,完全是董事会决策制,按《公司法》要求做。而他早在2010年就表示,一定要取消国企的级别,经营团队应该由董事会、股东大会任命。

在机制方面,一位上海市领导曾这样肯定绿地:绿地的成功,在于"国有体制,市场机制"。

比如人才机制。张玉良的一个大学同学,正处级干部,1995年被挖来当绿地集团副总,2004年被淘汰了。张玉良称:"还有几个副总也是如此。即使原来级别较高,在绿地做不好也会被淘汰。这在国企是难以想象的。绿地团队很简单,能做成事的就是好高管。"

再如考核机制。"我们的内部动力机制很强,通过利益捆绑的方式,激发全集团上下的发展意识。在绿地永远唯实绩论英雄,无级别、有类别,待遇、排位全透明。"无级别包括张玉良自己。他现在已经不在上海市委组织部的干部序列里。

混合所有制,也促进了"更好地发挥企业家作用"。张玉良表示:"由于绿地集团这种混合所有制的制度,使我有可能这样在一个企业干22年。如果在国有独资企业,我也许早就被调走了。"可以说,由于进行了混改,他才有机会成长为行业领军企业家。同时,张玉良很敬业。一些身边的工作人员打趣说,跟着张玉良工作,周六保证不休息,周日休息不保证。很多人不理解,作为一家国企的领导,张玉良的工作劲头会比许多民营老板还要大——很多人不知道他是绿地的小股东,持股价值可能逾10亿元。张玉良曾表示:"我现在大概有1 000余万股,相当于总股本的2%多一点。"这可谓他敬业的重要内在动力。

谈及改革动力,有切身体会的张玉良称:"国资改革市场化,对企业领导来讲,他不想改,也是有理由和原因的。因为他要牺牲一大块的东西。如果增加不给他,只给他减少的,这个是蛮难的。我相信企业家有机会,要主动改革,要牺牲自己的利益。但牺牲利益的同时,从政府系统改革来看,应该鼓励他得到应该得到的东西。我们这些改革自身要有动力。自身没有动力,那么一旦碰到很大难度以后就会倒退。这是我发自内心的体会。"持股,就是很大的自身动力。

四、绿地模式可复制

上市是推动国企改革的重要手段,整体上市是大型国企发展的重要方向。2013年引入战略投资者后,绿地的目标转向整体上市。张玉良称:"整体上市是上海市委、市政府国有企业改革一个非常重要的步骤,也是让我们企业更加公众化、市场化,便于更加国际化,提高竞争能力的一个重要举措,是国家层面到上海市委、市政府层面改革发展的需要,也是我们企业自身发展的需要。"

2014年6月13日,上海金丰投资股份有限公司(600606)董事会审议通过公司被绿地借壳上市的议案。拟注入金丰投资的资产(绿地100%的股权)的预估值是667亿元。如借壳上市完成,绿地股权结构将变为三家国资上海地产集团、中星集团(上海地产集团100%持有)、上海城投总公司分别持股18.04%、7.63%、20.58%,上海格林兰(绿地职工持股会,共982人)持股28.83%,其他股东持24.92%。金丰投资公告,本次借壳上市交易完成后,上海地产集团及中星集团、上海城投总公司、上海格林兰持股比例较为接近且均不超过30%,没有任何一个股东能够单独对上市公司形成控制关系,上市公司将成为上海市国资系统中的多元化混合所有制企业。这意味着,如能整体上市,绿地的混和所有制会再进一大步。

特别值得一提的是,早在2010年张玉良即表示,只要具备混合所有制、企业班子想做事、政府要放手等几个条件,绿地模式是可以复制的。因此,绿地准备参与央企的改革,参与各省地方混合所有制的改革。张玉良表示:"我们希望产业协同,进入以后这些单位要有真正的混合所有制,团队也都持股,把个人利益和国家利益都捆绑起来。"

2014年10月,"央企市营"的首倡者、中国建材集团董事长兼党委书记宋志平到绿地集团考察交流,对绿地的混合制改革发展实践做了一个总结:"绿地的成功得益于多元的股权结构,绿地多元持股、混合所有的股权结构,为企业发展提供了不竭的动力。同时,在灵活高效的激励机制下,绿地集团也培育了一支进取的企业家团队,为企业带来了生机和活力。"

(作者是财经作家,本文选自《国企》2014年12月)

全球化整合资源,助力光明乳业共享发展

梅方盘

光明乳业是一家具有100多年历史的品牌企业,企业始创于1911年。百年光明乳业寻求创新改变,坚信光明力量。在竞争异常激烈的背景下,其锐意进取的精神同中国女排精神不谋而合。公司主要从事乳制品的开发、生产和销售、奶牛和公牛的饲养、培育及物流配送等。2002年8月18日公司改制上市,总股本12.31亿元。流通股12.24亿元。上海市国有资产监督管理委员会以54.35%的股份,成为光明乳业股份有限公司的实际控制人和最终控制人。上市以来,公司的规模和业绩都得到了很大的发展。目前,公司员工人数5 372人,拥有世界一流的乳品研发中心、乳品加工设备以及先进的乳品加工工艺,形成了消毒奶、保鲜奶、酸奶、超高温灭菌奶、奶粉等系列产品。是国内规模最大的三家乳制品生产、销售企业之一,行业排名第三。公司面临前二大企业蒙牛和伊利的激烈竞争。公司在战略上保持做"新鲜乳品的领先公司"的定位,在策略上以需求为导向协调UHT奶和保鲜奶的关系,将战略运作的重点定在华东地区,通过细分市场和渠道延伸来促进公司在传统地区的发展。2007年公司营业收入首次突破100亿元,6年后的2014年,营业收入突破双百亿,达到204亿元。2015年,公司营业收入为193.73亿元,比上年减少6.18%,但是仍然实现净利润4.18亿元。自2003年至2015年营业收入增加了5.5倍左右。该公司的快速发展得益于通过全球化整合资源,助力光明乳业共享发展。

一、确立公司高远发展目标,引领公司发展方向

光明乳业股份发展有限公司以市场为导向,正确地制订了公司高远发展目标。他们的目标是:以"让更多人感受美味与健康的快乐"为企业发展愿景,以打造全产业链核心竞争力为目标,提质增效,夯实基础,稳中求进,努力发展成为中国乳业最具竞争力的国际化公司,跻身世界著名乳业企业行列。奶源建设方面,公司将一如既往地重视奶源质量及供应的提升,不断完善牧业布局。产能建设方面,公司将进一步优化产能布局,通过技术升级和管理升级,为消费者提供更加安全、健康的产

品。食品安全方面,公司将实施食品安全升级工程,建立产品质量追溯体系,加大冷链物流网的全国布局,不断提升管理,着力打造安全、快速的物流服务系统。科技研发方面,公司将以乳业生物技术国家重点实验室、国家级工程实践教育中心、院士专家工作站、上海市专利示范企业等国家级科研平台为基础,打造国内顶尖、国际一流的技术研发中心。产品建设方面,公司将积极实施供给侧改革,通过产品和技术升级以应对中国乳品市场消费转型升级的新阶段,满足消费者日益增长的对健康、营养和个性化的需求。继续打造高附加值明星产品,优化产品结构,带动收入增长。国际化方面,公司继续致力于国际化进程,将世界资源与中国市场需求对接,依托海外子公司新西兰新莱特、托管企业以色列 TNUVA 集团,发挥优势互补,协同效应,挖掘新增长点。在这一战略目标的指引下,这些年来,公司动作频频:

(一)建立了高水准的研发机构

1. SKLDB 乳业重点实验室

2010 年,乳业生物技术国家重点实验室获科技部批准开始建设,2013 年 8 月 2 日圆满通过验收,是我国乳品行业唯一一家国家重点实验室。重点实验室以乳业生物技术领域基础和应用基础等国际前沿课题作为研究方向,以下述四个方面为主要研究内容:(1)原料奶及乳制品质量安全控制;(2)新型乳品发酵剂理论与技术;(3)功能性乳品研究与开发;(4)新型干酪及其副产物综合利用。实验室自筹建以来,已经参与了一大批应用基础和关键技术攻关项目以及科技成果转化型项目。

2. 光明乳业研究院

光明乳业股份有限公司的产品研发和技术支持均依托于其研究院。该院拥有八大科研平台。即乳业生物技术国家重点实验室、国家乳品加工技术研发分中心、国家级企业技术中心、上海乳业生物工程技术研究中心、国家级工程实践教育中心、博士后科研工作站、院士专家工作站和高校联合硕士研究生基地。研究院已形成了集基础研究、技术创新、产品开发、标准制定、质量保障、信息服务、技术培训、项目示范、成果推广等综合功能,为企业和乳业行业科技进步服务。

(二)集中资源做大做强乳业核心业务

2007 年 11 月,根据临时股东大会决议,公司将持有的上海可的便利店有限公司81％的股权转让给农工商超市(集团)有限公司。公司不再经营零售类业务,集中资源做大做强乳业核心业务。

(三)进军国际市场、用世界资源与中国市场需求对接

2010年,公司收购新西兰莱特乳业有限公司。2013年,光明乳业股份有限公司收购的新莱特在新西兰成功上市,成为国内首家乳品境外收购并在境外成功上市的乳业。2015年光明乳业有限公司受托管理以色列第一食品集团特鲁瓦,双方在战略、市场、产品、科技等多方面开展协同,打造更国际化的光明乳业。

二、坚持共享发展理念,进一步夯实公司发展基础

企业发展需要坚守五大发展理念,即创新、协调、绿色、开放和共享发展。这五大理念也是管全局、管根本、管方向、管长远的。因此,盲目发展、粗放发展、片面发展、代价发展、急功近利发展都是非健康发展。光明乳业股份有限公司在坚守这五大发展理念方面都是非常出色的,尤其是在共享发展方面更加突出。

(一)企业员工方面

光明乳业关注团队及人才培养,公司不仅生产产品,更致力于生产人才。建立了科学的选才用材机制;有针对性地建立各层次优秀人才储备库;建立与企业发展实际相适应的集培训、考核、使用发展一体化的人才培养机制,提升人才工作效率。为了让企业保持永久的创造力,光明乳业致力于建立有效的激励制度。激发员工的潜能及调动员工积极性当成企业的日常经营管理行为,在企业中养成一种尊重创新、尊重人才的文化氛围,每个人都能从中感受到事业成就感和成果的共享感。2010年9月27日,通过定向增发的形式对公司的94位中高层管理人员实施限制性股票激励计划,根据计划,授予激励对象公司股份7 300 800股,授予价格为4.70元/股,有效期为5年,包括禁售期2年和解锁期3年。

(二)公司股票持有者方面

1.所有股票持有者都享受到了股票上涨带来的好处,该股票自从发行以来公司股票动态市盈率36.83;2.该股票不同于其他的中国A股股票,在于它们自上市以来,基本做到了年年分红利给股民。以上特点在所有的上市股票中是不多见的。

充分体现了该公司共享的发展理念。

光明乳业股份有限公司历年分红情况

年　份	分配方案(含税)
2015 年	每 10 股派发现金 1.20 元
2014 年	每 10 股派发现金 2.80 元
2013 年	每 10 股派发现金 2.00 元
2012 年	每 10 股派发现金 1.80 元
2011 年	每 10 股派发现金 1.50 元
2010 年	每 10 股派发现金 1.20 元
2007 年	每 10 股派发现金 1.10 元
2006 年	每 10 股派发现金 1.00 元
2005 年	每 10 股派发现金 1.00 元
2004 年	每 10 股派发现金 1.50 元
2003 年	每 10 股派发现金 2.00 元并转增资本公积金 6 股

(三) 产品责任方面,公司以"让更多人感受美味与健康的快乐"为发展愿景

2015 年,公司在公布 2015 年度报告的同时,又专门发表了 2015 年社会责任报告。表明了该公司是一家可以值得全社会信任的负责任的公司。其产品让更多人感受美味与健康的快乐。公司对其产品的品质责任是预防为主,全程控制。从研发、奶源、采购、生产、物流、分销等各个环节进行全链管控。创新责任,领先科技,精益求精。以消费者健康为核心,同时满足客户的不同消费需求,光明乳业已先后研制出涵盖巴氏杀菌乳、调制乳、灭菌乳、含乳饮料、发酵乳、乳酸菌饮料、再制干酪婴幼儿配方乳粉、稀奶油、果汁等 17 大类产品。

公司坚持环境责任,以"绿色战略"作为光明乳业多年来的重要战略之一,是光明乳业践行低碳发展的重要举措。在光明乳业整个全生产链经营链中,光明乳业重点加强绿色牧场和绿色工厂的建设,通过制度设计、工艺设计、使用新技术和加强风险预防与管理来降低污染物的排放,达到节能减排,与生态环境和谐共处的目的。至 2015 年底,公司自有规模牧场 35 个,泌乳牛平均单产超 10 吨。公司始终坚持抓前端

牧场奶源管理和奶牛健康,经过多年的持续推进,目前奶源的理化指标、微生物菌落总数等指标均优于国家安全标准,特别是奶牛健康指标——奶源体细胞数总体平均在39.7万/毫升,优于美国标准(≤75万/毫升),达到欧盟标准(≤40万/毫升)。

(四)社会方面:大爱无疆,光明无界

光明乳业一直以实际行动努力地回馈社会,用关爱和奉献在实践公益的道路上踏下一个又一个坚实的脚印,积极承担社会企业公民的责任。

1. 向河南200所学校捐赠牛奶加热柜

2015年1月20日,光明乳业向河南200所学校捐赠牛奶加热柜仪式在兰考县坝头乡杨庄小学举行。光明乳业用行动把更温暖更贴心的关爱送到学生手中,今后学生能喝到热牛奶,健康得到了保障,获得学生、家长与媒体的赞许和宣扬。

2. 向四川乐山捐赠50个乡村图书角

2015年9月14日,"光明乳业助力乡村儿童阅读活动"捐赠仪式在五通桥区蔡金小学举行,光明乳业向乐山捐赠50个乡村学校班级图书角。课外阅读是一个人接受教育的重要途径,光明乳业作为一家具有强烈社会责任感的企业,有责任也有义务用行动去推动我国乡村儿童阅读的发展,希望将图书角建到最需要的地方,将爱心传递给更多的孩子。

3. 向西藏地区学校援助信息化教学设备

2015年10月26日,"光明乳业援助西藏地区学校信息化教学设备"捐赠仪式在西藏自治区日喀市亚东县连乡小学举行,光明乳业向西藏亚东县捐赠价值15万元的信息化教学设备,旨在改善藏区农村学校信息化设备较滞后的状况,支持教育事业的发展。

4. 关注身边善行善举——优倍,为好人点赞

2015年7月20光明乳业启动"身边的善行善举好人点评活动",这次活动效果好、影响大,在全国有关舆论界均先后大力支持与帮助,并认为"光明乳业优倍活动以发现身边的美好",让人们了解发生在身边的善行善举,关注社会正能量,同时,也让更多的人通过这个活动重新认识到生活中的美好,号召公益从身边小事做起,并以实际行动回馈社会,为社会行为准则树立榜样,为整个社会建立"善"之风气。

(作者是原上海市发展和改革委员会城市交通处处长)

锦江集团——以少量国资撬动多元资本，海内外并购推进全球布局

曹 俊

以少量国有资本撬动多元资本，以国际化带动国资国企改革，从"走出去"升级全球化企业，作为亚洲最大酒店集团之一的锦江国际（集团）有限公司正在加速实施"全球布局、跨国经营"战略。

一、以传承前行站到世界酒店集团前列

"锦江"品牌的历史，可以追溯至 20 世纪 30 年代的锦江川菜馆和锦江茶室。上海解放之后，随着对内对外交往的需要，市政府准备设立一个宾馆接待场所。1951 年 6 月 9 日，锦江饭店正式挂牌。随后，一些历史更久的酒店纷纷加入"锦江"，成为大家庭的成员，如十里洋场最早、最豪华的现代酒店——汇中饭店（即和平饭店南楼）、享誉"远东第一高楼"30 年之久的国际饭店等。这些酒店均因其历史悠久、文化内涵丰富，汇聚成为锦江品牌源远流长的文化资源。

20 世纪 30 年代，孙中山、鲁迅、卓别林、萧伯纳等驻足和平饭店，并留下回味无穷的菜单；"革命尚未成功，同志仍须努力"的励志名言，就是孙中山先生在汇中饭店演讲时提出的。

中华人民共和国成立后，锦江酒店中的一些宾馆饭店，成为了党和国家领导人在上海开展国事、外交活动的重要场所。1959 年，中国共产党八届七中全会在上海举行，锦江小礼堂是主会场；1972 年，《中美联合公报》在锦江小礼堂签署。改革开放后，锦江先后承接了在上海举办的 APEC、六国峰会、世博会和亚信峰会等一系列重大活动的接待服务。

经过几十载的积淀，经过几代人的努力，锦江形成了彰显企业风格的"五种精神"：精益求精的服务精神、与时俱进的创新精神、追求卓越的敬业精神、海纳百川的融合精神和同心同德的和谐精神。

锦江国际（集团）有限公司于 2003 年 8 月由新亚、锦江合并组建而成。而在成立后仅用一年时间，锦江集团就整合 3 家国内上市公司，重组资产 30 多亿元，形成

核心产业资本运营平台。

进入 21 世纪,锦江迈出国际化发展新步伐。近年来先后收购法国卢浮酒店集团、战略投资雅高酒店集团、铂涛集团和维也纳酒店集团,初步实现了"全球布局、跨国经营"。和 2003 年重组时相比,锦江酒店规模从 105 家增至 7 700 多家,客房数量从 2.4 万间增至近 80 万间,布局从国内拓展至全球 67 个国家,全球酒店集团 300 强中排名从 47 位上升至第 5 位,拥有 1 亿会员,站到了世界酒店集团前列,中国民族品牌在全球市场焕发了生机与活力,彰显出实力与抱负。

2006 年末,酒店集团 H 股在香港成功上市,募集资金 27 亿港元。这一笔资金,成为了当时改造和平饭店、重组锦江之星等核心产业发展的坚实后盾。2010 年 5 月,集团完成锦江酒店(H 股)与锦江股份(AB 股)资产重组,初步解决内部同业竞争问题。2010 年 8 月,锦江投资、锦江旅游注入锦江酒店。

锦江国际把国内 3 个上市公司的控股权植入 H 股公司里面,形成了锦江酒店(2006HK)、锦江股份(600754,900934)、锦江投资(600650,900914)、锦江旅游(900929)"一拖三"的格局,完成了集团资本市场整体架构的建设。锦江股份引入弘毅作为战略投资者,包括收购卢浮集团过程中对于两地资本市场规则的嫁接,对于汇率、利率和税率的综合考虑,都体现了锦江集团在发挥资本市场作用方面的探索。以"一拖三"模式实现核心资产整体上市,以少量国有资本撬动了多元资本,此举不仅提升了集团可持续发展能力,同时也为锦江国际化扩张打下了坚实的基础。

二、锦江系的 7 个"收购"故事

"企业发展到 30 家,100 家,300 家,1000 家等都有一个坎,比如利润之坎,连锁化管理之坎,系统平台搭建之坎,以及发展到最后的企业文化之坎等",一位业内人士表示。确实,企业发展在不同的阶段,就会遇到不同的"坎"。经济型四大巨头之所以成功,是因为他们的"坎"都是在"黄金发展期"度过的。一旦在"垄断竞争期"遇到这些坎,企业将面临比较大的难题,或许,这就是锦江系多起收购背后的不同故事。

(一)收购美国洲际酒店集团

洲际集团在美国 37 个州、哥伦比亚特区、俄罗斯等管理 232 家酒店物业,客房总数超过 4.6 万间。该公司对其中 56 项物业拥有权益,包括 6 个全资拥有的资产。

当时的经营情况很好,但是因为金融危机以后举债在美国利率很高,酒店集团陷入资金链之坎。

2010年3月18日,锦江国际集团联合美国德尔集团以3亿美元正式收购美国洲际酒店集团。这在当时被称之为中国酒店集团迄今最大的并购交易,但是却并不被业界所看好,大家都认为这是在为试水国外市场上交高昂学费。据公开资料显示,当时的收购承接了洲际集团的所有债务,并偿还部分。

此外也有业内人士表示,锦江集团此次并购洲际集团走出国门发展,由于在文化、消费需求等方面均存在不同差异,内资品牌在境外酒店的经营过程中将面临很多问题,比如人力成本的增加等。

但后来事实证明,这却是锦江比较自豪的一次收购。据透露,在经过将近5年时间的运营,洲际已经实现了规模翻一番,EBITDA从收购时的3 000多万美元增长到目前的超过5 000万美元。到2015年的上半年管理酒店平均房价为147.8美元,平均出租率为76.9%,平均客房收入为113.6美元,同比增长7.6%。

对此,酒店行业评论家安雨思辰表示,这次收购一方面迅速扩大了锦江国际的整体规模,尤其是在海外市场的规模;另一方面也让锦江获得切入国际酒店市场的机会,学习与中国酒店市场完全不同的管理理念和体系。这是一次适时的恰到好处的收购。

(二)收购时尚之旅

谈及当初为什么会收购时尚之旅。相关知情人士透露,主要是因为时尚之旅在发展的过程中遇到了资金链之坎。"时尚之旅酒店"此前系"万达广场综合体"的配套商务连锁酒店,定位中档酒店。在万达广场飞速发展之际,时尚之旅为追赶开店速度,举债开业,最后陷入资金链的困局。

2013年4月25日,锦江股份斥资7.1亿元收购了时尚之旅酒店,2014年6月,将原时尚之旅酒店集团旗下18个城市万达广场商圈内的21家"时尚旅"酒店翻牌为锦江都城酒店,极大地扩大了锦江都城酒店的规模。时尚旅酒店被收购后,借助于锦江都城公司成熟完善的中央渠道和各大系统支持,出租率持续增长,每间可入住房房价增长了近30元。同时由于省掉了总部运营费,酒店成本也在逐步减少,总体而言就是大大提升了它的效益。

(三)收购城市客栈公司

"城市客栈"是华侨城国际酒店管理公司在开发高端酒店产品的同时成功开发的经济型主题精品酒店品牌。随着经济型酒店市场的投资回报率不断下降,华侨城决定专注于中高端酒店的发展,出售城市客栈酒店。

2013年9月份,锦江都城斥资7 000万元人民币收购城市客栈公司100%股权。锦江都城公司表示,10家城市客栈门店将统一翻牌为公司旗下的金广快捷酒店等品牌,以加速锦江都城公司在南方区域的品牌布局。

在酒店行业评论家安雨思辰看来,这个收购将获得不错的效果。锦江系对于时尚之旅和城市客栈的收购可以被归到经济型、中档酒店品牌的国内收购案例。由于国内经济型、中档连锁品牌发展的历史不是很长,品牌之间融合的可行性通常较大。在完成股权变化以后,收购方可以对被收购品牌的下属酒店进行换牌改造,迅速扩大自身的规模,增加在某个区域或者某个细分市场的市场份额。

(四)收购卢浮酒店集团

卢浮酒店集团在47个国家拥有超过1 100家酒店。其旗下既拥有高档酒店,也拥有经济型酒店,包括Kyriad、Campanile和Royal Tulip。锦江国际集团是中国最大的酒店集团之一,在11个国家运营着超过1 700家酒店,此外还经营旅游服务和交通物流等方面的业务。其实两者在很早之前就有品牌联盟的合作,从品牌合作到资本运作,锦江系正在逐步扩大自己的海外市场。

那么这个酒店集团为什么会选择出售呢?对此,迈点网询问了相关知情人士,他表示这其实不存在并购,是零成本的,更像是合作共赢关系。

收购交易完成后,锦江将努力实现国内现有业务与卢浮酒店集团业务之间的优势互补和协同效应。推进卢浮酒店集团下属酒店品牌,比如说Campanile以及金郁金香进入亚太市场,锦江股份下属酒店品牌进入欧洲市场,扩大锦江系的市场份额。据上海锦江国际酒店(集团)股份有限公司公布的2015年中期业绩报告显示,本次收购带来约23.62亿元的收入,同比增长约90.6%,占营业额约43.3%。

酒店行业评论家安雨思辰认为这个合作有利于卢浮酒店集团下属品牌扩张中国市场,但是,对锦江系原有的品牌在海外的品牌扩张到底能带来怎样的效果还有待检验。

在锦江系不断扩大的当下,收购一直在其中发挥积极的作用。一个集团想要做大,仅仅依靠直营店一家家的发展显然是不现实的。锦江系又开始谋划新的收购,将铂涛和维也纳收入旗下,一直有着敏锐市场嗅觉的郑南雁为什么愿意出售自己一手打造的王国?原本计划着融资上市的维也纳为什么会被传出向锦江出售80%股份的传闻呢?

(五)收购铂涛酒店

求快,是酒店黄金发展期普遍存在的现象。在经济型酒店发展黄金期,大家都在跑马圈地,最大限度地扩大自己的规模,比如部分物业使用权妥协至 8 年或 10 年,没有坚持 15 年的规定。而租金也是按实际发生制支付的,并没有做好风险平摊工作。这就直接导致后续发展力不足,陷入利润递减的困境。除了锦江之星以外,如家、7 天、汉庭都存在这个问题。对此,知情人士表示,锦江之所以在发展后期仍保持匀速增长,主要是因为在发展黄金期没有一时求快,而是一直稳扎稳打。与此同时,由于国企的性质,锦江系在一开始运营的时候就承担了风险,比如物业一直坚持 15 年,物业租金用直线平摊成本法分摊到整个运营周期。店内的物品也分门别类地进行折旧。所以随着运营时间的增加,酒店利润在不断扩大。

在经过黄金期的发展之后,经济型酒店正式进入行业竞争期。随着 7 天利润不断收窄,铂涛即将要跨越物业回收、利润紧缩之坎。这让整个出售看起来都合情合理。虽然现在两者的合作模式还没有敲定,但是最大程度地保持铂涛现有的运营模式可能性会比较大,这也符合锦江系一直以来的作风。

迈点网专栏作家方世宏表示,抱团以获取安全感和争取市场话语权本就是目前酒店市场常见现象。此外铂涛从美国退市回国后迟迟没有上市,或将借力资金雄厚的锦江股份实现登陆资本市场的目标。当下国企改革是收购的大背景,锦江是上海国资委重点打造以走出国门的企业之一,因而不排除此次收购是双方达成某种默契以配合锦江做大做强加速国企改革,收购是做大做强最快捷有效的方式。先做成航空母舰再出海才能禁得起风浪,对于要走出国门的锦江来说,扩大盘子也是当下重要方向之一。

(六)收购维也纳酒店

对于铂涛这个老牌"绯闻女友",维也纳是个新人。在 2015 年 8 月,维也纳酒店集团及其关联餐饮业务 80%的股权被锦江国际以 2.898 亿美元收购的消息不胫而走,但是对此双方都没有发声,仍处于传闻状态。据公开资料显示,在经过 23 年的发展之后,维也纳已经在全国 100 多个城市中拥有 500 余家门店(含在建),并且形成覆盖高端、中档及精品酒店市场为主的多品牌布局。如果传言成真,加上对于铂涛的收购,锦江系将拥有 5 000 家酒店,53.5 万间客房量,相当于目前如家集团的 2 倍。

作为国际酒店和国内酒店的最后一战的战场,中档酒店目前正处于之前经济型酒店的开荒期。维也纳作为中国中档酒店的鼻祖却在这个时间段遇到了自己的发展之坎,那就是系统化的管理之坎。维也纳酒店集团董事长兼总裁黄德满曾公开表示,2017 年维也纳将实现"百城千店"的战略目标,到 2023 年,实现"千城万店"的蓝图。这两大目标的市场对于一个酒店集团而言都是一个大的挑战。比如说从 300 家到 500 家,甚至到 1 000 家,酒店的管理将不可同日而语。原有的人工管理、体系管理已经很难从根本上解决问题,并将一个品牌运营好,那么在推出了这么多的品牌之后的维也纳和锦江进行战略合作是时下比较好的一个选择。但是彼此的融合问题仍面临重大的挑战。正如方世宏所说融合的问题是收购后期发展的重点。彼此企业文化、价值观等都会带来挑战,这比花钱难很多倍,也需要时间去调整。在这么多的品牌影响下,两者的发展有待进一步观望。

纵观锦江集团的发展历程,是与中国经济高速发展以及融入参与全球化格局的轨迹相吻合的。无论是消费升级还是走出去战略,锦江集团的发展和做大做强都顺应了中国经济的发展趋势,以强促大,以大促强,两者并不相斥而是相辅相成。通过大强联动来提升自己、采取产业发展和资本运作双管齐下的方式发展主业,符合全球大型酒店集团的发展模式。坚持兼容并蓄吸收全球资源。在收购洲际、卢浮之后,相当于在美国、欧洲都建立了投资组合,业务之间形成了风险对冲机制,收购铂涛之后,不仅仅是业务协同,从集团整体战略而言,进入了美国和欧洲市场,打开了新的收益来源,这实际上是更大格局上的协同。锦江从收购卢浮集团到战略投资铂涛集团,一跃而成为首家跻身全球前五的中国酒店集团。以此为基础,锦江可以整合境内境外资源,建设以互联网为支撑的信息平台,逐步实现了国有资本、国际资本、民营资本的融合,有利于构建新的产业生态圈。从容应对酒店业发展瓶颈,更好地把握中国旅游业在全球迅速扩张带来的机遇。

(作者是上海股份制与证券研究会副会长)

上海家化的控制权之争对企业创始人的启示

徐稼宇

从上海家化的控制权之争中,企业创始人能学到什么?

要回答这个问题,我们要明白,葛文耀是带领上海家化打江山的创始人,但是在控制权之争中,最后黯然出局,他跌倒在了哪里?有三个地方:(一)战略投资者的引入问题;(二)公司的股东股权结构;(三)创始人保护。

一、战略投资者的引入问题

葛文耀一直在推动上海家化进行国企改制,希望引入战略投资者,帮助上海家化成长为国际化的民族时尚品牌。

(一)葛文耀期待中的战略投资者是什么样的?

1. 双方得有一致的追求和目标:把上海家化打造为国际化的民族时尚集团。
2. 战略投资者要注重长期利益,而不是短期的财务获益。
3. 战略投资者要和葛文耀统一战线,支持葛文耀管理团队的经营活动。

葛文耀从复星、海航、平安和基金中亲手选择了平安,但他后来却痛呼"我上当了,找错了买家"。

(二)平安在入主上海家化后做了哪些事?

1. 想卖大楼;
2. 否决葛文耀收购海鸥表;
3. 改组董事会;
4. 更换会计师事务所查"小金库";
5. 逼迫葛文耀辞职;
6. "空降"职业经理人;
7. 清洗葛文耀旧部。

这些行动背后指向的动机,绝对不可能是一个准备和创始人同进退的战略投资者,而分明是一个想要把上海家化抓在自己手里、最大化自己利益的投机者。

(三)葛文耀为什么看走了眼,为什么没能识破平安信托的并购动机?

1. 这是平安方面的障眼法。平安信托在争取这桩生意时,承诺做得很好,这让葛文耀非常满意。

这些承诺包括:后续70亿元资金投入、平安渠道资源支持、高端表业拓展的支持、3年不融资、5年不转让股权。

当时负责平安谈判的陈刚,还向葛文耀口头承诺,不会干预家化的运营发展,不向上市公司派遣董事,仅向家化集团派遣一名监事。

这些不具备法律效力的公告和口头承诺,迷惑了当时的葛文耀,最后平安"言而无信"之时,葛文耀除了微博上的指责,也没有任何办法。

2. 葛文耀没有意识到平安信托的并购资金来源的本质。

在收购初期,平安信托董事长童恺在多次接受记者采访时均表示,收购家化集团所用的资金"是自有资金"。但事后就有媒体踢爆平安收购资金仅有10亿元来自自有资金。据一位知情人士向媒体爆料在51亿元收购金里面,"20亿元是平安信托的'日聚金'资金池里面的,都是流动性要求非常强的短期理财产品;剩下31亿元,是PE相关的信托计划产品,包括盛景、鲲鹏等,很多PE信托计划产品是2009年左右发行的,2015年就要到期"。

一方面是收购资金中涉及的信托产品长短期难以匹配;另一方面是银监会对非标理财资金池的监管更加严格,而家化收购资金正属于整改之列。再加上后期平安信托财富管理事业部人员的大量出走流失,导致资金池规模难以为继,让平安信托此后在家化项目上资金压力巨大。

平安信托没有办法,只能言而无信,追求短期利益最大化。那葛文耀就成为了拦路虎,所以必须想方设法将上海家化管理团队赶走。

(四)身为企业创始人,遇到引入战略投资者的情况,要怎么做?

1. 慎重选择并购资本,明确并购资金来源和动机。
2. 不要被口头承诺所迷惑,关键条件要有书面合同。
3. 在条件允许的时候,对战略投资者进行反向的尽职调查。

如果葛文耀对平安在过去几年的并购投资进行反向调查,就会发现:平安扮演的角色大多是短期的财务投资者。

对　象	深圳市商业银行	海螺水泥	南玻 A	云南白药
投资额	95 亿元	38.3 亿元	6.4 亿元	13.94 亿元
投资形式	定向增发	股权转让后又作为抵偿	定向增发	定向增发
获得收益	2006—2010 年增值近 170 亿元	2006—2010 年增值近 20 亿元	2007—2010 年增值约 3 倍	2008—2010 年增值 1.22 倍

2008 年,中国平安曾以全资 9.6 亿元收购河南许昌许继集团 100％股权,类似于给上海家化的承诺一样同样承诺后期给予许继集团 40 亿元资金支持,并采取激励手段解决许继集团历史遗留问题,以充分发挥自身在资金支持、基本设施建设、管理机制和公司治理及国际化视角等方面的优势,帮助许继在良好基础上加速发展,努力打造其成长为中国输变电行业龙头。然而,2 年后,平安信托以每股 5 元的价格出售许继集团所持有的中原证券股权,最后将许继集团打包出售给了国家电网,平安在此项目上获得了盈利超过 30 亿元的丰厚回报。

如果葛文耀充分考虑了平安信托的资金来源问题、历史投资经历等情况,或许就不会为复星、各基金设置"毒丸"条款,或许上海家化的现在也不会泯然众人。

二、公司的股东股权结构

说是引入战略投资者,其实平安入主,就是实际上的控股股东。

在改制前,控股股东是上海家化集团,最终实际控制人是上海国资委。在改制后,平安 100％接受上海家化集团的股份,成为"一股独大"。

虽然在前十大股东里,平安持股不足 30％,但是后面的九大股东都是基金,而且持股没有超过 5％的,所以平安成为有控制权的大股东。

如果说分散的股权结构有利于管理层,高度集中的股权结构有利于大股东,这样相对集中的股权结构必然是多方的博弈。

在上海家化中,就是葛文耀管理层、平安和各基金联合方之间的博弈。在第一次改组董事会的时候,葛文耀就是靠着基金联合方的支持,让大股东平安只进来一个董事。

但是在"小金库"事件后,基金联合方内部态度分化,葛文耀失去了统一的支持,在股东大会失利,失去了董事长的位子,此后在控制权争夺中节节败退。

所以虽然葛文耀是创始人,各基金联合方认可葛文耀,但是这种结盟是不牢固的,而平安作为大股东,手里的近30%的股份和投票权确是实实在在的,这也是葛文耀处于下风的真正原因。

在进行国企改制的时候,引入外来资本,要避免"一股独大"的情况。但同时也要避免高度分散或者没有出现相对控股股东的情况,因为这更容易引起更多的控制权争夺。务必把握好这个"度"。

所以,企业创始人对于公司的股东股权结构要有足够的重视,警惕股权结构变化对公司控制权的影响,具体问题具体分析,形成自己公司内部相互制衡又稳定的控制权结构,实现公司持续良性的发展。

三、创始人保护

从葛文耀离开家化后,家化一路下滑的业绩、股价和市场表现可以看出,创始人对于一家企业意味着什么?

这一点,也是葛文耀所疏忽的一点。他大概从来没有想到,会被自己亲手迎进门的平安赶出去,自己会被逼离开尽心尽力奋斗了25年的上海家化。

所以葛文耀没有作好充分的准备,对自己这个创始人进行保护。

那作为创始人,怎么对自己进行保护呢?

(一)充分利用社会资本

葛文耀在对抗大股东平安信托的时候,基金联合方就是葛文耀的外部资本。基金机构们出于对葛文耀管理层能力的肯定和自身利益的保障,在股东大会上,选择支持葛文耀,成为平安改组董事会的一大阻力。

除此之外,葛文耀有自己亲手提拔起来的高管团队和员工,高管在董事会力挺葛文耀,员工在经营层面站在葛文耀背后,他们是葛文耀的企业内部资本。在葛文耀离开后,其接班人王茁一直坚持领导上海家化,拒绝主动辞职,直到2014年6月的股东大会被平安罢免。

当然,葛文耀长期服务于国企,和上海国资委联系密切,曾任政协委员,这些说明葛文耀在商业圈之外,和监管层保持着友好的关系。在上海家化控制权争夺的时候,上海国资委曾多次出面调和矛盾。

长期以来,葛文耀将上海家化培养为民族品牌企业,是优秀企业家的代表,这让葛文耀在控制权之争中,拥有更多媒体和公众的舆论支持。

所以葛文耀拥有着机构股东们、小股东们、高管团队、普通员工、上海监管层、社会舆论方面的支持,但这一手好牌,没能打出来。

相比之下,万科的王石和郁亮、格力的董明珠将自己的社会资本运用得淋漓尽致,他们的胜利赢在了股东大会和董事会之外。

(二) 充分利用股权激励

上海家化的葛文耀时代,一共做过两次股权激励,截至2012年底,葛文耀持股86万股,整个管理层持股近400万股,占总股本的0.9%。这当然无法和大股东平安抗衡。

但是假如葛文耀团队到2015年完成整个股权激励,持股数将占到总股本的近5%。再加上基金机构的支持,葛文耀管理层将成为稳定家化控制权结构的重要力量。

万科的管理团队就用了这一招,通过合伙人持股计划不断增持万科股份,到宝万之争时已经持股近5%。

(本文选自2017年8月10日马永斌资本频道)

聚焦爱建:2017年第一股权大战

风云君

最近几年,资本市场刀光剑影大戏连台,万科那边的股战刚刚落幕,爱建集团(600643,SH)这边烽烟再起,从举牌到举报,从互怼到罢免,攻守双方你来我往杀得人仰马翻。

红方主力均瑶集团,江浙有名的财主,家中三兄弟(老大也是均瑶集团的创始人王均瑶已仙游),纵横中国商界几十年,旗下资产众多,控制的上市公司目前有两家,分别是吉祥航空(603885,SH)和大东方(600327,SH)。均瑶系家大业大,仓里有粮,手上有枪,旁边有兄弟。

蓝方主力华豚,虽然名不见经传,但从阵营的几大桩角来看,实力不容小觑。先锋大将顾颉,背后还有上海滩神秘富豪、曾经的地产大亨钱永伟,万泰系大当家。身边站着广州基金,正牌国军系列,清一色的重挺加火炮。后面还闪烁着红星美凯龙大当家老车的影子。

蓝方军团一上场就拖出80亿元现金,先给大家压压惊。所以这出戏里,针尖麦芒,都是硬茬,其劲爆程度,丝毫不亚于万科股战,今天风云君就带吃瓜群众去围观一番。

一、爱建往事

爱建本身就是一家很有故事的公司,其创始人刘靖基,老一辈民族工业家、爱国人士,颇负盛名。爱建前身系上海市工商界爱国建设公司,由上海和旅居港澳及海外的上海原工商业者于1979年发起创建,取爱国建设之意。

1992年改制,上海市工商界爱国建设公司以4 500万元设立"上海工商界爱国建设特种基金",为爱建股份大股东。但其所占比例不高,最初只有22.65%,之后稀释到15%左右。

正是这个股权比例,为后面的纷争埋下伏笔。

刘老逝世之前,一直是爱建大当家,公司运营良好。1986年,爱建信托拿到了来自中国人民银行总行颁的牌照,成为中国首家非银行金融机构,也是中华人民共和国第一家信托公司。

2002年,爱建信托以第一大股东身份,在原证券部的基础上筹建了爱建证券,之后又成立了以地产项目为主的爱建实业。当时,爱建在国内金融市场也是风光无限,与中信、光大并列为中国三大金控集团。

虽然如今爱建已不当大哥好多年,其资管规模和营业利润在国内信托机构中也只是中等偏下,但是,人家毕竟是"史上第一",其他信托机构见了,也得尊称一声大哥,这就是传说中的无形资产。

爱建的转折出现在1997年,这一年刘老去世。上海市对外经济贸易委员会主任助理刘顺新担任爱建股份副总经理,后兼任旗下爱建证券的董事长,马建平被任命为爱建信托总经理。

2004年刘、马相继事发,据悉是刘顺新与某富商合作,使用爱建信托的受托资金通过爱建证券炒股,结果资金全输,爱建证券和爱建信托被曝出数十亿元的资金黑洞,一朝凤凰变成鸡。

历史上,传奇的转折往往是关键人物的离去,而死亡又是谁也无法逃避的宿命。

其后是漫漫重组路,各大名角相继登场。

第一位是香港赫赫有名的查氏集团旗下的名力集团,主席是有"纺织大王"之称的查济民,大儿子查懋声,大媳妇史美伦,都是风云人物。名人进来玩了两把,摇头晃脑,撤人撤资。

第二个进来的是长江实业阿诚哥,阿诚哥瞄了两眼,窟窿太大,闪人。

第三个进来玩的是泰国正大,玩了一阵也是铩羽而归。

甚至坊间还传闻美国大摩在门口探头探脑张望一番,没敢进门。

这些名角都玩不转,看起来爱建要挂了。但是,能让他挂吗?不能。首家非银,第一信托,关乎脸面。

于是西医不能治,专治各种不服的祖传老中医登场:2009年上海国际入局,一碗黄汤灌下去,活了。

上海国际重组爱建之后,爱建的发展渐渐有了起色,步入正轨,特别是最近几年,发展得顺风顺水。

这时候,只听一声炮响,国资改革拉开大幕。2015年8月18日,爱建挂出一则公告,上海国际拟以公开征集受让方的方式协议转让所持公司股份1.02亿股,这占爱建总股份的7.08%。此时的爱建手握信托、证券、租赁三张金融牌照，2015年上半年净利润3亿元，是块肥肉。

那么上海国际这1亿股会花落谁家呢？

二、均瑶入关

2015年9月18日，爱建再发公告，上海国际初步敲定上海均瑶集团为其受让方，后确定对价18.85亿，折合每股18.32元。该次股权转让于2015年12月25日完成交割，均瑶系正式进入爱建，为其二股东。

现在回过头来看这一笔股权转让，均瑶的接盘价格不算低，为啥呢？当时正值股灾，爱建集团在两个跌停之后，于2015年6月29日停牌了，时价16.73元，按照当时那种行情，放出来至少3~5个跌停板。事实上爱建复牌后最低跌到8.33元，所以均瑶当时肯花18.32元每股去接盘，绝对算花了大价钱。

当然，人家肯定不是为国护盘，花了20亿元就为来当个老二？人家没那么傻，猛虎下山，肯定不是为了仰人鼻息。

当老二只是第一步，均瑶后面还有组合拳。在股权尚未正式交割之前，均瑶就风风火火策划了一场重大资产重组。

2015年11月25日，爱建公布重组预案，拟以13.91元每股，发行1.8亿股，作价25.02亿收购均瑶乳业。如果这个并购案通过，均瑶集团将持有爱建25 465.81万股，占总股本的15.75%，跃升为第一大股东。另外，王均金和王均豪各持部分零星股权，这样均瑶系就能坐实了第一大股东的位置。

虽然小算盘打得很溜，但是并购方案激起市场强烈质疑，主要是均瑶乳业资产估价太高，溢价高达36倍，远超行业平均估值水平。也就是说，这吃相比较难看。再说爱建是一家金融公司，突然让人家去挤奶，两个业务风马牛不相及。

吃瓜群众齐呼不靠谱，舆论压力陡升，一来二去，这事儿，黄了。

但是，这到了嘴边的肉，无论如何也要想办法吃进去，一计不成，再生一计。

2016年3月31日，爱建公告终止发行股份购买均瑶乳业的并购方案，同时公布了非公开发行股票的预案，拟以8.97元每股的价格，向均瑶集团发行2.45亿股，募资22亿元，其中12亿元用于补充爱建信托资本金，5亿元用于补充爱建租赁资本金，剩余部分用于偿还公司银行借款。

这个方案里，除了发行价格比上次低了一截之外，毕竟是愿意拿出22亿元真金白银来,还算是看到了点诚意。

后来这个方案又反复调整,最后是以9.2元每股的价格,发行1.85亿股,募资17亿,如果发行成功,均瑶集团将持有爱建2.87亿股,占比17.67%,为爱建第一大股东。

根据均瑶的算盘,成为第一大股东后,均瑶将在爱建董事会拥有5个席位,而爱建董事会共有9个席位,其中3个是独董,这样一来,均瑶将完全掌控爱建。同时,在2016年7月25日,均瑶的掌门人王均金已走马上任爱建董事长,另有2名均瑶系成员进驻爱建董事会。

均瑶入主爱建,虽然过程充满波折,但是风雨之后,彩虹将出,爱建将迎来它新的主人——均瑶集团。看起来,一切,都将尘埃落定。

但是!就像每一部电视剧里,每一次刀斧手举起鬼头刀之时,总有人掐着秒表出来喊刀下留人;每一次拜堂成亲之时,总会有个不开眼的少年出来挑事。眼看着均瑶和爱建已经一拜天地二拜高堂,就差那一句"送入洞房"了,就在这关键的档口,一个少年,横刀杀出。

三、横刀夺爱

2017年4月17日,只听见一声炮响,一队人马从侧翼杀出。

当日,爱建集团挂出一则公告,上海华豚企业及其一致行动人广州基金国际举牌爱建集团,截至2017年4月14日,华豚及广州基金持有上市公司7 185.7万股,占上市公司总股本的5.00%。

同时,拟在未来6个月内继续增持爱建集团不低于2.1%的股份,增持完成之后,华豚及其一致行动人将持有爱建集团7.1%的股份。这时,均瑶的定增还没有完成,只持有爱建7.08%的股份。

所以,华豚军团完成增持后,其持股比例刚好超越均瑶军团,抢夺其二股东的位子。

大家知道,在万科股战中,监管层对险资举牌提出了严厉批评,之后,在资本市场,各大险资夹起尾巴,不敢轻举妄动。那么这个华豚公司是何方神圣,敢在这个时候出来叉架?

在举牌爱建之前,上海华豚名不见经传,是一家默默无闻的公司。

风云君查询了该公司相关工商登记信息,这家公司2014年7月注册成立,

2017年2月第一次增资,把资本金从3亿元增加到10亿元,法人代表由周志萍变为顾颉;2017年4月1日第二次增资,资本金从10亿元增加到27亿元。

很显然,这家公司一系列增资的动作,就是冲着爱建来的。

华豚背后有三股势力。它的股权结构是3:3:3的形态,分别是自然人顾颉、钱宝华旗下的华豚集团以及广州政府旗下广州产业投资基金间接控股的汇垠天粤持有。同时汇垠天粤全资持有广州基金国际。

顾颉,网上广泛误传为国泰君安原副总裁,其实另有其人,同名同姓纯属巧合,而这位华豚企业董事长顾颉的个人资料从搜索引擎上查找几乎绝迹,可谓神秘。据传,其曾有上海市委某部门及外高桥开发公司的工作经历。顾颉除了在上海华豚持有33.4%单一最大股权,他同时亦出任上海新华成城资产管理有限公司副董事长,而这家公司的董事长,是红星美凯龙大当家车建新。

而华豚集团的实际控制人钱宝华,公开资料寥寥,据知情人士透露,这人的背后可能是曾经的上海滩地产大亨钱永伟,核心资产是万泰集团,旗下公司股权结构十分复杂,多为交叉持股。万泰系曾经控股过A股上市公司松辽汽车,现在是香港上市公司北方矿业的第一大股东。

广州基金国际是由广州市政府设立的产业投资基金控制,这几年在资本市场也颇为活跃,在此不详述。

华豚企业来者不善,举牌爱建之后,其法人代表顾颉接受媒体采访,一方面宣称华豚并非"野蛮人",举牌资金皆是自有注册资本金,无负债,无杠杆。另一方面,他明确指出本次举牌目的,志在成为第一大股东,并公开宣称入主爱建后将改组董事会。其措辞强硬,霸气侧漏,一副志在必得的架势。

四、龙争虎斗

其实,双方正式的交锋,始于2017年4月14日,这是一个极其重要的时间点。当天,华豚军团累计持股达到了爱建集团总股份的5%,构成举牌,按规定爱建应该在当天要出公告。

风云君猜测华豚在这一天举牌大有深意,因为4月14日是星期五,15日、16日休市,而17日星期一,是证监会审核爱建定增方案的日子,根据证券法相关规定,一旦上市公司在发行证券前发生重大事项,应暂缓发行并报告中国证监会。

华豚14日举牌,构成重大事项,极有可能影响爱建17日定增的审核。

中间这 3 天是影响大局走势关键的 3 天：如果能成功冻结甚至搅黄爱建对均瑶集团的定增，那么均瑶仅持有爱建 7.08% 的股份，只比华豚多 2.08%，华豚完全可以在二级市场跟均瑶一决高下。

目前我们无法得知爱建或均瑶在 4 月 14 日（周五）获悉对方举牌后是否立即上报证监会，只知当天爱建并没有公告华豚举牌，当它在 4 月 17 日（周一）公告华豚举牌时，证监会也在当天傍晚审议通过了定增方案。

就这样，华豚的第一枪打空了，战场形势对华豚非常不利。

如果爱建完成定增，那么均瑶将持有爱建 17.67% 的股份，跃升为第一大股东。双方如果在二级市场火拼，华豚肯定要落下风。

翌日，均瑶军团迅速进行反击。4 月 18 日，爱建发出公告，其目前的第一大股东上海工商界爱国建设特种基金会已于 17 日声明与均瑶达成一致意见，支持均瑶取得爱建集团实际控制人地位。双方统一战线，结成一致行动人。

此时，爱国基金持有爱建 1.77 亿股，占比 12.3%，跟均瑶合计持股比例超过 19.38%（定增前）。同时，均瑶火速宣布增持，增持比例不低于 3%。这个时候，从战局形势来看，均瑶明显占了上风，两者合计持有上市公司的股份为 22.38%（定增前，含均瑶公告继续增持 3% 股份）或 31.57%（定增后，含均瑶公告继续增持 3% 股份）。

此时，蓝方华豚军团的处境非常被动，一方面无法在二级市场抢筹；另一方面在爱建董事会没有席位，一点话语权都没有，再加上目前的第一大股东倒向均瑶，风云君一度认为它一点胜算都没有。

但是，我们都低估了华豚军团的决心和战斗力，5 月 9 日，华豚军团放了一个超级大招：其一致行动人广州基金国际的母基金广州产业投资基金管理有限公司拟要约收购爱建集团 30% 股份，该方案已经得到广州国资委的批准。

如果要约收购成功，华豚军团将持有爱建 35% 的股份，即使均瑶完成定增与增持，仍无法与华豚抗衡。

6 月 2 日，广州基金发布了要约收购报告，拟以 18 元每股的价格，收购爱建集团 4.31 亿股，耗资 77.6 亿元。这个收购价格，比爱建集团 4 月 14 日的停牌价 14.98 元高出 20.16%，可以看出华豚军团对爱建集团是志在必得。

如果说举牌是华豚军团的第一枪的话，那么要约收购已经相当于是全面攻城，双方的攻防之战，已经进入白热化。

五、无间道

在广州基金发布要约收购书当天,爱建集团对要约收购提出七大质疑,其中有一条杀伤力最大:已有实名举报人向相关部门举报华豚企业增持爱建集团股权中涉嫌信息披露严重违法违规、涉嫌内幕交易等情形。

就在这档口,市场上又突然爆出一个大新闻,华豚集团遭到其内部人实名举报,实名举报人为华豚集团上海华豚金融服务股份有限公司的法定代表人闵凯波,其举报的核心事实是:

华豚集团借助于实际控制上海华豚金融服务股份有限公司的财务部门以及掌握全部公章的优势,通过购买和操纵几个壳公司,伪造交易背景,将华豚金服以商户刷卡收款垫款名义募集的资金挪作他用。

2016年12月,华豚集团在公司内部指示华豚金服为华豚企业募集资金并给予相关人员奖励。此后,华豚集团将华豚金服的互联网募集资金通过多个其购买和操纵的空壳公司,伪造交易背景,转到华豚集团。华豚集团再将这些款项投入华豚企业2017年2月的增资项目中。

举报材料还透露,闵凯波曾就此事与华豚集团实际控制人钱永伟沟通,钱永伟表示这些资金是要集中起来用于对爱建集团的收购。

华豚集团方面立马予以否认。华豚集团声明称,华豚集团为华豚金服的控股股东,持有59.09%的股份,闵凯波为华豚金服的第二大股东,持有31.82%的股份。但闵凯波在管理上存在多处不规范,双方于2017年2月发生冲突。2017年4月,华豚金服董事会、股东大会已罢免闵凯波在华豚金服的一切职务,闵凯波怀恨在心,刻意诬告,企图给要约收购造成障碍。

在遭遇"举报门"后,华豚军团迅速反击,于6月16日向爱建集团提交了《关于罢免王均金董事职务的议案》和《关于选举顾颉为公司董事的议案》,要求罢免爱建集团现董事长王均金,选举华豚系的代表顾颉为公司董事。理由是"根据媒体有关报道,以及未及时披露要约收购报告书摘要、通过重大资产重组对抗本次要约收购的实施等,认定爱建集团董事长王均金已不能胜任董事职务"。

华豚的罢免提议很快被均瑶怼了回去,称"华豚方面提交的提案内容失真,仅以主观判断或传言作为依据,未提供权威部门出具的相关证明文件,且包含人身攻击的内容,且对于顾颉的推举,爱建集团认为华豚企业提交的提案文件不齐备,同时可能会导致出现超过9名董事,与《公司章程》不符,引起法人治理结构混乱的情形"。

6月28日,均瑶系火力再开,爱建集团再次披露了两个重磅公告,都是针对华豚军团的实名举报信。

一是指控华豚企业增持爱建集团股权中,所涉嫌的信息披露严重违法违规、涉嫌内幕交易等情形:

该实名举报人称,在举牌前的3月18日晚间,华豚方面顾颉、钱永伟等人会见均瑶集团相关人士,前者以10亿元补偿,让均瑶集团退出上市公司,顾颉本人当场称,早已多个账户建仓爱建集团,总的股数包括前9位基金账户购买持仓已经超过12.3%。

二是前面提过的关于华豚系交易资金系违规挪用关联公司华豚金服的募资。

虽然华豚军团代表顾颉"以恶意举报"予以否认,但是这两个事情如果有任何一则被坐实,会对华豚军团造成致命打击。

在双方大打嘴炮的同时,均瑶系凭借其已经掌控董事会的优势,使出"拖"字诀,以各种理由让爱建集团停牌。

目前,均瑶系正在筹划对爱建集团实施重大资产重组,标的资产为"一家多元化经营的综合类业务公司,经营业务涉及金融、城市开发、休闲旅游、大健康等领域"。交易对手方并非均瑶集团,而是"拥有标的资产的第三方"。

而我们不难想象,这个第三方,极有可能是均瑶的援军。

六、握手言和

爱建的围猎之战,从进行到上半场的牌面来看,本是双方半斤八两,各有千秋。

先说均瑶,均瑶捷足先登,占据了天时地利。现在在董事会上均瑶已占据三席,王均金也已经出任了爱建董事长,并且得到了现第一大股东爱国基金这个重要盟友,牢牢控制了董事会。相当于三国中的曹阿瞒,挟天子以令诸侯,抓了个王炸,想停牌就停牌,想重组就重组(看着好眼熟,是不是),始终能占据主动权。

再说均瑶的财力,王家三兄弟纵横中国商界几十年,不仅掌控两家上市公司,旗下资产众多,更是上海华瑞银行的第一大股东。所以从财力上来看,均瑶系丝毫不逊于华豚军团。

再说拿下爱建,获得全金融牌照,是均瑶梦寐以求的东西,已经夹到碗里的肉,岂容他人夺走?所以,如果没有特殊力量干预的话,均瑶系势必会跟华豚火拼到底。

再看华豚,虽然第一枪放空,但是其战斗力,那绝对不是盖的,硬桥硬马,大开大合。一上场就准备动用80亿元现金,一出手就是要约收购!没有两把金刚钻,他也不敢来揽这瓷器活,说明人家谋划已久,准备充分。

再看他的风格,彪悍霸气,一出场就放出狠话,他要的是控股权,没有半分含糊,底气十足。另外他的盟友广州基金,是正牌国家队,要约收购书就是他发出来的,其战斗力,毋庸置疑。

华豚军团相当于是盘踞西川的刘大耳,拥兵百万,战将千员,粮草充沛。而对于爱建,他也是志在必得。

所以,均瑶和华豚之间,眼看是一场血战。这场股权争夺战,很可能成为资本市场上继宝万之战后,又一场极其经典和重要的股战。

却不料,这场战事在鏖战中忽然峰回路转。在上海市政府介入与广州市政府会谈半个多月后,均瑶集团与广州基金围绕着爱建集团控制权争斗以和解方式迎来终局。

7月19日,爱建集团发布公告称,均瑶集团与广州产业投资基金管理有限公司(下称广州基金)签署《战略框架协议》。广州基金同意调整目前已作提示性公告的部分要约收购方案,并承诺之后与一致行动人的合计持股不会超过上海工商界爱国建设特种基金会(爱建集团定增完成后的第二大股东)。这也意味着其决定将控股股东之位让与均瑶集团,同时根据协议,广州基金将推选一名董事、一名监事和一名副总经理进入爱建集团。

广州基金及其一致行动人不再挑战均瑶集团对上市公司的控制权。和为贵的结局背后,要约收购的制度规则仍存许多空白,上市公司控制权变更缺乏市场化博弈路径。

纷争背后,关于要约收购的规则还十分薄弱,包括股票停牌期间是否可以继续实施要约收购等问题,各方似乎都无法有一个答案。

有股市人士评论道,"爱建股权之争,有很多无先例的东西,也是在摸索,从某种角度来说,在没有明确法律或者规定的情况下,一般推进会按合理的方式去进行。但是事实上这个事情还涉及其他主体,包括监管部门、市场反馈等,都有太大的不确定性。"

这场围绕爱建股权控制权展开的龙争虎斗,已成为2017年资本市场令人瞩目的经典并购案例,其中夺人眼球和引发思考的焦点可谓甚多,看来,中国资本市场要走向成熟还是任重道远。

(本文选自"市值风云"2017年7月5日)

万科大结局对中国经济意味着什么?

秦 朔

雄鸡一唱天下白,明珠一亮驱雾霾。

在2016年的最后一个月,董明珠一句"谁破坏中国制造谁就是罪人",惊动中南海,旋即引发一连串快速反应,意外地改变了自2015年7月10日宝能系首次举牌万科而引发的万科控制权之争的走向。从那时至2017年3月万科董事会换届,长达21个月引无数英雄竞折腰的万科之争,已没有悬念,深圳地铁集团和万科管理层共写一个新的相互支撑的"人"字,共创万科未来。

一、一个女人,决定了一群男人的命运

董明珠本人当然没有万科之争的"话事权",但没有她,万科之争的走向还会扑朔迷离。

不是王石,不是傅育宁,不是姚振华,不是许家印,不是吴小晖,甚至不是马兴瑞和肖亚庆,不是他们决定了大战的结局,是董明珠简单、直抒胸臆的声音,划破长空,引起中央重视,在"把防控金融风险放到更加重要的位置""着力振兴实体经济""保护企业家精神,支持企业家专心创新创业"(中央经济工作会议语)的大背景下,让万科之争方向立判,一锤定音。

一个女人普普通通但掷地有声的几句话,因为演变成政府意志,让一群代表强大商业权力的男人,以及那张花样不断翻新、一直打不完的牌桌,顷刻寂然无语。

"我不是搞金融的,但我认一个死理,有的股票炒得很高,有的几十倍、上百倍,把股票炒高赚回,而制造业不能搞这个,我们作为企业的关键人,你时时刻刻想到的事情是事业第一,而不是个人利益第一。"

"真正的投资者应该通过实体经济获益。"

"如果成为中国制造的破坏者,他们会成为罪人。"

上面这几句话,就是前海人寿去年11月17日—28日大量购入格力股票、持股比例上升至4.13%后董明珠的反击。

其实，早在半年前，5月19日举行的2015年度格力电器股东大会上，针对有股东代表提出"野蛮人"举牌万科、"格力会不会成为下一个万科"的问题，董明珠就说过，"格力是制造业公司，没有全身心地投入企业中来，制造业是做不好的"，"如果一个人通过搞资本运作，带有野心去发不义之财，社会也不会允许他们这样去做。"但这些话当时并没有太大反响，以至11月前海人寿大量增持格力时，有人说"仅仅半年，险资就破门而入，在靠股权说话的年代，豪言壮语总是太过苍白"，"企业家，责任感，情怀，那都太虚无缥缈"，"也许不久后，姚老板是'解放军'的呼声又要响彻A股市场"。

但人们显然低估了董明珠这个守门员的强悍和超能，也对中国经济政策面的风向变化缺乏感知。

二、政府一出手，才知有没有

让我们看看前海人寿对格力"下手"、董明珠愤然反抗后的一连串事件——

2016年12月3日，证监会主席刘士余发出"土豪、妖精、害人精"论，"你用来路不当的钱从事杠杆收购，行为上从门口的陌生人变成野蛮人，最后变成行业的强盗，这是不可以的。"

12月5日，保监会对前海人寿采取停止开展万能险新业务的监管措施，3个月内禁止申报新产品。

12月6日，保监会明确，将于近日派出2个检查组分别进驻前海人寿、恒大人寿开展现场检查。

12月9日，保监会暂停恒大人寿的委托股票投资业务。

12月9日晚，前海人寿发布《关于投资格力电器的声明》，"郑重承诺：未来将不再增持格力股票，并会在未来根据市场情况和投资策略逐步择机退出"。

12月12日，《人民日报》发表对万科总裁郁亮的专访。

12月13日，中国恒大在港交所公告，无意进一步收购万科股份。

12月17日，中国恒大向深圳市政府作出五点表态：不再增持万科；不做万科控股股东；可将所持股份转让予深圳地铁集团；也愿听从深圳市委、市政府安排，暂时持有万科股份；后续坚决听从市委、市政府统一部署，全力支持各种万科重组方案。

2017年1月12日晚，万科发布公告，深圳地铁拟受让华润集团所属公司所持有的万科 A 股股份,约占万科总股本的 15.31%。

1 月 13 日,宝能发表声明:欢迎深圳地铁集团投资万科,宝能看好万科,作为财务投资者,支持万科健康稳定发展。

1 月 17 日,国务院国资委主任肖亚庆表示对华润转让万科股权很满意。

这就是中国特色市场经济的奇妙处,政府一出手,才知有没有。遥想 2016 年 6 月,宝能还提出议案要罢免万科董事会和监事会成员,11 月恒大还在增持万科,顷刻间他们的所有梦想都灰飞烟灭,恨不能说一句,"只要有一条生路,什么都行!"

三、宝能恒大的败、错、冤

姚振华逆袭万科,许家印将万科股价托上高点,他们染指的意图都不是简单的财务投资,都有战略意图。和曾经的雄心相对照,现在他们都已是失败者。从财务看,剔除全部成本,宝能目前还有 100 多亿元的浮盈,最后能锁定多少,取决于和深圳市政府之间的博弈,但主动权并不大,底线应是不亏钱离场。恒大不仅浮亏了好几十亿元,还把自己送进野蛮人、妖精的候选名单,这个烙印的代价比财务损失更加惨痛。

他们到底为什么败?有什么错?到底是不是野蛮人、妖精和害人精?

宝能始创于 1992 年,现有五大核心产业:物业开发、科技园区、物流、综合金融、医疗健康。按官网介绍,截至 2015 年底,公司净资产逾 1 200 亿元人民币,市场价值超 5 000 亿元人民币,系统内员工近 6 万人。

恒大创始于 1996 年,旗下产业包括地产、金融、健康、旅游、体育等,是世界 500 强之一。按官网介绍,总资产达 1 万亿元,年销售规模超 4 000 亿元,员工 8 万多人。

根据万科 2016 年三季度财报,万科的总资产为 7 559 亿元,落后于恒大。恒大地产全年销售额也小幅超过万科。但从负债率等企业健康指标看,恒大则逊色不少。

姚振华对财新记者说,"我是一个知识分子,干的都是踏踏实实的事。天天都是 5+2,'白加黑',一心只是想把保险公司干好,给保民挣点钱。真是太冤啦、太冤啦。"我和万科一位董事交流时他有相似结论,即姚振华是一个超级勤奋、从早忙到晚、务正业的人。

许家印也非常勤奋,他直到现在每周日晚还召集集团例会,并通过视频让全国各地的管理层参加。有恒大的与会者告诉我,每次开会都表扬先进,批评排名最后的3家公司负责人,让他们检讨。

从宝能和恒大的发展历程和总体状况看,得不出他们是野蛮人、妖精、害人精的结论。在中国民企中,他们排名前列,有很强竞争能力。

那么问题在哪里?由于保监会调查报告尚未出来,不知道最后究竟如何定性或定罪。但从保监会领导讲话释放的信息和媒体调查看,宝能系和恒大系涉及的问题可能在以下方面:寿险公司股权结构畸形,通过股权代持形成事实上的"一股独大";把寿险公司变成融资平台,通过多层次杠杆如万能险、资管计划杠杆、高息夹层融资杠杆等激进负债,严重偏离资产和负债的匹配关系;利用保费收入自我注资、循环使用,通过关联交易虚增资本,制造虚假偿付能力,等等。

通俗些说就是,按风险管理法规要求,你的身体条件只许挑100斤的担子,但你想方设法"炮制"身体指标,挑了1 000斤担子。用保监会副主席陈文辉的话,"保险公司如果通过各种金融产品绕开监管,偿付能力监管、资本监管就变成了'马奇诺防线',修得再好也没有用,绕开监管套利行为,严格意义上就是犯罪。"

为什么宝能、恒大在去年12月"妖精论"出来后迅速服软?除了知道是中央政府意志,也是因为他们绕过监管的高杠杆计划和关联交易,经不起严格推敲,更不用说是翻箱倒柜的调查。

现在我们站在宝能和恒大的立场上,揣测一下姚振华和许家印的心态,他们当然必须接受失败,但有没有喊冤的地方——

宝能最初买进万科的时候,千股跌停,市场罹难,买入就是维稳,投资标的有什么错?不该投这些价值被压低的蓝筹、为保险资金寻找好的匹配吗?

万宝之争开始后,保监会专门核查过合法合规问题,不是说"总体来看,前海人寿举牌万科股票没有违反相关监管规定,压力测试的结果表明风险可控""举牌是市场行为,在依法合规的前提下,监管不宜'干预'"吗?

险资投资二级市场,举牌上市公司,做长期机构投资者,不是为了响应保监会2012年提出的资金运用市场化改革目标、鼓励股权投资、不再满足于"做做存款,买买债券"等号召吗?

险资之所以对上市公司举牌5%以上并争取派驻董事,是因为一旦如此,股票投资的记账方式可以由公允价值法转为权益法,从而缓解股价剧烈波动对险资财务报表和偿付能力的影响。不正是这种制度安排驱动了对低市盈率蓝筹的投资吗？

在投资手段上，中国资本市场的杠杆工具相比发达市场是少还是多？郁亮提到《门口的野蛮人》一书中KKR收购雷诺-纳贝斯克的案例，KKR的并购资金中99.94%是靠垃圾债券大王米尔肯的融资，比我们的杠杆率不知道高多少，为什么可以做成呢？一个不鼓励通过金融工具开展并购，不允许"蛇吞象"的市场，真的是一个好市场吗？

自险资投资万科后，万科市值才走上上升通道，而不是长期压在低位。险资发现和提升了万科的价值，华润也最终高价变现，国有资产大大增值。从中小投资者到利益相关者的市场价值，险资害了谁？大量央企国资对外投资"打水漂"的比比皆是，怎么从来没有听说过他们是对纳税人和全民利益不负责任的"害人精"呢？媒体可以一手拿着监管部门的报告，一手不断爆险资的料，但平心而论，谁没有一点问题、能经得起这样不断被质疑？

宝能和恒大都已是败军之将，付出了高昂的机会成本，声誉也损失不少。在此时候，当然要纠错和吸取教训，但采取痛打、过度苛责，也并不公平。

四、为何政府最终站在万科一边？

如上所述，宝能和恒大肯定有错。但如果不是董明珠效应，这些错可能属于"风险可控、不宜干预、加强引导"的弹性范畴，也可能属于"改革探索中的问题，可以在发展中解决"，而不会突然变成"不可饶恕的罪"。在中国特色市场经济中，这样的场景会不时发生。这些事总有一个大背景，比如铁本案中的戴国芳，宏观调控和清理过热投资是大背景，一定要由某个民企担责，锤一定要落地，故事一定会发生，至于到底砸到铁本还是建龙头上则有一定偶然性。为什么那么多民企老板都在家中或办公室建个小佛堂，天天上香，原因之一就是祈求平安，不要被突如其来的政策性概率事件击中。

万科之争的大背景是什么呢？我在万科系列的第一篇文章《我的朋友王石，以及善与大意的代价》中指出，2015是中国经济金融化、资产证券化、要素自由化、融资直接化、并购普遍化、投资国际化的里程碑，金融力量崛起，资本话语崛起，财富大爆炸，要重构整个商业。因此，万科之争的出现有必然性。这几年，金融控股公司大兴，牌照走红，壳资源紧俏，资金掮客左右逢源，资金端无节制扩张，资产端举牌现象丛生，都是资本时代到来的表征。

但是，在资本崛起的另一面，中国政经与社会还在发生另一场深刻的变化，就是我在《从严治党后会不会从严治富》等多篇文章中所说的，在财富来源、创富路径、财富分配等方面，扬弃过去那种唯GDP、不择手段、不计社会成本、不考虑正当性、分配不公、分化严重的路径，在转变经济发展方式的同时，让财富创造变得更文明、更清洁、更和谐、更健康。从严治富的第一个信号是共同富裕；第二个信号是按照创新、协调、绿色、开放、共享的五大发展理念，转向质量效率型的创新驱动之路；第三个信号是构建"亲""清"新型政商关系，民营企业家要洁身自好，走正道，遵纪守法办企业，光明正大搞经营。

这样的信号对中国企业家意味着什么？从共同富裕的角度，意味着财富分享更具普惠性的公众公司会比寡头型的、私人控制度高而运营透明度低的公司，更令政府放心，也意味着政府会长期支持国有经济的发展；从五大发展理念的角度，意味着有品质、有品牌、受尊重、让利益相关者满意的好公司，是政府和社会鼓励的对象；从新型政商关系的角度，意味着"台底交易"和"勾兑寻租"的出路会越来越窄，不行贿、守契约、光明正大的正派商业文化会成为主流。

宝能和恒大当然不属于不走正道的公司，但在万科之争以及去年下半年他们频频在资本市场进进出出、带着"有钱大晒"的气息与上市公司管理层龃龉不断、关闭社会沟通渠道、让外部平添无穷猜测等现象来看，他们很容易给政府和社会留下策动于内室、兴风作浪于市场、处处惹是生非的不良印象。因此失败是必然的，即使一时得逞，最终也难有好的收场。

我在2015年12月《再谈我的朋友王石，以及商业文明视野中的宝万之争》一文中说——

我无意质疑高杠杆本身，我想说的是，即使他们的行为合乎目前监管条件下的商业规则，即使我们不去追究这些资金的源流，有一点是无可否认的，即保险资金"猎取"万科们的目的，不是创造价值协同，而是为了"获得"；不是帮助公司成长，而是看到了万科们账上丰厚的现金储备和优良信用，那可以帮助他们玩更大的资本游戏。

宝能和安邦通过正规市场的投资行为应当尊重，但是，靠急功近利，行妙手空空，图近功速效，这样的做法，我们不应该倡导。除非他们真正去理解万科，尊重万科的历史和道路，成为长距离价值创造的伙伴。

我们的社会要树立的，不是谁能得到万科这样的"所有权崇拜"，而是如何通过创新价值,通过深深地融入社会去创造正的外部性,让我们的商业社会更加和谐和健康。

遗憾的是,在整个万科之争中,宝能、恒大都不去回答投资万科之后究竟要干什么的经营性问题,所以无法赢得政府和社会的认同!他们比起1994年"君万之争"中对万科管理层提出一系列具体经营管理意见的君安证券的张国庆,相差不可以道里计!

我尊重资本,尊重规则(宝能和恒大恰恰都有违规的硬伤),我更强调文明。宝能和恒大,万科和格力,政府最后旗帜鲜明地站在后者一边,具有强烈的示范意义,值得中国企业界和投资界再三深思。

五、从商业文明视角看企业家

在万科之争中,我的观点一以贯之,也受到很多批驳,主要是讲情怀不讲规则。对此,我在《"万宝华之争":讲规则就把规则讲透》等文章中作过回应。在这篇万科大结局里,从学术角度,再作一些分析。

我们经常说要善待企业家,也没有谁怀疑企业家是财富的创造者,但什么样的财富创造方式才是真正值得善待的?这一点才是关键。

企业家并不天然地有一颗关心社会的心、诚实守信的心。美国经济学家凡勃伦(Veblen)在1904年提出,企业家是以机敏的和创造性的方法增加自己财富、权力和声望的人,然而却不能期望他们都会关心实现这些目标的某项活动在多大程度上对社会是有利的,甚至这项活动对生产有害他们也不在乎。

英国经济学家霍布斯鲍恩(Hobsbawm)1969年提出,在习惯上人们通常假设经济中的私人企业(企业家)有进行创新的自发倾向,实际上并非如此,企业家的唯一目标是利润。

诺贝尔经济学奖得主奥斯特罗姆1988年指出,新古典经济学的市场机制并不能保证人们把资源都用于生产性活动和科技发展,从寻租中获得的经济效益将足以诱使经济企业家变为政治企业家。经济企业家就是寻求利润的经济人,而政治企业家则是寻求租金的经纪人。

……

1990年,纽约大学斯特恩商学院教授鲍莫尔(Baumol)做了一项开创性研究。他提出,企业家才能的配置和企业家活动的类型才是理解企业家对经济繁荣贡献的关键。

鲍莫尔把企业家才能区分为生产性企业家才能、非生产性企业家才能和破坏性企业家才能三种，并非所有才能都是对社会有利的。

生产性企业家的活动一般指企业家创业、生产、创新、研发等增加社会产出的活动。他们推动经济从无效率的点向有效率的点靠近，或者通过创新把生产可能性曲线向外推移，这种推移代表着经济增长的本质——真实产出的增加源于生产效率的提高。由于创新扩大了真实产出，所以说这是一种"正和活动"。

非生产性企业家的活动一般指企业家为获得垄断特权、特殊政策而进行的游说等寻租活动，以及着眼于资源再分配的交易活动。他们往往试图通过操纵经济和政治规则从他人那里抽取价值，这类活动只是产品和财富的转移，并不增加社会总产出，因此是一种"零和活动"。

破坏性企业家的活动比非生产性企业家的活动"更坏"，如军阀、权贵之间的争夺、黑手党活动、高级诈骗和经济犯罪。他们不是把资本投入生产性企业，而是想方设法窃取他人资产，不仅不能提高社会总产出，还会减少社会总产出，是一种"负和活动"。

上述三种类型的活动都可以令企业家获利，成为富豪，但对社会总产出和真实价值的创造来说，其意义是完全不同的。

和鲍莫尔同属奥地利学派的著名学者柯兹纳（Kirzner）和哈伯（Harper），将企业家活动分为三种类型：套利、投机和创新。套利是对同一时间内存在价格差异的不同市场进行协调交易，投机是发现不同时间不同市场间的交易利润机会，创新是指通过新的生产方法、组织方法的运用，提供新的产品和服务。创新是最重要的企业家活动。

我并不否认套利和投机也是企业家才能，在某种意义上也有价格发现和消除信息不对称的积极作用，但我坚持认为，通过价值创新，实现产品与服务的真实产出的扩大，才是生产力发展的源泉。我在商业文明和企业家精神的研究中，一直希望中国进入以"企业家创新精神"代替"富豪机会主义"的"好人赚钱时代"；进入用好的资本代替权贵资本、投机资本、套利资本，从而驱动创新转型的"良心资本时代""善良资本年代"；希望企业家一端的"好人赚钱"，投资端的"良心资本"，能够良性互动，实现"共生主义"。这个过程不是放弃商业利润原则，而是要扬弃机会主义的商业原则、唯利是图的商业原则、尔虞我诈的商业原则、不计社会成本的商业原则。

有人让我定义何为"好人赚钱""良心资本"？很简单，"好人赚钱"就是通过在生产性活动中的创新，在做大蛋糕、创造增量的同时，实现财富增长。"良心资本"就是包含着生产性企业家才能的资本，其目的在于帮助创造真实的、新增的价值。在这方面，我高度认同高瓴资本创始人张磊所说的，"要相信美好的东西，纯粹的东西，扎扎实实专业研究的东西，要投资于价值，投资于未来，投资于人才，真正的投资家同样需要企业家精神，他们只是碰巧成了投资家。"

中国市场的一个可悲之处在于，"唯才是举"远远抵不上"唯利是图"的流行。有钱就是最好的包装和对一切质疑的遮蔽，可以上榜、玩资本、做慈善、当教授、当委员、当代表、当明星，随便说几句话就被媒体炒成热点。中国经济的规模几年后就要超过美国，但依然大而不强，根本原因就在于，财富规模可以靠投资和负债堆上去，可以靠土地的价值重估估上去，而技术创新、价值创新则要靠扎扎实实的奋斗与坚持，忽悠和蒙骗都得不到。

正如企业家才能其实是高度类型化、本质完全不同一样，资本家对社会的价值与意义也大相径庭。我们需要好的资本，也需要对"门口的野蛮人"保持高度的警觉——"垃圾债券就像使人上瘾的毒品一样，它能使一个小收购者从事一个庞大的收购计划，从而改变这些默默无闻的小收购者在收购中的命运。垃圾债券不断膨胀，一旦经济转头向下，会无法清偿堆积如山的债务，投资者会变得一无所有"；"这些人为什么如此关心计算机中的数据而不是工厂的产品？他们为什么如此热衷于拆散一家公司而不是去建设它？所有这些与商业精神究竟又有什么关系呢？"

六、好的市场经济依赖全社会的努力

在关于企业家才能的研究中，还有两个重要结论：

（一）社会的制度环境和报酬结构决定企业家活动的类型。制度是约束人们相互交往的行为框架，是保证交易顺利进行的必要条件，包括产权保护、法律体系、管制结构、激励条件等。不同的制度环境，会激励不同的企业家类型。

（二）社会信念、文化、宗教等非正式制度也会影响企业家对活动类型的选择。阿西莫格鲁（Acemoglu）1995年对此有过经典表述——一个社会的主流商业文化和信仰会通过"社会合法性"或"社会一致性"（social consensus）来影响企业家感知到的精神报酬，进而影响企业家在寻租和寻利上的选择。比如，如果我们的社会不是以整个公司通过经营效率的提高创造出的真实价值去判定企业家的价值,而是以个人财富排行去判定企业家的价值,那么就会对企业家产生一种强烈的诱导,驱动他们更多地借助于扩张型工具(高杠杆与高负债)与扩张型策略(多元化与资产交易),进行外延式扩张,这在某个阶段(如经济景气扩张期)和某些条件下(如政府给予特殊优惠和便利)是可行的,但根本上是难以持续的,如果不加以节制,总有"撑断资金链、撑死自己"的那一天,再大也没有用,规模越大问题越多。

写到这里,相信读者会理解,为什么在整个万科之争中,我始终坚持站在万科管理层一边。因为自1984年创立,他们一步一步地通过实践证明,他们是生产性、创新性的经济活动的推动者,是"阳光下的体制"的建设者,万科文化是中国商业领域中积累的社会资本的代表之一。姚振华、吴小晖纵有再多财富,从这个角度看距离万科这座山峰还有遥远距离;恒大纵使规模超过万科,如果不发自内心地学习专业化、规范化、阳光化的特质,动不动就玩大的、赌大的、做别的,资本市场也会通过更高的债息和更低的估值对其进行约束与惩罚。我并不抹杀他们的企业家才能,我尊重他们的想象力和奋斗精神,但我愿意做一次郑重的提醒:单以财富论英雄的时代开始走下坡路了,真实价值的创造与创新,这是未来的主流!

好的市场经济,创新型的企业家,以人为本、以价值创造为本的商业文明,这是我的选择。如果我的工作能成为新商业文明、新的文化和价值信仰的一部分,并通过这种传播间接去影响企业家、投资家在活动类型上的选择,大道光明,造福社会,就是我最大的满足。

七、好的结果与并不完美的方式

十八届三中全会《关于全面深化改革若干重大问题的决定》指出,经济体制改革是全面深化改革的重点,核心问题是处理好政府和市场的关系,使市场在资源配置中起决定性作用和更好发挥政府作用;国家保护各种所有制经济产权和合法利益,保证各种所有制经济依法平等使用生产要素、公开公平公正参与市场竞争、同等受到法律保护,依法监管各种所有制经济;鼓励金融创新,丰富金融市场层次和产品。

万科之争的大结局是我所希望看到的,但这个结局不是来自市场在资源配置中起决定性作用,而是来自政府强有力的手。一方面,我们看到,更好发挥政府作用,在中国是需要的,是切实可行的,政府和市场的关系并不是矛盾对立的,而是互动并存的,这种并存具有长期性;但另一方面,我们又必须警惕,政府不是天使,集裁判员、运动员于一身的角色,注定了错位也是长期的。因此,我们始终不能放弃追问类似下面这样的问题——

如果我们不相信宝能和恒大能成为万科的"合格股东",不相信他们的承诺,我们为什么相信深圳地铁集团就是最合格的股东?

如果我们认为宝能和恒大不如万科更能代表生产性的、创新性的企业家活动,由政府直接配置资源、享受各种优惠、坐地生财的大型国企,其行为是否就符合企业家创新活动的标准?

如果我们认为宝能和恒大在收购行为中暴露了过于激进、风险敞口过大的问题,为什么不能通过金融创新,提供更有效的杠杆工具和并购贷款、并购债券,让资本市场有一种力量,冲击固化、低效或者价值低估的公司的治理与管理,而不是一直用"父爱主义"的保护、保卫,让再糟糕的公司也有巨大的壳价值? 兴风作浪的市场,是否好过一潭死水的市场?

2016年7月,王石在接受新华社记者采访时说,"我相信市场的力量,万科团队是非常优秀、尽责和自律的,应当摒弃鱼死网破的斗争哲学,在多元社会和市场经济的框架下,找到一种折中的、共赢的方案往前走。"而2017年1月7日在中城联盟年会上,王石强调万科未来投资策略仍将坚持"走正道、傍大款、合伙人","谁是大款? 就是大型国有企业。国策之下,国有企业一马当先。不和他们在一起,我们和谁在一起呢?"

我们究竟要和谁在一起? 是和多元化市场经济中的公平规则在一起,还是回到以国企为荣耀的岁月? 如果万科的答案是后者,我们凭什么相信,他们的未来会继续充满内生动力和创新活力?

相信市场力量的王石,最终靠董明珠效应的外溢,笑到了最后。虽然赢了,但我们更需要强调的"国策",应该是"保证各种所有制经济依法平等使用生产要素、公开公平公正参与市场竞争",是"依法监管各种所有制经济"。而在万科之争的全过程,关于深圳地铁,可曾有过监督性、监管性的提醒?

赢家万科的身后,可能有一种巨大的隐忧,正在生长。

在《唯创新与责任不可辜负》的上篇中,我说中国特有的官商环境、政府干预和充斥着机会主义导向的文化气氛,使得中国经济仿佛是一个多层的空间结构,每一层都有赚钱的机会,而且相互之间常常可以互通。创新的机会、成本领先的机会、寻租的机会、交易的机会、体制套利的机会、攫取和掠夺的机会、监管部门逐利化的机会、利用土地市场和资本市场超常规敛财的机会，在同一时空多轨并存。

我的希望是，中国市场经济的演进方向，是《关于全面深化改革若干重大问题的决定》中所阐述的原则。如果我们不能从制度环境、法治环境、市场环境、社会文化环境等方方面面，共同朝着公平竞争、创新驱动、高效创造、清洁自律、依法监管的方向迈进，未来10年20年还沉浸在所有制的迷思里，那不仅不利于非公经济的发展，也不利于国企在市场压力倒逼下的改革与创新。

万科大结局对中国经济意味着什么？不是谁胜谁败，而是从政府到每个利益相关者，都要来思考：为了建设一个好的市场经济，我们如何更好地担当？唯创新与责任不可辜负，这是比输赢更重要的。

万科之争的大结局，用一种不那么市场化的方式，满足了我对于好的市场经济的期待。它会是我长期学习和受益的活生生教材。

曾国藩有言，"吾惟尽一分心做一日事，至于成败，则不复计较。……天下事焉能尽如人意，古来成大事者，半是天缘凑泊，半是勉强迁就。人贵自强，求人不如求己。"天缘凑泊，是说外部的机遇因缘，勉强迁就，是说死撑硬熬的坚持。

万科管理团队熬了一年多，不乱，不躁，无杂音，这是文化的力量。这种力量帮助他们坚持到了突然有一天，天边飘过董明珠的声音，一切从此不同。

宝能，恒大，该你们"勉强迁就"了。中国市场够大，只要洞悉时势变化，勇于自我革新，你们的明天，也会更好。

（作者是第一财经传媒有限公司总经理，本文选自《秦朔朋友圈》2017年1月23日）

附　录

高举中国特色社会主义伟大旗帜
为决胜全面小康社会实现中国梦而奋斗

新华社北京7月27日电　省部级主要领导干部"学习习近平总书记重要讲话精神,迎接党的十九大"专题研讨班26日至27日在京举行。中共中央总书记、国家主席、中央军委主席习近平在开班式上发表重要讲话强调,中国特色社会主义是改革开放以来党的全部理论和实践的主题,全党必须高举中国特色社会主义伟大旗帜,牢固树立中国特色社会主义道路自信、理论自信、制度自信、文化自信,确保党和国家事业始终沿着正确方向胜利前进。我们要牢牢把握我国发展的阶段性特征,牢牢把握人民群众对美好生活的向往,提出新的思路、新的战略、新的举措,继续统筹推进"五位一体"总体布局、协调推进"四个全面"战略布局,决胜全面建成小康社会,夺取中国特色社会主义伟大胜利,为实现中华民族伟大复兴的中国梦不懈奋斗。

中共中央政治局常委李克强、张德江、俞正声、刘云山、王岐山、张高丽出席。

习近平强调,即将召开的党的十九大,是在全面建成小康社会决胜阶段、中国特色社会主义发展关键时期召开的一次十分重要的大会,能否提出具有全局性、战略性、前瞻性的行动纲领,事关党和国家事业继往开来,事关中国特色社会主义前途命运,事关最广大人民根本利益。我们党要明确宣示举什么旗、走什么路、以什么样的精神状态、担负什么样的历史使命、实现什么样的奋斗目标。

习近平指出,谋划和推进党和国家各项工作,必须深入分析和准确判断当前世情国情党情。我们强调重视形势分析,对形势作出科学判断,是为制定方针、描绘蓝图提供依据,也是为了使全党同志特别是各级领导干部增强忧患意识,做到居安思危、知危图安。分析国际国内形势,既要看到成绩和机遇,更要看到短板和不足、困难和挑战,看到形势发展变化给我们带来的风险,从最坏处着眼,做最充分的准备,朝好的方向努力,争取最好的结果。

习近平强调,党的十八大以来的5年,是党和国家发展进程中很不平凡的5年。5年来,党中央科学把握当今世界和当代中国的发展大势,顺应实践要求和人民愿望,推出一系列重大战略举措,出台一系列重大方针政策,推进一系列重大工作,解决了许多长期想解决而没有解决的难题,办成了许多过去想办而没有办成的大事。我们全面加强党的领导,大大增强了党的凝聚力、战斗力和领导力、号召力。我们坚定不移贯彻新发展理念,有力推动我国发展不断朝着更高质量、更有效率、更加公平、更可持续的方向前进。我们坚定不移全面深化改革,推动改革呈现全面发力、多点突破、纵深推进的崭新局面。我们坚定不移全面推进依法治国,显著增强了我们党运用法律手段领导和治理国家的能力。我们加强党对意识形态工作的领导,巩固了全党全社会思想上的团结统一。我们坚定不移推进生态文明建设,推动美丽中国建设迈出重要步伐。我们坚定不移推进国防和军队现代化,推动国防和军队改革取得历史性突破。我们坚定不移推进中国特色大国外交,营造了我国发展的和平国际环境和良好周边环境。我们坚定不移推进全面从严治党,着力解决人民群众反映最强烈、对党的执政基础威胁最大的突出问题,形成了反腐败斗争压倒性态势,党内政治生活气象更新,全党理想信念更加坚定、党性更加坚强,党自我净化、自我完善、自我革新、自我提高能力显著提高,党的执政基础和群众基础更加巩固,为党和国家各项事业发展提供了坚强政治保证。

习近平指出,抓住重点带动面上工作,是唯物辩证法的要求,也是我们党在革命、建设、改革进程中一贯倡导和坚持的方法。经过改革开放近40年的发展,我国社会生产力水平明显提高;人民生活显著改善,对美好生活的向往更加强烈,人民群众的需要呈现多样化多层次多方面的特点,期盼有更好的教育、更稳定的工作、更满意的收入、更可靠的社会保障、更高水平的医疗卫生服务、更舒适的居住条件、更优美的环境、更丰富的精神文化生活。

习近平强调,认识和把握我国社会发展的阶段性特征,要坚持辩证唯物主义和历史唯物主义的方法论,从历史和现实、理论和实践、国内和国际等的结合上进行思考,从我国社会发展的历史方位上来思考,从党和国家事业发展大局出发进行思考,得出正确结论。全党要牢牢把握社会主义初级阶段这个最大国情,牢牢立足社会主义初级阶段这个最大实际,更准确地把握我国社会主义初级阶段不断变化的特点,坚持党的基本路线,在继续推动经济发展的同时,更好解决我国社会出现的各种问题,更好实现各项事业全面发展,更好发展中国特色社会主义事业,更好推动人的全面发展、社会全面进步。

习近平指出,党的十八大以来,在新中国成立特别是改革开放以来我国发展取得的重大成就基础上,党和国家事业发生历史性变革,我国发展站到了新的历史起点上,中国特色社会主义进入了新的发展阶段。中国特色社会主义不断取得的重大成就,意味着近代以来久经磨难的中华民族实现了从站起来、富起来到强起来的历史性飞跃,意味着社会主义在中国焕发出强大生机活力并不断开辟发展新境界,意味着中国特色社会主义拓展了发展中国家走向现代化的途径,为解决人类问题贡献了中国智慧、提供了中国方案。全党要提高战略思维能力,不断增强工作的原则性、系统性、预见性、创造性,按照新要求制定党和国家大政方针,完善发展战略和各项政策,以新的精神状态和奋斗姿态把中国特色社会主义推向前进。

习近平强调,我们党是高度重视理论建设和理论指导的党,强调理论必须同实践相统一。我们坚持和发展中国特色社会主义,必须高度重视理论的作用,增强理论自信和战略定力。在新的时代条件下,我们要进行伟大斗争、建设伟大工程、推进伟大事业、实现伟大梦想,仍然需要保持和发扬马克思主义政党与时俱进的理论品格,勇于推进实践基础上的理论创新。时代是思想之母,实践是理论之源。我们要在迅速变化的时代中赢得主动,要在新的伟大斗争中赢得胜利,就要在坚持马克思主义基本原理的基础上,以更宽广的视野、更长远的眼光来思考和把握国家未来发展面临的一系列重大战略问题,在理论上不断拓展新视野、作出新概括。

习近平指出,到2020年全面建成小康社会,实现第一个百年奋斗目标,是我们党向人民、向历史作出的庄严承诺。我们要按照党的十六大、十七大、十八大提出的全面建成小康社会各项要求,突出抓重点、补短板、强弱项,特别是要坚决打好防范化解重大风险、精准脱贫、污染防治的攻坚战,坚定不移深化供给侧结构性改革,推动经济社会持续健康发展,使全面建成小康社会得到人民认可、经得起历史检验。2020年全面建成小康社会后,我们要激励全党全国各族人民为实现第二个百年奋斗目标而努力,踏上建设社会主义现代化国家新征程,让中华民族以更加昂扬的姿态屹立于世界民族之林。

习近平强调,党要团结带领人民进行伟大斗争、推进伟大事业、实现伟大梦想,必须毫不动摇坚持和完善党的领导,毫不动摇推进党的建设新的伟大工程,把党建设得更加坚强有力。只有进一步把党建设好,确保我们党永葆旺盛生命力和强大战斗力,我们党才能带领人民成功应对重大挑战、抵御重大风险、克服重大阻力、解决重大矛盾,不断从胜利走向新的胜利。实践使我们越来越深刻地认识到,管党治党不仅关系党的前途命运,而且关系国家和民族的前途命运,必须以更大的决心、更大的勇气、更大的气力抓紧抓好。

习近平指出,全面从严治党永远在路上。一个政党,一个政权,其前途命运取决于人心向背。对党的十八大以来全面从严治党取得的成果,人民群众给予了很高评价,成绩值得充分肯定,经验值得深入总结。但是,我们决不能因此而沾沾自喜、盲目乐观。全面从严治党依然任重道远。全党要坚持问题导向,保持战略定力,推动全面从严治党向纵深发展,把全面从严治党的思路举措搞得更加科学、更加严密、更加有效,确保党始终同人民想在一起、干在一起,引领承载着中国人民伟大梦想的航船破浪前进,胜利驶向光辉的彼岸。

李克强在主持开班式时指出,习近平总书记的讲话十分重要。讲话科学分析了当前国际国内形势,深刻阐述了5年来党和国家事业发生的历史性变革,深刻阐述了新的历史条件下坚持和发展中国特色社会主义的一系列重大理论和实践问题,深刻阐明了未来一个时期党和国家事业发展的大政方针和行动纲领,提出了一系列新的重要思想、重要观点、重大判断、重大举措,具有很强的思想性、战略性、前瞻性、指导性。要认真学习领会,切实把思想和行动统一到讲话精神上来,并以此指导和推动各项工作,增强政治意识、大局意识、核心意识、看齐意识,自觉在思想上政治上行动上同以习近平同志为核心的党中央保持高度一致,抓好各项决策部署贯彻落实,以优异成绩迎接党的十九大胜利召开。

刘云山在结业式上作总结讲话,他强调,习近平总书记重要讲话深刻阐述了新的历史条件下坚持和发展中国特色社会主义的一系列重大理论和实践问题。大家通过学习,深化了对讲话重大政治意义、理论意义、实践意义的认识,深化了对讲话丰富内涵、精神实质、基本要求的认识,武装了头脑、明确了方向。要认真组织好讲话精神的学习宣传贯彻,联系以习近平同志为核心的党中央治国理政实践,联系党和国家的历史性变革和历史性成就,引导广大党员干部把思想和行动统一到讲话精神上来,增强维护核心的思想自觉和行动自觉。要以讲话精神为指导,扎实做好迎接党的十九大宣传工作,做好改革发展稳定各项工作,深入推进全面从严治党。

中共中央政治局委员、中央书记处书记,全国人大常委会党员副委员长,国务委员,最高人民法院院长,最高人民检察院检察长,全国政协党员副主席以及中央军委委员出席开班式。各民主党派中央、全国工商联以及有关方面负责同志列席开班式。

各省区市和新疆生产建设兵团、中央和国家机关有关部门主要负责同志,军队各大单位、军委机关各部门主要负责同志参加研讨班。

(本文选自2017年7月28日《人民日报》)

习近平：关于《中共中央关于全面深化改革若干重大问题的决定》的说明

一、关于全会决定起草过程

改革开放以来，历届三中全会研究什么议题、作出什么决定、采取什么举措、释放什么信号，是人们判断新一届中央领导集体施政方针和工作重点的重要依据，对做好未来5年乃至10年工作意义重大。

党的十八大之后，中央即着手考虑十八届三中全会的议题。党的十八大统一提出了全面建成小康社会和全面深化改革开放的目标，强调必须以更大的政治勇气和智慧，不失时机深化重要领域改革，坚决破除一切妨碍科学发展的思想观念和体制机制弊端，构建系统完备、科学规范、运行有效的制度体系，使各方面制度更加成熟更加定型。我们认为，要完成党的十八大提出的各项战略目标和工作部署，必须抓紧推进全面改革。

从党的十一届三中全会作出把党和国家工作中心转移到经济建设上来、实行改革开放的历史性决策以来，已经35个年头了。中国人民的面貌、社会主义中国的面貌、中国共产党的面貌能发生如此深刻的变化，我国能在国际社会赢得举足轻重的地位，靠的就是坚持不懈推进改革开放。

1992年，邓小平同志在南方谈话中说："不坚持社会主义，不改革开放，不发展经济，不改善人民生活，只能是死路一条。"回过头来看，我们对邓小平同志这番话就有更深的理解了。所以，我们讲，只有社会主义才能救中国，只有改革开放才能发展中国、发展社会主义、发展马克思主义。

正是从历史经验和现实需要的高度，党的十八大以来，中央反复强调，改革开放是决定当代中国命运的关键一招，也是决定实现"两个一百年"奋斗目标、实现中华民族伟大复兴的关键一招，实践发展永无止境，解放思想永无止境，改革开放也永无止境，停顿和倒退没有出路，改革开放只有进行时、没有完成时。面对新形势新任务，我们必须通过全面深化改革，着力解决我国发展面临的一系列突出矛盾和问题，不断推进中国特色社会主义制度自我完善和发展。

当前,国内外环境都在发生极为广泛而深刻的变化,我国发展面临一系列突出矛盾和挑战,前进道路上还有不少困难和问题。比如:发展中不平衡、不协调、不可持续问题依然突出,科技创新能力不强,产业结构不合理,发展方式依然粗放,城乡区域发展差距和居民收入分配差距依然较大,社会矛盾明显增多,教育、就业、社会保障、医疗、住房、生态环境、食品药品安全、安全生产、社会治安、执法司法等关系群众切身利益的问题较多,部分群众生活困难,形式主义、官僚主义、享乐主义和奢靡之风问题突出,一些领域消极腐败现象易发多发,反腐败斗争形势依然严峻,等等。解决这些问题,关键在于深化改革。

今年4月,中央政治局经过深入思考和研究、广泛听取党内外各方面意见,决定党的十八届三中全会研究全面深化改革问题并作出决定。

4月20日,中央发出《关于对党的十八届三中全会研究全面深化改革问题征求意见的通知》。各地区各部门一致认为,党的十八届三中全会重点研究全面深化改革问题,顺应了广大党员、干部、群众的愿望,抓住了全社会最关心的问题,普遍表示赞成。

改革开放以来历次三中全会都研究讨论深化改革问题,都是在释放一个重要信号,就是我们党将坚定不移高举改革开放的旗帜,坚定不移坚持党的十一届三中全会以来的理论和路线方针政策。说到底,就是要回答在新的历史条件下举什么旗、走什么路的问题。

党的十八届三中全会以全面深化改革为主要议题,是我们党坚持以邓小平理论、"三个代表"重要思想、科学发展观为指导,在新形势下坚定不移贯彻党的基本路线、基本纲领、基本经验、基本要求,坚定不移高举改革开放大旗的重要宣示和重要体现。

议题确定后,中央政治局决定成立文件起草组,由我担任组长,刘云山、张高丽同志为副组长,相关部门负责同志、部分省市领导同志参加,在中央政治局常委会领导下进行全会决定起草工作。

文件起草组成立以来,在将近7个月的时间里,广泛征求意见,开展专题论证,进行调查研究,反复讨论修改。其间,中央政治局常委会会议3次、中央政治局会议2次分别审议决定,决定征求意见稿还下发党内一定范围征求意见,征求党内老同志意见,专门听取各民主党派中央、全国工商联负责人和无党派人士意见。

从反馈情况看,各方面一致认为,全会决定深刻剖析了我国改革发展稳定面临的重大理论和实践问题,阐明了全面深化改革的重大意义和未来走向,提出了全面深化改革的指导思想、目标任务、重大原则,描绘了全面深化改革的新蓝图、新愿景、新目标,汇集了全面深化改革的新思想、新论断、新举措,反映了社会呼声、社会诉求、社会期盼,凝聚了全党全社会关于全面深化改革的思想共识和行动智慧。

各方面一致认为,全会决定合理布局了全面深化改革的战略重点、优先顺序、主攻方向、工作机制、推进方式和时间表、路线图,形成了改革理论和政策的一系列新的重大突破,是全面深化改革的又一次总部署、总动员,必将对推动中国特色社会主义事业发展产生重大而深远的影响。

在征求意见过程中,各方面共提出了许多好的意见和建议。中央责成文件起草组认真整理研究这些意见和建议,文件起草组对全会决定作出重要修改。

二、关于全会决定的总体框架和重点问题

中央政治局认为,面对新形势新任务新要求,全面深化改革,关键是要进一步形成公平竞争的发展环境,进一步增强经济社会发展活力,进一步提高政府效率和效能,进一步实现社会公平正义,进一步促进社会和谐稳定,进一步提高党的领导水平和执政能力。

围绕这些重大课题,我们强调,要有强烈的问题意识,以重大问题为导向,抓住关键问题进一步研究思考,着力推动解决我国发展面临的一系列突出矛盾和问题。我们中国共产党人干革命、搞建设、抓改革,从来都是为了解决中国的现实问题。可以说,改革是由问题倒逼而产生,又在不断解决问题中得以深化。

35年来,我们用改革的办法解决了党和国家事业发展中的一系列问题。同时,在认识世界和改造世界的过程中,旧的问题解决了,新的问题又会产生,制度总是需要不断完善,因而改革既不可能一蹴而就、也不可能一劳永逸。

全会决定起草,突出了5个方面的考虑。一是适应党和国家事业发展新要求,落实党的十八大提出的全面深化改革开放的战略任务。二是以改革为主线,突出全面深化改革新举措,一般性举措不写,重复性举措不写,纯属发展性举措不写。三是抓住重点,围绕解决好人民群众反映强烈的问题,回应人民群众呼声和期待,突出重要领域和关键环节,突出经济体制改革牵引作用。四是坚持积极稳妥,设计改革措施胆子要大、步子要稳。五是时间设计到2020年,按这个时间段提出改革任务,到2020年在重要领域和关键环节改革上取得决定性成果。

在框架结构上,全会决定以当前亟待解决的重大问题为提领,按条条谋篇布局。除引言和结束语外,共 16 个部分,分三大板块。第一部分构成第一板块,是总论,主要阐述全面深化改革的重大意义、指导思想、总体思路。第二至第十五部分构成第二板块,是分论,主要从经济、政治、文化、社会、生态文明、国防和军队 6 个方面,具体部署全面深化改革的主要任务和重大举措。其中,经济方面开 6 条(第二至第七部分),政治方面开 3 条(第八至第十部分),文化方面开 1 条(第十一部分),社会方面开 2 条(第十二至第十三部分),生态方面开 1 条(第十四部分),国防和军队方面开 1 条(第十五部分)。第十六部分构成第三板块,讲组织领导,主要阐述加强和改善党对全面深化改革的领导。

这里,我想就全会决定涉及的几个重大问题和重大举措介绍一下中央的考虑。

第一,关于使市场在资源配置中起决定性作用和更好发挥政府作用。这是这次全会决定提出的一个重大理论观点。这是因为,经济体制改革仍然是全面深化改革的重点,经济体制改革的核心问题仍然是处理好政府和市场关系。

1992 年,党的十四大提出了我国经济体制改革的目标是建立社会主义市场经济体制,提出要使市场在国家宏观调控下对资源配置起基础性作用。这一重大理论突破,对我国改革开放和经济社会发展发挥了极为重要的作用。这也说明,理论创新对实践创新具有重大先导作用,全面深化改革必须以理论创新为先导。

经过 20 多年实践,我国社会主义市场经济体制已经初步建立,但仍存在不少问题,主要是市场秩序不规范,以不正当手段谋取经济利益的现象广泛存在;生产要素市场发展滞后,要素闲置和大量有效需求得不到满足并存;市场规则不统一,部门保护主义和地方保护主义大量存在;市场竞争不充分,阻碍优胜劣汰和结构调整,等等。这些问题不解决好,完善的社会主义市场经济体制是难以形成的。

从党的十四大以来的 20 多年间,对政府和市场关系,我们一直在根据实践拓展和认识深化寻找新的科学定位。党的十五大提出"使市场在国家宏观调控下对资源配置起基础性作用",党的十六大提出"在更大程度上发挥市场在资源配置中的基础性作用",党的十七大提出"从制度上更好发挥市场在资源配置中的基础性作用",党的十八大提出"更大程度更广范围发挥市场在资源配置中的基础性作用"。可以看出,我们对政府和市场关系的认识也在不断深化。

在这次讨论和征求意见过程中,许多方面提出,应该从理论上对政府和市场关系进一步作出定位,这对全面深化改革具有十分重大的作用。考虑各方面意见和现实发展要求,经过反复讨论和研究,中央认为对这个问题从理论上作出新的表述条件已经成熟,应该把市场在资源配置中的"基础性作用"修改为"决定性作用"。

现在,我国社会主义市场经济体制已经初步建立,市场化程度大幅度提高,我们对市场规律的认识和驾驭能力不断提高,宏观调控体系更为健全,主客观条件具备,我们应该在完善社会主义市场经济体制上迈出新的步伐。

进一步处理好政府和市场关系,实际上就是要处理好在资源配置中市场起决定性作用还是政府起决定性作用这个问题。经济发展就是要提高资源尤其是稀缺资源的配置效率,以尽可能少的资源投入生产尽可能多的产品、获得尽可能大的效益。理论和实践都证明,市场配置资源是最有效率的形式。市场决定资源配置是市场经济的一般规律,市场经济本质上就是市场决定资源配置的经济。健全社会主义市场经济体制必须遵循这条规律,着力解决市场体系不完善、政府干预过多和监管不到位问题。作出"使市场在资源配置中起决定性作用"的定位,有利于在全党全社会树立关于政府和市场关系的正确观念,有利于转变经济发展方式,有利于转变政府职能,有利于抑制消极腐败现象。

当然,我国实行的是社会主义市场经济体制,我们仍然要坚持发挥我国社会主义制度的优越性、发挥党和政府的积极作用。市场在资源配置中起决定性作用,并不是起全部作用。

发展社会主义市场经济,既要发挥市场作用,也要发挥政府作用,但市场作用和政府作用的职能是不同的。全会决定对更好发挥政府作用提出了明确要求,强调科学的宏观调控,有效的政府治理,是发挥社会主义市场经济体制优势的内在要求。全会决定对健全宏观调控体系、全面正确履行政府职能、优化政府组织结构进行了部署,强调政府的职责和作用主要是保持宏观经济稳定,加强和优化公共服务,保障公平竞争,加强市场监管,维护市场秩序,推动可持续发展,促进共同富裕,弥补市场失灵。

第二,关于坚持和完善基本经济制度。坚持和完善公有制为主体、多种所有制经济共同发展的基本经济制度,关系巩固和发展中国特色社会主义制度的重要支柱。

改革开放以来,我国所有制结构逐步调整,公有制经济和非公有制经济在发展经济、促进就业等方面的比重不断变化,增强了经济社会发展活力。在这种情况下,如何更好体现和坚持公有制主体地位,进一步探索基本经济制度有效实现形式,是摆在我们面前的一个重大课题。

全会决定强调必须毫不动摇巩固和发展公有制经济,坚持公有制主体地位,发挥国有经济主导作用,不断增强国有经济活力、控制力、影响力。

全会决定坚持和发展党的十五大以来有关论述,提出要积极发展混合所有制经济,强调国有资本、集体资本、非公有资本等交叉持股、相互融合的混合所有制经济,是基本经济制度的重要实现形式,有利于国有资本放大功能、保值增值、提高竞争力。这是新形势下坚持公有制主体地位,增强国有经济活力、控制力、影响力的一个有效途径和必然选择。

全会决定提出,完善国有资产管理体制,以管资本为主加强国有资产监管,改革国有资本授权经营体制;国有资本投资运营要服务于国家战略目标,更多投向关系国家安全、国民经济命脉的重要行业和关键领域,重点提供公共服务、发展重要前瞻性战略性产业、保护生态环境、支持科技进步、保障国家安全;划转部分国有资本充实社会保障基金;提高国有资本收益上缴公共财政比例,更多用于保障和改善民生。

国有企业是推进国家现代化、保障人民共同利益的重要力量。经过多年改革,国有企业总体上已经同市场经济相融合。同时,国有企业也积累了一些问题、存在一些弊端,需要进一步推进改革。全会决定提出一系列有针对性的改革举措,包括国有资本加大对公益性企业的投入;国有资本继续控股经营的自然垄断行业,实行以政企分开、政资分开、特许经营、政府监管为主要内容的改革,根据不同行业特点实行网运分开、放开竞争性业务;健全协调运转、有效制衡的公司法人治理结构;建立职业经理人制度,更好发挥企业家作用;建立长效激励约束机制,强化国有企业经营投资责任追究;探索推进国有企业财务预算等重大信息公开;国有企业要合理增加市场化选聘比例,合理确定并严格规范国有企业管理人员薪酬水平、职务待遇、职务消费、业务消费。这些举措将推动国有企业完善现代企业制度、提高经营效率、合理承担社会责任、更好发挥作用。

坚持和完善基本经济制度必须坚持"两个毫不动摇"。全会决定从多个层面提出鼓励、支持、引导非公有制经济发展,激发非公有制经济活力和创造力的改革举措。在功能定位上,明确公有制经济和非公有制经济都是社会主义市场经济的重要组成部分,都是我国经济社会发展的重要基础;在产权保护上,明确提出公有制经济财产权不可侵犯,非公有制经济财产权同样不可侵犯;在政策待遇上,强调坚持权利平等、机会平等、规则平等,实行统一的市场准入制度;鼓励非公有制企业参与国有企业改革,鼓励发展非公有资本控股的混合所有制企业,鼓励有条件的私营企业建立现代企业制度。这将推动非公有制经济健康发展。

第三,关于深化财税体制改革。财政是国家治理的基础和重要支柱,科学的财税体制是优化资源配置、维护市场统一、促进社会公平、实现国家长治久安的制度保障。现行财税体制是在1994年分税制改革的基础上逐步完善形成的,对实现政府财力增强和经济快速发展的双赢目标发挥了重要作用。

随着形势发展变化,现行财税体制已经不完全适应合理划分中央和地方事权、完善国家治理的客观要求,不完全适应转变经济发展方式、促进经济社会持续健康发展的现实需要,我国经济社会发展中的一些突出矛盾和问题也与财税体制不健全有关。

这次全面深化改革,财税体制改革是重点之一。主要涉及改进预算管理制度,完善税收制度,建立事权和支出责任相适应的制度等。

全会决定提出,要实施全面规范、公开透明的预算制度,适度加强中央事权和支出责任,国防、外交、国家安全、关系全国统一市场规则和管理等作为中央事权;部分社会保障、跨区域重大项目建设维护等作为中央和地方共同事权,逐步理顺事权关系;中央可通过安排转移支付将部分事权支出责任委托地方承担;对于跨区域且对其他地区影响较大的公共服务,中央通过转移支付承担一部分地方事权支出责任。

这些改革举措的主要目的是明确事权、改革税制、稳定税负、透明预算、提高效率,加快形成有利于转变经济发展方式、有利于建立公平统一市场、有利于推进基本公共服务均等化的现代财政制度,形成中央和地方财力与事权相匹配的财税体制,更好发挥中央和地方两个积极性。

财税体制改革需要一个过程,逐步到位。中央已经明确,要保持现有中央和地方财力格局总体稳定,进一步理顺中央和地方收入划分。

第四,关于健全城乡发展一体化体制机制。城乡发展不平衡不协调,是我国经济社会发展存在的突出矛盾,是全面建成小康社会、加快推进社会主义现代化必须解决的重大问题。改革开放以来,我国农村面貌发生了翻天覆地的变化。但是,城乡二元结构没有根本改变,城乡发展差距不断拉大趋势没有根本扭转。根本解决这些问题,必须推进城乡发展一体化。

全会决定提出，必须健全体制机制，形成以工促农、以城带乡、工农互惠、城乡一体的新型工农城乡关系，让广大农民平等参与现代化进程、共同分享现代化成果。

全会决定提出了健全城乡发展一体化体制机制的改革举措。一是加快构建新型农业经营体系。主要是坚持家庭经营在农业中的基础性地位，鼓励土地承包经营权在公开市场上向专业大户、家庭农场、农民合作社、农业企业流转，鼓励农村发展合作经济，鼓励和引导工商资本到农村发展适合企业化经营的现代种养业，允许农民以土地承包经营权入股发展农业产业化经营等。二是赋予农民更多财产权利。主要是依法维护农民土地承包经营权，保障农民集体经济组织成员权利，保障农户宅基地用益物权，慎重稳妥推进农民住房财产权抵押、担保、转让试点。三是推进城乡要素平等交换和公共资源均衡配置。主要是保障农民工同工同酬，保障农民公平分享土地增值收益；完善农业保险制度；鼓励社会资本投向农村建设，允许企业和社会组织在农村兴办各类事业；统筹城乡义务教育资源均衡配置，整合城乡居民基本养老保险制度、基本医疗保险制度，推进城乡最低生活保障制度统筹发展，稳步推进城镇基本公共服务常住人口全覆盖，把进城落户农民完全纳入城镇住房和社会保障体系。

第五，关于推进协商民主广泛多层制度化发展。协商民主是我国社会主义民主政治的特有形式和独特优势，是党的群众路线在政治领域的重要体现。推进协商民主，有利于完善人民有序政治参与、密切党同人民群众的血肉联系、促进决策科学化民主化。

全会决定把推进协商民主广泛多层制度化发展作为政治体制改革的重要内容，强调在党的领导下，以经济社会发展重大问题和涉及群众切身利益的实际问题为内容，在全社会开展广泛协商，坚持协商于决策之前和决策实施之中。要构建程序合理、环节完整的协商民主体系，拓宽国家政权机关、政协组织、党派团体、基层组织、社会组织的协商渠道；深入开展立法协商、行政协商、民主协商、参政协商、社会协商；发挥统一战线在协商民主中的重要作用，发挥人民政协作为协商民主重要渠道作用，完善人民政协制度体系，规范协商内容、协商程序，拓展协商民主形式，更加活跃有序地组织专题协商、对口协商、界别协商、提案办理协商，增加协商密度，提高协商成效。

第六，关于改革司法体制和运行机制。司法体制是政治体制的重要组成部分。

这些年来,群众对司法不公的意见比较集中,司法公信力不足很大程度上与司法体制和工作机制不合理有关。

司法改革是这次全面深化改革的重点之一。全会决定提出了一系列相互关联的新举措,包括改革司法管理体制,推动省以下地方法院、检察院人财物统一管理,探索建立与行政区划适当分离的司法管辖制度;健全司法权力运行机制,完善主审法官、合议庭办案责任制,让审判者裁判、由裁判者负责;严格规范减刑、假释、保外就医程序;健全错案防止、纠正、责任追究机制,严格实行非法证据排除规则;建立涉法涉诉信访依法终结制度;废止劳动教养制度,完善对违法犯罪行为的惩治和矫正法律,等等。

这些改革举措,对确保司法机关依法独立行使审判权和检察权、健全权责明晰的司法权力运行机制、提高司法透明度和公信力、更好保障人权都具有重要意义。

第七,关于健全反腐败领导体制和工作机制。反腐败问题一直是党内外议论较多的问题。目前的问题主要是,反腐败机构职能分散、形不成合力,有些案件难以坚决查办,腐败案件频发却责任追究不够。

全会决定对加强反腐败体制机制创新和制度保障进行了重点部署。主要是加强党对党风廉政建设和反腐败工作统一领导,明确党委负主体责任、纪委负监督责任,制定实施切实可行的责任追究制度;健全反腐败领导体制和工作机制,改革和完善各级反腐败协调小组职能,规定查办腐败案件以上级纪委领导为主;体现强化上级纪委对下级纪委的领导,规定线索处置和案件查办在向同级党委报告的同时必须向上级纪委报告;全面落实中央纪委向中央一级党和国家机关派驻纪检机构,改进中央和省区市巡视制度,做到对地方、部门、企事业单位全覆盖。

这些措施都是在总结实践经验、吸收各方面意见的基础上提出来的。

第八,关于加快完善互联网管理领导体制。网络和信息安全牵涉到国家安全和社会稳定,是我们面临的新的综合性挑战。

从实践看,面对互联网技术和应用飞速发展,现行管理体制存在明显弊端,主要是多头管理、职能交叉、权责不一、效率不高。同时,随着互联网媒体属性越来越强,网上媒体管理和产业管理远远跟不上形势发展变化。特别是面对传播快、影响大、覆盖广、社会动员能力强的微客、微信等社交网络和即时通信工具用户的快速增长,如何加强网络法制建设和舆论引导,确保网络信息传播秩序和国家安全、社会稳定,已经成为摆在我们面前的现实突出问题。

全会决定提出坚持积极利用、科学发展、依法管理、确保安全的方针,加大依法管理网络力度,完善互联网管理领导体制。目的是整合相关机构职能,形成从技术到内容、从日常安全到打击犯罪的互联网管理合力,确保网络正确运用和安全。

第九,关于设立国家安全委员会。国家安全和社会稳定是改革发展的前提。只有国家安全和社会稳定,改革发展才能不断推进。当前,我国面临对外维护国家主权、安全、发展利益,对内维护政治安全和社会稳定的双重压力,各种可以预见和难以预见的风险因素明显增多。而我们的安全工作体制机制还不能适应维护国家安全的需要,需要搭建一个强有力的平台统筹国家安全工作。设立国家安全委员会,加强对国家安全工作的集中统一领导,已是当务之急。

国家安全委员会主要职责是制定和实施国家安全战略,推进国家安全法治建设,制定国家安全工作方针政策,研究解决国家安全工作中的重大问题。

第十,关于健全国家自然资源资产管理体制和完善自然资源监管体制。健全国家自然资源资产管理体制是健全自然资源资产产权制度的一项重大改革,也是建立系统完备的生态文明制度体系的内在要求。

我国生态环境保护中存在的一些突出问题,一定程度上与体制不健全有关,原因之一是全民所有自然资源资产的所有权人不到位,所有权人权益不落实。针对这一问题,全会决定提出健全国家自然资源资产管理体制的要求。总的思路是按照所有者和管理者分开和一件事由一个部门管理的原则,落实全民所有自然资源资产所有权,建立统一行使全民所有自然资源资产所有权人职责的体制。

国家对全民所有自然资源资产行使所有权并进行管理和国家对国土范围内自然资源行使监管权是不同的,前者是所有权人意义上的权利,后者是管理者意义上的权力。这就需要完善自然资源监管体制,统一行使所有国土空间用途管制职责,使国有自然资源资产所有权人和国家自然资源管理者相互独立、相互配合、相互监督。

我们要认识到,山水林田湖是一个生命共同体,人的命脉在田,田的命脉在水,水的命脉在山,山的命脉在土,土的命脉在树。用途管制和生态修复必须遵循自然规律,如果种树的只管种树、治水的只管治水、护田的单纯护田,很容易顾此失彼,最终造成生态的系统性破坏。由一个部门负责领土范围内所有国土空间用途管制职责,对山水林田湖进行统一保护、统一修复是十分必要的。

第十一,关于中央成立全面深化改革领导小组。全面深化改革是一个复杂的系统工程,单靠某一个或某几个部门往往力不从心,这就需要建立更高层面的领导机制。

全会决定提出,中央成立全面深化改革领导小组,负责改革总体设计、统筹协调、整体推进、督促落实。这是为了更好发挥党总揽全局、协调各方的领导核心作用,保证改革顺利推进和各项改革任务落实。领导小组的主要职责是:统一部署全国性重大改革,统筹推进各领域改革,协调各方力量形成推进改革合力,加强督促检查,推动全面落实改革目标任务。

三、关于讨论中要注意的几个问题

这次全会的任务就是讨论全会决定提出的全面深化改革的思路和方案。这里,我给大家提几点要求。

第一,增强推进改革的信心和勇气。改革开放是我们党在新的时代条件下带领人民进行的新的伟大革命,是当代中国最鲜明的特色,也是我们党最鲜明的旗帜。35年来,我们党靠什么来振奋民心、统一思想、凝聚力量?靠什么来激发全体人民的创造精神和创造活力?靠什么来实现我国经济社会快速发展、在与资本主义竞争中赢得比较优势?靠的就是改革开放。

面对未来,要破解发展面临的各种难题,化解来自各方面的风险和挑战,更好发挥中国特色社会主义制度优势,推动经济社会持续健康发展,除了深化改革开放,别无他途。

当前,在改革开放问题上,党内外、国内外都很关注,全党上下和社会各方面期待很高。改革开放到了一个新的重要关头。我们在改革开放上决不能有丝毫动摇,改革开放的旗帜必须继续高高举起,中国特色社会主义道路的正确方向必须牢牢坚持。全党要坚定改革信心,以更大的政治勇气和智慧、更有力的措施和办法推进改革。

第二,坚持解放思想、实事求是。高举改革开放的旗帜,光有立场和态度还不行,必须有实实在在的举措。行动最有说服力。中央决定用党的十八届三中全会这个有利契机就全面深化改革进行部署,是一个战略抉择。我们要抓住这个机遇,努力在全面深化改革上取得新突破。要有新突破,就必须进一步解放思想。

冲破思想观念的障碍、突破利益固化的藩篱,解放思想是首要的。在深化改革问题上,一些思想观念障碍往往不是来自体制外而是来自体制内。思想不解放,我们就很难看清各种利益固化的症结所在,很难找准突破的方向和着力点,很难拿出创造性的改革举措。因此,一定要有自我革新的勇气和胸怀,跳出条条框框限制,克服部门利益掣肘,以积极主动精神研究和提出改革举措。

提出改革举措当然要慎重,要反复研究、反复论证,但也不能因此就谨小慎微、裹足不前,什么也不敢干、不敢试。搞改革,现有的工作格局和体制运行不可能一点都不打破,不可能都是四平八稳、没有任何风险。只要经过了充分论证和评估,只要是符合实际、必须做的,该干的还是要大胆干。

第三,坚持从大局出发考虑问题。全面深化改革是关系党和国家事业发展全局的重大战略部署,不是某个领域某个方面的单项改革。"不谋全局者,不足谋一域。"大家来自不同部门和单位,都要从全局看问题,首先要看提出的重大改革举措是否符合全局需要,是否有利于党和国家事业长远发展。要真正向前展望、超前思维、提前谋局。只有这样,最后形成的文件才能真正符合党和人民事业发展要求。

全面深化改革需要加强顶层设计和整体谋划,加强各项改革的关联性、系统性、可行性研究。我们讲胆子要大、步子要稳,其中步子要稳就是要统筹考虑、全面论证、科学决策。经济、政治、文化、社会、生态文明各领域改革和党的建设改革紧密联系、相互交融,任何一个领域的改革都会牵动其他领域,同时也需要其他领域改革密切配合。如果各领域改革不配套,各方面改革措施相互牵扯,全面深化改革就很难推进下去,即使勉强推进,效果也会大打折扣。

(本文选自2013年11月15日新华网)

推动共建丝绸之路经济带和 21 世纪海上丝绸之路的愿景与行动

前　言

2000 多年前,亚欧大陆上勤劳勇敢的人民,探索出多条连接亚欧非几大文明的贸易和人文交流通路,后人将其统称为"丝绸之路"。千百年来,"和平合作、开放包容、互学互鉴、互利共赢"的丝绸之路精神薪火相传,推进了人类文明进步,是促进沿线各国繁荣发展的重要纽带,是东西方交流合作的象征,是世界各国共有的历史文化遗产。

进入 21 世纪,在以和平、发展、合作、共赢为主题的新时代,面对复苏乏力的全球经济形势,纷繁复杂的国际和地区局面,传承和弘扬丝绸之路精神更显重要和珍贵。

2013 年 9 月和 10 月,中国国家主席习近平在出访中亚和东南亚国家期间,先后提出共建"丝绸之路经济带"和"21 世纪海上丝绸之路"(以下简称"一带一路")的重大倡议,得到国际社会高度关注。中国国务院总理李克强参加 2013 年中国—东盟博览会时强调,铺就面向东盟的海上丝绸之路,打造带动腹地发展的战略支点。加快"一带一路"建设,有利于促进沿线各国经济繁荣与区域经济合作,加强不同文明交流互鉴,促进世界和平发展,是一项造福世界各国人民的伟大事业。

"一带一路"建设是一项系统工程,要坚持共商、共建、共享原则,积极推进沿线国家发展战略的相互对接。为推进实施"一带一路"重大倡议,让古丝绸之路焕发新的生机活力,以新的形式使亚欧非各国联系更加紧密,互利合作迈向新的历史高度,中国政府特制定并发布《推动共建丝绸之路经济带和 21 世纪海上丝绸之路的愿景与行动》。

一、时代背景

当今世界正发生复杂深刻的变化,国际金融危机深层次影响继续显现,世界经济缓慢复苏、发展分化,国际投资贸易格局和多边投资贸易规则酝酿深刻调整,各国面临的发展问题依然严峻。共建"一带一路"顺应世界多极化、经济全球化、文化多样化、社会信息化的潮流,秉持开放的区域合作精神,致力于维护全球自由贸易体系和开放型世界经济。共建"一带一路"旨在促进经济要素有序自由流动、资源高效配置和市场深度融合,推动沿线各国实现经济政策协调,开展更大范围、更高水平、更深层次的区域合作,共同打造开放、包容、均衡、普惠的区域经济合作架构。共建"一带一路"符合国际社会的根本利益,彰显人类社会共同理想和美好追求,是国际合作以及全球治理新模式的积极探索,将为世界和平发展增添新的正能量。

共建"一带一路"致力于亚欧非大陆及附近海洋的互联互通,建立和加强沿线各国互联互通伙伴关系,构建全方位、多层次、复合型的互联互通网络,实现沿线各国多元、自主、平衡、可持续的发展。"一带一路"的互联互通项目将推动沿线各国发展战略的对接与耦合,发掘区域内市场的潜力,促进投资和消费,创造需求和就业,增进沿线各国人民的人文交流与文明互鉴,让各国人民相逢相知、互信互敬,共享和谐、安宁、富裕的生活。

当前,中国经济和世界经济高度关联。中国将一以贯之地坚持对外开放的基本国策,构建全方位开放新格局,深度融入世界经济体系。推进"一带一路"建设既是中国扩大和深化对外开放的需要,也是加强和亚欧非及世界各国互利合作的需要,中国愿意在力所能及的范围内承担更多责任义务,为人类和平发展作出更大的贡献。

二、共建原则

恪守联合国宪章的宗旨和原则。遵守和平共处五项原则,即尊重各国主权和领土完整、互不侵犯、互不干涉内政、和平共处、平等互利。

坚持开放合作。"一带一路"相关的国家基于但不限于古代丝绸之路的范围,各国和国际、地区组织均可参与,让共建成果惠及更广泛的区域。

坚持和谐包容。倡导文明宽容,尊重各国发展道路和模式的选择,加强不同文明之间的对话,求同存异、兼容并蓄、和平共处、共生共荣。

坚持市场运作。遵循市场规律和国际通行规则,充分发挥市场在资源配置中的决定性作用和各类企业的主体作用,同时发挥好政府的作用。

坚持互利共赢。兼顾各方利益和关切,寻求利益契合点和合作最大公约数,体现各方智慧和创意,各施所长,各尽所能,把各方优势和潜力充分发挥出来。

三、框架思路

"一带一路"是促进共同发展、实现共同繁荣的合作共赢之路,是增进理解信任、加强全方位交流的和平友谊之路。中国政府倡议,秉持和平合作、开放包容、互学互鉴、互利共赢的理念,全方位推进务实合作,打造政治互信、经济融合、文化包容的利益共同体、命运共同体和责任共同体。

"一带一路"贯穿亚欧非大陆,一头是活跃的东亚经济圈,一头是发达的欧洲经济圈,中间广大腹地国家经济发展潜力巨大。丝绸之路经济带重点畅通中国经中亚、俄罗斯至欧洲(波罗的海);中国经中亚、西亚至波斯湾、地中海;中国至东南亚、南亚、印度洋。21世纪海上丝绸之路重点方向是从中国沿海港口过南海到印度洋,延伸至欧洲;从中国沿海港口过南海到南太平洋。

根据"一带一路"走向,陆上依托国际大通道,以沿线中心城市为支撑,以重点经贸产业园区为合作平台,共同打造新亚欧大陆桥、中蒙俄、中国—中亚—西亚、中国—中南半岛等国际经济合作走廊;海上以重点港口为节点,共同建设通畅安全高效的运输大通道。中巴、孟中印缅两个经济走廊与推进"一带一路"建设关联紧密,要进一步推动合作,取得更大进展。

"一带一路"建设是沿线各国开放合作的宏大经济愿景,需各国携手努力,朝着互利互惠、共同安全的目标相向而行。努力实现区域基础设施更加完善,安全高效的陆海空通道网络基本形成,互联互通达到新水平;投资贸易便利化水平进一步提升,高标准自由贸易区网络基本形成,经济联系更加紧密,政治互信更加深入;人文交流更加广泛深入,不同文明互鉴共荣,各国人民相知相交、和平友好。

四、合作重点

沿线各国资源禀赋各异,经济互补性较强,彼此合作潜力和空间很大。以政策沟通、设施联通、贸易畅通、资金融通、民心相通为主要内容,重点在以下方面加强合作。

政策沟通。加强政策沟通是"一带一路"建设的重要保障。加强政府间合作,积极构建多层次政府间宏观政策沟通交流机制,深化利益融合,促进政治互信,达成合作新共识。沿线各国可以就经济发展战略和对策进行充分交流对接,共同制定推进区域合作的规划和措施,协商解决合作中的问题,共同为务实合作及大型项目实施提供政策支持。

设施联通。基础设施互联互通是"一带一路"建设的优先领域。在尊重相关国家主权和安全关切的基础上,沿线国家宜加强基础设施建设规划、技术标准体系的对接,共同推进国际骨干通道建设,逐步形成连接亚洲各次区域以及亚欧非之间的基础设施网络。强化基础设施绿色低碳化建设和运营管理,在建设中充分考虑气候变化影响。

抓住交通基础设施的关键通道、关键节点和重点工程,优先打通缺失路段,畅通瓶颈路段,配套完善道路安全防护设施和交通管理设施设备,提升道路通达水平。推进建立统一的全程运输协调机制,促进国际通关、换装、多式联运有机衔接,逐步形成兼容规范的运输规则,实现国际运输便利化。推动口岸基础设施建设,畅通陆水联运通道,推进港口合作建设,增加海上航线和班次,加强海上物流信息化合作。拓展建立民航全面合作的平台和机制,加快提升航空基础设施水平。

加强能源基础设施互联互通合作,共同维护输油、输气管道等运输通道安全,推进跨境电力与输电通道建设,积极开展区域电网升级改造合作。

共同推进跨境光缆等通信干线网络建设,提高国际通信互联互通水平,畅通信息丝绸之路。加快推进双边跨境光缆等建设,规划建设洲际海底光缆项目,完善空中(卫星)信息通道,扩大信息交流与合作。

贸易畅通。投资贸易合作是"一带一路"建设的重点内容。宜着力研究解决投资贸易便利化问题,消除投资和贸易壁垒,构建区域内和各国良好的营商环境,积极同沿线国家和地区共同商建自由贸易区,激发释放合作潜力,做大做好合作"蛋糕"。

沿线国家宜加强信息互换、监管互认、执法互助的海关合作,以及检验检疫、认证认可、标准计量、统计信息等方面的双多边合作,推动世界贸易组织《贸易便利化协定》生效和实施。改善边境口岸通关设施条件,加快边境口岸"单一窗口"建设,降低通关成本,提升通关能力。加强供应链安全与便利化合作,推进跨境监管程序协调,推动检验检疫证书国际互联网核查,开展"经认证的经营者"(AEO)互认。降低非关税壁垒,共同提高技术性贸易措施透明度,提高贸易自由化便利化水平。

拓宽贸易领域,优化贸易结构,挖掘贸易新增长点,促进贸易平衡。创新贸易方式,发展跨境电子商务等新的商业业态。建立健全服务贸易促进体系,巩固和扩大传统贸易，大力发展现代服务贸易。把投资和贸易有机结合起来，以投资带动贸易发展。

加快投资便利化进程，消除投资壁垒。加强双边投资保护协定、避免双重征税协定磋商，保护投资者的合法权益。

拓展相互投资领域，开展农林牧渔业、农机及农产品生产加工等领域深度合作，积极推进海水养殖、远洋渔业、水产品加工、海水淡化、海洋生物制药、海洋工程技术、环保产业和海上旅游等领域合作。加大煤炭、油气、金属矿产等传统能源资源勘探开发合作，积极推动水电、核电、风电、太阳能等清洁、可再生能源合作，推进能源资源就地就近加工转化合作，形成能源资源合作上下游一体化产业链。加强能源资源深加工技术、装备与工程服务合作。

推动新兴产业合作，按照优势互补、互利共赢的原则，促进沿线国家加强在新一代信息技术、生物、新能源、新材料等新兴产业领域的深入合作，推动建立创业投资合作机制。

优化产业链分工布局，推动上下游产业链和关联产业协同发展，鼓励建立研发、生产和营销体系，提升区域产业配套能力和综合竞争力。扩大服务业相互开放，推动区域服务业加快发展。探索投资合作新模式，鼓励合作建设境外经贸合作区、跨境经济合作区等各类产业园区，促进产业集群发展。在投资贸易中突出生态文明理念，加强生态环境、生物多样性和应对气候变化合作，共建绿色丝绸之路。

中国欢迎各国企业来华投资。鼓励本国企业参与沿线国家基础设施建设和产业投资。促进企业按属地化原则经营管理，积极帮助当地发展经济、增加就业、改善民生，主动承担社会责任，严格保护生物多样性和生态环境。

资金融通。资金融通是"一带一路"建设的重要支撑。深化金融合作，推进亚洲货币稳定体系、投融资体系和信用体系建设。扩大沿线国家双边本币互换、结算的范围和规模。推动亚洲债券市场的开放和发展。共同推进亚洲基础设施投资银行、金砖国家开发银行筹建，有关各方就建立上海合作组织融资机构开展磋商。加快丝路基金组建运营。深化中国—东盟银行联合体、上合组织银行联合体务实合作，以银团贷款、银行授信等方式开展多边金融合作。支持沿线国家政府和信用等级较高的企业以及金融机构在中国境内发行人民币债券。符合条件的中国境内金融机构和企业可以在境外发行人民币债券和外币债券，鼓励在沿线国家使用所筹资金。

加强金融监管合作，推动签署双边监管合作谅解备忘录，逐步在区域内建立高效监管协调机制。完善风险应对和危机处置制度安排，构建区域性金融风险预警系统，形成应对跨境风险和危机处置的交流合作机制。加强征信管理部门、征信机构和评级机构之间的跨境交流与合作。充分发挥丝路基金以及各国主权基金作用，引导商业性股权投资基金和社会资金共同参与"一带一路"重点项目建设。

民心相通。民心相通是"一带一路"建设的社会根基。传承和弘扬丝绸之路友好合作精神，广泛开展文化交流、学术往来、人才交流合作、媒体合作、青年和妇女交往、志愿者服务等，为深化双多边合作奠定坚实的民意基础。

扩大相互间留学生规模，开展合作办学，中国每年向沿线国家提供1万个政府奖学金名额。沿线国家间互办文化年、艺术节、电影节、电视周和图书展等活动，合作开展广播影视剧精品创作及翻译，联合申请世界文化遗产，共同开展世界遗产的联合保护工作。深化沿线国家间人才交流合作。

加强旅游合作，扩大旅游规模，互办旅游推广周、宣传月等活动，联合打造具有丝绸之路特色的国际精品旅游线路和旅游产品，提高沿线各国游客签证便利化水平。推动21世纪海上丝绸之路邮轮旅游合作。积极开展体育交流活动，支持沿线国家申办重大国际体育赛事。

强化与周边国家在传染病疫情信息沟通、防治技术交流、专业人才培养等方面的合作，提高合作处理突发公共卫生事件的能力。为有关国家提供医疗援助和应急医疗救助，在妇幼健康、残疾人康复以及艾滋病、结核、疟疾等主要传染病领域开展务实合作，扩大在传统医药领域的合作。

加强科技合作，共建联合实验室（研究中心）、国际技术转移中心、海上合作中心，促进科技人员交流，合作开展重大科技攻关，共同提升科技创新能力。

整合现有资源，积极开拓和推进与沿线国家在青年就业、创业培训、职业技能开发、社会保障管理服务、公共行政管理等共同关心领域的务实合作。

充分发挥政党、议会交往的桥梁作用，加强沿线国家之间立法机构、主要党派和政治组织的友好往来。开展城市交流合作，欢迎沿线国家重要城市之间互结友好城市，以人文交流为重点，突出务实合作，形成更多鲜活的合作范例。欢迎沿线国家智库之间开展联合研究、合作举办论坛等。

加强沿线国家民间组织的交流合作，重点面向基层民众，广泛开展教育医疗、减贫开发、生物多样性和生态环保等各类公益慈善活动，促进沿线贫困地区生产生活条件改善。加强文化传媒的国际交流合作,积极利用网络平台,运用新媒体工具,塑造和谐友好的文化生态和舆论环境。

五、合作机制

当前,世界经济融合加速发展,区域合作方兴未艾。积极利用现有双多边合作机制,推动"一带一路"建设,促进区域合作蓬勃发展。

加强双边合作,开展多层次、多渠道沟通磋商,推动双边关系全面发展。推动签署合作备忘录或合作规划,建设一批双边合作示范。建立完善双边联合工作机制,研究推进"一带一路"建设的实施方案、行动路线图。充分发挥现有联委会、混委会、协委会、指导委员会、管理委员会等双边机制作用,协调推动合作项目实施。

强化多边合作机制作用,发挥上海合作组织(SCO)、中国—东盟"10+1"、亚太经合组织(APEC)、亚欧会议(ASEM)、亚洲合作对话(ACD)、亚信会议(CICA)、中阿合作论坛、中国—海合会战略对话、大湄公河次区域(GMS)经济合作、中亚区域经济合作(CAREC)等现有多边合作机制作用,相关国家加强沟通,让更多国家和地区参与"一带一路"建设。

继续发挥沿线各国区域、次区域相关国际论坛、展会以及博鳌亚洲论坛、中国—东盟博览会、中国—亚欧博览会、欧亚经济论坛、中国国际投资贸易洽谈会,以及中国—南亚博览会、中国—阿拉伯博览会、中国西部国际博览会、中国—俄罗斯博览会、前海合作论坛等平台的建设性作用。支持沿线国家地方、民间挖掘"一带一路"历史文化遗产,联合举办专项投资、贸易、文化交流活动,办好丝绸之路(敦煌)国际文化博览会、丝绸之路国际电影节和图书展。倡议建立"一带一路"国际高峰论坛。

六、中国各地方开放态势

推进"一带一路"建设,中国将充分发挥国内各地区比较优势,实行更加积极主动的开放战略,加强东中西互动合作,全面提升开放型经济水平。

西北、东北地区。发挥新疆独特的区位优势和向西开放重要窗口作用,深化与中亚、南亚、西亚等国家交流合作,形成丝绸之路经济带上重要的交通枢纽、商贸物流和文化科教中心,打造丝绸之路经济带核心区。发挥陕西、甘肃综合经济文化和宁夏、青海民族人文优势,打造西安内陆型改革开放新高地,加快兰州、西宁开发开放,推进宁夏内陆开放型经济试验区建设,形成面向中亚、南亚、西亚国家的通道、商贸物流枢纽、重要产业和人文交流基地。发挥内蒙古联通俄蒙的区位优势,完善黑龙江对俄铁路通道和区域铁路网,以及黑龙江、吉林、辽宁与俄远东地区陆海联运合作,推进构建北京—莫斯科欧亚高速运输走廊,建设向北开放的重要窗口。

西南地区。发挥广西与东盟国家陆海相邻的独特优势,加快北部湾经济区和珠江—西江经济带开放发展,构建面向东盟区域的国际通道,打造西南、中南地区开放发展新的战略支点,形成21世纪海上丝绸之路与丝绸之路经济带有机衔接的重要门户。发挥云南区位优势,推进与周边国家的国际运输通道建设,打造大湄公河次区域经济合作新高地,建设成为面向南亚、东南亚的辐射中心。推进西藏与尼泊尔等国家边境贸易和旅游文化合作。

沿海和港澳台地区。利用长三角、珠三角、海峡西岸、环渤海等经济区开放程度高、经济实力强、辐射带动作用大的优势,加快推进中国(上海)自由贸易试验区建设,支持福建建设21世纪海上丝绸之路核心区。充分发挥深圳前海、广州南沙、珠海横琴、福建平潭等开放合作区作用,深化与港澳台合作,打造粤港澳大湾区。推进浙江海洋经济发展示范区、福建海峡蓝色经济试验区和舟山群岛新区建设,加大海南国际旅游岛开发开放力度。加强上海、天津、宁波—舟山、广州、深圳、湛江、汕头、青岛、烟台、大连、福州、厦门、泉州、海口、三亚等沿海城市港口建设,强化上海、广州等国际枢纽机场功能。以扩大开放倒逼深层次改革,创新开放型经济体制机制,加大科技创新力度,形成参与和引领国际合作竞争新优势,成为"一带一路"特别是21世纪海上丝绸之路建设的排头兵和主力军。发挥海外侨胞以及香港、澳门特别行政区独特优势作用,积极参与和助力"一带一路"建设。为台湾地区参与"一带一路"建设作出妥善安排。

内陆地区。利用内陆纵深广阔、人力资源丰富、产业基础较好优势,依托长江中游城市群、成渝城市群、中原城市群、呼包鄂榆城市群、哈长城市群等重点区域,推动区域互动合作和产业集聚发展,打造重庆西部开发开放重要支撑和成都、郑州、武汉、长沙、南昌、合肥等内陆开放型经济高地。加快推动长江中上游地区和俄罗斯伏尔加河沿岸联邦区的合作。建立中欧通道铁路运输、口岸通关协调机制,打造"中欧班列"品牌,建设沟通境内外、连接东中西的运输通道。支持郑州、西安等内陆城市建设航空港、国际陆港,加强内陆口岸与沿海、沿边口岸通关合作,开展跨境贸易电子商务服务试点。优化海关特殊监管区域布局,创新加工贸易模式,深化与沿线国家的产业合作。

七、中国积极行动

一年多来,中国政府积极推动"一带一路"建设,加强与沿线国家的沟通磋商,推动与沿线国家的务实合作,实施了一系列政策措施,努力收获早期成果。

高层引领推动。习近平主席、李克强总理等国家领导人先后出访20多个国家,出席加强互联互通伙伴关系对话会、中阿合作论坛第六届部长级会议,就双边关系和地区发展问题,多次与有关国家元首和政府首脑进行会晤,深入阐释"一带一路"的深刻内涵和积极意义,就共建"一带一路"达成广泛共识。

签署合作框架。与部分国家签署了共建"一带一路"合作备忘录,与一些毗邻国家签署了地区合作和边境合作的备忘录以及经贸合作中长期发展规划。研究编制与一些毗邻国家的地区合作规划纲要。

推动项目建设。加强与沿线有关国家的沟通磋商,在基础设施互联互通、产业投资、资源开发、经贸合作、金融合作、人文交流、生态保护、海上合作等领域,推进了一批条件成熟的重点合作项目。

完善政策措施。中国政府统筹国内各种资源,强化政策支持。推动亚洲基础设施投资银行筹建,发起设立丝路基金,强化中国—欧亚经济合作基金投资功能。推动银行卡清算机构开展跨境清算业务和支付机构开展跨境支付业务。积极推进投资贸易便利化,推进区域通关一体化改革。

发挥平台作用。各地成功举办了一系列以"一带一路"为主题的国际峰会、论坛、研讨会、博览会,对增进理解、凝聚共识、深化合作发挥了重要作用。

八、共创美好未来

共建"一带一路"是中国的倡议,也是中国与沿线国家的共同愿望。站在新的起点上,中国愿与沿线国家一道,以共建"一带一路"为契机,平等协商,兼顾各方利益,反映各方诉求,携手推动更大范围、更高水平、更深层次的大开放、大交流、大融合。"一带一路"建设是开放的、包容的,欢迎世界各国和国际、地区组织积极参与。

共建"一带一路"的途径是以目标协调、政策沟通为主,不刻意追求一致性,可高度灵活,富有弹性,是多元开放的合作进程。中国愿与沿线国家一道,不断充实完善"一带一路"的合作内容和方式,共同制定时间表、路线图,积极对接沿线国家发展和区域合作规划。

中国愿与沿线国家一道,在既有双多边和区域次区域合作机制框架下,通过合作研究、论坛展会、人员培训、交流访问等多种形式,促进沿线国家对共建"一带一路"内涵、目标、任务等方面的进一步理解和认同。

中国愿与沿线国家一道,稳步推进示范项目建设,共同确定一批能够照顾双多边利益的项目,对各方认可、条件成熟的项目抓紧启动实施,争取早日开花结果。

"一带一路"是一条互尊互信之路,一条合作共赢之路,一条文明互鉴之路。只要沿线各国和衷共济、相向而行,就一定能够谱写建设丝绸之路经济带和21世纪海上丝绸之路的新篇章,让沿线各国人民共享"一带一路"共建成果。

(本文是国家发展改革委、外交部、商务部联合发布,
选自2015年3月28日《新华网》)

中共中央国务院关于营造企业家健康成长环境弘扬优秀企业家精神更好发挥企业家作用的意见

企业家是经济活动的重要主体。改革开放以来,一大批优秀企业家在市场竞争中迅速成长,一大批具有核心竞争力的企业不断涌现,为积累社会财富、创造就业岗位、促进经济社会发展、增强综合国力作出了重要贡献。营造企业家健康成长环境,弘扬优秀企业家精神,更好发挥企业家作用,对深化供给侧结构性改革、激发市场活力、实现经济社会持续健康发展具有重要意义。为此,提出以下意见。

一、总体要求

1. 指导思想

全面贯彻党的十八大和十八届三中、四中、五中、六中全会精神,深入贯彻习近平总书记系列重要讲话精神和治国理政新理念新思想新战略,着力营造依法保护企业家合法权益的法治环境、促进企业家公平竞争诚信经营的市场环境、尊重和激励企业家干事创业的社会氛围,引导企业家爱国敬业、遵纪守法、创业创新、服务社会,调动广大企业家积极性、主动性、创造性,发挥企业家作用,为促进经济持续健康发展和社会和谐稳定、实现全面建成小康社会奋斗目标和中华民族伟大复兴的中国梦作出更大贡献。

2. 基本原则

——模范遵纪守法、强化责任担当。依法保护企业家合法权益,更好发挥企业家遵纪守法、恪尽责任的示范作用,推动企业家带头依法经营,自觉履行社会责任,为建立良好的政治生态、净化社会风气、营造风清气正环境多作贡献。

——创新体制机制、激发生机活力。营造"亲""清"新型政商关系,创新政企互动机制,完善企业家正向激励机制,完善产权保护制度,增强企业家创新活力、创业动力。

——遵循发展规律、优化发展环境。坚持党管人才,遵循市场规律和企业家成长规律,完善精准支持政策,推动政策落地实施,坚定企业家信心,稳定企业家预期,营造法治、透明、公平的政策环境和舆论环境。

——注重示范带动、着力弘扬传承。树立和宣传企业家先进典型,弘扬优秀企业家精神,造就优秀企业家队伍,强化年轻一代企业家的培育,让优秀企业家精神代代传承。

二、营造依法保护企业家合法权益的法治环境

3. 依法保护企业家财产权。全面落实党中央、国务院关于完善产权保护制度依法保护产权的意见,认真解决产权保护方面的突出问题,及时甄别纠正社会反映强烈的产权纠纷申诉案件,剖析侵害产权案例,总结宣传依法有效保护产权的好做法、好经验、好案例。在立法、执法、司法、守法等各方面各环节,加快建立依法平等保护各种所有制经济产权的长效机制。研究建立因政府规划调整、政策变化造成企业合法权益受损的依法依规补偿救济机制。

4. 依法保护企业家创新权益。探索在现有法律法规框架下以知识产权的市场价值为参照确定损害赔偿额度,完善诉讼证据规则、证据披露以及证据妨碍排除规则。探索建立非诉行政强制执行绿色通道。研究制定商业模式、文化创意等创新成果的知识产权保护办法。

5. 依法保护企业家自主经营权。企业家依法进行自主经营活动,各级政府、部门及其工作人员不得干预。建立完善涉企收费、监督检查等清单制度,清理涉企收费、摊派事项和各类达标评比活动,细化、规范行政执法条件,最大程度减轻企业负担、减少自由裁量权。依法保障企业自主加入和退出行业协会商会的权利。研究设立全国统一的企业维权服务平台。

三、营造促进企业家公平竞争诚信经营的市场环境

6. 强化企业家公平竞争权益保障。落实公平竞争审查制度,确立竞争政策基础性地位。全面实施市场准入负面清单制度,保障各类市场主体依法平等进入负面清单以外的行业、领域和业务。反对垄断和不正当竞争,反对地方保护,依法清理废除妨碍统一市场公平竞争的各种规定和做法,完善权利平等、机会平等、规则平等的市场环境,促进各种所有制经济依法依规平等使用生产要素、公开公平公正参与市场竞争、同等受到法律保护。

7. 健全企业家诚信经营激励约束机制。坚守契约精神,强化企业家信用宣传,

实施企业诚信承诺制度,督促企业家自觉诚信守法、以信立业,依法依规生产经营。利用全国信用信息共享平台和国家企业信用信息公示系统,整合在工商、财税、金融、司法、环保、安监、行业协会商会等部门和领域的企业及企业家信息,建立企业家个人信用记录和诚信档案,实行守信联合激励和失信联合惩戒。

8. 持续提高监管的公平性规范性简约性。推行监管清单制度,明确和规范监管事项、依据、主体、权限、内容、方法、程序和处罚措施。全面实施"双随机、一公开"监管,有效避免选择性执法。推进综合监管,加强跨部门跨地区的市场协同监管。重点在食品药品安全、工商质检、公共卫生、安全生产、文化旅游、资源环境、农林水利、交通运输、城乡建设、海洋渔业等领域推行综合执法,有条件的领域积极探索跨部门综合执法。探索建立鼓励创新的审慎监管方式。清除多重多头执法,提高综合执法效率,减轻企业负担。

四、营造尊重和激励企业家干事创业的社会氛围

9. 构建"亲""清"新型政商关系。畅通政企沟通渠道,规范政商交往行为。各级党政机关干部要坦荡真诚同企业家交往,树立服务意识,了解企业经营情况,帮助解决企业实际困难,同企业家建立真诚互信、清白纯洁、良性互动的工作关系。鼓励企业家积极主动同各级党委和政府相关部门沟通交流,通过正常渠道反映情况、解决问题,依法维护自身合法权益,讲真话、谈实情、建净言。引导更多民营企业家成为"亲""清"新型政商关系的模范,更多国有企业家成为奉公守法守纪、清正廉洁自律的模范。

10. 树立对企业家的正向激励导向。营造鼓励创新、宽容失败的文化和社会氛围,对企业家合法经营中出现的失误失败给予更多理解、宽容、帮助。对国有企业家以增强国有经济活力和竞争力等为目标、在企业发展中大胆探索、锐意改革所出现的失误,只要不属于有令不行、有禁不止、不当谋利、主观故意、独断专行等情形者,要予以容错,为担当者担当、为负责者负责、为干事者撑腰。

11. 营造积极向上的舆论氛围。坚持实事求是、客观公正的原则,把握好正确舆论导向,加强对优秀企业家先进事迹和突出贡献的宣传报道,展示优秀企业家精神,凝聚崇尚创新创业正能量,营造尊重企业家价值、鼓励企业家创新、发挥企业家作用的舆论氛围。

五、弘扬企业家爱国敬业遵纪守法艰苦奋斗的精神

12. 引导企业家树立崇高理想信念。加强对企业家特别是年轻一代民营企业家的理想信念教育和社会主义核心价值观教育,开展优良革命传统、形势政策、守法诚信教育培训,培养企业家国家使命感和民族自豪感,引导企业家正确处理国家利益、企业利益、员工利益和个人利益的关系,把个人理想融入民族复兴的伟大实践。

13. 强化企业家自觉遵纪守法意识。企业家要自觉依法合规经营,依法治企、依法维权,强化诚信意识,主动抵制逃税漏税、走私贩私、制假贩假、污染环境、侵犯知识产权等违法行为,不做偷工减料、缺斤短两、以次充好等亏心事,在遵纪守法方面争做社会表率。党员企业家要自觉做遵守党的政治纪律、组织纪律、廉洁纪律、群众纪律、工作纪律、生活纪律的模范。

14. 鼓励企业家保持艰苦奋斗精神风貌。激励企业家自强不息、勤俭节约,反对享乐主义,力戒奢靡之风,保持健康向上的生活情趣。企业发展遇到困难,要坚定信心、迎接挑战、奋发图强。企业经营成功,要居安思危、不忘初心、谦虚谨慎。树立不进则退、慢进亦退的竞争意识。

六、弘扬企业家创新发展专注品质追求卓越的精神

15. 支持企业家创新发展。激发企业家创新活力和创造潜能,依法保护企业家拓展创新空间,持续推进产品创新、技术创新、商业模式创新、管理创新、制度创新,将创新创业作为终身追求,增强创新自信。提升企业家科学素养,发挥企业家在推动科技成果转化中的重要作用。吸收更多企业家参与科技创新政策、规划、计划、标准制定和立项评估等工作,向企业开放专利信息资源和科研基地。引导金融机构为企业家创新创业提供资金支持,探索建立创业保险、担保和风险分担制度。

16. 引导企业家弘扬工匠精神。建立健全质量激励制度,强化企业家"以质取胜"的战略意识,鼓励企业家专注专长领域,加强企业质量管理,立志于"百年老店"持久经营与传承,把产品和服务做精做细,以工匠精神保证质量、效用和信誉。深入开展质量提升行动。着力培养技术精湛技艺高超的高技术人才,推广具有核心竞争力的企业品牌,扶持具有优秀品牌的骨干企业做强做优,树立具有一流质量标准和品牌价值的样板企业。激发和保护老字号企业企业家改革创新发展意识,发

挥老字号的榜样作用。

17. 支持企业家追求卓越。弘扬敢闯敢试、敢为天下先、敢于承担风险的精神，支持企业家敏锐捕捉市场机遇，不断开拓进取、拼搏奋进，争创一流企业、一流管理、一流产品、一流服务和一流企业文化，提供人无我有、人有我优、人优我特、人特我新的具有竞争力的产品和服务，在市场竞争中勇立潮头、脱颖而出，培育发展壮大更多具有国际影响力的领军企业。

七、弘扬企业家履行责任敢于担当服务社会的精神

18. 引导企业家主动履行社会责任。增强企业家履行社会责任的荣誉感和使命感，引导和支持企业家奉献爱心，参与光彩事业、公益慈善事业、"万企帮万村"精准扶贫行动、应急救灾等，支持国防建设，在构建和谐劳动关系、促进就业、关爱员工、依法纳税、节约资源、保护生态等方面发挥更加重要的作用。国有企业家要自觉做履行政治责任、经济责任、社会责任的模范。

19. 鼓励企业家干事担当。激发企业家致富思源的情怀，引导企业家认识改革开放为企业和个人施展才华提供的广阔空间、良好机遇、美好前景，先富带动后富，创造更多经济效益和社会效益。引导企业家认识把握引领经济发展新常态，积极投身供给侧结构性改革，在振兴和发展实体经济等方面作更大贡献。激发国有企业家服务党服务国家服务人民的担当精神。国有企业家要更好肩负起经营管理国有资产、实现保值增值的重要责任，做强做优做大国有企业，不断提高企业核心竞争力。

20. 引导企业家积极投身国家重大战略。完善企业家参与国家重大战略实施机制，鼓励企业家积极投身"一带一路"建设、京津冀协同发展、长江经济带发展等国家重大战略实施，参与引进来和走出去战略，参与军民融合发展，参与中西部和东北地区投资兴业，为经济发展拓展新空间。

八、加强对企业家优质高效务实服务

21. 以市场主体需求为导向深化"放管服"改革。围绕使市场在资源配置中起决定性作用和更好发挥政府作用，在更大范围、更深层次上深化简政放权、放管结合、优化服务。做好"放管服"改革涉及的规章、规范性文件清理工作。建立健全企业投资项目高效审核机制，支持符合条件的地区和领域开展企业投资项目承诺制

改革探索。优化面向企业和企业家服务项目的办事流程,推进窗口单位精准服务。

22. 健全企业家参与涉企政策制定机制。建立政府重大经济决策主动向企业家问计求策的程序性规范,政府部门研究制定涉企政策、规划、法规,要听取企业家的意见建议。保持涉企政策稳定性和连续性,基于公共利益确需调整的,严格调整程序,合理设立过渡期。

23. 完善涉企政策和信息公开机制。利用实体政务大厅、网上政务平台、移动客户端、自助终端、服务热线等线上线下载体,建立涉企政策信息集中公开制度和推送制度。加大政府信息数据开放力度。强化涉企政策落实责任考核,充分吸收行业协会商会等第三方机构参与政策后评估。

24. 加大对企业家的帮扶力度。发挥统战部门、国资监管机构和工商联、行业协会商会等作用,建立健全帮扶企业家的工作联动机制,定期组织企业家座谈和走访,帮助解决企业实际困难。对经营困难的企业,有关部门、工商联、行业协会商会等要主动及时了解困难所在、发展所需,在维护市场公平竞争的前提下积极予以帮助。支持再次创业,完善再创业政策,根据企业家以往经营企业的纳税信用级别,在办理相关涉税事项时给予更多便捷支持。加强对创业成功和失败案例研究,为企业家创新创业提供借鉴。

九、加强优秀企业家培育

25. 加强企业家队伍建设规划引领。遵循企业家成长规律,加强部门协作,创新工作方法,加强对企业家队伍建设的统筹规划,将培养企业家队伍与实施国家重大战略同步谋划、同步推进,鼓励支持更多具有创新创业能力的人才脱颖而出,在实践中培养一批具有全球战略眼光、市场开拓精神、管理创新能力和社会责任感的优秀企业家。

26. 发挥优秀企业家示范带动作用。总结优秀企业家典型案例,对爱国敬业、遵纪守法、艰苦奋斗、创新发展、专注品质、追求卓越、诚信守约、履行责任、勇于担当、服务社会等有突出贡献的优秀企业家,以适当方式予以表彰和宣传,发挥示范带动作用。强化优秀企业家精神研究,支持高等学校、科研院所与行业协会商会、知名企业合作,总结富有中国特色、顺应时代潮流的企业家成长规律。

27. 加强企业家教育培训。以强化忠诚意识、拓展世界眼光、提高战略思维、增强创新精神、锻造优秀品行为重点,加快建立健全企业家培训体系。支持高等学校、科研院所、行业协会商会等开展精准化的理论培训、政策培训、科技培训、管理培训、法规培训,全面增强企业家发现机会、整合资源、创造价值、回馈社会的能力。建立健全创业辅导制度,支持发展创客学院,发挥企业家组织的积极作用,培养年轻一代企业家。加大党校、行政学院等机构对企业家的培训力度。搭建各类企业家互相学习交流平台,促进优势互补、共同提高。组织开展好企业家活动日等形式多样的交流培训。

十、加强党对企业家队伍建设的领导

28. 加强党对企业家队伍的领导。坚持党对国有企业的领导,全面加强国有企业党的建设,发挥国有企业党组织领导作用。增强国有企业家坚持党的领导、主动抓企业党建意识,建好、用好、管好一支对党忠诚、勇于创新、治企有方、兴企有为、清正廉洁的国有企业家队伍。教育引导民营企业家拥护党的领导,支持企业党建工作。建立健全非公有制企业党建工作机制,积极探索党建工作多种方式,努力扩大非公有制企业党的组织和工作覆盖。充分发挥党组织在职工群众中的政治核心作用、在企业发展中的政治引领作用。

29. 发挥党员企业家先锋模范作用。强化对党员企业家日常教育管理基础性工作,加强党性教育、宗旨教育、警示教育,教育党员企业家牢固树立政治意识、大局意识、核心意识、看齐意识,严明政治纪律和政治规矩,坚定理想信念,坚决执行党的基本路线和各项方针政策,把爱党、忧党、兴党、护党落实到经营管理各项工作中,率先垂范,用实际行动彰显党员先锋模范作用。

各地区各部门要充分认识营造企业家健康成长环境、弘扬优秀企业家精神、更好发挥企业家作用的重要性,统一思想,形成共识和合力,制定和细化具体政策措施,加大面向企业家的政策宣传和培训力度,狠抓贯彻落实。国家发展改革委要会同有关方面分解工作任务,对落实情况定期督察和总结评估,确保各项举措落到实处、见到实效。

(本文由新华社于2017年9月26日公布,
选自《新华网》)

后　　记

观念引领行为,工作精神决定工作标准、行为取向。

本书编辑组本着部分同仁、群众所称许的"尽心解难题,诚心办实事"精神,锲而不舍将编辑工作推向纵深,克难攻艰、砥砺前行,力求从一个侧面反映出党的十八大以来,中国经济进入新常态、企业深化改革的时代特色。

在编撰中坚持严格组稿,高要求审核稿件。一是分类,将众多资料归纳为三篇十一章;二是分工编辑、撰稿,各负其责,细心编撰;三是总编复审;四是专家再审,力求精准,体现审稿从严。

本书为《经济体制改革和股份制实践》一书的姊妹篇,编撰本书旨在随着党的十八大以来经济体制改革不断深化,对前书作一接续,力图勾勒出一段经济、企业改革发展史,以飨读者。

在本书编写进程中,编委梅方盘同志付出超常的精力,除自身积极参与调研撰稿之外,在协助年长主编、副主编工作中贡献良多;贺德川、韩华林、王肇建、糜靖亚等亦十分关心本书的出版,在此一并表示感谢。

最后,需要补充说明的是:在本书编辑过程中,选用了部分作者在报刊、书籍及互联网传媒上发表的力作,尽管编者已通过种种途径联系权利人,但仍有部分作者没有取得联系,对此我们表示深深的歉意。希望原作者或译者见到本书后,能及时与我们联系。联系人:郑伟刚、郑俊铿,联系电话:13391126777、13916515411。

编辑部
2017 年 9 月

图书在版编目(CIP)数据

经济新常态和企业新变革/范永进,朱瑶翠,曹俊主编. —上海:上海社会科学院出版社,2017
 ISBN 978 - 7 - 5520 - 2141 - 7

Ⅰ.①经… Ⅱ.①范… ②朱… ③曹… Ⅲ.①中国经济-经济发展-文集②企业改革-中国-文集 Ⅳ.①F124-53②F279.21-53

中国版本图书馆CIP数据核字(2017)第245971号

经济新常态和企业新变革

主　　编：范永进　朱瑶翠　曹　俊
副 主 编：郑俊铿　郑伟刚
责任编辑：杨　国　刘欢欣
封面设计：裘幼华
出版发行：上海社会科学院出版社
上海顺昌路622号　邮编200025
电话总机021-63315900　销售热线021-53063735
http://www.sassp.org.cn　E-mail：sassp@sass.org.cn
照　　排：南京理工出版信息技术有限公司
印　　刷：上海新文印刷厂
开　　本：787×1092毫米　1/16开
印　　张：39.25
插　　页：8
字　　数：655千字
版　　次：2017年9月第1版　2017年9月第1次印刷

ISBN 978 - 7 - 5520 - 2141 - 7/F・488　　　　定价：148.00元

版权所有　翻印必究